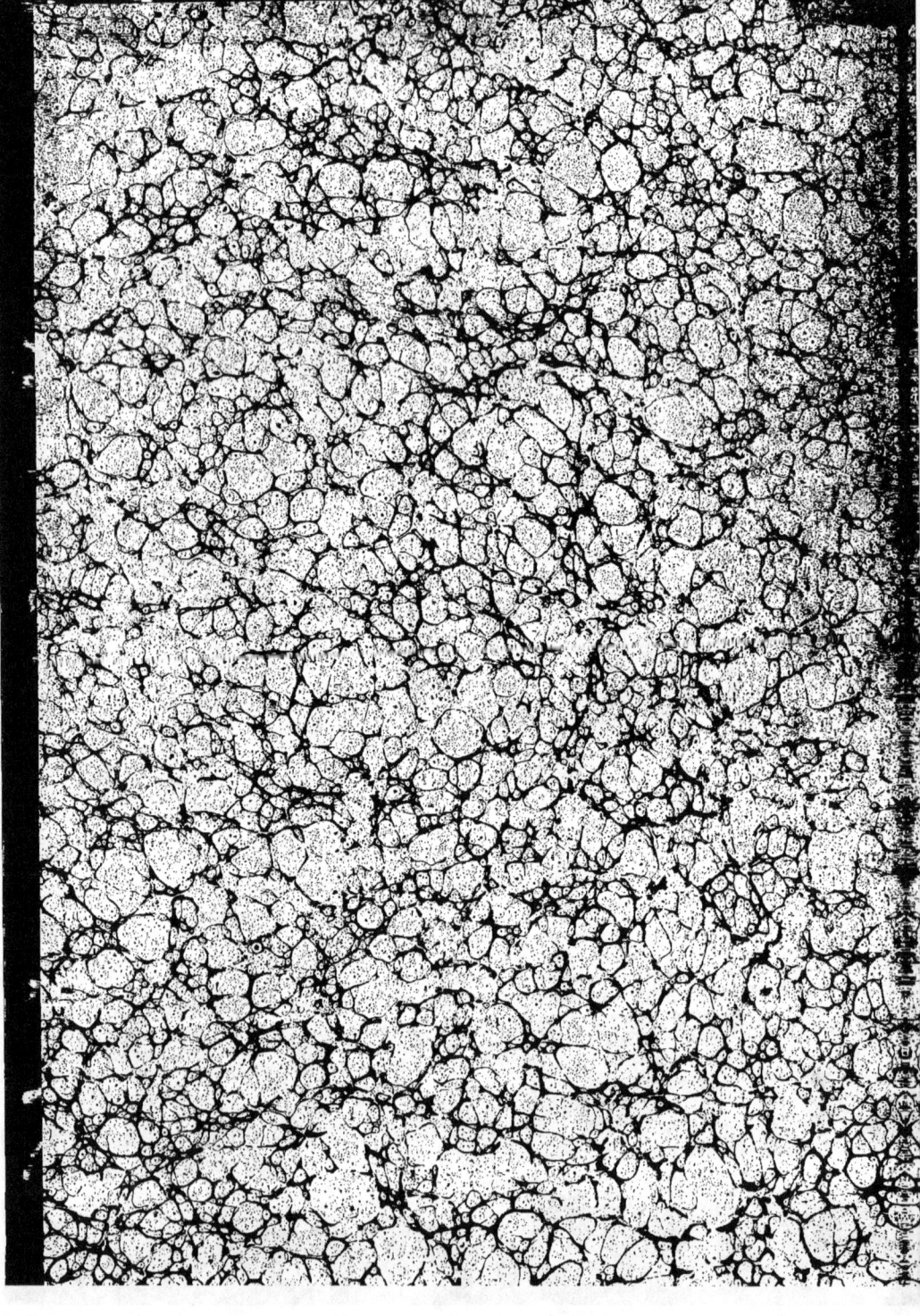

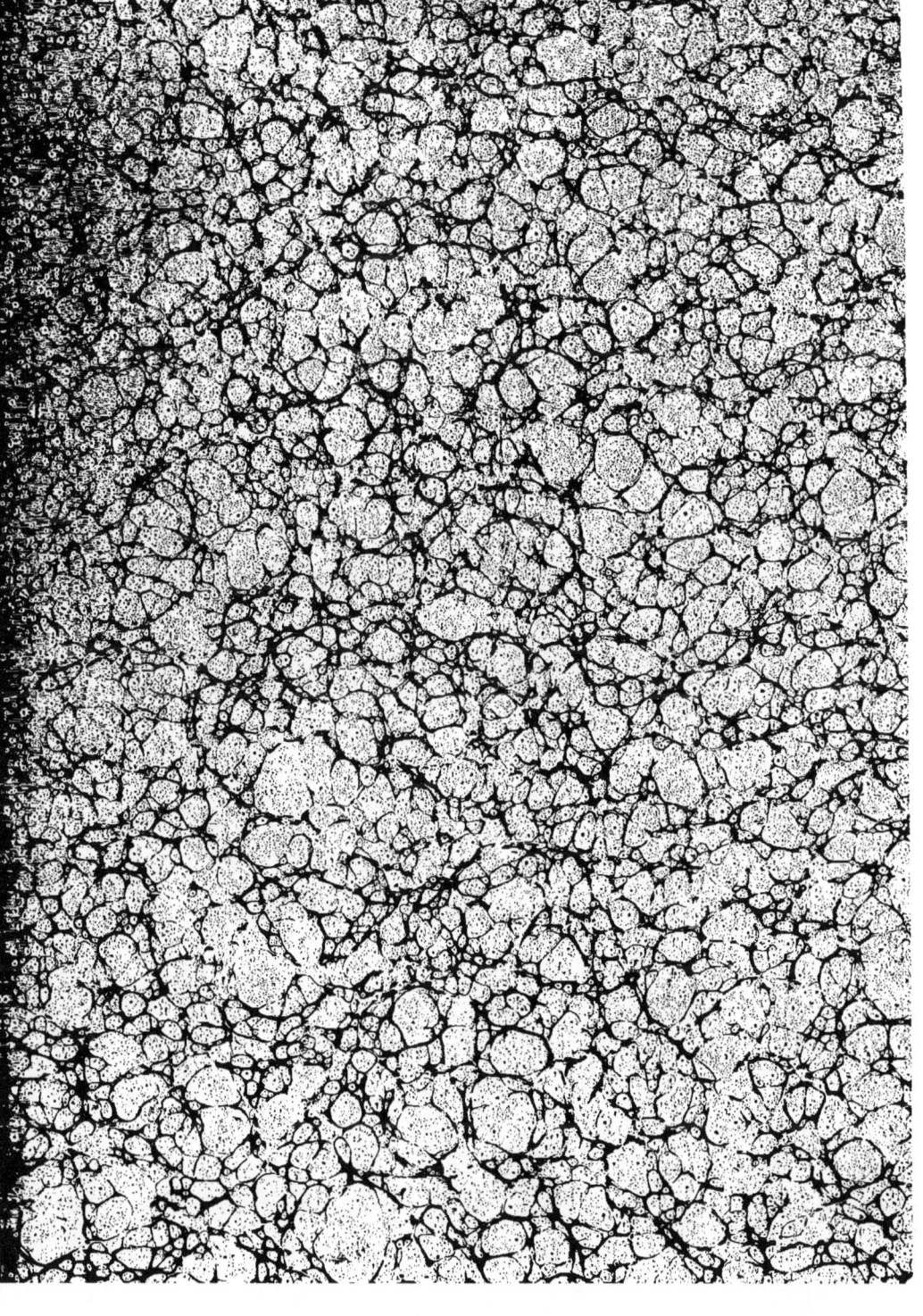

5456

ŒUVRES ILLUSTRÉES
DE M.
EUGÈNE SCRIBE

CE VOLUME CONTIENT

Le vieux Mari, 9. — Yelva, 17. — La Chatte, 33. — Les deux Précepteurs, 44. — Simple Histoire, 54 — Théobald, 65. — L'Oncle d'Amérique, 78. — Les deux Maris, 89. — Les Moralistes, 97. — La Belle-Mère, 111. — Le Médecin de Dames, 124. — Aventures et Voyages du petit Jonas, 136. — Une visite à Bedlam, 153. — Les Élèves du Conservatoire, 161. — La Volière de frère Philippe, 172. — La Manie des places, 191. — Le Mystificateur, 196. — Caroline, 215. — L'Ennui, 225. — Les Manteaux, 238. — Les Empiriques d'autrefois, 251. — L'Ambassadeur, 261. — La Somnambule, 273. — Frontin, mari-garçon, 285. — Le Secrétaire et le Cuisinier, 296. — Le Colonel, 308.

— IMPRIMÉ PAR VIALAT ET Cie, A LAGNY. —

ŒUVRES ILLUSTRÉES

DE M.

EUGÈNE SCRIBE

De l'Académie française

DESSINS PAR

TONY ET ALFRED JOHANNOT, STAAL, PAUQUET, ETC.

VIALAT ET Cie, ÉDITEURS **1855** MARESCQ ET Cie, LIBRAIRES
21, quai des Grands-Augustins, 21   5, rue du Pont-de-Lodi, 5

PARIS

VIALAT ET Cⁱᵉ, IMPRIMEURS ET ÉDITEURS.

VICTOR, à Alphonse, et le tirant par son habit. Il faut que je vous parle en particulier. — Acte 1, scène 5.

LE VIEUX MARI

COMÉDIE-VAUDEVILLE EN DEUX ACTES

Représentée, pour la première fois, à Paris, sur le théâtre du Gymnase dramatique, le 2 mai 1828.

EN SOCIÉTÉ AVEC M. MÉLESVILLE.

Personnages.

M. DE BRUCHSAL, conseiller aulique.
ALPHONSE DE BRUCHSAL, son neveu.
MADAME DE LINSBOURG.
MATHILDE, sa nièce.
OLIVIER, cousin de Mathilde.
VICTOR (livrée de chasseur).
MICHEL, vieux domestique de M. de Bruchsal.

UN CHEF D'OFFICE.
UN DOMESTIQUE.
DEUX FEMMES DE CHAMBRE.
UN BIJOUTIER.
LINGÈRES.
MODISTES.
FOURNISSEURS.
VALETS.

La scène se passe, au premier acte, à Dusseldorf, et au second acte, dans une terre à six lieues de la ville.

ACTE PREMIER.

Le théâtre représente un salon richement meublé. A gauche de l'acteur, une fenêtre donnant sur la rue. A droite, la porte d'un appartement ; plus bas, une table avec tout ce qu'il faut pour écrire.

SCÈNE PREMIÈRE.

MADAME DE LINSBOURG, OLIVIER.

OLIVIER. Quoi! ma tante, vous voilà à Dusseldorf. Vous avez pu vous décider à quitter votre terre ?
MADAME DE LINSBOURG. Ce n'est pas sans peine, mon cher Olivier... Voyager dans cette saison, et à mon

âge, il a fallu toute ma tendresse pour ma chère Mathilde.

OLIVIER. Elle vous a donc écrit?..

MADAME DE LINSBOURG. Oui, la lettre la plus singulière, à laquelle je n'ai rien pu comprendre. Ces petites filles ne s'expliquent jamais qu'à moitié... je m'en souviens.

Air du vaudeville de l'*Anonyme*.

Comme elle aussi, jadis, dans ma jeunesse,
J'étais timide et ne parlais jamais...
En fait d'hymen et même de tendresse,
Je déguisais mes sentiments secrets...
Et dans mon cœur l'amour qui pouvait naître
Par la pudeur fut si bien combattu,
Que bien des gens l'ont pu savoir peut-être,
Mais mon mari n'en a jamais rien su.

Tout ce que j'ai pu voir dans sa lettre, c'est qu'elle était triste, malheureuse; j'ai pris la poste aussitôt, et me voilà.

OLIVIER. Ah! c'est le ciel qui vous envoie. Moi, d'abord, je n'ai plus d'espoir qu'en vous.

MADAME DE LINSBOURG. Que se passe-t-il donc?

OLIVIER. On la marie aujourd'hui même.

MADAME DE LINSBOURG. Mathilde!

OLIVIER. Oui, ma tante.

MADAME DE LINSBOURG. Aujourd'hui?

OLIVIER. Dans deux heures. Toute la ville de Dusseldorf est invitée. On se rassemble déjà dans l'autre salon.

MADAME DE LINSBOURG. Est-il possible!

OLIVIER. Vous avez dû voir les voitures dans la cour, les cochers avec les bouquets, ce mouvement, ces préparatifs... Et moi-même, quoique j'en enrage, car vous savez combien j'aime ma cousine, vous me voyez obligé de faire les honneurs, en grande tenue, l'habit noir et les gants blancs.

MADAME DE LINSBOURG. Sans m'en prévenir, sans daigner me consulter, moi, sa tante, la veuve du président de Linsbourg.

OLIVIER. Je vous dis que c'est une infamie!

MADAME DE LINSBOURG. Mais je devais m'attendre à tout de la part de son tuteur; l'être le plus ridicule, le plus sot... un M. Rudmann, un vieux négociant qui n'a que de vieilles idées, car tout est vieux chez lui, jusqu'à sa société, où il n'admet que des douairières. Aussi j'ai bien juré de n'y jamais mettre les pieds. Ah! mon Dieu, à propos de cela, est-ce que je ne suis pas chez lui, par hasard?

OLIVIER. Non, cet hôtel est celui de M. Bruchsal, le futur en question.

MADAME DE LINSBOURG. Comment! la noce se fait chez le marié?

OLIVIER. Le tuteur a trouvé cela plus économique.

MADAME DE LINSBOURG. Mais ça ne s'est jamais vu: c'est de la dernière inconvenance! C'est fort beau, du reste. Il est donc riche, cet homme?

OLIVIER. Que trop... il a une terre superbe à six lieues de Dusseldorf, qu'il avait fait acheter, ainsi que cet hôtel, quand on le nomma intendant des finances de cette province.

MADAME DE LINSBOURG.

Air du vaudeville de *Partie et Revanche*.

Avant d'arriver, il commence
Par acquérir cet hôtel élégant;
Puis une maison de plaisance...

OLIVIER.

Un fonctionnaire prudent,
N'eût-il pas même un sou vaillant,
Si dans la finance, par grâce,

Il obtient un poste important,
Peut acheter, sitôt qu'il entre en place,
Bien sûr de payer en sortant.

Depuis un an il n'était pas encore venu à Dusseldorf, et la première fois qu'il y fait un voyage, c'est pour m'enlever ma cousine.

MADAME DE LINSBOURG. Et tu l'as souffert! toi qui es si mauvaise tête?

OLIVIER. Parbleu! si ce n'était son âge...

MADAME DE LINSBOURG. Son âge! comment! c'est un vieillard?

OLIVIER. Eh! sans doute, voilà une heure que je vous le dis... plus de soixante ans.

MADAME DE LINSBOURG. Soixante ans! quelle horreur! moi qui me suis toujours figuré son mari un beau jeune homme, les yeux noirs, l'air sentimental..... Soixante ans! je ne la laisserai pas sacrifier ainsi.

OLIVIER, *se frottant les mains*. C'est cela, ma tante, parlez pour moi.

MADAME DE LINSBOURG. Laisse-moi faire... Eh! justement la voici, cette chère enfant.

SCÈNE II.

MATHILDE, *en toilette de mariée*, MADAME DE LINSBOURG, OLIVIER.

MATHILDE, *courant à madame de Linsbourg*. C'est vous, ma bonne tante!

MADAME DE LINSBOURG. Elle est encore embellie. Viens donc que je t'embrasse. Il y a si longtemps..... (*Elle l'embrasse à plusieurs reprises.*)

MATHILDE. Ah! je vous attendais avec une impatience...

MADAME DE LINSBOURG. Chère petite! tu étais bien sûre que je te quitterais tout pour toi; et si j'en avais le temps, je commencerais par te gronder.

MATHILDE. Moi, ma tante! et pourquoi?

MADAME DE LINSBOURG. Tu me le demandes? Ce cher Olivier m'a tout raconté. Tu sens bien que lui-même y a tant d'intérêt... Mais, grâce au ciel, on peut encore te sauver, et je m'en charge.

MATHILDE. Comment?

MADAME DE LINSBOURG. Dis-moi d'abord tes petits secrets; voyons, tu aimes quelqu'un?

MATHILDE, *troublée*. Que dites-vous?

MADAME DE LINSBOURG. C'est tout naturel, à ton âge; d'ailleurs, ta lettre le faisait entendre.

OLIVIER, *se rapprochant*. Il serait possible!

MADAME DE LINSBOURG. Oui, oui; j'ai vu cela.

MATHILDE, *voulant l'empêcher de parler*. Mais, ma tante.....

MADAME DE LINSBOURG. C'est justement parce que je suis ta tante, que cela me regarde; il faut que je le connaisse; c'est un jeune homme, n'est-ce pas? cela va sans dire; (*Elle regarde Olivier.*) et son nom? (*Mathilde ne répond rien et paraît embarrassée de la présence d'Olivier. Après un silence.*) Je comprends. (*Bas, à Olivier.*)

Air polonais.

Tu le vois bien, c'est pour toi fort heureux,
Dans ces lieux
Elle craint ta présence;
Oui, tu le vois, ton aspect en ces lieux
De ses feux
Empêche les aveux.

OLIVIER.

Me promettez-vous

De lui parler de ma constance?
Me promettez-vous....

MADAME DE LINSBOURG.
Je promets tout... mais laisse-nous;
Si tu veux par moi
Être mari, tâche d'avance
D'en remplir l'emploi,
Ainsi donc va-t'en et tais-toi.

ENSEMBLE.
Tu le vois bien, c'est pour toi } fort heureux.
Oui, je le vois, c'est pour moi }
Dans ces lieux
Elle craint ta } présence.
Elle craint ma }
Tu le vois bien, ta } présence
Je le vois bien, ma }
En ces lieux,
De ses feux
Empêche les aveux.

(*Olivier sort.*)

SCÈNE III.

MATHILDE, MADAME DE LINSBOURG.

MADAME DE LINSBOURG, *à Mathilde*. Maintenant tu peux tout m'avouer; j'ai bien deviné à ton embarras que c'était lui.

MATHILDE. Qui donc?

MADAME DE LINSBOURG. Ton cousin, que tu aimes.

MATHILDE. Olivier! mais non, je vous assure.

MADAME DE LINSBOURG. Comment, Mademoiselle, ce n'est pas ce pauvre garçon?

MATHILDE. Et pourquoi voulez-vous que ce soit lui?

MADAME DE LINSBOURG. Parce que, des cousins, c'est tout naturel, c'est l'usage; du moins, de mon temps, c'était ainsi; mais maintenant qu'on a tout changé... Enfin, vous aimez quelqu'un, et je veux savoir...

MATHILDE, *lui prenant la main*. Eh bien! ma tante, c'est vrai, ou du moins j'ai cru un moment... mais ne me demandez pas son nom, je ne puis vous le dire; je ne le reverrai sans doute jamais.

MADAME DE LINSBOURG. Et tu y penseras toujours?

MATHILDE. Non; j'espère l'oublier tout à fait. J'ai déjà commencé; car cette union était impossible, en supposant qu'il se fût occupé de moi; vous savez que mon tuteur n'aurait jamais consenti à me marier à un jeune homme; il me l'avait déclaré. (*En confidence.*) Il a les jeunes gens en horreur.

MADAME DE LINSBOURG. C'est ce que je disais tout à l'heure, la maison la plus ennuyeuse...

MATHILDE. Et pour être plus sûr de son fait, tous ceux qu'il recevait avaient au moins soixante et dix ans.

MADAME DE LINSBOURG. Miséricorde! des Lovelaces du temps de Frédéric-Guillaume; et c'est parmi ces antiquités que tu as choisi un mari?

MATHILDE, *soupirant*. Que voulez-vous? il a bien fallu... j'ai choisi le plus jeune; M. de Bruschal n'a que soixante ans.

MADAME DE LINSBOURG, *ironiquement*. Que soixante ans! oh! je conçois qu'il a dû te paraître un petit étourdi?

MATHILDE, *souriant*. Pas tout à fait; mais il est si bon, si aimable...

AIR : *Ils sont les mieux placés* (de L'ARTISTE).
Jamais il ne se fâche,
Et toujours il sourit :
Lorsqu'à plaire il s'attache,
Que de grâce et d'esprit!
En parlant il fait même
Oublier qu'il est vieux,..
Et je crois que je l'aime
Quand je ferme les yeux.

Dès le premier jour il avait deviné ma situation; ses regards me suivaient avec un intérêt si tendre; que vous dirai-je? la maison de mon tuteur m'était devenue insupportable; je savais que le mariage seul pouvait m'affranchir de cet esclavage, et lorsque M. de Bruchsal se proposa, je l'acceptai avec reconnaissance.

MADAME DE LINSBOURG. C'est cela, je m'en doutais, un mariage de désespoir.

MATHILDE. Mais du tout, ma tante; je vous jure que je serai très-heureuse.

MADAME DE LINSBOURG. Très-heureuse; c'est que tu ne sais pas... c'est que tu ne peux pas savoir...

MATHILDE. Quoi donc, ma tante?

MADAME DE LINSBOURG, *à part*. Pauvre petite! à son âge, j'aurais dit comme elle. (*Haut.*) Songe donc, mon enfant, un mari de soixante ans! et qui a la goutte peut-être par-dessus le marché.

MATHILDE. Mais...

MADAME DE LINSBOURG. C'est clair; ils l'ont tous.

MATHILDE. Il ne me l'a pas dit.

MADAME DE LINSBOURG. Est-ce qu'on dit ces choses-là; comme ce serait gracieux pour moi! au lieu d'un neveu leste et vif qui me donne la main, c'est moi qui serais obligée de lui donner le bras.

AIR : *Amis, voici la riante semaine.*
A cet hymen, ma nièce, je m'oppose,
Et la vertu te le défend aussi ;
Tu ne sais pas à quel risque on s'expose,
Lorsque l'on prend un vieillard pour mari :
Que de périls menacent une belle!
Que de faux pas, quand on n'a, mon enfant,
Pour soutenir la vertu qui chancelle,
Qu'un vieil époux qui peut en faire autant.

Ainsi n'y pensons plus.

MATHILDE. Ma tante!..

MADAME DE LINSBOURG. Plus tard nous causerons de tes amours et du bel inconnu; l'important maintenant est de rompre ce mariage ridicule.

MATHILDE. Le rompre! ô ciel! ma tante, que dites-vous? quand tout est signé, que tout est prêt pour la cérémonie.

MADAME DE LINSBOURG. Peu importe!

MATHILDE. L'affliger, le désespérer, lui qui est si bon!

MADAME DE LINSBOURG. Je l'exige, ma nièce, ou je ne vous revois de ma vie.

AIR : *Non, non, je ne partirai pas* (de LA BATELIÈRE).
Il faut rompre de pareils nœuds,
Ou je quitte à l'instant ces lieux!..
MATHILDE.
Calmez votre colère...
MADAME DE LINSBOURG.
Non... je renonce à vous,
Et je pars pour ma terre
S'il devient votre époux.
Lui!.. votre époux. (*bis*)
ENSEMBLE.
MATHILDE.
O ciel! rompre de pareils nœuds,
Je ne puis me rendre à vos vœux.
Ne quittez pas ces lieux.
Non, non, non, non, ne quittez pas ces lieux.
MADAME DE LINSBOURG.
Il faut rompre de pareils nœuds ;
Pour toujours je quitte ces lieux,
Recevez mes adieux...
Non, non, non, non, recevez mes adieux...

(*Elle sort sans écouter Mathilde.*)

MATHILDE, *seule*. Ma tante; mon Dieu! comment la retenir? ah! voici M. de Bruchsal; il pourra peut-être lui faire entendre raison.

SCÈNE IV.

ALPHONSE, *vêtu en vieux : il sort de l'appartement à droite en grande toilette;* MATHILDE.

MATHILDE. Ah! Monsieur, venez vite, je vous en prie.

ALPHONSE, *souriant*. Vite, c'est un peu difficile pour moi, ma chère Mathilde, pardon, je vous ai fait attendre; vous, vous êtes jolie tout de suite; mais à un vieillard, il lui faut du temps...
« Pour réparer des ans l'irréparable outrage. »
Enfin, me voilà en costume de marié, tout comme un autre... qu'avez-vous? vous paraissez agitée?

MATHILDE. C'est vrai, j'ai bien du chagrin.

ALPHONSE, *avec bonté*. Contez-moi cela tout de suite, ma chère amie, pour que j'en aie aussi.

MATHILDE. Cette bonne tante, dont je vous ai si souvent parlé...

ALPHONSE. Madame de Linsbourg? elle est arrivée, m'a-t-on dit.

MATHILDE. Oui; et elle vient de repartir sur-le-champ.

ALPHONSE. Comment?

MATHILDE, *avec embarras*. Elle s'est fâchée, je ne sais pourquoi elle a des préventions contre ce mariage, elle n'aime que les jeunes gens.

ALPHONSE. Je comprends; cela veut dire qu'elle n'aime pas les vieillards.

MATHILDE. Oui, Monsieur.

ALPHONSE. Et vous qui avez été élevée par elle, partagez-vous ses sentiments sur la vieillesse?

MATHILDE. Non, Monsieur.

AIR : *Vos maris en Palestine.*

Je la respecte et l'honore,
Et je pense, en vérité,
Qu'on lui doit bien plus encore,
Quand chez elle, esprit, bonté,
Changent l'hiver en été.

ALPHONSE.
Savoir vieillir sans trop déplaire
Est difficile, je le sens.

MATHILDE.
Ah! pour moi quand viendra ce temps...
Je sais ce qu'il faudra faire :
Je vous regarde... et j'apprends.

Et quand ma tante vous connaîtra mieux, elle sera comme moi; mais pour cela, il faut qu'elle vous voie, et si elle s'en va...

ALPHONSE. Soyez tranquille, je me charge de la calmer; nous irons tous deux lui faire visite.

MATHILDE. Oh! que vous êtes bon, Monsieur! C'est que, dans deux heures, elle aura quitté Dusseldorf.

ALPHONSE. J'irais bien tout de suite, c'est que tout est disposé pour notre mariage; on nous attend, et quand on vieillit on devient un peu égoïste, et surtout très-pressé.

AIR : *Muse des bois.*

Prêt à former cet heureux mariage ;
Je craindrais trop de perdre un seul moment;
Car le bonheur est, hélas! à mon âge,
Un vieil ami qu'on voit si rarement !
De sa visite alors qu'il nous honore,
Vite ouvrons-lui... dès qu'il vient d'arriver...

MATHILDE.
Le lendemain il peut venir encore.

ALPHONSE.
Oui... mais il peut ne plus nous retrouver.

Ainsi permettez que d'abord je m'assure du titre de votre époux. Après la cérémonie, je vous conduirai chez votre tante, et je suis bien sûr qu'elle consentira à venir vivre avec nous.

MATHILDE. Il serait possible!

ALPHONSE. Cet arrangement vous plaît-il?

MATHILDE, *souriant*. Eh mais! il faut bien que je m'essaye à vous obéir, Monsieur.

ALPHONSE, *lui baisant la main*. Non, non, jamais, chère Mathilde. C'est moi qui veux suivre vos ordres, deviner vos désirs, et... Qui vient là?

MATHILDE. Victor, qui paraît avoir à vous parler.

SCÈNE V.

LES PRÉCÉDENTS, VICTOR.

ALPHONSE, *à Victor*. Qu'est-ce que c'est?

VICTOR, *lui faisant des signes*. Pardon, je voulais dire à Monsieur... les marchands qui ont fait les fournitures pour la noce se sont présentés avec leurs mémoires.

ALPHONSE, *vivement*. Déjà! morbleu, c'était bien la peine de nous interrompre; qu'ils aillent au diable !

MATHILDE. Eh! mon Dieu, vous vous emportez comme un jeune homme.

ALPHONSE. Non ; c'est que ces imbéciles choisissent si mal leur moment; venir parler d'argent, quand il est question de bonheur! (*Il baise la main de Mathilde.*)

VICTOR, *continuant ses signes*. C'est ce que j'ai pensé ; je leur ai dit de revenir après la cérémonie.

ALPHONSE. C'est bien.

VICTOR. J'avais aussi à dire à Monsieur..... (*A Alphonse, et le tirant par son habit.*) Il faut que je vous parle en particulier.

ALPHONSE, *surpris*. Hein! (*A Mathilde,*) Pardon, ma chère amie, quelques commissions importantes ; je vous suis dans le salon.

MATHILDE. Ne vous faites pas attendre, (*Bas.*) et puis, pour ma tante; vous savez...

AIR : *Et tes serments, ma chère.*

Ah! de grâce, aimez-la !
Ce que, dans votre zèle,
Vous aurez fait pour elle
Mon cœur vous le paiera.

ALPHONSE.
D'après cette promesse,
Pour la tante, je vais
Ce soir me mettre en frais
De soins et de tendresse..
(*Lui baisant la main.*)
Et vous ne m'en rendrez
Que ce que vous pourrez.

(*Mathilde sort, Alphonse la conduit jusqu'à la porte.*)

SCÈNE VI.

VICTOR, ALPHONSE.

ALPHONSE, *à Victor, avec inquiétude*. Qu'y a-t-il donc?

VICTOR. Tout est perdu.

ALPHONSE, *vivement*. Ah! mon Dieu !

VICTOR. Eh bien ! Monsieur, ne sautez donc pas comme cela : à votre âge c'est dangereux. Vous n'aviez pas pensé au contrat ; on va signer.

ALPHONSE. Eh bien ?

VICTOR. J'ai pensé que vous ne pourriez pas signer le nom de votre oncle.

ALPHONSE. Je signerai le mien, Alphonse de Bruchsal; je supprimerai le prénom.
VICTOR. Monsieur, cela finira mal pour nous.
ALPHONSE. C'est possible; mais quand on est amoureux, quand on en perd la tête, quand on a affaire à un tuteur qui n'aime que les vieillards...
VICTOR. M. Rudmann, passe encore; mais votre oncle, que dira-t-il, lui qui ne peut souffrir le mariage ni pour lui ni pour les autres? il est capable de vous déshériter.
ALPHONSE. Mon oncle! mon oncle, qui jamais n'est venu ici, que personne n'y connaît! et quel tort puis-je lui faire dans cette circonstance?

AIR : *De sommeiller encor, ma chère.*
Contre sa tournure caduque
J'ai changé mes vingt-cinq printemps ;
J'ai pris ses rides, sa perruque,
Et jusqu'à ses pas chancelants...
J'ai pris ses soixante ans, sa goutte,
Et bien loin de s'en offenser,
Mon cher oncle voudrait sans doute
Pouvoir toujours me les laisser.

En attendant, je vais signer le contrat en son nom; de là à l'église; et hâtons-nous, car jusqu'à ce moment je n'existerai pas. Surveille surtout ce M. Olivier, ce petit cousin, qui me déplaît souverainement.
VICTOR. Comment, Monsieur, vous en êtes jaloux?
ALPHONSE. Quand on a soixante ans, on est jaloux de tout le monde. Si tu savais combien mon rôle est terrible! tandis que je fais le piquet ou le whisk des grand'mamans, je vois Mathilde folâtrer et danser avec son cousin, le seul jeune homme qui, à cause de la parenté, ait accès dans la maison; et quand on est seul, on a tant de mérite! A chaque instant, il regarde Mathilde; il lui prend la main devant moi, sans se gêner; je suis censé avoir la vue basse; il lui parle à l'oreille, pour se moquer de moi, pour me tourner en ridicule, et je ne peux pas me fâcher; car, auprès du tuteur, je me suis vanté d'être un peu sourd. Mais, patience, je lui revaudrai cela ; et aujourd'hui, aussitôt le mariage célébré, je me brouille avec toute la famille.
VICTOR. Et sous quel prétexte?
ALPHONSE. Est-ce que j'en ai besoin? est-ce qu'à mon âge, on n'est pas humoriste, quinteux, bizarre? la vieillesse a ses priviléges, et j'en profite. Mais juge donc quel triomphe, si malgré tout cela, je pouvais me faire aimer de Mathilde.
VICTOR. Quoi! Monsieur, elle ne se doute pas un peu ?..
ALPHONSE. Comment lui faire un pareil aveu? Une jeune personne aussi modeste que timide pourrait-elle se prêter à une ruse semblable? Non, elle ne connaîtra la vérité que quand elle sera à moi, quand elle m'appartiendra : le lendemain de notre mariage.
UN DOMESTIQUE. Une lettre pour monsieur le baron.
ALPHONSE. « Le baron de Bruchsal. » C'est bien cela. (*Le domestique sort. Alphonse lit.*) « Monsieur et « très-honoré maître. » Qui m'écrit ainsi? ce n'est pas toi?
VICTOR. Non, Monsieur.
ALPHONSE, *continuant.* « Vous avez bien raison, et « moi aussi, de détester le mariage, il ne peut que « porter malheur. C'était pour assister à celui de ma « nièce, que vous m'avez permis d'aller passer quinze « jours au pays ; mais ces repas de noce sont si longs, « que la première quinzaine je suis resté à table, et « la seconde dans mon lit, sauf votre respect... »

(*S'interrompant.*) D'où diable me vient une pareille confidence? (*Regardant la signature.*) « MICHEL GOINFFER. »
VICTOR. N'est-ce pas le nom du vieux valet de chambre de votre oncle? Comment lui écrit-il à Dusseldorf?
ALPHONSE. Voyons. (*Continuant de lire.*) « Je vous « prie donc, mon très-honoré maître, de ne pas vous « mettre en colère, comme c'est votre habitude, si « vous ne trouvez rien de prêt à l'hôtel, parce qu'il « m'a été impossible d'arriver avant vous à Dussel- « dorf, comme vous me l'aviez ordonné; mais je sais « que vous devez y être le 20. » (*Parlé.*) O ciel! c'est aujourd'hui ! (*Lisant.*) « Et je ferai mon possible pour « m'y trouver le même jour; vous promettant bien « que j'ai assez de noce comme ça.
« MICHEL GOINFFER. »

Me voici bien dans un autre embarras; mon oncle qui va arriver chez lui, dans son hôtel; quel parti prendre?
VICTOR. Je vous le demande?
ALPHONSE, *après un moment de réflexion et d'incertitude.* Ma foi, le plus simple est de me marier sur-le-champ.
VICTOR. Mais votre oncle, en arrivant, va descendre ici.
ALPHONSE. Il ne m'y trouvera plus.
VICTOR. Comment?
ALPHONSE. La cérémonie terminée, je pars avec ma femme.
VICTOR. Partir! et où irez-vous?
ALPHONSE. Au château de Ronsberg, à la terre de mon oncle; je serai toujours chez moi. Tu m'y joindras.
VICTOR. Oui, Monsieur.
ALPHONSE. Guette le vieux Michel.
VICTOR. Soyez tranquille.

ALPHONSE.
Air du quatuor de la *Reine de seize ans.*
De la disgrâce
Qui nous menace,
Un trait d'audace
Peut nous sauver.

SCÈNE VII.

LES PRÉCÉDENTS ; OLIVIER *entre, et voyant Alphonse et Victor, il s'arrête au fond pour les écouter.*

ALPHONSE, *à Victor.*
Mais, sentinelle
Sûre et fidèle,
Sache avec zèle
Tout observer.
Pour couronner notre entreprise,
A mon cocher donnant le mot,
Je veux, au sortir de l'église,
Enlever ma femme aussitôt.
OLIVIER, *à part.*
Qu'entends-je, ô ciel ! et quel complot !
ALPHONSE.
Dans leur château, Monsieur, Madame,
Tous les deux iront se cacher...
OLIVIER.
Vouloir nous enlever sa femme !..
Je saurai bien l'en empêcher.
ENSEMBLE.
ALPHONSE, VICTOR.
De la disgrâce
Qui nous menace,

Ce trait d'audace
Peut nous sauver
Valet fidèle,
Fais sentinelle,
Sache avec zèle
Tout observer.

OLIVIER.
De la disgrâce
Qui nous menace,
Un trait d'audace
Peut nous sauver.
Cousin fidèle,
Fais sentinelle,
Sache avec zèle
Tout observer.

(*Alphonse et Victor entrent dans l'appartement à droite.*)

SCÈNE VIII.

OLIVIER, *seul.* Enlever ma cousine ! l'emmener au château de Ronsberg ! nous saurons bien les y retrouver ; et je vais d'abord, de la part du mari, y inviter toute la famille, et même ma tante, qui, par bonheur, n'est pas encore partie. Puisqu'ils veulent être seuls, ce sera un bon tour à leur jouer. (*Il s'assied à la table, et écrit.*)

SCÈNE IX.

OLIVIER, *à la table*, MICHEL, *en veste de voyage, et une valise sous le bras.*

MICHEL, *le nez en l'air.* Pas mal, pas mal, notre nouvel hôtel est assez bien ! je suis content du rez-de-chaussée et du grand escalier ; mais il faudra voir les chambres de domestiques, c'est l'essentiel. Par exemple, je n'ai pas encore aperçu une figure de connaissance, ce qui me fait espérer que Monsieur ni ses gens ne sont pas encore arrivés. (*Apercevant Olivier.*) Qu'est-ce que je vois là ? un étranger... (*Otant son chapeau.*) quelqu'un qui venait sans doute pour mon maître, et qui s'écrit en son absence.

OLIVIER, *appelant sans se déranger.* Holà ! quelqu'un des gens de M. de Bruchsal.

MICHEL, *s'avançant.* Voilà, Monsieur...

OLIVIER. Je n'avais pas encore vu celui-là.

MICHEL. J'arrive à l'instant ; depuis trente ans j'ai l'honneur d'être le valet de chambre de M. le baron, et l'avantage d'être son intendant ! Oserais-je demander ce qu'il y a pour le service de Monsieur ?

OLIVIER. Des commissions à faire de la part de ton maître.

MICHEL, *surpris.* De mon maître ; il est donc ici ?

OLIVIER. Et où veux-tu qu'il soit ?

MICHEL. Il est donc arrivé aujourd'hui, de bien bonne heure ?

OLIVIER. Aujourd'hui ! voilà plus de trois semaines.

MICHEL. Est-il possible ! et depuis quand Monsieur s'avise-t-il d'avoir comme ça des idées, de lui-même et sans m'en prévenir ? il me dit : « Je ne serai à Dus-« seldorf que le 20, je n'y serai pas avant. » Et moi qui me fiais là-dessus, et qui étais tranquillement à être malade.

OLIVIER. Est-ce qu'il te doit des comptes ? est-ce qu'il ne peut pas changer ?

MICHEL. Non, Monsieur ; c'est toujours, chez nous, arrêté et réglé d'avance ! depuis trente ans, Monsieur se lève et se couche à la même heure.

Air du *Ménage de garçon.*
Son costume est toujours le même :
Habit noir, cheveux à frimas !..
Il a toujours même système,
Mêmes amis, mêmes repas...
Quel bon maître ! il ne change pas !..
Enfin, lorsque la destinée
L' met en colèr' le jour de l'an :
Il s'y maintient toute l'année,
Tant il a peur du changement.

Et m'exposer à être en retard ! ne pas me prévenir !

OLIVIER, *se levant.* Il avait bien autre chose à penser, surtout au moment de son mariage.

MICHEL, *stupéfait.* Son mariage ! qu'est-ce que cela signifie ?

OLIVIER. Que ton maître se marie !

MICHEL. Mon maître, le vieux conseiller, le baron de Bruchsal ?

OLIVIER. Lui-même.

MICHEL, *avec colère.* Monsieur, vous l'insultez, et je ne souffrirai pas...

OLIVIER. Ah çà ! à qui en a-t-il donc? je te dis de porter à l'instant toutes ces lettres à la famille de sa femme.

MICHEL. De sa femme ; est-ce que ce serait vrai ? (*On entend dans la coulisse la ritournelle du chœur suivant.*)

OLIVIER, *à Michel.* Tiens ! tiens ! entends-tu ? on m'appelle.

CHŒUR, *en dehors.*
Air du *Maçon.*
ENSEMBLE.
Quel bonheur ! quelle ivresse !
Quel beau jour ! quel plaisir !
Allons, que l'on s'empresse ;
Il est temps de partir.

OLIVIER.
Quels accents d'allégresse
Viennent de retentir !
On m'appelle, on s'empresse ;
La noce va partir.
Quel beau jour ! quelle ivresse !

MICHEL.
Je n'en puis revenir.

OLIVIER.
On m'appelle, on s'empresse,
La noce va partir.

MICHEL.
De douleur, de tristesse,
Ah ! je me sens mourir.

LE CHŒUR, *en dehors.*
La noce va partir.

(*Olivier sort en courant.*)

(*On entend en dehors :*)
La porte ! la voiture de la mariée ! rangez-vous !

SCÈNE X.

MICHEL, *ensuite* VICTOR, *qui entre au moment où Michel regarde par la fenêtre.*

MICHEL, *seul.* C'est donc pour cela qu'il m'a trompé, qu'il m'a éloigné ; il craignait ma vue et mes reproches. (*Regardant par la fenêtre.*) Ah ! mon Dieu, oui ce tapage, ce monde qui se presse, ces pauvres qui encombrent la rue ; et sur toutes les physionomies cet air triste et lugubre ; c'est bien une noce ; ah ! mon Dieu, le voilà, le voilà qui monte en carrosse, je ne vois que son dos ; mais c'est bien lui, rien qu'à son habit brun et sa perruque, je le reconnaîtrais entre mille! il n'y a plus à en douter!

VICTOR, *à part, après avoir regardé par la fenêtre.* Bon! les voilà partis; nous sommes sauvés!

MICHEL. Je ne sais pas si c'est l'idée; il me semble déjà maigri et rapetissé.

VICTOR, *le saluant.* N'est-ce pas à monsieur Michel que j'ai l'honneur de parler?

MICHEL. Lui-même. Que me veut encore celui-là?

VICTOR. C'est moi qui, en votre absence, occupais, par *intérim*, la place de valet de chambre.

MICHEL. Un nouveau domestique!.. et un jeune homme encore! je vous dis que, quand je ne suis pas là, il ne fait que des étourderies, et je n'aurais jamais dû le quitter, surtout depuis sa dernière maladie; car, il a beau dire, sa tête n'est plus la même; et on aura profité de sa faiblesse, de son inexpérience, pour le sacrifier.

VICTOR. Y pensez-vous? une femme charmante!

MICHEL. Raison de plus! mon pauvre maître, un si brave homme! un si honnête homme! quelle perte j'ai faite là!

VICTOR. Un instant, il n'est pas encore défunt.

MICHEL. C'est tout comme... il n'en vaut guère mieux; et je ne pourrai jamais me faire à le voir marié; c'est plus fort que moi; lui qui me répétait, il n'y a pas encore dix ans : « Tiens, mon vieux Michel, je « nous marions jamais, nous en serons plus heureux, « nous vieillirons ensemble. » Et après trente ans de service, voir arriver une femme! comme ça va tout changer, tout bouleverser; il ne m'obéira plus, d'abord, c'est sûr. (*S'essuyant les yeux.*) Enfin, puisque c'est sans remède, je vais toujours me rendre à la cérémonie, pour assister...

VICTOR, *à part.* Ah! diable! (*Haut.*) Y pensez-vous? dans ce costume? quand tous ses gens ont des livrées neuves, vous allez faire scandale.

MICHEL. C'est juste, c'est juste, l'étiquette avant tout; quelle que soit la conduite de Monsieur envers moi, il faut encore lui faire honneur; je vais mettre mes plus beaux habits. (*Sanglotant et reprenant sa valise.*) Je vais aussi préparer mon bouquet et mon compliment; mon pauvre maître! (*A Victor.*) Où sont les chambres de domestiques, Monsieur?

VICTOR, *le poussant et lui montrant la porte à droite.* Au quatrième, de ce côté; allez vite, car la cérémonie doit être avancée.

MICHEL, *sortant.* Ah! c'est un coup dont je ne me relèverai pas! ni Monsieur non plus! (*Il sort. On entend le bruit d'une voiture qui entre dans la cour.*)

VICTOR, *seul.* Dieu merci, nous en voilà débarrassés; il était temps... j'ai entendu une voiture entrer dans la cour et je tremblais. (*Il regarde par la fenêtre.*) Eh mais! ce n'est pas de la noce! un landau de voyage! des chevaux de poste... ah! mon Dieu! quoique je ne l'aie jamais vu, rien qu'au costume, c'est notre oncle, j'en suis sûr; le voilà qui monte; ma foi, laissons-le s'en tirer comme il pourra, et courons rejoindre mon maître. (*Il sort de côté.*)

SCÈNE XI.

M. DE BRUCHSAL, *arrivant par le fond.* Michel! Michel! comment, morbleu! personne! toutes les portes ouvertes, cela fait une maison joliment tenue, et une belle manière de prendre possession... (*Il regarde autour de lui.*) Mais où diable s'est donc fourré ce maudit concierge? et ce paresseux de Michel! il devrait être ici depuis longtemps; il m'a fait sans doute préparer un appartement, un bon feu; mais je ne sais où; je ne connais pas mon hôtel, je suis harassé, et pour m'achever, attendre une heure dans la rue, en embarras, une queue de voitures qu'il a fallu laisser défiler devant moi. (*Se jetant dans un fauteuil.*) On m'a dit que c'était une noce. (*Haussant les épaules.*) Hum! encore un imbécile qui était fatigué d'être heureux. Je vous demande à quoi ça sert de se marier? à se rendre l'esclave d'une coquette ou d'une prude, ou d'une folle, et avoir toujours l'argent à la main; car c'est là tout le rôle d'un mari, des compliments à recevoir et des mémoires à payer. Ce pauvre benêt, que je viens de rencontrer, va-t-il en avoir, la corbeille, le repas, le... Quelle est cette figure?

SCÈNE XII.

M. DE BRUSCHSAL, UN CHEF D'OFFICE.

M. DE BRUCHSAL. Que voulez-vous, mon ami?

LE CHEF D'OFFICE. Pardon, Monsieur, je désirerais parler à madame ou à M. de Bruchsal.

M. DE BRUCHSAL, *avec humeur.* Madame! M. de Bruchsal, c'est moi.

LE CHEF D'OFFICE. Vous, Monsieur! eh bien! je m'en doutais presque; parce qu'à la tournure, quoique je n'eusse pas encore eu l'honneur de voir Monsieur... (*D'un air satisfait.*) Monsieur a-t-il été content du déjeuner?

M. DE BRUCHSAL, *le regardant.* Du déjeuner?

LE CHEF D'OFFICE. Celui que m'a commandé votre valet de chambre.

M. DE BRUCHSAL, *à part.* Voyez-vous ce gourmand de Michel.

LE CHEF D'OFFICE. Ce n'était qu'un ambigu, comme Monsieur l'avait désiré; mais le dîner de noce sera beaucoup mieux.

M. DE BRUCHSAL. Le dîner de noce; et quelle noce?

LE CHEF D'OFFICE. La vôtre.

M. DE BRUCHSAL. La mienne!

LE CHEF D'OFFICE. Je pense du moins que la cérémonie est terminée, puisque vous voilà de retour.

M. DE BRUCHSAL. Je suis marié! moi!

LE CHEF D'OFFICE. De ce matin; c'est un mariage qui fait assez de bruit, la file des voitures tenait toute la rue.

M. DE BRUCHSAL, *se levant.* Toute la rue! est-ce que par hasard ce serait ma noce que j'ai vue passer?

LE CHEF D'OFFICE. Eh! oui, Monsieur; toute la ville vous le dira.

M. DE BRUCHSAL, *s'emportant.* Eh! morbleu, toute la ville a perdu la tête, et moi aussi; je suis garçon, grâce au ciel, et si vous en doutez encore, tenez, voilà mon domestique qui vous le certifiera. Arrive donc.

SCÈNE XIII.

LES PRÉCÉDENTS; MICHEL, *en toilette et le bouquet à la main; il sort de l'appartement à droite.*

MICHEL, *d'un air composé.* Permettez, Monsieur, que je joigne mes félicitations.

M. DE BRUCHSAL. Te voilà; c'est bien heureux!

MICHEL, *cherchant à retenir ses larmes.* Oui, Monsieur, oui; je suis peut être en retard, ça n'est pas de ma faute. (*Sanglotant.*) Ah! Monsieur... ah! notre maître! qui m'aurait dit cela de vous!

M. DE BRUCHSAL. Hein! qu'est-ce que c'est?

MICHEL. Pardon; j'ai tort de vous en parler; car, enfin, la sottise est faite, et puisque c'est fini, je souhaite que votre femme vous rende aussi heureux que vous le méritez.

M. DE BRUCHSAL. Ma femme!

LE CHEF D'OFFICE. Vous l'entendez.

M. DE BRUCHSAL. Et toi aussi! tu oses me soutenir que je suis marié?

MICHEL. Hélas! Monsieur, j'étais comme vous; je ne voulais pas le croire! il a fallu que je le visse de mes propres yeux; oui, notre maître, je vous ai vu monter tout à l'heure dans la voiture de la mariée.

M. DE BRUCHSAL, *hors de lui.* Tout à l'heure!

MICHEL. Oui, Monsieur.

M. DE BRUCHSAL. Écoute, Michel : si c'était un autre que toi, je l'aurais déjà fait sauter par la fenêtre; mais je ne puis croire qu'un vieux et fidèle serviteur ose se jouer à ce point; je me suis pas marié, cependant, sans m'en apercevoir... que diable! je suis bien éveillé, je suis dans mon bon sens, j'ai bien ma tête à moi...

MICHEL. Vous le croyez, Monsieur : c'est ce qui vous trompe; je vous ai toujours dit que depuis votre dernière maladie...

M. DE BRUCHSAL, *le repoussant.* Va-t'en au diable.

SCÈNE XIV.

LES PRÉCÉDENTS; UN BIJOUTIER, LINGÈRES, MODISTES, FOURNISSEURS, *des mémoires à la main.*

CHŒUR.

AIR : *Au lever de la mariée* (du MAÇON).

Nous venons tous rendre hommage
A monsieur le marié...
(*Présentant tous leur mémoire à M. de Bruchsal.*)
Le bonheur d'un bon ménage
Ne peut être trop payé !
Nous venons tous rendre hommage
A monsieur le marié.

M. DE BRUCHSAL, *étourdi.*
Non, je ne sais si je veille !
(*Aux fournisseurs.*)
Qu'est-ce donc?.. et que voulez-vous?..

LE BIJOUTIER.
Les mémoires... pour la corbeille...

UNE MODISTE, *présentant le sien.*
Frais de noce, trousseau, bijoux.

LE BIJOUTIER, *de même.*
Dix mille florins !.. c'est pour rien !

MICHEL.
Là, Monsieur... je le disais bien !

M. DE BRUCHSAL. Comment ! morbleu !

REPRISE DU CHŒUR.
Nous venons tous rendre hommage, etc.

M. DE BRUCHSAL. Un instant, un instant. (*Aux fournisseurs.*) Qui vous a dit de m'apporter ces mémoires?

LE BIJOUTIER. C'est votre valet de chambre, Monsieur.

M. DE BRUCHSAL, *courant à Michel.* Comment ! drôle, c'est toi?

MICHEL, *se débattant.* Eh ! Monsieur, prenez donc garde ; ce doit être l'autre, votre nouveau.

M. DE BRUCHSAL. Mon nouveau !

MICHEL. Vous voyez, Monsieur : pour un instant que je vous laisse seul, vous avez de jeunes domestiques, vous avez fait des dettes, vous avez fait un mariage, vous aurez bientôt cinq ou six enfants.

M. DE BRUCHSAL. Des enfants !

MICHEL. Oui, Monsieur; maintenant vous êtes capable de tout.

M. DE BRUCHSAL. Je deviendrai fou! Et sur quelles preuves oses-tu me soutenir...

MICHEL. Des preuves! encore une que j'oubliais, et que j'ai là dans ma poche, des lettres d'invitation que vous envoyez à votre famille. (*Il lui montre plusieurs lettres.*)

M. DE BRUCHSAL. Des lettres. (*En lisant quelques-unes.*) Eh! oui, je les invite à venir à mon château de Ronsberg, où je me rends avec ma femme. Ah! quel que soit l'imposteur, je le tiens maintenant. (*A Michel.*) Vite, mes chevaux, ma voiture! (*Il va pour sortir.*)

FINAL.

Air du final du premier acte du *Plus beau jour de la vie.*

LES FOURNISSEURS, *s'opposant à sa sortie.*
Eh quoi! partir... sans solder ma facture!
Non, non, Monsieur... c'est une horreur!

M. DE BRUCHSAL.
Je ne dois rien... allez-vous-en au diable.

LES FOURNISSEURS, *lui barrant le passage.*
Comme mari vous êtes responsable,
Et vous paierez...

M. DE BRUCHSAL, *furieux.*
Quel complot effroyable !

MICHEL.
Quel embarras !

TOUS.
Vous ne partirez pas.

MICHEL, *le calmant.*
Monsieur... Monsieur...

M. DE BRUCHSAL.
Redoutez ma colère !

MICHEL, *à part.*
Dieux ! il va se faire
Une mauvaise affaire.

LE CHŒUR.
Songez-y, Monsieur, la justice est sévère;
Payez-nous, ou bien nous arrêtons vos pas.

M. DE BRUCHSAL.
Craignez ma colère !

TOUS.
Non, non, point d'affaire !

MICHEL, *à son maître.*
Payez-les... sinon nous resterons en gage.

M. DE BRUCHSAL, *tirant son portefeuille.*
Morbleu ! c'est bien dur, et de bon cœur j'enrage.

TOUS.
Je vois que Monsieur va se montrer plus sage !

M. DE BRUCHSAL, *leur donnant des billets.*
Tenez... votre argent... le voici !
Quel ennui !

ENSEMBLE.

M. DE BRUCHSAL.
Dix mille florins ; quel tour abominable !..
Le mari,
Morbleu ! me paiera tout ceci !

MICHEL, *le regardant.*
Quel joli moment !.. comme c'est agréable
De jouer ainsi
Le rôle de mari.

TOUS, *recevant de l'argent.*
Je l'avais bien dit, il devient raisonnable ;
C'est toujours ainsi
Que finit un mari.

DE BRUCHSAL. Quoi!.... que faites-vous. — Acte 2, scène 13.

TOUS, *l'entourant et le saluant.*
Ah! Monsieur, pardon... recevez notre hommage ;
L'amour vous sourit, le plaisir vous attend...
Combien il est doux l'instant du mariage ;
Pour un tendre époux quel moment enivrant !
Nous bénissons tous un si beau mariage ;
Recevez nos vœux et notre compliment.

ENSEMBLE.
TOUS.
Adieu, bon voyage !
Ah ! pour vous quel moment !
M. DE BRUCHSAL ET MICHEL.
De bon cœur j'enrage ?..
Sans perdre un instant mettons-nous en voyage ;
Cet hymen vraiment
Aura fait mon tourment !
Partons sur-le-champ.
(Ils sortent tous, en entourant M. de Bruchsal et Michel.)

ACTE DEUXIÈME.

Le théâtre représente un salon de campagne ouvrant sur des jardins ; porte au fond ; portes latérales ; deux croisées au fond. A droite, la porte de l'appartement de Mathilde ; à gauche, un guéridon chargé de viandes froides, de fruits, etc., avec deux couverts.

SCÈNE PREMIÈRE.

MATHILDE, ALPHONSE, DEUX FEMMES DE CHAMBRE *qui portent des cartons; ensuite* VICTOR.
(Ils entrent par le fond; Mathilde donne à une de ses femmes son châle et son chapeau, Alphonse jette de côté son manteau de voyage.)

ALPHONSE, *donnant la main à Mathilde.* N'êtes-vous pas trop fatiguée, ma chère amie?
MATHILDE, *s'asseyant.* Un peu ; les chevaux allaient si vite ; je me sens encore toute étourdie ; mais ce ne sera rien.
ALPHONSE. Je vous demande pardon de ce brusque départ ; j'ai voulu vous épargner les curieux, les visites ; on m'en avait annoncé qui ne nous auraient pas été agréables.

MATHILDE. Vous avez très-bien fait, Monsieur.
ALPHONSE. Et puis, dans ces premiers moments, on n'est pas fâché d'être seuls, et chez soi. Dans cette terre du moins, nous ne craignons pas les importuns. (Regardant la table.) Je vois avec plaisir que Victor a fait exécuter mes ordres. Vous avez besoin de prendre quelque chose? n'est-ce pas? un fruit, une tasse de thé; justement j'en ai demandé en descendant de voiture... Eh! tenez, le voilà.

VICTOR, sortant du cabinet à gauche, apporte un plateau qu'il a posé sur le guéridon, et, s'approchant d'Alphonse, il lui dit à voix basse: A mon départ, l'ennemi était maître de la place.

ALPHONSE, bas, à Victor. Il était temps de se sauver. (Haut.) C'est bien, laissez-nous. (Aux femmes de chambre, en leur montrant la porte à droite.) Voici l'appartement de votre maîtresse; vous pouvez le préparer, et vous retirer par le petit vestibule. Nous n'aurons plus besoin de vous. (Les femmes entrent dans l'appartement, et Victor sort par le fond.)

SCÈNE II.

MATHILDE, ALPHONSE.

MATHILDE, à part, un peu inquiète. Ah! mon Dieu, on nous laisse seuls.

DUO.

AIR: *Di piacere mi balsa il cor.*

ALPHONSE, à part.
Près de ma femme
Me voici donc... pour mon cœur doux instants!..
Ah! qu'à ma flamme
Il tarde, hélas! de n'avoir déjà plus soixante ans.

MATHILDE, à part.
Mon trouble augmente.

ALPHONSE.
Qu'avez-vous donc?.. quel effroi
Près de moi?..

MATHILDE.
Non!.. mais ma tante...
Je la croyais en ces lieux.

ALPHONSE.
J'exaucerai vos vœux.

ENSEMBLE.

MATHILDE.
Non, plus d'effroi!
Et, près de moi,
Que mon mari
Soit mon meilleur ami.

ALPHONSE.
Oui, sans effroi
Regardez-moi:
Votre mari
N'est-il pas votre ami?

(Alphonse conduit Mathilde à la table, la fait asseoir, et s'assied auprès d'elle à sa gauche.)

ALPHONSE. Permettez que je vous serve. (Il verse le thé, et lui offre des fruits.) Ces petits soins ont tant de charmes: c'est un si grand bonheur d'être là, dans son ménage, de pouvoir s'occuper uniquement de celle qu'on aime, et qui vous appartient pour toujours. (Mathilde soupire involontairement. A part.) Ah! mon Dieu! ce mot la fait soupirer. (Haut et inquiet.) Qu'est-ce que c'est, chère amie? quelle inquiétude, quel chagrin vous tourmente?

MATHILDE. Moi, Monsieur?

ALPHONSE. Auriez-vous déjà des regrets? ou peut-être quelque autre souvenir?

MATHILDE. Quoi, vous pourriez penser?..

ALPHONSE. Quand ce serait vrai, il n'y aurait rien d'étonnant! et je pardonne d'avance.

MATHILDE. Bien vrai! cela ne vous fâchera pas?

ALPHONSE, à part. Ah! mon Dieu! (Haut, avec trouble.) Il y a donc quelque chose?

MATHILDE, timidement. Je conviens que je m'étais fait d'avance du mariage, et surtout de mon mari, une idée, un portrait...

ALPHONSE. Qui me ressemble?

MATHILDE, de même. Très-peu! Je me figurais quelqu'un qui aurait à peu près vos traits, vos manières, toutes les bonnes qualités que j'aime en vous; mais toutes ces qualités-là j'aurais voulu...

ALPHONSE. Eh bien?

MATHILDE. Qu'il les eût depuis moins longtemps. (Ils quittent la table, et viennent sur le devant de la scène. Mathilde se trouve à droite du spectateur.)

ALPHONSE. Je comprends, qu'il fût plus jeune.

MATHILDE, vivement. Oui, qu'il eût mon âge! et des yeux si expressifs, une voix si tendre...

ALPHONSE, souriant. Enfin, un portrait de fantaisie, qui ne ressemblât à rien.

MATHILDE. Si; je crois que cela ressemblait à quelqu'un.

ALPHONSE, à part. O ciel!

MATHILDE. Quelqu'un que j'ai rencontré avant mon mariage.

ALPHONSE, vivement. Et vous osez!

MATHILDE, effrayée. Non, Monsieur, non, je n'ose pas! c'est parce que vous m'avez dit que cela vous ferait plaisir; car, sans cela...

ALPHONSE. En effet, vous avez raison. (A part.) Maudite curiosité! (Haut.) Achevez, je vous en prie! Vous disiez que ce jeune homme...

MATHILDE. Ai-je dit un jeune homme? je n'en sais rien, car je l'ai si peu vu; trois ou quatre fois, à un bal que donnait un de nos voisins, un banquier de Dusseldorf.

ALPHONSE, avec joie. Qu'entends-je! et son nom?

MATHILDE. Ah! mon Dieu, Monsieur, vous devez le connaître; car, d'après quelques mots qui lui sont échappés, j'ai toujours pensé depuis qu'il devait être un de vos parents, et sans doute votre neveu.

ALPHONSE. Ah! que je suis heureux!

MATHILDE. Et de quoi donc?

ALPHONSE.

AIR: *A soixante ans.*

Je peux trembler qu'un autre ne vous aime;
Mais un neveu!.. je le vois sans chagrin;
Car mon neveu, c'est un autre moi-même,
Ce qui me plaît, il le trouve divin,
Et ce que j'aime, il l'adore soudain.
Aussi, mes biens et mes trésors, ma chère,
Tout ce que j'ai de mieux en ce moment,
Tout, après moi, lui revient... il le prend;
Et je vois sans trop de colère
Qu'il commence de mon vivant.

MATHILDE. Vraiment! si je l'avais su! moi qui craignais de vous en parler.

ALPHONSE. Au contraire, ne me laissez rien ignorer. Racontez-moi tous les détails; dites-moi ce que vous pensez de lui.

MATHILDE. Beaucoup de bien; d'abord, il vous ressemble beaucoup; et un jour que nous causions en dansant, car on danse pour causer, il me dit qu'il s'appelait Alphonse de Bruchsal, qu'il habitait ordinairement Berlin, mais qu'il serait heureux de se fixer à Dusseldorf, de m'y revoir...

ALPHONSE. Voilà tout?
MATHILDE. Oui, Monsieur.
ALPHONSE, *lentement et la regardant*. C'est singulier ; je croyais qu'il vous avait pris la main et qu'il l'avait serrée.
MATHILDE, *troublée*. Comment? c'est vrai, Monsieur, je l'avais oublié. (*A part*.) Ah! mon Dieu, comme il faut prendre garde avec les maris. (*Haut*.) Qui donc a pu vous apprendre?..
ALPHONSE. Voyez, Mathilde, comme il faut toujours dire la vérité à son époux. Tout ce que vous venez de me raconter, je le savais d'avance et de mon neveu lui-même.
MATHILDE. Ah! c'est bien mal à lui, c'est bien indiscret ; je ne l'aurais pas cru, et je n'avais pas besoin de cela pour l'oublier ; car, je vous l'ai dit, Monsieur, j'y pensais si peu, si peu, que cela ne valait pas la peine d'en parler ; seulement, et d'après ce qu'il m'avait dit de lui, de sa famille, il me semblait que cela annonçait des intentions, et j'attendais toujours qu'il se fît présenter chez nous ; lorsqu'un soir on annonce M. de Bruchsal. Ce nom fit battre mon cœur ; je levai la tête, mais ce n'était point lui. (*Baissant les yeux*.) C'était vous, Monsieur ; l'accueil que je vous fis d'abord, vous ne le dûtes, j'en conviens, qu'à mes souvenirs, à cette ressemblance ; mais plus tard, vos bontés seules ont appelé ma confiance, mon affection ; vous savez le reste. (*Vivement*.) Voilà la vérité, Monsieur ; vous connaissez le fond de ma pensée ; et je vous jure désormais de n'en plus avoir une seule qui ne soit pour vous.
ALPHONSE. Ah! ma chère Mathilde !

Air de *Délia*.

A ton bonheur je consacre ma vie.
MATHILDE.
De ses bontés que mon cœur est ému !
ALPHONSE.
Par tes attraits mon âme est rajeunie.
MATHILDE.
D'où vient ce trouble à mes sens inconnu ?
ALPHONSE.
Et toi, Mathilde? et toi, m'aimeras-tu ?
MATHILDE.
Oui, je crois que je vous aime
Comme... un mari...
ALPHONSE.
C'est bien peu !
MATHILDE.
Prenez garde ! je vais même
Vous aimer comme un neveu.

ALPHONSE, *à ses genoux*. Ah! je n'y résiste plus, Mathilde ; ma bien-aimée, apprends donc...

SCÈNE III.

OLIVIER, ALPHONSE, MATHILDE.

OLIVIER. A merveille !
MATHILDE. Mon cousin Olivier!
ALPHONSE, *toujours à genoux*. Au diable la famille !
OLIVIER, *lui tendant la main*. Faut-il vous aider à vous relever? les amis sont toujours là.
ALPHONSE. Quoi ! Monsieur, c'est vous !
OLIVIER. Moi-même ; j'ai bien pensé que vous vous ennuieriez ici tout seuls ; l'hymen est un tête-à-tête qui dure si longtemps ; j'ai couru chez ma tante, et je l'ai décidée à m'accompagner.

MATHILDE. Ma tante! elle serait ici?
OLIVIER. Sans doute ; vos femmes l'ont fait entrer dans la chambre de la mariée ; elle vous attend.
MATHILDE. J'y cours. (*S'arrêtant devant Alphonse*.) Vous permettez, Monsieur ?
OLIVIER. Est-ce qu'il y a besoin de permission ?
ALPHONSE. Allez, ma chère Mathilde, disposez-la à me recevoir ; je vous rejoins bientôt ; (*Bas*.) nous reprendrons notre entretien.
OLIVIER, *donnant la main à Mathilde, et la conduisant à son appartement*. Eh bien! vous ne me remerciez pas, ma cousine ?
MATHILDE, *lui tendant la main qu'il baise*. Oh! si fait, vous êtes charmant. (*Elle entre dans son appartement, Olivier se dispose à la suivre*.)

SCÈNE IV.

ALPHONSE, OLIVIER.

ALPHONSE, *à part*. Décidément, je ne pourrais jamais m'habituer au système des cousins. (*Au moment où Olivier va entrer dans l'appartement de Mathilde, Alphonse accourt, et l'arrête en lui disant :*) Où allez-vous donc, cousin ?
OLIVIER. Mais je... (*A part*.) Il est vexé, tant mieux, je lui apprendrai à me jouer de ces tours-là ! (*Haut*.) J'espère, cousin, que vous êtes content de nous voir.
ALPHONSE, *brusquement*. Du tout.
OLIVIER. Il a une franchise originale.
ALPHONSE. Qui vous a prié d'amener madame de Linsbourg?
OLIVIER. Le sentiment des convenances ; ma cousine n'ayant plus de mère, la présence de sa tante était indispensable ; c'est de droit, c'est l'usage.
ALPHONSE. Eh! Monsieur, on se passera d'elle et de vous.
OLIVIER. Vous vous vantez, et vous serez peut-être bien aise de nous avoir. Vous ne vous étiez occupé ni du bal, ni du souper ; mais moi qui pense à tout, j'ai pris sur moi...
ALPHONSE. De quoi faire ?
OLIVIER. D'amener des convives et des violons ; deux cents personnes qui vont arriver.
ALPHONSE. J'en suis fâché, Monsieur. Ils passeront la nuit à la belle étoile ; car ils n'entreront pas. Mais je ne vous empêche pas d'aller les rejoindre.
OLIVIER. Hein! qu'est-ce que c'est? (*A part*.) Le petit vieillard devient aussi trop brutal. (*A Alphonse*.) Savez-vous, cousin, que cette phrase aurait l'air de me mettre à la porte ?
ALPHONSE. Vraiment !
OLIVIER. Et que, quoique parent, je serais obligé de...
ALPHONSE, *vivement*. Il serait possible !.. comme vous voudrez, Monsieur, je suis à vous.
OLIVIER. Qu'est-ce qu'il dit? je crois qu'il accepte.
ALPHONSE. Ici même, et sur-le-champ.
OLIVIER. Ah çà ! qu'est-ce qu'il lui prend donc? il paraît qu'il est encore vert.

Air de *Turenne*.

Je ne pourrais le souffrir de tout autre
Mais votre titre ici retient mon bras...
De ma famille, en ce moment la vôtre,
L'honneur m'est cher... et dans le monde, hélas !
De ce duel que ne dirait-on pas ?
Je suis galant, ma cousine est gentille,
Et me tuer, c'est vous donner à vous
Un ridicule.

ALPHONSE, *avec ironie*.
Eh! non, c'est, entre nous,
En ôter un à la famille.

OLIVIER. Monsieur, je pardonne tout, excepté une épigramme... et je suis à vous.

ALPHONSE.
Air de *Cendrillon*.
Cela suffit... dans l'instant au jardin...
OLIVIER.
Que ce rendez-vous a de charmes!
ALPHONSE.
Vous choisirez et l'endroit et les armes.
OLIVIER.
C'est un gaillard que monsieur mon cousin ;
Est-il pressé!.. malgré ses cheveux blancs,
Vouloir, morbleu! sans rien entendre,
Se faire ainsi tuer à soixante ans :
Ne pouvait-il donc pas attendre?
ENSEMBLE.
C'est convenu ; ce soir, dans ces jardins,
A ce rendez-vous plein de charmes,
Nous nous rendrons chacun avec nos armes,
Nous nous battrons en amis, en cousins.
(*Olivier sort par le fond.*)

SCÈNE V.

ALPHONSE, *seul*. Oui, morbleu, je suis enchanté! j'avais besoin de trouver quelqu'un sur qui ma colère pût tomber, et j'aime mieux donner la préférence au cousin ; après cela du moins je serai tranquille dans mon ménage.

SCÈNE VI.

ALPHONSE, VICTOR.

VICTOR, *accourant*. Alerte! alerte! Monsieur...
ALPHONSE. Qu'est-ce donc!
VICTOR. Nous sommes débusqués, l'oncle nous suit à la piste!
ALPHONSE. Mon oncle!
VICTOR. Sa voiture est au bas du perron.
ALPHONSE, *troublé*. Dieux! serait-il instruit!..
VICTOR. Je l'ignore ; mais ne perdez pas une minute; sauvez-vous.
ALPHONSE. Eh! où cela?.. ah! chez ma femme; arrivera ce qui pourra. (*Il va pour ouvrir la porte de Mathilde, qui est fermée.*)
MADAME DE LINSBOURG, *en dedans*. On n'entre pas.
ALPHONSE. C'est la tante; que le diable l'emporte! Il faut pourtant que je voie Mathilde... Eh mais! la fenêtre qui donne sur la terrasse... je pourrai, quand la tante se sera retirée...
VICTOR, *aux aguets*. Voici votre oncle, dépêchons-nous!
ALPHONSE, *sautant par la fenêtre*. Eh! vite. (*Il disparaît par la fenêtre, à droite, et Victor sort par la gauche ; tandis que M. de Bruchsal et Michel entrent par le fond.*)

SCÈNE VII.

M. DE BRUCHSAL, MICHEL.
(*Ils arrivent comme des gens harassés.*)

M. DE BRUCHSAL. Allons, Michel, arrive donc!

MICHEL, *d'un ton piteux*. Voilà, Monsieur. (*Soupirant.*) Quel métier, six lieues de poste ventre à terre, et par des chemins affreux?
M. DE BRUCHSAL, *s'asseyant*. C'est vrai, je suis brisé.
MICHEL. Et moi donc! Quand je vous disais, Monsieur, que le mariage ne vous valait rien!
M. DE BRUCHSAL. Tu vas encore recommencer?
MICHEL. Non, non; j'ai tort; vous m'avez donné votre parole d'honneur que vous n'étiez pas marié, je dois vous croire jusqu'à preuve contraire!.. mais, au nom de Dieu, prenez un peu de repos; car, avec ce train de vie-là, vous ne pouvez pas aller loin. (*Il lui montre la table.*) Justement, tenez, voilà une table qui vient d'être servie, et un poulet qui a une mine!..
M. DE BRUCHSAL. Ah! ah! je ne pense pas que ce soit pour nous... mais, ma foi, je suis chez moi, et ça ne pouvait pas venir plus à propos.
MICHEL. Oui, Monsieur, croyez-moi, mangez, prenez des forces, vous en avez besoin; on ne sait pas ce qui peut arriver. (*M. de Bruchsal se met à table; Michel le sert.*)
M. DE BRUCHSAL, *déployant sa serviette*. Il paraît que mon *Sosie* ne se laisse manquer de rien.
MICHEL, *regardant avec envie*. Dame! quand on se trouve dans une bonne maison!.. Au moins ces petites promenades coup sur coup ont l'avantage de vous faire connaître vos propriétés.

M. DE BRUCHSAL.
AIR : *Un homme pour faire un tableau*.
Tout vient confondre ma raison,
Tant l'aventure est peu commune;
Est-ce un rêve? une illusion?..
MICHEL, *le servant*.
Non... ce repas n'en est pas une!
Ne l'épargnez pas, croyez-moi,
Et qu'ici rien ne vous dérange,
Car, de tous les biens, je le vois,
Le plus sûr est celui qu'on mange.

M. DE BRUCHSAL, *mangeant*. C'est singulier que nous n'ayons encore vu personne? Je n'ai qu'une crainte, c'est qu'ils ne soient déjà repartis.
MICHEL. Non, non, rassurez-vous; j'ai demandé en bas si Madame était ici, on m'a dit qu'oui.
M. DE BRUCHSAL. Madame!.. ah çà! veux-tu bien te taire.
MICHEL. Pardon, Monsieur, c'est un reste de soupçon... Voulez-vous me permettre de vous servir à boire?
M. DE BRUCHSAL. A ta santé, mon garçon.
MICHEL. A la vôtre, Monsieur; c'est plus urgent. Encore... (*Il lui verse. Pendant que M. de Bruchsal mange et boit, entre madame de Linsbourg.*)

SCÈNE VIII.

LES PRÉCÉDENTS; MADAME DE LINSBOURG, *paraissant sur le seuil de la porte de l'appartement de Mathilde.*

MADAME DE LINSBOURG, *à part*. Pauvre enfant! elle est toute tremblante; moi, je suis indignée, et c'est dans ce moment-là qu'il faut que je fasse connaissance avec son mari, avec mon neveu; me voilà bien disposée pour une première entrevue!.. (*Haut.*) Monsieur de Bruchsal!
M. DE BRUCHSAL, *toujours à table*. Qui m'appelle? qui vient là?
MICHEL, *apercevant madame de Linsbourg*. C'est

peut-être votre épouse. (*A part.*) Si c'est elle, ça me rassure un peu.
MADAME DE LINSBOURG. Monsieur, vous pouvez venir, on vous attend !
M. DE BRUCHSAL. On m'attend ? et qui donc ?
MADAME DE LINSBOURG. Eh mais ! votre femme.
M. DE BRUCHSAL. Ma femme !..
MICHEL, *triomphant.* Là, Monsieur !..
M. DE BRUCHSAL, *se hâtant de manger.* Voilà, parbleu ! qui est trop fort. (*Haut.*) Je vous demande pardon, Madame, je suis à vous dans l'instant.
MICHEL. Oui, Monsieur, il ne faut pas que ça vous empêche de souper.
MADAME DE LINSBOURG, *le regardant, et à part.* Eh bien ! il ne se dérange pas ; il reste tranquillement à table, quand je viens l'avertir... (*Haut.*) Vous ne m'avez donc pas entendue, Monsieur ? j'ai eu l'honneur de vous dire...
M. DE BRUCHSAL, *jetant sa serviette et se levant.* Que la mariée m'attendait... si vraiment ; mais oserai-je, avant tout, vous demander, Madame, à qui j'ai l'honneur de parler ?
MADAME DE LINSBOURG. Je sais, Monsieur, que nous ne nous sommes pas encore vus, puisque ce matin je n'ai pas voulu assister à votre noce.
MICHEL, *bas.* Quand je vous le disais...
M. DE BRUCHSAL. Te tairas-tu ?
MADAME DE LINSBOURG. Mais je suis la tante de votre femme, la présidente de Linsbourg.
M. DE BRUCHSAL. De Linsbourg, la veuve du vieux président ?
MADAME DE LINSBOURG. Oui, Monsieur.
M. DE BRUCHSAL. Qui avait, dit-on, épousé une femme si sévère, si prude, je veux dire si respectable... et c'est vous, Madame, c'est vous qui venez aujourd'hui... (*A Michel, lui montrant la table.*) Emporte tout cela, et va m'attendre dans la chambre à côté.
MICHEL, *hésitant.* Monsieur, c'est que je voudrais...
M. DE BRUCHSAL, *brusquement.* Obéis, te dis-je...
MICHEL. Comme le mariage lui change déjà le caractère ! (*Il sort en emportant le couvert.*)

SCÈNE IX.

MADAME DE LINSBOURG, M. DE BRUCHSAL.

MADAME DE LINSBOURG. Je sens, Monsieur, que ma présence en ces lieux a droit de vous étonner, et je vous dois l'explication de ma conduite.
M. DE BRUCHSAL. A merveille ! j'allais vous la demander...
MADAME DE LINSBOURG. J'ai d'abord été si opposé à ce mariage, que je n'ai pas même voulu y assister ; mais je viens de voir Mathilde...
M. DE BRUCHSAL. On la nomme Mathilde ?
MADAME DE LINSBOURG, *étonnée.* Oui, Monsieur.
M. DE BRUCHSAL. C'est un joli nom.
MADAME DE LINSBOURG. Je croyais ne la trouver que résignée à son sort ; mais point du tout ; elle m'a semblé heureuse et satisfaite, et, malgré vos soixante ans, je croirais presque que vous avez su lui plaire.
M. DE BRUCHSAL. Moi !.. (*A part.*) Décidément, si c'est une plaisanterie, elle n'a rien d'effrayant, et nous verrons bien... (*A madame de Linsbourg.*) Ma chère tante, vous avez peut-être l'habitude de vous retirer de bonne heure, et je crains qu'il ne soit déjà bien tard...

MADAME DE LINSBOURG. Je comprends, Monsieur. Je vous laisse.
M. DE BRUCHSAL, *lui offrant la main pour la reconduire.* Voulez-vous me permettre, ma chère tante ?
MADAME DE LINSBOURG. Volontiers, mon cher neveu. (*Elle sort : M. de Bruchsal la conduit jusqu'à la porte du fond.*)

SCÈNE X.

M. DE BRUCHSAL, *seul.*

(*Il ferme la porte, pousse les verrous.*)

Là, fermons bien ! Si j'y comprends un mot, je veux mourir ; mais c'est égal, voilà assez longtemps qu'ils se moquent de moi ; je vais prendre ma revanche : puisqu'ils m'ont marié à une jeune personne charmante, à ce qu'il paraît, ma foi, (*Se frottant les mains.*) allons trouver ma femme. (*Il s'avance à pas de loup vers la porte de la chambre de Mathilde ; au même moment, Michel entre du côté opposé et l'arrête par la main.*)

SCÈNE XI.

M. DE BRUCHSAL, MICHEL.

MICHEL, *tout effaré.* Ah ! Monsieur, où allez-vous ?
M. DE BRUCHSAL. Cela ne te regarde pas !
MICHEL, *l'arrêtant.* Si, Monsieur ; vous n'irez pas.
M. DE BRUCHSAL. Comment ?
MICHEL. Je ne vous quitte pas, je m'attache à vous ; je sais que vous allez vous battre !
M. DE BRUCHSAL. Moi !..
MICHEL. N'essayez pas de le nier, je viens de rencontrer votre adversaire, qui vous attend avec deux épées sous le bras, pour vous chercher querelle.
M. DE BRUCHSAL. Mon adversaire !.. une querelle ! et à quel propos, imbécile ?
MICHEL. A cause de votre femme dont vous êtes jaloux, et à qui il fait la cour.
M. DE BRUCHSAL. On fait la cour à ma femme !..
MICHEL. Ça vous étonne ! une jeune femme ! car elle est jeune, elle...
M. DE BRUCHSAL, *hors de lui.* Ah ! je crois, Dieu me pardonne, que l'enfer s'est déchaîné contre moi ; mais cela ne m'arrêtera pas. (*Voulant entrer dans la chambre de Mathilde.*) Va-t'en, j'ai besoin d'être seul.
MICHEL, *l'arrêtant toujours.* Pour aller vous faire tuer, n'est-ce pas ?
M. DE BRUCHSAL. Eh ! non...
MICHEL. Vous en mourez d'envie, je le vois !..
M. DE BRUCHSAL. Du tout ; au contraire...
MICHEL, *suppliant.* Monsieur, Monsieur, je vous le demande à genoux.
M. DE BRUCHSAL. Tais-toi donc, bourreau !.... Voici quelqu'un... Dieu ! serait-ce ma femme ?.. (*Mathilde entre.*)

SCÈNE XII.

LES PRÉCÉDENTS ; MATHILDE, *sortant de sa chambre ; elle est en toilette du soir, robe blanche croisée, sans garniture, coiffure très-simple en cheveux, petit fichu de gaze.*
(*A l'entrée de Mathilde, M. de Bruchsal s'éloigne et va s'asseoir sur un fauteuil, auprès de la porte du cabinet à gauche.*)

MATHILDE, *à part, regardant M. de Bruchsal.* Le voici ! ah ! mon Dieu ! je n'aurai jamais le courage... cependant, après ce que je viens d'apprendre, il le faut bien ; car il n'y a que moi qui puisse obtenir la grâce d'Alphonse ; et puis, ce qui me rassure, c'est que mon mari est là.

M. DE BRUCHSAL, *à part, et un peu embarrassé.* Je ne sais trop comment débuter, ni comment entrer en ménage ; commençons par me fâcher, ça me servira de contenance. (*Haut et s'approchant.*) Hum ! hum !

MATHILDE, *à part.* Comme il a l'air méchant !

M. DE BRUCHSAL, *la regardant de près, et à part.* Ah ! diable ! c'est qu'elle est fort jolie !

MICHEL, *à part.* Comme il la regarde !

M. DE BRUCHSAL, *à Michel, qui est à sa gauche.* N'est-ce pas, Michel, qu'elle est fort bien ?

MICHEL, *de mauvaise humeur.* Qu'est-ce que ça fait ? il s'agit bien de cela ; je vous demande de quoi Monsieur va s'occuper dans un pareil moment ?

M. DE BRUCHSAL, *à Mathilde.* C'est moi que vous cherchiez, Madame ?

MATHILDE, *tremblant.* Oui, Monsieur.

MICHEL. Voilà le coup de grâce.

M. DE BRUCHSAL, *à part.* Au moins, je ne puis pas me plaindre, ils m'ont choisi une petite femme charmante... (*A Michel.*) Va te coucher, mon ami.

MICHEL, *bas.* Monsieur, je n'ose pas ; vous irez vous battre avec l'autre.

M. DE BRUCHSAL. Est-ce que j'y pense ? (*Regardant Mathilde.*) et maintenant moins que jamais, laisse-nous.

MICHEL, *à part.* Que, je ne peux pas m'y décider.

AIR : *La voilà, de frayeur* (de LÉONIDE).

ENSEMBLE.
MATHILDE.
Quel moment ! quel effroi !
Son regard m'inquiète ;
Quelle frayeur secrète
Vient s'emparer de moi ?

M. DE BRUCHSAL.
Bonne nuit, laisse-moi,...
(*Regardant Mathilde.*)
Quelle grâce parfaite !
Et quelle ardeur secrète
M'agite malgré moi ?

MICHEL.
Bonne nuit... quel effroi
Me trouble, m'inquiète ?
Quelle frayeur secrète !..
Je tremble, non pour moi.

MICHEL.
Faut-il encor que je demeure ?..
Monsieur n'a plus besoin de moi ?..

M. DE BRUCHSAL.
Non, demain... pas de trop bonne heure...

MICHEL, *à part.*
De chagrin j'en mourrai, je crois ;
Oui, moi, son fidèle acolyte,
Sans frémir je n'y puis songer,
C'est dans le moment du danger
Qu'il faut, hélas ! que je le quitte.

ENSEMBLE.
MATHILDE.
Quel moment ! quel effroi ! etc.

M. DE BRUCHSAL.
Bonne nuit, laisse-moi... etc.

MICHEL.
Bonne nuit... quel effroi, etc.

(*Michel entre dans l'appartement à gauche.*)

SCÈNE XIII.

MATHILDE, M. DE BRUCHSAL.

M. DE BRUCHSAL. Ne trouvez-vous pas, Madame, que c'est une situation assez singulière que la nôtre ? et quand je vois cet air de candeur et de modestie..... peut-être vous a-t-on mariée, comme moi, sans que vous le sachiez, sans que vous vous en doutiez ; cela peut arriver ; j'en ai la preuve...

MATHILDE. En vérité, Monsieur, vos doutes commencent à m'embarrasser beaucoup ; ce mariage a été si bizarre, si précipité... je n'ai vu mon mari que fort peu. Et si je me suis trompée, jugez-en vous-même. Un vieillard se présente chez mon tuteur, il se nommait M. de Bruchsal, aimable, plein d'esprit... tout le monde était séduit par ses manières douces et prévenantes ; on m'ordonne de l'épouser, je m'y résignai sans peine. Voilà tout ce que je puis vous dire.

M. DE BRUCHSAL. Et ce vieillard, c'était moi ?

MATHILDE. C'était la même bonté dans les regards, la même indulgence, la même douceur...

M. DE BRUCHSAL, *s'emportant.* Corbleu !..

MATHILDE, *effrayée.* Ah ! par exemple, il ne se fâchait jamais, Monsieur ; et maintenant, à la manière dont vous me regardez, il me semble que ce n'est plus lui.

M. DE BRUCHSAL, *s'arrêtant.* Diable ! n'allons pas détruire la bonne opinion que l'on a de moi ; car je commence à trouver l'aventure charmante. (*Haut.*) Je ne me fâche pas non plus ; au contraire, je suis enchanté d'avoir pu vous plaire ainsi à mon insu. Mais je cherche comment j'ai pu y parvenir ; j'avoue que ça m'étonne ; et pour qu'une jeune personne se résigne à passer sa vie près de moi...

MATHILDE, *s'oubliant.* Ah ! c'est mon plus cher désir.

M. DE BRUCHSAL, *l'observant.* Même à présent ?

MATHILDE. Plus que jamais !

AIR : *Pour le trouver, j'arrive en Allemagne* (d'YELVA).

J'y vois pour moi tant d'avantage.,
Des conseils d'un ami prudent
On a grand besoin à mon âge...
Le monde est, dit-on, si méchant...
Pour marcher seule en ce monde perfide,
Je suis si jeune...

M. DE BRUCHSAL.
Et moi si vieux.,.

MATHILDE.
Eh bien !
Désormais vous serez mon guide,
Moi je serai votre soutien !

M. DE BRUCHSAL. Il est sûr que le mariage envisagé ainsi, comme un point d'appui, aurait bien son côté agréable. Et moi, qui avais des préventions contre lui..

MATHILDE. Et pourquoi donc ?

M. DE BRUCHSAL. Vous le dirai-je ? tout m'effrayait ; les embarras du ménage, cet esclavage continuel, jusqu'à ce titre de mari et de femme.

MATHILDE. Eh bien ! ne m'appelez pas votre femme, appelez-moi votre fille, votre pupille, votre nièce, ce que vous voudrez, pourvu que ce titre me rapproche de vous, et me permette de vous aimer.

M. DE BRUCHSAL. Que dit-elle ?

MATHILDE. Ainsi, du moins, je vivrai près de vous, je serai à la tête de votre maison ; ces embarras du ménage, ces soins qui vous effraient, je vous les épargnerai. Pour que le temps vous paraisse moins long, le soir, je vous ferai des lectures, de la musique ; le matin, je vous entourerai de tous ceux qui vous respectent et vous chérissent; vos vieux amis seront les miens et ils viendront souvent; car ils seront bien reçus. Heureux vous-même, vous voudrez qu'on le soit autour de vous, et, de temps en temps, nous accueillerons la jeunesse, dont les riantes idées égaieront les vôtres, et vous rappelleront vos jeunes souvenirs.

M. DE BRUCHSAL, *s'animant*. Cela commence, rien qu'en vous écoutant... oui, ma chère femme...

MATHILDE. Nous sommes convenus que vous ne me donneriez plus ce nom-là.

M. DE BRUCHSAL. C'est que maintenant il me plaît beaucoup. Oui, vous serez maîtresse absolue; vous n'aurez qu'à commander pour être obéie.

MATHILDE, *émue, et regardant du côté de son appartement*. Est-il vrai?

M. DE BRUCHSAL. Je le jure.

MATHILDE. Quoi! vous ne me refuserez jamais rien?

M. DE BRUCHSAL. Jamais.

MATHILDE. Quelle que soit la grâce que je vous demande?..

M. DE BRUCHSAL. N'importe.

MATHILDE. Eh bien! il en est une que j'implore.

M. DE BRUCHSAL. Je l'accorde d'avance; et puisque cette jolie main est à moi... (*Voulant y porter les lèvres.*) ne me permettrez-vous pas?..

MATHILDE, *lui prenant à lui-même la main qu'elle embrasse, et tombant à ses genoux*. Ah! Monsieur, c'est moi qui vous le demande...

M. DE BRUCHSAL, *attendri*. Quoi!.. que faites-vous?. eh bien! me voilà tout ému. Mon enfant, ma chère enfant; relevez-vous. (*On frappe.*)

SCÈNE XIV.

LES PRÉCÉDENTS, MICHEL.

MICHEL, *accourant de côté, sans voir son maître*. Courez tous... dépêchez...

M. DE BRUCHSAL. Qu'est-ce donc?

MICHEL, *le voyant*. Ah! mon Dieu!

M. DE BRUCHSAL. Michel! Qu'as-tu donc? d'où vient ta frayeur?

MICHEL. Il n'y a pas de quoi, peut-être?.. Comment, Monsieur, vous voilà ici? et, dans le moment où je vous parle, vous vous battez dans le jardin.

MATHILDE. Comment?

M. DE BRUCHSAL. Ah! tu vas recommencer!..

MICHEL. Oui, Monsieur, vous êtes là-bas, vous êtes ici, vous êtes partout: il n'y a pas de jeune homme qui ait votre activité. J'étais à la fenêtre de ma chambre, parce que je ne pouvais pas dormir; je prenais le frais en songeant aux inquiétudes que vous me donnez; voilà que tout à coup j'entends du bruit au-dessous de moi; je regarde, vous sortiez de l'appartement de Madame par la terrasse...

M. DE BRUCHSAL. Moi!..

MICHEL. Oui, Monsieur, vous avez sauté par-dessus le balcon; le cousin est venu vous joindre, et, un moment après, l'épée à la main dans le taillis..

MATHILDE, *troublée, courant à Michel*. O ciel! mon mari! il faut courir; où est-il?

MICHEL. Eh! le voilà devant vous.

MATHILDE. S'il était blessé!..

MICHEL. Vous voyez bien que non... mais j'ai eu une peur!..

MADAME DE LINSBOURG, *frappant à la porte du fond*. Ouvrez, ouvrez vite!

MICHEL, *effrayé*. Ah! c'est mon dernier jour!

M. DE BRUCHSAL. Encore un événement!

MADAME DE LINSBOURG, *en dehors*. Mathilde!.. mon neveu!..

MATHILDE, *courant ouvrir*. C'est ma tante.

SCÈNE XV.

LES PRÉCÉDENTS, MADAME DE LINSBOURG.

MATHILDE. Eh bien! ma tante?

MADAME DE LINSBOURG, *courant à M. de Bruchsal*. Ah! le voilà, ce cher neveu! Que je l'embrasse! J'avais des préventions contre vous, mon cher ami, je le confesse; mais votre conduite, votre générosité, dans ce malheureux duel...

M. DE BRUCHSAL. Ma générosité!..

MADAME DE LINSBOURG, *à sa nièce, en s'essuyant les yeux*.
AIR: *Ces postillons sont d'une maladresse.*
C'est Olivier qui vient de m'en instruire;
Car tous les deux sont amis désormais:
Après l'avoir désarmé...
  MATHILDE.
    Je respire!
  MADAME DE LINSBOURG.
Le vainqueur même a proposé la paix!
  MICHEL, *montrant son maître*.
A ce trait-là, moi, je le reconnais.
  MADAME DE LINSBOURG.
Mais à votre âge!.. un duel!.. quelle folie!..
Risquer ses jours!..
  M. DE BRUCHSAL.
    J'étais en sûreté!
J'aurais pu même ainsi perdre la vie
Sans nuire à ma santé.

MADAME DE LINSBOURG. Que voulez-vous dire?

M. DE BRUCHSAL. Vous allez le savoir. (*A Mathilde.*) Dites-moi, je vous prie, croyez-vous que ce soit moi qui me suis battu tout à l'heure?

MATHILDE, *hésitant*. Je ne sais.

M. DE BRUCHSAL, *montrant la porte à droite*. Qui ai sauté par la fenêtre de votre chambre?

MATHILDE, *baissant les yeux*. Je ne crois pas.

MADAME DE LINSBOURG, *vivement*. Qu'est-ce que j'apprends là? Comment! ma nièce... Quel est l'audacieux?

M. DE BRUCHSAL, *à madame de Linsbourg*. Ah! ne la grondez pas! c'est ma femme, c'est moi seul que cela regarde. (*A Mathilde.*) Mathilde, à moi, votre ami, ne me direz-vous pas qui était là, dans votre appartement?

MATHILDE, *troublée*. Qui?..

M. DE BRUCHSAL. Vous hésitez; manqueriez-vous déjà à votre promesse de tout à l'heure?

MATHILDE. Non, je les tiendrai toutes; mais vous, Monsieur, n'oubliez pas les vôtres. Cette grâce que j'implorais, et que vous m'avez accordée d'avance, je la réclame en ce moment; (*D'un ton tout caressant.*) car cette personne qui vous a offensé, en usurpant votre nom, vos droits...

M. DE BRUCHSAL. Eh bien!..

MATHILDE, *tendrement*. Elle vous aime, elle vous révère autant que moi.

M. DE BRUCHSAL. Il y paraît!..

MATHILDE. Elle voudrait votre bonheur...

M. DE BRUCHSAL. Joliment!

MATHILDE. Elle n'aspire, ainsi que moi, qu'à passer sa vie auprès de vous.

M. DE BRUCHSAL, *frappé d'une idée*. Comment!.. est-ce que ce serait?.. Non, non, pas possible!.. Mais, achevez, je vous en prie; son nom?..

MATHILDE. Vous lui pardonnerez?

M. DE BRUCHSAL, *avec impatience*. Son nom?

MATHILDE, *saisissant sa main*. Vous lui pardonnerez, n'est-ce pas?

M. DE BRUCHSAL. Eh bien! oui, ne fût-ce que par curiosité. Mais quel est-il enfin?

MATHILDE, *voyant venir Alphonse et Olivier*. Le voici!

M. DE BRUCHSAL. Mon neveu!..

TOUS. Son neveu!..

SCÈNE XVI.

LES PRÉCÉDENTS; ALPHONSE ET OLIVIER, *se tenant par la main*.

(*Alphonse a repris son costume de jeune homme.*)

ALPHONSE, *courant à son oncle*. Ah! mon cher oncle!

M. DE BRUCHSAL. Comment, c'est toi?.. quoi! cet époux invisible, qui se marie, et qui se bat à ma place!

MADAME DE LINSBOURG. A la bonne heure! c'est beaucoup mieux!

M. DE BRUCHSAL. Non, c'est très-mal! c'est indigne! et je suis furieux!.. (*Mathilde passe auprès de M. de Bruchsal, et cherche à le calmer*.)

MICHEL. De ce qu'il a pris votre place?

M. DE BRUCHSAL. Non; de n'avoir pas pris la sienne, (*A Mathilde*) de ne pas vous avoir épousée; je m'y étais déjà habitué.

MICHEL. Voilà qu'il a du regret à présent!..

M. DE BRUCHSAL. Une femme si bonne, si aimable, qui aurait été à la tête de ma maison, qui, tous les soirs, m'aurait fait de la musique, pour m'endormir, voilà la femme qu'il me fallait!

MATHILDE. C'est tout comme... puisque je ne vous quitterai pas.

M. DE BRUCHSAL. Je l'espère bien, et je ne pardonne qu'à cette condition-là. Mais c'est égal, vous m'avez raccommodé avec le mariage, et c'est votre faute; si je rencontre jamais une femme pareille...

MICHEL. Ah! mon Dieu! qu'est-ce qu'il lui prend encore?

ALPHONSE, *souriant*. Je suis tranquille, mon oncle, il n'y en a pas deux comme elle.

MICHEL, *bas*. Il faut l'espérer.

M. DE BRUCHSAL. Hein, qu'est-ce que tu dis, Michel?

MICHEL. Je dis, Monsieur, que votre neveu est un brave jeune homme qui nous a rendu un fameux service. Et pour vous, comme pour moi, j'aime mieux que ce soit lui... (*Montrant Mathilde*.) Madame aussi, j'en suis sûr.

CHŒUR.

Air du *Coureur de veuves*.

A notre } tristesse
A votre }
Qu'une douce ivresse
Succède en ce jour;
Un destin prospère,
Par les mains d'un père,
Bénit notre } amour.
Bénit votre }

MATHILDE, *au public*.

AIR : *Si ça t'arrive encore* (de ROMAGNESI).

O vous, de qui dépend ici
Le destin de tous nos ouvrages,
Voici venir un vieux mari
Qui sollicite vos suffrages.
Qu'aux yeux de votre tribunal
Son âge excuse sa faiblesse;
Et, suspendant l'arrêt fatal,
Laissez-le mourir de vieillesse...
Oui, suspendant l'arrêt fatal,
Laissez-le mourir de vieillesse.

FIN
de
LE VIEUX MARI.

VIALAT ET Cᴵᴱ, IMPRIMEURS ET ÉDITEURS.

YELVA. Par gestes... Vous voyez, je renonce à lui. — Acte 1, scène 9.

YELVA
ou
L'ORPHELINE RUSSE

VAUDEVILLE EN DEUX PARTIES

Représenté, pour la première fois, à Paris, sur le théâtre du Gymnase dramatique, le 18 mars 1828.

EN SOCIÉTÉ AVEC MM. DEVILLENEUVE ET DESVERGERS.

Personnages.

LA COMTESSE DE CÉSANNE.
ALFRED, fils du comte de Césanne.
TCHERIKOF, seigneur russe.
FOEDORA, sa cousine.
YELVA, jeune orpheline.

KALOUGA, Cosaque.
GERTRUDE DUTILLEUL, gouvernante d'Yelva.
TÉMOINS.
MODISTES.
LINGÈRES.

La scène se passe, pour la première partie, à Paris, dans une maison du quartier Saint-Jacques; et pour la seconde, dans la Pologne russe, à quelques lieues de Wilna.

PREMIÈRE PARTIE.

Le théâtre représente un appartement simplement meublé ; porte au fond : deux portes latérales. Sur le premier plan, à gauche de l'acteur, une croisée ; une table de toilette du même côté, un peu sur le devant.

SCÈNE PREMIÈRE.

MADAME DUTILLEUL, *sortant de l'appartement à droite de l'acteur.* A-t-on jamais vu une pareille étourderie? je ne sais à quoi pense cette petite fille? laisser son album dans la grande allée du Luxembourg! Aussi, c'est ma faute; nous étions là assises sur un banc; je lui parlais de M. Alfred, de notre jeune maître, et quand il est question de lui, ça nous fait tout oublier. Allons, allons, le mal n'est pas grand, je le retrouverai sans doute à la même place; car, au Luxembourg, il n'y a que des gens honnêtes : il n'y va personne ; et puis d'ailleurs, de la rue Saint-Jacques, il n'y a qu'un pas, et si ce n'étaient les six étages au-dessus de l'entresol...

Air : *Muse des bois.*

C'est un peu dur, j'en conviens avec peine,
Quand on n'a plus ses jambes de quinze ans ;
Plus d'une fois il faut reprendre haleine,
Et raffermir ses pas trop chancelants.
Pourtant, je l' sens, lorsqu'on s' voit à mon âge,
Si près du ciel il est doux d'habiter..
Ça nous rapproche ; et quand vient l' grand voyage,
Il n' reste plus qu'un étage à monter.

(*Écoutant.*) Tiens, une voiture s'arrête à la porte. (*Regardant par la croisée.*) Un monsieur en est descendu ; un beau landau, une livrée verte et un grand Cosaque ; chez qui donc ça peut-il venir? Il n'y a dans cette maison que des étudiants en droit ou en médecine, et ça ne connaît pas d'équipages : ça ne connaît que le parapluie à canne. (*Tchérikof entre suivi de Kalouga.*)

SCÈNE II.

TCHÉRIKOF, *entrant par le fond*; MADAME DUTILLEUL, KALOUGA.

TCHÉRIKOF, *à Kalouga qui est resté derrière lui.* Kalouga, restez, et attendez mes ordres.

MADAME DUTILLEUL. Est-ce à moi, Monsieur, que vous voulez parler?

TCHÉRIKOF. Pas précisément ; mais c'est égal.

MADAME DUTILLEUL. Pardon, Monsieur, n'ayant pas l'honneur de vous connaître, vous ne trouverez pas extraordinaire que je vous demande qui vous êtes ?

TCHÉRIKOF. C'est facile à vous apprendre. Vous saurez d'abord, qu'on me nomme Iwan Tchérikof, nom qui jouit de la plus haute considération depuis les bords du Pruth jusqu'aux rives de la Néwa ; c'est vous dire assez que je suis Russe ; ma famille est une des plus riches de l'empire ; j'ai pour mon compte trois cent mille roubles de revenu, quatre châteaux, deux palais, cinq mille chaumières et dix mille paysans, tous très bien constitués et d'un excellent rapport. J'en ai toujours avec moi un échantillon assez flatteur, Kalouga, que je vous présente. (*Kalouga s'avance un peu.*)

Air : *Dans ma chaumière.*

Pour un Cosaque
On le reconnaît au maintien ;
Et quoique il ait l'air un peu braque,
Comment le trouvez-vous?

MADAME DUTILLEUL.

Fort bien

Pour un Cosaque.

TCHÉRIKOF. Remerciez Madame et sortez. Allez m'attendre en bas avec mon cocher et mes deux chevaux ;

et soyez bien sages tous les quatre. (*Kalouga sort.*) Voilà, Madame, les dons que je tiens du hasard. Quant à mes avantages personnels, j'ai trente ans, un physique assez original, je possède cinq langues et environ une demi-douzaine de décorations, sans compter les médailles.

MADAME DUTILLEUL. Je vous en fais bien mon compliment.

TCHÉRIKOF. Il n'y a pas de quoi.

MADAME DUTILLEUL. Et puis-je savoir ce qui vous amène chez moi?

TCHÉRIKOF. C'est plus difficile à vous expliquer. Vous ne m'en voudrez pas, je l'espère, si je vous avoue qu'à Paris, je m'ennuie à force de m'amuser.

MADAME DUTILLEUL. Je comprends.

TCHÉRIKOF. Alors, pour faire diversion, j'ai été ce matin me promener au Luxembourg.

MADAME DUTILLEUL. Ce qui nous arrive quelquefois.

TCHÉRIKOF. Je le sais bien ; et, dans une allée solitaire, j'ai trouvé cet album, que je me suis fait un devoir de vous rapporter.

MADAME DUTILLEUL. O ciel ! c'est celui d'Yelva. Et comment, Monsieur, avez-vous su à qui il appartenait, et où nous demeurions ?

TCHÉRIKOF. Parce que, depuis longtemps, j'ai l'honneur de vous suivre tous les jours un peu partout, et de rester des heures entières en contemplation devant vous, ce que vous n'avez pas remarqué, parce que, grâce au ciel, vous avez la vue basse ; mais moi qui l'ai excellente, je n'ai perdu aucune des perfections de votre charmante fille ; je sais de plus que c'est la vertu, la sagesse même ; j'en ai la preuve par tous les présents qu'elle m'a refusés.

MADAME DUTILLEUL. Quoi ! Monsieur, ces cachemires, ces diamants, c'est vous qui avez osé ?..

TCHÉRIKOF. J'ai eu tort d'employer, rue Saint-Jacques, le système de la Chaussée-d'Antin.

MADAME DUTILLEUL. Monsieur !..

TCHÉRIKOF. Calmez-vous, femme respectable ; je vous ai dit que je me repentais. Je suis jeune, ardent, impétueux : mais, au milieu de mes erreurs, j'aime la vertu... Je vous prie de ne pas prendre ceci pour une déclaration. Et depuis qu'hier je vous ai entendu prononcer le nom d'Yelva, lui parler de la Russie, son pays natal, je me suis dit qu'une Moscovite, une compatriote, avait des droits à mon respect, à ma protection, et je viens vous demander sa main.

MADAME DUTILLEUL. Sa main?

TCHÉRIKOF. Cela vous étonne! Au fait, c'est par là que j'aurais dû commencer.

Air : *Ses yeux disaient tout le contraire.*

Demeurant loin du Luxembourg,
Je fus trompé par la distance ;
De l'Opéra, mon unique séjour,
J'avais encor la souvenance.
Ici je vois que, pour avoir accès,
Il faut faire parler, ma chère,
L'amour d'abord, et les cadeaux après ;
Là-bas c'était tout le contraire.

MADAME DUTILLEUL. Il serait possible ! Mais Yelva est une jeune orpheline qui n'a aucun bien.

TCHÉRIKOF. Je crois vous avoir dit que j'avais trois cent mille roubles, dix mille paysans...

MADAME DUTILLEUL. Mais votre famille consentirait-elle?

TCHÉRIKOF. Je n'en ai plus, excepté mon oncle, le comte de Leczinski, que j'ai laissé à Wilna, il y a dix ans, ainsi que ma petite cousine Fœdora, qui alors en avait huit, et je ne dépends pas d'eux; je suis mon maître. J'ai trop de fortune pour un, il faut donc que nous soyons deux. Et si la gentille Yelva veut devenir la comtesse de Tchérikof?..

MADAME DUTILLEUL. Permettez, Monsieur, je ne vous ai pas dit... vous ne savez pas encore...

TCHÉRIKOF. Je ne sais pas encore si cela lui convient, c'est vrai. Mais la voici, nous allons le lui demander.

SCÈNE III.

LES PRÉCÉDENTS; YELVA, *sortant de la chambre à gauche.*

TCHÉRIKOF. Approchez, belle Yelva.

YELVA, *le salue, et regarde, d'un air d'étonnement et de plaisir, son costume, et semble demander, par ses gestes, quel est cet étranger?*

MADAME DUTILLEUL. Monsieur, je dois vous apprendre.

TCHÉRIKOF. Du tout, je vous prie de laisser parler Mademoiselle.

MADAME DUTILLEUL. Eh! du tout, Monsieur, la pauvre enfant ne le peut pas; elle est muette.

TCHÉRIKOF. O ciel!

MADAME DUTILLEUL. Aussi, vous ne vouliez pas m'écouter.

YELVA *lui fait signe qu'elle peut l'entendre, mais qu'elle ne peut pas lui répondre.*

TCHÉRIKOF. Pauvre enfant! Un tel malheur la rend encore plus intéressante. Et comment cela lui est-il arrivé?

MADAME DUTILLEUL. Oh! il y a bien longtemps; elle n'avait que quatre ou cinq ans. C'était à la guerre, dans un combat, dans une ville prise d'assaut. Je ne puis vous expliquer cela. Sa mère et les siens venaient de périr à ses yeux. Et son père, qui l'emportait dans ses bras, fut couché en joue par un soldat ennemi... (*Yelva fait un mouvement pour interrompre madame Dutilleul.*) Pardon, chère enfant, de te rappeler de pareils souvenirs. (*Bas, à Tchérikof.*) Tant il y a, Monsieur, qu'au moment de l'explosion, au moment où elle vit tomber son père, elle voulut pousser un cri; mais la douleur, l'effroi, lui causèrent un tel saisissement, que depuis ce temps...

TCHÉRIKOF. Je conçois, cela s'est vu très-souvent, une commotion subite peut vous ôter ou vous rendre la parole. Nous avons l'histoire de Crésus dont le fils n'avait jamais pu dire un mot, et qui, voyant une épée levée sur son père, s'écria : *Miles, ne Crœsum occidas!* ce qui veut dire : Grenadier, ne tue pas Crésus! mais c'est du latin; et quoique nous soyons dans le pays, vous n'êtes pas obligée de le comprendre; revenons à notre jeune Moscovite. (*A Yelva.*) Savez-vous dans quel endroit, dans quelle ville cela vous est arrivé?

YELVA *fait signe que non, et qu'elle ne pourrait le dire.*

TCHÉRIKOF. Et avec qui étiez-vous?

YELVA *indique à Tchérikof qu'elle était alors entourée de gens qui avaient tous de grands plumets, des décorations comme lui, de grandes moustaches... et qu'il en passait beaucoup devant elle, se tenant bien droits et marchant au bruit du tambour.*

TCHÉRIKOF. A ce portrait, je crois reconnaître les superbes grenadiers de notre garde impériale, dont je faisais partie en 1812; car j'étais capitaine à treize ans; c'était ma seconde campagne.

MADAME DUTILLEUL. Et où aviez-vous donc fait la première?

TCHÉRIKOF. A Saint-Pétersbourg, comme tout le monde, à l'école des Cadets, où j'étais le plus espiègle. Mais ce que je viens d'apprendre ne change rien à mes intentions : au contraire, Mademoiselle, je vais vous parler avec la galanterie française et la franchise moscovite. Vous êtes fort bien, je ne suis pas mal, vous n'avez pas assez de fortune, j'en ai trop, et je cherche quelqu'un avec qui la partager.

AIR : *Amis, voici la riante semaine.*

Fuyant l'ennui qui me poursuit sans cesse,
J'ai tout goûté... tout vu, car les plaisirs,
Sans pouvoir même épuiser ma richesse,
Ont de mon cœur épuisé les désirs.
Et, comme époux lorsque je me propose,
Ce que de vous je demande à présent,
C'est du bonheur... car c'est la seule chose
Que je n'ai pu trouver pour mon argent.

Maintenant c'est à vous de répondre, si vous pouvez.

YELVA *lève les yeux sur lui, lui témoigne sa reconnaissance, et le supplie de ne pas lui en vouloir... mais elle ne peut accepter.*

TCHÉRIKOF. Comment! vous refusez : et pourquoi? est-ce que je ne vous plais pas? est-ce que je n'ai pas les traits nobles et élégants, la tournure distinguée? celles qui me l'ont dit jusqu'à présent, m'auraient-elles trompé? c'est possible.

YELVA *lui fait signe que non; qu'il est fort bien, fort aimable... qu'elle a du plaisir à le voir.*

TCHÉRIKOF. J'entends; à la manière dont vous me regardez, je crois comprendre que vous avez du plaisir à me voir?

YELVA *lui fait signe que oui.*

TCHÉRIKOF. Et que vous avez pour moi de l'affection?

YELVA, *par gestes.* Oui.

TCHÉRIKOF. De l'amitié?..

YELVA, *par gestes.* Oui.

TCHÉRIKOF. Un commencement d'amour?..

YELVA, *par gestes.* Non.

TCHÉRIKOF. J'entends bien; ça ne peut pas être de l'adoration; mais je l'aime mieux, parce que, depuis que je suis en France, j'ai été si souvent adoré par des femmes aimables, qui me le disaient, que je préfère être aimé tout uniment par vous qui ne me le dites pas; j'ai idée que cela durera plus longtemps.

YELVA, *par gestes.* Non, non, cela n'est pas possible; je ne puis vous épouser.

TCHÉRIKOF. Nous ne pouvons pas être unis, et pourquoi? parce que vous êtes muette? En ménage, c'est le meilleur moyen de s'entendre, et d'ailleurs, voilà votre gouvernante, cette femme estimable qui ne nous quittera pas, et qui pourra suppléer au besoin; tout cela se compense.

MADAME DUTILLEUL. Comment, Monsieur, est-ce que vous me prenez pour une babillarde.

TCHÉRIKOF. Du tout, du tout, surtout dans votre position, comme obligée de parler pour deux, vous n'avez que bien juste ce qu'il faut. Mais vous, Yelva, vous ne pouvez pas me refuser pour un pareil motif; et si vous n'avez pas d'autres objections, si votre cœur est libre, si vous n'aimez personne; car je jurerais bien...

YELVA, *par gestes.* Non, ne jurez pas...

TCHÉRIKOF. Quoi! qu'est-ce que c'est? Je ne comprends pas. Est-ce que votre cœur aurait déjà parlé?

YELVA, *par gestes.* Peut-être bien : je n'en suis pas sûre.

TCHÉRIKOF. Ah! mon Dieu, je crains de comprendre... Hein, qui vient là?

SCÈNE IV.

Les précédents; ALFRED, *entrant par la porte du fond.*

Madame Dutilleul. C'est monsieur Alfred, notre jeune maître.

Alfred, *sans voir Tchérikof, allant à madame Dutilleul et à Yelva.* Bonjour, ma bonne Gertrude; bonjour, ma chère Yelva.

Tchérikof. Eh mais! si je ne me trompe, c'est M. Alfred de Césanne?

Alfred, *voyant Tchérikof.* Un étranger!

Tchérikof. Qui n'en est pas un pour vous. J'ai eu l'honneur de vous voir deux ou trois fois rue d'Artois, chez mon banquier.

Alfred. Oui, vraiment, ce seigneur russe, si riche et si aimable.

Tchérikof. Il me reconnaît.

Alfred. Et comment vous trouvez-vous ici, près du Luxembourg?

Tchérikof. Il est vrai que c'est un peu loin, un peu froid, un peu désert. Relativement à votre capitale, ce serait presque la Sibérie, (*Regardant Yelva.*) si parfois on n'y trouvait des roses.

Alfred, *avec chaleur.* Enfin qui vous y amène? (*Yelva cherche à le calmer.*)

Madame Dutilleul, *allant prendre l'album.* Cet album que nous avions oublié, et que Monsieur a eu la complaisance de nous rapporter.

Tchérikof. Ce qui m'a donné l'occasion de faire connaissance avec une aimable compatriote.

Alfred. En effet, Yelva a vu le jour aux mêmes lieux que vous, et je conçois qu'une pareille rencontre... Il est si difficile de la voir sans s'intéresser à elle! Daignez me pardonner des soupçons dont je n'ai pas été le maître. Et vous, ma chère Yelva?.. (*Il va au fond du théâtre, avec Yelva et madame Dutilleul.*)

Tchérikof, *à part, pendant qu'Alfred, Yelva et madame Dutilleul ont l'air de causer ensemble.* Maintenant, je comprends tout à fait, et c'est dommage, parce que, malgré moi, je la regardais déjà comme une compagne, comme une consolation que le ciel m'envoyait sur cette terre étrangère; n'y pensons plus.

Madame Dutilleul, *à Alfred, qui lui a montré, ainsi qu'à Yelva, une lettre de son père.* Quoi! vraiment, votre père ne s'y oppose plus?

Yelva *témoigne, par ses gestes, la surprise qu'elle éprouve; mais elle ne peut le croire encore.*

Alfred, *lui montrant une lettre.* Vous le voyez.

Madame Dutilleul. Jamais je n'aurais osé l'espérer!

Yelva *porte la lettre à ses lèvres, exprime son bonheur... Puis va à Tchérikof, lui tend la main, et semble lui demander l'amitié qu'il lui a promise.*

Tchérikof. Que veut-elle dire?

Alfred. Qu'il nous arrive un grand bonheur, et qu'à vous, son compatriote, elle voudrait vous en faire part.

Tchérikof. Vraiment! Eh bien! c'est très-bien à elle, parce que, certainement, je ne croyais plus être pour rien dans son bonheur; mais si, de mon côté, je peux jamais lui être utile, à elle ou à vous, monsieur le comte, vous verrez qu'en fait de noblesse et de générosité la France et la Russie peuvent se donner la main.

Alfred. Je n'en doute point, Monsieur; et, pour vous le prouver, j'accepte vos offres. Yelva et moi nous avons un service à vous demander.

Tchérikof. Il serait possible!

Yelva *lui fait signe que oui... et qu'elle le supplie de le lui accorder.*

Alfred, *à Yelva.* Rentrez dans votre appartement, tout à l'heure nous irons vous y rejoindre. (*Il baise la main d'Yelva, qui le prie de ne pas être longtemps; elle fait à Tchérikof un sourire et un geste d'amitié, et rentre avec madame Dutilleul dans la chambre à gauche.*)

SCÈNE V.

TCHÉRIKOF, ALFRED.

Tchérikof. Elle est charmante! mais ça ne m'étonne pas, le sang est si beau en Russie.

Alfred. N'est-il pas vrai?

Tchérikof. Il ne lui manque que la parole; mais, avec ces yeux-là, on peut s'en passer; moi, d'abord, si je les avais, je ne dirais plus un mot; et quand je voudrais séduire, je regarderais; ce qui voudrait dire : « Regardez-moi, aimez-moi. »

Alfred, *riant.* Ce serait un fort bon moyen.

Tchérikof. N'est-ce pas? je l'ai quelquefois employé; mais entre nous, qui pouvons adopter une autre forme de dialogue, ce serait tout à fait inutile. Daignez donc me dire verbalement en quoi je puis être utile à ma jeune compatriote, que je connais à peine, et dont j'ignore même les aventures.

Alfred. Elles ne seront pas longues à vous raconter. Lors de la retraite de Moscou, recueillie par des soldats qui, quelques jours, quelques semaines après, périrent eux-mêmes ou furent forcés de l'abandonner, Yelva allait expirer de misère et de froid, lorsque mon père, le comte de Césanne, officier supérieur, aperçut sur la neige cette pauvre enfant, qui se mourait et ne pouvait se plaindre; il l'emmena avec lui, la conduisit en France, et l'éleva sous ses yeux, près de moi; c'est vous dire que, depuis ma jeunesse, depuis que je me connais, j'adore Yelva.

Tchérikof. Je me doutais bien de quelque chose comme cela.

Alfred. Quand mon père s'aperçut qu'une telle amitié était devenue de l'amour, il était trop tard pour s'y opposer; il l'essaya cependant. Yelva fut éloignée de la maison paternelle; et, sous la surveillance de Gertrude, notre vieille gouvernante, elle fut exilée dans ce modeste asile, où il m'eût été défendu de me recevoir.

Tchérikof. C'est pour cela que vous y venez tous les jours. Je me reconnais là. Les obstacles; il n'y a rien comme les obstacles.

Alfred. Ma belle-mère, la meilleure des femmes, qui nous chérit tous les deux comme ses enfants, ne s'opposait point à notre mariage; mais mon père, qui avait pour moi des vues ambitieuses, me destinait à un parti magnifique, une fortune immense.

Tchérikof. Et comment avez-vous fait?

Alfred. Il y a quelques jours, j'ai déclaré à mon père que, soumis à mes devoirs, je n'épouserais pas Yelva sans son aveu; mais que, s'il fallait être à une autre, je quitterais plutôt la France et ma famille.

Tchérikof. Y pensez-vous?

Alfred. Je l'aurais fait, et mon père, qui me connaît, s'est enfin rendu à mes prières. « Je ne m'y « oppose plus, m'a-t-il dit froidement; faites ce que vous « voudrez; mais je ne veux pas assister à ce mariage, « ni revoir Yelva. » Depuis ce jour, en effet, il a quitté Paris. Hier seulement, j'ai reçu une lettre de lui, où il m'envoyait son consentement pur et simple; et j'ai fait tout disposer pour que notre mariage ait lieu aujourd'hui même.

TCHÉRIKOF. Aujourd'hui ! (*A part.*) J'avais bien choisi l'instant pour ma déclaration.

ALFRED. Mais un de mes amis, sur lequel je comptais, me manque en ce moment ; et si vous vouliez le remplacer...

TCHÉRIKOF. Moi ! être un de vos témoins !

ALFRED.

AIR du vaudeville de *Partie et Revanche*.

C'est Yelva qui vous en prie,
Elle croira, par un rêve flatteur,
Revoir en vous ses parents, sa patrie.

TCHÉRIKOF.

Monsieur, j'accepte, et de grand cœur,
Oui, je serai témoin de son bonheur.
(*A part.*)
Je venais pour mon mariage,
Et je m'en vais servir au sien :
C'est toujours ça... j'ai du moins l'avantag
De n'être pas venu pour rien.

(*Haut.*) C'est bien à vous, monsieur Alfred ; c'est très-bien d'épouser une orpheline sans fortune. Chez nous autres Russes, cela n'aurait rien d'étonnant, parce que nous aimons le bizarre, l'original ; et dans la proposition que vous me faites, dans la situation où je me trouve, il y a quelque chose qui me plaît, qui me convient.

ALFRED. Vraiment !

TCHÉRIKOF. Et pourquoi ? parce que c'est original ; et moi, je le suis depuis les pieds jusqu'à la pointe des cheveux. Je suis donc à vos ordres ; ainsi que mes gens et ma voiture qui nous attendent en bas.

ALFRED. Non, je vous en prie, renvoyez-les ; que tout se fasse sans bruit, sans éclat, dans le plus grand incognito.

TCHÉRIKOF. C'est différent ; ils vont alors retourner à l'hôtel, où je vais les consigner, ainsi que Kalouga, mon Cosaque, parce que ce petit gaillard-là, quand je le laisse seul dans Paris, il a les passions si vives. Je descends donc leur donner mes ordres, (*A part.*) acheter mon présent de noces pour la mariée, (*A Alfred.*) et je reviens ici vous prendre en fiacre, en sapin ; je n'y ai jamais été, ça m'amusera, c'est original.

ALFRED.

AIR du vaudeville de *la Somnambule*.

Par ce moyen, nous n'irons pas bien vite.

TCHÉRIKOF.

Tant mieux, morbleu ! pourquoi donc se presser ?
Lorsque ce sont les chagrins qu'on évite,
En tilbury j'aime à les devancer.
Mais lorsqu'à nous l'amitié se consacre,
Quand le bonheur vient pour quelques instants,
Auprès de nous tâchons qu'il monte en fiacre,
Pour qu'avec lui nous restions plus longtemps.

(*Alfred reconduit Tchérikof, qui sort par la porte du fond.*)

SCÈNE VI.

ALFRED, YELVA.

MUSIQUE.

A peine Tchérikof est-il sorti, qu'Yelva entr'ouvre la porte de la chambre à gauche, et court à Alfred avec joie ; elle lui montre la lettre de son père qu'elle tient encore, et lui dit par ses gestes : Il est donc vrai ! votre père y consent.

ALFRED. Oui, ma chère Yelva, mon père consent enfin à te nommer sa fille, et rien ne s'oppose plus à mon bonheur.

YELVA, *par gestes*. Je passerai ma vie auprès de toi, toujours ensemble... (*Puis regardant autour d'elle avec inquiétude, et montrant la lettre :*) « Ton père, pourquoi n'est-il pas ici ? »

ALFRED, *avec embarras*. Mon père ne peut venir... Des affaires importantes le retiennent loin de Paris... et ce mariage doit avoir lieu aujourd'hui.

YELVA, *par gestes*. Aujourd'hui ?

ALFRED. Oui, ce matin même ; et je vais tout disposer.

YELVA, *par gestes, montrant la place où était Tchérikof et le désignant*. Un instant... et mon compatriote, où est-il ?

ALFRED. Ce jeune Russe ? il va revenir ; il consent à être notre témoin.

YELVA, *par gestes*. Tant mieux.

ALFRED. Il te plaît donc ?

YELVA, *de même*. Oui.

ALFRED. Et tu l'aimes ?

YELVA, *par gestes*. Mais oui.

ALFRED, *avec un mouvement de jalousie*. Pas comme moi ?

YELVA, *remarquant ce mouvement, se hâte de le rassurer.*) Je l'aime parce qu'il a l'air bon... mais non comme toi : car toi, je t'aimerai toute la vie. (*L'orchestre joue l'air du duo d'Aline :* Je t'aimerai toute la vie.)

ALFRED. Ah ! je n'en veux qu'un gage. (*Il veut l'embrasser.*)

YELVA *le repousse doucement, en lui disant :* Non, pas maintenant... mais plus tard...... Partez, l'on vous attend.

ALFRED. Oui, tu as raison, je vais tout préparer.... Adieu, Yelva, adieu, ma femme chérie. (*Il lui baise la main.*)

YELVA, *par gestes*. Adieu, mon mari. (*Alfred sort par le fond, en lui envoyant un baiser.*)

SCÈNE VII.

YELVA, puis MADAME DUTILLEUL.

MUSIQUE.

YELVA, *restée seule, le suit encore des yeux ; puis, quand il est disparu, quand elle ne peut plus être vue, elle lui renvoie son baiser. Madame Dutilleul entre dans ce moment.*

MADAME DUTILLEUL. Eh bien ! eh bien ! Mademoiselle, qu'est-ce que vous faites ?

YELVA, *toute honteuse, ne sait comment cacher son embarras*.

MADAME DUTILLEUL. Qu'est-ce que c'est que ces phrases-là ? à qui était-ce adressé ?

YELVA, *par gestes*. A personne.

MADAME DUTILLEUL. A personne !.. à la bonne heure ; mais il y a des gens qui pourraient prendre cela pour eux ; en russe comme en français ça se comprend si vite !.. tout le monde entend cela, vois-tu ; aussi il faudra prendre garde quand tu seras mariée, ce qui, du reste, ne peut tarder, et l'on vient déjà te l'apporter...

YELVA, *par gestes*. Quoi donc ?

MADAME DUTILLEUL. J'étais là dans ta chambre, lorsqu'on a frappé à la petite porte, celle qui donne sur l'autre escalier, et un monsieur m'a remis ce que tu vas voir.

YELVA, *par gestes*. Qu'est-ce donc ?

MADAME DUTILLEUL, *rentrant et rapportant une corbeille*. Des parures magnifiques... une parure de mariée.. je ne m'y trompe pas; quoiqu'il y ait bien longtemps pour la première fois...

YELVA *court à la corbeille, en tire un voile, puis une couronne et un bouquet d'oranger*.

MADAME DUTILLEUL. Cette toilette-là, c'est à moi de l'arranger. (*Yelva s'assied devant la glace qui est sur la table de toilette; madame Dutilleul arrange son voile et place son bouquet*.)

Air de *M. Botta*.
Petite fille, à ton âge,
Que ce bouquet est flatteur !
C'te fleur-là retrac' l'image
D' l'innocence et du bonheur.
Le même sort vous rassemble,
Et je crois qu'avec raison,
L'amour peut placer ensemble
Deux fleurs d' la même saison.
Je m'en souviens, à ton âge
Que c' bouquet m' semblait flatteur !
Il m'offrait aussi l'image
D' l'innocence et du bonheur.

YELVA, *pendant cette reprise, veut lui mettre, en riant, la couronne sur la tête*.

MADAME DUTILLEUL. Eh bien! que faites-vous? des fleurs sur mes cheveux blancs !..

Du temps les traces perfides
Devraient vous en empêcher;
La fleur qu' l'on met sur les rides
Se flétrit, sans les cacher.
Ah! ce n'est plus à mon âge
Que c' bouquet paraît flatteur;
Las! il n'offre plus l'image
D' l'innocence et du bonheur.

YELVA, *pendant cette dernière reprise, place sur sa tête la couronne de fleurs, et apercevant sur la toilette un collier de perles, le prend vivement, et le montre à madame Dutilleul*.

MADAME DUTILLEUL. Oui vraiment, des diamants..... ce pauvre Alfred se sera ruiné... mais puisqu'il le veut, il faut qu'aujourd'hui ce riche collier remplace ce simple ruban noir. (*Elle dénoue un ruban qui est au cou d'Yelva et auquel tient un médaillon : Yelva veut le reprendre, et fait signe qu'elle ne doit point s'en séparer*.) C'est le portrait de ta mère, je le sais, et tu ne le quittes jamais; aussi tu le reprendras tout à l'heure, quand nous reviendrons de la mairie et de l'église.

YELVA *sourit à ce mot... met vivement le collier, arrange le reste de la parure... et regardant la toilette de madame Dutilleul, lui fait signe qu'elle n'est pas prête, qu'il faut se dépêcher*.

MADAME DUTILLEUL. C'est vrai, je ne serai pas prête, et je ferai attendre; ce cher Alfred est si vif, si impatient !

YELVA *la presse, par gestes, de se hâter*.

MADAME DUTILLEUL. C'est bon, c'est bon.

Air du *Chapitre second*.
Taisez-vous, bavarde,
Ce soin me regarde,
Et dans un instant,
Superbe et brillante,
Je r'viens triomphante
Bénir mon enfant.
J' n'aurai pas, j'espère,

Grand besoin d'atours ;
Le bonheur, ma chère,
Embellit toujours.
(*Même geste d'Yelva, qui la pousse vers la porte.*)
Taisez-vous, bavarde,
Ce soin me regarde,... etc.
Pour toi, c'est, je gage,
Trop d' parol's... oui-da!
Mais c'est qu'à mon âge
On n'a plus que ça.
Taisez-vous, bavarde,
Ce soin me regarde,
Et dans un instant,
Superbe et brillante,
Je r'viens triomphante
Près de mon enfant.
Adieu, mon enfant,
Adieu, mon enfant.
(*Elle entre dans la chambre à droite.*)

SCÈNE VIII.

YELVA, *seule*.

MUSIQUE.

(*Elle a reconduit madame Dutilleul jusqu'à la porte de la chambre. Quand elle est seule, elle réfléchit, et sourit de l'idée qui lui vient..... c'est de répéter tout ce qu'il faudra faire au moment de son union. Elle place deux coussins auprès de la glace... ensuite elle fait le signe de donner la main à quelqu'un, s'avance timidement; elle fait encore quelques pas avec recueillement, et se met à genoux sur un des coussins en joignant les mains. Elle semble alors écouter attentivement, et répondre oui à la demande qu'elle est censée entendre. (En ce moment on entend le bruit d'une voiture; elle entre, on frappe à la porte.) Elle semble dire avec joie : C'est lui, c'est Alfred !.. Elle va ouvrir, et, en voyant madame de Césanne, elle marque sa surprise et son contentement*.)

SCÈNE IX.

MADAME DE CÉSANNE, YELVA.

MADAME DE CÉSANNE, *remarquant sa surprise*. Oui, c'est moi; c'est la belle-mère, c'est l'amie d'Alfred que tu ne t'attendais pas à voir en ce moment.

YELVA, *lui montrant sa parure de mariée, lui fait connaître par ses gestes, que son mariage est pour aujourd'hui*.

MADAME DE CÉSANNE, *douloureusement*. Il est donc vrai !.. c'est aujourd'hui, c'est ce matin même que ce mariage a lieu !.... et déjà te voilà parée ; je craignais d'arriver trop tard.

YELVA, *par gestes*. Vous voilà, je suis trop heureuse. (*Elle lui baise les mains : madame de Césanne détourne la tête, et Yelva lui dit par ses gestes :*) « Qu'avez-vous? Quel chagrin vous afflige le jour de mon bonheur? »

MADAME DE CÉSANNE, *regardant autour d'elle avec inquiétude*. Et Alfred, où est-il?

YELVA, *par gestes*. Il est sorti; mais il reviendra bientôt, je l'espère.

MADAME DE CÉSANNE. Tu es seule, je puis donc te parler avec franchise, je puis donc t'ouvrir mon cœur : écoute-moi, Yelva... Orpheline et sans protecteur, tu allais périr sur cette terre glacée, où l'on t'avait abandonnée, lorsque M. de Césanne, lorsque mon mari a daigné te recueillir, t'a amenée en France, t'a présentée à moi, comme un second enfant que lui envoyait la Providence ; et tu sais si j'ai rempli les nouveaux devoirs qu'elle m'imposait. (*Yelva lui baise la main.*) Je ne m'en fais pas un mérite ; ta tendresse me payait de mes soins. Mais si nous t'avons traitée comme notre enfant, comme notre fille ; si nul sacrifice ne nous a coûté ; peut-être avons-nous le droit de t'en demander un à notre tour.

YELVA, *par gestes. Parlez, achevez... je suis prête à tout.*

MADAME DE CÉSANNE. Je vais te révéler un secret bien terrible, puisque mon mari eût mieux aimé périr que de le confier même à son fils... Le désir d'augmenter ses richesses, de laisser un jour à ses enfants une fortune proportionnée à leur naissance, a entraîné M. de Césanne dans des entreprises hasardeuses, dans de fausses spéculations ; et malgré son titre et ses dignités, malgré le rang qu'il occupe chez les gens du monde, il est déshonoré, il est perdu sans retour, si quelque ami généreux ne vient pas à son aide.

YELVA, *par gestes.* Grands dieux!

MADAME DE CÉSANNE. Il s'en présente un, le comte de Leczinski, un noble polonais..... Autrefois, et quand nos troupes occupaient Wilna, mon mari lui a rendu de grands services, a préservé du pillage des biens immenses, qu'il nous offre aujourd'hui, ainsi que son alliance!.. Oui, il nous propose sa fille, l'unique héritière de toute sa fortune...... Qu'Alfred l'épouse, et son père est sauvé. (*Mouvement de surprise et de douleur d'Yelva.*) C'était là le plus cher de nos vœux et notre seule espérance ; mais quand Alfred eut déclaré à son père qu'il l'adorait, qu'il ne voulait épouser que toi, qu'il nous fuirait à jamais, plutôt que d'être à une autre, mon mari a gardé le silence, il lui a donné son consentement, et, retiré loin d'ici, il voulait lui-même, et avant que son déshonneur fût public, mettre fin à son existence ; c'est moi qui ai retenu son bras, qui ai ranimé son courage ; je l'ai supplié du moins d'attendre mon retour, car il me restait un espoir : cet espoir, Yelva, c'était toi ; décide maintenant.

YELVA, *par gestes, et dans le plus grand désespoir. Ah! que me demandez-vous?*

MADAME DE CÉSANNE.
Air d'*Aristippe*.

De toi j'attends l'arrêt suprême
Qui doit nous perdre ou bien nous sauver tous ;
Hélas! ce n'est pas pour moi-même,
C'est pour la vie et l'honneur d'un époux,
Qu'en ce moment je suis à tes genoux.
C'est lui, c'est sa main tutélaire
Qui protégea tes jours proscrits ;
Et quand par lui tu retrouvas un père,
Voudrais-tu lui ravir son fils?

(*Elle tombe aux genoux d'Yelva.*)

YELVA, *hors d'elle-même, la relève, la presse contre son cœur, lui jure qu'il n'y a point de sacrifice qu'elle ne soit prête à lui faire : et détachant le bouquet, ainsi que la couronne et le voile qui étaient sur sa tête, elle semble lui dire :* « Vous le voyez, je renonce à lui... « je renonce à tout... soyez heureuse... mais il n'y a « plus de bonheur pour moi. »

MADAME DE CÉSANNE. Yelva, ma chère Yelva, je n'attendais pas moins de ta générosité ; mais tu ne sais pas encore à quoi tu t'engages, tu ne sais pas jusqu'où va le sacrifice que j'attends de toi... Il ne suffit pas de renoncer à Alfred, il faut le fuir à l'instant même ; car tu connais sa tendresse, et s'il ne te croit pas perdue pour lui, nul pouvoir au monde ne le déciderait à t'abandonner... Pardon, c'est trop exiger, je le vois, tu peux renoncer au bonheur, mais non à son amour ; tu n'auras pas ce courage.

YELVA, *par gestes. Si... j'en mourrai peut-être... mais cette vie que j'abandonne... je vous la dois... et alors nous serons quittes.*

MADAME DE CÉSANNE, *la serrant dans ses bras.* Il serait vrai!.. mon enfant! ma fille! (*Yelva, à ce mot, détourne la tête en sanglotant.*) Oui, ma fille ; qui plus que toi méritait ce titre, que j'aurais été trop heureuse de pouvoir te donner? mais il te restera du moins le cœur et la tendresse d'une mère ; je partagerai tes chagrins, je sécherai tes larmes, je ne te quitterai plus, nous partons ensemble. On vient. (*Trouble d'Yelva.*) Il faut partir ; mais par cette porte... (*Montrant celle du fond.*) Si Alfred allait nous rencontrer.

YELVA, *lui montrant la chambre à gauche, lui fait signe qu'il y a un autre escalier.*

MADAME DE CÉSANNE. Oui, je comprends, une autre issue, éloignons-nous...

YELVA *fait entendre à madame de Césanne qu'elle est décidée à partir ; mais elle va prendre le médaillon qui est sur la table, et le presse contre ses lèvres.*

MADAME DE CÉSANNE. Le portrait de ta mère... Tu ne veux pas autre chose... (Pendant que madame de Césanne va à la porte du fond, pour s'assurer que personne ne vient encore, Yelva aperçoit son bouquet de mariée qu'elle a jeté à terre, elle le ramasse, le regarde tristement, le met dans son sein avec le médaillon de sa mère. En ce moment on entend du bruit à la porte du fond ; on met la clé dans la serrure, madame de Césanne entraîne Yelva, qui semble dire un dernier adieu à tout ce qui l'environne, et qui disparaît par la porte à gauche.*)

SCÈNE X.

ALFRED, TROIS TÉMOINS, QUELQUES FEMMES *portant des cartons.*

ALFRED *fait entrer les femmes dans la chambre à gauche. Enfin tout est prêt, tout est disposé...* (*Aux trois témoins.*) En vous demandant pardon, mes amis, des six étages que je vous ai fait monter, je croyais trouver ici notre quatrième témoin, M. de Tchérikof, qui, j'en suis sûr, aura voulu faire des cérémonies, et se présenter en grande tenue ; ces Russes tiennent à l'étiquette... Où est donc tout le monde?

SCÈNE XI.

LES PRÉCÉDENTS ; MADAME DUTILLEUL, *sortant de l'appartement à droite : elle est en grande toilette ; les femmes sortent avec elle.*

MADAME DUTILLEUL. Voilà! voilà! ne vous impatientez pas (*Montrant sa grande parure.*) Il me semble que vous n'avez pas perdu pour attendre, mais à mon âge il faut plus de temps pour être belle ; ce n'est pas comme celui d'Yelva, où cela va tout seul.

ALFRED. Et Yelva, où est-elle?

MADAME DUTILLEUL. Vous allez la voir paraître superbe et radieuse, et en toujours si jolie un jour de noces!... c'est à moi de vous l'amener, et j'y vais. Allons, allons, calmez-vous et prenez patience, main-

tenant ce ne sera pas long... (*Elle entre dans la chambre à gauche.*)
ALFRED. Oui, maintenant elle est à moi ! rien ne peut s'opposer à mon bonheur... (*S'approchant de la table.*) Mais d'où viennent ces diamants ?.. Qui lui a envoyé ces parures ? qui a osé ?..

FINAL.
(Musique de M. Heudier.)
MADAME DUTILLEUL, *rentrant, hors d'elle-même.*)
Ah ! mon Dieu ! ma pauvre Yelva !
ALFRED.
Qu'avez-vous ? comme elle est émue !
MADAME DUTILLEUL.
Hélas ! qui nous la rendra ?
De ces lieux elle est disparue.
ALFRED ET LE CHOEUR.
O ciel !
(*Madame Dutilleul remet une lettre à Alfred.*)

ALFRED, *la lit en tremblant.* « Alfred, je ne puis plus
« être à vous, et vous chercheriez en vain à connaître
« les motifs de ma fuite ou le lieu de ma retraite ; ou-
« bliez-moi, soyez heureux, et ne craignez rien pour
« mon avenir ; la personne avec qui je pars mérite
« toute ma reconnaissance et toute ma tendresse.
« YELVA. »

De mon courroux je ne suis plus le maître :
Ce ravisseur, je saurai le connaître.
(*A madame Dutilleul.*)
Quel est-il ? répondez..
MADAME DUTILLEUL.
Je ne sais... attendez..
Cet étranger... oui... ce matin encore
Il offrait de pareils présents.
ALFRED.
Il l'aime donc ?
MADAME DUTILLEUL.
Depuis longtemps
En secret il l'adore.
ALFRED.
Tout est connu ! c'est pour lui, je le vois,
Qu'elle a trahi ses serments et sa foi.
Ah ! de fureur et de vengeance
Je sens ici battre mon cœur ;
Partons... Bientôt de cette offense
Je punirai le ravisseur.
ENSEMBLE.
Je punirai le ravisseur.
LE CHOEUR.
Nous punirons le ravisseur.
(*Ils sortent tous par le fond ; madame Dutilleul sort avec eux.*)

DEUXIÈME PARTIE.

Le théâtre représente une grande salle d'un château gothique ; porte au fond ; à droite et à gauche, une grande croisée ; sur le premier plan, deux portes latérales. L'appartement est décoré de grands portraits de famille.

SCÈNE PREMIÈRE.

TCHÉRIKOF, *seul, puis* KALOUGA, ET DEUX DOMESTIQUES.

TCHÉRIKOF, *entrant par le fond.* Dieu ! qu'il fait froid !.. (*Kalouga entre, il est suivi de deux valets, qui restent au fond ; Kalouga se tient à une distance respectueuse de Tchérikof, à sa droite.*) surtout quand on a été en France, et qu'on a l'habitude des climats tempérés... Je ne peux pas me faire à ce pays, et je serai obligé pour me réchauffer, de mettre le feu à mes propriétés... Kalouga, quel temps fait-il ?
KALOUGA. Superbe, Monseignir.... trois bieds de neige.
TCHÉRIKOF. Monseignir... Ce que c'est que d'avoir habité la France et l'Allemagne !.. il s'est composé un baragouin franco-autrichien, auquel on ne peut rien comprendre.
KALOUGA. Et ché afré permis à fos tassaux, pour le divertissement, de promener en patinant, sur les fossés de fotre château... Fous pouvez le foir de le fenêtre... à travers la fitrage...
TCHÉRIKOF. Du tout .. Rien que de les regarder, il me semble que ça m'enrhumerait.
KALOUGA. Il être, cebendan', pien chaude aujourd'hui.
TCHÉRIKOF. Je crois bien, vingt degrés. Il est ici dans sa sphère, lui qui, lorsque nous étions à Paris étouffait au mois de janvier.

Air du *Pot de fleurs.*
Fils glacé de la Sibérie,
Et regrettant dans chaque endroit
Les doux frimas de sa patrie,
Il n'adorait, ne rêvait que le froid.
Pour lui Paris fut sans charme et sans grâces ;
Il n'y goûtait, dans son mortel ennui,
Qu'un seul bonheur... c'était à *Tortoni*,
En me voyant prendre des glaces.
Oui, son bonheur, c'était à *Tortoni*,
En me voyant prendre des glaces.
(*Il fait signe aux valets de sortir.*)

(*A Kalouga.*) Écoute ici... C'est aujourd'hui un grand jour, une noce, une solennité de famille... Le comte de Loczinski, mon oncle, noble polonais, qui a cinq ou six châteaux, dont pas un habitable, a bien voulu accepter le mien pour y marier sa fille, ma cousine Fœdora, qui, à notre départ, n'était qu'une enfant, et qui a profité de notre absence pour devenir la plus jolie fille de toute la Pologne russe.
KALOUGA. Ya, Monseignir, li être pien peau femme...
TCHÉRIKOF. Est-ce que je vous ai dit de parler, Kalouga ?
KALOUGA. Nein.... (*Sur un geste de Tchérikof.*) Nicht...
TCHÉRIKOF. Alors, taisez-vous !.. Depuis que ce petit gaillard-là a été en France, il n'y a pas moyen de le faire taire... quand il s'agit de jolies femmes... Que ça t'arrive encore !.. je te fais attacher comme Mazeppa, sur un cheval tartare, et tu verras où ça te mènera... Mais revenons... Mon oncle et sa fille sont déjà arrivés hier au soir, ainsi qu'une partie de la noblesse du pays... Nous attendons dans la journée le futur, un jeune seigneur français, que j'ai connu à Paris, et avec qui nous étions très-bien, quoique autrefois nous ayons manqué de nous brûler la cervelle ; mais en France cela n'empêche pas d'être amis... il va arriver, ainsi que sa famille, et j'ordonne, Kalouga, à tous mes vassaux de redoubler de soins, d'égards, de prévenances ; je veux sur toutes les physionomies un air d'hilarité, et de bonheur.

AIR : *De sommeiller encor, ma chère.*
Je n'admets pas la moindre excuse.
Que l'on se montre et joyeux et content !
Oui, je veux que chacun s'amuse,
Sinon, malheur au délinquant !
Cent coups de knout, voilà ce que j'impose
Pour le premier qui s'ennuirait,
Quitte ensuite à doubler la dose,
Si ça ne produit pas d'effet.

YELVA, court se jeter à deux genoux devant le tableau. — Acte 2, scène 15.

KALOUGA. Je comprends bien, Monseignir.

TCHÉRIKOF. En ce cas, c'est vous, Kalouga, que je charge de donner l'exemple. (*Kalouga pred une physionomie riante.*) A la bonne heure; songez que nous devons, par l'urbanité de nos manières, donner aux étrangers une haute idée de notre nation... Il ne suffit pas d'être Cosaque, il faut encore être honnête.

KALOUGA. Ya, Monseignir.

TCHÉRIKOF. C'est la comtesse Fœdora... Tiens-toi droit, salue, et va-t'en. (*Kalouga salue et sort.*)

SCÈNE II.

FŒDORA, TCHÉRIKOF.

TCHÉRIKOF. Eh bien! ma belle cousine, comment vous trouvez-vous dans le domaine de mes ancêtres?

FŒDORA. A merveille, il me rappelle nos premières années et les plaisirs de notre enfance... C'est ici, mon cousin, que nous avons été élevés; et vous rappelez-vous, lorsque avec vos frères et sœurs, nous courions tous dans ces grands appartements?

TCHÉRIKOF. Oui, nous jouions à cache-cache et au colin-maillard.

FŒDORA. Et quand votre pauvre mère, (*Montrant un portrait à droite.*) que je crois voir encore, était si effrayée en nous apercevant cinq ou six dans la même balançoire...

TCHÉRIKOF. C'est vrai... Et vous rappelez-vous, lorsqu'à coups de boules de neige, nous jouions à la bataille de Pultawa?

Air de la *Sentinelle*.

Oui, sous nos doigts la glace offrait soudain
Un château-fort dont nous faisions le siége ;
Gaîment alors, au pied de ce Kremlin,
Nous construisions trente canons de neige...
Comm' Josué, je demandais au ciel
Que le soleil respectât notre gloire ;
Car saisis d'un effroi mortel,
Nous tremblions que le dégel
Ne vînt nous ravir la victoire.

Je dis la victoire, parce que c'était toujours moi qui battais les autres; je faisais Pierre le Grand...

FŒDORA. Et moi, l'impératrice Catherine.

TCHÉRIKOF. C'est maintenant, ma cousine, que vous pourriez jouer ce rôle-là au naturel; car je vous avouerai qu'en vous revoyant, j'ai été tout étonné de ce maintien plein de noblesse et de dignité... je n'en revenais pas.

FŒDORA. Vraiment!..

TCHÉRIKOF. C'est bien mieux qu'avant mon départ... et moi, cousine? qu'en dites-vous?

FŒDORA. Je trouve aussi que vous êtes changé.

TCHÉRIKOF. C'est que tout le monde dit; et vous me trouvez?..

FŒDORA. Moins bien qu'autrefois.

TCHÉRIKOF. Bah! c'est étonnant; vous êtes la seule; car tous mes vassaux me trouvent superbe, et mes vassales sont du même avis.

FŒDORA. Ecoutez donc, Iwan, j'ai peut-être tort de vous parler ainsi ; mais entre cousins...

TCHÉRIKOF. C'est juste, on se doit la vérité, et je vous ai donné l'exemple; vous trouvez donc...

FŒDORA. Que vous n'êtes plus vous-même ; vous n'êtes plus, comme autrefois, un bon et franc Moscovite, un peu bourru, un peu brusque; j'aimais mieux cela; car au moins c'était vous, c'était votre caractère. On est toujours si bien quand on est de son pays! Je suis Moscovite dans l'âme; je n'ai jamais voyagé, je ne connais rien, mais il me semble que ce qu'il y a de plus beau au monde, c'est un seigneur russe, au milieu de ses domaines, entouré de ses vassaux dont il peut faire le bonheur. C'est un prince, c'est un souverain. Et, si j'avais été maîtresse de mon sort, je n'aurais jamais rêvé d'autre existence, ni formé d'autres désirs.

TCHÉRIKOF. Il se pourrait! et cependant, aujourd'hui même, vous allez épouser un étranger, un Français, le jeune comte de Césanne!

FŒDORA. Mon père le veut, et, en Russie, quand les pères commandent, les filles obéissent toujours ; et c'est bien terrible, mon cousin, de quitter ainsi son pays, d'aller vivre en France parmi des vassaux qui n'ont été élevés ni à vous connaître, ni à vous aimer. En a-t-il beaucoup?

TCHÉRIKOF. M. de Césanne?

FŒDORA. Oui; combien a-t-il de paysans?

TCHÉRIKOF. Il n'en a pas du tout. Dans ce pays-là, les paysans sont leurs maîtres.

FŒDORA. Il serait possible! les pauvres gens. Qui donc alors peut les défendre ou les protéger?

TCHÉRIKOF. Ils se protégent eux-mêmes.

FŒDORA. C'est inconcevable! Et, dites-moi, mon cousin, est-ce que ça peut aller dans un pays comme celui-là?

TCHÉRIKOF. Cela va très-bien, c'est-à-dire ça pourrait aller mieux; mais ça viendra, grâce aux nouveaux changements, et quand vous serez une fois en France, vous ne voudrez plus la quitter.

FŒDORA. J'en doute.

TCHÉRIKOF. Surtout si vous aimez votre mari ; car je pense que vous l'aimez.

FŒDORA. Ah! mon Dieu, oui, mon père me l'a ordonné; mais on m'avait dit que les Français étaient si légers, si étourdis...

TCHÉRIKOF. Il est vrai que nous sommes... (Se reprenant.) qu'ils sont fort aimables.

FŒDORA. C'est possible; et cependant, depuis que M. de Césanne est à Wilna, il a un air si triste.

TCHÉRIKOF. Que voulez-vous! d'anciens chagrins... il a été trompé. En France, cela arrive à tout le monde ; moi le premier.

FŒDORA. Faire cinq cents lieues pour cela!

TCHÉRIKOF. C'est vrai! Il y a tant de gens qui, sans sortir de chez eux, sont aussi avancés que moi! mais que voulez-vous? Lorsque je suis parti, j'étais seul au monde; je n'avais que moi d'ami et de parent ; car, de tous ceux dont nous parlions tout à l'heure, il ne reste plus que nous, ma cousine... et puis, comme j'ai toujours été original, moi, j'avais une manie, c'était de trouver le bonheur, qui est une chose si difficile et si rare, qu'on ne peut pas le chercher trop loin.

Air nouveau de M. *Heudier*.

Pour le trouver, j'arrive en Allemagne,
Où l'on me dit : Voyez plus loin. Hélas!
Rempli d'espoir, je débarque en Espagne;
On me répond : On ne le connaît pas.
En vain la France à l'Espagne succède;
Vite on m'envoie en Angleterre.. Enfin
Personne, hélas! chez soi ne le possède,
Chacun le croit chez son voisin.

FŒDORA.
(*Même air.*)

J'en conviens, il est bien terrible
De visiter pour rien tant de pays...

TCHÉRIKOF.
Le bonheur est donc impossible?

FŒDORA.
Je n'en sais rien... mais je me dis :
Puisqu'en courant toute la terre
On ne saurait le rencontrer... je vois
Que le bonheur est sédentaire;
Pour le trouver il faut rester chez soi.

SCÈNE III.

LES PRÉCÉDENTS, KALOUGA.

KALOUGA. Monseigneir, un grand foiture entre dans le cour du château. Monsir le comte de Césanne.

TCHÉRIKOF. Ah! mon Dieu!

KALOUGA. Et puis, il être fenu aussi dans un kibitch, un monsir avec des papiers. (*Il sort.*)

TCHÉRIKOF. C'est pour le contrat ; ce que nous appelons en France un notaire. (*A part.*) S'il avait pu geler en route, lui et son encrier!

FŒDORA. Adieu, mon cousin. Il faut alors que je retourne au salon, où mon père va me demander.

TCHÉRIKOF. Oui, sans doute ; mais c'est que j'avais un secret à vous confier.

FŒDORA. Un secret. Il suffit que cela vous regarde pour que cela m'intéresse aussi, et nous en reparlerons tantôt, après ce contrat qui m'ennuie ; et je vais me dépêcher, pour que cela soit plus tôt fini. A ce soir, n'est-il pas vrai? (*Elle sort.*)

SCÈNE IV.

TCHÉRIKOF, seul. Oui, à ce soir. Il sera bien temps, quand elle en aura épousé un autre! Elle a raison, depuis longtemps, je cours après le bonheur, et j'arrive toujours trop tard.

SCÈNE V.

ALFRED, TCHÉRIKOF, MADAME DE CÉSANNE.

(*Tchérikof va au-devant de madame de Césanne, à qui il offre sa main.*)

CHŒUR.

Air de la contredanse de *la Dame Blanche*.

Mes amis, chantons
Et fêtons
Cette heureuse alliance,
Que ce soir nous célébrerons ;
Unissons nos vœux et nos chants ;
Prouvons, par nos joyeux accents,
Que, suivant l'ordonnance,
Nous sommes tous gais et contents.

(*Une jeune fille offre des fleurs dans une corbeille à madame de Césanne, qui lui fait signe de les mettre sur la table.*)

TCHÉRIKOF.

Quelle douce harmonie...
C'est fort bien, mes amis ;
Chantez, je vous en prie ;
Vos accents et vos cris
Rappellent en Russie
L'Opéra de Paris.

CHŒUR.

Mes amis, chantons, etc., etc.

(*Le chœur sort.*)

TCHÉRIKOF, à Alfred, avec un peu d'embarras. Combien je suis heureux, mon cher Alfred, de vous recevoir chez moi, ainsi que votre aimable famille; vous qui avez daigné m'accueillir à Paris, avec tant de grâce et de bonté! Et M. de Césanne, je ne le vois pas!

MADAME DE CÉSANNE. Le comte de Leczinski l'a reçu à son arrivée, et tous les deux se sont enfermés ensemble, ainsi qu'un homme de loi que j'ai cru apercevoir.

TCHÉRIKOF, à Alfred. Et vous avez, sans doute, présenté vos hommages à ma jeune cousine, à votre future?

ALFRED, froidement. Mais non, je ne crois pas. Il me tardait de vous voir, et de vous remercier de toutes les peines que ce mariage va vous donner.

TCHÉRIKOF. Certainement, la peine n'est rien ; et si vous saviez, au contraire, avec quel plaisir... (*A part.*) C'est étonnant, comme j'en ai... (*A la comtesse.*) Vous ne trouverez pas ici le luxe et les plaisirs de Paris; je désire cependant que cet appartement (*Montrant la porte à droite.*) puisse vous convenir.

MADAME DE CÉSANNE. Je le trouve superbe.

TCHÉRIKOF. C'était celui de ma mère, dont vous voyez le portrait, (*Montrant un grand portrait qui se trouve sur la porte à droite.*) la comtesse de Tchérikof, que j'ai perdue, ainsi que toute ma famille, dans l'incendie de Smolensk.

MADAME DE CÉSANNE, avec intérêt. Vraiment! ah! combien je suis fâchée de vous avoir rappelé de pareils souvenirs.

TCHÉRIKOF. Oui, oui ; il faut les éloigner; d'autant qu'aujourd'hui, il faut être gai, n'est-ce pas, mon cher Alfred? il s'agit d'être gai.

MADAME DE CÉSANNE. Vous avez raison; car, d'après ce que j'ai vu en arrivant, tout est disposé pour ce mariage.

ALFRED. Oui, ce soir, à minuit; n'est-il pas vrai? et c'est vous, mon cher cousin, qui serez mon témoin.

TCHÉRIKOF, à part. Son témoin! il ne manquait plus que cela. Voilà la seconde fois que je lui servirai de témoin pour lui faire épouser celle qu'il aime.

ALFRED. Eh quoi! vous hésitez?

TCHÉRIKOF. Du tout, cousin, c'est une préférence bien flatteuse; mais j'ai peur que cela ne vous porte pas bonheur.

ALFRED. Et pourquoi?

TCHÉRIKOF. Parce que ça nous est déjà arrivé, et que ça ne nous a pas réussi.

ALFRED. Au nom du ciel, taisez-vous.

MADAME DE CÉSANNE. Qu'est-ce donc?

TCHÉRIKOF. Une aventure originale qu'on peut vous conter maintenant ; un mariage dont j'ai été le témoin, c'est-à-dire, dont je n'ai rien été.

ALFRED. De grâce...

TCHÉRIKOF. Ce n'est pas vous, c'est moi qui ai été le plus mystifié. Me donner la peine d'acheter une corbeille magnifique; me faire courir tout Paris pour retenir moi-même trois fiacres jaunes et six chevaux de toutes les couleurs; et revenir ensuite au grand galop, seul, dans trois sapins, pour trouver, qui? personne; pour apprendre, quoi? rien ; car la mariée était partie pour aller, où? je vous le demande.

MADAME DE CÉSANNE, à part. Grand Dieu!

TCHÉRIKOF.

Air : *Un homme pour faire un tableau*.

Nous courons, mes fiacres et moi,
Au temple, où partout je regarde,
Personne, hélas! et je ne vois
Qu'un suisse avec sa hallebarde.
Pour l'hymen pas d'autres apprêts ;
Impossible qu'il s'accomplisse...
Pour un mariage français,
Nous n'étions qu'un Russe et qu'un Suisse.

Et le plus original, Monsieur vient me chercher querelle, m'accuser de l'avoir enlevée, et nous avons manqué de nous battre.

MADAME DE CÉSANNE. Quoi! Alfred, vous auriez pu soupçonner?..

ALFRED. Eh bien! oui, malgré toutes les raisons qu'il m'a données, et auxquelles je n'ai rien trouvé à répondre, je n'ai jamais été bien convaincu ; et dernièrement encore, ne disait-on pas qu'Yelva l'avait suivi, qu'elle était cachée dans un de ses châteaux?

TCHÉRIKOF. Avoir une pareille idée d'un gentilhomme moscovite! d'un honnête boyard!
ALFRED. Pardon. Ce n'est pas que je tienne à la perfide qui m'a trahi, et que j'ai oubliée! mais être trompé par un ami! (*Lui prenant la main.*) Ne parlons plus de cela; qu'il n'en soit plus question. D'ailleurs, je me marie, je suis heureux, j'épouse votre cousine.

SCÈNE VI.

LES PRÉCÉDENTS, KALOUGA.

KALOUGA. Li être la vaguemastre, qui apporter les gazettes pour Monseigner, et les lettres pour toute la société.
ALFRED, *vivement*. Y en a-t-il de France? y en a-t-il pour moi?
KALOUGA. Non, Mossié. Mais en foilà un bour matam' la comtesse; elle être de Wilna. (*Il donne la lettre à Tchérikof, qui la remet à madame de Césanne.*)
MADAME DE CÉSANNE. De Wilna? j'en attendais, et j'avais dit qu'on me les adressât dans ce château.
TCHÉRIKOF. Nous vous laissons; vous êtes chez vous, et voici Kalouga, un jeune Kalmouk, que je mets à vos ordres. (*A Alfred.*) Venez, je vous conduis à votre appartement, de là au salon, et puis au dîner qui nous attend; un dîner à la française, où vous retrouverez un de vos compatriotes.
ALFRED. Et qui donc?
TCHÉRIKOF. Le champagne; car tous les mois j'en fais venir; j'ai à Paris un banquier, rien que pour cela.
ALFRED. Vraiment?
TCHÉRIKOF. C'est que la Russie en fait une consommation... on en boit ici deux fois plus qu'on n'en récolte en France.
MADAME DE CÉSANNE. Ce n'est pas possible.
TCHÉRIKOF. Si vraiment; l'industrie a fait tant de progrès! (*Tchérikof et Alfred entrent dans l'appartement à droite, dont la porte reste ouverte.*)

SCÈNE VII.

MADAME DE CÉSANNE, KALOUGA.

MADAME DE CÉSANNE. Ils sont partis. Voilà cette lettre que j'attendais, et que maintenant je n'ose ouvrir. (*On entend le son d'une cloche.*) Quelle est cette cloche?
KALOUGA. Ce être à la borte du château; tes vagabonds qui temanter asile bour la nuit. (*Allant à la fenêtre de gauche, qu'il ouvre.*) Wer da? qui vive? fous rébontir bas, tant bire bour fous. (*Il referme la fenêtre. On sonne encore.*)
MADAME DE CÉSANNE, *qui a décacheté la lettre.* Encore! voyez donc ce que ce peut être?
KALOUGA. Che afre temanter, ly afre bas rébontu; si restir à le borte.
MADAME DE CÉSANNE. Par le froid qu'il fait!

KALOUGA. Li être un pel température pour la piouvac, un blein lune, qui li être pien chaude.
MADAME DE CÉSANNE. Y penses-tu?

AIR : *Qu'il est flatteur d'épouser celle.*
De misère et de froid, peut-être,
Il va périr... Ouvre-lui donc;
Sois charitable.
KALOUGA.
A notre maître
J' vas en t'manter la permission.
LA COMTESSE.
Est-elle donc si nécessaire?
As-tu besoin, dans ta bonté,
Des ordres d'un maître... pour faire
Ce que prescrit l'humanité?

D'ailleurs je prends tout sur moi.
KALOUGA. Ce être différent; che opéir d'un air affable, Monseigner l'hafré ortonné. Je fais parler à la concierge. (*Il sort par la porte à gauche.*)

SCÈNE VIII.

MADAME DE CÉSANNE, *seule*. Ah! que ce séjour m'attriste! tout y est froid et glacé. Il faut leur ordonner d'être humains; ils obéissent du moins, c'est toujours cela. (*Regardant la signature de la lettre.*) « Nicolauf, commerçant à Wilna; » lisons. « Madame la « comtesse. Vous m'avez fait annoncer, par MM. Mar-« tin et Compagnie, mes correspondants, qu'une jeune « fille à laquelle vous preniez le plus grand intérêt, « partirait de France, le 15 septembre dernier; qu'elle « suivrait la route de Berlin, de Posen et de Varso-« vie; et que, vers la fin de novembre, elle arriverait « à Wilna. Mais il paraît que, quelques lieues avant « Grodno, la voiture dans laquelle elle se trouvait a « été attaquée; et c'est avec douleur que je vous ap-« prends que l'homme de confiance qui l'accompa-« gnait est au nombre des voyageurs qui ont péri. » (*S'interrompant.*) Grand Dieu! (*Reprenant la lecture de la lettre.*) « Quant à la jeune fille à laquelle vous « vous intéressez, on n'a aucune nouvelle de son sort; « mais du moins, et, d'après les renseignements que « nous avons pris, rien ne prouve qu'elle ait perdu « la vie; et si elle a pu seulement parvenir jusqu'à « Grodno, nul doute qu'elle ne nous informe de ce « qu'elle est devenue. » Et comment le pourrait-elle?

AIR de *l'Ermite de Saint-Avelle.*
Sur cette terre, isolée,
Qui sera son protecteur?
Elle s'est donc immolée
Pour moi, pour son bienfaiteur!
Étrangère, hélas! et bannie,
Faut-il, par un malheur nouveau,
Qu'elle vienne perdre la vie
Aux lieux même où fut son berceau.

SCÈNE IX.

MADAME DE CÉSANNE; KALOUGA ET YELVA,
entrant par la porte à gauche.

(REFRAIN DE LA PETITE MENDIANTE.)

KALOUGA *soutient Yelva, qui s'appuie sur son bras.* Entrir, entrir, fous, la pelle enfant; mais ce être bas honnête de bas repontre à moi, qui li être pien galant. (*Il la conduit auprès du fauteuil à droite du théâtre.*)

YELVA, *en paysanne russe, pâle et se soutenant à peine, s'appuie sur le fauteuil* (MUSIQUE), *et indique que tous ses membres sont engourdis par le froid.*

KALOUGA, *à madame de Césanne.* Li être un petite fille qui li être bas de ce tomaine; car moi les connaître toutes.

MADAME DE CÉSANNE. C'est bien..... (*S'approchant d'elle.*) Dieu! qu'ai-je vu! (MUSIQUE.) *A ce cri, Yelva tourne la tête, veut s'élancer vers la comtesse, mais ses forces la trahissent; elle ne peut que tomber à ses pieds, en lui tendant les bras.*) Ma fille, mon enfant! c'est toi qui m'es rendue! mais dans quel état! cette pâleur! ces obscurs vêtements! La misère était donc ton partage?

YELVA *fait signe qu'elle la revoit, qu'elle est heureuse, qu'elle se porte bien; mais, en ce moment, elle chancelle et retombe sur le fauteuil.*

MADAME DE CÉSANNE. O ciel! la fatigue, le froid..... (*A Kalouga.*) Laisse-nous.

KALOUGA. Ya, montame.

MADAME DE CÉSANNE. Surtout, pas un mot de cette aventure.

KALOUGA. Ya.

MADAME DE CÉSANNE. Vous n'avez rien vu.

KALOUGA. Ya.

MADAME DE CÉSANNE. Rien entendu.

KALOUGA. Ya. (*Il sort.*)

SCÈNE X.

YELVA, *sur un fauteuil,* **MADAME DE CÉSANNE.**

MADAME DE CÉSANNE. Depuis l'horrible catastrophe qui t'a séparée de ton guide, qu'es-tu devenue au milieu de ces déserts?

(ROMANCE DE LÉONIDE.)

YELVA *lui indique qu'elle s'est trouvée seule, sans argent et presque sans vêtements; elle souffrait; elle avait bien froid; elle a marché toujours devant elle, ne rencontrant personne; elle a continué sa route; elle marchait toujours, mourant de fatigue et de froid* (Refrain de la Petite Mendiante), *et quand elle rencontrait quelqu'un, elle tendait la main et se mettait à genoux, en disant : « Prenez pitié d'une pauvre fille. »*

MADAME DE CÉSANNE. O ciel! obligée de mendier..... Et quand venait le soir?.. et aujourd'hui, par exemple, dans cette campagne éloignée de toute habitation?

YELVA *fait signe que la nuit commençait à la surprendre; qu'elle cherchait autour d'elle où reposer sa tête; qu'elle n'apercevait rien; et, désespérée, elle était résignée à se coucher sur la terre, et à mourir de froid,* lorsque ses yeux sont tombés sur ce médaillon qu'elle avait conservé. (*Air de la romance d'*Alexis.) Elle a imploré sa mère, l'a priée de la protéger.

MADAME DE CÉSANNE. Oui, ta mère que tu implorais devait te protéger.

YELVA. Soudain elle a aperçu une lumière (Musique douce), *c'était celle du château; elle a marché avec courage, et, quand elle s'est vue aux portes de cette habitation, elle s'est traînée jusqu'à la cloche qu'elle a sonnée.* (*Air de* JEANNOT ET COLIN : Beaux jours de notre enfance.) *On est venu ouvrir, et la voilà dans les bras de sa bienfaitrice.*

MADAME DE CÉSANNE. Oui, tu ne me quitteras plus; et quoi qu'il arrive, c'est moi qui, désormais, veux veiller seule sur tes jours et sur ton bonheur.

YELVA *la regarde avec tendresse, puis avec embarras, et montrant son cœur et sa main, elle lui fait entendre qu'il n'y a plus de bonheur pour elle. Puis, tirant de son sein son bouquet de mariage qu'elle a conservé, elle lui demande par gestes :* « Et celui qui m'aimait, « qui devait m'épouser... qu'est-il devenu?.. où est-il? »

MADAME DE CÉSANNE. Celui qui t'aimait; qui devait t'épouser?.. Alfred...

YELVA, *avec émotion.* Oui.

MADAME DE CÉSANNE. Yelva, oublions-le... n'en parlons plus, surtout aujourd'hui.

YELVA, *effrayée, lui demande par ses gestes :* « Est-ce qu'il est mort?.. est-ce qu'il n'existe plus? »

MADAME DE CÉSANNE. Non, rassure-toi, il vit, il existe.

YELVA *témoigne sa joie.*

MADAME DE CÉSANNE. Mais, je ne sais comment t'apprendre...

SCÈNE XI.

YELVA, MADAME DE CÉSANNE, FOEDORA.

FOEDORA, *entrant par le fond.* Madame, on m'envoie vous chercher, on vous demande au salon... (*Voyant Yelva.*) Mais quelle est cette jeune fille?

MADAME DE CÉSANNE. Une infortunée que nous venons de recueillir, et à qui nous avons donné l'hospitalité.

FOEDORA. Ah! je veux être de moitié dans votre bienfait!.. je veux la présenter à M. Alfred. (*Yelva fait, ainsi que madame de Césanne, un geste d'effroi.*) Oui, M. Alfred de Césanne; c'est mon mari, celui que je vais épouser!.. (*A madame de Césanne.*) Madame... je veux dire ma mère, car vous savez que tout est déjà disposé; les vassaux, les paysans, sont dans le vestibule, les musiciens en tête; il ne manque plus que mon cousin, qui n'était pas encore descendu au salon... (*Pendant que Fœdora parle, Yelva et madame de Césanne indiquent par leur pantomime les diverses émotions qu'elles éprouvent. A Yelva.*) Venez, venez avec moi... M. Alfred ne me refusera pas la première grâce que je lui demanderai, et vous ne me quitterez plus... Ne le voulez-vous pas?..

YELVA *témoigne le plus grand trouble.*

MADAME DE CÉSANNE. Excusez-la, cette pauvre fille ne peut ni vous entendre, ni vous répondre, elle ne sait ni le français ni le russe.

FŒDORA. Ah! c'est dommage!.. elle est si jolie, que j'aurais désiré qu'elle fût de notre pays..... Mais c'est égal, venez toujours, vous assisterez à ce mariage..... (*Yelva s'éloigne avec effroi.*) Eh bien! qu'a-t-elle donc? (*Souriant.*) Vous avez raison, elle ne me comprend pas; il semble que je lui ai fait peur.

MADAME DE CÉSANNE. Dans l'état de faiblesse où elle est, un peu de repos lui est seul nécessaire.

FŒDORA. En effet, elle a l'air de souffrir.

MADAME DE CÉSANNE. Ah! c'est qu'elle est bien malheureuse, elle est bien à plaindre, je le sais; tant de coups l'ont frappée à la fois!.. mais je connais aussi de quels nobles sentiments elle est capable..... (*Yelva serre la main de madame de Césanne, comme pour lui dire qu'elle est tout à fait résignée.*) et, après tant de sacrifices et de souffrances, elle ne voudrait pas en un moment détruire ce qu'elle a fait.

FŒDORA. Oui! il faut qu'elle reprenne confiance; puisque la voilà avec nous, bientôt ses malheurs seront finis!

MADAME DE CÉSANNE, *regardant Yelva*. Vous avez raison, encore un instant, un instant de courage, c'est tout ce que je lui demande; et tout sera fini.

YELVA *essuie ses larmes, regarde madame de Césanne, lui prend la main, et semble lui dire avec fermeté:* « *Ce courage, je l'aurai.* » *Elle aperçoit à gauche une caisse de fleurs; elle va en cueillir une, s'approche de Fœdora, lui fait la révérence, et la lui présente.* (*Air de Léocadie.*)

FŒDORA. Un bouquet pour mon mariage, pauvre enfant! c'est elle qui la première m'en aura présenté; fasse le ciel que cela me porte bonheur!

YELVA, *en ce moment, regarde sa parure de mariée, sa couronne et son bouquet d'oranger: elle soupire, et l'orchestre finit l'air de* LÉOCADIE: *Voilà pourtant comme je serais. A la fin de l'air, elle se jette dans les bras de madame de Césanne, qui la presse contre son cœur, en lui donnant les marques de la plus vive tendresse.*

MADAME DE CÉSANNE, *à Fœdora*. Venez, venez, on nous attend. (*Elles sortent par le fond.*)

SCÈNE XII.

MUSIQUE.

YELVA, *seule, tombe anéantie dans le fauteuil..... Elle reste un instant absorbée dans sa douleur: puis, semblant reprendre tout son courage, elle fait signe que tout est fini, qu'elle bannit Alfred de son cœur...* « *C'est dans ce moment, sans doute, qu'il se marie...* » *Elle prend le bouquet qu'elle avait conservé, le regarde avec attendrissement et le jette loin d'elle. Elle écoute, croit entendre une musique religieuse, se met à genoux, et prie pour lui. Plus calme alors, elle lève la tête et regarde autour d'elle; elle éprouve, à l'aspect de ces lieux, une émotion dont elle ne peut se rendre compte; elle se lève précipitamment et semble reconnaître cette chambre; elle examine avec attention la tenture, les meubles; puis, posant la main sur son cœur, elle cherche à retenir des souvenirs qui lui échappent.*

SCÈNE XIII.

YELVA, TCHÉRIKOF, *sortant de l'appartement à droite.*

TCHÉRIKOF. Allons, voilà déjà les airs du pays, les chants de noces qui se font entendre. Je leur ferai donner le knout, pour leur apprendre à chanter et à être heureux sans moi..... Mais quelle est cette paysanne? O ciel! en croirai-je mes yeux?... Yelva sous ce déguisement, et dans ce château!

YELVA, *à sa vue, fait un geste de surprise, et court à lui.*

TCHÉRIKOF. Et Alfred, quel sera son étonnement?

YELVA *lui fait signe de se taire.*

TCHÉRIKOF. Quoi! vous ne voulez pas qu'il sache?.. vous craignez sa présence?

YELVA *fait signe que oui.*

TCHÉRIKOF. Et comment êtes-vous ici? qui vous amène chez moi?

YELVA, *par gestes:* Ceci est à vous?

TCHÉRIKOF. Oui, ce château m'appartient.

MUSIQUE.

YELVA *le regarde avec une nouvelle attention, et comme si elle ne l'avait jamais vu; il semble qu'elle veuille lire sur son visage et deviner ses traits.*

TCHÉRIKOF. Qu'a-t-elle donc? d'où vient l'émotion qu'elle éprouve?

YELVA *met une main sur son cœur, et de l'autre lui fait signe de se taire et de ne point troubler les idées qui lui arrivent en foule.* « *Oui, quand elle était petite, elle a vu tout cela...* » *Elle court à la fenêtre à gauche, montre les jardins.*

TCHÉRIKOF. Dans ces jardins!.. eh bien! que voulez-vous dire?

YELVA *lui fait signe qu'il y a une balançoire (Air Balançons-nous), des montagnes russes, d'où on descendait rapidement.*

TCHÉRIKOF, *étonné.* Il me semble qu'elle parle de balançoire, de montagnes russes... Qu'est-ce que cela signifie?

YELVA *témoigne son impatience de ce qu'il ne comprend pas.* (Air : Un bandeau couvre les yeux.) *Puis, comme une idée qui lui vient, elle lui fait signe qu'autrefois, dans ce salon, elle jouait avec des enfants de son âge; et, faisant le geste de se mettre un bandeau sur les yeux, elle court après quelqu'un, comme si elle jouait au colin-maillard.* (Air vif.) *Tous ses gestes se succèdent rapidement, et sans qu'elle fasse presque attention à Tchérikof, qui la regarde d'un air attendri.*

TCHÉRIKOF. Pauvre enfant! je ne sais pas ce qu'elle a, ni ce qu'elle veut dire, mais il y a dans ses gestes, dans sa physionomie, une expression que je ne puis définir, et dont, malgré moi, je me sens tout ému.

CHŒUR, *en dehors.*
AIR de la *Dame Blanche.*

Chantons, ménestrels joyeux,
Refrains d'amour et d'hyménée;
La plus heureuse destinée
Comble ce ce jour tous leurs vœux.

YELVA *le prend par le bras pour lui dire:* Écoutez!

TCHÉRIKF. Ce sont mes vassaux qui chantent un air du pays.

YELVA *semble lui dire :* C'est cela même! *Son émotion est au comble. Elle prend la main de Tchérikof, la serre dans les siennes, la porte sur son cœur.*

TCHÉRIKOF. Je n'y suis plus, je n'y conçois rien ; elle paraît si contente et si malheureuse... et cette amitié si tendre qu'elle me témoigne... vrai, ça donnerait des idées... Yelva... ma chère Yelva... rassurez-vous.

SCÈNE XIV.

LES PRÉCÉDENTS; ALFRED, *entrant par la porte à droite, qu'il referme sur lui ; il aperçoit Yelva dans les bras de Tchérikof.*

ALFRED. Ciel?.. Yelva!..

YELVA, *en voyant Alfred, effrayée, hors d'elle-même, s'arrache des bras de Tchérikof, et s'enfuit précipitamment dans l'appartement à gauche, dont elle ferme la porte.*

ALFRED, *à Tchérikof, après un instant de silence.* Eh bien! Monsieur, mes soupçons étaient-ils injustes? qu'avez-vous à répondre?

TCHÉRIKOF. Rien... jusqu'à présent... car je n'y comprends pas plus que vous.

ALFRED. Et moi, je comprends, Monsieur, que vous êtes un homme sans foi.

TCHÉRIKOF. Monsieur de Césanne!

ALFRED. Oui, c'est vous qui me l'avez ravie; qui l'avez enlevée à mon amour; qui l'avez cachée dans ces lieux, où vous l'avez séduite... Je n'en veux d'autre preuve que l'amour qui brillait dans vos yeux... que les caresses qu'elle vous prodiguait... et la terreur dont ma vue l'a frappée.

TCHÉRIKOF. Je vous répète que j'ignore ce qui en est... Mais quand ce serait vrai, quand par hasard elle m'aimerait; est-ce que vous prétendez me les enlever toutes? est-ce que vous n'épousez pas ma cousine?.. est-ce que je n'ai pas le droit comme un autre?..

ALFRED. Non, vous n'avez pas le droit de tromper un homme d'honneur, vous qui n'êtes qu'un...

TCHÉRIKOF. C'en est trop...

ENSEMBLE.

Air de la *Batelière.*

De rage et de fureur
Je sens battre mon cœur ;
Mais d'une telle offense
J'aurai bientôt vengeance ;
Redoutez ma fureur.

(*Ils sortent par le fond.*)

SCÈNE XV.

YELVA, MADAME DE CÉSANNE, *sortant de l'appartement à gauche.*

MADAME DE CÉSANNE. Yelva! quelle agitation..... Eh bien! Alfred a-t-il pénétré dans ces lieux? l'aurais-tu revu?

YELVA *fait signe que oui.*

MADAME DE CÉSANNE. Où donc? ici?

YELVA. Oui.

MADAME DE CÉSANNE. D'où venait-il?

YELVA *montre la porte à droite :* De là!..

MUSIQUE.

YELVA. *En ce moment, elle s'est approchée de la porte à droite, qu'Alfred a refermée, en entrant, à la scène précédente. Sur cette porte est le portrait que Tchérikof a montré à la scène cinquième. Yelva stupéfaite s'arrête, regarde le tableau, court à madame de Césanne, et le montre de la main et avec la plus grande agitation.*

MADAME DE CÉSANNE. C'est l'ancienne maîtresse de ce château, la mère du comte de Tchérikof, qui a péri, ainsi que toute sa famille, dans l'incendie de Smolensk.

YELVA *tire vivement de son sein le médaillon qu'elle porte, le donne à madame de Césanne, en lui disant :* Regardez, c'est elle.

MADAME DE CÉSANNE. O ciel! les mêmes traits; c'est bien elle, c'est ta mère.

YELVA *court se jeter à deux genoux devant le tableau, l'entoure de ses bras, le presse de ses lèvres; puis, s'inclinant en baisant la terre, elle semble lui demander sa bénédiction.*

SCÈNE XVI.

LES PRÉCÉDENTS, FŒDORA, *accourant.*

FŒDORA. Ah! mon Dieu! quel malheur! M. Alfred et mon cousin...

MADAME DE CÉSANNE. Eh bien?

FŒDORA. Ils avaient été chercher des armes, et je viens de les voir tous les deux descendre dans le parc; ils n'ont pas voulu m'écouter; ils vont se battre!

MADAME DE CÉSANNE. Que dites-vous? ah! courons sur leurs pas. (*Elle sort.*)

FŒDORA. Pourvu qu'il en soit encore temps.

YELVA *donne les marques du plus violent désespoir ; elle demande par gestes à Fœdora de quel côté doit se passer le combat. Fœdora lui montre la croisée à droite, qui donne sur les jardins. Yelva court l'ouvrir précipitamment, et, au même instant, on entend un coup de pistolet. Yelva indique, par des gestes d'effroi, qu'elle voit les deux adversaires. Elle est restée auprès de la croisée, tendant les bras vers eux ; et, après les plus violents efforts, elle parvient à prononcer ce mot : Alfred!.. Au même instant, affaiblie par les efforts qu'elle a faits, elle tombe évanouie.*

FŒDORA *la reçoit dans ses bras, la porte sur le fauteuil, et lui prodigue des secours.* Pauvre enfant! elle a perdu connaissance...

SCÈNE XVII.

LES PRÉCÉDENTS, ALFRED, TCHÉRIKOF, MADAME DE CÉSANNE, *tenant Alfred et Tchérikof par la main;* DOMESTIQUES.

TCHÉRIKOF, *tenant à la main le médaillon d'Yelva.*

Ah! que m'avez-vous appris? ma sœur! ma sœur! où est-elle?

MADAME DE CÉSANNE, *lui montrant Yelva qui est sur le fauteuil, étendue et sans connaissance.* La voilà.

TCHÉRIKOF. Et ce cri dont nous avons été frappés, et qui a suspendu notre combat?

FŒDORA. C'est elle qui l'a fait entendre; la frayeur, l'émotion; mais je crains qu'un tel effort ne lui coûte la vie.

TOUS. Grand Dieu! (*Yelva est évanouie dans le fauteuil; Tchérikof à droite, Alfred à gauche, à ses genoux; madame de Césanne auprès d'Alfred, Fœdora, derrière le fauteuil, prodiguant ses soins à Yelva.*)

FINAL.
(Musique de M. Heudier.)

TCHÉRIKOF.
Ma sœur!.. Le sort nous l'enlève.
ALFRED.
Je la perds, quand pour moi renaissait le bonheur.

FŒDORA.
Écoutez... taisez-vous... je sens battre son cœur.
MADAME DE CÉSANNE.
Oui, déjà de son front s'efface la pâleur;
Et sortant d'un pénible rêve,
Elle revient à la vie.
TOUS.
O bonheur!
CHŒUR.
O Dieu tutélaire!
Je bénis ton secours.

YELVA, *revient peu à peu à elle, regarde lentement tous ceux qui l'entourent, mais sans les reconnaître encore; elle cherche à rappeler ses idées, aperçoit madame de Césanne, prend sa main qu'elle baise, puis se retourne, aperçoit Alfred, fait un mouvement de surprise (tout le monde se penche et écoute attentivement); elle le regarde et lui dit tout doucement:* Alfred!.. *De l'autre côté elle aperçoit Tchérikof, lui tend la main et dit :* Mon frère!..

ALFRED. Me pardonneras-tu? m'aimeras-tu?
YELVA. *se levant.* Toujours!

FIN
de
YELVA.

VIALAT ET Cⁱᵉ, IMPRIMEURS ET ÉDITEURS.

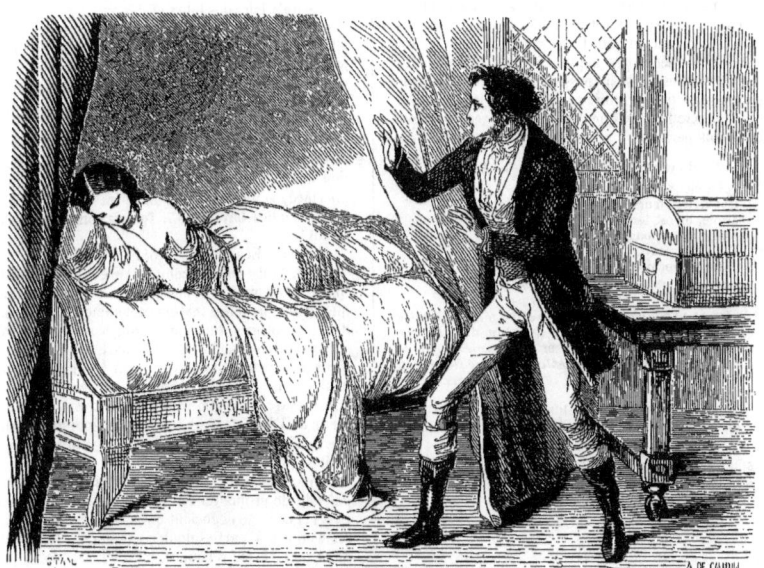

GUIDO, *reculant.* C'est elle! c'est une femme! — Acte 1, scène 6.

LA CHATTE
MÉTAMORPHOSÉE EN FEMME
FOLIE-VAUDEVILLE EN UN ACTE.
Représentée, pour la première fois, à Paris, sur le théâtre du Gymnase dramatique, le 3 mars 1827.
EN SOCIÉTÉ AVEC M. MÉLESVILLE.

Personnages.

GUIDO, fils d'un négociant de Trieste.
MARIANNE, sa domestique.

MINETTE, chatte de Guido.
DIG-DIG, jongleur indien.

La scène se passe à Biberach, en Souabe.

Le théâtre représente la chambre de Guido. Au fond, une alcôve avec une petite croisée élevée, contre laquelle est un petit lit de repos caché par deux rideaux. A droite de l'acteur, une table sur laquelle est un coffre de moyenne grandeur. Au-dessus de la table, une cage accrochée à la muraille. Deux portes latérales, à gauche la porte d'entrée, à droite celle qui est censée conduire dans une autre chambre.

SCÈNE PREMIÈRE.

MARIANNE, *seule, assise auprès de la table, et tricotant; elle tient sur ses genoux une chatte blanche endormie.* Notre maître ne revient pas. Depuis ce matin qu'il court toute la ville de Biberach, il n'aura rien trouvé, c'est sûr. Pauvre Guido! le plus beau jeune homme de toute la Souabe! un jeune homme si bon, si aimable, qui avait tant d'amis quand il avait de l'argent!.. ils sont tous partis; et de tous ceux qui dînaient chez nous, il n'est resté à la maison que notre chatte, cette pauvre Minette, qui dort là, sur mes genoux, et dont il faudra se séparer aussi. La cuisinière du gouverneur m'en a déjà offert trois florins, que j'ai refusés. Trois florins! la fourrure seule vaut cela. Sans compter son caractère! Cependant je serai bien obligée d'en venir là, par intérêt pour elle; car ici, nous n'avons pas même de quoi la nourrir. Entends-tu, Minette, tu ne seras pas à plaindre; c'est moi! parce que les chattes, c'est la passion des vieilles gouvernantes, et, depuis la mort de mon mari, je peux dire, foi d'honnête femme, que c'est le seul attachement que je me sois permis.

Air du vaudeville de la Robe et les Bottes.

Le ciel voulut, dans sa sagesse,
Que notre cœur en tout temps s'attachît.
Jeune, on est tendre; et quand vient la vieillesse,
Afin d'aimer, on aime encor son chat.
Des chats pourtant le naturel est traître,
Ils trompent qui sait les chérir,
C'est pour cela qu' nous les aimons peut-être :
Des amants c'est un souvenir.

(A la fin de ce couplet, elle se lève et va placer Minette endormie sur le lit de repos, dont un des rideaux seulement est entr'ouvert, et de manière que la chatte n'est plus vue des spectateurs. On frappe en dehors.)

Ah! mon Dieu! c'est notre maître... ne lui parlons pas de l'idée de vendre Minette; car il l'aime tant qu'il se laisserait plutôt mourir de faim.

GUIDO, *en dehors,* Marianne! Marianne!

MARIANNE, *qui a posé Minette sur le lit, va ouvrir.* Voilà, voilà.

SCÈNE II.

MARIANNE, GUIDO.

GUIDO. C'est heureux! j'ai cru que vous aussi, Marianne, vous alliez me laisser à la porte.

MARIANNE. C'est que j'avais peur de réveiller Minette.

GUIDO, *d'un air sombre.* Pauvre petite! elle dort; elle fait bien! et moi aussi, je voudrais dormir, dormir toujours! D'abord, qui dort dîne, c'est une économie, et puis on a un autre plaisir plus vif encore, s'il est possible.

MARIANNE. Et lequel?

GUIDO. C'est de ne plus voir les hommes, et dans mon état de misanthrope, Marianne, je ne peux plus les envisager.

MARIANNE. Est-il possible! vous n'avez donc rien obtenu des débiteurs de votre père?

GUIDO. Ah bien oui! si tu avais vu les mines allongées qu'ils m'ont faites!

Air du vaudeville de l'Écu de six francs.

L'un ne pouvait me reconnaître ;
D'autres avaient ou des malheurs...
Puis je les voyais disparaître.

MARIANNE.
Il fallait les poursuivre ailleurs,
Et rejoindre ces enjôleurs.

GUIDO.
Impossible, je te le jure ;
Je le donne aux plus fins coureurs ;
Depuis qu'ils ont eu des malheurs,
Tous mes débiteurs ont voiture.

Et moi je suis à pied! c'est comme ça que je suis venu de Trieste, et c'est comme ça que je m'en retournerai.

MARIANNE. C'était bien la peine de venir en ce maudit pays! je vous demande à quoi ça vous aura servi.

GUIDO. A nous instruire, Marianne : on dit que les voyages forment la jeunesse, ainsi...

MARIANNE. Les vôtres, jusqu'à présent, ne vous ont appris qu'à faire des folies et des...

GUIDO. Et des bêtises, vous voulez dire, Marianne, allez toujours, que je ne vous gêne pas; parce que j'ai eu les passions vives et fougueuses, on croit que j'ai perdu mon temps et ma jeunesse; c'est l'opinion générale, je le sais; mais ce n'est pas la mienne, et les opinions sont libres. D'abord à Leipsick, où j'étais censé étudiant, je n'ai pas étudié, mais j'ai lu Werther et le docteur Faust, qui ont encore ajouté à l'exaltation naturelle de mes idées, voilà pour la littérature; plus tard, je me suis lancé à l'Opéra de Stuttgard, où les plus jolies bayadères... Tu sais comme elles dansaient!

MARIANNE. Et vos écus aussi!

GUIDO. Voilà pour la connaissance des femmes! Enfin ici, à Biberach, où j'étais venu pour recueillir quelques débris de notre maison de commerce, j'ai trouvé des amis intimes, qui, après avoir mangé avec moi la succession paternelle, m'ont fermé leur porte au nez. Voilà pour l'étude du cœur humain! Voilà, Marianne, voilà ce que j'ai appris; de quoi te plains-tu?

MARIANNE. De ce que vous ne voulez rien faire pour sortir de l'état où vous êtes... Pourquoi avoir refusé d'écrire à votre oncle, qui habitait cette ville, et qui était si riche?

GUIDO, *vivement.* Mon oncle, Marianne! je vous ai défendu de prononcer son nom devant moi; c'est lui, c'est cet honnête négociant qui a ruiné mon père, avec ses comptes à parties doubles. D'ailleurs il aurait eu de la peine à me répondre, puisqu'il est mort.

MARIANNE. Il fallait s'adresser à son intendant, M. Schlagg.

GUIDO. Cet astucieux personnage! qui, quand j'étais petit, s'amusait toujours à mes dépens; m'a-t-il attrapé de fois, celui-là!.. mais il ne m'y reprendra plus.

MARIANNE. Mais au moins, votre jeune cousine, avec laquelle autrefois vous avez été élevé, et qui est, dit-on, si espiègle, si maligne, et pourtant si bonne, elle voulait réparer les torts de son père; elle vous avait fait proposer sa main ; elle a tout tenté pour vous voir: vous avez toujours refusé.

GUIDO. Et je refuserai toujours.

MARIANNE. Et pourquoi, je vous le demande?

GUIDO. Pour deux raisons : la première, je te l'ai déjà dite, parce que je suis misanthrope; et la seconde...

MARIANNE. Eh bien?

GUIDO. Je ne te la dirai pas.

MARIANNE. Alors, c'est comme si vous n'en aviez qu'une.

GUIDO. Ma seconde raison, et c'est la plus forte, c'est que j'ai une passion dans le cœur.

MARIANNE. Et pour qui? grand Dieu! pour quelque jeune demoiselle?

GUIDO, *d'un air sombre.* Non.

MARIANNE. Pour quelque veuve?

GUIDO. Non.

MARIANNE. O ciel! c'est pour quelque femme mariée?

GUIDO, *avec effort.* Non; mais tu ne le sauras jamais, ni toi, ni personne au monde; moi qui te parle, je ne suis pas même sûr de le savoir.

MARIANNE. C'est donc quelque chose de bien terrible?

GUIDO. Si terrible que, vois-tu, Marianne, je serais amoureux de toi, si c'était possible, je mets tout au pis, que ça ne serait rien auprès.

MARIANNE. Qu'est-ce que ça signifie?

GUIDO. Brisons là, Marianne; de deux choses l'une : ou tu me comprends, et alors nous nous entendons; ou bien tu ne me comprends pas, et alors nous sommes d'accord, parce que je ne me comprends pas moi-même.
MARIANNE. Ah, mon Dieu! mon Dieu! vous qui êtes un si bon jeune homme, faut-il vous voir perdre ainsi l'esprit!
GUIDO, *froidement.* Je n'ai rien perdu, Marianne; mais laisse-moi seul, laisse-moi nourrir mes rêveries et ma mélancolie.
MARIANNE. Oui, Monsieur, nourrissez-vous. (*Elle va prendre un panier dans le fond.*)
GUIDO. A propos de ça, qu'est-ce que tu as pour notre déjeuner?
MARIANNE, *revenant, et passant à la gauche de Guido.* Hélas! je n'ai rien.
GUIDO. Pour nous deux?
MARIANNE. Oui, Monsieur.
GUIDO. Ça suffit, je n'en demande pas davantage. (*Avec sentiment.*) Tâche seulement que la meilleure part soit pour Minette.
MARIANNE. Comment, Monsieur...
GUIDO. Moi, j'ai des idées de philosophie qui me soutiennent; mais elle, pauvre petite! occupe-toi de sa pâtée, c'est l'essentiel.
MARIANNE. Oui, Monsieur. (*A part.*) Oh! je n'y tiens plus; je vais retrouver la cuisinière du gouverneur, et vendre cette pauvre chatte.

Air du vaudeville des *Blouses.*

C'est mon devoir, allons, il faut le suivre;
Je vais conclur' ce marché sans retour;
Depuis le temps que nous la faisons vivre,
Elle peut bien nous fair' vivre à son tour.

GUIDO, *à lui-même.*

Oui, cet amour, hélas! qu'on me reproche,
M'ôte la soif et la faim; c'est beaucoup.
C'est tout profit. N'a-t-on rien dans sa poche,
Il faut aimer, l'amour tient lieu de tout.

ENSEMBLE.

MARIANNE, *à part.*

C'est mon devoir, allons, il faut le suivre, etc.

GUIDO.

A ses transports quand mon âme se livre,
J'oublirais tout, et je sens chaque jour
Que, dans ce monde, on n'a besoin pour vivre
Que d'un cœur tendre et de beaucoup d'amour.

(*Marianne sort par la porte à gauche de l'acteur.*)

SCÈNE III.

GUIDO, *seul.* Elle est sortie! elle me laisse enfin; et maintenant que je suis seul, dirai-je la cause de mes tourments? (*S'avançant au bord du théâtre comme pour parler, et s'arrêtant.*) Non. Je ne la dirai pas, et l'objet même de ma passion l'ignorera. O Guido! Guido! réfléchis un peu. Un amour que tu n'oses t'avouer, n'est-il pas un amour criminel? Non, ce n'est pas un crime; ce n'est qu'une passion; et, quand je dis une passion, ce n'est pas une passion. C'est une idée, une simple idée; et encore je l'appelle une idée, parce qu'il faut lui donner un nom. Car, sans cela, ça n'aurait pas! Voilà donc, Guido, où t'a conduit la haine de l'espèce humaine! Tu es devenu un maniaque, un idéologue, et la seule définition que tu puisses donner de toi-même, c'est qu'il est impossible d'être plus bête que toi. Oui, je le suis, rien ne peut me justifier! et cependant, je ne suis pas plus bête que toi, ô Pygmalion! qui adorais une statue! comme toi, j'é- prouve un amour désordonné et incompréhensible; comme toi, je brûle, et je brûle sans espoir; comme toi, mais, raison de plus, et comme tu le dis si bien, ô docteur Faust, ô mon maître! si c'était possible, si c'était raisonnable, ce ne serait plus une passion. (*S'approchant du lit de repos qui est au fond.*) Elle est là... qu'elle est gracieuse et gentille! sa petite tête posée sur sa petite patte! pauvre petit minon! petit amour! (*Douloureusement.*) Elle ne me répond pas; est-ce qu'elle dort? est-ce qu'elle est morte? Minette, ô dieux! Minette... non... non... (*Passant la main sur sa tête et sur sa bouche.*) Elle a fait comme ça! puis comme ça. On vient. (*Fermant les deux rideaux.*) Dieux! si l'on m'avait vu, il n'en faudrait pas davantage pour comprometre... (*Apercevant Dig-D g.*) Un étranger! Quelle drôle de figure, et quel diable de costume!

SCÈNE IV.

GUIDO, DIG-DIG, *en Indien.*

DIG-DIG, *à part, et saluant.* Il m'a l'air aussi naïf qu'autrefois, et je crois que je pourrai... Bon! il est seul! (*Haut.*) N'est-ce point au jeune Guido que j'ai l'honneur de parler?
GUIDO. A lui-même! je suis ce jeune Guido... Mais on n'entre pas ainsi chez les gens, quand on ne les connaît pas.
DIG-DIG, *d'un ton mielleux.* La connaissance sera bientôt faite, ô mon fils; et vous ne vous repentirez point de ma visite. Mon costume vous indique assez que je ne suis point Européen. Je suis Indien... Votre père a fait autrefois des affaires avec des négociants de la Compagnie des Indes, mes compatriotes, et...
GUIDO, *à part.* Je vois ce que c'est; quelques lettres de change arriérées... (*Haut.*) Monsieur, j'ai renoncé au commerce des hommes, et surtout aux hommes de commerce, et si c'est de l'argent à donner...
DIG-DIG, *lui présentant une bourse.* Au contraire, c'est une centaine de florins à recevoir.
GUIDO. Qu'est-ce que vous me faites l'honneur de me dire? Eh! oui, vraiment.
DIG-DIG. La personne qui m'envoie, et qui désire rester inconnue, est un débiteur de votre père, un Indien comme moi.
GUIDO. C'est donc ça! c'est bien de l'argent qui m'arrive de l'autre monde. Mettons cela dans ma caisse. (*Il met la bourse que lui a donnée Dig-Dig dans le petit coffre qui est sur la table.*) Ce n'est pas la place qui manque. Ah! Monsieur est Indien! et comment vous trouvez-vous en Allemagne, en Souabe?
DIG-DIG. Mon fils, l'homme est un voyageur. Tel que vous me voyez, je suis né dans le royaume de Cachemire; mon père, qui était un bonze de troisième classe, m'avait placé dans le temple de Candahar, auprès du grand Gourou de Cachemire.
GUIDO, *avec respect.* Auprès du grand Gourou?.. Il a vu le Gouron... Vous avez vu le Gourou? (*Il baise la manche de Did-Dig.*)
DIG-DIG. Très-souvent; mais l'amour des voyages m'a pris; j'ai vu la France, j'ai vu Paris.
GUIDO. Beau pays! pour un savant tel que vous.
DIG-DIG. Pays superbe! où je serais mort de faim, si je ne m'étais rappelé les tours d'adresse que l'on possède dans notre patrie; et sous le nom de Dig-Dig, jongleur indien, car dans ce pays tous les jongleurs réussissent, j'ai eu l'honneur de faire courir tout Pa-

ris, il y a dix ans. Enfin, je suis venu me fixer dans cette ville, où je jouis d'une certaine considération. J'y enseigne la danse, l'astronomie et l'escamotage, ce qui ne m'empêche pas de me livrer à mon étude favorite, le grand œuvre de Brama, la transmutation des âmes.

GUIDO. La transmutation des âmes!

DIG-DIG. C'est un des dogmes de notre croyance; car vous savez sans doute ce que c'est que la métempsycose.

GUIDO. Parbleu! si je le sais.

DIG-DIG.
Air du *Fleuve de la vie.*
Oui, quand finit notre existence,
Selon nos vertus, nos défauts,
Nous obtenons pour récompense
L'honneur d'être ours, bœufs ou perdreaux.
Dogme profond! culte admirable!
Système aussi doux que moral,
Qui nous fait dans chaque animal
Aimer notre semblable!

Je vous parle ainsi, parce que je pense bien qu'un garçon d'esprit tel que vous doit croire à la métempsycose.

GUIDO. Si j'y crois! certainement! D'abord, comme dit le docteur Faust, que je citerai toujours, si ça n'est qu'impossible, ça se peut.

DIG-DIG. Comment, si ça se peut? Moi, qui vous parle, je me rappelle parfaitement avoir été chameau.

GUIDO. Vous avez été chameau!

DIG-DIG. Pendant dix ans, en Égypte; puis, girafe.

GUIDO. Vraiment! Eh bien! il vous en reste encore quelque chose.

DIG-DIG. Je ne dis pas; mais vous, rien qu'en vous voyant, je pourrais vous dire... Vous avez dû être mouton.

GUIDO, *froidement.* C'est possible!

DIG-DIG. Un beau mouton.

GUIDO. Je le croirais assez. D'abord, je l'aime beaucoup; ce qui est peut-être un reste d'égoïsme; ensuite, la facilité que j'ai toujours eue à me laisser manger la laine sur le..... Ah! mon Dieu! quand j'y pense : puisque vous êtes si savant, j'ai une demande à vous faire, une demande dont dépend le bonheur de ma vie.

DIG-DIG. Parlez, mon fils.

GUIDO. Vous saurez que j'ai ici une chatte charmante, un angora magnifique.

DIG-DIG. Je la connais.

GUIDO, *avec une nuance de jalousie.* Comment! vous la connaissez?

DIG-DIG. Je l'ai souvent admirée, quand Marianne, votre vieille gouvernante, la portait sur son bras; j'ai même fait causer cette brave femme plusieurs fois, et j'en sais sur vous plus que vous ne croyez.

GUIDO. Eh bien! dites-moi, qu'est-ce que vous pensez de Minette? qu'est-ce que ça doit être?

DIG-DIG. C'est bien aisé à voir, à l'esprit qui brille dans ses yeux, à la grâce qui anime tous ses mouvements; je vous dirai, mon cher, que cette enveloppe cache la jeune fille la plus jolie et la plus malicieuse.

GUIDO, *avec transport.* Dieu! que me dites-vous là? tout s'explique maintenant, et l'instinct de l'amour n'est point une chimère. Apprenez que mon cœur avait deviné sa métamorphose; et que cette jeune fille si aimable, si gracieuse, je l'aime, je l'adore.

DIG-DIG. Il serait possible!

GUIDO. Et c'en est fait du jeune Guido, si vous ne m'enseignez pas quelque moyen, quelque secret; il doit y en avoir, ô vénérable Indien!

DIG-DIG, *avec mystère.* Chut, je ne dis pas non. Vous sentez bien qu'on n'a pas été, pendant dix ans, près du Gourou sans avoir escamoté quelques-uns de ses secrets! et j'ai là une amulette dont la vertu est infaillible pour opérer la transmigration des âmes à volonté. (*Il montre une bague.*)

GUIDO. En vérité!

DIG-DIG. Il suffit de la frotter, en prononçant trois fois le nom de Brama.

GUIDO, *vivement.* Ah! mon ami, mon cher ami! si vous vouliez me la céder, tout ce que j'ai, mon sang, ma vie...

DIG-DIG. Je ne vous cache pas que c'est fort cher. Ce sont des articles qui manquent dans le commerce; et à moins de deux cents florins...

GUIDO, *allant au coffre.* Tenez, tenez, en voilà déjà cent; ils ne seront pas restés longtemps en caisse : et pour le reste, je vous ferai mon billet.

DIG-DIG. Dieu! quelle tête! et quelle imagination! Si c'est ainsi que vous faites toutes vos affaires, ô mon fils!

GUIDO, *prenant la bague.* Elle est à moi! quel bonheur! (*Il court vers le lit où repose Minette.*)

DIG-DIG. Prenez garde, prenez garde, vous ne savez pas ce que vous désirez : et avant la fin du jour, vous vous repentirez peut-être d'avoir fait usage de ce talisman; songez-y bien, ô jeune imprudent!

Air : *Ce mouchoir, belle Raimonde.*
Avant que ta voix anime
Cet être qui te charma,
Rappelle-toi la maxime
Que nous prescrivit Brama!
Cette maxime profonde,
Livre trois, premier verset :
« Ne dérangez pas le monde;
« Laissez chacun comme il est.

(*A Guido, qui le reconduit.*)
Ne vous dérangez donc pas, je vous en prie. (*Il sort.*)

SCÈNE V.

GUIDO, *seul.* Qu'est-ce qu'il dit donc? ne dérangez pas le monde; je ne veux pas le déranger, au contraire, je veux le remettre comme il était, ce ne sera pas long. (*Avec amour.*) Minette! (*Il prend l'amulette.*) Eh bien! c'est drôle, le cœur me bat; on dirait que j'ai peur. (*Il s'approche du lit et recule aussitôt.*)

Air de Weber.
O dieu puissant du Gange,
Toi par qui tout se change,
Celle que j'aime est là,
A mes yeux montre-la,
Brama! Brama! Brama!

(*En prononçant ces mots, il frotte l'amulette et tout à coup les rideaux du lit s'ouvrent sur un roulement de timbales.*)

SCÈNE VI.

GUIDO, UNE JEUNE FILLE *vêtue de blanc, couchée sur le lit et endormie.*

GUIDO, *reculant.* C'est elle! c'est une femme!

MINETTE, *s'éveillant, se frottant les yeux et passant sa main derrière sa tête.* Où suis-je? quel jour nouveau! (*Se mettant sur son séant, puis se levant sur ses pieds.*)

Ah! que je suis élevée! que je suis loin de la terre! (*Elle fait quelques pas en marchant avec crainte ; elle s'arrête au milieu du théâtre, secoue la tête à la manière des chats; puis elle étend ses bras, qu'elle tâte, et dont elle semble chercher la fourrure.*) C'est singulier..... disparu.

GUIDO, *suivant tous ses mouvements.* Je n'ose plus m'en approcher, et je ne sais comment lui parler. Absolument la même physionomie; cependant elle est mieux les jours au ciel. (*L'appelant comme un chat.*) Pst, pst. Minette! Minette!

MINETTE. Qui m'appelle? C'est mon maître, c'est Guido. (*Elle lui tend la main.*)

GUIDO. Elle n'a pas oublié mon nom. (*Prenant sa main.*) Ah! je la reconnais! Dieux! que c'est doux!

MINETTE, *le regardant.* O prodige! comme lui je marche, comme lui je parle; mille sentiments nouveaux arrivent en foule là (*Montrant sa tête.*) et puis là... (*Mettant la main sur son cœur.*) Ciel! qu'est-ce que je sens? comme il bat. Guido, Guido, qui suis-je donc?

GUIDO, *l'admirant.* Ce qu'il y a de plus joli au monde, une femme, une vraie femme, du moins je le crois.

MINETTE. Moi, une femme! quel bonheur!

GUIDO. Oui, sans doute. Voilà ce que je demandais tous les jours au ciel. Allons-nous être heureux ensemble! Tout ce que tu souhaiteras, tout ce qui pourra te plaire..... (*Voyant qu'elle regarde autour d'elle.*) Parle, que veux-tu? quelle est la première chose que tu désires?

MINETTE. Un miroir.

GUIDO. Comment! ah! c'est juste. (*Allant à la table.*) Serrons d'abord mon précieux talisman. (*Il met le talisman dans le coffre, et va après cela prendre un petit miroir.*)

MINETTE. J'ai tant d'envie de me connaître. Eh bien!

AIR : *Aussitôt que je t'aperçois.*

GUIDO.
Ah! dans le bonheur de te voir
Mon âme était plongée!
(*Il lui présente un miroir.*)
MINETTE, *avec empressement.*
Donne donc vite ce miroir.
(*Se regardant.*)
Dieu! que je suis changée!
(*Faisant des mines.*)
Mais c'est égal,
Ce n'est pas mal.
(*Avec crainte et regardant derrière.*)
Mais est-ce moi
Que j'aperçois?
A peine, à peine je le croi.
GUIDO, *la regardant.*
O femmes! la coquetterie
Chez vous commence avec la vie!
MINETTE, *se regardant toujours.*
Oh! oui, c'est bien moi,
Ce doit être moi.
Je n'avais jamais vu mes traits,
Et pourtant je les reconnais.

(*Se tournant vers Guido.*)
Je suis jolie, n'est-ce pas?

GUIDO, *croisant ses bras.* Elle me demande cela, à moi! (*Avec amour.*) Charmante!

MINETTE. C'est ce qu'il me semblait. Mais au premier coup d'œil on craint de se tromper.

GUIDO, *la regardant.* Il faut convenir que j'ai joliment réussi. Tous ces charmes-là, c'est mon ouvrage.

MINETTE, *posant le miroir sur la table.* Ah! tant mieux! je t'en remercie. Mais je vous demanderai, Monsieur, pourquoi vous ne m'avez pas faite plus grande?

GUIDO. Là! ce que c'est que l'ambition! tout à l'heure elle n'était pas plus haute que ça. (*Mettant la main contre terre.*) Déjà des idées de grandeur!

MINETTE. Non, seulement comme cela. (*Se levant sur la pointe des pieds.*) Rien qu'un peu, je t'en prie; qu'est-ce que cela te coûte?

GUIDO. Je ne peux plus. Ce ne sont pas de ces ouvrages qu'on retouche à volonté.

MINETTE. Ah! bien! tu n'es pas complaisant.

GUIDO. Et toi, si tu n'es pas contente, tu es bien difficile.

MINETTE, *lui tendant la main en souriant.* Ah! oui, pardon; je suis une ingrate.

GUIDO. D'ailleurs, de quoi te plains-tu? N'es-tu pas ce que tu étais autrefois?

MINETTE. Non, jamais je n'ai été femme, c'est la première fois.

GUIDO. Bah!

MINETTE. Mais, en revanche, j'ai été bien d'autres choses. (*Guido faisant un mouvement.*) Oui, Monsieur. Est-ce que vous ne vous souvenez pas de ce que vous avez été, vous?

GUIDO. Mais, dame, je croyais avoir toujours été ce que je suis, un jeune homme aimable.

MINETTE. Oh! moi! je ne dirais pas au juste... mais je me rappelle confusément... il y a bien longtemps, bien longtemps... Oui, j'ai été d'abord une petite fleur des champs, une petite marguerite.

GUIDO. Tiens, une petite marguerite, c'était gentil, ça!

MINETTE. Pas trop, toujours exposée au soleil; le moyen de rester fraîche et jolie! aussi, chaque jour j'adressais ma prière à Brama.

AIR de Beethoven.

« Change, change-moi, Brama!
« Brama!
« — Sois satisfaite! »
Répondit Brama;
Et crac! voilà
Qu'en alouette
Il me changea.

Soudain quittant le sol,
Dans l'air je prends mon vol,
Imitant les bémols
Des rossignols.
Mais un jour, au miroir,
Le désir de me voir
Me fit prendre aux filets;
Et je disais :
« Change, change-moi, Brama!
« Brama! »
Quelle merveille!
Tout à coup Brama,
Qui m'exauça,
En une abeille
Me changea.

Ah! quel heureux destin!
Cueillir, chaque matin,
Sur la rose et le thym,
Nouveau butin.
Mais les fleurs, le printemps,
Par malheur n'ont qu'un temps.
L'hiver, je m'ennuyais,
Et je disais :
« Change, change-moi, Brama!
« Brama!
« Oui, je m'en flatte,
« Ton cœur m'entendra. »
Soudain, voilà
Qu'en jeune chatte
Il me changea.

De moi l'on raffolait,
Chacun me cajolait.
Toujours du pain mollet
Et du bon lait.
Mais les chats ont, dit-on,
Le naturel félon.
Pour eux j'en rougissais,
Et je disais :
« Change, change-moi, Brama!
    « De toi
« Mon cœur réclame
« Cette faveur-là. »
Soudain, voilà
Qu'on une femme
Il me changea.

GUIDO. On vient, c'est sans doute ma vieille gouvernante! Qu'elle ne puisse pas soupçonner ton ancienne condition.

MINETTE. Sois tranquille; je suis discrète.

GUIDO. Et elle est discrète encore! Quand je me la serais faite moi-même. Chut, la voici.

SCÈNE VII.

LES PRÉCÉDENTS, MARIANNE, *portant un panier.*

MARIANNE, *à part.* C'est fini, le marché est conclu, je l'ai vendue pour trois florins ; mais je n'aurai jamais le courage de... (*Haut.*) Que vois-je ! une femme en ces lieux ! (*A l'entrée de Marianne, Minette se place à la droite de Guido, et cherche à se cacher aux yeux de la gouvernante, qui va à la table, et ôte le coffre qui y était resté.*)

GUIDO, *bas, à Minette.* Attention, Minette, et laisse-moi faire. (*Haut.*) Te voilà bien étonnée, ma pauvre Marianne ; c'est.... c'est la fille d'un ancien ami de mon père, qui arrive à l'instant même d'Angleterre. (*Pendant ce temps, Marianne a déposé sur la table ce qu'elle apportait.*)

MARIANNE, *la regardant.* D'Angleterre!

GUIDO. Oui, une jeune lady. Comme elle était sans asile, je lui en ai offert un. Elle logera avec nous.

MARIANNE. Avec nous! (*Posant son panier.*) Ah, bien ! par exemple ! voici du nouveau.

MINETTE, *bas, à Guido.* C'est le déjeuner qu'elle rapporte, c'est de la crème ; ah ! tant mieux ! (*Elle passe sa langue sur ses lèvres.*)

MARIANNE. Comment, not' maître, vous qui aviez renoncé aux femmes?

GUIDO. Ah ! celle-ci, quelle différence ! c'est d'une tout autre espèce ; c'est la candeur, c'est l'innocence même.

MARIANNE, *avec ironie.* Et elle arrive d'Angleterre ? (*Elle porte le coffre dans la chambre à côté, et commence à mettre sur la table tout ce qu'il faut pour le déjeuner.*) Je vois que c'est. Monsieur est las de mes services. C'est une jeune servante qu'il lui faut : mais en la voyant de cet âge-là, Dieu sait ce qu'on en dira ; on ne vous épargnera pas les propos, ni les coups de patte!

GUIDO, *regardant Minette.* Pour ce qui est de ça, nous ne les craignons pas, et nous sommes là pour y répondre, n'est-ce pas, chère amie?

MARIANNE, *allant à lui.* Chère amie ! qu'est-ce que j'entends là? serait-ce par hasard la passion que vous ne vouliez pas m'avouer ce matin?

GUIDO. Juste, c'est elle. (*A part.*) Elle ne croit pas si bien deviner. (*Haut.*) Oui, ma chère Marianne, c'est là cette femme charmante, dont le bon ton, la grâce et les manières distinguées... Ah! mon Dieu ! qu'est ce qu'elle fait donc là ? (*Il se retourne et aperçoit Minette, qui s'est approchée tout doucement de la table, trempant ses doigts dans la crème, et les portant à sa bouche, comme les chats.*)

MARIANNE, *bas, à Guido.*
AIR de *Voltaire chez Ninon.*
Eh ! mais, qu'aperçois-je d'ici?
O ciel! ma surprise est extrême !
Monsieur, voyez donc Milady.
    MINETTE, *à part.*
O dieux ! que c'est bon, de la crème !
    MARIANNE.
Cela s'annonce joliment !
    GUIDO, *à Minette.*
Quelle distraction, ma chère !
Y pensez-vous?
        MARIANNE.
            Apparemment
C'est un usage d'Angleterre.

(*Guido fait signe à Minette de s'asseoir vis-à-vis de lui. Il lui verse de la crème, et lui montre comment il faut tremper son pain, ce que Minette exécute maladroitement.*)

GUIDO. Mais quel déjeuner, Marianne ! toi qui n'avais pas d'argent ; comment as-tu fait?

MARIANNE, *avec humeur.* Comment j'ai fait ! il l'a bien fallu ; j'ai vendu notre chatte pour trois florins.

GUIDO. Par exemple, sans me consulter!

MARIANNE. Ah ! bien oui. (*Regardant Minette.*) Vous avez maintenant bien d'autres choses à penser. Je l'ai vendue à la femme du gouverneur, une femme très-sensible, qui aime beaucoup les chats.

MINETTE, *à part et mangeant.* Me vendre! c'est drôle !

MARIANNE. C'est pour amuser son fils, un jeune homme de dix-huit ans, de la plus belle espérance.

MINETTE, *à part.* Et à un jeune homme encore ! (*Elle boit dans l'assiette.*)

GUIDO, *lui faisant signe.* Pas comme ça. (*A part.*) Elle n'a pas encore l'habitude de dîner à table. (*A Marianne.*) Eh bien ! à la bonne heure. Puisque le fils du gouverneur l'a achetée, qu'il vienne la prendre. (*A part.*) s'il peut la reconnaître.

MARIANNE, *à elle-même.* Moi qui croyais que ça allait le désoler. Quelle insensibilité ! Mais où est donc cette petite Minette? elle qui vient toujours au-devant de moi. (*Appelant.*) Minette! Minette!

MINETTE, *se levant vivement.* Me voici.

MARIANNE, *se retournant.* Qu'est-ce que c'est?

GUIDO, *qui la fait rasseoir en lui faisant signe.* Je dis que je la vois d'ici.

MARIANNE. Peut-être dans mon panier à ouvrage.

GUIDO, *se remettant à déjeuner.* Oui, cherche. (*Marianne prend son panier, duquel s'échappe une pelote de coton ; Minette, qui l'aperçoit, quitte la table, court doucement après la pelote, qu'elle dévide presque en entier en jouant avec les autres pelotes de laine comme les chats.*)

MARIANNE. Eh bien ! eh bien ! qu'est-ce que c'est que ces manières-là?

GUIDO, *se levant.* Allons, voilà bien un autre embrouillamini.

MARIANNE, *arrachant le peloton à Minette.* Voulez-vous bien finir, Mademoiselle.

GUIDO, *à Minette.* Ma chère amie!

MINETTE, *frappant du pied.* Elle me contrarie toujours ; elle me prive de tous mes plaisirs.

GUIDO, *à Marianne.* C'est vrai aussi ; laisse-la faire.

MARIANNE, *montrant ses écheveaux tout mêlés.* Que je la laisse faire! voyez un peu; retrouvez donc une paire de bas.
GUIDO. Eh! que veux-tu que j'aille démêler là-dedans! est-ce que cela me regarde?
MINETTE, *qui s'est approchée de la cage, et jouant avec les oiseaux.* Ah! que c'est gentil! (*Elle renverse la cage qui tombe sur la table.*)
MARIANNE, *criant et allant ramasser la cage.* Miséricorde! mes serins de Canarie.
MINETTE. Ah bien, c'est ennuyeux! on ne peut pas s'amuser, avec elle.
MARIANNE, *avec colère.* Une petite fille de quinze ans, qui n'a pas d'expérience.
MINETTE, *la contrefaisant.* Une vieille fille de soixante, qui en a beaucoup trop.
MARIANNE, *exaspérée.* Ah! c'est trop fort!

ENSEMBLE.
Air: *Pardon, car je crois voir* (fragment du MAÇON).

MARIANNE.
C'est à n'y pas tenir,
A chaque instant nouveau martyr.
De ces lieux il faudra sortir,
C'est à n'y pas tenir;
Et plutôt que de le souffrir,
J'aimerais mieux mourir.

MINETTE.
C'est à n'y pas tenir,
Et je ne saurais le souffrir;
De ces lieux vous pouvez sortir;
C'est à n'y pas tenir,
Et plutôt que de le souffrir,
J'aimerais mieux mourir.

GUIDO.
C'est à n'y pas tenir,
A chaque instant nouveau martyr.
Nous n'en pourrons jamais sortir;
C'est à n'y pas tenir,
Silence... voulez-vous finir?
Ah! c'est pour en mourir!

ENSEMBLE.
MARIANNE.
Mais voyez donc quelle mauvaise humeur!
Je n'y tiens plus, je cède à ma fureur.
MINETTE.
Mais voyez donc quelle mauvaise humeur!
Oui, contre moi je la vois en fureur.
GUIDO.
Allons, calmez cette mauvaise humeur,
Et rendez-moi la paix et le bonheur.
(*Marianne sort en colère et entre dans la chambre à droite.*)

SCÈNE VIII.
GUIDO, MINETTE.

GUIDO, *à part.* Allons, nous voilà déjà en querelle; joli début! (*Il s'assied auprès de la table.*)
MINETTE, *d'un air de triomphe.* Elle s'éloigne, tant mieux; jusqu'à son retour, nous serons tranquilles, au moins! (*A Guido.*) Eh bien! tu parais fâché?
GUIDO. Venez ici, Minette; venez ici, Mam'selle. (*Minette s'approche.*) Qu'est-ce que vous avez fait là? Pourquoi avez-vous touché à ces serins de Canarie? elle aime ses serins, cette femme.
MINETTE. Aussi, elle est trop difficile à vivre; (*D'un ton caressant.*) et je suis bien sûre que vous ne voudrez pas me refuser la première grâce que je vous demande. (*Elle lui prend la main.*)
GUIDO, *à part.* C'est ça, patte de velours.

MINETTE. Guido, mon ami! mon bon ami, dites-lui de s'en aller.
GUIDO. S'en aller! cette bonne Marianne, qui vous a élevée!
MINETTE. Je l'aimerai toujours, mais loin d'ici. (*Elle passe plusieurs fois la main par-dessus son oreille.*)
GUIDO, *à part.* Allons, nous allons avoir de l'orage. (*D'un air piqué.*) Minette, vous n'avez pas réfléchi à ce que vous demandez.
MINETTE, *câlinant avec sa main.* Mon ami!
GUIDO, *avec dignité.* Minette, vous me faites de la peine.
MINETTE. Vous me refusez; allez, je ne vous aime plus. (*Elle lui donne un coup de griffe sur la main.*)
GUIDO. Dieu! que c'est traître! (*A part.*) Ah çà, elle a conservé de singulières manières! il faudra là-dessus que je lui fasse la morale, ou du moins que je lui fasse les ongles. (*Haut.*) Ma chère, vous m'avez fait mal.
MINETTE, *s'éloignant.* Laissez-moi, Monsieur, ne me parlez plus, puisque vous reconnaissez si mal la tendresse que l'on a pour vous.
GUIDO, *secouant la tête.* Ah! votre tendresse!
MINETTE. Comment, Monsieur, vous en doutez? c'est affreux!

Air de *Céline.*

Oui, lorsque je pense aux caresses
Qu'autrefois je vous prodiguais,
Ah! j'en rougis; car mes tendresses
Avaient déjà précédé vos bienfaits.
C'était d'instinct, du moins je le suppose;
Mais cet instinct, comme moi, dans ce jour,
A subi sa métamorphose,
Et maintenant c'est de l'amour.

GUIDO, *à part.* Dieu! si je me croyais... après un pareil aveu! (*Se reprenant froidement.*) Permettez, Minette, je veux croire que vous m'aimez; j'ai besoin de le croire, mais ce n'est pas tout. Je pouvais passer à ma chatte bien des choses que je ne passerais pas à ma femme; et si, avec cette figure charmante, vous avez conservé les goûts et les penchants de votre ancien état... J'ai déjà remarqué tout à l'heure un certain décousu dans vos manières...
MINETTE, *pleurant.* Il n'est pas encore content. Eh bien! je te promets de veiller sur moi, de vaincre le naturel qui te déplait...
GUIDO, *à ses genoux.* Et moi, je te promets, en revanche, de n'aimer que toi; de n'avoir désormais d'autre volonté que la tienne, et...
MINETTE, *l'oreille au guet.* Chut!
GUIDO. Hein!
MINETTE. N'entends-tu pas du bruit?
GUIDO. Qu'est-ce que ça fait? (*Continuant.*) Songe donc quel bonheur d'être sans cesse occupés l'un de l'autre.
MINETTE, *écoutant.* C'en est une!
GUIDO, *de même.* Et quand je te peindrai mon amour, mon émotion, quel plaisir de t'entendre me dire...
MINETTE, *s'avançant doucement.* Tais-toi, tais-toi.
GUIDO. Eh bien! où vas-tu donc?
MINETTE. Bien sûr, c'en est une, entends-tu?
GUIDO. Comment, c'en est une? (*Minette s'avance à pas comptés vers l'armoire à gauche; puis s'élance tout à coup comme un chat.*) Qu'est-ce que c'est? Minette, voulez-vous bien finir?
MINETTE. Là, c'est toi qui lui as fait peur; elle s'enfuit: c'est insupportable, c'est si gentil!
GUIDO, *de même.* Il n'y a pas moyen, avec elle, d'être

en tête à tête; on se croit seul, et il y a là du monde dans les armoires. (*Haut.*) Minette, Minette! ici, tout de suite.

Air : *J'en guette un petit de mon âge.*
Je ne veux plus de semblable caprice.

MINETTE.
Et moi je veux des soins plus complaisants.
A mes désirs je veux qu'on obéisse.

GUIDO.
Quoi, vous voulez!.. Est-ce vous que j'entends?
Quel changement s'est donc fait en votre âme?
Soumise et pleine de bonté,
Vous n'aviez pas, hier, de volonté.

MINETTE.
Oui; mais aujourd'hui, je suis femme.

GUIDO. Eh bien! c'est là que je vous prends; si vous êtes femme, raison de plus pour ne plus avoir de pareilles distractions; on ne court pas ainsi après les gens, ça n'est pas convenable. Avec des manières comme celles-là, Minette, je ne pourrai jamais vous présenter dans la société; et quand je sortirai, je serai obligé de vous laisser ici en pénitence.

MINETTE. Eh bien, par exemple! le beau plaisir d'être femme, pour être en esclavage; j'aurais donc perdu au change! car autrefois j'étais libre, j'étais ma maîtresse, je pouvais sortir et rentrer sans permission, et j'entends bien qu'il en soit toujours ainsi.

GUIDO. Et que deviendra ma dignité de maître?
MINETTE. Elle deviendra ce qu'elle pourra. Je défendrai mes droits; et pour commencer, je vous déclare, Monsieur, que je veux sortir d'ici à l'instant même.

GUIDO, *vivement*. Et moi, je ne le veux pas. Qu'est-ce que c'est donc que ces idées de rébellion! (*Il la fait passer à sa droite.*)

Air de la valse de *Robin des Bois.*
A vos vœux je ne puis me rendre.

MINETTE.
Je n'ai donc plus... vous le voulez,
Qu'un seul parti... je vais le prendre.
(*Elle va vers la porte.*)
GUIDO, *y courant.*
Et moi je vais prendre les clés.
(*Fermant la porte.*)
De ce logis je suis le maître.
La porte est close.

MINETTE.
Oh! je le voi!
(*A part, et regardant la fenêtre du fond.*)
Mais il me reste la fenêtre;
Là, du moins, je serai chez moi.

ENSEMBLE.
GUIDO, *à part.*
Je suis fâché d'être sévère,
Mais quand mes ordres sont bravés,
Je cède alors à ma colère.
(*Haut.*)
Quoi! Minette, vous vous sauvez!
MINETTE, *à Guido.*
Oui, Monsieur, vos ordres sévères
Par moi-même seront bravés;
Adieu; je rentre sur mes terres;
Suivez-moi si vous le pouvez.

(*Elle s'est élancée sur le lit qui est au fond, et de là, par la fenêtre, elle gagne le toit et disparaît. L'orchestre, qui avait été très-fort pendant ces quatre derniers vers, diminue à mesure qu'elle s'éloigne.*)

SCÈNE IX.

GUIDO, *seul, courant vers la fenêtre, et parlant sur la ritournelle.* Minette, Minette! a-t-on jamais vu une tête pareille? Comment la suivre, moi qui n'ai pas l'habitude de voyager de la sorte. Eh! vite, voyons par la petite terrasse, s'il n'y aurait pas moyen de la rejoindre. Dieux! cette pauvre Minette! (*Il sort par la porte à gauche.*)

—

SCÈNE X.

MINETTE, *passant au même instant sa tête par la fenêtre du fond, et descendant sur le théâtre.* Oui, cours après moi, si tu peux! pourvu qu'il ne se fasse pas de mal. Oh! je suis sûre qu'il n'ira pas loin. Ah! mon Dieu! c'est mon ennemie; c'est la vieille gouvernante.

—

SCÈNE XI.

MINETTE, MARIANNE, *sortant de la chambre à droite.*

MARIANNE, *d'un air froid et rêvêche.* Monsieur n'est pas ici?
MINETTE, *regardant le toit.* Non, il est allé prendre l'air.
MARIANNE. J'en suis fâchée; je venais lui demander mon compte, parce qu'il faut qu'une de nous sorte d'ici.
MINETTE, *froidement.* C'est déjà convenu, je reste.
MARIANNE. Est-il possible?
MINETTE. Et vous aussi, la vieille, j'y ai consenti.
MARIANNE. La vieille! la vieille! m'entendre traiter ainsi! je vais chercher mes effets, et je ne resterai pas une seconde de plus dans cette maison, où je ne regretterai rien, car j'ai retrouvé ma pauvre Minette, ma seule consolation.
MINETTE, *vivement.* Vous l'avez retrouvée!
MARIANNE. Oui, Mademoiselle, là-haut, dans une armoire; et je ne sais pas qui s'était permis de l'enfermer, et d'attenter à sa liberté.
MINETTE. Il s'agit bien de cela; où est-elle?
MARIANNE, *montrant la chambre à droite.* Elle est là, en sûreté.
MINETTE. Je ne veux pas qu'elle paraisse.
MARIANNE. Vous ne voulez pas! Apprenez que je suis là pour la défendre.
MINETTE. Du tout, pour m'obéir; et je n'ai qu'un mot à prononcer.
MARIANNE. Moi! abandonner ma chère Minette! (*Minette s'est approchée d'elle et lui a parlé bas à l'oreille.*) Ciel! il se pourrait! (*Avec respect.*) Quoi! c'est vous!
MINETTE, *regardant toujours si Guido vient.* Silence donc. (*A mi-voix.*) Eh! oui vraiment, la solitude, le chagrin, l'exaltation germanique ont tourné la tête à ce pauvre Guido; car il est à moitié fou, mon cher cousin.
MARIANNE. Il prétend qu'il est misanthrope et romantique.
MINETTE. C'est ce que je voulais dire.
MARIANNE. Mais il a un si bon cœur!
MINETTE. Aussi, pour réparer des torts qu'il s'est toujours reprochés, mon père, en mourant, m'a sup-

MINETTE, *se mettant à genoux auprès de Guido.* Me voici. — Acte 2, scène 12.

pliée de l'épouser, si c'était possible, mais il ne veut pas me voir : et ce qu'il y a de plus humiliant, il n'aime que sa chère Minette... Il fallait bien le corriger, et ce ne sera pas long, je l'espère, surtout si tu veux me seconder.

MARIANNE. Si je le veux. Parlez, commandez; que faut-il faire?

MINETTE. Cacher bien vite Minette, la faire disparaître, car s'il la voyait, tout serait perdu.

MARIANNE, *prête à sortir par la droite.* Je vais l'emporter de la maison.

MINETTE. Pas dans ce moment, j'entends Guido qui revient.

MARIANNE. Soyez tranquille, je sais où la cacher, et tout à l'heure, je pourrai l'emporter devant lui sans qu'il s'en aperçoive. (*Elle sort par la porte à droite; en même temps Guido entre par la porte à gauche, et Minette se tient derrière un des rideaux, au fond du théâtre.*)

SCÈNE XII.

MINETTE, GUIDO.

GUIDO, *se croyant seul.* Au diable les voyages. J'ai voulu mettre le pied sur le toit; mais les chemins sont si mauvais; je me suis trouvé au confluent de deux gouttières; heureusement que je n'ai pas cédé au torrent, sans cela, votre serviteur. (*Il se jette sur une chaise.*) Mais cette pauvre Minette, je ne l'ai pas aperçue, où est-elle maintenant?

MINETTE, *venant doucement et se mettant à genoux auprès de lui.* Me voici.

GUIDO. C'est elle, la voilà de retour. Pauvre petite Minette! pauvre petite chatte! N'a-t-elle pas bien froid?

MINETTE. Un peu.

GUIDO, *lui prenant les mains et les réchauffant.* Cela vous apprendra à me quitter, Mam'selle, à aller courir le monde. Fi! que c'est vilain!

MINETTE, *grommelant comme les chats qu'on caresse.* Tu ne m'en veux donc plus?

GUIDO, *se levant.* Peut-être, on verra. Qui vous ramène?

MINETTE. J'ai voulu te faire mes adieux avant de te quitter pour toujours.

GUIDO. Me quitter! tu voudrais encore me quitter?

MINETTE. Pour ton bonheur, car je sens bien que je te rendrais malheureux. Nos caractères sont si différents!

GUIDO. Il est sûr qu'il n'y a pas encore compatibilité d'humeurs, mais ça viendra.

MINETTE. Jamais. On ne change pas le naturel. Songez donc, Monsieur, que j'ai été chatte, que je suis femme, et que ces deux natures-là combinées ensemble, c'est terrible!

Air : *Oui, noir, mais pas si diable.*

Mon premier caractère,
Et surtout mon second,
Me rendent fort légère,
Mon esprit vagabond
Ne peut rester à la maison.
Après une maîtresse
On court avec ivresse;
Mais pourriez-vous sans cesse,
Quand j'aurais votre foi,
Passer vos jours à courir après moi?
A courir (*bis*) après moi.

L'instinct, ma loi suprême,
Ne peut perdre ses droits,
Près de vous, la nuit même,
Au moindre bruit, vingt fois,
Crac, on me verrait sur les toits.
Et rien qu'à ce nuage
Qui couvre son visage,
Monsieur, dans son ménage,
Ne voudrait pas, je voi,
(*Souriant.*)
Passer son temps à courir après moi,
A courir (*bis*) après moi.

GUIDO, *indigné.* C'est qu'elle a encore l'air de se moquer de moi. Et dire que je ne peux pas vivre sans elle!

MINETTE. Il faudra cependant vous y faire, maintenant surtout que j'ai un nouveau maître!

GUIDO. Comment! un nouveau maître!

MINETTE. Oui, le fils du gouverneur, ce jeune seigneur avec lequel Marianne avait fait marché, ce matin, pour trois florins.

GUIDO. Qu'est-ce que j'apprends là? Et où l'avez-vous vu?

MINETTE. Ici même, tout à l'heure; il venait pour chercher Minette, et alors je lui ai tout raconté.

GUIDO. O ciel! quelle indiscrétion!

MINETTE. Et il dit qu'il va me réclamer.

GUIDO, *vivement.* Peu m'importe.

Air : *Sans mentir.*

J'ai le bon droit, je m'en flatte,
Et je saurai l'emporter;
Car enfin c'est une chatte
Qu'il prétendit acheter.
Lui donner femme jolie
Serait le tromper.
MINETTE, *finement.*
Oui da.
Malgré cette tromperie,
Je crois que ce seigneur-là
L'aimera (*bis*)
Tout autant comme cela.

D'ailleurs il n'est pas mal, ce jeune homme ; un air ingénu, la naïveté allemande; et avec un pareil maître, je serai la maîtresse, tandis qu'avec vous ce n'est pas facile. Vous avez de l'esprit.

GUIDO. Moi! si on peut dire ça!

MINETTE. Et puis, il est bien plus riche que vous. Il me donnera un beau palais, de belles robes, de magnifiques parures.

GUIDO, *avec jalousie.* Est-il possible! et la reconnaissance que vous devez à mon amour, à mes bienfaits?

MINETTE, *avec malice.* Je suis désolée d'être ingrate; mais ce n'est pas ma faute, c'est le naturel; et nous sommes convenus qu'on ne pouvait le changer.

GUIDO. Oui, mais sans me prévenir.

MINETTE. C'est le naturel.

GUIDO. Se montrer aussi perfide!

MINETTE. Le naturel.

GUIDO. Aussi girouette!

MINETTE. Ça, c'est le mauvais exemple; parce que les hommes...

GUIDO, *hors de lui.* Allez, j'apprends enfin à vous connaître, et votre espèce ne vaut pas mieux que l'espèce humaine.

MINETTE, *avec joie.* Ah! nous y voilà enfin. Comment! je ne te semble donc plus jolie, à présent?

GUIDO. Au contraire, et c'est ce dont j'enrage; mais en voyant ces jolis traits, je penserai toujours qu'il y a du chat là-dessous, et je vois bien qu'à moins d'un miracle, je serai malheureux toute ma vie. Mais toi aussi, c'est en vain que tu espères rejoindre ce rival, tu resteras ici malgré toi.

MINETTE, *regardant la fenêtre.* Vous savez bien que quand je le veux...

GUIDO. Oui, mais cette fois, j'y mettrai bon ordre. (*Allant lui prendre la main. Apercevant Marianne qui paraît avec le coffre sous le bras.*) Marianne! Marianne!

SCÈNE XIII.

LES PRÉCÉDENTS, MARIANNE.

MARIANNE. Eh bien! eh bien! qu'est-ce donc?

GUIDO, *tenant toujours la main de Minette.* Fermez cette fenêtre, (*Montrant celle du fond.*) et dépêchons, quand je l'ordonne.

MARIANNE, *posant son coffre sur la table.* Ne vous fâchez pas, on y va.

MINETTE. Et moi, Marianne, je vous le défends. (*Marianne s'arrête sur-le-champ.*)

GUIDO. Eh bien! elle reste en route. Qu'est-ce que ça signifie? Répondez.

MINETTE. Je lui défends de répondre, et pour plus de sûreté, je lui ôte la parole. (*Marianne, qui ouvrait la bouche, ne prononce pas un mot.*)

GUIDO. O ciel, elle est muette! Encore un changement, plus inconcevable peut-être que tous les autres. C'est fini; je ne suis plus le maître chez moi. Oh! que tu avais raison, sage Indien, quand tu me disais ce matin : *Ne dérangez pas le monde!* Il me l'a dit deux fois, ce brave Indien.

SCÈNE XIV.

LES PRÉCÉDENTS; DIG-DIG, *qui est entré un peu avant, et qui a fait des signes à Minette, reprend sa gravité dès que Guido l'aperçoit.*

GUIDO, *allant à lui.* Ah! seigneur Dig-Dig! il n'y a

que vous qui puissiez me secourir; je la remets entre vos mains, prenez-la, emmenez-la, que je n'en entende plus parler. (*Dig-Dig fait un pas.*)

MINETTE, *étendant la main vers lui*. Indien, je t'ordonne de rester à cette place, sans pouvoir faire un pas, ni prononcer une seule parole. (*Dig-Dig, qui s'avançait vers elle, reste sur-le-champ immobile; et ouvre plusieurs fois la bouche sans pouvoir parler.*)

GUIDO. Et lui aussi! le voilà changé en magot!

MINETTE. Je n'ai pas eu grand'peine; (*A Guido.*) et toi-même, si tu dis un mot, je te fais prendre la forme que j'ai quittée ce matin.

GUIDO, *indigné*. Moi, me rabaisser à ce point! et je laisserais son audace impunie! (*Regardant le coffre.*) Dieu! mon talisman que j'oubliais! O Brama! excellent Brama! la première chose que je t'ai demandée était une bêtise, et peut-être, sans te le reprocher, tu en as fait une en me l'accordant; mais n'en parlons plus, punis son ingratitude, rends-lui sa première forme, (*Allant au coffret qu'il ouvre.*) et par le pouvoir de ce talisman... Que vois-je! (*Il a ouvert le coffre, et une grosse chatte blanche en sort et s'élance à terre.*)

DIG-DIG, *criant*. Au chat! au chat!

MARIANNE, *de même*. Minette, Minette.

GUIDO, *regardant Minette*. O ciel! (*Montrant le coffre.*) Quoi! Madame, vous étiez là, et vous voilà encore! Qu'est-ce que cela veut dire?

MINETTE. Que nous sommes deux.

MARIANNE. Et que celle-là est votre cousine.

GUIDO, *vivement*. Ma cousine, ma petite cousine!

MARIANNE. Qui a pris elle-même la peine de vous corriger, et de se moquer de vous.

GUIDO, *confus*. Quoi! tant de bonté!..

MINETTE, *souriant*. Oui, Monsieur, ces cent florins qu'on vous a apportés, ce talisman qu'on vous a vendu, cette métamorphose qui vous a mis aux anges, et tant d'autres incidents qui vous ont fait donner au diable...

DIG-DIG. Tout cela a été préparé, disposé, escamoté par votre serviteur Dig-Dig, (*Faisant le geste d'escamoter.*) qui n'est autre qu'Antoine Schlagg, ancien intendant de votre oncle.

MARIANNE, *à Guido*. Celui qui ne devait plus vous attraper.

GUIDO. Et il m'a fait croire qu'il avait été chameau!

DIG-DIG. C'est vous qui avez eu la bonté de donner là-dedans.

GUIDO. Il est de fait que j'ai donné dans la... Dieu! y ai-je donné! Mais, c'en est fait, je déteste les bêtes, je me déteste moi-même; c'est vous seule que j'aime. Oui, ma petite cousine, je le sens maintenant, et si je savais comment réparer mes erreurs...

MINETTE. En faisant comme moi, en les oubliant! Grâce au ciel, j'ai rempli le vœu de mon père; ce n'est pas sans peine. Oui, Monsieur, j'avais dans votre esprit une rivale bien redoutable, que je ne craindrai plus maintenant, car j'aurai toujours pour vous le cœur et la tendresse de Minette, sans en avoir le caractère, ni les... (*Levant la main comme pour griffer.*)

GUIDO. Hein! hein!

MINETTE, *souriant*. Oh! maintenant, tu peux la prendre, il n'y a plus de danger.

MINETTE.

Air de *Beethoven*.

Change, change, change qui voudra
Sa destinée;
Mon sort, le voilà
Fixé toujours.
(*Prenant la main de Guido.*)
Par l'hyménée
Et les amours.
(*Au public.*)
Mes défauts sont si grands,
Que Brama, je le sens,
Ne peut me corriger
Ni me changer.
Mais si vous voulez bien,
Je connais un moyen
Qui, plus sûr que le mien,
Ne coûte rien.

Changez, changez-vous
En un parterre
Peu sévère,
Changez, changez-vous,
Messieurs, pour nous,
En un parterre
Aimable et doux,

TOUS EN CHŒUR.

Changez, changez-vous
En un parterre, etc.

FIN
de la
Chatte métamorphosée
EN FEMME.

LES DEUX PRÉCEPTEURS
OU
ASINUS ASINUM FRICAT

COMÉDIE EN UN ACTE, MÊLÉE DE COUPLETS,

Représentée, pour la première fois, à Paris, sur le théâtre des Variétés, le 19 juin 1817.

EN SOCIÉTÉ AVEC M. MOREAU.

Personnages.

M. ROBERVILLE, riche propriétaire.
CHARLES, son fils.
CINGLANT, maître d'école.
LEDRU.
JEANNETTE, jardinière du château, nièce de Cinglant.
ÉLISE, cousine de Charles.
ANTOINE, domestique.
VILLAGEOIS, VILLAGEOISES.

La scène se passe dans un château de la Brie.
Le théâtre représente un jardin ; à gauche, un pavillon ; à droite, une charmille et un petit mur.

SCÈNE PREMIÈRE.

JEANNETTE, *seule, assise et travaillant*; ÉLISE, *s'avançant sur la pointe du pied le long de la charmille.*

ÉLISE. Jeannette ! mon oncle est-il là ?
JEANNETTE. Comment ? c'est déjà vous, Mademoiselle Elise, voilà à peine dix minutes que vous êtes enfermée dans votre chambre.
ÉLISE. Dix minutes ! il y a au moins une heure que je touche du piano. Ecoute donc, on a besoin de repos ; on ne peut pas toujours travailler.
JEANNETTE, *quittant son ouvrage.* C'est drôle, malgré ça.
ÉLISE. Comment ! c'est drôle ?
JEANNETTE. Oui ; d'puis que M. Charles, votre cousin, est venu de Paris, où il avait été pour s'instruire dans son éducation qui est encore à faire, on ne se reconnaît plus au château ; votre oncle lui-même, qui était toujours enfoncé dans ses comptes d'arithmétique, ne fait plus que guetter son fils pour l'empêcher de vous voir ; si bien qu'il est toute la journée à fermer sa porte, et lui à passer par la fenêtre.

AIR du vaudeville de *Ninon.*
Mais je vois bien qu'il a beau faire,
Tous ses calculs sont en défaut ;
En bas s'il vous tient prisonnière,
Il a soin d' l'enfermer là-haut !
C'est en vain qu'il murait la f'nêtre,
Que d' grill' il nous f'rait entourer :
On dit qu' l'Amour est un p'tit traître
Qui trouv' partout moyen d'entrer.

SCÈNE II.

LES PRÉCÉDENTS ; CHARLES, *paraissant sur le haut du mur à droite.*

CHARLES. Élise ! Élise ! c'est moi !
JEANNETTE, *l'apercevant.* Qu'est-ce que je disais ? Eh bien ! v'là les deux côtés des leçons bien apprises.
CHARLES. Ecoute donc, Jeannette, pourquoi mon père veut-il faire de moi un savant ?
ÉLISE. Sans doute ; Charles a étudié assez longtemps.
CHARLES. J'ai dix-sept ans passés, que veut-on que j'apprenne encore ?

AIR du vaudeville de la *Robe et les Bottes.*
Je sais qu'Elise est bien jolie,
Que son cœur se peint dans ses yeux ;
Je sais que sa vive folie
Cache les dons les plus heureux ;
Je sais qu'aussi bonne que belle,
Ma cousine m'aime... et je sais
Que je n'aimerai qu'elle.

ÉLISE.
Mon cousin en sait bien assez.

JEANNETTE. C'est ce que j'entends dire à tout le monde, jusqu'à mon oncle le maître d'école, qui s'y connaît, j'espère, et qui disait l'autre jour à votre père, vous savez bien avec son geste : (*Frappant le revers de sa main gauche avec la paume de la main droite.*) « J'ai bien peur qu'il n'en sache trop long. »
CHARLES, *à Elise.* Tu l'entends, j'en sais trop long ; ainsi, bonsoir à tous les livres ; il faut se divertir, il n'y a que cela d'amusant ; d'ailleurs, on ne peut pas travailler quand on est amoureux.
ÉLISE. Mais quand on est marié, quelle différence !
CHARLES. On étudie ensemble.
ÉLISE. On s'encourage mutuellement.
CHARLES. Tu ne connais pas ça, toi, Jeannette : ah ! si tu avais aimé !
JEANNETTE. Allez ! allez ! j'ai passé par là.
CHARLES. Comment ?
JEANNETTE. Pardi ! est-ce que je travaille plus que vous, donc ? V'là trois semaines que je suis après ce tablier-là, regardez où il en est ; et tout ça, c'est depuis ce voyage que j'ai fait avec votre tante.

AIR : *Celui qui sut toucher mon cœur.*
Oui, les garçons de ce pays
N'osaient r'garder une fillette :
A Paris, ils sont plus polis
Que les garçons de ce pays.
Voilà comment
J'ai su que j'étais gentillette ;
Voilà comment
L'on apprend en voyageant.
Mais les garçons de ce pays,
S'ils aim', aiment toujours leurs belles :
Hélas ! ils n'ont pas à Paris
Même défaut qu'en ce pays !
Voilà comment
Je sais qu'il est des infidèles ;
Voilà comment
L'on apprend en voyageant.

ÉLISE. Comment! tu ne nous as pas conté cela! était-il jeune? était-il aimable?

JEANNETTE. Ah! dam'! ça n'était pas comme nos paysans, il avait un habit doré.

CHARLES. Un habit doré?

JEANNETTE. Et un chapeau tout de même.

CHARLES. Ah! j'entends; c'était un valet de chambre ou quelque chose d'approchant.

JEANNETTE. Oui; mais il devait faire fortune. Il disait que son maître, qui avait un hôtel rue du Helder, avait commencé comme lui, et qu'il ne fallait jamais désespérer de rien.

CHARLES. Eh bien!..

JEANNETTE. Eh bien!.. C'est alors que mon oncle vint à Paris pour chercher son diplôme de chef d'école primaire; il me ramena ici avec lui, sans que j'aie pu dire adieu à personne, (*Regardant son ouvrage.*) et v'là six mois que je ne fais plus que de gros soupirs.

CHARLES. Cette pauvre petite Jeannette! Va, je te promets, moi, de prendre des informations, et dès que nous serons mariés, tu verras... Mais il faut que je vous fasse part d'une idée que j'ai. (*A voix basse.*) Il se trame ici quelque chose contre nous.

JEANNETTE. Ah! mon Dieu!

CHARLES. Mon père est depuis quelque temps en grande conférence avec le maître d'école.

ÉLISE. Pourtant, ils ont l'air de moins surveiller nos démarches.

JEANNETTE. C'est une frime.

ÉLISE. On aura peut-être eu quelques soupçons sur le petit bal que nous devons donner ce soir.

JEANNETTE. Non, non, Monsieur va toujours dîner en ville; car il a demandé des chevaux pour quatre heures; il y a encore quelque autre manigance.

CHARLES. Eh bien! formons une ligue offensive et défensive, et nous verrons si à nous trois nous n'avons pas autant d'esprit qu'eux.

AIR du *Branle sans fin.*
A nous seuls ayons recours,
Ne nous laissons point abattre;
Le succès attend toujours
La jeunesse et les amours.
JEANNETTE.
J' vais tout guetter comme il faut;
Ruser, pour nous c'est combattre;
Et que j'entende un seul mot,
J' promets d'en deviner quatre.
TOUS.
A nous seuls ayons recours, etc.

CHARLES. Et surtout, quoi qu'il arrive, n'ayons pas peur, et tenons-nous ferme... Ah! mon Dieu! c'est mon père! (*Élise et Jeannette se sauvent.*)

SCÈNE III.

CHARLES, M. DE ROBERVILLE, *retenant Charles par le bras.*

ROBERVILLE. Restez, restez, Monsieur; voilà donc comme vous vous livrez à l'étude! Croyez-vous que c'est ainsi que j'ai fait ma fortune, et que je suis devenu un des premiers propriétaires de la Brie?

AIR du vaudeville de *Gusman d'Alfarache.*
Demeurer au septième étage,
Ne sortir qu'une fois par mois,
Lire et prier... c'était l'usage
De la jeunesse d'autrefois!
Prenant ses goûts pour des oracles,
Traitant son maître de pédant,
Et faisant son droit aux spectacles,
Telle est la jeunesse à présent!

CHARLES.
Même air.
Ainsi que vous, je rends hommage
A la jeunesse d'autrefois :
Mais permettez que, de notre âge
J'ose ici défendre les droits.
Nourrie au sein de la victoire,
Pour son pays prête à donner son sang,
Aimant les beaux-arts et la gloire,
Telle est la jeunesse à présent!

ROBERVILLE. Je vous préviens, Monsieur, que je ne me laisserai pas séduire par vos belles paroles; j'ai pris un parti, et vous apprendrez mes résolutions.

CHARLES. Comment, mon père! eh! pourquoi pas tout de suite?

ROBERVILLE. Oh! rassurez-vous, cela ne tardera pas; et j'espère qu'aujourd'hui même... Jusque-là, vous avez congé.

CHARLES, *à part.* Quand je disais qu'il se tramait quelque chose. Allons retrouver ma cousine, et détachons-leur Jeannette. (*Il sort.*)

SCÈNE IV.

ROBERVILLE, CINGLANT (1).

CINGLANT, *à la cantonade.* Voyez si je trouverai cette petite fille! (*A Roberville.*) Pardon, je cherchais ma nièce Jeannette.

ROBERVILLE. C'est vous, monsieur Cinglant; est-ce que votre école est déjà fermée?

CINGLANT. Oui; (*Faisant le geste indiqué.*) j'ai expédié tout cela bien promptement. Et notre affaire, où en est-elle?

ROBERVILLE. Ma foi, je me suis décidé à suivre vos conseils.

CINGLANT. Il n'y a que ça : la sévérité, la sévérité. Moi, d'abord, dans mon école primaire, je ne connais pas d'autre système d'éducation. Tel que vous me voyez, j'ai été, pendant quinze ans, correcteur à Mazarin, et j'ose dire qu'on pouvait reconnaître ceux qui avaient passé par mes mains.

AIR : *Sans mentir.*
J'en eus le bras en écharpe,
Tant parfois je frappais fort;
J'ai soigné monsieur La Harpe,
J'ai formé monsieur Chamfort :
J'eus mainte fois l'avantage
De leur donner sur les doigts;
Leurs talents sont mon ouvrage...
Mais maintenant, je le vois,
Ça n' va plus (*bis*) comme autrefois.

N'est-il pas bien ridicule
Qu'oubliant le décorum,
On échappe à la férule,
On déchire nos pensum?
Mais calmons notre colère,
Tout n'est pas perdu, je crois,
Et sur la gent écolière,
Reprenant nos anciens droits,
Ça reviendra (*bis*) comme autrefois.

Par malheur, votre fils est maintenant trop grand pour qu'on puisse... l'enfermer.

ROBERVILLE. C'est ce que je vois.

(1) Dans tout le cours de ce rôle, l'acteur doit affecter le tic indiqué par Jeannette, dans la scène II, frapper continuellement d'une main sur le dos de l'autre.

CINGLANT. Il lui faut alors, comme je vous l'ai dit, un bon gouverneur bien rigide, qui le surveille sans cesse, qui même pour cela habite au château.
ROBERVILLE. Sans doute.
CINGLANT. Qui dîne tous les jours à votre table.
ROBERVILLE. C'est ce que je me suis dit. Je donne en outre mille écus, et je ne peux pas faire moins pour un homme de mérite, un professeur de l'Athénée !
CINGLANT, stupéfait. Comment donc? ce n'est pas...
ROBERVILLE. Il arrive aujourd'hui même de Paris ; vous voyez que je n'ai pas perdu de temps, depuis que vous m'avez donné cette idée, car c'est à vous que je la dois. Aussi, je ne l'oublierai pas; et vous et votre nièce pourrez toujours compter sur moi. Adieu, mon cher Cinglant.
CINGLANT. Monsieur... certainement... mon zèle,....

SCÈNE V.
CINGLANT, JEANNETTE.

CINGLANT. Ah, morbleu ! j'étouffe de colère !
JEANNETTE, accourant. Mon oncle ! mon oncle ! qu'est-ce que vous a donc dit M. Roberville ?
CINGLANT. Il m'a dit..... il m'a dit... Que je suis furieux ! aussi à l'école chacun s'en ressentira... N'est-ce pas une horreur ! la table, le logement et mille écus ! Quand, bon an, mal an, mon école primaire ne me rapporte pas trois cents livres..., Ah ! on verra...
JEANNETTE. Mais, mon oncle...
CINGLANT. Taisez-vous, Mademoiselle ; vous êtes bien heureuse qu'il n'y ait pas dans le village une école de petites filles.
JEANNETTE. Mais je vous demande ce que vous avez.

CINGLANT.
Air du vaudeville de *Haine aux hommes*.
Il s'en r'pentira bientôt.
C'est une horreur ! une infamie !
On verra si je suis un sot.
JEANNETTE.
Qu'a-t-il donc fait, je vous en prie ?
CINGLANT.
Corbleu ! ce qu'il a fait ? il y a
Faire exprès venir de la ville
Quelque pédant, quelque imbécile...
Comme si je n'étais pas là.

JEANNETTE. C'est vrai, c'est une injustice.
CINGLANT. Mais on le verra, ce gouverneur !... D'ailleurs, M. Charles ne pourra pas le souffrir, et m'aidera à le mettre à la porte. Nous serons tous contre lui, n'est-ce pas, Jeannette ?
JEANNETTE. Allons, encore une conspiration.
CINGLANT. Avertis-moi seulement dès qu'arrivera ce petit phénomène.

SCÈNE VI.

JEANNETTE, seule. Soyez tranquille. Mais, voyez donc, qu'est-ce qui se serait attendu à cela ! Un philomène ! Ah, mon Dieu ! M. Charles avait bien raison de craindre quelque malheur !.. Mais qu'est-ce que j'entends donc là ?

SCÈNE VII.
JEANNETTE, LEDRU.

LEDRU, *parlant à la cantonade*. Non, je vous remercie, je n'ai point de malle ni de valise ; je n'aime point à me charger en voyage..... Est-ce qu'il n'y a personne pour m'annoncer ?
JEANNETTE. Tiens ! quel est ce monsieur-là ?
LEDRU, *d'un air préoccupé, sans regarder Jeannette*. Mademoiselle, voulez-vous avoir la bonté de prévenir votre maître qu'un savant distingué, qu'il attend aujourd'hui...
JEANNETTE, *le regardant attentivement*. Ah, mon Dieu ! Eh mais ! c'est lui !
LEDRU. C'est lui... il n'y a pas de doute, dès que je vous le dis. Annoncez le gouverneur de son fils !
JEANNETTE, *troublée, et continuant à le regarder*. Le gouverneur !.. Eh mais !.. cependant, pardon, Monsieur... c'est que je croyais... je pensais... Je vais lui dire que vous êtes là, et que quelquefois... il y a des rencontres... et des ressemblances... Ah, mon Dieu ! que c'est étonnant ! (*Elle sort.*)

SCÈNE VIII.

LEDRU, *seul*. Qu'est-ce qu'elle a donc, cette petite fille ? je ne l'ai pas trop regardée ; mais il semble étrange qu'elle ait l'air tout étonné de voir un homme comme moi. Allons, Ledru, de l'effronterie ! j'ai fait de tout dans ma vie, je ferai bien le savant..... D'ailleurs, j'ai les premières notions ; je possède, je puis le dire, une certaine littérature d'antichambre, quand ce ne serait que les romans que je lisais autour du poêle, lorsque j'étais laquais ; et puis n'ai-je pas été pendant quelques mois au service d'un professeur de l'Athénée et d'un journaliste ? ça vous rompt bien au métier. Ne perdons point de temps et récapitulons : (*Tirant un portefeuille et quelques papiers de la poche de son habit.*)
1° Mon maître avait accepté de M. Roberville la place de gouverneur de ses enfants, quelques petits marmots qu'on mènera comme on voudra.
2° La table, le logement, et mille écus d'appointements ; n'oublions point cela.
Mon maître tombe malade, écrit une seconde lettre pour se dégager ; c'est moi qui dois la mettre à la poste : au lieu de cela, je la mets dans ma poche ; je demande mon compte, et j'arrive ici à sa place en qualité de gouverneur. Il me semble déjà que c'est assez hardi de conception ; et pour le reste, je suis sûr que je ne m'en tirerai pas plus mal que beaucoup d'autres. D'abord j'ai une excellente poitrine, et en fait de dissertation, crier fort et longtemps, voilà tout ce qu'il faut. Mais on vient ; c'est sans doute le père. Tenons-nous ferme, et jouons serré !

SCÈNE IX.
LEDRU, ROBERVILLE.

ROBERVILLE. Où est-il donc ce cher M. de Saint-Ange ? quel bonheur pour moi de posséder un illustre tel que vous !
LEDRU. Monsieur...
ROBERVILLE. J'aime beaucoup les savants, quoique je ne le sois guère.
LEDRU. Monsieur, ça vous plaît à dire.
ROBERVILLE. Non, je me connais.

Air : *Un homme pour faire un tableau.*
J'ai fréquenté jusqu'à présent

La Bourse plus que le Parnasse ;
Mais je sais payer le talent...
LEDRU.
Ah ! que ne suis-je à votre place !
Le talent a de quoi flatter ;
M'is j'aimerais mieux, à tout prendre,
Etre en état d'en acheter
Que de me voir forcé d'en vendre.

ROBERVILLE. Monsieur, je suis sûr que vous nous en donnerez pour notre argent, et que, grâce à vous, mon fils va devenir...

LEDRU. Vous pouvez être sûr que je le servirai..... qu'est-ce que je dis donc? que je l'instruirai..... à ma manière. Enfin je lui apprendrai tout ce que je sais, et ça ne sera pas long ; mais je suis impatient de voir le petit bonhomme.

ROBERVILLE. Mais il n'est pas si jeune ! je ne vous ai pas dit qu'il avait dix-sept à dix-huit ans.

LEDRU. Ah ! diable, j'aurais mieux aimé le commencer. Il faudra presque qu'il oublie ce qu'il a appris, pour que nous soyons au pair, et que nous puissions nous entendre.

ROBERVILLE. Je vous ai écrit que c'était un jeune nourrisson des muses.

LEDRU. J'entends bien ; mais je comptais sur un nourrisson de trois ou quatre ans.

ROBERVILLE. Comment donc ? il sait le latin.

LEDRU. Ah ! il sait le latin ! Alors il n'est pas nécessaire que je lui en parle. C'est toujours ça de moins.

ROBERVILLE. Les mathématiques.

LEDRU. Les mathématiques? Alors il faudrait avoir la complaisance de m'apprendre ce que vous voulez que je lui montre.

ROBERVILLE. Mais, j'entends par là perfectionner son éducation.

LEDRU. Oui : ce que nous appelons le dernier coup de serviette.

ROBERVILLE. Non, ce n'est pas ça que je veux vous dire : j'entends son caractère.

LEDRU. J'y suis : qu'il soit poli avec les domestiques ; qu'il ne jure pas après eux.

ROBERVILLE. Oui, c'est fort bien, sans doute ; mais ce n'est pas là l'essentiel.

LEDRU. Si fait, si fait ; nous autres nous jugeons toujours un homme là-dessus.

ROBERVILLE. A la bonne heure ; mais il est bon de vous apprendre que mon fils est amoureux, et de sa cousine encore : ce n'est pas que dans quelque temps je ne veuille les unir ; mais vous entendez bien que jusque-là...

LEDRU. Comment, si j'entends ; et les mœurs donc !

ROBERVILLE. A merveille ! Voilà le gouverneur qu'il me fallait. Nous avons ici le chef de l'école primaire, M. Cinglant, auquel je veux vous présenter. C'est celui-là qui sait le latin ! et vous allez en découdre ; ce sera charmant !

LEDRU, à part. Ah, diable ! je me passerais bien de la présentation. (Haut.) C'est que...., la fatigue du voyage... je ne serais pas fâché de me reposer.

ROBERVILLE. Que ne parliez-vous? on va vous indiquer... (Il tire une sonnette qui tient au pavillon. Au bruit, Ledru se retourne vivement.)

LEDRU. On y va !

ROBERVILLE, étonné. Comment !

LEDRU. Je voulais dire : je crois qu'on y va, car voici justement quelqu'un.

ROBERVILLE, à Jeannette qui arrive. Montrez à monsieur Saint-Ange l'appartement du second. Je vais prévenir mon fils de votre arrivée. (A part.) Je suis enchanté de notre précepteur !

SCÈNE X.

LEDRU, JEANNETTE.

JEANNETTE, tenant des clés à la main, et regardant Ledru. M. Saint-Ange... je n'en reviens pas !

LEDRU, à part. Le maître d'école m'inquiète bien un peu ; mais le papa n'est pas fort ; et comme personne ici ne me connaît...

JEANNETTE. Oh ! je n'y tiens plus ! et ma foi, à tout hasard, . (Elle s'éloigne un peu, et appelle à haute voix :) Jasmin !

LEDRU, se retournant vivement. Qu'est-ce qu'appelle? (Se reprenant à part.) Allons, encore ! où ai-je donc la tête aujourd'hui !

JEANNETTE. C'est lui, j'en étions sûre !

LEDRU, la regardant. Eh ! mais, c'est cette petite qui il y a six mois...., à Paris .. Aïe, quelle gaucherie à moi ! (Reprenant de l'assurance.) Eh bien ! qu'est-ce, mon enfant? voulez-vous m'indiquer cet appartement?

JEANNETTE. Comment, monsieur Jasmin, vous ne voulez pas me reconnaître?.. Quand vous étiez laquais, rue du Helder...

LEDRU. Ah ! mon Dieu ! elle va me compromettre !

JEANNETTE, pleurant. Vous m'aviez bien dit que vous feriez une fortune ; mais ça devait être pour la partager avec moi. Ah ! ah ! ah !

LEDRU. Allons, si elle se met à pleurer comme ça, il n'y a pas de raison pour que ça finisse. Jeannette, vous êtes dans l'erreur, je ne suis pas ce que vous croyez ; vous me confondez avec quelque mauvais sujet.

JEANNETTE. Ah ! que c'est bien vous ! je vous reconnaissons bien, allez, je ne sommes pas comme vous.

Air de *Lisbeth*.

Se peut-il que l'ambition,
Monsieur Jasmin, ainsi vous tienne?
D'un jeune homm' de condition,
Vous v'nez faire l'éducation,
Quand vous n' deviez fair' que la mienne.
L' peu qu' vous m'aviez appris déjà
N'est pas sorti de ma pensée :
La l'çon d'vait-elle en rester là?
Vous l'aviez si bien commencée.

Mais depuis que vous êtes gouverneur, vous m'avez oubliée ; et vous ne voulez pas que je soyons gouvernante !

LEDRU. Qu'est-ce qui se serait attendu à ça? Ce sont toujours les femmes qui m'ont perdu ; elles m'empêcheront de faire mon chemin. Dès que je veux me lancer au salon, je trouve toujours des connaissances d'antichambre.

JEANNETTE. Mais, allez, c'est affreux ! tout le monde saura votre perfidie !

LEDRU. Ah, mon Dieu ! si l'on venait..... Jeannette, vous me faites expier bien chèrement les erreurs d'une jeunesse orageuse ! Mais songez que votre intérêt..... le mien... parce que vous seriez que le gouverneur n'étant pas Jasmin... et Jasmin... d'un autre côté..... mais croyez que mon cœur... (Jeannette continue toujours à pleurer.) Eh bien ! m'y voilà, m'y voilà, je suis à vos genoux !

JEANNETTE. A la bonne heure, au moins là, je vous reconnais. Vous ne m'avez donc pas oubliée?

LEDRU. Eh bien, m'y voilà, m'y voilà, je suis à vos genoux. — Scène 10.

SCÈNE XI.

LES PRÉCÉDENTS, ROBERVILLE.

ROBERVILLE, *apercevant Ledru aux pieds de Jeannette.* Qu'est-ce que je vois là? (*Jeannette pousse un cri et s'enfuit en laissant tomber ses clés.*)

LEDRU. Grands dieux ! c'est le papa ! (*Haut.*) Je suis sûr que vous avez cru que j'étais à ses genoux; non, vous l'avez cru.

ROBERVILLE. Parbleu ! vous y êtes encore.

LEDRU, *se relevant.* Le fait est que ça en a l'air ; mais c'est pure galanterie : ce sont ces clés que je ramassais, assez gauchement il est vrai, mais qu'importe?

ROBERVILLE. Ah ! vous êtes galant, monsieur le professeur.

LEDRU. Comment, si je suis galant?

ROBERVILLE. Et cette sévérité de mœurs dont vous me parliez?

LEDRU. La galanterie n'exclut pas les mœurs. (*A part.*) Faisons-lui du romantique ou je ne m'en tirerai jamais.

AIR : *Femmes, voulez-vous éprouver.*
Des Grâces le secours heureux
Ne saurait nuire à mon élève ;
Tel un arbuste vigoureux,
Quoiqu'émondé, garde sa sève.
C'est la fleur, enfant des Plaisirs,
Qui s'embellit par la culture,
Et que balancent les Zéphirs
Sur les genoux de la Nature.

ROBERVILLE, *avec conviction.* Au fait...

LEDRU. Et beaucoup d'autres considérations que je vous ferais valoir, mais auxquelles peut-être personne ici ne comprendrait rien.

ROBERVILLE, Dam', je ne suis pas de votre force !

LEDRU. Ça doit être. Vous ne pouvez pas avoir autant d'esprit que moi, puisque c'est vous qui me payez ; c'est une règle générale.

ROBERVILLE. C'est juste.

LEDRU. Autrement, ce serait moi qui serais obligé de vous donner mille écus, ce qui, pour le moment, me gênerait un peu.

ROBERVILLE. Je venais vous annoncer l'arrivée de

LEDRU, jouant du violon. Chaîne anglaise. — Scène 20.

M. Cinglant, le chef de l'école primaire dont je vous ai parlé; mais le voici lui-même. Souffrez que j'aie l'honneur de vous le présenter.

SCÈNE XII.

Les précédents, CINGLANT, CHARLES.

LEDRU, *saluant*. Monsieur, enchanté de faire votre connaissance.
CINGLANT, *saluant*. Monsieur... certainement... il n'y a pas de quoi... Maudit professeur !.. si je pouvais le faire déguerpir !..
ROBERVILLE. Je vous présente en même temps mon fils, votre nouvel élève.
LEDRU. Ah! c'est là lui?
CHARLES, *à part, regardant Ledru*. Allons, Jeannette a raison, il a une tournure originale.
LEDRU, *à Charles*. Jeune homme! vous allez avoir affaire à quelqu'un qui sait ce que c'est que les maîtres!

CINGLANT. Je présume que Monsieur est un partisan des nouvelles méthodes.
LEDRU. Mais oui... moi, je les aime assez; et vous, Monsieur?
CINGLANT. Moi, Monsieur, en fait de méthode, la mienne est connue, (*Faisant le geste indiqué.*) et je n'en ai point d'autre. Mais je serais curieux d'avoir le sentiment de Monsieur sur la question qui, dans ce moment-ci, partage les savants. Monsieur est-il pour ou contre le système de Jean-Jacques?
LEDRU, *à part*. Ah, diable! il paraît qu'il faut se prononcer. (*Haut.*) Monsieur, je suis pour; et au fait, pourq oi pas?
CINGLANT. J'aurais dû m'en douter. Il n'appartient qu'à un jeune professeur de défendre une doctrine aussi pernicieuse et aussi nuisible.
LEDRU. Pernicieuse... moi je ne vois pas..... Pernicieuse... Il faut distinguer...
CINGLANT. Comment, Monsieur?
CHARLES, *à part*. Voilà une dissertation qui peut être curieuse!

LEDRU. Que diable! entendons-nous; il ne s'agit pas ici de se disputer. Pernicieuse... Je le veux bien... je vous l'accorde...... mais nuisible...... non pas... Partageons ça par la moitié, c'est bien honnête..... Lisez seulement le chapitre de... de son livre du..... où il prouve que.. ... et vous verrez après cela ce qui vous reste à dire!

CHARLES. Au fait, il n'y a rien à répondre à cela.

CINGLANT. Rien à répondre...

LEDRU. Est-ce que vous ne vous rappelez pas le chapitre dont je vous parle? Allons, je vois que vous ne l'avez pas lu.

CINGLANT, *fièrement*. Apprenez, Monsieur, que je n'ai lu aucun de ces messieurs, et que je m'en fais gloire!

CHARLES, *à part*. Voilà deux savants de la même force!

LEDRU, *avec feu*. Vous n'avez pas lu ce sublime chapitre... ce chapitre que j'ai là présent, comme si je l'avais sous les yeux. C'est celui où les autres croient le tenir, et lui disent: Ça, ça, ça, ça et ça... Alors il les reprend en sous-œuvre, et leur répond: Ah! vous prétendez que.. Et alors il leur prouve ça, ça, ça, ça et ça. Hein, comme c'est écrit! Je change peut-être quelque chose au texte, mais c'est le fond des idées.

CINGLANT. Eh bien! c'est justement là que je vous arrête; c'est sur le paragraphe que vous venez de citer.

LEDRU. Ah! vous m'attaquez sur le paragraphe!

ROBERVILLE. De grâce, modérez-vous!

LEDRU. Non, laissez; je veux le pulvériser! et lui citer seulement cet autre... ce monsieur... la... son camarade... ce grand...

CHARLES. C'est sans doute Voltaire.

LEDRU. M. Voltaire, c'est cela. Si vous aviez passé comme moi sous le vestibule des Français, deux heures chaque soir, au pied de sa statue, vous pourriez vous vanter de connaître vos auteurs! et je soutiens qu'on doit le mettre entre les mains des enfants, même avant qu'ils sachent lire; ça ne peut pas faire de mal, après, je ne dis pas.

CINGLANT. Je le nie; et je soutiens qu'il vaudrait mieux. (*Faisant le geste indiqué*.)

LEDRU. Et les conséquences de votre système! vous ne les sentez pas, vous! Mais dans ce moment-ci, ne sortons pas de la question, savoir : que vous avez tort, et que j'ai raison; ce qu'il fallait démontrer, et ce que j'ai fait d'une manière vigoureuse!

ROBERVILLE. Le fait est que voilà une discussion qui me paraît diablement savante! Qu'en dis-tu, mon fils?

CHARLES. Je dis que vous avez raison; que c'est un grand homme! un homme de mérite! et que je ne m'attendais pas à rencontrer un pareil précepteur.

LEDRU, *à part*. J'étais sûr que je les mettrais tous dedans.

CINGLANT, *à part*. C'est un ignorant.

CHARLES. Un ignorant? comme vous y allez! Je suis sûr que la moitié des personnes qui disputent sur ce sujet n'en savent pas autant que lui. Monsieur, je prendrai ma première leçon quand vous voudrez, tout de suite même.

ROBERVILLE. C'est bien; je vous laisse : je vais dîner en ville, au château voisin, et ne reviendrai que ce soir. Adieu, monsieur Saint-Ange; je vous confie ma maison.

CINGLANT, *à part*. Ma foi, tous ces savants-là, on devrait bien vous les... (*Haut*.) Je vous baise les mains!

LEDRU. Je ne baise pas les vôtres. (*Cinglant et Roberville sortent par le fond*.)

SCÈNE XIII.

LEDRU, CHARLES.

LEDRU. Eh bien! ça a été mieux que je ne croyais; et mon élève surtout est un charmant jeune homme!

CHARLES, *regardant dans le fond*. Bon! mon père s'éloigne; son cheval est prêt: et dans cinq minutes, nous serons les maîtres de la maison... (*A Ledru*.) Écoute ici.

LEDRU, *regardant autour de lui*. Écoute ici! Ah çà, à qui donc parle-t-il?

CHARLES. Parbleu! à toi, maraud!

LEDRU. Ah çà, jeune homme, si vous vouliez modérer vos expressions; c'est un ton auquel je ne suis point habitué!

CHARLES. Tu t'y remettras; Jeannette m'a tout dit.

LEDRU. Comment, Monsieur! que signifie...

CHARLES. Je sais tout, je te répète. J'avais d'abord dessein de t'assommer, mais j'ai changé d'idée. On me donnerait quelque faquin, autant te garder : ainsi, je consens à t'obéir, à condition que tu seras à mes ordres. Aussi bien, je crois me rappeler maintenant ta figure : je t'ai vu, à Paris, chez Sainval, rue de Carutti.

LEDRU. Ce n'est pas moi.

CHARLES. Un effronté coquin...

LEDRU. Ce n'est pas moi.

CHARLES. Qui, toute la journée, nous jouait du violon..

LEDRU. C'est faux.

CHARLES. C'est ce que je voulais dire, et qui nous écorchait les oreilles.

LEDRU, *à part*. C'est juste! (*Haut*.) Ce n'est pas moi : je suis, j'ose le dire, le Démosthène du violon! J'étais né pour exceller dans les sciences et dans les arts! Je sens ma vocation, on ne garrotte pas le génie!

CHARLES. Je ne t'empêche pas d'être un homme de génie! et pourvu que tu te conduises en garçon d'esprit, c'est tout ce qu'il nous faut. Mon père doit être parti maintenant, et en son absence, nous voulons donner bal au château : c'est la fête du village.

LEDRU. Mais, Monsieur...

CHARLES. Écoute donc, tu es mon gouverneur; c'est à toi à t'arranger pour qu'il n'en sache rien. Mais j'oublie que j'ai des invitations à faire dans le village. Tiens, bats-moi un peu mon habit; je cours mettre ma cravate.

LEDRU. Mais, Monsieur, est-il décent que votre gouverneur... un professeur distingué...

CHARLES, *lui jetant son habit en entrant dans le pavillon*. Allons, fais ce que je te dis!

SCÈNE XIV.

LEDRU, ROBERVILLE.

LEDRU, *seul, brossant l'habit*. Voilà ce qui s'appelle ne pas avoir la moindre idée des convenances! et il faudra que je lui donne des leçons là-dessus. Mais lui parler dans ce moment-ci... (*Mettant l'habit sur une chaise et le battant*.)

Air de la *Sabotière*.
Pan, pan, quelle poussière !
Pan, pan, comme on rirait ;
Pan, pan, de me voir faire,
Pan, pan, maître et valet !
Bah ! moquons-nous des médisants ;
Je ne compte que le salaire,
Et vois dans leurs appointements
Le mérite de bien des gens.
Pan, pan, c' qu'un pauvre diable
Fait pour cent francs au plus,
Pan, pan, est honorable,
Pan, pan, pour mille écus.

SCÈNE XV.
LEDRU, ROBERVILLE, CHARLES.

ROBERVILLE. Ah, mon Dieu ! qu'est-ce que je vois là ? Notre gouverneur qui bat les habits de mon fils !

LEDRU. Ce n'est rien, ce n'est rien, ne faites pas attention ; c'est une suite de mon système d'éducation : comprenez-vous ? Je tiens à ce que mon élève soit tenu proprement. Nous autres philosophes, nous regardons la propreté comme le miroir de l'âme.

ROBERVILLE. D'accord ; mais il ne fallait pas vous donner ce soin. Le premier domestique...

LEDRU. Vous n'y êtes pas. Le domestique, c'est moi. Le premier précepte de la sagesse est de savoir se passer des autres, et de se servir soi-même. (*On entend Charles en dehors.*)

CHARLES. Eh bien ! voyons donc cet habit ? as-tu fini ?

LEDRU. Vous voyez bien, il faut que je le lui porte.

ROBERVILLE, *le retenant.* Comment donc ! Je ne souffrirai pas...

LEDRU. Si fait ; laissez donc. Vous voyez qu'il attend.

ROBERVILLE. Eh bien ! qu'il attende : vous resterez. Je veux qu'il apprenne le respect.

SCÈNE XVI.
LES PRÉCÉDENTS, CHARLES, *entrant vivement.*

CHARLES. Ah çà ! répond-on, quand j'appelle ? (*Le menaçant.*) Je ne sais qui me retient. (*A part.*) C'est mon père !

LEDRU. Non, frappez donc, je vous prie. Je veux savoir qui vous en empêche. (*A Roberville.*) Faites-moi l'amitié de me prêter votre canne. (*A Charles.*) Tenez, ne vous gênez pas. Je vous dirai comme ce général ou ce caporal grec, à qui on voulait donner la schlague. « Frappe, mais écoute !» (*A Roberville.*) Hein ! comme il est confondu ! Eh bien ! voilà comme on les mâte, comme on les dompte, comme on leur brise le caractère. Je sais qu'il y a des dangers à courir ; mais si on regardait à cela...

ROBERVILLE. Ma foi ! je n'en reviens pas !

LEDRU. Maintenant, jeune homme, que vous êtes en état de m'entendre, voici votre habit ; mais ne prenez plus un pareil ton. (*L'aidant à mettre son habit.*) Je vous le passe encore cette fois-ci ; une autre fois, ce serait une autre paire de manches ; je vous en avertis. (*A M. Roberville.*) Hein ! quelle leçon !

ROBERVILLE. Ma foi, c'est un précepteur original ! (*Bas, à Ledru.*) J'étais prêt à partir, quand je me suis rappelé une chose essentielle. C'est aujourd'hui la fête du village, et il faut bien empêcher... Mais vous me conduirez jusqu'à la voiture, et je vous donnerai toutes mes instructions. (*A Charles.*) Adieu, Monsieur, apprenez à respecter le digne professeur que je vous ai donné. (*Ledru et Roberville sortent.*)

SCÈNE XVII.
CHARLES, ÉLISE.

CHARLES. Ce pauvre Ledru ! Le ciel ne pouvait pas m'envoyer de gouverneur plus commode. Elise ! Elise ! nous sommes les maîtres de la maison, et la place est à nous. (*A un paysan.*) Antoine, va avertir le village que je donne à danser au château. Ah ! donne des ordres pour les rafraîchissements. Ah ! aie soin de nous avoir un violon, entends-tu ? Je veux que la fête soit complète.

ÉLISE. Et ce gouverneur si sévère dont on m'a parlé ?

CHARLES. Oh ! que ça ne t'effraie pas.

SCÈNE XVIII.
LES PRÉCÉDENTS, JEANNETTE.

JEANNETTE. Pour du coup, votre père est bien parti. J' l'ons vu dans l'avenue. Mais vous ne savez pas : au moment de monter en voiture, v'là un petit bonhomme de l'école de mon oncle qui est venu lui apporter une lettre. Votre papa a fait comme ça (*Faisant un geste d'étonnement.*) et puis comme ça ; puis il a mis la lettre dans sa poche, et il est parti.

CHARLES. Oh ! Jeannette n'oublie rien.

JEANNETTE. Dam' ! quand on regarde, faut tout voir. Ça n'est pas tout, pendant que Monsieur lisait la lettre, Jasmin s'est approché de moi.

CHARLES. Mon gouverneur, tu veux dire ?

JEANNETTE. Oui, votre gouverneur ; et il m'a fait ainsi mystérieusement : « Jeannette, il faut que je vous « parle, et en secret. Où est votre chambre ? » C'est singulier, une demande comme ça ! Qu'est-ce qu'il veut donc ?

ÉLISE. Et tu ne lui as pas répondu ?

JEANNETTE. Pardine, non, Mam'selle ; mais j'ai fait comme ça (*Étendant le bras.*) du côté de la grande serre, où je loge ordinairement. (*On entend une musette.*)

CHŒUR.
AIR : *La séance est terminée* (FLORE ET ZÉPHIRE).
C'est la fête du village !
Qu' chacun s'empresse d'accourir.

ÉLISE. Quel est ce bruit ?

JEANNETTE. C'est tout le village qui se rend à votre invitation. (*Jeannette sort ; le chœur continue en dehors.*)

CHŒUR.
AIR : *La séance est terminée.*
C'est la fête du village !
Que l'on s'empresse d'accourir.
Daignez recevoir l'hommage
Qu'ici nous venons vous offrir.

CHARLES.
D'un rien la sagesse s'offense ;
Pour nous en donner comme il faut,
Saisissons vite son absence,
Elle revient toujours trop tôt.

SCÈNE XIX.

Les précédents; ANTOINE, Paysans et Paysannes.

CHŒUR.

C'est la fête du village!
Que l'on s'empresse d'accourir.

TOUS.

Daignez recevoir l'hommage
Qu'ici nous venons vous offrir.

CHARLES. Allons, en place, mes amis, je danse avec Jeannette.
JEANNETTE. Eh bien! le violon?
ANTOINE. Le voilà.
CHARLES. Qui est-ce qui en jouera?
ANTOINE. Je ne sais, vous n'avez demandé que ça.
CHARLES. Les ménétriers?
JEANNETTE. Ils ont cru que la fête n'aurait pas lieu au château, et ils sont à une lieue d'ici, au bal de la commune.
TOUS. Comment allons-nous faire? (*On entend du bruit.*)

SCÈNE XX.

Les précédents; LEDRU, *entrant tout en désordre.*

LEDRU. Aïe! Eh!
CHARLES. Eh bien! qu'est-ce que c'est donc?
LEDRU. Rien, c'est une aventure assez plaisante qui vient de m'arriver. Aïe les reins!
CHARLES. Mais encore!
LEDRU. Non, non, je vous conterai cela. Aïe! Heureusement, l'on ne m'a pas reconnu, et si le dos est compromis, l'honneur est intact... (*Se retournant et apercevant les villageois.*) Que vois-je? voilà justement ce que vous a défendu votre père.
CHARLES. Qu'est-ce que ça fait!
LEDRU. Songez donc à ma responsabilité; je ne peux pas voir ces choses-là.
CHARLES. Eh bien! ne regarde pas. Ah! mes amis, quelle idée! Nous sommes sauvés : voici mon gouverneur qui est d'une très-jolie force sur le violon, et comme il n'est point ennemi des plaisirs, je suis sûr qu'il va nous faire danser, pour peu qu'on l'en prie.
TOUS. Ah! Monsieur!
LEDRU. Non, Messieurs, ma dignité...
CHARLES, *bas, à Ledru.* Accepte, ou je t'assomme.
LEDRU. Ce sera donc avec plaisir.
JEANNETTE. Tenez, voilà un tonneau pour placer l'orchestre.
LEDRU, *bas, à Jeannette.* Taisez-vous, perfide!
JEANNETTE. Tiens! qu'est-ce qu'il a donc?
LEDRU, *à Charles.* Que diable aussi, il est impossible de plus me rabaisser. Aidez-moi à monter. (*Il se place sur le tonneau.*) Allons, en place! (*Les contredanses se forment. Il prend son violon et joue.*) Chaîne anglaise!

CHŒUR.

Air du *Bouquet du roi.*

Amis, pour nous quel honneur!
La science
Nous met en danse.
Gloire au talent enchanteur
De monsieur le gouverneur!

CHARLES, *à Ledru.*

Quelle crainte était la tienne?
A ce coup d'archet, d'honneur,

Je ne crains pas qu'on te prenne
Ici pour un professeur.

CHŒUR.

Amis, pour nous quel honneur!
La science
Nous met en danse.
Gloire au talent enchanteur
De monsieur le gouverneur!

(*La danse est très-animée, et Ledru se démène sur son tonneau pour marquer la mesure.*)

SCÈNE XXI.

Les précédents; M. DE ROBERVILLE, *dans le fond, une lettre à la main, et les regardant pendant quelque temps.*

ROBERVILLE. A votre aise! ne vous gênez pas! C'est donc avec raison que cette lettre m'annonçait qu'on n'attendait que mon départ. Et vous, monsieur le gouverneur...
LEDRU. Que voulez-vous que j'y fasse? est-ce ma faute? En vous quittant, je les ai trouvés tous installés. Mais le moyen d'empêcher des petites filles de sauter?
ROBERVILLE. A la bonne heure; mais les faire danser vous-même!
LEDRU. Ah! ça, c'est différent; c'est ce que j'ai fait de plus sage. Dès que j'ai vu que je ne pouvais m'opposer au désordre, je me suis dit : Au moins je serai là, et certainement j'y étais, et j'y suis encore.
ROBERVILLE. Mais enfin, était-ce la position d'un philosophe?
LEDRU. Comment, à cause de ce tonneau? Que diable! Diogène en avait bien un; la seule différence, c'est qu'il était dedans, et que j'étais dessus. Vous voyez même que ma position se trouve en quelque sorte plus élevée que la sienne!

SCÈNE XXII.

Les précédents, CINGLANT.

CINGLANT. Où est-il, où est-il, le coquin que j'ai surpris dans la chambre de Jeannette?
LEDRU. Allons, c'est notre maudit maître d'école; me v'là dedans!
CINGLANT. Il m'a échappé; mais en se débattant, il a laissé son chapeau.
LEDRU. Dieu! c'est le mien!
CINGLANT. Comment, c'est à vous, monsieur le professeur? Que je suis fâché de ces coups de manche à balai que je vous ai donnés!
LEDRU. Ça n'est rien; le fait est qu'on n'y voyait pas : c'est la faute de M. Roberville, qui devrait faire percer des croisées dans ses mansardes; il n'y a que des jours de souffrance.
CINGLANT. C'est qu'ils ont dû être bons : parce que la grande habitude... Mais à côté du chapeau était un portefeuille, et nous allons voir...
LEDRU. Ne l'ouvrez pas : c'est à moi.
CINGLANT. Du tout, ce n'est pas à vous : c'est à un nommé Ledru.
LEDRU, *à part.* Gare les explications!
CINGLANT. Il y a même une lettre pour Monsieur.
ROBERVILLE, *la prenant.* Une lettre à mon adresse? Que vois-je! M. Saint-Ange refuse la place de pré-

cepteur, et c'est vous qui m'apportez cette lettre! Qui donc êtes-vous?

CINGLANT, *tenant un autre papier.* Eh, parbleu! le voilà sur ce livret : Ledru, domestique de M. Saint-Ange; et son signalement : nez long, bouche grande, oreille *idem*; on peut collationner.

ROBERVILLE. Qu'est-ce que cela signifie?

LEDRU. Que puisque les qualités sont connues, je renonce au professorat; et pour prix de mes services, je vous demande, ainsi qu'à mon ancien confrère, la main de Jeannette.

ROBERVILLE. Ma petite jardinière?

LEDRU. Je ne suis pas fier, et nous ferons les deux noces ensemble; car tantôt, dans vos confidences, vous m'avez avoué que votre intention était d'unir M. Charles à sa cousine.

CHARLES ET ÉLISE. Il serait vrai?

ROBERVILLE, *montrant Ledru.* C'est une trahison!

CHARLES. Et pour l'en remercier, je me charge de doter Jeannette, et je prends mon gouverneur à mon service.

CINGLANT. Ah çà, vous n'êtes donc pas un savant?

LEDRU. Eh, mon Dieu! pas plus que vous; raison de plus pour entrer dans votre famille. J'abandonne la carrière de l'instruction publique : je retourne à l'office, et si j'ai perdu ma rhétorique avec vous, j'espère qu'à la cuisine je ne perdrai pas mon latin.

VAUDEVILLE.

LEDRU.

Air du vaudeville de *la Vendange normande.*

L'illustre Cuisinière
Est mon *vade-mecum*;
Du latin, je n'ai guère
Retenu que *vinum* : (*bis.*)
Parmi les bons apôtres
Je fus toujours *primus*,
Et suis, comme tant d'autres,
Pour le reste *asinus*.

CINGLANT.

Ma cohorte enfantine,
Grâce aux *patochibus*,
Avec plaisir décline
Déjà ses noms en *us*,
Asinus ou bien *Dominus*,
Mais toujours ils confondent.
Quand je dis *Dominus*,
Ces marmots me répondent :
Asinus! asinus!

CHARLES.

A la voix haute et fière,
Voyez ce lourd Midas
Crier contre Voltaire,
Que certe il ne lit pas.
Son grand ton fait merveille,
On dit : c'est un *doctus*;
Mais voyant ses oreilles,
On s'écrie : *Asinus!*

ROBERVILLE.

Pour la langue française
Et pour le *latinum*,
Je fus, ne vous déplaise,
Toujours *ignorantum*,
Mais les gens d'esprit glissent
Au temple de Plutus!
Ceux qui le mieux gravissent,
Ce sont les *asinus!*

JEANNETTE, *au public.*

L'auteur, loin d'être un maître,
Ne s' piqu' pas d' grand savoir;
Mais il s'en croirait p't-être,
S'il vous amusait c' soir.
A vous plaire il aspire;
Ah! Messieurs, en *chorus*
De lui n'allez pas dire :
Asinus! asinus!

FIN
de
LES DEUX PRÉCEPTEURS.

SIMPLE HISTOIRE
COMÉDIE-VAUDEVILLE EN UN ACTE
Représentée, pour la première fois, à Paris, sur le théâtre du Gymnase dramatique, le 26 mai 1826.
EN SOCIÉTÉ AVEC M. DE COURCY.

Personnages.

LORD ELMVOOD.
MISS MILNER, sa pupille.
LE DOCTEUR SANDFORT, ancien précepteur de lord Elmvood.
LORD FRÉDÉRIC, jeune lord, amant de miss Milner.
UN DOMESTIQUE.

La scène se passe dans l'hôtel habité par lord Elmvood et miss Milner.

Le théâtre représente un riche salon ; grande porte au fond, deux portes latérales sur le premier plan, et deux croisées latérales sur le second ; sur le devant, à gauche de l'acteur, une table couverte d'un riche tapis.

SCÈNE PREMIÈRE.
SANDFORT, LORD ELMVOOD.

SANDFORT. Oui, morbleu ! je vous répète que vous avez eu un grand tort.

ELMVOOD. Mais, mon cher Sandfort...

SANDFORT. Vous en avez eu deux, le premier d'accepter une pareille tutelle, et le second de prendre avec vous une pupille de dix-sept ans.

ELMVOOD. Et le moyen de faire autrement ? la fille d'un ancien ami.

SANDFORT. N'importe, on refuse toujours, et vous aviez vingt raisons à alléguer ; car à trente-trois ans, on est encore un jeune homme. Ensuite votre position dans le monde, le célibat auquel vous vous êtes engagé, les vœux que vous avez prononcés.

ELMVOOD. Quoi ! vous pensez?..

SANDFORT. Oui, Monsieur, l'ordre de Malte vous compte parmi ses premiers commandeurs. Ce titre seul vous impose des devoirs, des obligations, une sévérité de principes et de conduite à laquelle vous avez dérogé en cette circonstance. J'ai donc raison de vous dire ce que je vous dis depuis trente ans : Vous avez tort.

ELMVOOD. Mais...

SANDFORT. Vous avez tort, et je ne sors pas de là. Parce que vous êtes grand seigneur, que vous êtes riche, que vous êtes puissant, vous croyez peut-être que j'oublierai qu'au collége d'Oxford, vous avez été mon élève, et que j'ai le droit de vous gronder.

ELMVOOD. M'en préserve le ciel !

SANDFORT. A la bonne heure, et cette fois vous avez raison ; car, entre nous, voyez-vous, il faut que la partie soit égale, sinon, votre serviteur.

Air de Préville et Taconnet.

Quand on jugea ma présence inutile,
Quand je quittai la classe où je régnais,
Je voulus bien partager votre asile,
Car de vous seul j'accepte des bienfaits ;
Mais vous savez la clause que j'y mets :
De mon humeur je prétends rester maître,
Libre aujourd'hui comme j'étais hier...
Si je donnais, je me tairais peut-être ;
Mais je reçois, j'ai le droit d'être fier.

ELMVOOD. Rassurez-vous, mon cher professeur, je n'ai pas voulu porter atteinte à votre indépendance ; vous avez le droit de remontrance, c'est vrai ; mais j'ai au moins celui de discuter et de vous répondre.

SANDFORT. C'est juste, la réplique est permise, comme autrefois dans nos thèses de logique et de théologie.

ELMVOOD. Eh bien donc, puisque vous me rappelez ce temps-là, je vous dirai que ces graves conférences, que vous présidiez au collége avec tant de talent...

SANDFORT. Vous êtes bien bon.

ELMVOOD. Vous ont donné dans le monde l'habitude de la controverse et de la discussion. Vous êtes rarement de l'opinion générale, et si je ne craignais de vous fâcher, j'ajouterais...

SANDFORT. Allez toujours ; je serai enchanté d'entendre la vérité, à charge de revanche...

ELMVOOD. J'ajouterais que vous, qui êtes la bonté même, vous avez l'air quelquefois d'en manquer, non pas avec moi, mais avec miss Milner, ma pupille ; vous vous plaisez à la contredire ; vous n'êtes jamais de son avis.

SANDFORT. C'est elle qui n'est jamais du mien, parce que la raison et elle ne peuvent pas être d'accord ; mais vous son tuteur, vous êtes aveuglé sur son compte, vous ne voyez que ses perfections.

ELMVOOD. Et vous, Sandfort, vous ne voyez que ses défauts. Elle en a, je ne puis le nier, mais ils tiennent à sa jeunesse, à son inexpérience, à sa fortune même, qui attire autour d'elle cette foule de jeunes gens à la mode, d'adorateurs passionnés, toujours épris d'une jolie femme, et de cent mille livres de rente. Mais à côté de ces légers travers qui frappent vos yeux, que d'excellentes qualités vous ne voulez pas voir !

Air du vaudeville des Maris ont tort.

Est-il un esprit plus aimable ?
Est il un cœur plus généreux ?
Pour la trouver plus excusable,
Interrogez les malheureux.
Et si ses étourderies
Vous ne voyez que les effets,
C'est qu'elle montre ses folies,
Et qu'elle cache ses bienfaits.

SANDFORT. Et qui vous parle de cela, ou qui vous dit le contraire ? Ce que je blâme en elle, c'est... c'est vous, c'est votre partialité à son égard, c'est la chaleur avec laquelle vous la défendez, vous que j'ai toujours vu le calme et la gravité même ; ce que je blâme surtout, c'est la liberté que vous laissez à une jeune personne de son âge.

ELMVOOD. Liberté qui ne doit vous blesser en rien ; car nos usages l'autorisent.

SANDFORT. C'est la coutume de Londres, je le sais ; et ce n'en est pas mieux pour cela. Chez nos voisins d'outre-mer, en France par exemple, ce n'est pas ainsi qu'on élève une demoiselle : elle ne quitte pas sa mère; elle ne sort jamais seule.

AIR : *L'amour qu'Edmond a su me faire.*

En France, avant qu'on la marie,
On la surveille avec rigueur ;
Il n'est rien qu'on ne sacrifie
A la décence, à la pudeur.

ELMVOOD.
Plus tard peut-être elle s'en dédommage;
Et si j'en crois quelques journaux français,
Des sacrifices du jeune âge
L'hymen souvent paya les intérêts.

SANDFORT. Fort bien ; mais ici, comment justifierez-vous les assiduités de lord Frédéric, ce jeune seigneur tant connu par ses duels et ses galantes aventures, et qui, pour avoir été trois mois à Paris, se croit l'oracle du goût et de la mode ; ce brillant militaire, qui a fait toutes ses campagnes à Londres dans les boudoirs de nos ladys, ou dans les foyers de l'Opéra? Eh bien ! c'est le chevalier, l'amant déclaré de miss Milner : tout le monde le sait; mais ce qu'on ne sait pas encore, et ce dont je ne puis douter, c'est la préférence qu'elle lui accorde.

ELMVOOD. Il serait vrai ?
SANDFORT. Hier encore, dans cette brillante cavalcade qui se rendait au parc Saint-James, qu'ai-je aperçu? Lord Frédéric à côté de miss Milner; et celle-ci l'écoutait avec tant d'attention qu'elle en oubliait même le soin de son cheval, l'animal le plus vif et le plus fougueux, qui soudain s'est emporté.

ELMVOOD. O ciel ! elle est blessée ?
SANDFORT. Eh ! non, eh ! non, vous savez bien le contraire, puisque vous l'avez vue hier au soir, quand elle est revenue de l'Opéra, où elle était allée avec la tante de Frédéric, qui probablement avait accompagné ces dames. Eh bien ! eh bien ! qu'avez-vous donc ? A peine si vous êtes remis de votre frayeur.

ELMVOOD. Qui? moi! si vraiment : mais je pensais aux nouvelles que vous venez de m'apprendre. Vous savez que depuis longtemps je cherche à marier ma pupille, et voilà plus de vingt partis qu'elle a refusés. A coup sûr, lord Frédéric n'aurait pas été l'époux que j'aurais désiré pour elle ; mais enfin il est d'une grande famille, d'une illustre naissance ; et puis, comme vous le dites, s'il est vrai qu'elle l'aime, il n'y a rien à répondre.

SANDFORT. Oui, morbleu ! c'est un mariage qu'il faut faire le plus tôt possible.

AIR *des Scythes.*

Un étourdi qui prend une coquette,
C'est convenable, et la moralité
Doit elle-même en être satisfaite ;
Car si chacun, d'un beau feu transporté,
Eût, hélas ! fait son choix de son côté,
Cela nous eût fait deux mauvais ménages,
Mais par cet hymen fortuné,
Ça n'en fait qu'un : en fait de mariages,
C'est, vous voyez, cent pour cent de gagné.

Mais taisons-nous, il ne s'agit plus de parler raison; car voici miss Milner.

SCÈNE II.

LES PRÉCÉDENTS, MISS MILNER, *précédée par un domestique qui porte un tableau.*

MISS MILNER, *à la cantonade.* Portez chez moi les vases, les porcelaines, et prenez garde de rien abîmer; (*Au domestique.*) vous, placez là ce tableau. (*Le domestique place le tableau à gauche en entrant.*)

ELMVOOD. Eh ! mon Dieu, miss Milner, qu'est-ce donc?..
MISS MILNER. Ah! vous voilà; bonjour, Milord, comment avez-vous passé la nuit?
ELMVOOD. Fort bien, je vous remercie ; mais je vois que vous êtes déjà sortie.
MISS MILNER. Je rentre à l'instant. Je viens de la vente de lady Sydenham ; c'était charmant, c'était admirable, nous avons été trois quarts d'heure pour descendre de voiture ; une foule, un monde, une cohue de gens comme il faut ; et surtout une chaleur ! deux dames se sont trouvées mal. Miss Arabelle, que vous connaissez, et pour laquelle vous avez une admiration particulière.
ELMVOOD. Miss Arabelle, et vous me dites cela bien gaiement.
MISS MILNER. D'abord, il n'y avait pas de danger, et puis imaginez-vous qu'elle mettait du rouge, ce qu'on ne savait pas ; de sorte qu'elle s'est évanouie sans changer de couleur !
SANDFORT. Que de légèreté, et quelle folie !
MISS MILNER. Hein, qui a parlé? pardon. (*Lui faisant la révérence.*) Si je n'avais pas vu monsieur Sandfort, je l'aurais deviné à l'obligeance ordinaire de ses réflexions; me permettra-t-il de l'en remercier?
SANDFORT. Je vous permettrais plutôt d'en profiter, si vous étiez femme à user de la permission.
MISS MILNER. Trop aimable ; mais, vous avez beau faire, vous ne me fâcherez pas ce matin ; je suis trop heureuse. Imaginez-vous, Milord, que j'ai fait des acquisitions charmantes ; en autres, ce tableau que vous désiriez tant, ce fameux portrait de VILLIERS DE L'ISLE-ADAM, grand-maître de l'ordre de Malte.
ELMVOOD. O ciel ! que dites-vous?
MISS MILNER, *montrant le tableau.* Le grand-maître est là !
ELMVOOD, *courant au tableau et l'examinant.* Je n'en reviens pas encore, une pareille surprise...
SANDFORT. Eh bien ! Milord, vous voilà séduit par une prévenance, une flatterie : comme si le désir de vous causer cette surprise était le seul motif qui l'eût conduite à cette vente. Elle y allait parce que la belle société de Londres s'y était donné rendez-vous; elle y allait pour y paraître, pour y briller ; elle y allait parce que lord Frédéric y était.
MISS MILNER. Et pourquoi pas? parmi les jeunes gens à la mode, en est-il un plus brave, plus spirituel, qui soit de meilleur ton ? Je conviens qu'à ses hommages se mêle beaucoup de flatterie, et que peut-être tous ses éloges ne sont pas vrais ; mais, à n'en croire que la moitié, c'est déjà très-satisfaisant ; et si vous aviez entendu ce qu'il me disait ce matin sur cette course de Hyde-Park, où nous devons aujourd'hui nous trouver ensemble !
ELMVOOD. Il y a une course à Hyde-Park?
MISS MILNER. Eh ! oui, sans doute, un pari de dix mille guinées; on en parle depuis un mois : chacun a déjà fait emplette de ses chevaux, de ses livrées...

Air : *Ce que j'éprouve en vous voyant.*

Que d'équipages élégants !
Jugez quelle magnificence !
Ce sera, dit-on, comme en France,
Dans les plus beaux jours de Longchamps.

SANDFORT.

Oui, je connais ce passé-temps ;
Mais parmi ceux qui se hasardent
Dans ces lieux de foule inondés,
Quels sots, de grâce, répondez,
Les plus sots, de ceux qui regardent,
Ou de ceux qui sont regardés ?

MISS MILNER, *prête à sortir.* Je vous le dirai à mon retour, car je vais m'occuper de ma toilette.

ELMVOOD. Un instant, miss Milner, comme votre tuteur, comme votre ami, il faut que je vous parle, ici même, d'un sujet très-important.

SANDFORT. Je me retire.

ELMVOOD. Au contraire, je désire que vous soyez présent à notre conversation ; j'ai besoin que vous m'aidiez de vos lumières.

MISS MILNER. Quant à moi, je serais désolée de gêner Monsieur.

SANDFORT, *s'asseyant à gauche du spectateur.* Je reste donc ; car les moindres désirs de Milord sont des ordres pour moi.

ELMVOOD, *de l'autre côté, près de la table, prenant aussi un siège, et faisant signe à miss Milner d'en faire autant.* Depuis deux ans que vous êtes sous ma tutelle, j'ai pu remarquer en vous de la légèreté, de l'étourderie ; mais j'ai toujours rendu justice à votre extrême franchise ; c'est elle que j'invoque aujourd'hui ; c'est elle seule qui doit dicter votre réponse à la question que je vais vous adresser. Est-il vrai, comme on le dit, que vous aimiez lord Frédéric ?

MISS MILNER. En vérité, Monsieur, une pareille demande a droit de m'étonner ; mais moins encore que le ton avec lequel vous me l'adressez. Je ne vous ai jamais vu avec moi un air aussi froid et aussi sévère.

SANDFORT. Le ton n'y fait rien ; on vous demande, oui, ou non.

MISS MILNER. Est-ce à vous, Monsieur, ou à mon tuteur que je dois répondre ?

ELMVOOD. C'est à moi, à moi seul. Eh bien ! pourquoi hésitez-vous ?

SANDFORT. Pourquoi ? pourquoi ? c'est bien facile à voir : c'est qu'elle l'aime, c'est qu'elle l'adore.

ELMVOOD. Enfin, de grâce, répondez ! aimez-vous lord Frédéric ?

MISS MILNER, *froidement.* Non, Monsieur.

SANDFORT. Qu'entends-je, vous ne l'aimez pas ?

MISS MILNER, *de même, et d'un ton résolu.* Non, Monsieur, je ne l'aime pas.

SANDFORT. Eh bien ! Mademoiselle, je n'en crois pas un mot.

ELMVOOD. Et pour quelle raison ?

SANDFORT. Je n'en sais rien ; mais je suis sûr qu'elle nous trompe.

ELMVOOD. Quant à moi, miss Milner, qui n'ai aucun motif de douter de votre sincérité, je vous crois ; mais je vous demanderai alors pourquoi vous avez encouragé à ce point les assiduités de ce jeune homme ?

MISS MILNER. Je ne sais : pour des motifs que je ne pourrais peut-être m'expliquer moi-même.

ELMVOOD. Il faut cependant se décider : ou le nommer votre époux, ou ne plus recevoir ses visites.

MISS MILNER. J'aimerais mieux qu'il pût les continuer.

SANDFORT. Et pourquoi ?

MISS MILNER. Parce qu'il m'amuse.

SANDFORT, *se levant.* O honte ! vous l'entendez, si ce n'est pas là de la coquetterie !..

ELMVOOD, *se levant, ainsi que miss Milner.* Eh bien ! Miss, j'exige que vous me promettiez de ne plus revoir lord Frédéric.

MISS MILNER. Je vous le promets, Monsieur.

ELMVOOD. Dès aujourd'hui.

MISS MILNER. Dès aujourd'hui ! je le voudrais ; mais cette course à Hyde-Park, depuis longtemps je m'en faisais un plaisir, j'en ai rêvé cette nuit, et puis j'ai promis à lady Seymour, et je n'y puis manquer, car vous savez, Monsieur, qu'un engagement antérieur...

ELMVOOD. Et ceux que vous venez de prendre avec moi, vous n'y attachez aucune importance ?

MISS MILNER. Beaucoup ! si vous y en attachez vous-même ; mais le sujet dont il s'agit en mérite si peu, que je ne puis croire, Milord, que vous, qui d'ordinaire êtes si bon et si indulgent...

ELMVOOD, *vivement.* Il est des circonstances où l'indulgence est faiblesse, et je vous ai fait connaître mes intentions.

MISS MILNER. Vos intentions ?

SANDFORT. A la bonne heure, voilà ce qu'il fallait dire tout de suite, et si l'on suivait mes conseils, si vous étiez ma pupille...

MISS MILNER. Si j'étais votre pupille, Monsieur, je...

SANDFORT. Eh bien ! que feriez-vous ?

MISS MILNER. Je ferais... ce que je ferai aujourd'hui, car bien certainement j'irai à cette course.

ELMVOOD. Et moi, je vous défends de sortir d'aujourd'hui. Je vous le défends, entendez-vous ? (*Il entre dans l'appartement à gauche.*)

SCÈNE III.

MISS MILNER, SANDFORT.

MISS MILNER. L'ai-je bien entendu ? un pareil langage ! C'est la première fois...

SANDFORT. C'est là le mal.

MISS MILNER. Lui ! milord Elmvood se fâcher contre moi ! me parler avec colère !

SANDFORT. Oh ! mon Dieu oui ! Il a dit : Je vous le défends ; ces propres paroles ; il n'y a pas moyen de rien changer au texte.

MISS MILNER.

Air : *Et voilà comme tout s'arrange.*

Quoi ! dans ces lieux, contre mon gré,
Il faut que son ordre m'enchaîne !
Puisqu'il le veut, je resterai ;
J'obéis, mais non sans peine.

SANDFORT.

Fort aisément je le conçois ;
Le sacrifice est des plus rudes,
Il veut, abusant de ses droits,
Que vous soyez raisonnable une fois...
C'est déranger vos habitudes.

MISS MILNER. Monsieur...

SANDFORT. C'est fâcheux ; mais quand on a un tuteur, et un tuteur qui montre du caractère, ce qu'on a de mieux à faire, c'est de céder.

MISS MILNER. Si je cède, Monsieur, ce n'est point dans la crainte de son ressentiment, mais dans la crainte de l'affliger en lui désobéissant.

SANDFORT. A la bonne heure, vous avez raison ; il vaut mieux le prendre comme cela. C'est ce que nous appelons une capitulation d'amour-propre.

MISS MILNER. Moi, de l'amour-propre ?

ELMWOOD. Je vous le défends, entendez-vous? — Scène 2.

SANDFORT. Ou, si vous l'aimez mieux, une retraite honorable et prudente. On se retranche dans les sentiments et dans le sublime, quand on ne peut pas faire autrement.

MISS MILNER. Il me semble, Monsieur, que si je voulais faire autrement, cela dépendrait de moi.

SANDFORT. Je ne le pense pas.

MISS MILNER. Et qui m'empêcherait de répondre à l'invitation de lady Seymour? de me rendre ce matin à cette partie de plaisir où je suis attendue?

SANDFORT. Qui vous en empêcherait? vous-même.

MISS MILNER. Moi?

SANDFORT. Oui, sans doute; vous réfléchirez aux ordres de votre tuteur, à la défense qu'il vous a faite; défense très-sage et très-judicieuse, que je louerais davantage encore, si la modestie me le permettait.

MISS MILNER. Je comprends, c'est Monsieur qui la lui a suggérée.

SANDFORT. Comme vous dites; conseils purement désintéressés, et pour lesquels je ne demande pas même de reconnaissance; ma satisfaction intérieure me suffit.

MISS MILNER. Votre satisfaction ; et laquelle?

SANDFORT.
Air : *On dit que je suis sans malice.*
J'ai pour moi l'heureuse pensée
Que vous allez être forcée,
Malgré vous, indirectement,
De m'obéir en ce moment.

MISS MILNER.
Vous, Monsieur, me parler en maître!
Alors, je dois le reconnaître,
Je vous devrai donc au plaisir,
Celui de vous désobéir.

SCÈNE IV.

Les précédents, un Domestique.

LE DOMESTIQUE. Madame, on demande à vous parler.

MISS MILNER. Et qui donc?

LE DOMESTIQUE. Lord Frédéric.

MISS MILNER, *avec joie.* Lord Frédéric! ah! tant mieux.

SANDFORT. Miss Milner sait bien qu'il lui est défendu de le recevoir ; mais nous pouvez avertir lord Elmvood. Où est-il dans ce moment ?
LE DOMESTIQUE. Il s'est enfermé dans son cabinet pour lire des papiers qu'un courrier venait de lui apporter. Il ne veut recevoir personne, et ne descendra que pour le dîner.
SANDFORT. Alors, j'en suis fâché pour le jeune seigneur ; mais vous pouvez lui dire qu'il n'y a personne au logis. Allez. (*Le domestique va pour sortir.*)
MISS MILNER. Georges, restez. Je voudrais savoir, Monsieur, qui vous a permis de donner des ordres à mes gens ?
SANDFORT. Qu'est-ce à dire, Mademoiselle ? Qu'est-ce que cela signifie ?
MISS MILNER. Que je suis chez moi.
SANDFORT. D'accord. Cet hôtel vous appartient ; mais il me semble qu'en l'absence de Milord...
MISS MILNER. C'est à moi seule de commander ; j'en ai le droit, et j'en use. (*Au domestique.*) Dites à lord Frédéric que je serai charmée de le recevoir. Allez. (*Le domestique sort.*)
SANDFORT. Quoi, Mademoiselle ! une pareille audace ! braver ainsi la défense de votre tuteur !
MISS MILNER. C'est à lui seul, et non à ses conseillers intimes, que je dois compte de ma conduite.
SANDFORT. Vous ne connaissez point Milord Elmvood ; et quand il sera instruit de ce qui se passe, car il le saura...
MISS MILNER. Je n'en doute point, et déjà, je le suppose, vous avez préparé votre rapport.
SANDFORT. Des rapports ; et pour qui me prenez-vous ?

Air : *Un page aimait la jeune Adèle.*

Moi, des rapports ! vous êtes mal instruite ;
Sachez, morbleu ! que le docteur Sandfort,
Des gens, tout haut, peut blâmer la conduite,
Mais n'a jamais su faire de rapport.
Il est des gens bien francs en apparence,
Qui lorsque, hélas ! on les blessa,
Pour mieux vous perdre attendent votre absence ;
Pour attaquer, moi, j'attends qu'on soit là.

(*Il entre dans l'appartement à droite.*)

SCÈNE V.

MISS MILNER, FRÉDÉRIC.

MISS MILNER. A merveille ; je l'ai mis en fuite, et le champ de bataille me reste. (*A lord Frédéric qui entre et qui la salue respectueusement.*) Lord Frédéric ! je ne m'attendais pas, Monsieur, au plaisir de cette visite.
FRÉDÉRIC. Aussi, n'aurais-je pas pris la liberté de me présenter ; mais je viens par ordre supérieur. Un message important que lady Seymour, ma tante, m'a chargé de vous transmettre, et je me suis empressé d'obéir ; car vous savez que les ordres des dames......
MISS MILNER. Oh ! je sais, Milord, que vous êtes la galanterie même.
FRÉDÉRIC. Oui, depuis mon voyage en France ; et si j'ai obtenu quelques succès, c'est à cela seul que je les dois, parce que vous sentez bien que toutes nos ladys, qui sont habituées à la gravité et à la pesanteur nationales, voyant tout à coup un jeune gentleman qui joint à un fond anglais des formes parisiennes, elles n'y sont plus, cela les trouble, les étonne, et on ne peut plus se défendre.
MISS MILNER. C'est un succès de surprise.
FRÉDÉRIC. Comme vous dites ; il est vrai que cela m'a valu quelques querelles de la part des maris, et de nos jeunes lords, qui m'appellent fat !
MISS MILNER. Fat !
FRÉDÉRIC. Oui, fat ! c'est un mot français qui veut dire un homme aimable, un homme aimé des dames, aussi je trouve l'expression originale, et je fais gloire d'être fat, d'autant que ça ne m'empêche pas d'être brave ; et depuis les trois coups d'épée que j'ai donnés, et les deux que j'ai reçus, on me permet d'être fat à volonté.
MISS MILNER. Je ne vois pas en effet qui pourrait s'opposer...
FRÉDÉRIC. Nous avons mon oncle Clarendon, un pair du royaume, véritable Anglais, qui de sa nature est toujours de l'opposition, et qui goûte peu mes manières françaises ; aussi nous sommes brouillés : vous ne croiriez pas qu'il refuse de payer mes dettes ?
MISS MILNER, *riant*. Vous en avez donc, et beaucoup ?
FRÉDÉRIC. Oui, depuis mon voyage en France, parce que, voyez-vous, à Paris, cela s'apprend si facilement ; mais à dater de mon mariage, je deviens raisonnable, et vous savez mieux que personne de qui dépend ma raison.
MISS MILNER. Moi ! Milord, je n'en sais rien, je vous jure. Mais revenons au message dont vous a chargé lady Seymour.
FRÉDÉRIC. Comment, je ne vous en ai pas encore parlé ! c'est admirable ; mais à qui la faute ? à vous seule qui me faites tout oublier. Je voulais donc vous prévenir que lady Seymour viendra vous prendre ici à deux heures, pour se rendre à Hyde-Park.
MISS MILNER. A Hyde-Park ? je suis désolée ; mais je voulais vous prévenir qu'il m'est impossible de m'y rendre.
FRÉDÉRIC. O ciel ! que me dites-vous ! et pour quelle raison ?
MISS MILNER. Pour une raison très grave ; j'ai une migraine, des vapeurs qui me font souffrir horriblement.
FRÉDÉRIC. Cela n'est pas possible ; je ne puis croire à une pareille indisposition.
MISS MILNER. Comment, Milord, vous ne croyez pas aux vapeurs et aux migraines ?
FRÉDÉRIC. Non, Madame, depuis mon voyage en France ; et j'en appelle à vous-même et à votre miroir, jamais vous n'avez été plus jolie.
MISS MILNER. Vraiment ! Alors, c'est dommage ; car décidément, il ne m'est pas permis...
FRÉDÉRIC. Pas permis ! et qui donc peut vous en empêcher ? J'y suis ! lord Elmvood, votre sévère tuteur.

Air : *Restez, restez, troupe joie.*

Est-il donc vrai, comme on l'assure,
Qu'il est soupçonneux et jaloux ?
Est-il vrai qu'il vous fait l'injure
De vous tenir sous les verrous ?
C'est un vrai scandale chez nous.
Ici, grâce à nos lois fidèles,
Les droits de tous sont respectés,
Et nous ne permettons qu'aux belles
D'attenter à nos libertés.

Enfin, il paraît que c'est un véritable tuteur à l'italienne ; et vous savez comment on les traite.
MISS MILNER. Je sais, Monsieur, que depuis mon enfance, il veille sur moi avec la tendresse d'un père et d'un ami. Au milieu des circonstances les plus difficiles, c'est sa prudence qui a conservé, qui a augmenté mon héritage. Dans cette maladie si dangereuse qui mit mes jours en péril, c'est à ses soins que je dois la vie. Enfin, Monsieur, c'est le meilleur des hommes, la perfection même. Mais, pardon de vous parler ici de perfection ; il est des genres de mérite trop graves et trop sérieux pour que ni vous ni moi puissions jamais y atteindre ; et ce que nous avons de mieux à faire, c'est de les respecter sans les comprendre.
FRÉDÉRIC. Je vois, d'après votre raisonnement, que votre tuteur a un genre de mérite incompréhensible, et je le croirais assez d'après les bruits qui courent dans le monde.
MISS MILNER. Des bruits sur lui ! et que peut-on dire ?
FRÉDÉRIC. Quoi ! vous ne le savez pas ? On dit que ce grave tuteur, cet homme si admirable, qui tient de

la perfection et presque de la Divinité, est amoureux comme un simple mortel.

MISS MILNER. Amoureux! et de qui?

FRÉDÉRIC. Dans ces cas-là, on ne sait jamais au juste, parce que souvent les personnes elles-mêmes n'en sont pas bien sûres; mais on cite surtout miss Arabelle, cette jeune prude si sévère et si froide.

MISS MILNER. Miss Arabelle! ce n'est pas possible. Oubliez-vous, Monsieur, que lord Elmwood est engagé dans l'ordre de Malte, et que les vœux qu'il a prononcés l'empêchent de jamais se marier?

FRÉDÉRIC. Je le sais comme vous; mais cela n'empêche pas d'être amoureux et de s'occuper d'une jolie femme.

MISS MILNER. Comment! vous pensez que miss Arabelle...

FRÉDÉRIC. Franchement, je le croirais assez; une prude a des attraits pour un sage : en l'aimant, il croit encore aimer la vertu, et c'est commode pour les principes. Du reste, lord Elmwood ne perd pas une occasion de louer miss Arabelle, et de la citer partout comme un modèle à suivre.

MISS MILNER. Il est vrai.

FRÉDÉRIC. Au point qu'il approuve en elle ce qu'il blâme dans les autres. Tenez, aujourd'hui, par exemple, cette fête brillante où l'on vous défend d'assister, elle y sera, et certainement lord Elmwood trouvera cela tout naturel.

MISS MILNER. Vous croyez?

FRÉDÉRIC. Tandis que vous, il vous est défendu de vous amuser; vous êtes sa pupille. Et si vous saviez cependant de quels plaisirs il prétend vous priver! Ce spectacle si varié et si piquant, ce monde, cette foule, ces riches landaux, ces brillantes cavalcades qui entourent votre char et qui vous servent d'escorte; cette arène magnifique, où mille femmes viennent disputer le prix des grâces et de la parure, et où vous verrez tous les regards vous chercher et vous proclamer la plus belle!

MISS MILNER. La plus belle; c'est pourtant bien séduisant, surtout si miss Arabelle y doit être.

FRÉDÉRIC. Elle y sera, je vous le jure; car elle l'a promis à lady Seymour. Ces dames doivent s'y rencontrer.

MISS MILNER. Eh bien! j'irai, j'irai aussi, quand je devrais forcer mon tuteur à m'y accompagner; je vous le promets maintenant.

FRÉDÉRIC. Et maintenant je suis le plus heureux des hommes. Je cours prévenir lady Seymour, et je reviens à l'instant. (*Il sort.*)

SCÈNE VI.

MISS MILNER, *seule*. Au fait, il a raison; lord Elmwood est mon tuteur; mais il n'est pas mon maître, je ne suis pas son esclave, et s'il osait me refuser, je lui dirai que je le v..., ou plutôt je ne vois pas pourquoi je lui demanderais cette permission; il ne doit descendre de son cabinet que pour dîner, je cours à ma toilette : par bonheur ma nouvelle parure est délicieuse, le chapeau le plus à la mode; c'est bien fait, je serai charmante; ce n'est pas pour moi, ça m'est égal, je n'y tiens pas; mais nous verrons ce que dira miss Arabelle. Oui, courons vite. Dieux! lord Elmvood.

SCÈNE VII.

MISS MILNER, LORD ELMWOOD.

ELMWOOD. Ah! vous voici, miss Milner, le ciel en soit loué.

MISS MILNER. Et pourquoi donc, Monsieur? (*A part.*) Allons, du courage et de la fermeté.

ELMWOOD. J'avais entendu de mon cabinet le bruit d'une voiture, et je craignais que ce ne fût la vôtre; pardon d'avoir pu vous soupçonner. Je vois à votre toilette que vous n'avez pas même eu l'idée de me désobéir; je vous en remercie, miss Milner; car c'eût été une offense que je n'aurais jamais pardonnée, et si vous saviez combien je suis malheureux quand il faut me fâcher contre vous, combien il m'en coûte de vous traiter avec sévérité...

MISS MILNER. Vous, Monsieur!

ELMWOOD. Mais daignez m'écouter maintenant, et permettez-moi de me justifier à vos yeux.

MISS MILNER, *à part*. O ciel! Voilà à quoi je ne m'attendais pas. (*Haut.*) Vous, Milord! vous justifier auprès de moi!

ELMWOOD. Oui, votre réputation est un bien qui m'a été confié et dont je suis responsable, c'est la plus belle dot que je puisse offrir à celui que vous choisirez, et je veux qu'elle lui soit remise comme vos autres richesses, pure et intacte.

AIR : *T'en souviens-tu?*

Voilà pourquoi, me montrant si sévère,
J'ai cependant dérangé vos plaisirs,
Moi, ce matin, qui d'ordinaire
Vole au-devant de vos désirs.
Jugez alors si je vous aime,
Puisque l'espoir seul de vous protéger,
Aujourd'hui m'a fait braver même
La crainte de vous affliger.

Il m'a donc semblé que les assiduités de lord Frédéric...

MISS MILNER. Lord Frédéric? ne vous ai-je pas dit, Milord, ce que je pensais de lui?

ELMWOOD. M'avez-vous dit votre pensée tout entière? Peut-être avez-vous été retenue par la présence de Sandfort, par la crainte de voir désapprouver votre choix; mais vous êtes seule avec moi, avec votre ami, avec celui qui donnerait ses jours pour vous, et qui d'avance vous assure de son consentement. Eh quoi! vous vous taisez? allons, miss Milner, ma fille, mon enfant, ne craignez rien; quand votre aveu devrait m'affliger, votre confiance est déjà un bonheur, et je serai toujours heureux par l'idée seule que vous allez l'être.

MISS MILNER. Et je le suis en effet; car jamais rien n'a été plus doux pour mon cœur que l'amitié que vous me témoignez en ce moment.

ELMWOOD. Eh bien donc, répondez-moi; lord Frédéric serait-il l'époux de votre choix? a-t-il reçu de vous quelque espérance?

MISS MILNER. Lord Frédéric n'est pas celui que je choisirais. Je n'ai jamais encouragé sa tendresse; mon seul désir est de rester auprès de vous comme je suis, et de vous obéir en tout.

ELMWOOD. M'obéir! Eh bien! dans ce moment j'exige une preuve de votre soumission et de votre amitié. Habillez-vous, et allez à cette fête où l'on vous attend.

MISS MILNER. Que dites-vous?

ELMWOOD. C'est moi maintenant qui vous le demande et qui vous en supplie.

MISS MILNER. Ah! je ne suis pas digne de tant de bonté, je ne la mérite pas; cette fête maintenant me serait odieuse : permettez-moi de ne pas vous quitter, de passer ma journée ici avec vous en famille.

ELMWOOD. Vous m'accuserez encore d'être l'ennemi de vos plaisirs.

MISS MILNER. Oui, si vous me forcez à sortir; ainsi vous n'insisterez plus, n'est-ce pas? je reste.

ELMWOOD. Si tel est vraiment votre volonté...

MISS MILNER. Oui, ma volonté, mon désir, je n'en ai pas d'autre.

ELMWOOD. Eh bien! tant mieux; car je voulais vous parler, ainsi qu'à Sandfort, d'un événement très-important pour moi, d'un changement qui arrive dans ma fortune.

MISS MILNER. Parlez vite, quel bonheur! j'ai donc

aussi une part dans votre confiance : eh bien ! Monsieur...

SCÈNE VIII.

Les précédents, UN DOMESTIQUE, *annonçant*; puis FRÉDÉRIC.

LE DOMESTIQUE. Lord Frédéric.
MISS MILNER. Lord Frédéric ! ah ! mon Dieu ! je l'avais oublié.
FRÉDÉRIC. J'ai l'honneur de saluer lord Elmwood que je ne me croyais pas assez heureux pour rencontrer. (*A miss Milner.*) Comment ! Miss, vous n'êtes pas encore prête ? ces dames sont en bas qui vous attendent; et j'ai réclamé l'honneur de vous donner la main. (*Regardant lord Elmwood.*) Eh bien ! est-ce arrangé ? est-ce convenu ? Monsieur nous priverait-il de sa présence ? ou est-il des nôtres ? vient-il avec nous ?
ELMWOOD. Où donc ?
FRÉDÉRIC. A Hyde-Park, à cette course si brillante où miss Milner m'a permis d'être son chevalier.
ELMWOOD. Vous, son chevalier !
MISS MILNER, *à lord Elmwood*. Oui, Monsieur; (*A lord Frédéric.*) mais je voulais vous dire.....
FRÉDÉRIC. Oh ! je n'accepte pas d'excuse, j'ai votre parole.
ELMWOOD. Je croyais que miss Milner m'avait dit qu'elle n'avait aucun engagement; il paraît qu'elle aura oublié...
FRÉDÉRIC. Oublié, c'est impossible; car c'est aujourd'hui, c'est ici même que miss Milner a daigné me promettre...
ELMWOOD. Aujourd'hui ! comment ! Monsieur nous avait déjà fait l'honneur de nous rendre visite ?
FRÉDÉRIC. Oh ! mon Dieu, oui ; il n'y a qu'un instant, je me suis présenté; par malheur vous n'y étiez pas, c'est votre aimable pupille qui en votre absence a daigné me recevoir.
ELMWOOD. Vous recevoir (*A demi-voix, à miss Milner.*) ici même, aujourd'hui ; quand ce matin vous m'aviez juré... Ah ! miss Milner...
MISS MILNER. Permettez, Monsieur, je dois avant tout vous expliquer...
ELMWOOD. C'est inutile ; il est déjà fâcheux que pour me persuader vous ayez besoin d'explication : autrefois, un mot aurait suffi; mais, comme je vous le disais tout à l'heure, je n'ai jamais prétendu vous contraindre ; permis à vous d'aller à cette fête avec lady Seymour et avec Monsieur.
FRÉDÉRIC. C'est admirable ! vous êtes le modèle des tuteurs. Eh bien ! partons-nous ?
MISS MILNER. Non, Monsieur ; (*Regardant lord Elmwood.*) j'espère que plus tard on pourra m'entendre; mais, en attendant, je vous prie de faire mes excuses à lady Seymour et à ces dames ; car, bien décidément, je reste ici, et je ne sortirai pas. (*Elle fait la révérence et sort.*)

SCÈNE IX.

LORD ELMWOOD, FRÉDÉRIC.

FRÉDÉRIC. Comment, Milord, elle s'éloigne, elle refuse de nous suivre à cette fête, qui tout à l'heure encore était l'objet de tous ses vœux ? Qu'est-ce que cela signifie ?
ELMWOOD. Cela signifie qu'elle a changé d'idée.
FRÉDÉRIC. Non, morbleu ! ce n'est pas naturel; ni moi, ni ces dames ne serons dupes d'une pareille conduite ; sa réponse était dictée par vous, et ce consentement que vous donnez en apparence et avec tant de générosité, n'était qu'un prétexte adroit.
ELMWOOD. Un prétexte ; je pourrais vous répondre, Monsieur, que je suis maître ici, et que quand je commande, chacun obéit ; mais en supposant, comme vous le dites, que j'aie besoin de prétexte, il me semble que je n'en manquerais point, et que, comme tuteur de miss Milner, j'aurais droit de défendre ses visites et les assiduités d'un jeune homme dont j'ignore même les intentions et les motifs.
FRÉDÉRIC. Si jusqu'ici, Monsieur, j'ai tardé à me déclarer, c'est que ma position ne me le permettait pas ; c'est que je sollicitais un régiment que je n'ai encore pu obtenir ; c'est que, brouillé avec lord Clarendon, le chef de ma famille, je craignais qu'il ne refusât son consentement ; mais, puisque vous l'exigez, Monsieur, je viens formellement vous demander miss Milner en mariage ; je vous déclare que je l'aime, que je l'adore, que je suis aimé.
ELMWOOD. Aimé ? et quelles raisons avez-vous de le croire ?
FRÉDÉRIC. Là-dessus, Monsieur, c'est moi que cela regarde. Dieu merci, je m'y connais, et j'ai su lire dans son cœur ; mais si, après un tel aveu, vous hésitez encore ; si vous refusez un parti aussi brillant qu'honorable, modestie à part, parce qu'en affaires la vérité avant tout ; si vous refusez enfin d'agréer ma recherche, je commencerai à croire à un bruit auquel, pour votre honneur, je refusais d'ajouter foi : c'est que vous êtes amoureux, non pas, comme on le dit, de miss Arabelle, mais de votre pupille elle-même.
ELMWOOD. Moi ! Monsieur, on pourrait supposer !.. apprenez que, dans ma position, un tel doute est une offense.
FRÉDÉRIC. Comme vous voudrez, Monsieur ; mais si je me suis trompé, il faut me le prouver autrement que par des discours ; car, malgré la sévérité de vos principes, je vous déclare que je n'ai point de confiance dans les protestations d'un tuteur hypocrite.
ELMWOOD. Et moi, Monsieur, heureusement pour vous, je n'attache pas d'importance aux discours d'un fat.
FRÉDÉRIC. Un fat ! encore un qui emploie l'expression; eh bien ! oui, Monsieur, je suis un fat ; car tel est mon plaisir, et je ne vois pas pourquoi, dans l'Angleterre, qui est le pays de la liberté, il ne serait pas permis à chacun d'être comme il lui plaît ; je suis ainsi parce que je le trouve bon, et je vous demanderai raison de ce que vous le trouvez mauvais.
ELMWOOD. Vous auriez fort à faire, Monsieur, s'il vous fallait chercher querelle à tous ceux qui partagent mon opinion sur votre compte. Mais, dans tous les cas, vous me trouverez toujours à vos ordres.
FRÉDÉRIC. Aujourd'hui même, Milord, à moins que sur-le-champ vous ne me donniez votre consentement pour épouser votre pupille.
ELMWOOD. Voilà une condition qui rend le mariage impossible.
FRÉDÉRIC. Et c'est ce que nous verrons ; car je vous déclare que malgré vous-même, malgré votre tyrannie, miss Milner sera à moi ; et quand je devrais la soustraire à votre pouvoir, l'enlever de ces lieux.
ELMWOOD, *mettant la main à son chapeau*. L'enlever ! enlever miss Milner ! c'est trop fort, Monsieur ; et si je ne me respectais moi-même, je vous aurais déjà fait chasser par mes gens; mais vous avez besoin d'une leçon, et c'est un soin que je me réserve. Sortons.

SCÈNE X.

Les précédents, SANDFORT.

SANDFORT. Eh bien ! eh bien ! où courez-vous donc ainsi comme des étourdis ?
FRÉDÉRIC. Ne faites pas attention. C'est une demande en mariage que je vais faire à Monsieur.
ELMWOOD. Oui, Sandfort, nous avons à sortir ensemble. Laissez-nous.

SANDFORT. Non, parbleu! je saurai auparavant ce dont il s'agit, et quelle est cette calèche qui depuis une heure est à la porte, et où sont des dames qui s'impatientent.
FRÉDÉRIC. Dieu! lady Seymour, ma respectable tante. Milord, je vais lui faire mes excuses, la prier de partir sans miss Milner et sans moi; de là je passe chez un ami, et dans un quart d'heure je serai ici dans votre jardin avec deux témoins.
SANDFORT. Deux témoins!

AIR de *Turenne.*

Vous voulez donc vous battre, je suppose?
FRÉDÉRIC.
Comme vous dites, dans l'instant.
SANDFORT.
Quoi! vous pouvez d'une pareille chose
Parler aussi tranquillement?
FRÉDÉRIC.
Et pourquoi pas? il est permis, je pense,
De se brûler la cervelle en riant.
Moi, j'y suis fait.
SANDFORT.
Et depuis quand?
FRÉDÉRIC.
Mais... depuis mon voyage en France.
(*Il sort.*)

SCÈNE XI.

LORD ELMVOOD, SANDFORT.

SANDFORT. Qu'est-ce que cela signifie? depuis quand avez-vous des relations avec un pareil étourdi? Est-ce que vous savez avec qui il va se battre?
ELMVOOD, *froidement.* Oui, c'est avec moi.
SANDFORT. Bonté de Dieu! que m'apprenez-vous là?
ELMVOOD. Taisez-vous, Sandfort, taisez-vous. Il n'y a pas moyen de faire autrement; mon honneur, celui de miss Milner...
SANDFORT. Miss Milner! j'en étais sûr. C'est elle qui est cause de tout.
ELMVOOD. C'est ce qui vous trompe, c'est moi qui ai insulté, qui ai outragé ce jeune homme; je l'ai menacé de le mettre à la porte, de le faire chasser par mes gens; et, entre gentilshommes, ce sont là des injures qui ne se pardonnent point.
SANDFORT. Et que m'importe à moi? Est-ce que vous croyez que je le souffrirais?
ELMVOOD. Sandfort! au nom du ciel! si l'on vous entendait.
SANDFORT. Et je veux qu'on m'entende, je veux que l'on connaisse votre extravagance, votre folie; je veux que l'univers entier...

SCÈNE XII.

LES PRÉCÉDENTS, MISS MILNER.

MISS MILNER. Ah! mon Dieu! d'où vient ce bruit? et qu'y a-t-il donc?
SANDFORT. Ce qu'il y a, Mademoiselle, ce qu'il y a...
ELMVOOD, *lui mettant la main sur la bouche.* Sandfort, je vous en conjure...
SANDFORT. Je me tairai, Milord, je me tairai pour votre honneur, mais il n'en est pas moins vrai que je l'avais prévu, que je l'ai toujours dit; et sans les caprices, sans les inconséquences de Mademoiselle, le plus honnête homme d'Angleterre ne serait pas exposé à aller aujourd'hui se couper la gorge avec un étourdi.
MISS MILNER. O ciel! que dites-vous?
SANDFORT. Eh bien! o ii, c'est plus fort que moi, je ne veux pas me taire. Tel que vous le voyez, il va dans l'instant même se battre avec lord Frédéric.
MISS MILNER. C'est fait de moi. Je me meurs.
ELMVOOD. Sandfort! elle se trouve mal.

SANDFORT, *allant à elle.* Eh non! morbleu! eh non! il ne s'agit pas de cela; il faut le détourner de ce dessein, il faut qu'il y renonce! il faut qu'il nous donne sa parole, et encore il nous la donnerait que je n'y croirais pas; car je n'ai plus de confiance en lui ni en son caractère. Lui qu'engagent des vœux sacrés et solennels! lui, un chevalier de Malte, aller se battre pour une femme!
MISS MILNER. Grand Dieu! c'est pour sa pupille!
SANDFORT. Et pour qui donc? à coup sûr ce n'est pas pour moi. Mais s'il est sourd à mes prières, s'il résiste à notre amitié, j'ai mon projet, je saurai bien l'en empêcher. (*A milord Elmvood.*) Milord, je ne vous quitte pas, je vous suivrai partout, je m'attache à vos pas; je me mettrai entre vous deux et si je suis tué, vous penserez quelquefois à votre vieux précepteur et à la dernière leçon qu'il vous aura donnée.
MISS MILNER, *joignant les mains.* Monsieur Sandfort, monsieur Sandfort, je vous demande pardon d'avoir jamais pu vous offenser.
SANDFORT. Eh! il n'est pas question de pardon, il faut qu'il nous réponde. (*Regardant par la fenêtre.*) Dieu! lord Frédéric qui entre dans le jardin. (*Allant à lord Elmvood qui veut sortir.*) Milord, vous ne sortirez pas d'ici.
ELMVOOD. Mes amis, mes chers amis, un instant de réflexion vous prouvera à tous deux qu'il est impossible que ce combat n'ait pas lieu. Mais pourquoi d'avance vous alarmer? considérez combien il y a peu de duels vraiment funestes.
MISS MILNER. Quelles qu'en soient les suites, c'est moi, Milord, c'est moi qui serai éternellement malheureuse; car j'aurai été la cause de ce combat, et s'il renversait toutes mes espérances, s'il devait me donner le coup de la mort, ne renonceriez-vous pas à ce cruel dessein?
ELMVOOD. Que dites-vous?
MISS MILNER. Qu'il est quelqu'un au monde qui possède mes plus chères affections; l'idée seule que ses jours sont menacés me ferait tout sacrifier; et s'il faut vous avouer enfin un amour que je n'ai pu vaincre...
ELMVOOD. Achevez.
MISS MILNER. Ah! j'en rougis de honte; mais les dangers rendent cet aveu nécessaire, j'aime...
SANDFORT. Eh qui donc, malheureuse?
MISS MILNER. Lord Frédéric.
SANDFORT. Eh bien! qu'est-ce que je vous disais ce matin? et que de peine n'a-t-il fallu pour le lui faire avouer?
ELMVOOD. Je ne vous cache pas, miss Milner, que je suis profondément affecté de tant de ruses et de tant de contradictions, moi qui tout à l'heure encore vous suppliais de me dire la vérité.
MISS MILNER. Je ne suis pas digne de votre amitié, Monsieur, et dès ce moment, abandonnez-moi.
ELMVOOD. Non, pas en ce moment; car grâce à vous, je connais enfin le moyen d'assurer votre bonheur : oui, Mademoiselle, je vous promets, et je ne vous tromperai pas, quoique vous m'ayez si souvent trompé vous-même, que les jours de milord Frédéric ne court aucun danger : au prix du monde entier, je ne voudrais pas maintenant mettre ses jours en péril. Vous pouvez, Sandfort, me laisser sortir; je vais le trouver, et j'espère que vous serez tous contents de moi. Adieu.

SCÈNE XIII.

MISS MILNER, SANDFORT.

SANDFORT. Mademoiselle, je ne risquerai pas un mot sur ce qui vient de se passer; car, dans ce moment-ci, j'ai trop d'avantage, et en ennemi généreux, je ne veux pas en profiter; mais comme depuis longtemps je cherche à connaître le cœur humain, surtout celui des femmes, je vous demanderai seulement, pour mon instruction et mes études particulières, pourquoi, lorsqu'on vous offrait lord Frédéric pour mari, vous n'avez jamais voulu en entendre parler, et pourquoi maintenant...

MISS MILNER. Pardon, monsieur Sandfort; je suis si troublée, si inquiète... Quelle idée lord Elmwood va-t-il avoir de moi? lui qui est si noble, si généreux.

SANDFORT. Cette fois vous avez raison; et voilà un sujet du moins sur lequel nous n'aurons pas de dispute; c'est le premier.

MISS MILNER. Croyez-vous, monsieur Sandfort, que cela s'arrange?

SANDFORT. Parbleu! maintenant il n'y a plus rien à craindre, et tout va se terminer à l'amiable. Votre tuteur racontera à lord Frédéric ce que vous venez de lui avouer; il lui apprendra que vous l'aimez.

MISS MILNER. Comment, Monsieur, vous croyez qu'il le lui dira?

SANDFORT. Le moyen de faire autrement?

MISS MILNER. Voilà ce qui me désespère, s'il avait pu ne pas lui en parler, le lui laisser ignorer...

SANDFORT. C'est cela, pour qu'ils se disputent encore.

MISS MILNER. Non vraiment, et j'espère bien qu'il ne sera plus question de duel et de combat, (*On entend un coup de pistolet.*) Dieu! que viens-je d'entendre? lord Elmwood m'a donc trompée. (*Sandfort court à la fenêtre qu'il ouvre, et il regarde dans le jardin.*) Eh bien! est-il blessé?

SANDFORT. Qui? lord Frédéric?

MISS MILNER. Eh non! milord Elmvood.

SANDFORT. Grâce au ciel, je les vois tous les deux; les témoins les entourent; ils s'embrassent, ils se séparent: l'un revient de ce côté, et l'autre remonte à cheval.

MISS MILNER. Dieu soit loué! et vous êtes bien sûr qu'il ne lui est rien arrivé?

SANDFORT. A lord Frédéric?

MISS MILNER. Eh non! je vous parle de lord Elmvood, de mon tuteur, de celui à qui je dois tout.

SANDFORT. Eh! tenez, le voici.

SCÈNE XIV.

LES PRÉCÉDENTS, LORD ELMVOOD.

MISS MILNER, *courant à lui.* Ah! c'est vous, Milord! qu'est-il donc arrivé?

ELMWOOD. Rassurez-vous: celui que vous aimez n'a couru aucun danger.

SANDFORT. Mais ce bruit que nous venons d'entendre?

ELMVOOD. En essuyant le feu de lord Frédéric, je lui ai accordé la satisfaction qu'il me demandait.

SANDFORT. Ah! Milord, je ne vous reconnais pas là; c'était manquer à votre parole.

ELMVOOD. Non, car en refusant de tirer sur lui, (*A miss Milner.*) j'ai tenu la promesse que j'avais faite de ne point exposer sa vie.

SANDFORT. Et la vôtre, morbleu! la vôtre, qui nous appartenait!

ELMVOOD, *lui prenant la main.* Pardon, j'avais oublié qu'il me restait un ami.

MISS MILNER. Ah! Monsieur!

ELMVOOD. Alors seulement j'ai pu avouer à lord Frédéric que vous l'aimiez, que vous l'acceptiez pour époux.

MISS MILNER. O ciel! il le sait!

ELMVOOD. J'ai ajouté que désormais ce mariage était mon seul vœu, mon seul désir. Si vous aviez vu quelle joie il a fait éclater! avec quelle reconnaissance il s'est jeté dans mes bras en me demandant pardon! Eh bien, Miss, qu'avez-vous?

MISS MILNER. Rien, Monsieur; je suis contente, je suis heureuse; j'ai sauvé des jours qui m'étaient bien précieux! mais je ne puis vous dire ce que j'éprouve.

ELMVOOD. Ah! je le devine, vous êtes inquiète de ne pas le voir paraître; malgré mes protestations, vous tremblez encore pour lui. Rassurez-vous: dans son impatience, il m'a quitté pour tout disposer; car il faut que ce mariage se fasse aujourd'hui même.

MISS MILNER. Quoi, Monsieur! il pourrait exiger...

ELMVOOD. C'est moi qui l'ai voulu; c'est moi, miss Milner, qui vous le demande.

MISS MILNER. Et moi, si je vous suis chère, je vous supplie de différer de quelques semaines.

ELMVOOD, *vivement.* Pas d'un jour, pas d'un instant, ou je ne le pourrais pas.

SANDFORT. Que dites-vous?

ELMVOOD, *froidement.* Je ne pourrais pas y assister; car demain de grand matin, je pars, je quitte l'Angleterre.

MISS MILNER. O ciel!

SANDFORT. Vous partez seul?

ELMVOOD. Non, car j'ai pensé que vous viendriez avec moi.

SANDFORT. Et vous avez bien fait.

ELMVOOD, *à miss Milner.* Des affaires particulières m'appellent en Italie. Depuis quelque temps, depuis la mort de mon frère, j'étais le seul descendant des comtes d'Elmvood. Or, on a pensé qu'il ne fallait point, après moi, laisser passer à une branche protestante les biens et les titres d'une famille catholique; et c'est dans l'intérêt même de notre cause que la cour de Rome vient de me délier de mes vœux.

MISS MILNER. Que dites-vous?

ELMVOOD. Ce sont là ces papiers que j'ai reçus ce matin, et dont je voulais vous faire part à tous deux; ce changement d'état, que, du reste, je voyais avec indifférence, m'affligeait seulement par l'idée de vous laisser seule.

AIR: *Faut l'oublier.*

J'avais promis à votre père
De remplir un devoir bien doux;
Et je suis resté près de vous
Tant que je vous fus nécessaire.
Je vous guidais avec effroi
Sur une route périlleuse;
Mais un autre obtient votre foi:
Un autre peut vous rendre heureuse,
Vous n'avez plus besoin de moi.

Oui, lord Frédéric a ma parole, il a la vôtre; il faut donc, avant mon départ, hâter ce mariage.

SANDFORT. Vous avez raison.

ELMVOOD. Et comme lord Clarendon, l'oncle de Frédéric, est le seul qui pourrait former obstacle à cette union, j'y vais de ce pas.

MISS MILNER. Milord!

ELMVOOD. Avez-vous quelques ordres à me prescrire, quelque chose à me demander?

MISS MILNER. Non, Milord, je n'ai plus rien à vous dire, et je suis prête à vous obéir.

ELMVOOD. Adieu donc. (*A Sandfort.*) Adieu. (*Il sort par le fond.*)

SCÈNE XV.

MISS MILNER, SANDFORT.

SANDFORT. Enfin, nous voilà donc tous d'accord; ce n'est pas sans peine. Je puis vous le dire maintenant, j'ai cru que jamais nous n'en sortirions; mais, grâce au ciel, tout est fini à la satisfaction générale, et j'espère que vous devez être bien contente.

MISS MILNER. Ah! je n'y tiens plus; j'en mourrai, je crois.

SANDFORT. Eh bien? qu'avez-vous donc? n'allez-vous pas pleurer? Maintenant que vous êtes heureuse, maintenant que vous épousez celui que vous aimez...

MISS MILNER. Et si je ne l'aimais pas!

SANDFORT. Qu'est-ce que cela signifie? Est-ce que nous allons recommencer?

MISS MILNER. Monsieur Sandfort, daignez m'écouter.

SANDFORT. Non, Mademoiselle, c'en est trop, et je n'écoute rien. Il s'agit ici de l'aimer une fois pour toutes, et que cela finisse.

MISS MILNER. Et si je ne le puis..... si j'en aime un autre.

SANDFORT. Un autre! est-ce que cela est possible? est-ce que je puis récuser le témoignage de mes yeux? est-ce que je n'ai pas vu tout à l'heure encore la tendresse que vous portez à lord Frédéric? votre pâleur, votre effroi au moment du combat...

MISS MILNER. Était-il donc le seul dont les jours étaient menacés? Êtes-vous donc si aveugle, monsieur Sandfort, et pensez-vous que je ne prenne aucun intérêt à lord Elmvood?

SANDFORT. Lord Elmvood!

MISS MILNER. Oui, je l'aime, et c'est lui seul que j'ai toujours aimé.

SANDFORT. Bonté de Dieu! que me dites-vous là? et que de malheurs je prévois! dans ce moment surtout, après ce duel, ce combat, après la parole donnée. Pourquoi aussi ne pas dire ce que vous pensez? et pourquoi ne pas le dire de suite?

MISS MILNER. Est-ce que je le pouvais, lorsque mon tuteur n'était pas libre, quand des nœuds sacrés l'enchaînaient à jamais? Cette idée même était un crime; et, loin d'avouer un tel amour, j'aurais voulu me le cacher à moi-même. De là les inconséquences, les contradictions que vous blâmiez dans ma conduite, ces adorateurs dont j'encourageais les hommages, ces soirées brillantes, ces plaisirs dont je m'environnais : tout cela était autant d'armes que je cherchais contre lui; et, loin de l'oublier, je me trouvais encore plus malheureuse.

SANDFORT. Eh bien! alors, puisque cela vous rendait malheureuse, pourquoi l'aimiez-vous?

MISS MILNER. Ah! c'est que ces tourments mêmes avaient leur charme.

SANDFORT. Par exemple, voilà des choses dont je n'avais jamais eu l'idée.

MISS MILNER. Je suis bien coupable, sans doute; mais je souffre, et je n'ai plus d'amis; je n'en avais qu'un, et il ne m'est pas permis de lui confier mes peines. Il ne me reste donc que vous, monsieur Sandfort, mon bon monsieur Sandfort! soyez mon guide, mon conseil; que dois-je faire?

SANDFORT. Pauvre jeune fille! vous êtes venue à moi dans le jour de l'affliction, et je ne tromperai point votre confiance. Quoique ce soit la première fois que je sois consulté dans une pareille affaire, il me semble qu'il faut de la franchise avant tout; et puisque vous aimez lord Elmvood, eh bien! dites-le-lui.

MISS MILNER. Y pensez-vous? un pareil aveu... plutôt mourir de honte.

SANDFORT. C'est juste, cela ne se peut pas : cela ne serait pas convenable; mais pourquoi l'aimez-vous? Il n'y aurait qu'un moyen, c'est de faire cet aveu à lord Frédéric.

MISS MILNER. C'est encore pis : après ce qui s'est passé, il croira qu'on s'est joué de lui, et ce duel que je voulais empêcher sera maintenant inévitable, ce sera un combat à mort.

SANDFORT. Vous avez raison, il y va de ses jours; mais alors je vous demanderai encore, pourquoi l'aimez-vous? est-ce donc une chose si difficile? que diable! on ne raisonne, on se dit : Je n'y dois plus penser; et on n'y pense plus.

MISS MILNER. Monsieur Sandfort, vous n'avez jamais aimé.

SANDFORT. C'est vrai, et je m'en félicite; car cela m'a permis au moins de conserver quelque rectitude dans le jugement, et quelque suite dans les idées. Or voici mon raisonnement : Si lord Elmvood était resté dans l'ordre de Malte, s'il n'avait pas été dégagé de ses vœux, vous auriez fini par renoncer à lui, et vous auriez épousé Frédéric.

MISS MILNER. Je ne sais; cela se peut.

SANDFORT. Eh bien! ce sacrifice, que la nécessité vous forçait de faire, faites-le de vous-même, mais sans autre mobile que votre générosité, que le sentiment de vos devoirs; dites-vous, pour mieux vous y décider, que vos goûts, vos humeurs, votre caractère, ne conviennent peut-être point à lord Elmvood; dites-vous que peut-être vous n'auriez pas fait son bonheur.

MISS MILNER. C'est que je crois que si.

SANDFORT. C'est égal, il faut vous dire le contraire; il faut vous dire surtout que ce généreux sacrifice vous acquitte envers lui de tout ce que vous lui devez; que vous lui conservez l'honneur; que vous lui sauvez la vie.

MISS MILNER.

AIR : *Ainsi que vous, je veux, Mademoiselle.*
En m'offrant une telle idée,
Vous m'enchaînez, et pour toujours :
Oui, ce seul mot m'a décidée,
Je me tairai pour conserver ses jours.
Je cacherai mon trouble extrême,
J'en aurai la force aujourd'hui!
Vous ne voulez pas que je l'aime,
J'y consens... par amour pour lui.

SANDFORT. Voilà encore de ces raisonnements qui ne sont pas à ma portée; mais c'est égal, c'est bien; vous en serez récompensée par la paix de l'âme que vous retrouverez, par votre propre estime.

MISS MILNER. Obtiendrai-je la vôtre? c'est tout ce que je demande.

SANDFORT. Si je vous l'accorde! écoutez-moi, miss Milner, vous pouvez maintenant me fâcher, me contrarier, me poursuivre comme autrefois de vos railleries; je vous permets tout; je vous pardonne tout; car vous avez en moi un ami véritable, et si jamais... c'est le bruit d'une voiture.

MISS MILNER. Ah! mon Dieu! serait-ce lord Elmvood? je suis toute tremblante.

SANDFORT. Non, non, rassurez-vous; ce n'est que lord Frédéric; c'est celui-là, que vous pouvez, nous devons détester, c'est-à-dire pas vous, c'est votre mari, et vous devez l'aimer; mais moi qui n'y suis pas obligé... Adieu, mon enfant; allons, du courage. *(Il entre dans l'appartement à gauche.)*

SCÈNE XVI.

MISS MILNER, FRÉDÉRIC.

FRÉDÉRIC, *à la cantonade.* Qu'on exécute mes ordres, et que tout soit disposé. Mais nous attendrons pour partir le retour de lord Elmvood. (*A miss Milner.*) Miss Milner, vous voilà; qu'il me tardait de vous voir et de vous faire part de mon bonheur! Je quitte mon oncle, lord Clarendon, chez qui je me présentais en tremblant! Devinez qui je trouve avec lui? Lord Elmvood, votre tuteur, qui venait de plaider pour moi, et de gagner ma cause. Mon oncle me pardonne, il consent à notre union; et de plus, à payer toutes mes dettes; c'est-à-dire que c'est une ivresse générale parmi tous les fournisseurs et marchands de Londres, qui sont dévoués,...; et ce soir, à l'occasion de notre mariage, je pense qu'on illuminera dans la Cité.

MISS MILNER. De sorte que vous êtes revenu avec lord Elmvood, et qu'il est ici?

FRÉDÉRIC. Non. Il est allé chez le ministre solliciter pour moi. Vous aviez raison, c'est le meilleur, c'est le plus généreux des hommes; et je crois que pour lui, maintenant, je ferais tout au monde.

MISS MILNER. Que dites-vous?

FRÉDÉRIC. Oui, tout, excepté, par exemple, de renoncer à vous. Mais un projet auquel je m'oppose, c'est que lord Elmvood veut partir ce soir après notre mariage.

MISS MILNER. O ciel!

FRÉDÉRIC. Il a donné devant moi des ordres pour

que sa voiture fût prête au sortir de l'église; mais nous sommes là...; vous me seconderez, et je compte sur vous pour le retenir. Tenez, tenez, le voici. Ah! mon Dieu! comme il a d'air triste et défait! Est-ce qu'il y aurait de mauvaises nouvelles?

SCÈNE XVII.

Les précédents, LORD ELMVOOD.

FRÉDÉRIC. Hé bien! Milord?

ELMVOOD. Ah! vous voilà, mes amis!

FRÉDÉRIC. Est-ce que mon oncle, est-ce que l'honorable membre du parlement aurait changé d'opinion?

ELMVOOD. Non vraiment.

FRÉDÉRIC. C'est donc le ministre qui a refusé ma nomination?

ELMVOOD. La voici.

FRÉDÉRIC. Je suis colonel!

ELMVOOD. Et rien maintenant ne s'oppose à votre bonheur. Tout est prêt, et l'on vous attend. Venez.

MISS MILNER. Un moment, Monsieur : est-il vrai, comme on me l'a annoncé, que vous êtes décidé à nous quitter aujourd'hui même?

FRÉDÉRIC. Nous espérons du moins que nos prières...

ELMVOOD. Non, Milord, elles seraient inutiles; des motifs imprévus, des raisons que vous ne pouvez connaître, me forcent à m'éloigner de vous; il y va de mon repos et de mon honneur.

FRÉDÉRIC. S'il en est ainsi, je n'ose plus insister.

ELMVOOD. Je serais déjà parti si, comme tuteur de miss Milner, je ne devais assister à son mariage, et la conduire moi-même à l'autel.

FRÉDÉRIC. Cela, c'est trop juste.

ELMVOOD. Oui, c'est mon devoir, et aujourd'hui je le remplirai tous. (*Au domestique.*) Avertissez monsieur Sandfort, et priez-le de descendre. (*A miss Milner.*) C'est lui qui, avec moi, vous servira de témoin, si toutefois ce choix ne vous déplaît pas, et si votre haine pour lui...

MISS MILNER. Je ne le hais plus, je ne hais personne; d'ailleurs, Monsieur, dès que vous l'ordonnez, vous savez bien que j'obéirai toujours avec empressement et avec plaisir.

ELMVOOD. Et d'où vient donc ce trouble, d'où viennent donc ces larmes?

MISS MILNER. Ne sont-elles pas naturelles? quand je pense que vous vous éloignez, que nous allons être séparés, peut-être pour toujours.

ELMVOOD.

Air : *Rappelez-moi, je reviendrai* (d'Amédée Beauplan).

Non, si j'en crois mon espérance,
J'attends un meilleur avenir ;
Je serai, malgré la distance,
Près de vous par le souvenir.
Errant sur un autre rivage,
De loin encor je vous suivrai,
Et sur vous si grondait l'orage,
Rappelez-moi, je reviendrai.

Va, ma fille, sois vertueuse, aime ton époux, pratique tes devoirs; tranquille et heureuse dans ton ménage, tâche surtout de défendre ton cœur de toute funeste passion; car si la raison nous donne la force d'en triompher, elle ne nous donne pas celle de nous en consoler; elle n'empêche pas les regrets qui nous poursuivent, les tourments qui nous déchirent. Venez, mon enfant, venez, miss Milner; embrassez-moi et partons! (*Miss Milner se jette dans ses bras en pleurant, tandis que Frédéric les regarde en souriant et en essuyant une larme.*)

SCÈNE XVIII.

Les précédents, SANDFORT.

SANDFORT, *entrant par le fond, et apercevant ce tableau.* Que vois-je! miss Milner dans ses bras! (*Courant à Frédéric.*) Tout est donc connu et arrangé?

FRÉDÉRIC. Eh! sans doute.

SANDFORT. Comment cela est-il arrivé? comment avez-vous su qu'elle l'aimait?

FRÉDÉRIC. Hé! qui donc?

SANDFORT. Son tuteur.

ELMVOOD ET FRÉDÉRIC. Qu'ai-je entendu?

MISS MILNER, *allant à Sandfort pour le faire taire.* Malheureux! ils l'ignoraient.

SANDFORT. Dieu! qu'ai-je fait! non, non, elle ne l'aime pas; mettez que je n'ai rien dit; (*A Frédéric.*) c'est vous seul qu'elle aime, ou du moins qu'elle épouse; il n'y a que cela de vrai.

FRÉDÉRIC. Vous avez raison; telle est la vérité qu'on voulait me cacher, et que, grâce à vous, je connais enfin.

ELMVOOD. Monsieur, vous pourriez supposer...

FRÉDÉRIC. Oui, Milord, c'est vous que j'accuse de m'avoir méconnu, de m'avoir outragé. Avez-vous pu penser que, dans la lutte qui s'établit entre nous, je resterais continuellement chargé du poids de vos bienfaits? ou me jugez-vous incapable de m'acquitter jamais? C'est là un affront dont, en véritable Anglais, je vous demanderais raison si je pouvais tourner contre vous l'épée de colonel que vous m'avez fait obtenir; mais à défaut de cette vengeance, j'en trouverai une à laquelle vous ne pourriez vous soustraire; vous avez épargné mes jours ; vous m'avez raccommodé avec mon oncle; vous avez assuré ma fortune, mon avenir : voilà de grands bienfaits, de grands services sans doute; eh bien! d'un seul mot je les égalerai, je les surpasserai encore. (*Regardant miss Milner.*) Je l'aime, je l'adore, elle est à moi, vous me l'avez donnée : eh bien! (*Prenant la main de lord Elmvood et celle de miss Milner.*) épousez-la, et soyons quittes.

ELMVOOD. Dieu! qu'entends-je?

MISS MILNER. Quelle générosité!

FRÉDÉRIC. Je savais bien que je prendrais ma revanche, et vous voyez, miss Milner, qu'un fat peut quelquefois avoir du bon; mon seul tort est d'avoir pu me croire aimé; cela m'était arrivé tant de fois, que l'habitude peut-être pouvait me servir d'excuse.

SANDFORT. Monsieur, malgré cette dernière phrase-là, votre conduite est belle, et je l'approuve.

FRÉDÉRIC. Vous êtes bien bon.

SANDFORT. Et vous, miss Milner, me pardonnerez-vous d'avoir, malgré moi, trahi votre secret?

MISS MILNER. Ah! je ne vous en veux plus.

FRÉDÉRIC. Ni moi, docteur; au contraire, cela doit me porter bonheur; et s'il y a une justice en ce monde, d'autres belles me doivent des consolations.

SANDFORT. Voilà un vrai philosophe! perdre une maîtresse et prendre aussi gaiement son parti!

FRÉDÉRIC, *gaiement.* Oh! j'y suis habitué.

SANDFORT. Habitué!

FRÉDÉRIC. Oui, depuis mon voyage en France.

CHŒUR.

Air du *Maçon.*

O moment plein d'ivresse !
Pour nous quel heureux sort!
L'amour et la sagesse
Vont se trouver d'accord.

MISS MILNER.

Air du vaudeville des *Frères de lait* (musique de M. Hendier).

O vous, Messieurs, qui, sous votre tutelle,
Prenez toujours les auteurs, les acteurs ..
Dans chaque pièce ancienne ou bien nouvelle,
Vous savez comme agissent les tuteurs :
On sait comment agissent les tuteurs :
De leur pupille imprudente, indocile,
Ils ont toujours pardonné les erreurs ..
Par mes défauts quand j'agis en pupille,
Par vos bontés agissez en tuteurs.

FIN DE SIMPLE HISTOIRE.

VIALAT ET Cie, IMPRIMEURS ET ÉDITEURS.

THÉOBALD. O ciel! quel embarras! — Scène 10.

THÉOBALD
ou
LE RETOUR DE RUSSIE
COMÉDIE-VAUDEVILLE EN UN ACTE
DÉDIÉE A MADAME SOPHIE GAY.

Représentée, pour la première fois, à Paris, sur le théâtre du Gymnase dramatique, le 12 février 1829.

EN SOCIÉTÉ AVEC M. VARNER.

Personnages.

RAYMOND, docteur en médecine.
BERNARDET, substitut du procureur du roi.
THÉOBALD, jeune officier.

MADAME DE LORMOY.
CÉLINE, sa petite-fille.
LA BARONNE DE SAINVILLE, sa nièce.

La scène se passe à Bordeaux, dans la maison de madame de Lormoy.

Le théâtre représente un salon; porte au fond, deux portes latérales, la porte à la droite de l'acteur est celle de l'appartement de madame de Lormoy. Sur le deuxième plan, à droite et à gauche, la porte de deux cabinets. Sur le devant de la scène, à droite, une table avec écritoire, plumes, papier et tout ce qu'il faut pour écrire.

SCÈNE PREMIÈRE.

CÉLINE, LA BARONNE, MADAME DE LORMOY, BERNARDET.

(Au lever du rideau, tout le monde est assis autour d'une table ronde placée à gauche, et sur laquelle on est en train de déjeuner. Un domestique debout derrière madame de Lormoy.)

BERNARDET, *présentant une tasse.* Très-peu, pour ma belle-mère.

CÉLINE. Soyez tranquille, je sais ce qu'il lui faut.
BERNARDET. Vous vous rappelez ce que dit le docteur : plus on est faible, moins il faut manger ; et, avec ce régime-là, peu à peu l'on reprend des forces.
MADAME DE LORMOY. Moi, qui commence à me trouver mieux, je crois que je pourrais m'écarter un peu du régime qu'on m'a prescrit.
CÉLINE. Ma mère, attendons le docteur.
MADAME DE LORMOY. Mais viendra-t-il aujourd'hui ?
BERNARDET. Je sors de chez lui ; c'est le médecin de Bordeaux le plus occupé ; il était sorti ; mais à son retour, on nous l'enverra ; ainsi, jusque-là, rien de plus que l'ordonnance. (Ils se lèvent, le laquais enlève la table, et range les fauteuils.) Oui, belle-mère, en ma qualité de substitut, je suis pour qu'on exécute les ordonnances à la rigueur.
LA BARONNE. Oh ! vous, messieurs les magistrats, vous êtes d'une sévérité !
BERNARDET. C'est possible, sous la toge ; c'est notre état qui veut ça ; moi, par exemple, je requiers tous les jours des condamnations ; je suis la terreur des coupables ; j'ai l'air très méchant... (A Céline.) Oui, Mademoiselle, je me fâche tous les jours ; mais jamais pour mon compte, c'est toujours pour celui de la société et de la morale. Dès que j'ai déposé les foudres du ministère public, je suis l'homme le plus doux, le plus facile... je ferai un époux excellent, quand la belle-mère voudra bien le permettre ; car il y a assez longtemps que je suis en instance.
MADAME DE LORMOY, à Céline. J'en conviens, cette union était le plus cher désir de ta mère ; et je ne demanderais pas mieux, si ton frère, si mon petit-fils était ici.
BERNARDET. Oui, mais comme il n'y est pas, comme il y a force majeure...
MADAME DE LORMOY. Oh ! il reviendra ; j'en suis sûre ! ne me dites pas le contraire.
BERNARDET. M'en préserve le ciel ! Mais il me semble que sa sœur pourrait toujours se marier en attendant.
CÉLINE. Non, ma bonne maman.

AIR : *J'en guette un petit de mon âge.*

Faut-il que mon hymen s'apprête
Quand de nous mon frère est si loin !
Pour que ce soit un jour de fête,
Il faut qu'il en soit le témoin.
Autrement, dans la foule immense
Que d'un hymen attire la splendeur,
Loin, hélas ! de voir mon bonheur,
Vous ne verriez que son absence.

BERNARDET, à part. Je n'ai jamais vu de jeune personne aussi peu pressée de se marier.
MADAME DE LORMOY. Songez donc qu'à chaque instant nous pouvons le voir paraître. Tous les jours, il arrive des prisonniers du fond de la Russie. N'est-ce pas, ma chère baronne ?
LA BARONNE. Oui, ma tante.
MADAME DE LORMOY. Tu y es intéressée autant que nous ; toi, qui aimais ce cher Léon, qui étais sur le point de l'épouser. Ne nous disait-on pas hier, que le fils de madame de Valbelle, dont tous les journaux avaient annoncé la mort, était tout à coup revenu, au moment où l'on s'y attendait le moins ?.. (*Voyant Céline et la baronne qui détournent la tête.*) Eh bien ! qu'est-ce que cela veut dire ? je vois des larmes dans tes yeux.
LA BARONNE. Non, ma tante.
MADAME DE LORMOY. Tu sais quelque chose.

LA BARONNE. Non, rien, absolument rien ; et voilà ce qui me désole.
MADAME DE LORMOY. Et moi, c'est ce qui me rassure sur le sort de mon petit-fils, de ton prétendu. Tant qu'il n'y a pas de nouvelles, elles peuvent être bonnes, et pourvu qu'on ne m'empêche pas d'espérer... Il y a si longtemps que j'en suis là !
BERNARDET. Et voilà ce que je ne comprends pas, que vous, qui aimez tant votre petit-fils, vous ayez pu vivre aussi longtemps séparés ; et que vous n'ayez pas trouvé quelque moyen de vous réunir.
MADAME DE LORMOY. Et comment le vouliez-vous ?
CÉLINE. Ma mère, vous allez vous fatiguer.
MADAME DE LORMOY. Non, non ; cela ne me fatigue jamais de parler de mes enfants. Songez donc qu'à une fatale époque, toute notre famille a été obligée de se réfugier aux colonies ; et quand il fut permis à mon gendre de revoir la France, il ramena avec lui son fils Léon, qui avait alors huit ans, confiant à mes soins sa femme, trop souffrante pour le suivre, et ma petite Céline qui venait de naître.
CÉLINE, à la baronne. Ah ! mon Dieu, oui ; je suis créole.
BERNARDET. Je sais bien tout ça. Mais, plus tard, ne pouviez-vous vous rejoindre ?
MADAME DE LORMOY. Plus tard la guerre éclata.
CÉLINE. La route des mers nous fut fermée.
BERNARDET, à la baronne. Je n'y pensais pas.
MADAME DE LORMOY. Et lorsque après seize ans d'exil, nous sommes rentrées toutes deux en France ; toutes deux (car depuis longtemps nous avions perdu sa mère), mon gendre n'existait plus, et mon petit-fils Léon venait de partir pour la Russie.
BERNARDET. C'est vrai ; cette année-là nous partions tous. Tel que vous me voyez, j'ai fourni un remplaçant. Mais au moins, belle-mère, vous avez ici une consolation, celle de la correspondance.
CÉLINE. Les lettres qu'il m'écrit sont si tendres, que nous nous sommes aimés tout de suite, comme si nous y avions été élevés... Et il me semble que, quand je le verrai, je le reconnaîtrai sur-le-champ.
MADAME DE LORMOY. C'est comme moi. Je l'ai là, devant mes yeux. Je le crois, du moins ; et ce vague, cette incertitude se prêtent aux plus douces illusions de l'amour maternel. Si je rencontre un jeune homme beau, bien fait, je me dis : Mon petit-fils doit être comme cela. » Si j'entends parler d'une belle action, d'un trait de courage, je me dis : « Voilà ce qu'aurait fait mon petit-fils. « Je me plais ainsi à le parer de tout ce qui peut le faire aimer ; et il me semble que je l'en aime davantage.
BERNARDET. Eh bien ! que l'on dise encore que les absents ont toujours tort. (*A la baronne.*) Il faudra que j'en essaye. (*On entend la ritournelle de l'air suivant.*)
CÉLINE. Maman, voilà M. Raymond.

SCÈNE II.
LES PRÉCÉDENTS, RAYMOND.

RAYMOND.
AIR : *Vivent les amours qui toujours.*

En docteur savant
Et prudent,
Je suis toujours dispos et bien portant,
Pour donner à chaque client
L'échantillon vivant
De mon talent.

MADAME DE LORMOY.
Que ne veniez-vous déjeuner ?

RAYMOND.
C'est déjà fait...
(A part.)
Je viens de me soigner,
J'estime fort la diète, mais
Je la prescris et ne m'y mets
Jamais.
RAYMOND ET LES AUTRES.
En docteur savant
Et prudent,
Je suis } toujours dispos et bien portant,
Il est
Pour donner à chaque client,
L'échantillon vivant
De mou } talent.
De son

BERNARDET. On vous a dit, docteur, que j'étais passé chez vous?
RAYMOND. Non, vraiment. Je viens de moi-même; car je n'étais pas rentré au logis.
BERNARDET. Eh bien! vous y trouverez du monde. Un jeune homme de fort bonne tournure, qui vous attend avec impatience. Il vient de Montauban.
RAYMOND. Encore une consultation.
BERNARDET. Et quand je lui ai dit que vous ne rentreriez peut-être que pour dîner, il a dit : « J'attendrai. »
RAYMOND. Il attendra donc jusqu'à ce soir : car je dîne chez le préfet, et d'ici là, tout mon temps est employé, des visites essentielles, des malades à l'extrémité.

Air de *Partie carrée*.
Avec ceux-là, j'agis en conscience ;
Je les visite autant que ça leur plaît :
Car du malade endormant la souffrance,
Notre présence est un dernier bienfait.
Oui, le docteur, par sa douce parole,
Lui rend l'espoir aux portes du trépas ;
Et c'est le moins qu'un médecin console
Ceux qu'il ne guérit pas.

CÉLINE. Vous ne pouvez cependant pas refuser un pauvre jeune homme qui, pour vous consulter, vient de trente lieues d'ici.
BERNARDET. En poste.
RAYMOND. Ah! il est en poste!
BERNARDET. Une calèche et trois chevaux qui étaient encore à la porte, tout attelés.
RAYMOND. Voilà qui est différent. Cela me gênera beaucoup; mais n'importe, il faudra voir ce que c'est.
CÉLINE. La calèche et les trois chevaux font donc quelque chose à la maladie?
RAYMOND. Sans doute ; cela prouve que c'est une maladie pressée, puisqu'elle prend la poste. Aujourd'hui, à cinq heures, je rentrerai chez moi exprès pour cela... (*Tâtant le pouls à madame de Lormoy.*) Allons, il y a du mieux; néanmoins le pouls est un peu agité; je trouve encore de l'émotion; c'est qu'on vous aura parlé de votre fils.
MADAME DE LORMOY. C'est vrai; cela me fait tant de plaisir!
RAYMOND. Cela vous fait aussi beaucoup de mal.

MADAME DE LORMOY.
AIR : *Muse des bois*.
Vous ignorez combien une grand'mère
Garde d'amour pour ses petits-enfants ;
Rêve dernier, espérance dernière,
Qui dans l'hiver nous ramène au printemps.
Vieille, on revit dans le fils qu'on adore,
Et l'on se dit, par un espoir confus :

Grâce à son âge, il peut m'aimer encore
Longtemps après que je ne serai plus.
(*Après ce couplet, Bernardet passe entre Céline et madame de Lormoy.*)

RAYMOND. Songez donc que vous êtes à peine convalescente d'une maladie terrible, qui a demandé tous mes soins. Encore, j'ai eu bien peur, et vous aussi, convenez-en.
MADAME DE LORMOY. Peur de mourir ! oh! non; mais j'avais peur de ne pas voir mon fils.
RAYMOND. Ah ! mon Dieu, il reviendra ; il reviendra ce cher enfant que j'aime autant que vous ; car c'est moi qui l'ai vu naître, et qui l'ai vacciné ; et de plus, je l'ai soigné dans ses dernières blessures. Il reviendra, c'est moi qui vous en réponds, et vous serez bien surprise, un beau matin, quand je vous l'amènerai.
MADAME DE LORMOY. Surprise ! non, car je l'attends toujours. Tous les jours en me levant, je me dis : « C'est aujourd'hui que je vais voir mon fils » (*A Céline.*) Tu me demandais ce matin, pourquoi je voulais me faire aussi belle? c'était pour lui.
RAYMOND. Allons, allons, voilà que nous recommençons. Je défends qu'on en parle davantage. Vous devez fuir les émotions; vous avez surtout besoin de calme et de repos. Si vous n'êtes pas raisonnable...
CÉLINE ET BERNARDET. Au fait, maman, il faut être raisonnable.
MADAME DE LORMOY. Ne me grondez pas. Je vais rentrer dans mon appartement; je n'y recevrai personne, je n'entendrai parler de rien.
RAYMOND. A la bonne heure.

BERNARDET, *donnant le bras à madame de Lormoy*.
AIR du ballet de *Cendrillon*.
Ah! permettez que je guide vos pas,
C'est à moi, ma belle grand'mère,
A m'acquitter de ce doux ministère,
Et comme gendre, ici, j'offre mon bras.
J'estime fort la vieillesse, et par goût
Je la fréquente et je l'honore ;
Il faut soigner nos grands parents,
(*A part.*)
surtout
Quand ils ne le sont pas encore.
(*Cécile passe à la gauche de madame de Lormoy, et lui donne aussi le bras.*)
ENSEMBLE.
BERNARDET.
Ah! permettez que je guide vos pas, etc.
MADAME DE LORMOY.
Soyez mon guide et soutenez mes pas,
Votre appui m'est bien nécessaire ;
Un jour viendra, qui n'est pas loin, j'espère,
Où mon Léon pourra m'offrir son bras.
CÉLINE, RAYMOND, LA BARONNE.
Avec prudence il va guider vos pas,
Son appui vous est nécessaire ;
Gendre futur, à sa bonne grand'mère,
Avec plaisir Monsieur offre son bras.
(*Madame de Lormoy, s'appuyant sur le bras de Bernardet, rentre dans son appartement; Céline l'accompagne.*)

SCÈNE III.

CÉLINE, RAYMOND, LA BARONNE.

RAYMOND, *retenant Céline, qui s'apprête à suivre madame de Lormoy*. Vous avez grand tort, ma chère enfant, de lui parler de votre frère. Il faut, en pareil cas, une prudence, des ménagements dont nous seuls possédons le secret : car il est malheureusement trop certain que ce pauvre Léon n'existe plus.

LA BARONNE, *chancelant.* C'est fait de moi !

RAYMOND. Eh bien ! qu'est-ce donc ?

CÉLINE, *à Raymond.* Qu'avez-vous fait !.. (*A la baronne.*) Sophie, Sophie, ce n'est pas vrai.

RAYMOND. Certainement, ce n'est pas vrai. Moi, qui n'y pensais pas... devant sa cousine !.. Dans cette maison-ci, on ne devrait jamais parler... Pardon, madame la baronne, je ne sais ce que je dis ; ce sont des craintes, mais sans aucune espèce de preuves.

LA BARONNE. Vraiment ?

RAYMOND. Et puis, nous autres docteurs, nous nous trompons si souvent. J'ai eu plus de cent malades que j'ai crus morts, que j'ai abandonnés, et qui se portent à merveille, et *vice versâ*.

LA BARONNE. Ah ! vos craintes ne sont que trop réelles. Sa dernière lettre était datée de Moscou, et depuis, n'avoir trouvé aucun moyen d'écrire à sa famille, à celle qu'il aimait !

RAYMOND. Est-ce que c'était possible ? Toutes les communications n'étaient-elles pas interceptées ? Les Hulans, les Baskirs, les Cosaques, c'est la mort aux estafettes.

LA BARONNE. Oui, c'est possible. Je vous crois, docteur ; mais c'est égal, vous m'avez fait un mal...

RAYMOND. C'est ma faute, et je m'en accuse. C'est le résultat de cette maudite conversation. Ainsi jugez de l'effet sur votre mère.

CÉLINE, *avec inquiétude.* Vous la trouvez donc bien malade ?

RAYMOND. Pas précisément : mais elle est bien faible, hors d'état de résister à une secousse un peu forte. La moindre émotion peut compromettre sa santé, et même son existence.

CÉLINE, *effrayée.* Grand Dieu !

RAYMOND. Ne vous alarmez point. Il est facile, avec des soins, des précautions... mais pour cela, il faut m'écouter toutes les deux. (*A la baronne.*) Vous, d'abord, faites-moi le plaisir de retourner chez vous ; car, dans ce moment, cette maison-ci ne vous vaut rien. Il faut prendre l'air, vous tranquilliser.

LA BARONNE. Je n'ai demandé ma voiture que dans quelques heures.

RAYMOND. La mienne est en bas à vos ordres.

LA BARONNE. Et vos visites ? et ce jeune homme de Montauban qui est chez vous ?

RAYMOND. Je le verrai tantôt en rentrant. Pour mes autres visites, en attendant que vous me renvoyiez ma voiture, j'en ferai quelques-unes à pied, dans le quartier, à des clients près de qui ma réputation est faite, et avec ceux-là, je ne suis pas obligé d'avoir équipage. (*A Céline.*) Vous, retournez près de votre mère ; je l'ai trouvée très-émue, très-agitée. Je vais m'occuper de lui faire le mal. Ce sera l'objet d'une ordonnance que je vais écrire pour madame de Lormoy, (*A la baronne.*) et qui vous conviendrait aussi. Je vais prescrire quelques gouttes de mon élixir. (*Il s'assied près de la table, et écrit.*)

AIR de *Renaud de Montauban.*

Élixir anti-lacrymal,
Que j'ai composé pour l'usage
Des dames qui se trouvent mal ;
De tout Paris il obtient le suffrage...
Au théâtre il a du succès...

CÉLINE.

Oui, j'entends... pour les tragédies.

RAYMOND.

Non vraiment, pour les comédies
Qu'on donne à présent aux Français.

CÉLINE ET LA BARONNE, *en s'en allant.* Adieu ! adieu ! monsieur le docteur. (*La baronne sort par le fond. Céline entre dans la chambre de madame de Lormoy.*)

SCÈNE IV.

RAYMOND, *assis près de la table, ensuite* THÉOBALD.

RAYMOND, *continuant d'écrire.* Dépêchons-nous de rédiger notre formule, de continuer mes visites. Ce jeune homme de Montauban, qui peut-il être ? le fils du préfet...

THÉOBALD, *entrant par le fond, à part et sans voir Raymond.* Me voici donc arrivé chez madame de Lormoy ; j'ai cru que je n'aurais jamais le courage de monter jusqu'ici ; la mission que j'ai à remplir est si pénible !

RAYMOND, *apercevant Théobald, mais continuant d'écrire.* Un jeune homme, un inconnu !

THÉOBALD, *voyant Raymond.* Monsieur...

RAYMOND, *à part.* C'est à moi qu'il en veut. Peut-être une consultation, peut-être mon jeune homme de Montauban, qui s'est lassé d'attendre. (*Se levant et allant vers Théobald.*) Monsieur, qu'est-ce qu'il y a pour votre service ?

THÉOBALD. Je désirerais parler à madame de Lormoy.

RAYMOND, *à part.* Je me trompais, ce n'est pas un malade. (*Haut.*) Monsieur, elle n'est point en état de vous recevoir.

THÉOBALD. Vous croyez ?

RAYMOND. Je dois le savoir, je suis son médecin.

THÉOBALD. Tant mieux. Je puis alors vous dire...

RAYMOND. Je vous demande bien pardon ; mais j'ai des malades qui m'attendent, et qui peut-être ne m'attendraient pas, si je restais plus longtemps. Je vais entrer chez madame de Lormoy, et vous envoyer sa fille, ou faire prévenir son gendre.

THÉOBALD, *avec étonnement.* Son gendre ! Est-ce que mademoiselle Céline serait mariée ?

RAYMOND. Pas encore ; mais ça ne tardera pas. Tout est convenu, réglé. Il ne s'agit plus que de remplir les formalités ordinaires : et alors... vous comprenez.

THÉOBALD, *avec embarras.* Parfaitement.

RAYMOND, *à part.* Ce jeune homme m'a bien l'air d'un soupirant retardataire.

AIR du vaudeville de *Partie et Revanche.*

Il avait compté sans son hôte,
Oubliant le prix des instants,
Pourquoi vient-il aussi tard ?... c'est sa faute...
Pour les docteurs, les époux, les amants,
Le tout est d'arriver à temps.
Aussi, de crainte de disgrâce,
Soyez à l'heure, amants, docteurs, époux...
Sinon, docteurs, sans vous on passe,
Sinon, maris, l'on se passe de vous.

(*Pendant le couplet de Raymond, Théobald s'est assis et paraît préoccupé ; le docteur le salue, et s'apercevant qu'il ne fait pas attention à lui, il entre chez madame de Lormoy.*)

SCÈNE V.

THÉOBALD, *seul.* Infortuné Léon ! mon digne et malheureux frère d'armes ! Comment m'acquitter du triste devoir que ton amitié m'a légué ? Quelle émotion j'éprouve en entrant dans cette maison, au sein de cette famille que jamais je n'ai vue et que je connais si bien ! Ce médecin, ce doit être M. Raymond. Cette jeune dame, qui montait en voiture, au moment où je rentrais, ce doit être Sophie, cette veuve, cette cousine qu'il adorait. Pauvre femme !.. Et Céline ! et sa jeune sœur, dont nous parlions sans cesse, dont chaque jour nous relisions les lettres, dont nous aimions à contempler les traits si séduisants ; celle, enfin, qu'il me destinait, et que déjà je m'étais habitué à chérir. Elle est engagée, unie à un autre ! Le moment qui nous rapproche est celui d'une séparation éternelle. Amour, amitié, espérance ! en te perdant, Léon, j'ai tout perdu. *(Regardant autour de lui.)* On ne vient point ; tant mieux. Ce moment sera si affreux ! Ces parents, cette famille désolée, comment leur dire ?.. Le pourrais-je jamais ! Si du moins quelques mots de ma main les préparaient à cette funeste nouvelle ? Oui, écrivons. *(Se mettant à la table, et écrivant.)*

« MADAME,
« Mon nom est Théobald. Compagnon de Léon,
« votre fils, nous servions dans le même régiment, et
« l'amitié la plus tendre nous a toujours unis. Parta-
« geant les mêmes périls, et prisonniers ensemble lors
« de la retraite de Moscou, nous fûmes conduits dans
« le gouvernement de Tobolsk, et enfermés dans la
« forteresse de *Tioumen*, au bord de la Tura. Après
« cinq mois de la plus horrible captivité, un moyen
« d'évasion nous fut offert ; mais un de nous deux pou-
« vait seul en profiter. Dans sa généreuse amitié, Léon
« voulait que ce fût moi. Mais il avait une famille qui
« le pleurait en France. Moi, j'étais orphelin, ce fut
« lui qui partit. » *(Il cesse d'écrire.)* Ah ! je me rappelle encore ses derniers mots : « Si je succombe dans ma fuite, me disait-il ; si, plus heureux que moi, tu revois la France, va porter à ma pauvre grand'mère et à ma sœur *(Fouillant dans sa poche.)* ce portrait qu'elles m'avaient envoyé, ces lettres, mes derniers adieux. Tâche d'en adoucir l'amertume. Ménage surtout le cœur d'une mère. Remplace-moi auprès de la mienne. Deviens son appui, celui de ma sœur. » *(Posant sur la table le portrait et les lettres, et reprenant la plume.)* Ah ! comment achever ? comment lui dire le reste ? *(Il se lève.)* Des fenêtres de ma prison, j'ai vu les soldats du fort tirer sur cette nacelle qui portait mon malheureux ami. Atteint du plomb mortel, je l'ai vu, tout sanglant, tomber et disparaître dans ce fleuve rapide. Ah ! non, ne leur offrons point une pareille image.

AIR de *Lantara*.
Pour leur cœur elle est trop terrible :
Différons ce coup redouté ;
Par degrés, le plus tard possible,
Apprenons-leur la vérité,
Apprenons-leur la triste vérité.
Oui, dans le doute où les tient son absence,
D'un songe heureux éprouvant les bienfaits,
Ils dorment tous bercés par l'espérance,
Ah ! puissent-ils ne s'éveiller jamais !
(Il prend sa lettre qu'il plie et qu'il tient à la main au moment où Bernardet entre.)

SCÈNE VI.
THÉOBALD, BERNARDET.

BERNARDET, *entrant par le fond, et parlant à un domestique.* Un monsieur, dis-tu, qui désire me parler ?.. *(Voyant Théobald.)* C'est lui, sans doute.

THÉOBALD. Pardon, Monsieur, j'avais demandé à voir madame de Lormoy.
BERNARDET. Ma belle-mère ?
THÉOBALD, *à part.* Sa belle-mère ! C'est donc lui ?
BERNARDET. Impossible, dans ce moment elle ne reçoit pas.
THÉOBALD. C'est ce qu'on m'a dit. Mais je voudrais seulement lui faire parvenir cette lettre que j'ai à peine achevée.
BERNARDET. Une lettre... permettez... S'il s'agit d'affaires, nous ne pouvons pas prendre sur nous. Le docteur l'a défendu. Elle est si faible en ce moment, que la moindre émotion pénible lui ferait un mal affreux.
THÉOBALD, *avec intérêt.* Vraiment !
BERNARDET. Le moral est si affecté depuis l'éloignement de son fils. Le docteur prétend même qu'une secousse violente, ce que nous appelons un contre-coup, une révolution, la tuerait net, comme un coup de foudre.
THÉOBALD. Que me dites-vous là ? Je n'insiste plus pour que vous lui remettiez cette lettre. Il vaut mieux attendre un autre moment, et lui parler moi-même. Ce que j'ai à lui confier demande tant de ménagements, tant de précautions ! Et croyez, Monsieur, que je ne voudrais pas...
BERNARDET. J'en suis persuadé. Mais dès qu'il s'agit de précautions adroites, en magistrat prudent, ne puis-je savoir ?..
THÉOBALD. Daignez lui apprendre seulement qu'un officier qui arrive de Russie lui demande, plus tard, un moment d'entretien.
BERNARDET. Vous arrivez de Russie ! Vous avez vu Léon ; vous apportez de ses nouvelles ?
THÉOBALD. Pas un mot de plus, je vous en prie.
BERNARDET. C'est différent. Elle sera trop heureuse de vous voir. *(On entend une sonnette dans l'appartement de madame de Lormoy.)* Je crois l'entendre. Entrez là un moment ; *(Lui montrant le cabinet à gauche de l'acteur.)* seulement le temps de la prévenir.
THÉOBALD, *entrant dans le cabinet.* Oui, Monsieur, oui, j'attendrai... Pauvre famille !

SCÈNE VII.

BERNARDET, *seul, le regardant.* Il y a du mystère... il y en a... Et pour nous autres qui avons l'habitude d'en trouver partout... *(Il s'approche de la table.)* Moi, d'abord, il ne me faut qu'un rien, un indice... Et ce jeune homme, cet air ému... *(Il aperçoit le portrait et le paquet de lettres que Théobald a laissés sur la table.)* Quel est ce portrait ?.. celui de mademoiselle Céline... *(Regardant les lettres.)* L'écriture de ma prétendue... celle de ma belle-mère... *(Il en prend une, dont il lit l'adresse.)* « A M. Léon, capitaine au 6e de hussards, « quartier-général de la grande armée. » C'est lui, c'est mon beau-frère c'est M. Léon.

SCÈNE VIII.
CÉLINE, MADAME DE LORMOY, BERNARDET, ensuite THÉOBALD.

MADAME DE LORMOY, *qui est entrée avec Céline, sur les derniers mots de Bernardet.* Mon fils ! qui a parlé de mon fils ?.. C'est vous, Bernardet ?

BERNARDET. Oui, belle-mère; oui, c'est moi qui, grâce au ciel, espère bientôt être votre gendre.
MADAME DE LORMOY. Que dites-vous?
BERNARDET. Je dis que, si vous voulez être bien raisonnable, on a peut-être de bonnes nouvelles à vous apprendre.
MADAME DE LORMOY ET CÉLINE. Il serait possible?
BERNARDET. Mais pour cela, il faut me promettre de ne pas avoir d'émotion.
MADAME DE LORMOY. Je n'en ai pas, je n'en ai pas, je vous le jure... Le bonheur ne me fait pas de mal; au contraire.
BERNARDET, *leur montrant le portrait et les lettres.* Eh bien, connaissez-vous ce portrait, ces lettres?
CÉLINE. Celles que j'écrivais à mon frère.
MADAME DE LORMOY. A mon fils...

BERNARDET.
Air des *Deux Journées*.
Et que diriez-vous maintenant,
Si je pouvais... ce cher enfant,
A vos regards le faire ici paraître?
MADAME DE LORMOY.
Que dites-vous?
CÉLINE.
Où peut-il être?
MADAME DE LORMOY.
Je le verrais... ne me trompez-vous pas?
BERNARDET.
Qui, moi?
MADAME DE LORMOY.
Ne me trompez-vous pas?
Je verrais mon fils dans mes bras!
CÉLINE.
Mon frère serait dans nos bras!
Ah! Dieu! ne me trompez-vous pas?
BERNARDET, *se tournant du côté du cabinet.*
Venez, venez donc dans leurs bras,
Léon, venez donc dans leurs bras

(*Madame de Lormoy et Céline entrent dans le cabinet, et en sortent un instant après avec Théobald qu'elles pressent dans leurs bras.*)

MADAME DE LORMOY, CÉLINE, BERNARDET.
O céleste Providence!
Que je bénis tes bienfaits!
Plus de crainte, plus de regrets!..
O ciel! que je bénis tes bienfaits!..
THÉOBALD.
O ciel! quel embarras!..
Comment les détromper, hélas!

MADAME DE LORMOY. C'est toi, c'est bien toi. Le ciel a exaucé ma prière. Je ne mourrai donc pas sans t'avoir vu.
BERNARDET. Et à qui le devez-vous? C'est à moi.
THÉOBALD. Je crains... je tremble... qu'une telle surprise...
MADAME DE LORMOY. Non, je le disais tout à l'heure; et je l'éprouve maintenant, la joie ne fait pas de mal, c'est le chagrin, c'est la douleur qui vous tue.
THÉOBALD, *à part.* Grand Dieu!
CÉLINE. Pauvre frère! Sa main tremble dans la mienne.
THÉOBALD. Je suis confus de tant de bontés.
CÉLINE. Oh! tu en verras bien d'autres.

AIR : *Ces postillons.*
Après une si longue absence,
Il faudra bien t'y soumettre, entends-tu?
Car mon cœur s'est promis d'avance
De réparer le temps qu'il a perdu.
A cet égard il tiendra ses promesses;
Pendant quinze ans, loin de toi, je t'aimais...
Et je te dois pour quinze ans de caresses,
Avec les intérêts.
(*Elle passe auprès de sa mère, à droite.*)

THÉOBALD, *à part.* Si elle savait...
BERNARDET. Ah çà! il faut fêter le retour de Léon, donner un dîner de famille. Beaucoup de monde, de la joie, du bruit; ça distrait, ça occupe, ça empêche d'être trop heureux. Il vous faut cela.
MADAME DE LORMOY. C'est que je ne suis guère en état de donner des ordres.
BERNARDET. Comme beau-frère, je m'en charge. Je ne veux rien épargner. L'enfant prodigue est de retour ; il faut tuer le... Cela me regarde. Je me mettrai en quatre, s'il le faut.
THÉOBALD, *à part.* C'est cela! pour que la nouvelle se répande dans toute la ville. Comment faire? A qui me confier?.. Ah! le médecin que j'ai vu ici...
MADAME DE LORMOY. Qu'as-tu donc?
THÉOBALD, *troublé.* Rien... Mais votre ancien ami... le docteur Raymond...
CÉLINE. Qui ce matin encore nous parlait de toi?
THÉOBALD. Je désirerais le voir pour une importante affaire dont on m'a chargé, et qui ne souffre point de retard.
MADAME DE LORMOY. Demain, il viendra à son heure ordinaire, l'heure de sa visite.
THÉOBALD. Oui, mais auparavant, je voudrais qu'il eût cette lettre, à laquelle je vais ajouter quelques mots. (*Il va s'asseoir à la table, et écrit.*)
CÉLINE. N'est-ce que cela? sois tranquille, il la recevra aujourd'hui à cinq heures, car il nous a dit qu'il rentrerait à cette heure-là. (*A Bernardet.*) Vous vous rappelez bien?
BERNARDET. Oui, vraiment; et, pour plus de sûreté, je me charge de la faire remettre chez lui.
MADAME DE LORMOY. Et en même temps. (*Prenant Bernardet à part, à gauche du théâtre, pendant que Théobald écrit à la table à droite.*) passez chez ma nièce, chez cette pauvre baronne. Dites lui que j'ai besoin d'elle; qu'elle vienne... Mais je vous en supplie, pas un mot sur Léon. Ne lui parlez pas du bonheur qui l'attend. Je veux jouir de sa surprise.
BERNARDET. Vous avez raison, ce sera charmant!
MADAME DE LORMOY. Et mon fils, qui doit la croire à Paris! qui ne sait pas qu'elle nous a suivis! Je pourrai lui rendre le bonheur qu'il vient de me causer.
BERNARDET, *à demi-voix.* Soyez tranquille, c'est dit...
(*Haut.*) M. Léon a fini ses dépêches.

AIR de la valse de *Robin des Bois.*
Je vais porter la lettre à son adresse...
(*Bas, à madame de Lormoy.*)
Puis, m'acquittant d'un emploi délicat,
Sans lui rien dire avertir votre nièce :
On est discret quand on est magistrat.
Puis, reprenant ma course diligente,
Pour le repas je vais tout ordonner ;
Car la justice, hélas! qu'on dit si lente,
Ne l'est jamais alors qu'il faut dîner.
(*Théobald lui donne la lettre.*)
ENSEMBLE.
Je vais porter la lettre à son adresse, etc.
MADAME DE LORMOY.
Allez porter la lettre à son adresse,
Puis, remplissant un devoir délicat,
De notre part, avertissez ma nièce ;
Soyez discret .. vous êtes magistrat.
CÉLINE.
Il va porter la lettre à son adresse ;
Il était temps vraiment qu'il s'en allât;

Il me gênait... Pour Léon ma tendresse
Craint d'éclater devant un magistrat.
THÉOBALD.
Oui, le docteur, qui connaît sa faiblesse,
Peut seul, hélas! éviter un éclat,
Et sans danger, détrompant leur tendresse,
Pour moi remplir un devoir délicat.

(*Bernardet sort.*)

SCÈNE IX.
THÉOBALD, MADAME DE LORMOY, CÉLINE.

MADAME DE LORMOY. Il nous laisse : je n'en suis pas fâchée. Je suis avare de ta vue, et j'avais besoin d'en jouir seule.

CÉLINE, *souriant*. Avec moi, cependant, car j'en veux aussi... (*Elle passe à la droite de Théobald.*) Allons, mon frère, place-toi entre nous deux. Il faut absolument que tu te partages.

THÉOBALD, *à part*. Je suis au supplice!

MADAME DE LORMOY. Tu nous raconteras tout ce que tu as fait, tout ce que tu as souffert.

CÉLINE. Nous avons tant de choses à lui demander, et tant de choses à lui dire, moi, surtout. Si tu savais combien de fois je t'ai désiré; je me disais : « Si mon frère était près de moi, ce serait un confident, un ami, je n'aurais plus de chagrins! »

MADAME DE LORMOY. Comment?

CÉLINE. Je sais bien, maman, que vous êtes là : mais ce n'est pas la même chose. On a toujours, au fond du cœur, des idées, des secrets, qu'on n'ose dire à personne qu'à soi-même, ou à son frère. Aussi, que de confidences je te gardais, à commencer par ce mariage!

THÉOBALD. Ce mariage!..

MADAME DE LORMOY. Est-ce que, par hasard?..

CÉLINE. Non, maman, non; ce n'est rien. Je dirai cela à mon frère, en secret, et puis il te le dira de même.

MADAME DE LORMOY, *souriant*. Tu as raison; c'est bien différent. Mes enfants, je me sens un peu fatiguée.

THÉOBALD, *qui a été chercher un fauteuil*. De grâce, reposez-vous.

MADAME DE LORMOY. Merci, mon fils. Mais ne me quittez pas. Asseyez-vous auprès de moi. Léon, donne-moi ta main. (*Théobald s'assied auprès de madame de Lormoy, à sa gauche.*) Me voilà tranquille, tu ne m'échapperas pas.

CÉLINE, *qui est debout à la droite de madame de Lormoy*. Oh! il n'a plus envie de nous quitter. (*A Théobald.*) N'est-ce pas?

THÉOBALD, *regardant tendrement Céline*. Non; c'est impossible une fois que l'on vous a vue.

CÉLINE. Ne voilà-t-il pas qu'il fait le galant! C'est beau dans un frère, parce qu'on dit que c'est rare... Mais regardez donc, maman, comme il est bien! Ce n'est pas pour lui faire un compliment, mais il est bien mieux encore que je ne le croyais.

MADAME DE LORMOY. Vraiment!

CÉLINE. Oui; je m'étais imaginé un frère, un bon enfant, qui me sauterait au cou, et m'embrasserait sans faire attention à moi, tandis que Léon a quelque chose de si aimable, de si expressif... Rien qu'à la manière dont il me regarde... (*Théobald, qui la regardait, détourne la tête.*) Il ne faut pas que cela t'empêche. Il y a dans ses yeux je ne sais quoi de tendre et de mélancolique qui va là... Ah! que c'est gentil, un frère!

MADAME DE LORMOY, *qui a commencé à fermer les yeux, s'étendant sur son fauteuil*. Allons, cause un peu avec ta sœur... Que je ne vous gêne pas.

CÉLINE. Merci, maman, nous allons user de la permission.

MADAME DE LORMOY, *s'endormant*. Il est si doux de pouvoir ouvrir son cœur, et de...

CÉLINE, *à Théobald*.
AIR : *Garde à vous* (de la FIANCÉE).

Taisons-nous. (*bis.*)
Je crois qu'elle sommeille :
Que rien ne la réveille;
De son repos jaloux,
Taisons-nous. (*ter.*)
J'en suis sûre d'avance,
C'est à toi qu'elle pense :
Que son sommeil est doux!
Pas de bruit... taisons-nous.

ENSEMBLE.
THÉOBALD.
Oui, faisons, faisons silence :
Serait-ce à moi qu'elle pense?
Taisons-nous.
Que son sommeil est doux!
Taisons-nous.

CÉLINE.
Taisons-nous,
Taisons-nous,
Taisons-nous.

DEUXIÈME COUPLET.
THÉOBALD, *se levant, et à part*.
Taisons-nous. (*bis.*)
Comment près de sa mère
Eclaircir le mystère
Qui les abuse tous?
Taisons-nous. (*ter.*)
Oui, l'amour, la prudence,
M'obligent au silence :
Pour leur bonheur à tous,
Il le faut, taisons-nous.

ENSEMBLE.
THÉOBALD.
L'amour, la prudence,
Nous obligent au silence;
Taisons-nous.
Pour leur bonheur à tous,
Taisons-nous.
(*Il se rassied.*)

CÉLINE.
Taisons-nous,
Taisons-nous,
Taisons-nous,

CÉLINE, *se rapprochant de Théobald. Ils sont assis sur le devant de la scène; madame de Lormoy, endormie, se trouve presque cachée par eux*. Tu sauras donc que ce grand secret dont je veux te parler...

THÉOBALD, *à part*. Je ne sais si je dois...

CÉLINE. Tu me gronderas peut-être; mais c'est égal... Tu as vu ce M. Bernardet, qu'on me destine...

THÉOBALD. Eh bien!

CÉLINE. Maman est si faible et si souffrante, que je n'ai jamais osé lui donner la moindre contrariété. Mais la vérité est que ce prétendu-là, je ne l'aime pas du tout.

THÉOBALD, *avec joie*. Vraiment!

CÉLINE. Cela ne te fâche pas... J'ai tâché d'abord,... je me suis donné un mal... Quand j'ai vu que je ne pouvais pas y parvenir, je me suis raisonné; je me suis dit : « Je ferai comme tant d'autres, je l'épouserai sans l'aimer. » Et cela me coûtait beaucoup; car tu sauras... mais tu n'en diras rien, au moins... (*Elle se lève, passe derrière le fauteuil de madame de Lormoy,*

va auprès de Théobald, et tous deux s'avancent sur le devant du théâtre, à la gauche de madame de Lormoy.) Je crois... j'ai idée... que peut-être j'en aime un autre.
THÉOBALD, après avoir fait un mouvement de dépit. O ciel !.. Et quel est celui que vous préférez ?
CÉLINE, d'un ton mystérieux. Un inconnu.
THÉOBALD. Un inconnu !
CÉLINE. Ah ! mon Dieu, oui. Et cela ne doit pas t'étonner. Nous autres demoiselles, avant que le prétendu qu'on nous destine se présente, nous nous en créons un à notre manière. C'est toujours un beau jeune homme, bien fait, tendre, spirituel ; presque toujours un militaire, brun ou blond ; cela dépend. J'en étais à choisir la couleur, lorsque nous avons reçu ta première lettre. Tu nous y parlais d'un de tes compagnons d'armes : celui qui t'avait sauvé la vie à Smolensk ; un modèle accompli de bravoure, d'esprit et de grâce. La peinture que tu nous en traçais était si séduisante !..

AIR : *Et voilà tout ce que j'en sais* (de LÉOCADIE.)
Cédant à la reconnaissance,
Je l'ai d'abord aimé pour toi ;
Puis, grâce à ta correspondance,
Je l'ai bientôt aimé pour moi... (*bis*.)
Maintenant, quelle différence !
THÉOBALD.
O ciel !
CÉLINE.
Quand je pense aujourd'hui
A son mérite, à sa vaillance,
Je crains bien de l'aimer pour lui.
A son mérite quand je pense,
Je crains bien de l'aimer pour lui.

Voyons, Léon, parle-moi franchement : est-il aussi bien, aussi aimable que tu me l'as dit ?
THÉOBALD. Mais...
CÉLINE. Vous hésitez, Monsieur ; c'est un mauvais signe.
THÉOBALD, *troublé*. Malheureusement pour lui, cela dépend peut-être de l'idée que vous vous en faites... Comment voudriez-vous qu'il fût ?
CÉLINE, *tendrement*. Comme toi.
THÉOBALD, *vivement*. Serait-il vrai ?
CÉLINE, *passant à la droite de madame de Lormoy, tandis que Théobald reste toujours à la gauche, en reprenant sa place sur la chaise*. Tais-toi, elle va se réveiller.
MADAME DE LORMOY, *endormie*. Mon fils ! mon fils !
CÉLINE, *qui a repris sa place auprès de sa mère*. Non, elle rêve. Elle est toujours avec toi. Elle est si heureuse avec son fils !
THÉOBALD, *à part*. Ah ! ce bonheur n'est qu'un songe !
CÉLINE. Qu'est-ce que tu dis ?.. A quoi penses-tu ?.. (*Elle se lève, et passe à la gauche de Théobald, qui est toujours assis.*) Au lieu de me regarder, tu détournes la tête. Tu te parles tout seul, au lieu de me dire des choses agréables.
THÉOBALD. Si vous saviez la contrainte que j'éprouve.
CÉLINE. C'est ta faute. Pourquoi cette contrainte ?.. Fais comme moi. Je n'aime pas à aimer seule ; et, pour commencer, j'exige que tu me tutoies.
THÉOBALD. Comment, vous voulez ?..
CÉLINE. Absolument. Sans cela, je me fâche, et je ne réponds pas.
THÉOBALD. Eh bien ! j'obéirai, Céline. Mais souvenez-vous... (*Céline lui tourne le dos.*) Souviens-toi...
CÉLINE. A la bonne heure ! j'aime qu'on soit docile. Cela mérite une récompense : (*L'embrassant.*) la voici... En vérité, je crois que tu t'éloignes ? Ne dirait-on pas que je t'effraye ?
THÉOBALD, *à part*. Je n'y tiens plus. Il faut tout lui avouer... (*Haut.*) Céline... (*Il se lève.*)
CÉLINE. Quoi ?
THÉOBALD. Je voudrais te parler.
CÉLINE. Parle.
THÉOBALD. Mais il ne faut pas que ta mère puisse m'entendre.
CÉLINE. Eh bien ! ce soir, quand tu l'auras embrassée, quand elle se sera retirée dans son appartement, viens dans le mien. C'est un bon moyen, nous serons seuls.
THÉOBALD. Non, cela ne se peut.
CÉLINE. Pourquoi donc ?.. (*Regardant madame de Lormoy.*) Eh bien ! elle dort : dis-moi tout de suite...
THÉOBALD. Je ne puis... je n'oserai jamais. Il y a de ce que j'ai de plus cher au monde.
CÉLINE. O ciel ! il s'agit de la baronne, de ma cousine qui t'aime tant... Est-ce que, par hasard, vous ne l'aimeriez plus ?
THÉOBALD. Que dis-tu ?
CÉLINE. Chut ! la voilà qui se réveille : mais je ne renonce pas à ton secret ; j'ai une envie de le connaître !... je viendrai te rejoindre ici, dès que je le pourrai.
THÉOBALD. J'attendrai.
MADAME DE LORMOY, *appelant d'une voix faible*. Léon !... (*Théobald et Céline prennent place à côté de madame de Lormoy, mais Théobald se trouve placé à sa droite, et Céline à sa gauche. Madame de Lormoy, en s'éveillant, porte ses yeux sur le fauteuil qu'occupait Théobald ; elle paraît surprise de ne pas le voir d'abord ; mais, en se retournant, elle l'aperçoit à sa droite, et lui prenant la main.*) Qu'il est doux de te retrouver là, au réveil, avec ta sœur... (*A Céline, qui est restée debout.*) Céline, est-ce que ton futur n'est pas rentré ?
CÉLINE, *avec indifférence*. Je ne sais. Il avait tant d'ordres à donner pour ce dîner, pour cette soirée !
MADAME DE LORMOY, *se levant*. C'est vrai, le retour de mon fils est un jour de fête, et nous allons avoir tous nos amis. Je ne puis les recevoir en négligé du matin... Ma fille, tu vas m'aider.

CÉLINE.
Air de la valse des *Comédiens*.
Quoi, vous parer ! quelle coquetterie !
Ma grand'maman, à quoi bon de tels soins ?
De vingt-cinq ans vous semblez rajeunie.
MADAME DE LORMOY.
C'est qu'à présent, j'ai des chagrins de moins.
De tous mes maux enfin voici le terme...
(*Faisant quelques pas vers Théobald, qui s'est un peu éloigné d'elle.*)
Et de longs jours me sont encor promis.
CÉLINE.
Oui, vous marchez déjà d'un pas plus ferme.
MADAME DE LORMOY, *montrant Théobald et Céline dont elle prend le bras*.
C'est qu'à présent j'ai là mes deux appuis.
ENSEMBLE.
A ma toilette, en ce jour, chère amie,
J'ai résolu de donner quelques soins ;
De vingt-cinq ans je me sens rajeunie ;
C'est qu'à présent j'ai des chagrins de moins.
CÉLINE.
Quoi ! vous parer... quelle coquetterie !
Ma grand'maman, à quoi bon de tels soins ?
De vingt-cinq ans vous semblez rajeunie,
Car vous avez tous vos chagrins de moins.

CÉLINE. Qu'entends-je! et qui donc êtes-vous? — Scène 13.

THÉOBALD.
De leur malheur quand j'ai l'âme remplie,
De leur transport mes yeux sont les témoins ;
Tu crois avoir, ô famille chérie !
Un fils de plus et des chagrins de moins.

(*Madame de Lormoy rentre dans son appartement, accompagnée de Céline qui, de la main, fait un signe à Théobald de rester là, et qu'elle va venir le retrouver.*)

SCÈNE X.

THÉOBALD, *seul*. Ah! je n'y peux plus tenir. En les abusant ainsi, en prolongeant leur erreur, n'est-ce pas devenir coupable? Oui, il y va de mon honneur, de mon repos. Chaque regard de Céline, chaque instant que je passe près d'elle augmente un amour que je voudrais en vain me cacher. Il faut détruire une illusion qui m'est bien chère. Hâtons-nous ; car bientôt je n'en aurais plus la force... On vient : n'est-ce pas le docteur?.. Non, c'est mon rival.

SCÈNE XI.

BERNARDET, THÉOBALD.

BERNARDET, *entrant par le fond*. J'espère que l'on sera content de l'ordonnance de la fête. J'ai invité, je crois, toute la ville.

THÉOBALD, *à part*. J'en étais sûr... (*Haut, à Bernardet.*) Je vous demande pardon de la peine que je vous donne.

BERNARDET. Laissez donc, entre beaux-frères... Quand je dis beaux-frères, c'est moi qui suis dans mon tort, parce qu'avant tout, les formalités d'usage. Dans la magistrature, nous sommes à cheval sur le cérémonial et l'étiquette. (*Il met ses gants.*)

THÉOBALD. Que faites-vous?

BERNARDET. Mon devoir... (*Gravement.*) Monsieur, mon nom est Bernardet. Ma famille s'est longtemps distinguée dans la robe. J'ai un peu de figure, de la fortune, de l'éloquence, une réputation qui s'augmente à chaque cour d'assises. Pour l'esprit, je n'en parle pas, parce qu'à présent tout le monde en a au Palais, jusqu'aux greffiers. D'après ces considérans, je conclus à ce que vous daigniez regarder comme bonnes et valables les promesses qu'on m'a déjà faites. Et c'est à vous, Monsieur, comme chef de la famille, que je viens demander officiellement la main de mademoiselle votre sœur.

THÉOBALD. A moi, Monsieur? à moi? (*A part.*) Quelle situation !

BERNARDET. C'est de vous que cela dépend maintenant. Votre grand'mère me l'a répété plus de vingt fois; et je ne doute point de votre consentement.

THÉOBALD. Mon consentement. C'est ce qui vous trompe.

BERNARDET. Comment! vous refusez?

THÉOBALD. Oui, Monsieur. Il est des motifs.

BERNARDET. Et quels sont-ils?

THÉOBALD. C'est que Céline... (*A part.*) Allons, je lui rendrai du moins ce service... (*Haut.*) C'est que Céline, c'est que ma sœur, tout en rendant justice à votre mérite, n'en est encore qu'à l'estime.

BERNARDET, *d'un ton suffisant.* Vous croyez? Eh bien! vous êtes dans l'erreur.

THÉOBALD, *vivement.* Que dites-vous?

BERNARDET. Que je suis sûr de mon fait... que je suis sûr d'être aimé. Sans cela, je serais le premier à refuser.

THÉOBALD, *avec joie.* Vraiment?

BERNARDET. Dans notre profession, il faut croire à l'amour de sa femme.

AIR de *Turenne.*
Pour parler avec éloquence,
Pour avoir la tête aux débats,
Il faut, pendant qu'on est à l'audience,
Etre sûr que sa femme, hélas !
De son côté n'en donne pas.
Oui, régner seul et sans partage,
Voilà les plans qu'en hymen j'ai conçus...
Moi, qui déjà suis dans les substituts,
Je n'en veux pas dans mon ménage.

THÉOBALD. Je comprends.

BERNARDET. Aussi, je vous répète que si mademoiselle Céline ne m'aime pas, je me mets moi-même hors de cause... Mais je l'entends, vous pouvez l'interpeller devant moi.

SCÈNE XII.

BERNARDET, CÉLINE, THÉOBALD.

CÉLINE. Mon frère, mon frère. Je suis parvenue à m'échapper, et j'arrive toujours courant. Aussi, sens mon cœur comme il bat! (*Théobald retire sa main.*) N'as-tu pas peur? . Et puis, tu ne sais pas une surprise que ma mère veut te faire? une chaîne de mes cheveux qu'elle a tressée elle-même, et qu'elle veut te donner. Ça te fera plaisir, n'est-ce pas?.. Eh bien! Monsieur, répondez donc... On dit : « Ma petite sœur, ah! que je te remercie; ça ne me quittera jamais... » Dieu! que c'est froid un frère! ça vous regarde à peine. Moi, je te dévore des yeux. Je t'embrasserais toute la journée; mais je me retiens, parce que je crains de te contrarier.

BERNARDET. Ah! si j'étais à sa place!..

CÉLINE, *regardant Bernardet.* Hein!.. quoi donc?

BERNARDET. Je dis... que, si j'étais à sa place... je me laisserais faire.

CÉLINE, *à Théobald.* Ah çà! je t'ai dit mon secret, tu vas me dire le tien; car je brûle d'impatience.

THÉOBALD, *bas, à Céline.* Nous ne sommes pas seuls.

CÉLINE, *regardant Bernardet.* C'est juste. (*Bas, à Théobald.*) Je vais t'en débarrasser. (*Haut, à Bernardet.*) Monsieur Bernardet...

BERNARDET, *d'un ton aimable et riant.* Mademoiselle, qu'est-ce qu'il y a pour votre service?

CÉLINE. Je voudrais causer avec mon frère.

BERNARDET. Eh bien! causons. Est-ce que je suis de trop, moi qui suis presque de la famille?

CÉLINE. C'est égal. (*D'un ton caressant.*) Vous qui êtes si complaisant, faites-nous le plaisir de... nous laisser. Vous voyez, j'agis sans façons.

BERNARDET, *s'inclinant.* Comment donc... (*Passant entre Céline et Théobald; bas, à Théobald.*) Vous l'entendez, cette douce familiarité! On n'en agit ainsi qu'avec ceux que l'on aime. Il n'y a que l'amitié qui ose vous dire: « Allez-vous-en. » Aussi je suis digne de la comprendre, et je m'en vais... (*A Céline.*) Enchanté, Mademoiselle, de pouvoir vous être agréable. (*Il sort.*)

SCÈNE XIII.

CÉLINE, THÉOBALD.

CÉLINE. Il est parti, tu peux parler... Eh bien ! tu hésites ?

THÉOBALD. Oui, sans doute : plus je vous vois, plus mon sort me semble digne d'envie. Et il est si cruel d'y renoncer !

CÉLINE. Y renoncer !..

THÉOBALD. Il le faut. Chaque instant rend cet aveu plus difficile et plus nécessaire. Et cependant, si je parle, je vais perdre tous mes droits à votre amitié.

CÉLINE. Moi? jamais !

THÉOBALD. Promettez-moi du moins de ne pas me haïr, de me pardonner, de vous rappeler que, dans tout ce qui est arrivé, rien n'a dépendu de moi. Que mon seul crime, le seul dont je sois coupable, et que je ne puis empêcher, c'est de vous aimer plus que moi-même.

CÉLINE, *le pressant dans ses bras, et d'un ton caressant.* Ce crime-là, je te le pardonne, et je t'en remercie, c'est tout ce que je désirais.

THÉOBALD. Vous ne parlerez pas ainsi, quand vous saurez que je... vous ai trompée.

CÉLINE. Toi, mon frère !

THÉOBALD. Et si je n'étais pas votre frère ?

CÉLINE, *s'éloignant de lui avec vivacité.* Qu'entends-je!.. Et qui donc êtes-vous ?

THÉOBALD. Son ami, son compagnon d'armes, ce Théobald...

CÉLINE. O ciel! venir sous son nom, surprendre nos secrets! remplir notre famille de joie, pour rendre ensuite notre douleur plus amère !

THÉOBALD. Une fatale méprise a causé tous mes torts; ils sont involontaires.

CÉLINE. Et comment le prouver? C'est affreux à vous, Monsieur, c'est indigne.

AIR de *Céline.*
User d'un pareil stratagème
Et moi qui, dans cet entretien,
N'ai pas craint de dire à lui-même...

THÉOBALD, *parlant.* Comment ?

CÉLINE, *se reprenant.*
Ce n'est pas vrai, n'en croyez rien.

THÉOBALD.
Je perds à la fois votre estime,
Et mes droits à votre... amitié ;
Car je vois qu'excepté mon crime,
Votre cœur a tout oublié.

Et si, pour vous justifier à tous les yeux, il ne faut que mon témoignage, je vais moi-même publier la vérité.

CÉLINE. Et ma mère! ma pauvre mère, à qui cette nouvelle imprévue peut donner le coup de la mort.

THÉOBALD. Il n'est que trop vrai.,. Attendons le docteur que j'ai prévenu, à qui j'ai tout écrit ; et jusqu'à son arrivée du moins ne trahissez pas ce mystère.

CÉLINE. Moi ! devenir votre complice! consentir à une pareille ruse! jamais. Et cependant, comment faire ? Si encore, je ne le savais pas.

THÉOBALD. Soumis à vos ordres, je suis prêt à vous obéir. Serai-je Léon, ou Théobald ? Parlez, que décidez-vous ?

CÉLINE. Je décide, Monsieur, je décide que je vous déteste, que je vous abhorre. (*Apercevant madame de Lormoy qui entre.*) Dieu ! ma mère!.. Eh bien ! Léon, tu disais donc...

THÉOBALD, *à demi-voix*. Vous le voulez ?

CÉLINE. Il le faut bien... A condition, Monsieur, que vous ne me parlerez pas, que vous ne m'approcherez pas. Je vous le défends sur l'honneur.

SCÈNE XIV.

LES PRÉCÉDENTS ; BERNARDET, MADAME DE LORMOY.

BERNARDET. Oui, belle-mère, on m'avait mis à la porte. J'ai été obligé de faire antichambre, et de me promener de long en large. Pour me distraire, j'ai composé un réquisitoire.

MADAME DE LORMOY, *à Théobald*. Me voilà prête ; et tandis que nous ne sommes encore que nous, je t'apporte un présent de ta sœur ; cette tresse de ses cheveux.

CÉLINE, *bas, à Théobald*. Refusez, Monsieur, refusez.

MADAME DE LORMOY. Tiens, Céline, c'est à toi de la lui donner. Place-la toi-même à son cou.

CÉLINE. Mais, ma mère...

MADAME DE LORMOY. Allons donc... toi qui t'en faisais une fête... (*A Théobald.*) Incline-toi devant elle. (*Théobald met un genou à terre.*)

CÉLINE, *bas, à Théobald, en lui passant la tresse de cheveux autour du cou*. Eh bien ! Monsieur, puisqu'il le faut...

BERNARDET. Le tableau est vraiment délicieux.

MADAME DE LORMOY, *à Théobald*. Comment ! tu ne la remercies pas ?

THÉOBALD, *avec hésitation*. Je ne sais comment exprimer ma reconnaissance.

MADAME DE LORMOY. Embrasse-la ; c'est bien le moins.

CÉLINE, *bas, à Théobald*. Je vous le défends.

THÉOBALD. Je n'ose pas.

MADAME DE LORMOY. Comment ! tu n'oses pas. (*A Bernardet, en riant.*) Il n'ose pas. (*Se tournant du côté de Théobald qu'elle encourage à embrasser Céline.*) Allons...

CÉLINE, *à Théobald, sans le regarder*. Allons donc, Monsieur, maman vous regarde. (*Théobald l'embrasse.*)

MADAME DE LORMOY. C'est fort heureux!.. (*Prêtant l'oreille.*) Qu'entends-je ! une voiture qui entre dans la cour.

BERNARDET. C'est une autre surprise que nous lui ménagions. J'ai été avertir la jeune baronne, celle qu'il aimait, et la voilà.

THÉOBALD. O ciel !

CÉLINE, *bas*. Comment faire ?

THÉOBALD, *de même*. Ne peut-on pas la prévenir ? (*Il va pour sortir.*)

BERNARDET. Voyez-vous comme il est déjà troublé ? l'effet du sentiment!

MADAME DE LORMOY, *arrêtant Théobald qui était déjà à la porte*. Non, non, mon fils... Viens donc. (*Elle ramène Théobald, qui, en descendant la scène, se trouve à sa droite.*)

CÉLINE. Je cours au-devant d'elle.

MADAME DE LORMOY, *la retenant aussi*. Non, vraiment. Je veux être témoin de sa surprise. (*A Théobald.*) Tiens-toi là, à l'écart. (*A Bernardet.*) Cachez-le bien, qu'elle ne le voie pas d'abord. (*Elle fait placer Théobald à l'écart, à droite, de manière qu'il soit caché par Bernardet.*)

SCÈNE XV.

LES PRÉCÉDENTS, LA BARONNE.

LA BARONNE, *entrant vivement*. Ma tante, ma tante. Qu'ai-je appris ? Serait-il vrai ?..

MADAME DE LORMOY. Qu'a-t-elle donc ? Est-ce que malgré mes ordres, on l'aurait parlé ?

LA BARONNE. Non, je ne sais rien ; mais il est une nouvelle qui se répand dans la ville ; et puis M. Bernardet m'avait donné à entendre...

BERNARDET. Quelques mots au hasard, pour préparer la reconnaissance.

LA BARONNE. La reconnaissance. Que dites-vous ?

MADAME DE LORMOY. Eh ! oui, je ne veux pas plus longtemps te laisser dans l'incertitude, je ne veux plus différer ton bonheur. Celui que tu aimes, que tu dois épouser, mon fils, mon cher Léon nous est enfin rendu.

LA BARONNE. Ah ! je ne puis le croire encore. Que je le voie ; où est-il ?

MADAME DE LORMOY. Près de toi ; le voilà.

LA BARONNE. Lui... Ah !.. (*Prête à s'élancer dans les bras de Théobald, elle le regarde, pousse un cri et tombe sans connaissance dans un fauteuil.*)

MADAME DE LORMOY. Ah ! malheureux ! qu'avons-nous fait ?

BERNARDET. C'est l'excès de la joie.

THÉOBALD. Il faut se hâter de la secourir.

BERNARDET. Lui faire respirer des sels. Je dois avoir mon flacon. J'en ai toujours un sur moi, à l'usage des dames qui fréquentent la cour d'assises.

MADAME DE LORMOY. Céline, chez moi, cette potion que le docteur m'a donnée ce matin.

CÉLINE. Dans votre appartement ?

MADAME DE LORMOY. Non, là-haut.

CÉLINE. Oui, maman ; mais où ? je ne sais pas.

MADAME DE LORMOY. Non, non, tu ne la trouverais pas. C'est là-haut. J'y vais moi-même ; restez près d'elle. (*Elle rentre dans son appartement.*)

BERNARDET, *pendant qu'elle sort*. Belle-mère, belle-mère, c'est inutile ; je crois qu'elle revient ; oui, elle ouvre les yeux.

SCÈNE XVI.

THÉOBALD, BERNARDET, LA BARONNE, CÉLINE.

LA BARONNE, *revenant à elle.* Ah! Monsieur, quel mal vous m'avez fait! ce n'est pas lui.
BERNARDET. Que dites-vous?
LA BARONNE. Non, ce n'est pas Léon.
BERNARDET, *à Céline et élevant la voix.* Ce n'est pas votre frère?
CÉLINE. Silence!
BERNARDET, *passant entre la baronne et Céline.* Je ne me tairai point; car il y a là un mystère qui devient de ma compétence. On connaîtra ses projets téméraires.
THÉOBALD. Ah! Monsieur, je n'en avais point, je m'acquittais d'un devoir; vous ne m'avez pas donné le temps de m'expliquer. Votre imprudence et votre indiscrétion ont causé l'erreur de toute la famille.
BERNARDET. Et pourquoi ne pas la détruire sur-le-champ?
THÉOBALD. Le pouvais-je? le puis-je encore?
CÉLINE. Quand nous venons de voir par elle-même (*Montrant la baronne.*) ce qu'une pareille nouvelle ferait de mal à une mère.
BERNARDET. Trouvez alors quelques moyens de lui apprendre... vous-même à l'instant... ou je m'en charge.
LA BARONNE. Y pensez-vous?
BERNARDET. Oui, Madame, je ne laisserai pas plus longtemps, avec le titre et les priviléges de frère, auprès de mademoiselle Céline, qui connaissait la vérité...
CÉLINE, *avec indignation.* Quel indigne soupçon! Vous pouvez penser...
THÉOBALD. Monsieur! vous m'en ferez raison.
BERNARDET. Non; mais je vous ferai un procès en substitution de personnes.
LA BARONNE. Taisez-vous, c'est ma tante; je crois l'entendre.
BERNARDET, *remontant la scène.* Tant mieux.
CÉLINE, *l'arrêtant.* Monsieur, au nom du ciel! voulez-vous donc la tuer?
BERNARDET, *à voix basse et avec vivacité.* Non; mais je veux qu'elle sache la vérité; c'est à vous trois à la lui faire connaître; je vous donne dix minutes pour cela; sinon, c'est mon état de parler, et je parlerai.

SCÈNE XVII.

LES PRÉCÉDENTS; MADAME DE LORMOY, *qui pendant la fin de la scène précédente, est entrée lentement.*

MADAME DE LORMOY, *tenant un flacon.* Pardon de ne pouvoir aller plus vite à ton secours!.. Eh bien! eh bien! je vois avec plaisir que c'est inutile.
LA BARONNE. Oui, ma tante.
MADAME DE LORMOY, *posant le flacon sur la table.* Sa présence était le remède le plus sûr... Eh! mais, comme tu es encore émue! (*Regardant Théobald.*) Et lui aussi; (*Regardant de même Céline.*) jusqu'à Céline, tandis que moi... En vérité, mes enfants, je crois maintenant que c'est moi qui suis la plus forte de vous tous.
BERNARDET, *bas, à Céline.* Vous l'entendez, on peut parler.
CÉLINE, *passant auprès de madame de Lormoy.* Ma mère...
MADAME DE LORMOY. Que me veux-tu, mon enfant?
CÉLINE, *à part.* Si le docteur arrivait.
BERNARDET, *à madame de Lormoy.* Mademoiselle Céline avait quelque chose à vous apprendre.
CÉLINE. Moi, non; c'est ma cousine.
MADAME DE LORMOY. J'entends; quelque confidence qui regarde Léon.
LA BARONNE. Oui, ma tante. Oui, c'est cela même, et Monsieur (*Désignant Théobald.*) pourrait mieux que personne...
MADAME DE LORMOY. Eh bien! mon fils, parle. (*Théobald s'approche de madame de Lormoy, qui lui prend la main.*) Eh! mais ta main est froide et tremblante; tu détournes les yeux. (*Regardant tour à tour la baronne et Céline.*) Vous aussi!..

AIR : *Le Luth galant.*

D'où vient ici le trouble où je vous vois?
Vous gardez tous le silence... pourquoi?
Vous avez l'air contraint.. vos yeux semblent me plaindre;
Parlez, je vous écoute, et le puis sans rien craindre;
Le malheur désormais ne saurait plus m'atteindre,
  Mon fils est près de moi.

RAYMOND, *en dehors.* C'est bien, c'est bien; je les trouverai tous au salon.
TOUS, *avec joie.* C'est Raymond!
LA BARONNE. C'est le docteur!
CÉLINE. Dieu soit loué! (*Ils vont tous au-devant de lui.*)

SCÈNE XVIII.

LES PRÉCÉDENTS; RAYMOND.

MADAME DE LORMOY. Venez, docteur, venez, vous êtes de la famille, et, dans ce moment, vous la voyez un peu dans l'embarras.
RAYMOND, *souriant.* Je m'en doute.
MADAME DE LORMOY. Je ne sais pas ce qu'ils ont tous.
RAYMOND, *de même.* Eh bien! moi, je le sais; c'est quelque chose qu'ils voudraient vous dire, et ils ne savent comment s'y prendre.
MADAME DE LORMOY. Vraiment?
RAYMOND. Un pur enfantillage.
MADAME DE LORMOY. Ah! tant mieux; vous me rassurez.
RAYMOND. Nous en parlerons plus tard, quand nous serons seuls. (*A demi-voix.*) Cela a rapport à cette lettre, que tantôt votre fils a envoyée chez moi.
CÉLINE ET THÉOBALD, *vivement.* Et que vous avez lue?
RAYMOND. Vous le voyez, puisque j'arrive à votre secours.
MADAME DE LORMOY, *souriant.* J'y suis; quelques folies de jeunesse, et on craignait de m'en parler.
RAYMOND. Non; c'est l'action d'un digne et honnête jeune homme, et il en sera récompensé. (*Madame de Lormoy s'assied sur un fauteuil que lui donne Théobald; Raymond s'assied auprès d'elle et lui prend le bras.*) Voyons d'abord... Pas mal, pas mal; je dirai même excellent.
MADAME DE LORMOY, *regardant Théobald.* Je crois bien, cela va de mieux en mieux, à mesure que je le regarde... Mais, docteur, je suis femme, ce qui veut dire un peu curieuse, et je voudrais bien savoir tout de suite...
RAYMOND. Je ne demande pas mieux; nous y arriverons plus tard. Procédons par ordre; car j'ai vu au-

jourd'hui tant de monde, j'ai appris des aventures si singulières, qu'il faut que je vous dise avant tout celle qui vient de m'arriver.

CÉLINE ET LA BARONNE. Docteur, de grâce...

RAYMOND. Ah! vous savez que nous autres médecins, nous avons toujours des histoires à raconter; ce sont les trois quarts de la visite; il n'en faut plus qu'un quart pour le talent, et encore. (*A Madame de Lormoy.*) A moins cependant que cela ne fatigue la malade.

MADAME DE LORMOY. Non, docteur, je vous l'assure.

RAYMOND. Il faut alors que le pouls reste comme il est; car, à la moindre pulsation un peu vive, je m'arrête, et vous en serez fâchée; parce que c'est une anecdote curieuse, et surtout véritable. Je l'atteste, quoique la scène se passe à Bordeaux.

MADAME DE LORMOY ET LES AUTRES. Mais voyons donc, docteur, voyons donc.

RAYMOND. Ah! vous êtes tous pressés!.... Eh bien! donc, mes amis, quoique Racine ait dit quelque part :

Et l'avare Achéron ne lâche point sa proie,

je soutiens qu'il a tort. Nous avons vu des gens en revenir, rarement il est vrai, surtout nous autres docteurs; mais enfin, c'est possible.

MADAME DE LORMOY. Témoin mon fils, que nous avons cru mort, et que voilà.

RAYMOND. Ah! bien oui, votre fils! ce n'est rien, rien du tout. Vous en conviendrez vous-même, quand vous m'aurez entendu.

CÉLINE. *Bas.* Il me fait trembler.

BERNARDET, *à part.* Il arrive enfin... (*Haut.*) Eh bien! docteur?..

RAYMOND. Eh bien! je venais de rentrer chez moi, où l'on m'avait remis cette fameuse lettre dont nous parlerons plus tard. J'achevais à peine de la lire, lorsqu'un jeune homme descend vivement l'escalier, se précipite dans mes bras, et me serre dans les siens, de façon à m'étouffer. « Mon ami, mon père! c'est « vous que je revois. Vous voilà donc enfin. Depuis ce « matin que je vous attends chez vous. »

BERNARDET. Comment! c'était...

RAYMOND. Un ancien malade à moi, un client, votre jeune homme de ce matin.

MADAME DE LORMOY, *riant.* Celui de Montauban.

RAYMOND. Précisément. Je savais bien que la rencontre vous étonnerait. Il arrivait en effet de Montauban; mais il venait de plus loin, de Russie.

MADAME DE LORMOY. Comme mon fils.

RAYMOND. D'où il n'avait échappé que par miracle; car ses compagnons d'armes eux-mêmes l'avaient cru mort. Aussi il brûlait du désir de revoir sa famille, sa jolie fiancée, et surtout d'embrasser sa mère.

MADAME DE LORMOY, *à Théobald.* Comme toi, mon ami.

RAYMOND. Et c'est chez moi qu'il était descendu d'abord, pour me prier de me rendre chez elle, et de trouver quelque moyen adroit de la préparer peu à peu à un retour aussi extraordinaire.

MADAME DE LORMOY. Il me semble, docteur, que rien n'est plus aisé.

BERNARDET. En effet. .

RAYMOND. Point du tout. Et c'est là que l'histoire se complique. Ma mission était d'autant plus difficile que sa place était déjà prise.

TOUS. O ciel!

CÉLINE ET THÉOBALD. Que dites-vous?

LA BARONNE, *dans le plus grand trouble.* Quelle idée!

RAYMOND, *froidement.* Ce n'est pas une idée. Sa place, dans la maison paternelle, était réellement occupée...

BERNARDET, *regardant Théobald.* Par un imposteur?

RAYMOND, *le regardant aussi.* Non, par un ami qui lui est bien cher, qui deux fois lui a sauvé la vie; un ami, qu'une méprise involontaire a jeté au sein de sa famille, dans les bras d'une mère, et qui n'ose s'en éloigner de peur qu'une émotion funeste... (*Prenant le bras de madame de Lormoy.*) Vous en avez, votre pouls bat plus vite.

MADAME DE LORMOY, *regardant alternativement Théobald et le docteur.* Non, non, je vous le jure.

THÉOBALD, CÉLINE ET LA BARONNE, *regardant Raymond d'un air suppliant.* De grâce, achevez.

RAYMOND, *les regardant.* Et vous aussi. Qu'est-ce que cela signifie?

LA BARONNE, *à demi-voix, et s'appuyant sur le fauteuil du docteur.* Achevez, ou je me meurs.

RAYMOND, *lui prenant la main.* Non, non, vous ne mourrez point, vous vivrez pour le bonheur; mais vous réprimerez l'excès d'une joie qui pourrait être fatale à votre mère.

LA BARONNE, *hors d'elle-même.* A ma mère!

RAYMOND. A celle, du moins, que bientôt vous nommerez ainsi.

THÉOBALD. Il est donc vrai!.. Mon ami, mon frère ..

MADAME DE LORMOY, *à moitié levée de son fauteuil.* Mon cher Léon.

RAYMOND, *lui tenant toujours le pouls.* C'est bien, c'est bien; je suis content. (*Se levant.*) Oui, il existe. Je viens de le voir, de l'embrasser, et vous êtes la plus heureuse des mères! Au lieu d'un fils, vous en avez deux; car Léon ne vient ici que pour unir sa sœur à son ami Théobald. C'est à cette condition qu'il consent à paraître. (*Mouvement de Bernardet.*) Et Monsieur (*Montrant Bernardet.*) est trop galant pour retarder une entrevue si désirée.

BERNARDET. Qui... moi?.. non certainement..... (*A part.*) surtout après ce que...

RAYMOND. C'est ce que j'ai dit à Léon, qui a dû sortir de chez moi une demi-heure après mon départ, (*Regardant à sa montre.*) en sorte qu'en ce moment, il pourrait bien être en route.

MADAME DE LORMOY, CÉLINE, LA BARONNE, THÉOBALD. Vraiment!

RAYMOND. Peut-être même est-il dans la rue.

TOUS. Comment!..

RAYMOND. Et tout près de cette maison, où il doit m'annoncer son arrivée par trois coups bien distincts, frappés à la porte cochère. (*On entend un coup.*)

TOUS. O ciel!

RAYMOND, *remontant le théâtre et prêtant l'oreille.* Attendez, pas de fausse joie, ce n'est peut-être pas lui. (*On entend un second coup.* — *Mouvement général.* — *Tout le monde penche la tête pour écouter avec plus d'attention.*)

RAYMOND, *souriant.* Malgré cela, j'ai de l'espoir. (*On entend un troisième coup.*)

TOUS. Mon fils, mon ami, mon frère, courons au-devant de lui. (*Ils se précipitent tous vers la porte.*)

FIN DE THÉOBALD.

L'ONCLE D'AMÉRIQUE

COMÉDIE-VAUDEVILLE EN UN ACTE

Représentée, pour la première fois, à Paris, sur le théâtre du Gymnase dramatique, le 14 mars 1826.

EN SOCIÉTÉ AVEC M. MAZÈRES.

Personnages.

DERSAN.
ESTELLE, artiste.
LOUISE, couturière.

BONNICHON, conducteur de diligences.
BARTHÉLEMY, garçon sellier-carrossier.

La scène se passe à Paris, dans un appartement occupé par Estelle.

Le théâtre représente un petit salon servant de chambre de travail à Estelle; quelques bustes, quelques tableaux, un chevalet et autres objets formant l'atelier d'un peintre, et tout ce qu'il faut pour écrire, sur le premier plan à gauche de l'acteur; à droite, la porte d'un cabinet.

SCÈNE PREMIÈRE.

BARTHÉLEMY, ESTELLE, LOUISE.

(Estelle est occupée à peindre Louise, qui travaille à l'aiguille; Barthélemy, avec le tablier de garçon sellier, est debout derrière la chaise d'Estelle, et la regarde peindre.)

BARTHÉLEMY. Dieux! que c'est ressemblant! que c'est agréable de voir double les gens qu'on aime!

ESTELLE. Vous trouvez, Barthélemy!

BARTHÉLEMY. Oh! c'est mademoiselle Louise; c'est elle-même; on la reconnaîtrait les yeux fermés. Savez-vous, mademoiselle Estelle, que c'est un fameux honneur que vous faites là à une petite couturière, de vouloir bien faire son portrait pour rien?

LOUISE. Vous, qui êtes déjà une artiste distinguée, et dont les tableaux se vendent si cher.

ESTELLE. Tant mieux, mes bons amis; ce sera mon présent de noce. Louise n'est-elle pas ma voisine? ne demeurons-nous pas dans la même maison? Il y a quelques mois d'ailleurs, quand j'étais encore plus pauvre que je ne le suis, elle me faisait mes robes pour rien : je m'acquitte aujourd'hui.

BARTHÉLEMY. C'est vrai; entre artistes, ça se trouve toujours; aussi, Mademoiselle, dépêchez-vous de devenir bien riche et de rouler carrosse. Alors vous vous adresserez à moi, qui suis sellier-carrossier, et vous verrez que je vous ferai du soigné; car je suis dans les fameux, je m'en vante; j'ai travaillé aux voitures du sacre.

ESTELLE. Vraiment!

BARTHÉLEMY. Et voilà souvent ce qui me désole, c'est de passer ma vie dans les landaux, et les calèches, et d'aller toujours à pied.

LOUISE. Oh! toi, Barthélemy, tu as toujours eu de l'ambition.

BARTHÉLEMY. Pour ce qui est de ça, j'en conviens. Ferme sur l'essieu. Il n'y a que ça qui donne du ressort; et si je veux m'élever, et être quelque chose, c'est pour toi seule! Je voudrais, le jour de mes noces, te voir dans un tilbury de ma façon.

LOUISE. Bah! un tilbury!

AIR : *Qu'il est flatteur d'épouser celle.*

Pourquoi tant de cérémonie?
Va, mon cher, pour un' fill' de bien,
Quand elle arrive à la mairie,
Cela suffit... l' reste n'est rien.
Et m'sieur l' mair' qui tient la séance,
Souvent, du modeste sapin
Voit descendre plus d'innocence
Qu' des landaux du quartier d'Antin.

(A Estelle.)

Vous saurez, Mademoiselle, que c'est dans huit jours... *(A Barthélemy.)* et je parie que tu n'as pas encore tous tes papiers, le consentement de tes parents.

BARTHÉLEMY. Ça ne sera pas long, j'en ai pas! Du côté paternel, rien, et de l'autre côté, un oncle, que je ne vois jamais; je ne sais pas ce qu'il devient.

ESTELLE. C'est dans le genre de mon oncle d'Amérique, dont nous parlions l'autre jour, n'est-ce pas, Louise?

BARTHÉLEMY. Oh! mais un oncle d'Amérique, ça vaut mieux! ça revient toujours riche.

ESTELLE. Oui, quand cela revient jamais; et en attendant, le meilleur est de s'en passer, et de ne compter que sur soi.

BARTHÉLEMY. Vous avez bien raison; car lorsqu'il faut faire son chemin, les parents, voyez-vous, les parents sont comme une cinquième roue à un carrosse; jamais mon oncle ne m'a donné un sou. Aussi, toute ma famille, à moi, c'est ma pauvre nourrice, la mère Joseph, qui demeure avec moi, et qui m'aime tant, que mademoiselle Louise en serait jalouse. Elle assistera à la noce, et elle vous racontera ses campagnes; car la mère Joseph, ma nourrice, a été vivandière, et pendant dix ans on l'a crue morte, et elle n'a reparu que depuis quelque temps. Mais vous entendrez tout cela; car j'espère bien que vous voudrez bien, mam'selle Estelle, honorer aussi notre mariage.

ESTELLE. Avec grand plaisir; j'en éprouve tant à vous savoir heureux! vous, du moins, vous pouvez l'être.

BARTHÉLEMY. Ah! si vous le vouliez, Mademoiselle, il ne tiendrait qu'à vous.

ESTELLE. Que voulez-vous dire?

LOUISE. Qu'il y a ici, n'est-ce pas, Barthélemy, un beau jeune homme qui ne demanderait pas mieux.

BARTHÉLEMY. Ce M. Dersan, qui vient si souvent pour faire faire son portrait, et qui n'est jamais content.

LOUISE.

AIR de *Turenne.*

Tous les matins, depuis six s'maines,
Il vient poser... ça doit être ennuyeux !

Et vous r'commencez par douzaines
Les bouch's, les fronts, les nez, les yeux.
BARTHÉLEMY.
Y en a tant, et d' si magnifiques,
Qu'avec c' qui vous reste, je crois,
Vous pourriez fair' pendant six mois
Des portraits pour tout's vos pratiques.

ESTELLE. Vous vous trompez; M. Dersan est fort aimable, sans doute; mais jamais je n'ai entendu de lui un seul mot qui pût me faire supposer...
LOUISE. C'est qu'il n'ose pas parler...
BARTHÉLEMY. Mais il fait mieux que cela; et si nous ne craignions pas de fâcher Mademoiselle, nous lui apprendrions bien des choses...
ESTELLE. Et quoi donc?
BARTHÉLEMY. Mademoiselle a bien du talent, sans doute; mais elle n'est pas encore connue; et ces portraits qu'elle vendait mille francs, c'est M. Dersan qui les faisait acheter par-dessous main.
ESTELLE. O ciel!
LOUISE. Ce joli appartement où il y a chambre à coucher, boudoir, salon et antichambre, Mademoiselle ne croit le payer que quatre cents francs; il en vaut quinze; c'est M. Dersan qui s'est entendu avec le propriétaire; non pas qu'il nous en ait rien dit; mais je le sais par la portière; car on sait toujours tout par les portières.
ESTELLE. Grands dieux! que m'apprenez-vous là? et quelle idée va-t-on avoir de moi? Bien certainement, je ne resterai pas un jour de plus dans cet appartement. Barthélemy, je vous en conjure, descendez dire à la portière qu'elle mette un écriteau, mais sur-le-champ, à l'instant même.
BARTHÉLEMY. Y pensez-vous? ce n'était pas là notre intention; et je me garderai bien d'y aller.
ESTELLE. Aimez-vous mieux que j'y descende moi-même?

BARTHÉLEMY.
AIR : *Ces postillons sont d'une maladresse.*
Écoutez bien... j'entends une voiture....
Monsieur Dersan!.. c'est lui-même...
ESTELLE.
C'est lui!..
LOUISE.
Regarde donc, quelle aimable tournure!
Il est bien, lui... mais vois son tilbury!
BARTHÉLEMY.
Est-il possibl' de travailler ainsi!
Il faut qu' du cuir on n'ait aucun usage!
Qu'y en a qui s' vant'nt d'avoir étudié,
Et qui l'raient mieux d' racc'mmoder l'équipage
Des gens qui vont à pié.

SCÈNE II.

ESTELLE, *puis* DERSAN.

ESTELLE. Je ne reviens pas de ma surprise, lui, Dersan, m'aimer à ce point! ah! depuis que je le sais, j'ai encore plus besoin de courage qu'auparavant. C'est lui, le voici.
DERSAN. Mille pardons, Mademoiselle, d'arriver aujourd'hui de meilleure heure qu'à l'ordinaire; je venais vous prévenir que ce matin je ne pourrai prendre séance.
ESTELLE, *froidement.* Il fallait envoyer, et ne pas vous donner la peine de venir.
DERSAN. C'est que je voulais... parce que j'avais à vous parler, au sujet de cette affaire dont vous m'aviez chargé; j'ai pris des informations sur cet oncle que vous aviez en Amérique; j'ai idée qu'il est encore à Saint-Domingue, ou du moins qu'il y a laissé quelque fortune; et peut-être alors auriez-vous des droits à l'indemnité qu'on accorde maintenant.
ESTELLE. J'en doute; mais en ce cas, quel indice, quelle preuve en avez-vous?
DERSAN. Aucune, jusqu'à présent. Mais j'espère en obtenir; et je vous demanderai à venir vous rendre compte, chaque jour, du résultat de mes démarches. Le permettez-vous?
ESTELLE. Non, Monsieur.
DERSAN. O ciel! et pourquoi?
ESTELLE. Je quitte cette maison, cet appartement, dès aujourd'hui.
DERSAN. Que dites-vous? et pour quels motifs?
ESTELLE. Je n'ai pas besoin de vous les dire; vous les connaissez mieux que moi, et j'aurais le droit de me plaindre d'une générosité qui me poursuit ainsi sans mon aveu.
DERSAN. Vous savez tout... eh bien! oui, je n'ai pu vous voir sans vous aimer, sans admirer votre courage, votre résignation dans le malheur... Orpheline à dix-huit ans, sans appui, sans autres ressources que votre talent, vous aviez tout refusé de moi, et malgré ma fortune, je me voyais dans l'impuissance de vous secourir, si je n'avais eu l'idée de vous tromper.

AIR :
Votre âme, et fière et généreuse,
Eût repoussé tous mes bienfaits;
Et c'était pour vous rendre heureuse
Qu'en silence je vous trompais
Si d'une femme on encourt la vengeance
En faisant son bonheur... eh bien!
Égalez la peine à l'offense :
Vengez-vous en faisant le mien.

Je suis maître d'une fortune considérable, et quelles que soient les idées de ma famille, elle ne peut maintenant empêcher ce mariage.
ESTELLE. Quoi! vous ne craignez pas d'offrir votre main à une pauvre orpheline, à une artiste? Jamais, Monsieur, je n'oublierai une telle marque d'estime. Mais je dois songer à mon tour à votre réputation, à votre avenir.
DERSAN. Que dites-vous?

ESTELLE.
AIR de *Coraly* (d'Amédée de Beauplan).
Si j'oubliais mon indigence,
Et si j'osais vous épouser,
D'avoir recherché l'opulence
On viendrait bientôt m'accuser.
DERSAN.
Vous accuser!
ESTELLE.
C'est la règle commune...
Mais aux yeux du monde, je vais,
En refusant votre fortune,
Prouver que je la méritais.

DERSAN. Dites plutôt que vous n'éprouvez rien pour moi, que mon amour n'a pu vous toucher.
ESTELLE. Pourquoi me parler ainsi, quand vous savez, Monsieur, qu'il ne m'est pas permis de vous répondre? Je vous ai dit ma résolution, je la crois noble, généreuse, digne de vous, enfin, et c'est pour avoir le courage de la tenir, que je quitte aujourd'hui cet appartement, et que je vous laisserai ignorer celui que je vais choisir. (*Elle entre dans la chambre à droite.*)

BARTHÉLEMY. Dieu! que c'est ressemblant! — Scène 1.

SCÈNE III.

DERSAN, seul. Est-on plus malheureux! elle m'aime, j'en suis sûr! mais je connais son caractère. Rien au monde ne la fera manquer à ce qu'elle regarde comme un devoir : et je ne sais que résoudre, que faire. Inventer encore quelque ruse, imaginer quelque expédient pour l'enrichir malgré elle; mais maintenant qu'elle se méfie de moi, elle découvrira tout. Quant à son oncle de Saint-Domingue, il n'y faut pas penser; j'avais sur moi des renseignements que je me suis bien gardé de lui montrer; ce pauvre diable, nommé Dupré, est mort sans enfants, sans fortune; voilà son extrait mortuaire, et il faut qu'Estelle renonce à tout espoir.

AIR : *Ainsi que vous, je veux, Mademoiselle.*

Malgré mes vœux et ma tendresse,
Pour l'obtenir, aucun moyen...
Vous qui désirez la richesse,
Voyez quel destin est le mien.
La fortune en vain me protège ;
De ses faveurs pourquoi m'environner ?
Si je n'ai pas son plus beau privilége,
Si je n'ai pas le droit de la donner.

Hein! qui vient là ?

SCÈNE IV.

DERSAN, BONNICHON.

BONNICHON. Merci, la portière, restez à votre loge; puisqu'il y a du monde, je verrai sans vous l'appartement.

DERSAN. Eh quoi! elle l'aurait déjà mis à louer!

BONNICHON. Ah! diable! rien qu'au premier coup d'œil, je vois que c'est trop beau pour moi; ce n'est pas ce qu'il me fallait.

DERSAN, *le regardant.* Eh mais! il me semble que je connais cette figure-là, et que je l'ai vue autrefois dans la maison de mon père ; c'est Thomas.

BONNICHON. Qui m'appelle?

LOUISE. Ah dieux! comme vous êtes mis simplement. — Scène 13.

DERSAN. Thomas Bonnichon, ancien cocher de M. Dersan.

BONNICHON. C'est cela même; ma dernière maison! M. Dersan, rue du Helder. Si je m'en souviens, il avait un fils et quatre chevaux.

DERSAN. Il avait un fils, et tu ne te rappelles pas?..

BONNICHON. Quoi! ce serait M. Jules, le fils de mon bon maître! Qui vous aurait reconnu? depuis dix ans! Dieux! comme les jeunes gens grandissent dans ce siècle-ci!

DERSAN. Et qu'es-tu devenu, mon cher Bonnichon?

BONNICHON. Monsieur, j'étais las des maisons bourgeoises. A la mort de monsieur votre père, je suis entré dans l'administration publique, rue Notre-Dame-des-Victoires, les grandes messageries. J'avais quelques protections du côté des femmes; j'ai été nommé conducteur de diligences.

DERSAN. Diable! un bel état...

BONNICHON. Un état superbe, un poste élevé, toujours sur l'impériale, toujours en course, sans bouger de place; voyageur sédentaire de Bordeaux à Paris et de Paris à Bordeaux, route de première classe, toujours du pavé, chéri des aubergistes et des marchands de comestibles, président-né des tables d'hôte, entouré d'égards, de considération et de pâtés de Périgueux. Je passais mon temps à m'engraisser et à faire des réflexions philosophiques; car que faire sur l'impériale, à moins d'y réfléchir? Ah! que de fois je me suis dit :

Air de *Préville et Taconnet*.

La diligence et les célérifères
M'offrent l'aspect des Etats policés :
Je vois d'abord, dans les fonctionnaires,
Les voyageurs, parfois un peu pressés,
Mais satisfaits, pourvu qu'ils soient placés.
Bon conducteur et fidèle à son poste,
Veillant toujours, de crainte de broncher,
  Le ministre, c'est le cocher,
Et l' bon bourgeois est le cheval de poste
Qui ne dit rien, et qui fait tout marcher.

Hélas! Monsieur, je vous parle du temps de ma gloire! mais ce n'est plus ça! la cabale, l'injustice... depuis quinze jours je suis à pied.

DERSAN. Tu es destitué ?
BONNICHON. Oui, Monsieur, sous prétexte que j'allais trop vite, et que je risquais de verser. C'est cependant comme cela qu'on arrive ; et je vous demande un peu, si l'on destituait tous ceux qui vont trop vite ? Vous me voyez tout démonté, tout démoralisé. J'ai bien un rendez-vous à deux heures, chez un de nos administrateurs, à qui je dois remettre une pétition ; mais je n'ai pas grand espoir ; et c'est le ciel qui m'a fait vous rencontrer ; car si vous daignez seulement vous intéresser à moi...

DERSAN. Volontiers, mon cher Bonnichon ! quoique je sois peu disposé, dans ce moment, à protéger les autres.

BONNICHON. Et qu'avez-vous, mon cher maître ? qui peut vous inquiéter ? Ce n'est point la fortune ; ce ne sont point les amours. Quoi donc peut vous manquer ?

DERSAN, *montrant les papiers qu'il tient à la main.* Ce qui me manque ? tiens, c'est un oncle, un oncle d'Amérique, dont j'aurais besoin, et voilà ce qui ne peut pas se trouver.

BONNICHON. Et pourquoi donc, Monsieur ? à Paris on trouve de tout.

AIR : *De sommeiller encor, ma chère.*

Avec de bons billets de banque,
Tout est possible, en général ;
Pour trouver l'oncle qui vous manque
Vous avez là le principal.
Avec les parents les plus proches
On trouve peu d'écus comptants ;
Avec des écus dans ses poches
On trouve toujours des parents.

Moi, je suis là, disposez de moi ; je suis votre grand-père, votre oncle, tout ce qui pourra vous faire plaisir.

DERSAN. Eh non ! ce n'est pas le mien ; mais celui d'une jeune orpheline que j'aime, que je voudrais enrichir malgré elle, et sans qu'elle s'en doutât.

BONNICHON. Raison de plus : du romanesque, de la sensibilité ; je suis votre homme.

DERSAN, *à part.* Au fait, quelle idée ! ce M. Dupré n'était pas connu. (*A Bonnichon.*) Quoi ! vraiment, tu serais homme à arriver de Saint-Domingue ?

BONNICHON. De Saint-Domingue, d'Haïti ! comme vous voudrez ; de plus loin encore, s'il le faut ; qu'est-ce que ça me fait ! moi qui ai l'habitude des voyages, ça me change d'élément, et voilà tout. J'arrive donc de Saint-Domingue, je reconnais ma nièce, je lui donne des millions, je vous enrichis, je vous marie, je vous bénis, et fouette cocher ; ça va tout seul, comme sur une route royale.

DERSAN. Il a un ton d'assurance qui me persuade malgré moi.

BONNICHON. Ajoutez à cela que je suis grand amateur de spectacle, et que je sais comment sont faits tous les oncles d'Amérique. D'abord, j'ai déjà le costume, car les oncles d'Amérique commencent toujours par reparaître déguisés aux yeux de leurs parents étonnés et attendris. Je suis donc déguisé ; j'ai le ton brusque et sans façon, je suis franc, loyal, j'ai une canne, je suis millionnaire, c'est-à-dire je n'ai pas le sou, mais...

DERSAN. Tiens, ce portefeuille que je portais à mon agent de change, voilà dix mille francs.

BONNICHON, *prenant.* Bien ; et le portefeuille aussi ! ils ont toujours un portefeuille. Quand on verra de l'argent, on ne doutera pas de la parenté ; ce sont les pièces à l'appui. Après la reconnaissance, vous serez le maître de me payer mes frais de représentation, si vous êtes content.

DERSAN. Mais est-ce que tu sauras assez bien mentir ?

BONNICHON. J'ai déjà eu l'honneur de vous dire, Monsieur, que j'arrive de Bordeaux. Comment s'appelle-t-elle, ma nièce ?

DERSAN. Estelle, Estelle Deschamps. Cet oncle se nommait Dupré ; tiens, voilà l'extrait mortuaire, et la lettre que j'ai reçue.

BONNICHON. Bien, je vais étudier mon rôle ; d'ailleurs, vous me soufflerez.

DERSAN. Moi, rester ici ! être témoin... je n'oserai jamais.

BONNICHON. C'est juste, vous me feriez manquer mon réplique... Eh bien ! laissez-moi, et revenez dans un moment ; c'est l'affaire d'un quart d'heure, une demi-poste. Un peu de sang-froid, le menton dans la cravate, de la dignité, du tabac ; justement je viens d'acheter une tabatière en chrysocale. Je parlerai, je m'attendrirai, je raconterai mes naufrages ; je peux bien me passer au moins d'un naufrage, pour la vraisemblance. J'ouvrirai mes bras, elle s'y précipitera, et vous n'aurez plus qu'à marcher à l'autel, ou à vous y faire conduire en voiture, ce qui est bien plus commode.

DERSAN. Allons, puisque je n'ai pas d'autres ressources, je m'abandonne à toi ; mais de la prudence, des ménagements.

BONNICHON. Oui, Monsieur, nous irons d'abord au pas, ensuite le trot, et nous verrons ; ne vous éloignez pas.

DERSAN. Je ne sors pas de la maison.

BONNICHON. Dans un moment vous allez me trouver en famille.

DERSAN. On vient ; c'est elle, sans doute.

BONNICHON. Oui, mon cœur d'oncle me le dit, je l'entends qui parle déjà ; la nature...

DERSAN. Adieu, je me sauve.

SCÈNE V.

BONNICHON, LOUISE.

BONNICHON. Allons, n'oublions pas que je suis oncle, oncle maternel, à ce que dit ce papier ! Pas trop de sentiment d'abord, mais ensuite... Silence ! voilà ma nièce...

LOUISE. Que voulez-vous, Monsieur ?

BONNICHON. Mademoiselle, je voudrais me faire peindre... Elle est gentille, ma nièce.

LOUISE. Allons, encore une pratique... Je vais prévenir mademoiselle Estelle.

BONNICHON. Comment ! est-ce que vous n'êtes pas ?.. (*A part.*) La nature s'est trompée ; c'est égal, je reporterai ma tendresse sur l'autre.

LOUISE, *appelant.* Venez, Mademoiselle, venez, encore de l'ouvrage.

BONNICHON. Voyons, lisons mes titres. Je me souviens bien de tout ce qu'il m'a dit ; en route, marchons droit, et gare les ornières... Ah ! la voilà ; pour le coup, mon cœur ne me trompe pas. Diable ! c'est mieux, c'est beaucoup mieux ; au moins, voilà une nièce qui me fait honneur.

SCÈNE VI.

LES PRÉCÉDENTS, ESTELLE.

BONNICHON. Mademoiselle, j'ai besoin de faire faire

mon portrait, et je me suis décidé à venir vous trouver. Votre talent, votre réputation, votre nom même...
ESTELLE. Mon nom!
BONNICHON. Oui; mademoiselle Estelle, n'est-ce pas? C'est un nom que j'aime! Mademoiselle, pouvez-vous m'expédier un peu vite?
ESTELLE. Est-ce en buste?
BONNICHON. Non, parbleu! on pied, tout ce qu'il y a de plus beau, pendant que j'y suis.
LOUISE, *lui donnant une chaise.* Si Monsieur veut s'asseoir?
ESTELLE. Je vais toujours faire une esquisse.
BONNICHON. Je voudrais être représenté au milieu de ballots de sucre et de café, et puis autour de moi trois ou quatre cents nègres,
LOUISE. Trois ou quatre cents nègres!
BONNICHON. Oui, ma belle enfant; je suis propriétaire en Amérique, à Saint-Domingue. C'est loin, n'est-ce pas! on n'y va pas en poste.

AIR de *Partie carrée.*
Négociant des plus intègres,
J'y suis fameux par mes plantations ;
J'ai là des champs, des maisons et des nègres
A peu près pour deux millions !

LOUISE.
Eh quoi! des noirs?

BONNICHON.
Un produit magnifique !
Va, la couleur n'y fait rien, mon enfant :
Qu'il soit venu d'Europe ou d'Amérique,
L'argent est toujours blanc.

LOUISE. Mademoiselle, que c'est glorieux pour vous de faire un portrait qui ira en Amérique!
BONNICHON, *à part.* Je crois que c'est le moment... (*Haut.*) Il faut bien que j'y retourne, puisque je n'ai plus de liens qui m'attachent à la France ; je ne suis que trop certain de la mort de ma pauvre sœur!
LOUISE. Votre sœur! Oh! mon Dieu! Mademoiselle, il avait une sœur, et il arrive de Saint-Domingue!
BONNICHON. Oui, j'avais une sœur. Hélas! elle n'est plus; elle est morte ici, à Paris! loin de son bon frère. J'aurais voulu la serrer dans mes bras, j'aurais voulu adopter sa fille.
ESTELLE. Sa fille !
BONNICHON. Cette chère Estelle Deschamps!
LOUISE. Mademoiselle, c'est lui !
BONNICHON. Que dites-vous! vous seriez?..
LOUISE. Votre nièce...
ESTELLE. Mon oncle!
BONNICHON. Ma nièce, viens dans mes bras!
LOUISE. Ah! que c'est heureux!
BONNICHON, *à part.* Voilà le moment de pleurer. (*Haut.*) Ma nièce, que je suis aise de te voir! la joie, la sensibilité... (*Apercevant Dersan.*) Quel est ce monsieur?

SCÈNE VII.
LES PRÉCÉDENTS, DERSAN.

LOUISE. Ah! monsieur Dersan, il y a bien du changement; si vous saviez...
BONNICHON. Monsieur vient sans doute pour un portrait; j'en suis fâché pour vous, mais Mademoiselle ne fera plus de portraits, elle fera le mien encore. N'est-ce pas que tu feras le mien, ma chère Estelle?
ESTELLE. Oui, mon oncle.
DERSAN. Votre oncle!

BONNICHON. Oui, Monsieur; elle a retrouvé un oncle qui l'aime, qui la chérit, qui l'enrichit. (*A Estelle.*) Viens, que je t'embrasse encore! (*Bas.*) C'est la règle; on embrasse toujours deux fois,
ESTELLE. Oui, monsieur Dersan, oui, cet oncle dont vous aviez demandé des nouvelles, le voilà! vous concevez tout mon bonheur! Enfin, il me sera donc permis de reconnaître...

SCÈNE VIII.
LES PRÉCÉDENTS, BARTHÉLEMY.

LOUISE, *allant à lui.* Ah! Barthélemy, si tu savais!
BARTHÉLEMY. Qu'est-ce que vous avez donc, Louise? vous avez l'air d'un cheval échappé.
LOUISE. Mademoiselle a retrouvé son oncle d'Amérique.
BARTHÉLEMY. Son oncle d'Amérique!
LOUISE. Il est arrivé de l'Amérique avec des millions! le voilà.
BARTHÉLEMY. De l'Amérique! de Saint-Domingue, d'Haïti? tiens, il n'est pas noir!.. Eh bien! est-ce que je me trompe? c'est mon oncle Bonnichon.
BONNICHON. Barthélemy!
BARTHÉLEMY. Mon oncle, mon cher oncle, Thomas Bonnichon! quoi, c'est vous qui avez des millions?
ESTELLE ET DERSAN. Son oncle!
DERSAN, *bas.* Je suis perdu !
BONNICHON, *de même.* Non, morbleu ! de l'audace ! je vais continuer mon rôle. (*Haut.*) Oui, mon garçon, oui, je suis millionnaire.
BARTHÉLEMY. Moi qui vous croyais mort! pour le moins.

BONNICHON.
AIR : *Il me faudra quitter l'empire.*
Oui, j'ai beaucoup voyagé... tu t'en doutes,
J'ai parcouru les mers.

BARTHÉLEMY.
C'est étonnant!
Jadis, mon oncl', vous couriez les grand'routes...

BONNICHON.
Pour réussir j'ai changé d'élément,
Et, s'il le faut, je te dirai comment.
D'abord, mon cher, ma fortune est très-grande...

BARTHÉLEMY.
Cela suffit, le reste est superflu ;
En fait d' fortune, c'est un point convenu :
Arrivez-vous... jamais on ne demande
Par quel chemin vous ét's venu.

ESTELLE. Barthélemy, votre neveu ! comment cela se fait-il, vous qui étiez le frère de ma mère.
BONNICHON. Sans contredit! Mais je vais t'expliquer... j'avais plusieurs sœurs ; l'une, qui a épousé M. Deschamps, était ta bonne mère; la seconde, que tu n'as jamais connue, a épousé M. Barthélemy, un simple employé de roulage. La famille alors était pauvre! moi-même, je n'étais connu que sous le nom de Thomas Bonnichon, c'était notre raison de commerce. Ce Barthélemy a donc eu, dans notre famille, une femme...
BARTHÉLEMY. Oui, une femme qui m'a eu, et qui, par conséquent, était ma mère. Ainsi, mademoiselle Estelle, les neveux et les nièces de nos oncles sont nos cousins et cousines; donc, en tirant la conséquence, nous sommes cousins.
ESTELLE, *froidement.* Oui, je le vois bien. (*A part.*) Quoi! c'est là ma famille !

BONNICHON. Mais n'importe, ma chère nièce, quoi qu'il arrive, quelle que soit notre famille, cela ne change rien à mes projets. En ta qualité d'artiste, tu ne dois pas être bien en fonds. Tiens, voilà, pour commencer, dix mille francs que je te donne.

BARTHÉLEMY, *tendant la main*. Ah! le bon oncle!.. Eh bien! et de l'autre côté! et l'équilibre!..

Air : *En amour comme en amitié.*
Mon bon p'tit onel' je vous attends!
Plus que moi vous aimez vot' nièce;
Quand je me plains de vos sentiments,
Je tiens à la justic' bien plus qu'à la richesse.
Traitez-nous donc également ;
C'est c' que veut la délicatesse ;
Et si je suis exclu de vot' tendresse,
Donnez-moi ma part en argent.

BONNICHON. Laisse-moi donc tranquille ; est-ce que je ne suis pas le maître? (*A Estelle.*) Ils sont à toi, à toi seule.

ESTELLE. Je puis donc en disposer... (*Elle prend le portefeuille.*) Tenez, Barthélemy, partageons.

DERSAN ET BONNICHON, *à part*. Oh! mon Dieu!

BARTHÉLEMY. Bien, Mademoiselle. Vous êtes digne d'être ma cousine; je reconnais mon sang.

BONNICHON, *bas, à Dersan*. Vous le voyez, Monsieur; ce n'est pas ma faute.

DERSAN, *bas*. Il paraît que je vais enrichir toute la famille.

BONNICHON, *regardant la pendule, et à part*. Ah! mon Dieu! deux heures moins un quart! il ne faut pas que la nature me fasse négliger les affaires; et je dois porter à nos administrateurs une pétition, qui n'est pas encore faite! (*Haut.*) Je crois, ma chère nièce, que je puis ici, sans façon, écrire.

ESTELLE, *montrant la chambre à droite*. Tenez, mon oncle, vous trouverez là ce qu'il faut...

BONNICHON. Adieu, mon enfant, adieu, ma nièce ; je reviens dans l'instant. (*Il entre dans la chambre à droite.*)

SCÈNE IX.

DERSAN, ESTELLE, BARTHÉLEMY, LOUISE.

DERSAN. Quel bonheur est le mien! et combien je prends part à l'heureux événement...

ESTELLE. Ne vous en réjouissez pas ; il met au contraire entre nous un obstacle insurmontable.

DERSAN. Que dites-vous ?

ESTELLE. Restez, je m'expliquerai quand ils seront partis.

BARTHÉLEMY, *qui a causé bas avec Louise*. Oui, morbleu! tu entends bien que je vais sur-le-champ donner congé à mon bourgeois; est-ce que je peux rester à sa boutique? est-ce que je peux travailler? moi qui ai un oncle millionnaire! (*Montrant les billets de banque.*) Vois plutôt les certificats; ohé! ohé! en avant les billets de banque!

ESTELLE. Mon pauvre Barthélemy ! la fortune va vous faire perdre la tête.

BARTHÉLEMY. Non, ma cousine; mais vous sentez bien que je ne peux plus rester dans les cabriolets; on n'en fait plus maintenant, on en achète. Dieux! ça va-t-il rouler! les carrosses, les dîners, les parties, les spectacles et les femmes!

LOUISE. Comment! les femmes! et notre mariage?

BARTHÉLEMY. Ça n'empêche pas.. parce que vous pensez bien, Louise, que notre mariage... certainement, j'y songerai.

LOUISE. Ah! mon Dieu, déjà, en un instant, se peut-il que la fortune l'ait ainsi changé?

BARTHÉLEMY. Du tout, Louise ; c'est ce qui vous trompe; je ne suis pas changé, je n'en suis pas plus fier; et la preuve, c'est que... Depuis longtemps, monsieur Dersan, je me suis aperçu de vos assiduités auprès de Mademoiselle, qui, alors, n'était pas ma cousine; mais qui, maintenant, est ma cousine... et croyez, monsieur Dersan, que pour ce qui est de mon consentement et de celui de mon oncle, je ferai mon possible ; parce que de vous à moi..

DERSAN. Allons! le voilà qui me protège.

BARTHÉLEMY. Mais le plus pressé, dans ce moment, est de quitter le tablier et de prendre un habit plus convenable, sans compter le lorgnon et les bijoux. Adieu, ma cousine; adieu, monsieur Dersan; adieu, mon cousin.

Air de la *Pénélope de la Cité* (de M. Ch. Plantade).
Je n' suis plus sellier!
Puisque la fortun' me seconde,
Puisque j' suis rentier,
Moi, je n' dois plus aller à pied.
En cabriolet,
Quand j' vas éclabousser tout l' monde,
Qui se douterait
Que jadis mon père en vendait?
Quand j' vais m'y placer,
Comme j'aurai bonne tournure!
Pour me voir passer,
Comme chacun va se presser!

LOUISE.
J' n'y dois plus penser.
Hélas! cette maudit' voiture
Va tout renverser.
Et not' mariag' vient de verser.

ENSEMBLE.
BARTHÉLEMY, LOUISE.

BARTHÉLEMY
Je n' suis plus sellier,
Puisque la fortun' me seconde ;
Puisque j' suis rentier,
Moi, je n' dois plus aller à pied.
En cabriolet,
Quand j' vas éclabousser tout l' monde,
Qui se douterait
Que jadis mon père en vendait?

LOUISE.
Il n'est plus sellier,
Puisque la fortun' le seconde,
Puisqu'il est rentier,
Il ne doit plus aller à pied.
En cabriolet,
Il doit éclabousser tout l' monde ;
Qui se douterait
Que jadis son père en vendait?

SCÈNE X.

DERSAN, ESTELLE.

DERSAN. Ils s'éloignent ! eh bien! parlez vite, que voulez-vous dire?

ESTELLE. Je n'ai plus rien à vous apprendre; vous venez de le voir, vous venez de l'entendre : je vous donnerais un semblable parent! Barthélemy serait le cousin de M. Dersan! non, Monsieur, un pareil obstacle est encore plus terrible que celui de la fortune.

DERSAN. Que dites-vous?

ESTELLE. Non pas que je rougisse de mes parents, ni de l'état qu'ils exercent.

Air nouveau.

Vivre avec eux, telle est ma destinée ;
Car loin de vous le sort les a placés.
En contractant un pareil hyménée,
Moi, je m'élève, et vous vous abaissez.
Oui, Monsieur, ce cœur qui vous aime
De votre honneur se montrera jaloux ;
Je n'aurai point de fierté pour moi-même,
Mais je dois en avoir pour vous.

DERSAN. Quoi que vous puissiez dire, je ne vous quitte pas, je vous suivrai partout.
ESTELLE. Non, Monsieur, il faut que je sorte, que je reporte ce tableau ; et s'il est vrai que vous ayez quelque amitié pour moi, la dernière preuve que j'en réclame est de m'obéir et de ne pas me suivre. (*Elle sort par le fond.*)

SCÈNE XI.
DERSAN, *puis* BONNICHON.

DERSAN. Au diable les sentiments et la délicatesse ! me voilà moins avancé qu'auparavant ! Ah ! mon cher Bonnichon, si tu savais !
BONNICHON. Je sais tout, Monsieur ; j'étais là, et j'ai tout entendu...
DERSAN. Cet imbécile de Barthélemy qui s'avise d'être garçon carrossier !
BONNICHON. Que voulez-vous, Monsieur, ce n'est pas ma faute ; notre famille a toujours été dans les voitures ! mais rien n'est désespéré ; si je me suis donné une nièce, je peux bien m'ôter un neveu.
DERSAN. Et comment feras-tu ?
BONNICHON. C'est difficile, c'est une côte à monter ; et, pour comble de désespoir, il faut, dans ce moment, que j'aille à mon rendez-vous, rue Notre-Dame-des-Victoires.
DERSAN. Je vais t'y mener dans ma voiture.
BONNICHON. Bien de l'honneur, et nous rêverons, en route, à la ruse qu'il faut employer. D'abord, mon neveu ne sait pas lire, ce qui est déjà une bonne avance ; et puis il a eu, de par le monde, une nourrice, la mère Joseph ; j'arrange tout cela de manière à lui prouver qu'il n'est pas de la famille ; après cela qui sait ! c'est peut-être vrai !.. Mais qui vient là ?

SCÈNE XII.
LES PRÉCÉDENTS, LOUISE, *pleurant.*

LOUISE. C'est horrible ! c'est indigne !
BONNICHON. Allons ! qu'est-ce qu'elle a, celle-ci ?
LOUISE. Ah ! monsieur Dersan ! il ne veut plus de moi ; il craint de se mésallier, à ce qu'il dit ; et tout cela, parce qu'il est riche.
BONNICHON. Vous l'entendez ; il n'était pas digne de ma fortune, et il mérite une leçon. Oui, Monsieur, tout en faisant nos affaires, la morale en chemin, ça ne peut pas nuire.
DERSAN. Allons, ne te désole pas, d'autres te le feront oublier.
LOUISE, *pleurant.* Jamais ! j'aurai d'autres amants, c'est probable, mais je ne les aimerai jamais comme celui-là ! Aussi c'est votre faute ; sans cette maudite fortune...
BONNICHON. Rassure-toi, il n'en a plus ; il n'a plus rien.
LOUISE. Puisqu'il est votre neveu.

BONNICHON. Et s'il ne l'était pas ?
LOUISE. O ciel !
BONNICHON. Autant commencer par elle. Apprends donc... mais non ; je n'ai pas le temps, et tu le sauras plus tard. Venez, Monsieur.
LOUISE, *le retenant.* Ah çà ! vous en êtes bien sûr ? vous me le promettez ?
BONNICHON. Je te répète qu'il est ruiné, déshérité, et s'il a jamais un sou de moi, je te donne cinquante mille francs de dot.
LOUISE. Ah ! quel bonheur ! et quel bon oncle !

BONNICHON.
Air de *Turenne.*

Mais nous, Monsieur, changeons de batteries ;
Je vous réponds de tout, sur mon honneur !
J'en jure ici par les Messageries,
Par ma place de conducteur.
Mes vœux ne sont pas illusoires ;
Nous reviendrons vainqueurs... et pourquoi non,
Quand nous marchons sous l'égide et le nom
De Notre-Dame des Victoires.
(*Il sort avec Dersan.*)

SCÈNE XIII.
LOUISE, *puis* BARTHÉLEMY, *en tenue très-élégante.*

LOUISE. Il se pourrait ! Barthélemy n'est pas plus riche que moi ! ah ! que c'est bien fait ! mais il n'est pas assez puni ; et je vais lui apprendre... Le voici.

BARTHÉLEMY.
Air : *Tra, la, la, tra, la, la.*

J'ai d' l'argent, (*bis.*)
Moi, j' paye tout au comptant ;
Chez le marchand, (*bis.*)
On a d' tout pour son argent :
L'habit, l' chapeau, l' pantalon,
La chaîn', la montre et l' lorgnon,
Tout est neuf, du bas en haut,
Et j' suis un homm' comme il faut.
J'ai d' l'argent, etc.
J' viens d' dire au maîtr' carrossier
Qu'il cherche un autre ouvrier ;
Moi, je n'ai plus maintenant
Besoin d'avoir du talent.
J'ai d' l'argent, etc.

Il n'y a plus qu'une chose qui m'inquiète ; car quoique j'aie fait fortune, j'ai encore la duperie d'avoir de la délicatesse.. c'est cette pauvre Louise que je vais retrouver dans les soupirs et dans les larmes ; c'est ennuyeux, et puis ça fait mal.
LOUISE, *devant la glace, arrangeant ses cheveux.* Tra, la, la, tra, la, la.
BARTHÉLEMY. Hé bien ! elle chante à présent ! Mademoiselle Louise... (*A part.*) J'espère que ma tenue va l'éblouir.
LOUISE, *se retournant à peine.* Ah ! c'est vous, monsieur Barthélemy... tra, la, la, tra, la, la.
BARTHÉLEMY. Oui, que c'est moi ; je viens du Palais-Royal, et à pied sec ; car j'ai acheté un cabriolet, un que j'avais fait moi-même ; on est très-bien dedans ! c'est agréable, quand on n'est plus artiste, de s'asseoir et de rouler dans son ouvrage... Mais vous ne me dites pas comment vous me trouvez ?
LOUISE. Ah dieux ! comme vous êtes mis simplement ; quelle différence avec ce jeune Anglais qui sort d'ici !
BARTHÉLEMY. Comment ! un Anglais !
LOUISE. Celui qui tournait toujours autour de moi,

et dont tu étais si jaloux, quand tu n'étais pas riche.

BARTHÉLEMY. Hé bien! il sort d'ici?

LOUISE. Mieux que cela, il va revenir; désolé de mes rigueurs, il m'a proposé de m'épouser.

BARTHÉLEMY. Et vous avez accepté?

LOUISE. Sur-le-champ! tu m'as dit que c'était si beau d'être riche, que j'ai aussi voulu voir par moi-même.

BARTHÉLEMY. Il t'épouse, toi! une couturière...

LOUISE. Pourquoi pas? tous les jours on épouse des marchandes de modes; ainsi, à plus forte raison...

BARTHÉLEMY. Et moi, que tu ne devais jamais oublier?

LOUISE. Je ne sais pas comment ça s'est fait! à mesure qu'il me parlait, mon amour pour toi s'en allait.

BARTHÉLEMY. Il s'en allait!

LOUISE. Ah! mon Dieu! il s'en allait petit à petit, tant il y a que lorsque milord a fini par me dire que je serais milady, je ne t'aimais plus du tout.

BARTHÉLEMY. Et tu m'en fais l'aveu! Milady! toi, milady! ah! que les femmes sont ambitieuses! non, non, on ne se figure pas combien il entre d'ambition dans le cœur d'une femme! Louise, je ne vous ai jamais dit que je ne vous épouserais pas, vous devez vous le rappeler : je vous ai dit que je verrais, que j'y songerais; c'était vous dire que je penserais à vous. Hé bien! maintenant, c'est tout vu, c'est tout résolu, et plutôt que de te laisser enlever par cet Anglais, je suis prêt à t'épouser.

LOUISE. Il n'est plus temps.

BARTHÉLEMY. Puisque je reviens à toi.

LOUISE. Non, Monsieur, je veux être milady!

BARTHÉLEMY. Va, tu n'es guère patriote! et si tu avais seulement un peu d'esprit national, ou un peu d'amour pour moi!.. Louise, je t'en supplie! veux-tu que je me mette à tes genoux; malgré mon pantalon neuf, ça m'est égal.

LOUISE. Eh bien! Monsieur, je vous dirai, à mon tour, que je verrai; mais c'est à une condition.

BARTHÉLEMY. Laquelle?

LOUISE. C'est que vous renoncerez sur-le-champ à tout ce qui peut vous revenir de la fortune de votre oncle.

BARTHÉLEMY. Y penses-tu? puisque je la partagerai avec toi.

LOUISE. Et moi, je n'en veux pas.

BARTHÉLEMY. Tiens, cette idée! Pourquoi veux-tu m'ôter ma fortune? Laisse-la-moi! songe donc que je t'achèterai de beaux châles, des cachemires, des marabouts et des pendants d'oreille.

LOUISE. Je n'en veux pas, je ne veux rien; il faut que tu sois comme auparavant.

BARTHÉLEMY. Laisse-moi seulement dix mille livres de rente.

LOUISE. Pas un sou, ou je vais retrouver milord.

BARTHÉLEMY, *haut*. Puisqu'il le faut! (*A part*.) Allons, j'en garderai six sans lui rien dire.

LOUISE.
Air du vaudeville de *l'Écu de six francs*.
Décid'-toi... j'attends ta promesse...
BARTHÉLEMY.
Te perdr' ferait mon désespoir!
Mais aussi perdre ma richesse!..
LOUISE.
Allons, Monsieur, fait's vot' devoir!
BARTHÉLEMY.
Dieux! qu'il est cruel de déchoir!
J'y consens, puisque tu l' réclames :

Plus d' fortune, plus de crédit;
J'abandonn' tout!.. J'ai toujours dit
Que je s'rais ruiné par les femmes.

LOUISE. A la bonne heure; voilà ce que je voulais entendre! et tu as aussi bien fait.

BARTHÉLEMY. Et pourquoi!

LOUISE. Pourquoi? tiens, voilà ton oncle qui va te l'apprendre.

SCÈNE XIV.

LES PRÉCÉDENTS; BONNICHON.

BARTHÉLEMY. Comme il a l'air rêveur! Mon oncle, j'ai à vous parler.

BONNICHON. Ah! c'est vous, monsieur Barthélemy! j'avais aussi à vous entretenir.

BARTHÉLEMY. Tiens, ce ton solennel! qu'est-ce qu'il lui prend donc, à mon oncle?

BONNICHON. Votre oncle! je ne le suis plus; non, Barthélemy, connais enfin la vérité; tu n'es pas mon neveu!

LOUISE. Voilà ce que tu ne savais pas.

BARTHÉLEMY. Laissez donc, est-ce que c'est possible? une place de neveu, ça n'est pas comme les autres! ça tient toujours; il n'y a pas moyen de vous destituer.

BONNICHON. C'est ce qui te trompe! et s'il te faut des preuves, j'en ai là; des preuves malheureusement irrécusables; car je t'aimais, Barthélemy, on n'est pas pendant vingt-cinq ans l'oncle de quelqu'un, sans commencer à s'y habituer; mais, hélas! il a fallu se rendre à l'évidence.

LOUISE. Achevez, de grâce.

BONNICHON. Apprenez donc qu'il a été changé en nourrice!

BARTHÉLEMY. Moi!

BONNICHON. Toi-même! je te défie de dire le contraire, tandis que j'ai là des témoignages, des attestations solennelles! Vous saurez donc que la mère de Joseph, sa coupable nourrice, était vivandière.

BARTHÉLEMY. C'est vrai, je ne le nie pas; elle aimait à nourrir les braves.

BONNICHON. Depuis dix ans, elle avait disparu.

BARTHÉLEMY. C'est encore vrai.

BONNICHON. Et l'on vient de recevoir de ses nouvelles! Dans la dernière guerre d'Espagne, au siége de Pampelune, au moment où elle portait le rogomme à nos grenadiers, elle fut blessée d'un obus qui la renversa elle et ses provisions. Elle fit, avant de mourir, une déclaration qu'on vient de me communiquer, et dans laquelle elle avoue que le nommé Barthélemy Bonnichon n'est point Bonnichon Barthélemy, mais un enfant anonyme substitué par elle, dans le criminel espoir de continuer les mois de nourrice.

BARTHÉLEMY. La mère de Joseph aurait dit une chose comme ça! ça n'est pas possible, et je vais le lui faire avouer à elle-même.

BONNICHON. A elle-même!

BARTHÉLEMY. Oui, morbleu! car il n'y a qu'une difficulté; c'est qu'elle n'est pas morte, c'est qu'elle est revenue depuis deux mois, ici, à Paris, où je lui fais une pension alimentaire, ce qui équivaut à des mois de nourrice; et nous allons voir.

BONNICHON, *à part*. Dieux! quel contre-temps! moi qui ne savais pas ça.

BARTHÉLEMY.

Air : *Un homme pour faire un tableau.*

Pour prouver que j' suis votr' parent,
S'il faut une preuve authentique,
J'amèn' ma nourrice à l'instant,
C'est devant elle que j' m'explique.
S'il faut des titres, j'ai les miens ;
La mère Joseph, je m'en flatte,
En est un... et des plus anciens,
Car il a soixante ans de date.

(*Il sort avec Louise.*)

SCÈNE XV.

BONNICHON, *seul*. Il ne me manquait plus que cela ; me voilà dans un bel embarras ; d'autant que ma nièce est plus adroite que mon neveu, et que la découverte de cette ruse peut amener celle de la première ! Et M. Dersan qui va venir, M. Dersan, à qui j'ai promis un succès. Ma foi, essayons un nouveau moyen, il n'y a plus que celui-là qui puisse nous sauver. (*Il se met à la table, et écrit.*)

SCÈNE XVI.

BONNICHON, *à la table, écrivant* ; DERSAN.

BONNICHON. M. Dersan !..
DERSAN. Eh bien ! quelle nouvelle ?
BONNICHON, *écrivant toujours*. Je suis à vous.
DERSAN. Pendant que tu travaillais pour moi, j'ai agi en ta faveur. J'ai vu le directeur des Messageries, il m'a promis qu'on allait en délibérer au comité, et l'on doit envoyer la réponse ici, chez ta nièce.
BONNICHON, *se levant après avoir cacheté la lettre*. Ah ! mon généreux protecteur ! croyez que ma reconnaissance et mon zèle... Pour commencer, notre affaire a manqué, la cause de la nature triomphe, et mon neveu est toujours mon neveu.
DERSAN. J'en étais sûr.
BONNICHON. Mais j'ai déjà rétabli nos affaires, une autre ruse qui doit réussir. (*Montrant la lettre qu'il vient d'écrire.*) Un beau jeune homme, un millionnaire qui me demande, à moi, la main de ma nièce ; il faudra bien qu'elle se prononce. Avez-vous là un de vos gens ! Holà ! quelqu'un !
DERSAN. Mais que veux-tu faire ?
BONNICHON. Je vous le dirai tout à l'heure. (*Au domestique qui entre.*) Tu vas, dans une demi-heure, remettre cette lettre pour moi chez le portier, afin qu'on me la monte ici quand nous serons tous réunis. Surprise, coup de théâtre, dénoûment pathétique et lacrymal ! dépêche-toi.
DERSAN. Explique-moi, au moins...
BONNICHON. Comment ! Monsieur, vous ne comprenez pas tous les avantages de ma position ? Je suis un oncle d'Amérique ou je ne le suis pas ; or, je le suis, donc j'ai le droit de commander.
DERSAN. Tu vas lui commander de m'épouser !
BONNICHON. Je m'en garderais bien ! vous ne connaissez pas le cœur humain ; je m'en vais, au contraire, le lui défendre, et vous allez voir... Les femmes ! Dieux ! les femmes !.. c'est elle, je l'entends... à votre réplique, et ne vous effrayez pas.

SCÈNE XVII.

LES PRÉCÉDENTS, ESTELLE.

BONNICHON, *bien haut*. Oui, Monsieur, vous sortirez à l'instant !
DERSAN, *à demi-voix*. Qu'est-ce que tu veux que je réponde ?
BONNICHON, *de même*. Ce que vous voudrez... (*Haut.*) Moi je parle en oncle, et en oncle irrité.
ESTELLE, *s'avançant*. Eh ! mon Dieu ! qu'y a-t-il ?
BONNICHON. Ce monsieur, que ce matin j'ai déjà vu chez toi, et qui vient de prime abord nous offrir sa main et vingt-cinq à trente mille livres de rente ! c'est-à-dire que c'est avec un malheureux capital de cinq ou six cent mille francs qu'il se présente pour épouser la nièce d'un homme tel que moi ; aussi, Mademoiselle, je vous défends désormais de le revoir et de lui parler.
ESTELLE. Mon oncle... un pareil procédé...
BONNICHON. Est le seul convenable ; car j'ai déclaré à Monsieur que j'avais d'autres vues sur toi ; un capitaliste étranger, un confrère de Saint-Domingue ; et comme il est trois ou quatre fois plus riche, c'est lui que nous préférons. C'est ce que je disais à Monsieur quand tu es entrée.
ESTELLE. Qu'avez-vous fait !.. (*A Dersan.*) Vous pouvez croire qu'un pareil motif...
DERSAN. Dès que votre oncle le dit... dès que vous ne le désavouez pas.
ESTELLE. Monsieur, je vous atteste...
DERSAN. Épargnez-vous d'inutiles serments ; dans la situation où nous sommes maintenant, il n'y a qu'une seule preuve au monde qui eût pu me faire croire à votre tendresse...
ESTELLE. O ciel !
DERSAN. Et dès que vous hésitez à me la donner...
ESTELLE. Ne le croyez pas, je n'hésite pas un instant.
BONNICHON. A la bonne heure. Vous l'entendez, nous sommes décidés ; ma nièce épouse un jeune homme charmant, un élégant d'Haïti qui me demande sa main, et qui lui offre deux millions hypothéqués sur l'indemnité.
ESTELLE. Serait-il vrai ?
BONNICHON. J'attends de lui une lettre que je vous montrerai.
ESTELLE. Ah ! que je suis heureuse ! il est donc un sacrifice que je peux vous faire ! et puisqu'il n'y a pas d'autre moyen de dissiper vos soupçons... Dersan, voulez-vous ma main ? la voici.
DERSAN. Ah ! vous comblez tous mes vœux.
BONNICHON, *à part*. A merveille !.. (*Haut.*) Et quel est le rôle que je joue ici ? vous croyez que, devant moi, je souffrirai...
ESTELLE. Oui, mon oncle, vous vous laisserez fléchir, vous consentirez à mon mariage.
DERSAN. Oui ; il va donner son consentement, n'est-il pas vrai ?
BONNICHON. Non, Monsieur..
DERSAN, *bas*. Veux-tu bien le donner, ou je t'assomme !
BONNICHON. Eh non, Monsieur... (*A part.*) Il n'est pas encore temps ; il faut que nous soyons en famille... Précisément, c'est mon neveu Barthélemy.

SCÈNE XVIII.

Les précédents, BARTHÉLEMY et LOUISE.

BARTHÉLEMY. Mon oncle, la mère Joseph est en bas, et elle vous attend; car elle aime autant ne pas monter.

BONNICHON. A l'autre, maintenant; il s'agit bien de cela.

BARTHÉLEMY. Voici, en même temps, une lettre qu'on m'a remise en bas, à votre adresse.

BONNICHON. Ah! je sais ce que c'est; remettez-la à votre cousine, à votre cousine qui brave mon autorité, et que désormais je déshérite en votre faveur; mais je veux qu'elle voie du moins ce qu'elle refuse. (*A Estelle, qui prend la lettre.*) Lisez, Mademoiselle, c'est la lettre du jeune insulaire. (*A Barthélemy.*) C'est la portière qui, sans doute, te l'a donnée pour moi.

BARTHÉLEMY. Non; c'est, comme j'arrivais, un homme en pantalon et en veste de velours bleu, avec la plaque des Messageries.

BONNICHON. Ah! mon Dieu! c'est de la rue Notre-Dame-des-Victoires.

ESTELLE, *qui a ouvert la lettre et qui l'a lue.* Qu'est-ce que cela veut dire?.. « Les administrateurs « des Messageries royales, à M. Bonnichon... Monsieur, « d'après la recommandation de M. Dersan, votre « place de conducteur, qui vous avait été enlevée de-« puis quinze jours, vient de vous être rendue... »

BONNICHON. Quel bonheur!.. (*A part.*) Dieux! qu'est-ce que je dis là?.

ESTELLE, *continuant.* « Et vous êtes désormais atta-« ché à la diligence de Lyon, qui part demain. » Qu'est-ce que cela signifie?

BONNICHON. Que vous n'avez plus besoin de mon consentement. Hélas! Mademoiselle, je ne suis plus votre oncle. (*A Barthélemy.*) Et toi, mon garçon, je suis toujours le tien, Thomas Bonnichon, conducteur.

BARTHÉLEMY. Vous ne venez donc pas d'Haïti?

BONNICHON. La diligence ne va pas jusque-là.

ESTELLE, *à Dersan.* Quoi! Monsieur, m'avoir trompée encore?

DERSAN. J'ai votre parole, et vous la tiendrez, ne fût-ce que pour m'empêcher de faire de nouvelles extravagances; car je n'ai plus qu'une dernière folie à tenter, et si vous me refusez encore, j'y suis décidé; c'est de me ruiner, pour que vous soyez aussi riche que moi.

ESTELLE. Allons, je vois qu'il faut vous épouser pour sauver votre fortune.

DERSAN. Est-ce là le seul motif?

ESTELLE. Vous savez bien le contraire.

BONNICHON. Et comme, en qualité d'oncle, il faut que je marie quelqu'un, (*A Barthélemy et à Louise.*) mes enfants, je vous unis.

BARTHÉLEMY. Et la dot?

DERSAN. Les cinq mille francs que tu as reçus d'avance.

LOUISE. Et le présent de noces?

BONNICHON. Il est resté en Amérique.

BARTHÉLEMY. Vous n'étiez qu'un parent de contrebande?

BONNICHON. Comme tu dis, et je ne suis pas le seul.

VAUDEVILLE.

Air du vaudeville des *Drapeaux*.

BONNICHON.
Ici-bas, combien j'en vois
Qui devraient payer l'amende;
Ici-bas, combien j'en vois
Passer sans payer les droits.

TOUS.
Ici-bas, combien j'en vois, etc.

BONNICHON.
On voit, dans plus d'un quartier,
Bien des parents de commande;
Du premier jusqu'au dernier,
Souvent jusqu'à l'héritier...
Contrebande. (*bis.*)
Ici-bas, combien j'en vois
Qui devraient payer l'amende;
Ici-bas, combien j'en vois
Passer sans payer les droits.

LOUISE.
Le public dit : Quel succès!
Voyez, que la foule est grande!
Mais le caissier, aux aguets,
Dit, en comptant les billets :
Contrebande. (*bis.*)
Ici-bas, combien j'en vois, etc.

DERSAN.
Une nymphe d'Opéra,
Fraîche comme sa guirlande,
De loin me charmait déjà...
Quand un Anglais murmura :
Contrebande. (*bis.*)
Ici-bas, combien j'en vois, etc.

BONNICHON.
En route, dans le *Courrier*,
Un jour, je lus *Han d'Islande*;
Mais j'entendis un douanier :
Aux barrières s'écrier :
Contrebande. (*bis.*)
Ici-bas, combien j'en vois, etc.

BARTHÉLEMY.
Sur le pont des Arts, hier,
L'invalide qui commande
Disait, rien qu'en voyant l'air
D'un bourgeois en habit vert :
Contrebande. (*bis.*)
Ici-bas, combien j'en vois, etc.

ESTELLE, *au public.*
Au Parnasse on fraude aussi;
Les flibustiers vont par bande;
Et de cet ouvrage-ci,
On pourra dire aujourd'hui :
Contrebande. (*bis.*)
Laissez-le, pour cette fois,
Passer sans payer l'amende;
Laissez-le, pour cette fois,
Passer sans payer les droits.

FIN DE L'ONCLE D'AMÉRIQUE.

MADAME RIGAUD. Ah! mon Dieu! qu'est-ce que je vois là? — Scène 8.

LES DEUX MARIS

COMÉDIE EN UN ACTE, MÊLÉE DE COUPLETS,

Représentée, pour la première fois, à Paris, sur le théâtre des Variétés, le 3 février 1819, et reprise en 1829 au théâtre du Vaudeville, sous le titre de M. RIGAUD.

EN SOCIÉTÉ AVEC M. VARNER.

Personnages.

M. DE SÉNANGE.
ÉLISE, sa femme.
RIGAUD, receveur de l'enregistrement.

MADAME RIGAUD, sa femme *.
GERTRUDE, gouvernante d'Élise.
LABRIE, domestique.

La scène se passe dans un château, au fond de la Touraine.

Le théâtre représente un salon élégant; une porte au fond; deux portes latérales avec deux marches; à gauche du spectateur, une table.

SCÈNE PREMIÈRE.
ÉLISE, GERTRUDE.

ÉLISE. Eh bien! Gertrude?

* Ce rôle ne doit point être joué en caricature; il est de l'emploi des premiers rôles ou des jeunes soubrettes.

GERTRUDE. Je vous disais bien, Mademoiselle, qu'on n'avait point frappé et qu'il n'y avait personne à la porte du château.
ÉLISE. A la bonne heure, je me serai trompée; tant mieux, car le cœur me battait déjà. Voilà pourtant, je crois, cinq heures passées.
GERTRUDE. Eh! qui voulez-vous donc qui vienne? De-

puis un an que vous avez perdu madame votre tante, et que vous m'avez fait venir habiter avec vous cet immense château, au fond de la Touraine, nous n'avons pas reçu une seule visite. Dieu merci, nous n'attendons jamais personne, et je vous vois aujourd'hui d'une impatience, d'une inquiétude...

ÉLISE. Il est vrai, il y a des jours où l'on ne peut rendre compte de ce qu'on éprouve.

GERTRUDE. Nous y voilà. Je vous disais bien, moi, que cette solitude finirait par vous ennuyer, que le cœur viendrait à parler. Ah! si vous saviez ce que c'est que de rester demoiselle! Ce n'est pas parce que j'ai manqué trois mariages, mais certainement...

ÉLISE. Gertrude...

GERTRUDE. Oui, Mademoiselle, le dernier était en quatre-vingt-dix-huit, je venais alors d'entrer dans votre famille en qualité de gouvernante; j'ai vu depuis tout le monde s'établir, et je suis restée mademoiselle Gertrude.

ÉLISE, *soupirant*. Ah! ma bonne!

GERTRUDE. Eh bien! voyons, de la confiance; allons, je le vois, vous aimez.

ÉLISE. Oh! mon Dieu, non.

GERTRUDE. Vous êtes aimée.

ÉLISE. Ce ne serait rien, je suis...

GERTRUDE. Eh bien! quoi?

ÉLISE. Je suis mariée!

GERTRUDE, *stupéfaite*. Mariée! encore une!.. comment, Mademoiselle, avec cet air si doux, si tranquille! qui s'en serait douté! moi qui vous prêchais... et quel est donc cet époux invisible?

ÉLISE. Je ne le connais pas.

GERTRUDE. On n'a jamais rien vu de pareil! Et voilà la première fois que vous m'en parlez?

ÉLISE. Que veux-tu? C'était un secret, et depuis le temps, j'avais presque oublié moi-même que j'étais enchaînée. J'étais encore en pension lorsque des intérêts de famille et la volonté de ma tante me firent contracter cet hymen; nous fûmes séparés en sortant de l'église; je vins habiter cette solitude, et jamais l'idée d'une entrevue ou d'un rapprochement ne s'était présentée à mon esprit lorsque cette lettre est venue troubler mon repos et renverser toutes mes idées. Lis toi-même.

GERTRUDE. J'en suis encore tout étonnée! (*Lisant.*) « Paris, ce six décembre. Ma chère amie, Adolphe « de Sénange vient d'arriver ici...» Comment! M. de Sénange que j'ai vu si jeune, que j'ai presque élevé! c'était un charmant enfant. « Vous vous imaginez bien que huit années de voyages l'ont un peu changé; mais l'on s'accorde à lui trouver de l'esprit, de la grâce et la réputation d'un fort aimable cavalier. Je ne doute point que cet hymen qu'on lui a fait contracter si jeune ne l'occupe beaucoup... »

ÉLISE. Et moi, donc.

Air du vaudeville de *Haine aux Hommes*.
Las! par un bizarre devoir,
Il faut que je m'efforce à plaire
Aux yeux d'un époux, sans savoir
Quel est son cœur, son caractère.

GERTRUDE.
C'est terrible qu'il faille exprès
L'aimer avant de le connaître.

ÉLISE.
Eh! mon Dieu, ce sera peut-être,
Encor plus difficile après.

Et quand je songe qu'aujourd'hui même il peut arriver.

GERTRUDE. Mais je ne vois point cela.

ÉLISE, *lui prenant la lettre*. C'est que tu ne lis pas. (*Lisant.*) « Il s'informe de sa femme à tout le monde; « mais, vu l'extrême solitude où vous vivez, peu de « gens peuvent lui répondre, et je sais, par un de ses « amis intimes, qu'il part demain pour se rendre au- « près de vous. Il arrivera à votre château, à pied, « incognito, comme un voyageur égaré qui demande « l'hospitalité; décidé, selon les événements, à se faire « connaître, ou à demander la dissolution d'un hymen « qui, peut-être, vous serait à charge à tous les deux.» Eh bien! qu'en dis-tu?

GERTRUDE. Je dis que ce mari-là vous conviendra, qu'il faut qu'il vous convienne.

Air : *De sommeiller encor, ma chère*.

Malgré le temps, malgré l'absence,
Vous avez fait, assurément,
L'un en Afrique, l'autre en France,
Bon ménage jusqu'à présent.
Respectant le lien suprême
Par qui vous fûtes attachés,
Ne vous brouillez pas le jour même
Où vous vous serez rapprochés.

ÉLISE. J'y suis décidée, je ne demanderai jamais la rupture de ce mariage; mais s'il l'exige, je serai prête à y souscrire. Tu vois que je n'y mets point d'amour-propre et que ma vanité blessée n'entre pour rien dans la crainte de lui déplaire. Mais, dis-moi, comment n'exciterais-je pas ses dédains, moi qui n'ai jamais quitté cette solitude, qui n'ai ni les talents, ni les grâces des dames de la ville? J'en suis certaine, il va me trouver gauche, insipide; je m'en apercevrai, cela me troublera encore plus, et je ne pourrai pas lui dire un mot.

GERTRUDE. Allons donc, Mademoiselle.

ÉLISE. Écoute, pour les premiers moments seulement, ne me nomme pas; dis que madame de Sénange est absente, et désigne-moi comme une de ses amies.

GERTRUDE. Tenez, Mademoiselle, tous ces détours, ces épreuves-là portent toujours malheur. On ne saurait agir trop franchement. C'est vous, c'est moi! Ça vous convient-il? nous voilà! Moi qui vous parle, j'ai manqué mes trois mariages pour avoir voulu éprouver m's futurs; et s'il s'en présente jamais un quatrième, je vous jure que je le prendrai sur parole.

ÉLISE. N'importe! entends-tu, j'exige... Ah! mon Dieu! que nous veut ce valet?

SCÈNE II.

LES PRÉCÉDENTS; LABRIE, *en grande livrée*.

LABRIE. Madame, c'est un homme qui est à la porte du château; il dit qu'il s'est égaré, qu'il ne reconnaît plus son chemin.

ÉLISE. Eh bien?

LABRIE. Il demande à entrer un instant, et à se sécher au feu de la cuisine, car il fait une neige et un froid...

ÉLISE, *très-émue*. Qu'on le fasse entrer ici, qu'on ait pour lui tous les soins, tous les égards...

LABRIE. Oui, Madame.

GERTRUDE. Les plus grands égards, entendez-vous?

LABRIE. Oui, Mademoiselle.

ÉLISE.

Air : *Adieu, je vous fuis, bois charmant*.

Dites qu'en cet appartement
A nous attendre de l'invite,
Que nous revenons dans l'instant.

GERTRUDE.
Madame, dépêchons-nous vite.
Quand il vient réclamer ses droits,
Et surtout qu'il vient en décembre
On ne peut décemment, je crois,
Laisser l'hymen faire antichambre.

ÉLISE. Viens, te dis-je; ma frayeur redouble, et j'ai besoin de me remettre quelques instants. (*Elles sortent*.)

SCÈNE III.

LABRIE, puis RIGAUD, *tenant sous le bras un petit sac de nuit en taffetas flambé.*

LABRIE. Par ici, Monsieur, par ici.
RIGAUD. C'est mille fois trop de bontés. J'aurais aussi bien attendu en bas; je ne déteste pas le feu de la cuisine. Diable! un beau château et de beaux appartements!
LABRIE. Madame a dit qu'elle allait venir, et que si Monsieur voulait se reposer et se rafraîchir.
RIGAUD. Je n'en reviens pas! les maîtres de ce château sont d'une politesse... Ma foi! j'en profiterai, car j'ai une soif et un appétit...
LABRIE, *s'inclinant.* Rouge ou blanc?
RIGAUD. Comment! rouge ou blanc? Ah! ça m'est égal; je prends le temps comme il vient, les gens comme ils sont, et le vin comme il se trouve.
LABRIE. Je vais monter à Monsieur une bouteille de bordeaux et une tranche de pâté. (*Il salue et sort.*)

SCÈNE IV.

RIGAUD, *seul.* Une tranche de pâté et une bouteille de vin de Bordeaux! Quel accueil on me fait! On m'aura aperçu des fenêtres du salon; voilà ce que c'est que de voyager à pied; on ne va pas vite, il est vrai, mais qu'est-ce qui me presse? qu'est-ce que j'ai en perspective? Madame Rigaud et mon bureau d'enregistrement; j'arriverai toujours assez tôt, et je peux déposer un instant ce havresac conjugal que, nouvelle Pénélope, madame Rigaud a cousu elle-même de ses pudiques mains. (*Il met le sac sur la table.*)

AIR : *Gai, Coco.*

Bien loin d'être volage,
Toujours fidèle et sage,
J'offre dans mon ménage
La raison
D'un Caton.
Mais si, loin de ma femme,
Le hasard me réclame,
S'il faut quitter ma dame,
Alors, la mort dans l'âme
Et poussant un soupir,
Je dis, prêt à partir,
Bonsoir à ma femme,
Bonjour au plaisir.

C'est terrible les femmes! parce que j'ai eu quelques succès dans ma jeunesse; parce que j'ai eu le malheur (car c'en est un) d'être signalé comme un homme à bonnes fortunes, je ne peux pas m'absenter une quinzaine de jours sans que soudain ma femme ne me décoche une douzaine d'épîtres fulminantes de tendresse, et cela sous prétexte qu'elle est jalouse. Mais est-ce ma faute à moi si je suis doué de quelque sensibilité, d'une tournure entraînante, d'une amabilité contagieuse? Je ne peux pas me refaire et empêcher les aventures qui me tombent de tous côtés.

SCÈNE V.

RIGAUD, GERTRUDE, *entrant d'un air mystérieux et à voix basse.*

GERTRUDE. Monsieur!
RIGAUD. Qu'est-ce que c'est?
GERTRUDE, *de même.* Monsieur n'est sans doute ce beau voyageur à qui nous avons donné l'hospitalité?
RIGAUD. Moi-même.
GERTRUDE, *à part.* C'est bien cela; il a une excellente figure, et j'étais bien sûre que je le reconnaîtrais rien qu'à l'air de famille. (*Mystérieusement.*) Madame est encore à sa toilette, et j'en ai profité pour venir vous prévenir. On m'a recommandé le secret, mais c'est pour votre bonheur à tous deux, chut!
RIGAUD, *à part.* A qui en a-t-elle donc?
GERTRUDE. On vous attendait avec impatience, on vous aime déjà.
RIGAUD, *d'un air étonné.* Hein? On m'aime déjà?...
GERTRUDE. Silence! On voulait se déguiser, vous éprouver; mais à quoi bon toutes ces précautions? On ne saurait trop se hâter d'être heureux; et vous-même, pourquoi feindre plus longtemps? Vous êtes dans votre maison, une femme charmante vous attend. Vous voyez que j'en sais autant que vous.
RIGAUD, *à part.* Je dirai même plus. (*Haut.*) Ah çà! pour qui me prend-on?
GERTRUDE. Pour le propriétaire de ce château, pour le mari de ma belle maîtresse.
RIGAUD, *vivement.* Hein? comment dites-vous? Répétez-moi cela, je vous en prie. (*A part.*) Ma foi! voilà une bonne fortune que je ne cherchais pas... mais mon étoile l'emporte.

GERTRUDE.

AIR : *Le briquet frappe la pierre.*

Reconnaissez-vous Gertrude
Qui vous fit marcher, courir?
RIGAUD.
J'en ai quelque souvenir.
GERTRUDE, *à part.*
Moi, j'en ai la certitude,
Quoique depuis ce temps-là
Il ait changé ,. c'est bien ça.
RIGAUD, *à part.*
Adviendra ce qui pourra ;
J'ai beau renoncer à plaire,
Du monde me retirer,
On s'obstine à m'adorer :
Il faut bien se laisser faire,
Puisque l'on ne peut enfin
Lutter contre son destin.

GERTRUDE. Mais, silence avec Madame ; ne dites pas que je vous ai prévenu, et attendez le moment de vous déclarer, ça ne tardera pas.
RIGAUD. Ma femme est donc gentille?
GERTRUDE. Charmante, fraîche et jolie comme on l'est à vingt ans.
RIGAUD. Et cette propriété?
GERTRUDE. Superbe! des bois, des prés, des vignes.
RIGAUD. Ah! des vignes! nous avons donc de bon vin?
GERTRUDE. Vous en jugerez, une cave admirable!
RIGAUD, *à part.* Parbleu! je ne serais pas fâché une fois en ma vie d'être propriétaire, ne fût-ce que pour un quart d'heure. Il me semble que c'est un de ces rôles qu'on peut jouer sans avoir appris.... (*Haut.*) Ma foi! Madame...
GERTRUDE. Dites donc Gertrude.
RIGAUD. Eh bien! oui, ma chère Gertrude; oui, oui, c'est tout ce que j'ai à vous dire.
GERTRUDE. Et c'est tout ce que je voulais.
RIGAUD. Ça n'était pas difficile. Hein? qui vient là? Est-ce la tranche de pâté?

SCÈNE VI.

LES PRÉCÉDENTS, LABRIE.

LABRIE. Madame n'est point là?
GERTRUDE. Que lui veut-on?
LABRIE. Je venais apprendre à Madame un accident qui est arrivé dans le chemin creux, une espèce de diligence a versé non loin d'ici.
GERTRUDE, *montrant Rigaud.* Parlez à Monsieur.
LABRIE, *étonné.* Comment?
GERTRUDE. Prenez les ordres de Monsieur.
RIGAUD, *à part.* C'est bien le moins que je fasse pour eux ce qu'on vient de faire pour moi. (*Haut.*)

Qu'on vole au secours de ces voyageurs et qu'on s'empresse de les recevoir.

Air de *Julie*, ou du *Pot de Fleurs*.
La maison, les vins et la table,
Il faut tout offrir, tout donner.
Dès qu'il s'agit d'obliger son semblable,
Moi, je ne sais rien épargner.
Dans le bonheur que le hasard m'apporte,
Je ne suis pas de ceux qui, par bon ton,
Ont oublié, dès qu'ils sont au salon,
Qu'ils étaient naguère à la porte.

GERTRUDE, *à part*. Quelle bonté! je le reconnais bien là.

RIGAUD. Je reviendrai savoir s'il ne leur manque rien. Le plus pressé, je crois, est de me rendre présentable; (*A Gertrude*.) car je n'ai pas trop l'air d'un maître de maison.

LABRIE. Je vais montrer à Monsieur la petite chambre d'en haut.

GERTRUDE. Qu'est-ce que c'est? L'appartement du premier, entendez-vous? le grand appartement.

LABRIE. Mais c'est celui qui est à côté de la chambre de Madame.

GERTRUDE. Qu'importe! exécutez ce qu'on vous dit; ces gens-là font des questions.... Eh! allez donc, Labrie.

RIGAUD, *à part*. Diable! ne nous négligeons pas. Allons, Rigaud. (*Pendant ce temps Rigaud a ouvert son porte-manteau et en retire une chemise, une cravate et des bas.*)

GERTRUDE. Ne vous donnez pas la peine, on va vous porter cela. Labrie!. Je vais voir moi-même s'ils vous ont allumé du feu, si tout est en ordre.

RIGAUD. Voilà bien la meilleure femme que j'aie jamais vue; ma chère Gertrude, où est mon appartement?

GERTRUDE, *lui indiquant la porte à gauche*. Le voici. (*Rigaud sort*.)

SCÈNE VII.

GERTRUDE, *seule*. La meilleure femme! qu'il est aimable! Je vais donner un coup d'œil à son appartement... et cette diligence qui arrive, et Madame donc, je veux la prévenir que son mari est charmant, qu'il lui convient à merveille. Mais j'ai bien fait de m'en mêler; sans cela, ces pauvres enfants ne se seraient jamais entendus. Ah! mon Dieu! déjà un monsieur et sa femme qui viennent de ce côté! Dépêchons-nous. (*Elle sort du côté de l'appartement de Rigaud.*)

SCÈNE VIII.

MADAME RIGAUD, *en costume de voyage élégant*; SÉNANGE, *lui donnant le bras et portant un sac*.

SÉNANGE, *à la cantonade*. C'est inutile; nous n'avons besoin de rien; soignez ces dames et les autres voyageurs.

MADAME RIGAUD. Ah! les maudites voitures! J'avais beau crier au postillon : Vous allez verser! vous allez verser! ça n'a pas manqué; juste au milieu d'une ornière, et sans l'hospitalité qu'on veut bien nous accorder en ce château.

SÉNANGE. Je me félicite de m'être trouvé là au moment pour vous porter secours. (*A part.*) Ça ne pouvait pas mieux tomber; je me suis glissé à la faveur de la diligence.

MADAME RIGAUD. Ah! Monsieur, que ne vous dois-je pas? On ne pouvait pas mettre plus de délicatesse, de galanterie. Eh bien! je l'ai toujours dit, depuis que le maître de poste de l'Ile-Bouchard a organisé ses pataches en célérifères, on ne voit que des accidents.

Air : *Lise épouse l'beau Gernance*.
Grâce à cette mode anglaise,

Au lieu de huit on tient seize,
Et sur ce haut phaéton,
On se croit presque en ballon.
Ces voitures qu'on redoute
Ont acquis le droit, dit-on,
De verser sur chaque route,
Par brevet d'invention.

SÉNANGE. Vous ne vous êtes point blessée?

MADAME RIGAUD. Non; mais cette aventure nous fait perdre deux heures! Imaginez-vous, Monsieur, que je poursuis mon mari, qui depuis huit jours devrait être de retour. Mais il n'en fait jamais d'autres : il part en diligence et revient toujours à pied. Voyant qu'il n'arrivait pas, je me suis mise en route pour aller à sa rencontre.

SÉNANGE. Je vois que Madame a les passions vives.

MADAME RIGAUD. Non, Monsieur. Autrefois, je ne dis pas, j'étais l'exigence, la tendresse même; mais vous sentez qu'on se lasse de tout; et maintenant mon parti est pris; plus de reproches, de querelles; je ne veux plus me venger de mon mari qu'en le faisant enrager de tout mon cœur.

SÉNANGE. Voilà certainement une intention louable, et pour peu que Madame soit vindicative... (*A part.*) Je suis bien heureux que ce ne soit pas là ma femme.

MADAME RIGAUD. A quoi sert la jalousie? à se tourmenter, à se créer des soupçons... (*Apercevant la valise que Rigaud a déposée sur la table.*) Ah! mon Dieu, qu'est-ce que je vois là?

SÉNANGE. Qu'avez-vous donc?

MADAME RIGAUD. Rien. (*A part.*) Mais cela ressemble étrangement au porte-manteau de M. Rigaud : je le connais trop bien pour me tromper!

RIGAUD, *dans la coulisse, à haute voix.* C'est bon, ma chère Gertrude; qu'on ait soin de me faire chauffer mes pantoufles.

MADAME RIGAUD. Qu'entends-je? C'est bien lui! (*Elle s'élance vers la porte.*)

SCÈNE IX.

LES PRÉCÉDENTS, GERTRUDE, *sortant de l'appartement à gauche, et l'arrêtant sur la première marche.*

GERTRUDE. Eh bien! où allez-vous donc?

MADAME RIGAUD, *embarrassée*. Rien... Je connais la personne qui est dans cet appartement, et je voudrais...

GERTRUDE. Comment! vous connaissez... Eh bien! donc, silence, ne dites rien.

MADAME RIGAUD. Que je ne dise rien! Savez-vous ce que c'est?

GERTRUDE. Eh bien! oui, c'est le maître de la maison; mais il est ici incognito, à cause de Madame; vous saurez tout cela plus tard; la déclaration n'a pas encore eu lieu.

MADAME RIGAUD. Ah! la déclaration n'a pas encore eu lieu! J'arrive au bon moment.

SÉNANGE, *qui pendant ce temps a toujours regardé vers la porte à droite.* Je ne vois rien paraître. (*A Gertrude.*) Me serait-il permis de parler à madame de Sénange?

GERTRUDE, *à part.* Et lui aussi? encore une visite! ces pauvres époux n'auront pas un moment pour se voir! (*A Sénange.*) Ça ne se peut pas, Madame ne sera point au château d'aujourd'hui, elle fait des visites dans les environs; (*à madame Rigaud.*) et Monsieur n'est pas visible.

MADAME RIGAUD, *à part.* J'en suffoque! mais il vaut mieux se contenir, se modérer, voir jusqu'où il poussera la perfidie, et le confondre par ma présence. (*A Sénange.*) Vous ne venez pas, Monsieur?

SÉNANGE. Vous m'excuserez; je suis à vous dans l'instant. (*Madame Rigaud sort.*)

SCÈNE X.
SÉNANGE, GERTRUDE.

SÉNANGE. De sorte que madame de Sénange n'est point au château.
GERTRUDE. Non, Monsieur, je vous l'ai déjà dit.
SÉNANGE, *regardant à droite.* Eh! dites-moi, quelle est cette jolie personne que je viens d'entrevoir?
GERTRUDE. C'est... c'est une demoiselle... une amie de Madame (*A part.*) Mon Dieu! ce monsieur est bien curieux!

SCÈNE XI.
GERTRUDE, SÉNANGE, ÉLISE, *en grande parure.*

ÉLISE. Et cette Gertrude qui ne revient pas... (*Apercevant Sénange.*) Ah! mon Dieu! c'est lui! (*Ils se saluent profondément.*)
SÉNANGE. On m'a assuré, Mademoiselle, que madame de Sénange n'était point au château?
ÉLISE, *à part.* C'est bien; Gertrude a suivi mes ordres. (*Haut.*) Je suis fâchée que madame de Sénange ne soit point ici.
SÉNANGE. Je ne m'aperçois plus de son absence.

AIR : *Quand l'Amour naquit à Cythère.*

J'aurais pourtant, Mademoiselle,
Voulu la voir et lui parler ;
On m'a tant dit qu'elle était belle.
ÉLISE.
Hélas! je commence à trembler.
SÉNANGE.
Quoique l'on vante votre amie,
Je ne saurais me figurer
Qu'elle puisse être aussi jolie.
ÉLISE.
Je commence à me rassurer.

SÉNANGE, *à part.* Ah! si c'eût été là ma femme, j'aurais été trop heureux!
ÉLISE. Madame de Sénange ne reviendra que demain.
GERTRUDE, *appuyant.* Oui, que demain.
ÉLISE. Mais, comme son amie, elle m'a chargée de faire les honneurs de chez elle, et j'espère que Monsieur me fera le plaisir de passer cette journée au château.
GERTRUDE. Qu'est-ce qu'elle dit donc?
SÉNANGE. Madame... (*A part.*) J'ai peur que l'amie de ma femme ne soit beaucoup trop jolie.
ÉLISE. Vous avez, dites-vous, à parler à madame de Sénange?
SÉNANGE. Oui, il est vrai, j'avais à lui parler; mais je crois que maintenant ce que j'aurais à lui dire serait inutile; je préfère lui écrire : croyez, Madame, qu'un devoir indispensable peut seul m'empêcher d'accepter votre invitation.

AIR de *Montano et Stéphanie.*

Voilà (*bis.*)
Celle dont je rêvais l'image,
Voilà (*bis.*)
Celle que j'adorais déjà.
Hélas! quel dommage !
J'ai formé d'autres nœuds !
L'honneur m'engage
A fuir loin de ces lieux.
ÉLISE, SÉNANGE.
Voilà (*bis.*)
Celui dont je rêvais l'image,
Celle dont je rêvais l'image,
Voilà (*bis.*)
Celui qui me charmait déjà,
Celle que j'adorais déjà

SCÈNE XII.
ÉLISE, GERTRUDE.

ÉLISE. Oh! je le comprends, c'est bien lui ; voilà l'idée que je m'en faisais ; ah! Gertrude, j'en suis enchantée.
GERTRUDE. Et de qui?
ÉLISE. De lui.
GERTRUDE. De lui! de ce monsieur qui n'a rien dit?
ÉLISE. C'est égal! nous nous entendions si bien ; quel air de bonté! mais aie soin au moins qu'il ne parte pas, car je me reproche déjà de l'avoir trompé et de ne lui avoir pas dit sur-le-champ que j'étais sa femme.
GERTRUDE. Sa femme! mais ce n'est pas là votre mari.
ÉLISE. Comment, ce n'est pas là...
GERTRUDE. Il a, ma foi! une bien autre tournure. Je l'ai vu, je lui ai parlé; allez, Madame, vous en serez enchantée!.... Eh bien! Madame, qu'avez-vous donc? vous vous trouvez mal?
ÉLISE. Non, non, ce n'est rien... Mais celui-là?
GERTRUDE. Celui-là est un habitant de ce département, qui pour son plaisir, ou ses affaires, voyage en diligence avec sa femme.
ÉLISE. Sa femme!
GERTRUDE. Oui, une petite femme à laquelle il donnait le bras en entrant.
ÉLISE, *à part.* Ah! qu'ai-je fait?
GERTRUDE. Mais l'autre, quelle différence ! si vous saviez comme il m'a reçue. Ma bonne Gertrude! il a le cœur sur la main ; en un instant il m'a tout avoué, qu'il était votre mari, qu'il venait vous éprouver ; mais qu'il voulait encore garder le secret; ainsi, motus.
ÉLISE, *douloureusement.* Plus de doute.
GERTRUDE. Tenez, le voici. Regardez-moi un peu quelle tournure et quel aplomb ! il est encore mieux que tout à l'heure.

SCÈNE XIII.
LES PRÉCÉDENTS, RIGAUD, *en grande parure.*

RIGAUD.
AIR : *Vivent les amours qui toujours.*

Salut, ô vous à qui je dois
Le bon accueil qu'aujourd'hui je reçois !
Ces lieux sont enchantés, je crois ;
On est chez vous, ma foi,
Comme chez soi.
Rien n'est si frais
Que vos bosquets :
Rien n'est si beau
Que cet ancien château.
C'est divin !
Je ne vois enfin
Que vous ici
Qui soyez mieux que lui.
Salut, etc.

(*A Gertrude*)
C'est qu'elle est charmante, ma femme !
GERTRUDE. N'est-il pas vrai? mais elle est si émue de l'idée de vous voir !
RIGAUD. Je connais cela. (*Haut, à Élise.*) C'est un événement bien extraordinaire que celui... qui fait que des gens... qui ne se sont jamais vus, se trouvent attirés l'un vers l'autre par une espèce de sympathie.
GERTRUDE, *bas.* Prenez garde d'en trop dire.
RIGAUD, *de même.* Sois tranquille, je vais compliquer mon style. (*Haut.*) En vérité, si je ne croyais pas aux attractions soudaines, je ne pourrais expliquer ce qu'on éprouve en entrant dans ce château ; on y est comme

sous l'influence d'un charme magique, qui semble vous interdire la possibilité de tout mouvement rétrograde. (*A Gertrude.*) Eh bien! toi qui craignais que je ne me fisse trop comprendre, qu'en dis-tu?

GERTRUDE, *de même.* C'est bien. (*Haut.*) Madame, est-ce là parler?

ÉLISE, *très-émue.* Je ne doute point, Monsieur, que votre arrivée en ces lieux... ne soit un grand bonheur pour nous, mais avant de nous expliquer davantage, permettez-moi de me recueillir, de rassembler mes idées; je ne vous le cache pas, je suis en ce moment dans un trouble...

RIGAUD. Qui a bien son côté flatteur, et quand nous nous connaîtrons mieux...

ÉLISE. Oui, je dois chercher à détruire les impressions défavorables que cette réception a pu vous faire naître; vous n'êtes pas bien pressé, je crois, de continuer votre voyage?

RIGAUD. Mon Dieu! rien ne me gêne, et j'ai du temps devant moi.

AIR : *Tenez, pour vous rendre gaillard* (de LA LAITIÈRE SUISSE).

Faut-il venir ou s'en aller,
Je suis l'homme le plus commode.
(*A part.*)
Bravo! l'on vient de m'installer;
Moi, j'aime assez cette méthode.
Entre deux ménages que j'ai,
Je prends, heureux propriétaire,
L'un pour domicile obligé
Et l'autre pour un pied-à-terre.

GERTRUDE, *avec intention.* Vous vous plaigniez tout à l'heure, Madame, d'être obligée de souper seule; pourquoi Monsieur ne vous ferait-il pas l'honneur... (*Bas.*) Aux termes où vous en êtes, vous ne pouvez vous dispenser de l'inviter.

ÉLISE. Eh bien! dispose, ordonne, fais tout ce que tu voudras... ah! ma bonne, je n'y tiens plus et je me sens prête à pleurer.

SCÈNE XIV.

LES PRÉCÉDENTS, SÉNANGE.

SÉNANGE. Non, je ne partirai pas; il faut absolument que je lui parle. (*Apercevant Rigaud.*) Quel est cet homme?

RIGAUD. Souper en tête à tête! en honneur, je suis trop heureux. (*Il baise la main d'Elise*)

SÉNANGE. Mille pardons, Mademoiselle, ma présence est sans doute importune et je me retire.

ÉLISE. Non, Monsieur.

SÉNANGE. Je vois que cette retraite n'est pas aussi inaccessible que vous le disiez. Je ne partais pas sans quelque crainte lorsque je songeais aux dangers que vous pouviez y courir; mais je vous quitte bien plus rassuré, en voyant en quelle compagnie je vous laisse.

RIGAUD, *à part.* Quel est ce monsieur si pincé?

ÉLISE. J'ignore, Monsieur, de quoi vous pouvez vous plaindre.

SÉNANGE. Moi, Madame, me plaindre; eh! qui m'en aurait donné le droit? Je me disais seulement qu'il était souvent moins cruel de perdre certaines personnes que de renoncer à l'estime qu'on avait d'elles; qu'il y avait des sentiments qu'on regrettait d'avoir éprouvés; et des illusions dont on était bien cruellement détrompé.

ÉLISE. Grand Dieu! quelle idée a-t-il donc de moi? Vous êtes bien prompt dans la manière dont vous accordez ou retirez votre estime, Monsieur; vous vous hâtez de juger avec bien de la sévérité une plaisanterie que j'avais crue innocente et dont je vois maintenant les conséquences. Je vous ai dit ce matin que madame de Sénange était absente, que j'étais une de ses amies; je vous ai trompé, et quelque opinion que puisse vous donner de moi ce mensonge, je sens qu'il faut vous avouer la vérité, je suis madame de Sénange elle-même.

SÉNANGE, *avec transport.* Comment!.. Il serait vrai! L'ai-je bien entendu! Vous seriez?..

RIGAUD, *appuyant.* Oui, Monsieur.

ÉLISE. C'est vous dire assez que je ne puis vous entendre, et que ce n'est pas à moi qu'il faut vous adresser. (*A Rigaud.*) Je suis bien fâchée, Monsieur, de trahir votre incognito, mais les circonstances où nous nous trouvons rendent cette explication indispensable. Quoique Monsieur ne soit qu'un étranger, je tiens aussi à son estime, et je vous prie de lui apprendre vous-même qui vous êtes, et les liens qui nous unissent. Viens, Gertrude. (*Elles sortent.*)

SCÈNE XV.

SÉNANGE, RIGAUD.

SÉNANGE, *à part.* Qui vous êtes, et les liens qui nous unissent! qu'est-ce que cela signifie? (*Haut.*) Et vous, Monsieur, qui semblez exercer ici une si grande influence, m'apprendrez-vous enfin quels rapports existent entre vous et madame de Sénange?

RIGAUD. Des rapports assez simples et assez naturels. Je suis son mari.

SÉNANGE. Comment, vous êtes?..

RIGAUD. Son mari; on m'attendait, je me suis fait reconnaître, vous devinez le reste.

SÉNANGE. Et y a-t-il longtemps que Monsieur est de retour?

RIGAUD. J'arrive à l'instant même.

SÉNANGE. Allons, il n'y a que demi-mal.

RIGAUD. Quoi qu'il en soit, je me ferai toujours un vrai plaisir de vous recevoir, et je vous prie de vous regarder comme l'ami de la maison.

SÉNANGE. Il n'y a qu'une petite difficulté; c'est que j'ai beaucoup connu le mari de madame de Sénange.

RIGAUD. Ah! diable! C'était peut-être le premier.

SÉNANGE. Comment! le premier? Est-ce qu'elle serait veuve?

RIGAUD. C'est-à-dire veuve, jusqu'à un certain point... parce que... voyez-vous... je ne vous dirai pas au juste...

SÉNANGE. Comment, vous ignorez si votre femme est veuve?

RIGAUD. J'ignore... j'ignore... non, Monsieur; mais enfin, si je veux l'ignorer; si j'ai des raisons pour cela, ce sont des affaires de famille, et ce n'est pas à un étranger à vouloir pénétrer... C'est vrai! il y a une foule de gens qui veulent ainsi se mêler des affaires des autres. Enfin, Monsieur, c'est ma femme! Je ne sors pas de là! ça répond à tout.

SCÈNE XVI.

LES PRÉCÉDENTS, MADAME RIGAUD.

MADAME RIGAUD, *à Sénange.* Ah! Monsieur, je vous trouve à propos, je venais vous raconter...

RIGAUD, *l'apercevant et restant stupéfait.* Dieu! c'est ma femme!

SÉNANGE, *prenant madame Rigaud par la main.* Sa femme! Ah ça! Monsieur, vous êtes donc le mari de tout le monde?

RIGAUD. Il ne s'agit pas de cela. Je veux savoir comment Madame, qui devrait être chez elle, se trouve aujourd'hui dans ce château.

SÉNANGE. Elle y est avec moi.

RIGAUD. Avec vous, Monsieur? vous m'apprendrez, je l'espère, quelle espèce d'intimité existe entre vous et Madame?

SÉNANGE. Parbleu! Monsieur, c'est ma femme.

RIGAUD. Comment! votre femme?

SÉNANGE, *à part.* Puisqu'il prend la mienne, je puis

bien à mon tour... (A madame Rigaud.) Ne me dédites pas.
MADAME RIGAUD. Soyez tranquille, j'ai ma revanche à prendre.
RIGAUD. Quoi ! vous oseriez me soutenir ici même ?..
MADAME RIGAUD, à Sénange, d'un air étonné et montrant Rigaud. Mais, mon ami, quel est donc ce petit monsieur ?
RIGAUD. Comment ! mon ami ! et devant moi, en ma présence ! Il y a au moins des personnes qui y mettent des procédés.
MADAME RIGAUD, toujours d'un air étonné. En vérité, Monsieur, je ne vous connais pas, je ne sais d'où viennent le trouble et l'agitation où je vous vois.
SÉNANGE, bas, à madame Rigaud. C'est bien, c'est ça ; allons, du courage ; tutoyez-moi un peu, n'ayez pas peur.
MADAME RIGAUD, à Sénange, hésitant d'abord un peu. Mais, mon ami, regarde donc comme sa figure est bouleversée ! tu devrais appeler du secours, car il va se trouver mal.
RIGAUD. Tu devrais !.. je ne sais plus où j'en suis, et je ne reconnais pas là ma femme. Ma chère amie, tâchez de vous rappeler, de me reconnaître ; c'est moi, Narcisse Rigaud, receveur de l'enregistrement à l'Ile-Bouchard ; je suis connu.
MADAME RIGAUD. Rigaud !.. mais attendez donc... nous avons une parente assez éloignée, qui me ressemble beaucoup par parenthèse, et qui a épousé quelqu'un de ce nom-là ; Estelle Rigaud.
RIGAUD. C'est cela.
MADAME RIGAUD. Ah ! c'est votre femme ? Je vous en fais mon compliment. Comment se porte-t-elle ?... (A Sénange.) Dis donc, mon ami, tu l'as vue à Paris ; une petite femme d'un caractère charmant ! certainement, ce serait affreux de ne pas la rendre heureuse, car elle le mérite sous tous les rapports.
RIGAUD, stupéfait. En vérité, je ne sais si je veille ou si je dors.

AIR : *Tenez, moi, je suis un bon homme.*

Ce sang-froid qui me désespère
Me confond et trouble mes sens.
Comment cela s'est-il pu faire ?..
Plus je cherche et moins je comprends.
D'accidents quel triste amalgame !
Comment retrouver sans émoi,
Ma femme qui n'est pas ma femme,
Avec un moi qui n'est pas moi ?

SÉNANGE, à madame Rigaud. C'est un homme qui a perdu la tête ; rassure-toi, ma bonne amie. (*Lui baisant la main.*)
RIGAUD. Ah ! c'en est trop et je n'y tiens plus. (*Se mettant à genoux.*) Ma femme ! madame Rigaud, je vous demande grâce.

SCÈNE XVII.

LES PRÉCÉDENTS, GERTRUDE.

GERTRUDE. Que vois-je ! comment, ici même M. de Sénange aux pieds d'une autre que... Mais levez-vous donc, si Madame venait.
RIGAUD. Eh ! qu'est-ce que ça me fait ?
GERTRUDE. Ce que ça lui fait !.. moi qui en avais une si haute opinion !
RIGAUD. Ma chère amie, je vous en supplie.
GERTRUDE. Sa chère amie ! quel comble de scandale ! mais prenez garde, si ce n'est pour la morale, qu'au moins ce soit pour vous ; vous ne voyez pas le mari de cette dame, qui est là, qui vous regarde.
RIGAUD, toujours à genoux, se tournant du côté de Gertrude. Comment ! son mari ?
GERTRUDE. Lui-même. (Sénange fait passer madame Rigaud à sa droite, et se trouve près de Rigaud.)
RIGAUD. Et elle aussi ! ah ça ! ne plaisantons pas ; êtes-vous bien sûre qu'ils soient ?..
GERTRUDE. Tout ce qu'il y a de plus mari et femme ; regardez plutôt.
RIGAUD, prenant la main de Sénange pour celle de sa femme. Ah ! c'en est trop ! je ne souffrirai pas davantage...
SÉNANGE. Ni moi non plus, Monsieur, et si vous parlez encore à ma femme... vous m'entendez ?
RIGAUD. Eh bien ! oui, Monsieur, je suis prêt à vous suivre. (Regardant madame Rigaud.) Ça ne lui fait rien. Nous verrons, je ne vous dis que cela. (*Même jeu.*) Elle ne se déclare pas. Allons ! sortons ! (*Fausse sortie.*) Ah ça ! mais elle ne m'arrête pas, je crois qu'elle me laisserait tuer.
MADAME RIGAUD. Monsieur est le maître de disposer de lui.
RIGAUD. Allons, tout sentiment de délicatesse est éteint en elle.

AIR : *Un homme pour faire un tableau.*

Tous vos forfaits seront transmis
Aux yeux de la race future,
Et de la femme à deux maris
Vous retracerez l'aventure.
(*A part.*)
Quel que soit le sort des combats,
Au sang-froid dont elle fait preuve,
On voit qu'elle est bien sûre, hélas !
De n'être pas tout à fait veuve.

MADAME RIGAUD. Je vais tout disposer pour notre départ. (*Elle sort.*)

SCÈNE XVIII.

LES PRÉCÉDENTS, excepté MADAME RIGAUD.

RIGAUD. Par exemple, si je la laisse partir...
GERTRUDE. Mais madame de Sénange qui vous attend à souper, et qui sans doute va venir ?
RIGAUD. Qu'elle vienne, qu'elle s'en aille, ça m'est égal : j'ai bien d'autres choses en tête. Vous lui direz... non, vous ne lui direz rien. Ah ! le maudit château ! Allons encore supplier ma femme, et tâchons de nous faire reconnaître. (*Il sort.*)

SCÈNE XIX.

SÉNANGE, GERTRUDE.

GERTRUDE. Voilà pourtant les hommes ! qui se serait attendu à cela de M. de Sénange ?
SÉNANGE, *en souriant.* Allons, il y a là-dessous quelque quiproquo qu'il faut achever d'éclaircir.
GERTRUDE. Ma maîtresse, qui est si bonne, ne méritait certainement pas un tel mari.
SÉNANGE. Ma bonne Gertrude, il faut que je parle à ta maîtresse.
GERTRUDE. Dans ce moment elle n'est disposée à voir personne, et vous moins que tout autre.
SÉNANGE. Et pourquoi ?
GERTRUDE. Pourquoi ? pourquoi ? vous le savez peut-être bien ; qui peut expliquer les femmes d'aujourd'hui ? un compliment, un coup d'œil, et crac, voilà un cœur de pris. Mais vous n'en serez pas plus avancé pour cela, vous n'avez rien à espérer, et je vous conseille de partir plutôt ; votre voiture doit être prête.
SÉNANGE. Non, je ne partirai pas sans l'avoir vue ; tu ne sais donc pas que je l'aime, que je l'adore ?
GERTRUDE. Et c'est à moi que vous l'avouez ?
SÉNANGE. Oui ; tu me serviras, tu me feras obtenir un moment d'entretien.
GERTRUDE. Ah ça ! mais où en sommes-nous ? dans quel siècle vivons-nous ?.. Je vous déclare que Madame vous a positivement défendu sa porte.
SÉNANGE. Eh bien ! attends ; un seul mot, rien qu'un mot d'explication. (*Il écrit.*) Dès qu'elle l'aura lu... Je te jure que ça ne contient rien que d'honnête

et de raisonnable. (*Ecrivant toujours.*) Un moment d'entretien.
GERTRUDE. Dieu me pardonne, il demande un rendez-vous !
SÉNANGE, *écrivant toujours.* Si tu savais dans quel motif.... Les intentions les plus louables... « de vous aimer toujours. » Oh ! je signe. Va, il n'y a rien à craindre; tiens, porte-lui ce billet.
GERTRUDE. Jésus Maria ! le ciel m'en préserve !
SÉNANGE, *apercevant Labrie.* Tiens, porte ce billet à ta maîtresse.
GERTRUDE. Labrie, je vous le défends.
SÉNANGE. Et moi, je te l'ordonne. (*Lui donnant de l'argent.*) Prends, et va vite.
LABRIE. Ecoutez donc, Mademoiselle, dans ce cas-là, il n'y a que le poids qui décide.
SÉNANGE. Et songe qu'il y aura une réponse. (*Labrie sort.*)

SCÈNE XX.
GERTRUDE, SÉNANGE.

GERTRUDE. Une réponse !.. Vit-on jamais une pareille audace?.. Apprenez, Monsieur, qu'il n'y aura d'autre réponse que l'ordre de vous faire mettre à la porte du château.
SÉNANGE. J'ose espérer le contraire.
GERTRUDE. En vérité, il ne doute de rien. Apprenez que ma maîtresse est trop raisonnable, qu'elle a été élevée par moi, Monsieur, et que je connais ses principes comme les miens.

SCÈNE XXI.

LES PRÉCÉDENTS, ÉLISE, *entrant précipitamment la lettre de Sénange à la main.*

SÉNANGE. C'est elle !
ÉLISE, *avec joie à Sénange.* Comment, il serait possible ! Ah! Monsieur, que je vous demande d'excuses !
GERTRUDE, *étonnée.* Elle vient elle-même !
ÉLISE. Gertrude, laisse-nous, et que personne ne puisse entrer ici.
GERTRUDE, *à part.* J'en reste muette. (*Haut.*) Comment! Madame...
SÉNANGE. Vous l'avez entendu, Gertrude ? laissez-nous.
GERTRUDE, *à part.* Allons, on a jeté un sort sur la maison, et maintenant je n'oserais pas même répondre de moi. (*Elle sort.*)

SCÈNE XXII.
ÉLISE, SÉNANGE.

ÉLISE. Comment ai-je pu un seul instant être dupe d'une pareille erreur ?

Air de *Céline*.
De votre présence soudaine
Mon cœur aurait dû m'avertir.
SÉNANGE.
Oublions un instant de peine
Qu'efface un instant de plaisir.
ÉLISE.
Du bonheur me créant l'image,
Sans te connaître je t'aimais...
Je vais t'aimer bien davantage
A présent que je te connais.
ENSEMBLE.
Je vais t'aimer, etc.

SCÈNE XXIII.

LES PRÉCÉDENTS; RIGAUD, *dans le fond.*

RIGAUD. Allons, elle n'en démordra pas... impossible de lui faire avouer qu'elle est madame Rigaud. (*Apercevant Sénange aux pieds d'Elise.*) Que vois-je!.. c'est encore ce monsieur, qui est aux pieds de mon autre... Qu'est-ce que vous faites donc là, s'il vous plaît?
SÉNANGE. Vous le voyez bien, je suis son mari.
RIGAUD. Ah çà ! entendons-nous ; vous êtes donc aussi le mari de tout le monde? Et vous, Madame, je trouve bien inconvenant qu'étant tacitement mon épouse...
ÉLISE. Moi, Monsieur! vous vous trompez sans doute... Dieu merci, je ne le suis point et ne l'ai jamais été.
RIGAUD. Là, c'est comme tout à l'heure, le même refrain : de deux femmes, voilà que je n'en ai plus... Après tout, il n'y a pas de quoi se désoler, je me retrouve garçon ; qui perd gagne... je redeviens un célibataire aimable, et je reprends la route de Paris, où m'attendent de nouveaux triomphes ! (*Il va pour sortir.*)

SCÈNE XXIV.

LES PRÉCÉDENTS ; MADAME RIGAUD, *qui a entendu les derniers mots et qui le ramène en le prenant rudement par le bras.*

MADAME RIGAUD. Non pas, Monsieur, et avant que vous retourniez à Paris, je vous ferai voir du chemin.
RIGAUD, *se frottant le bras.* Aïe! je te retrouve donc enfin, et mon cœur te reconnaît à la vivacité de tes transports.
MADAME RIGAUD. Oui-da ! c'est donc ainsi que vous preniez votre parti? vous étiez déjà d'un calme, d'une tranquillité.
RIGAUD. Que veux-tu, ma chère amie, je me croyais veuf ! Maintenant que me reste-t-il à désirer ? je retrouve madame Rigaud, mon bureau d'enregistrement et le bonheur.

SCÈNE XXV.

LES PRÉCÉDENTS; GERTRUDE.

GERTRUDE, *entrant avec un petit paquet.* C'en est fait, Madame, je viens vous faire mes adieux ; mes principes ne me permettent pas de rester plus longtemps dans ce château.
ÉLISE. J'espère cependant bien que mon mari, (*Montrant Sénange.*) monsieur de Sénange, te forcera d'y rester.
GERTRUDE. Comment! monsieur de Sénange ?
SÉNANGE. Lui-même.
GERTRUDE. Ah ! Monsieur, combien je suis confuse !
RIGAUD. Et moi donc ? je ne sais comment m'excuser à vos yeux... avoir osé prendre votre femme pour un instant.
SÉNANGE. Nous sommes quittes.
MADAME RIGAUD. Et à bon marché ; mais une autre fois ne t'y fie pas.
GERTRUDE. Ouf! nous l'échappons belle... Mais, Dieu soit loué, les mœurs ont été respectées.

CHŒUR FINAL.

Air du *Maçon*.

Allons, plus de voyage ;
Il faut, c'est bien constant,
Pour faire un bon ménage,
Qu'un mari soit présent,
Présent, toujours présent.
RIGAUD, *à sa femme.*
J'ai senti renaître ma flamme ;
Abjurant la légèreté,
Je veux, tout entier à ma femme,
Etre sans cesse à ton côté ;
Là tous mes jours seront des jours de fête.
(*A part.*)
Malgré cela, venez le soir chez nous,
Pour éviter à deux tendres époux
L'ennui d'un trop long tête-à-tête.

FIN DE LES DEUX MARIS.

VIALAT ET Cᴵᴱ, IMPRIMEURS ET ÉDITEURS.

Type de Nanette.

LES MORALISTES

COMÉDIE-VAUDEVILLE EN UN ACTE

Représentée, pour la première fois, à Paris, sur le théâtre du Gymnase dramatique, le 22 novembre 1826,

EN SOCIÉTÉ AVEC M. VARNER.

Personnages.

M. SIMON, propriétaire.
M. CANIVET, son ami.
FRÉDÉRIC, son locataire.
SAINT-EUGÈNE, ami de Frédéric.
THOMASSEAU, chef d'office au café de Paris.

NANETTE, fille du portier de M. Simon.
JEUNES GENS, amis de Frédéric.
DAMES de la connaissance de M. Simon.
MUSICIENS.
GARÇONS DE CAFÉ.
DOMESTIQUES.

La scène se passe à Paris, chez M. Simon.

Le théâtre représente une grande salle; porte au fond; deux portes d'appartements à droite et à gauche de la porte du fond. Sur le second plan, des deux autres côtés, deux portes : la porte à droite de l'acteur est celle de l'appartement de Frédéric. Au fond, à gauche, une grande table dressée, prête à être servie; à droite, une autre petite table chargée d'assiettes, de verres, etc., etc.

LAGNY. — Imprimerie de VIALAT et Cie. — N° 5 —

SCÈNE PREMIÈRE.

M. SIMON, M. CANIVET, *sonnent à la porte du fond;* NANETTE, *sortant de la chambre de Frédéric.*

NANETTE, *un plumeau à la main.* Qui est-ce qui sonne? Ah! c'est M. Simon, le propriétaire. Votre servante, Monsieur.

SIMON. Bonjour, petite. M. Frédéric, où est-il?

NANETTE. Il est sorti, mais il ne tardera pas à rentrer; car il m'a bien recommandé de me dépêcher. Aussi, vous voyez, je suis là à faire sa chambre.

CANIVET. Nous pouvons l'attendre ici, dans la salle à manger.

NANETTE. Certainement, puisque vous êtes avec le propriétaire. Je vous demande pardon de ne pas vous tenir compagnie. (*Montrant son plumeau.*) Vous voyez... le devoir avant tout. (*Elle rentre dans la chambre de Frédéric.*)

SCÈNE II.

SIMON, CANIVET.

SIMON. Que je suis heureux de recevoir à Paris ce bon monsieur Canivet, un homme aussi recommandable!

CANIVET. Je suis vraiment confus.

SIMON. Il y a longtemps que je vous désirais; mais vous aviez de la peine à vous arracher à vos travaux sédentaires, à vos œuvres méritoires. Vous ne manquez pas d'occupation... administrateur général du bien des pauvres de la ville de Nantes.

CANIVET. Je tâche de remplir mes devoirs avec zèle.

SIMON. Je sais là-dessus quels sont vos principes. Aussi quand je vous ai proposé à nos actionnaires, pour être à la tête de cette grande entreprise que nous avons formée à Nantes, tout le monde a appuyé ma proposition. Pour la première fois, nous avons été d'accord; et l'on vous a nommé à l'unanimité.

AIR : *Voulant par ses œuvres complètes.*
Nos malheureux actionnaires
Qui, dès longtemps, ne touchaient rien,
Ont vu tous vos mœurs exemplaires,
Ont vu votre amour pour le bien...
Ont vu votre vertu si grande
Et tout ce qu'ils ont vu chez vous
Leur a donné l'espoir bien doux
De voir enfin un dividende.

CANIVET. Je ne puis pas vous dire quelle importance j'attachais à cette place, que me disputait vivement notre receveur général. D'abord, la considération personnelle, et puis, d'immenses intérêts particuliers qui y sont liés. Enfin, mon cher monsieur Simon, il faut qu'avant la nomination définitive vous me présentiez à ces messieurs.

SIMON. C'est très-facile. Venez ce soir au bal que je leur donne.

CANIVET. Comment! vous donnez un bal?

SIMON. Oui, dans mon logement, ici dessus. C'est la première fois que cela m'arrive; mais j'y suis obligé. Il faut bien faire comme tout le monde. Sans cela, et si on n'avait pas comme eux l'air de se ruiner, on passerait pour un avare. Maintenant, la plupart des affaires se discutent au bal: ce qui fait qu'elles se traitent un peu plus légèrement.

CANIVET. Que voulez-vous que j'aille faire à votre bal, moi qui ne suis pas homme de plaisir?

SIMON. Soyez tranquille, dans ces réunions-là on ne s'amuse pas.

CANIVET. Alors je viendrai, mais c'est un sacrifice.

SIMON. Je vous annoncerai à nos actionnaires. Vous causerez; vous y ferez votre partie de piquet, si toutefois nous trouvons un adversaire de votre force; car vous avez, dit-on, une réputation...

CANIVET.
AIR : *Restez, restez, troupe jolie.*
C'est là le jeu de la sagesse.

SIMON.
Et vous le jouez savamment.

CANIVET.
Je suis, sans vanter mon adresse,
Le plus fort du département;
Mais c'est mon seul amusement.
Et la jeunesse moins frivole
De ce jeu devrait faire un cours;
Avec le temps l'amour s'envole,
Mais le piquet reste toujours.

(*Regardant autour de lui.*) C'est singulier, M. Frédéric ne rentre pas.

SIMON. Ah çà! quel intérêt prenez-vous donc à mon jeune locataire?

CANIVET. Un très-grand, que je puis vous confier. Ma femme et ma fille l'ont vu à Paris l'hiver dernier, chez vous, et dans d'autres sociétés. Ma femme en est enchantée, ma fille le trouve fort bien.

SIMON. Et l'on voudrait en faire un mari pour elle?

CANIVET. Tout le monde dit oui, moi je ne dis pas non; mais je veux savoir à quoi m'en tenir sur ses principes, sur sa moralité, parce que la morale avant tout.

SIMON. Sans doute.

CANIVET. Qu'est-ce que vous en pensez, vous, son propriétaire?

SIMON. Tout le bien possible. Il paie son terme avec une exactitude.... Je ne le vois guère que tous les trois mois; mais c'est égal, c'est avec peine que je renoncerais à ses visites.

AIR de *la Robe et les Bottes.*
Il a bon ton, bon goût, bonne manière,
Faisant toujours frotter son escalier.

CANIVET.
Sa conduite?

SIMON.
Elle est exemplaire;
Il a partout fait mettre du papier.

CANIVET.
Son caractère?

SIMON.
Accommodant et sage,
N'ayant jamais, je dois le publier,
De disputes pour l'éclairage,
Ni pour les gages du portier.

Aussi je suis désolé que vous l'emmeniez, et qu'il ait mis écriteau.

CANIVET. Tant mieux; vous me faites un plaisir...

SCÈNE III.

LES PRÉCÉDENTS, THOMASSEAU.

THOMASSEAU. Pardon, Messieurs, si je vous interromps, mais c'est qu'il faut que je commence à mettre le couvert. M. Frédéric n'est pas ici?

SIMON. Non. Qu'est-ce que vous lui voulez?

THOMASSEAU. Rien. C'était seulement pour lui demander une petite explication. Il a commandé au Café de Paris, où j'ai l'honneur d'être chef d'office, un dîner à trente francs par tête.

CANIVET. Juste ciel! trente francs par tête!

THOMASSEAU. Et je voudrais savoir... vous pourriez me dire cela... si c'est sans le vin... parce que ça fait tout de suite une différence. M. Frédéric et ses amis sont si altérés!

CANIVET. Qu'est-ce qu'il dit là?

SIMON. Bah! quelquefois, par extraordinaire, dans les grandes chaleurs.

THOMASSEAU. Toujours une soif permanente; ils ne donnent pas dans le travers du siècle, dans l'eau rougie. Ils ne craignent pas les inflammations.

Air du vaudeville de *l'Actrice.*
Si tout le monde, en conscience,
Leur ressemblait dans ce pays,
On n'aurait pas besoin, je pense,
De débouchés pour nos produits.
Consommateurs par excellence,
Et patriotes à l'excès,
Ils avalent les vins de France
Presque aussi bien que des Anglais ;
Ils boivent mieux que des Anglais. *(bis.)*

Voyez plutôt la carte d'avant-hier : vingt-cinq bouteilles de champagne ; c'est écrit en toutes lettres.

SIMON. Qu'est-ce que ça prouve?

THOMASSEAU. Ça prouve qu'il les doit. *(A Simon.)* Et si c'est vous, *(Simon lui tourne le dos. A Canivet.)* ou vous, Monsieur, qui êtes chargé de payer, je vous prierai de ne pas oublier le garçon. *(Canivet lui tourne le dos, et Thomasseau commence à dresser la table.)*

CANIVET. Bonté divine ! *(A Simon.)* Ah! qu'est-ce que vous me disiez donc?

SIMON. Je n'en savais pas davantage. En province on se connaît trop, à Paris, on ne se connaît pas assez. D'ailleurs, il ne faut pas attacher à cela trop d'importance.

CANIVET. Par exemple !

SIMON. Ce jeune homme aime à bien traiter ses amis; il est généreux, ce n'est pas un défaut; et si on n'a pas d'autres reproches à lui faire...

SCÈNE IV.

LES PRÉCÉDENTS, NANETTE.

(Thomasseau et deux garçons commencent à disposer tout ce qu'il faut pour garnir la table.)

NANETTE., *sortant de la chambre de Frédéric.* Tout est en ordre là-dedans, et l'on peut maintenant montrer le logement. *(A Canivet.)* Monsieur vient sans doute pour le voir? il est à louer, meublé, ou non meublé, comme Monsieur voudra...

CANIVET. C'est possible. *(Bas, à Simon.)* Quelle est cette petite?

SIMON. C'est la fille de mon portier.

CANIVET, *à part.* Bon, comme qui dirait la gazette de la maison ; elle peut nous donner des renseignements.

NANETTE. C'est un appartement très-commode. *(Bas, à Thomasseau.)* Il faut en faire l'éloge devant le propriétaire. *(Haut, à Canivet.)* D'abord, une grande antichambre, où le matin il y avait quelquefois jusqu'à quinze personnes à attendre.

CANIVET. A attendre! quoi?

THOMASSEAU. De l'argent, comme moi tout à l'heure

CANIVET, *bas, à Simon.* Vous l'entendez?

NANETTE. Quant à la salle à manger, vous y êtes. On peut y donner un repas de trente couverts.

THOMASSEAU. Ils étaient trente-trois la semaine dernière, et bien à leur aise.

NANETTE. Enfin, la chambre à coucher est charmante: un demi-jour; un lit de cinq pieds ; deux sorties, ce qui est très-commode dans un appartement de garçon; et même, si Monsieur est marié, quelquefois ça peut être utile.

CANIVET, *se mettant les mains sur les yeux.* Deux sorties !

SIMON, *à Canivet.* Non, la porte est condamnée, on ne s'en sert pas.

NANETTE. Je vous demande pardon, car l'autre fois j'ai vu descendre par le petit escalier une fort jolie dame.

CANIVET. O scandale !

NANETTE. Du tout; personne, excepté moi, ne l'a aperçue. *(A Thomasseau.)* N'est-ce pas? il n'y a que quand elle a eu passé la porte cochère, un monsieur, qui se trouvait dans la rue, à faire antichambre, je ne sais comment, parce que, moi, j'avais dit qu'il n'y avait personne, s'est écrié : « Dieu, c'est elle ! c'est indigne ! c'est affreux ! Enfin un tas d'extravagances.

THOMASSEAU. Des bêtises.

NANETTE. Si bien que M. Frédéric et le mari se sont battus.

CANIVET. Comment, un mari !

THOMASSEAU. Un vrai mari.

CANIVET. Un duel !

NANETTE. Oh! allez, ce n'est pas le premier; M. Frédéric s'en tire toujours gentiment, grâce au ciel! car moi je l'aime, M. Frédéric, et ce n'est pas moi qui en dirai jamais du mal. Si Monsieur veut entrer... *(Thomasseau va préparer la table. Nanette s'occupe à épousseter.)*

CANIVET. Non, j'attendrai son retour. *(A Simon.)* Eh bien ! qu'en dites-vous?

SIMON. Je dis... je dis que ce n'est pas très-exemplaire; mais il n'a que vingt ans; il faut que jeunesse se passe.

CANIVET. Une pareille absence de mœurs !

SIMON. Il en a peut-être, cela n'empêche pas ; mais en même temps, il a des passions; et voilà... quand on n'en a plus, quand on est comme vous et moi, on se trouve à son aise : il est bien plus facile d'être moral. Et puis, écoutez donc, tout cela est peut-être exagéré, on peut l'avoir calomnié.

CANIVET. C'est égal ; il faut que je voie par moi-même ; la chose est trop importante. Dès que quelqu'un peut s'oublier un instant, je dis un seul instant, il n'a plus de droits à la confiance.

SIMON. Vous reviendrez, je l'espère, à de meilleurs sentiments. Si, en attendant, vous voulez monter chez moi, Nanette vous avertira dès que ce jeune homme sera rentré. Tu entends, petite ?

NANETTE. Oui, Monsieur.

SIMON, *à Canivet.*
Air des *Comédiens.*
Allons, mon cher, indulgence au coupable.
CANIVET.
En sa faveur, Monsieur, ne parlez plus :
Loger chez vous un garnement semblable!
SIMON.
S'il ne fallait loger que des vertus,
Nous n'aurions plus, hélas! de locataires,
Que quelques-uns, tout en haut, vers le ciel;

Et je connais bien des propriétaires
Qui ne pourraient habiter leur hôtel.

ENSEMBLE.

Allons, mon cher, indulgence au coupable ;
Je vous promets qu'il n'y reviendra plus ;
Daignez lui tendre une main secourable,
C'est dans son cœur rappeler les vertus.

CANIVET.

Jamais, jamais d'indulgence au coupable !
Quand tous les droits sont par lui méconnus,
Je dois toujours rester inexorable,
Et la rigueur est au rang des vertus.

(*Ils sortent par le fond.*)

SCÈNE V.

NANETTE, THOMASSEAU, puis FRÉDÉRIC.

THOMASSEAU, *arrangeant le couvert.* Enfin ils s'en vont. Mam'selle Nanette, laissez donc un instant votre plumeau ; vous ne m'avez encore rien dit aujourd'hui.

NANETTE, *époussetant.* C'est que je ne suis pas en train de parler, quand on a de l'ouvrage à faire.

THOMASSEAU, *mettant le couvert.* Ça n'empêche pas le sentiment d'aller son train. Venez donc, mam'selle Nanette. (*Ils descendent ensemble sur le devant de la scène.*) Quand est-ce donc que je serai à la tête d'un café pour mon compte, avec le titre de votre époux ? Je grille d'être marié, on ne pourra plus me dire : Garçon ! Je serai mon maître ! c'est-à-dire jusqu'à un certain point, puisque j'aurai ma femme.

Air de *Turenne.*

Dans un endroit tout tapissé de glaces,
Tandis que, placée au comptoir,
Vous ferez admirer vos grâces,
Près des fourneaux déployant mon savoir,
Je rôtirai du matin jusqu'au soir
Mais vers minuit, quittant l'office,
D'amour alors seulement enflammé,
Quand le restaurant s'ra fermé,
Je serai tout à vot' service.

NANETTE. C'est bon, c'est bon, occupez-vous de mettre le couvert, car voilà Monsieur qui rentre. (*Thomasseau va à la table.*)

FRÉDÉRIC, *entrant par le fond.* Vivat ! tout réussit au gré de mes vœux ; je suis le plus heureux des hommes.

NANETTE. Que vous est-il donc arrivé ?

FRÉDÉRIC. Je sors de chez mon adversaire, celui qui avait reçu un coup d'épée.

NANETTE. Vous l'avez trouvé en bon état ?

FRÉDÉRIC. Je ne l'ai pas trouvé du tout ! il était allé se promener aux Tuileries ; c'est bon signe ; me voilà tranquille de ce côté-là ; et, comme un bonheur ne va jamais sans l'autre, j'ai reçu des nouvelles de celle que j'aime, de ma chère Sophie, de ma femme ; car je vais bientôt lui donner ce titre. Au bas de la lettre de sa mère, elle m'a écrit trois lignes, les plus aimables ! les plus tendres ! je l'ai pressée mille fois sur mes lèvres ! Si ce mariage-là avait dû se différer encore six mois, je crois que j'aurais perdu la tête.

NANETTE. Avec ça que vous auriez moins de peine qu'un autre. (*Elle va chercher les lettres qui sont sur la table, et les donne à Frédéric.*) Car, sauf votre respect, il n'est déjà bruit dans le quartier que de vos extravagances.

FRÉDÉRIC. Tant mieux ; il faut cela avant le mariage ; c'est une dette à payer, c'est une garantie pour l'avenir ; et, avec moi, ma femme aura toutes les garanties possibles.

NANETTE, *à part.* C'est juste : je ne suis pas assez sûre que Thomasseau ait été mauvais sujet.

FRÉDÉRIC, *qui a ouvert plusieurs lettres.* Ce sont les réponses à mes invitations. Quand il s'agit de dîner, les amis sont d'une exactitude...

NANETTE. Ah ! j'oubliais de vous dire qu'il se présentait quelqu'un pour louer votre appartement.

FRÉDÉRIC. C'est bon. S'il voulait en même temps m'acheter une partie de mes meubles, ça me rendrait service. Je ne peux pas les emporter à Nantes ; tandis que l'argent, si j'en avais...

NANETTE. Ce serait la même chose. J'ai idée que vous le laisseriez ici.

FRÉDÉRIC, *lisant les dernières lettres.* Tu crois ? c'est possible. Ils acceptent tous. Il n'y a que Saint-Eugène qui ne m'ait pas répondu. (*A Nanette.*) Il n'est pas venu en mon absence ?

NANETTE. Non, Monsieur.

FRÉDÉRIC. C'est singulier. Voilà plus de quinze jours que je ne l'ai vu. Il faut qu'il ait été malade. C'est que sa présence est indispensable dans une réunion où nous voulons nous amuser.

NANETTE. Il est donc bien gai !

FRÉDÉRIC.

Air du vaudeville de *Partie et Revanche.*

Sur le déclin de la jeunesse,
Profitant du temps qui va fuir,
Il n'apprécie, il n'aime la richesse
Qu'autant qu'elle mène au plaisir ;
Nul n'entend mieux l'art de jouir.
Mais la fortune imprévoyante,
Qui, le créant, semblait le destiner
A dépenser vingt mille écus de rente,
N'oublia rien, que de les lui donner.

NANETTE. Monsieur, je crois que je l'entends.

FRÉDÉRIC. Bonne nouvelle. (*Allant au-devant de Saint-Eugène qui entre par la porte du fond.*) Eh ! arrive donc.

NANETTE, *à part.* Et nous, allons avertir le vieux monsieur (*Elle sort.*)

SCÈNE VI.

FRÉDÉRIC, SAINT-EUGÈNE, *marchant d'un air grave, et à pas comptés.*

FRÉDÉRIC. Je commençais à croire que tu étais mort.

SAINT-EUGÈNE, *très-froidement.* Mon ami, c'est à peu près comme si je l'étais.

FRÉDÉRIC. Comment à peu près ? que veux-tu dire ?

SAINT-EUGÈNE. Que je suis mort pour le monde, que j'ai renoncé à ses plaisirs.

FRÉDÉRIC, *avec incrédulité.* Toi !

SAINT-EUGÈNE. Oui, mon ami, je ne sors plus, je ne bois plus, et je ne ris plus.

FRÉDÉRIC. Est-ce que tu es devenu fou !

SAINT-EUGÈNE. Je suis devenu raisonnable, ce qui est beaucoup plus étonnant. On se lasse de tout sur cette terre ; il m'a pris subitement un goût prononcé pour la retraite et l'économie ; ça m'est venu juste au moment où il ne me restait plus rien.

FRÉDÉRIC. C'est ce qui s'appelle saisir l'à-propos.

SAINT-EUGÈNE. J'ai rompu avec la société. Je me suis enfermé chez moi avec Sénèque, Charron, La Bruyère, La Rochefoucauld, et autres bons auteurs ; je ne vois qu'eux, je ne lis qu'eux. Aussi je commence à avoir dans la tête une fort jolie collection de sentences et de maximes morales.

FRÉDÉRIC. Si tu n'as pas autre chose à offrir aux huissiers.

SAINT-EUGÈNE. Mon ami, la morale a toujours son prix, on a toujours quelque chose à gagner avec elle. Ma conversion a fait du bruit. Deux grandes dames, deux comtesses du faubourg Saint-Germain, en ont été vivement touchées; elles ont résolu de me prendre sous leur protection, de continuer à me sauver, et, pour cela, de m'éloigner de Paris, de me faire obtenir un emploi en province, et elles en sont venues à bout.

FRÉDÉRIC. Vraiment!

SAINT-EUGÈNE. Oui, mon ami, me voilà placé, moi et mes nouveaux principes! Nous sommes nommés, dans le département de la Loire-Inférieure, sous-administrateur du bien des pauvres.

FRÉDÉRIC. Toi! à ton âge!

SAINT-EUGÈNE. Mon ami, j'ai maintenant l'âge que je veux.

AIR du *Piége*.

Dans mon cœur, de désirs épris,
Je sens encore la jeunesse;
Mais, sur mon front, j'ai là des cheveux gris
Qui représentent la sagesse;
Aussi chacun se dit : c'est un Caton !
La multitude, aisément égarée,
Croit qu'on s'attache au char de la Raison,
Dès qu'on en porte la livrée.

FRÉDÉRIC. A la bonne heure; mais te placer parmi les pauvres!

SAINT-EUGÈNE, *frappant sur son gousset.* Il me semble que j'y ai des droits; c'est un emploi modeste, peu d'appointements, mais beaucoup de bien à faire; j'ai des projets superbes, je veux que tous les pauvres deviennent riches.

FRÉDÉRIC. Ils ne demanderont pas mieux.

SAINT-EUGÈNE. J'ai eu un de mes prédécesseurs qui y est devenu millionnaire, et il n'est sorti de l'administration que parce qu'il finissait par y être déplacé. Du reste, je vais habiter Nantes : j'y serai sous les yeux et la surveillance de M. Canivet, administrateur en chef.

FRÉDÉRIC. Qu'est-ce que tu me dis là? M. Canivet! quel bonheur! moi qui épouse sa fille! nous allons nous trouver réunis.

SAINT-EUGÈNE. Tu te maries! à la bonne heure; car si tu étais resté garçon, nous n'aurions pas pu nous voir; et même encore maintenant tu pourrais me faire du tort, à moins que tu ne veuilles aussi te jeter dans la réforme.

FRÉDÉRIC. Laisse-moi donc tranquille.

SAINT-EUGÈNE. Il est temps de faire un retour sur toi-même, de renoncer à ces vains plaisirs qui ne procurent jamais qu'une fausse joie, une ivresse de quelques heures, trop souvent expiée par des années de regret et de repentir.

FRÉDÉRIC. Diable! comme tu pérores! A quoi tend ce beau sermon?

SAINT-EUGÈNE. Mon ami, je m'essaye.

FRÉDÉRIC. Le moment est mal choisi; tu as reçu ma lettre?

SAINT-EUGÈNE. Oui, mon ami.

FRÉDÉRIC. Il s'agit d'un déjeuner de garçon.

SAINT-EUGÈNE. Dieu! si mes comtesses du faubourg Saint-Germain venaient à le savoir! je serais perdu. Je me sauve. (*Fausse sortie*).

FRÉDÉRIC, *l'arrêtant.* Y penses-tu! Ce serait trahir l'amitié. Je réunis tous mes intimes, et j'ai compté sur toi: c'est peut-être la dernière fois que nous déjeunerons ensemble.

SAINT-EUGÈNE. La dernière fois! c'est bien tentant, et si j'étais sûr que la société fût...

FRÉDÉRIC. Tout ce qu'il y a de plus mauvais sujets.

SAINT-EUGÈNE. A la bonne heure; on peut essayer de les convertir; c'est un but qui justifie tout.

FRÉDÉRIC. Tu acceptes?

SAINT-EUGÈNE. Je me risque; je me dévoue à l'amitié.

FRÉDÉRIC, *lui prenant la main.* A merveille; je te reconnais là.

SAINT-EUGÈNE, *d'un ton piteux.* Le repas sera-t-il un peu soigné?

FRÉDÉRIC. Je l'ai commandé au Café de Paris.

SAINT-EUGÈNE. C'est bien, parce que, si je m'expose je ne veux pas que ce soit pour rien. Aurons-nous du champagne?

FRÉDÉRIC. Sans doute.

SAINT-EUGÈNE. Aurons-nous des dames?

FRÉDÉRIC. Non.

SAINT-EUGÈNE. Tant pis; parce qu'on aurait été plus réservé; tu aurais dû en inviter quelques-unes, dans l'intérêt de la morale.

SCÈNE VII.

LES PRÉCÉDENTS, NANETTE; *peu après* CANIVET.

NANETTE, *accourant.* Monsieur, Monsieur, bonne nouvelle.

FRÉDÉRIC ET SAINT-EUGÈNE. Est-ce le déjeuner?

NANETTE. Non, c'est ce monsieur qui vient pour louer votre appartement, il me suit.

FRÉDÉRIC. C'est égal! tu es charmante, et pour ta peine... (*Il veut l'embrasser.*)

SAINT-EUGÈNE, *détournant la tête.* Mon ami, je t'en prie.

CANIVET, *au fond.* Monsieur Frédéric..

FRÉDÉRIC, *embrassant Nanette.* C'est moi, Monsieur.

CANIVET, *s'avançant entre Frédéric et Saint-Eugène.* A merveille! que je ne vous dérange pas. La fille de votre portier.

FRÉDÉRIC. Où est le mal, quand elle est gentille?

NANETTE, *sortant.* Il y a des dames du premier étage qui ne nous valent pas.

CANIVET. Et vous n'avez pas de honte...

SAINT-EUGÈNE, *à part et montrant Canivet.* Il paraît que c'est un confrère en morale; maintenant on en trouve partout. (*A Canivet.*) C'est ce que je lui disais tout à l'heure. Monsieur, n'est-il pas déplorable que la jeunesse actuelle?..

FRÉDÉRIC. Ah çà ! à qui en avez-vous donc? ne dirait-on pas, à vous entendre, que vous n'avez jamais jeté les yeux sur une femme?

CANIVET. Je ne dis pas cela, Monsieur; je ne veux pas me faire meilleur que je ne suis; j'ai les passions peut-être plus vives qu'un autre; mais je les raisonne. Quand je rencontre une jolie femme, je détourne les yeux, et je me dis : « Encore quelques années, et cette fraîcheur va disparaître; ces joues vont se flétrir; ce front, paré de grâce, va se sillonner de rides. »

SAINT-EUGÈNE. Monsieur a raison : plus de désirs, plus d'illusion : c'est la sagesse.

FRÉDÉRIC, *passant entre Canivet et Saint-Eugène.*

Eh! Monsieur, c'est la vieillesse! et dites-moi, par grâce, messieurs les rigoristes...

Air des *Amazones*.

Depuis qu'on fait de la morale en France,
Et que par elle on veut se signaler,
Plus qu'autrefois voit-on la bienfaisance,
La probité, les vertus y briller?

SAINT-EUGÈNE.

Elles viendront à force d'en parler.
Sachez, Monsieur, qui criez au scandale,
Qu'on ne peut pas toujours faire le bien ;
En attendant, on fait de la morale,
C'est un à-compte, et ça n'engage à rien, } *bis.*
Par bonheur, cela n'engage à rien. (*bis.*)

FRÉDÉRIC, *à Saint-Eugène.* Eh! laisse-moi tranquille. (*A Canivet.*) Mais, pardon, Monsieur; nous voilà loin du but qui vous amène, car je présume que vous n'êtes pas venu seulement pour les principes.

CANIVET. Non, sans doute; c'est par circonstance. Je suis capitaliste de mon état, on me nomme Saint... Saint-Martin.

FRÉDÉRIC. M. de Saint-Martin! il y en a tant! serait-ce mon voisin, celui de la rue Taitbout?

CANIVET. Précisément.

FRÉDÉRIC. Enchanté de faire votre connaissance ; voilà si longtemps que j'entends parler de vous; on vous cite partout comme la Providence des jeunes gens à la mode.

CANIVET, *à part.* Il paraît qu'il me prend pour un usurier; tant mieux.

FRÉDÉRIC. Nous n'avons pas encore fait d'affaires ensemble; mais nous commencerons aujourd'hui. Mon appartement, mes meubles, tout est à votre service; je suis accommodant; car j'ai besoin d'argent, j'ai un voyage à faire, des amis à régaler; je leur donne à déjeuner, un grand déjeuner, aujourd'hui à cinq heures.

SAINT-EUGÈNE. Hélas! oui...

FRÉDÉRIC. Pour leur faire mes adieux; aussi je ne veux rien épargner; fête complète! et que ce soir les pièces d'or roulent à l'écarté.

CANIVET. Comment, Monsieur, vous jouez! il ne manquait plus que cela; ce jeu qui ruine tous les jeunes gens.

FRÉDÉRIC. Vous ne l'aimez pas, il va sur vos brisées; mais moi! je ne trouve rien d'amusant comme une partie un peu animée, quand on flotte entre la crainte et l'espérance, quand on peut tout perdre d'un seul coup; il y a vraiment de l'émotion et du plaisir.

SAINT-EUGÈNE. O déplorable aveuglement!.. voilà pourtant comme je pensais, comme je penserais peut-être encore, si, par une faveur spéciale, la fortune ne m'avait pas ôté jusqu'à la dernière pièce. Qu'il est heureux l'homme qui n'a rien! la fortune n'a plus de leçon à lui donner, à moins qu'elle ne les lui donne *gratis*, ce qui est toujours un avantage.

CANIVET, *à Frédéric.* Monsieur, vous avez là un ami précieux.

FRÉDÉRIC. Puisqu'il vous plaît, restez avec nous à déjeuner; vous philosopherez ensemble tout à votre aise, au dessert, au vin de Champagne; car vous en boirez.

CANIVET. Moi?

FRÉDÉRIC. Vous ne l'aimez peut-être pas?

CANIVET. Je ne dis pas cela, Monsieur, je l'aime peut-être autant que vous; mais je n'en bois jamais. Quand on m'offre le premier verre, je refuse, pour ne pas être tenté d'en prendre un second.

SAINT-EUGÈNE. Il est sûr que c'est le meilleur moyen.

CANIVET. Et puis je me représente les suites fâcheuses de l'ivresse.

SAINT-EUGÈNE. Le sommeil de toutes les facultés.

CANIVET. On ne sait plus ce qu'on dit, ce qu'on fait; on devient colère, emporté.

SAINT-EUGÈNE. C'est pour avoir bu trop de champagne, qu'Alexandre tua Clitus, qu'il brûla... Persépolis.

FRÉDÉRIC. Eh bien! pendant que nous sommes à jeun, profitons de cela pour faire notre petit bail, notre acte de vente.

——

SCÈNE VIII.

LES PRÉCÉDENTS, NANETTE, THOMASSEAU.

NANETTE, *à Frédéric.* Monsieur, voilà vos amis qui arrivent par le petit escalier.

THOMASSEAU. Faut-il servir?

FRÉDÉRIC. Pas encore : les affaires d'abord; car je les aime.

CANIVET. Oui, vous aimez tout : le vin, le jeu et les dames.

FRÉDÉRIC. Pour ce qui est de cela, je n'en aime qu'une, celle que je veux épouser.

CANIVET, *montrant Nanette.* Témoin cette jeune fille que vous embrassiez tout à l'heure.

THOMASSEAU. Qu'est-ce que c'est? mademoiselle Nanette, ma prétendue!

NANETTE. De quoi se mêle-t-il donc celui là? est-il bavard! s'il vient des locataires comme ça dans la maison, ça va faire un beau train. Une maison qui était si tranquille!

FRÉDÉRIC. Allons, allons, ne perdons pas de temps.

Air du ballet de *Cendrillon*.

Allons signer.

CANIVET.

Qui? moi? très-volontiers.

FRÉDÉRIC.

Je vous aurai pour locataire.

CANIVET.
(*A part.*)

Pour locataire, oui. Mais pour ton beau-père,
Tu peux rayer cela de tes papiers.

FRÉDÉRIC.

Le déjeuner, pour boire à mes amours.

CANIVET, *à part.*

Ses espérances sont précoces;
Ce repas-là, morbleu! va pour toujours
Renverser celui de ses noces.

ENSEMBLE.
FRÉDÉRIC ET SAINT-EUGÈNE.

Allons } signer. Le roi des usuriers
Allez

Va devenir { mon } locataire;
            { son }

C'est agréable, et c'est bien, je l'espère,
Le moyen d'être au mieux dans ses papiers.

CANIVET.

Allons signer. Je serai volontiers
Votre très-humble locataire ;
(*A part.*)
Mais, désormais, pour être son beau-père,
Il peut rayer cela de ses papiers.

(*Frédéric entre avec M. Canivet dans sa chambre qui est sur le premier plan à droite de l'acteur.*)

——

SCÈNE IX.
SAINT-EUGÈNE, NANETTE, THOMASSEAU.

THOMASSEAU, *à Nanette.* Qu'est-ce qu'il a dit? qu'est-ce qu'il a dit?
NANETTE. Tu le sais bien.
THOMASSEAU. C'est égal; je veux...
NANETTE. Tu veux que je recommence?
THOMASSEAU. Eh bien! par exemple.
SAINT-EUGÈNE. Allons, ne vas-tu pas lui faire une scène, et laisser brûler notre dîner.
NANETTE. Sans doute : allez veiller à vos sauces, à vos fricassées. Est-ce qu'un cuisinier doit avoir le temps d'être jaloux! ce n'est qu'à cause de ça que je vous épousais.
THOMASSEAU. Quand j'entends parler ainsi, il me semble que je suis sur des fourneaux, que je suis sur le gril.
NANETTE. Tais-toi donc, j'entends M. Simon, le propriétaire, et devant lui...
THOMASSEAU. Qu'est-ce que ça me fait?
NANETTE. Est-il bête! il va lui donner des doutes sur la fidélité de sa portière.
SAINT-EUGÈNE. Eh! oui, vraiment, tu auras le temps d'être jaloux quand tu seras marié.
THOMASSEAU. Je veux commencer maintenant.
SAINT-EUGÈNE. Eh! va donc, va donc. (*Il pousse Thomasseau dehors.*) Comme ce couvert est mis! pas seulement de vin sur la table. (*Il s'occupe à placer des bouteilles.*)

SCÈNE X.
NANETTE, SIMON, SAINT-EUGÈNE, *au fond.*

SIMON. Eh bien! petite, où est donc ce monsieur que tu es venue chercher?
NANETTE, *désignant la chambre de Frédéric.* Là-dedans, avec M. Frédéric.
SIMON, *à part.* Ensemble! tant mieux; gardons-nous de les déranger; il ne faut pas troubler l'explication entre le gendre et le beau-père. (*Haut, à Nanette.*) Tu lui remettras ce papier.
NANETTE. Oui, Monsieur.
SIMON. C'est un projet d'acte, un papier; il sait ce que c'est.
NANETTE. Oui, Monsieur.
SIMON. Et tu lui rappelleras qu'il faut absolument qu'il vienne à mon bal. Voilà qui est entendu. Maintenant, je remonte chez moi achever mes dispositions; quand on n'a pas l'habitude de recevoir, qu'il faut tout improviser... Il y a dix ans que je n'ai fait de feu dans mon salon; aussi la cheminée fume : on sera obligé de laisser la fenêtre entr'ouverte. (*En s'en allant, il salue Saint-Eugène qui est auprès de la table.*) Monsieur, j'ai l'honneur de vous saluer... Mais ce n'est pas un inconvénient, ça servira à renouveler l'air. (*Il sort par le fond.*)

SCÈNE XI.
NANETTE, SAINT-EUGÈNE.

SAINT-EUGÈNE. Tiens, le propriétaire qui fait aussi des affaires avec M. de Saint-Martin : tout le monde s'en mêle.

NANETTE. Qu'est-ce que ce papier-là? c'est plié comme une assignation.
SAINT-EUGÈNE. Laisse donc.
NANETTE. Moi, je ne les connais que par celles de M. Frédéric; si c'en était encore, voyez donc.
SAINT-EUGÈNE, *prenant le papier.* Y penses-tu? (*Y jetant les yeux, à part.*) Dieu! quel nom viens-je de lire! M. Canivet, de Nantes... M. Canivet serait ici! mon administrateur en chef, le beau-père de Frédéric!

AIR : *A soixante ans.*

Oui, c'est bien lui. C'est facile à comprendre,
Sous un faux nom, sous un titre inconnu,
Il vient ici, pour connaître son gendre,
Pour éprouver ses mœurs et sa vertu;
Pauvre garçon! ah! le voilà perdu!
Moi, je suis fort; car mon langage austère,
Car la morale a su me préserver;
Grande leçon, qui doit bien nous prouver
Qu'à tout hasard il faut toujours en faire!
On ne sait pas ce qui peut arriver.

Mais Frédéric, faut-il le prévenir du danger? non; il perdrait la tête, il gâterait tout; il faut le sauver à son insu, à moi tout seul. Avec du sang-froid et de l'imagination... (*Après un moment de réflexion.*) C'est ça, rien n'est encore désespéré. Viens ici, Nanette; viens! j'ai à te parler. Tu vas dire à Thomasseau de nous mettre ici des carafes, d'en mettre six sur la table.
NANETTE. Des carafes! y pensez-vous! jamais ces messieurs n'en laissent paraître, et Thomasseau ne voudrait pas...
SAINT-EUGÈNE. Et pourquoi?
NANETTE. Parce que les marchands de vin ne fournissent jamais l'eau séparément.
SAINT-EUGÈNE. Oui, mais tu lui diras de remplir celles-ci avec du vin blanc clair et limpide; que ce soit à s'y méprendre.
NANETTE. C'est différent : avec du chablis; c'est ce qui ressemble le plus à l'eau d'Arcueil. Je vais lui dire...
SAINT-EUGÈNE. Ecoute encore : ce n'est pas tout. Veux-tu être mariée?
NANETTE. Est-ce que ça se demande? et quoique Thomasseau soit jaloux, si je pouvais l'épouser dès demain, je serais prête dès aujourd'hui; mais, pour cela, il nous manque...
SAINT-EUGÈNE. Une dot.
NANETTE. Pas autre chose. Si j'avais seulement mille écus, Thomasseau prétend qu'avec cela il trouverait soixante mille francs de crédit, et qu'il n'en faudrait pas davantage pour établir un joli petit café dans un faubourg.

SAINT-EUGÈNE.
AIR : *J'ai vu le Parnasse des dames.*

Eh bien! parlons avec franchise;
Tous ces rêves si séduisants,
Si tu veux, je les réalise.

NANETTE, *étonnée.*
Comment, à moi, trois mille francs!

SAINT-EUGÈNE.
Oui, de toi dépend cette affaire.

NANETTE.
Vous croyez que je les aurai?

SAINT-EUGÈNE.
Oh! tu peux y compter, ma chère;
Ce n'est pas moi qui les paierai.

NANETTE. A la bonne heure.
SAINT-EUGÈNE. Mais il s'agit, pour cela, de nous rendre un grand service.

NANETTE. Qu'est-ce que c'est?
SAINT-EUGÈNE. Tu as vu cet étranger qui est là-dedans avec Frédéric?
NANETTE. Ce nouveau locataire, que je n'aime pas du tout?
SAINT-EUGÈNE. C'est égal; tâche d'obtenir qu'il consente à t'embrasser devant témoin, et les mille écus sont à toi.
NANETTE. Y pensez-vous? il ne voudra jamais; il a l'air si sévère!
SAINT-EUGÈNE. Cela te regarde.
NANETTE. Et puis, il est bien laid.
SAINT-EUGÈNE. Sans cela, où serait le mérite? c'est un acte de dévouement qu'on te demande. Je l'entends, c'est convenu.
NANETTE. Mais, Monsieur, comment donc faut-il que je fasse?
SAINT-EUGÈNE. C'est entendu; le voilà, je te laisse. (*Il entre dans la première chambre à gauche.*)

SCÈNE XII.
NANETTE, puis CANIVET.

NANETTE. C'est drôle, tout de même, qu'il me donne mille écus pour qu'un autre... encore, si c'était lui, ce serait plus naturel. N'importe, faut que je tâche d'en venir à mon honneur; je ne sais trop comment m'y prendre, je ne puis aller prier ce monsieur de... je ne me suis jamais trouvée dans cette position-là. (*Dans ce moment Canivet sort de la chambre de Frédéric. Nanette lui fait une belle révérence; mais il passe devant elle sans la regarder.*)

CANIVET, *à part.* Il est ravi de l'argent que je viens de lui donner, il le paiera cher. Dans l'excès de sa joie, il m'a renouvelé son invitation à ce déjeuner dînatoire, soit. (*Il s'assied sur un fauteuil à droite.*) Je vais en apprendre de belles. Tant mieux : je me ferai connaître au dessert, j'aurai le plaisir de le confondre : voilà le bouquet que je lui prépare.

NANETTE, *à part, regardant Canivet à gauche.* Dieu! a-t-il l'air sévère de ce côté-ci! ce n'est pas de ce côté-là qu'il m'embrassera; voyons de l'autre. (*Elle passe à la droite de Canivet.*) C'est encore pis... (*Repassant à gauche. Timidement et baissant les yeux.*) Monsieur...

CANIVET, *avec brusquerie et sans se lever.* Qu'est-ce que vous me voulez?

NANETTE, *lui donnant le papier que lui a remis Simon.* C'est un papier qu'on m'a chargée de vous remettre.

CANIVET, *le prenant.* Ah! c'est de la part de nos actionnaires! cet acte de société, si important pour moi. C'est bon, allez-vous-en.

NANETTE, *à part.* Est-il gentil! (*Haut.*) C'est que j'aurais quelque chose à vous demander.

CANIVET. Qu'est-ce que c'est?

NANETTE.
Air de l'*Écu de six francs.*
V'là justement le difficile;
Je n'ose pas, en vérité.
CANIVET, *lui tournant le dos.*
En ce cas, laissez-moi tranquille.
NANETTE, *à part.*
Allons, le v'là de l'autr' côté.
Comment alors fair' sa conquête?
Car, pour l'am'ner à m'embrasser,
Il m' semble qu'il faut commencer
Par lui faire tourner la tête.

(*Haut.*) Monsieur..
CANIVET. Encore?
NANETTE. Eh quoi! vous refusez de m'écouter? vous qui paraissez si bon!
CANIVET, *se levant.* Puisqu'il n'y a pas moyen de vous faire taire, parlez, pourvu que vous vous dépêchiez.
NANETTE, *avec une feinte émotion.* Hélas! vous voyez une personne bien embarrassée et bien chagrine.
CANIVET. En vérité! Oh! à votre âge on ne manque pas de consolateurs; adressez-vous, par exemple à M. Frédéric.
NANETTE. Voilà justement comme vous êtes dans l'erreur, et il faut que je vous explique...
CANIVET. C'est inutile, je vous crois sur parole.
NANETTE. M'accuser sans m'entendre, refuser d'écouter une pauvre fille qui vous en supplie! je n'aurais jamais cru cela de vous, d'un homme si respectable!
CANIVET. Elle a raison ; au fait, je dois l'écouter.
NANETTE. Ah! je suis bien malheureuse!
CANIVET. Mais qu'avez-vous donc, ma chère enfant?
NANETTE, *à part.* Il a dit : Ma chère enfant. (*Haut avec une douleur affectée.*) Ah!
CANIVET, *à part.* En effet; il est possible que cette pauvre fille soit honnête. (*A Nanette.*) Voyons, parlez
NANETTE, *à part, avec satisfaction.* Le voilà qui s'approche. (*A Canivet.*) Eh bien! Monsieur... (*A part.*) Qu'est-ce que je m'en vais lui dire? (*Haut.*) Eh bien! vous saurez donc...

SCÈNE XIII.
LES PRÉCÉDENTS, THOMASSEAU.

THOMASSEAU, *du fond.* Mam'selle Nanette. Mam'selle Nanette. (*Canivet va se rasseoir.*)
NANETTE, *à part.* Ce Thomasseau qui vient nous déranger au moment où ça commençait! (*Haut avec impatience.*) Qu'est-ce que c'est?
THOMASSEAU, *s'approchant de Nanette.* Rien. Ce n'est certainement pas pour me raccommoder avec vous. Mais enfin on vous demande en bas. C'est le service, ce n'est pas moi.
NANETTE. Je ne puis pas, je suis occupée.
THOMASSEAU. Faut-il que je vous aide?
NANETTE. Je n'ai pas besoin de toi, tu ne me servirais à rien, au contraire : je t'appellerai quand il faudra que tu viennes.
THOMASSEAU. Ça suffit. On vous comprend, et on vous laisse ; on s'en va. (*Regardant Canivet.*) Avec celui-là, je n'ai pas peur... (*Sur un signe d'impatience de Nanette.*) On s'en va, Mam'selle ; on s'en va. (*Il sort par le fond.*)

SCÈNE XIV.
CANIVET, NANETTE.

NANETTE, *à part.* C'est maintenant à recommencer.
CANIVET, *froidement.* Eh bien! Mademoiselle?
NANETTE. Eh bien! Monsieur. (*A part.*) Il ne se rapproche pas. (*Haut.*) Vous saurez donc que j'allais me marier à un garçon qui n'est certainement pas beau, vous venez de le voir, ni spirituel, vous l'a-

THOMASSEAU. Qu'est-ce que je vois là? — Scène 15

vez entendu ; mais enfin, en fait de mari, dans ce moment où tout est si rare, on prend ce qu'on trouve. Celui-ci m'aimait, et vous êtes cause qu'il ne m'aime plus.

CANIVET. Moi?

NANETTE. Sans doute, vous avez dit ce matin devant lui que M. Frédéric m'avait embrassée, car lui n'en aurait rien su ; et quoique ce fût en bonne intention, lui, qui n'a pas d'esprit, a vu ça du mauvais côté ; il s'est fâché, et maintenant il ne veut plus m'épouser.

CANIVET. Il serait possible !

NANETTE. Oui, Monsieur ; et voilà comment vous êtes cause que je resterai fille.

CANIVET, *se levant et allant à Nanette.* J'en serais désolé.

NANETTE. Et moi aussi ; ce n'est pas tant pour le mari que pour la réputation et mon honneur ; car j'y tiens : je vous en prie, Monsieur, voyez un peu ce qu'il y aurait à y faire.

CANIVET. S'il en est ainsi, c'est à moi de réparer mes torts. J'irai trouver ton prétendu... Car, au fait, cette jeune fille, elle a de bons principes.

NANETTE. Oh! oui, Monsieur.

CANIVET, *la regardant attentivement.* Et de plus, elle est tout à fait gentille.

NANETTE. Vous êtes bien bon. (*A part.*) Il y revient.

CANIVET. Je le forcerai bien à te rendre justice.

NANETTE. C'est tout ce que je demande, et... (*Se jetant dans les bras de Canivet.*) Vous serez mon sauveur, mon père.

CANIVET, *l'embrassant.* Cette chère enfant !

NANETTE, *à part.* Faut-il qu'il n'y ait personne!

CANIVET. Et de plus, je ferai quelque chose pour toi.

NANETTE. Ah! je ne veux rien, Monsieur ; votre estime me suffit : j'étais si heureuse tout à l'heure, quand vous me traitiez comme votre fille ! et tout ce que je vous demande, c'est que vous m'embrassiez encore.

CANIVET. De grand cœur. (*L'embrassant.*) Pauvre petite !

NANETTE. Encore une petite fois. (*Canivet l'embrasse encore.*)

SCÈNE XV.

Les précédents ; THOMASSEAU, puis SAINT-EUGÈNE.

(*Au moment où Canivet embrasse Nanette, Thomasseau entre par le fond, tenant un plat de ses deux mains.*)

THOMASSEAU. Qu'est-ce que je vois là ? Eh bien ! par exemple, à qui avoir confiance ? ô ! Monsieur.

CANIVET. A qui en a-t-il donc ?

SAINT-EUGÈNE, *sortant du cabinet à gauche*. Quel est ce bruit ? qu'est-ce donc ?

THOMASSEAU. C'est Monsieur qui embrasse Nanette.

SAINT-EUGÈNE, *à Nanette*. Bien sûr ?

NANETTE. Certainement, Thomasseau était là.

THOMASSEAU. C'est une horreur ! C'est... si je n'avais pas peur de répandre... c'est la seconde fois d'aujourd'hui, sans compter ce qui arrive quand je n'y suis pas.

CANIVET. Je vous atteste que cette jeune fille est un modèle de sagesse.

SAINT-EUGÈNE, *bas, à Canivet*. Vous avez raison de dire comme ça, c'est plus moral.

SCÈNE XVI.

Les précédents ; FRÉDÉRIC *sort de sa chambre, accompagné de plusieurs de ses amis, tandis que plusieurs autres convives entrent par le fond, et vont saluer Saint-Eugène*.

CHŒUR DE CONVIVES.

Air : *Oh ! la bonne folie* (du Comte Ory).

Allons, allons à table
La gaîté, le plaisir,
A ce banquet aimable
Viennent nous réunir.

(*Pendant ce chœur, qui se chante sur le devant de la scène, les domestiques mettent la table au milieu du théâtre ; et, à la fin du chœur, tout le monde prend sa place à table.*)

(*Saint-Eugène engage Canivet à se placer à côté de lui ; Canivet se place à l'extrémité de la table, à droite, auprès de Saint-Eugène ; Frédéric occupe le milieu.*)

SAINT-EUGÈNE. Quel beau silence !

UN DES CONVIVES *de la gauche, à Frédéric, en lui montrant Canivet*. Quel est donc ce monsieur ?

FRÉDÉRIC, *à demi-voix*. C'est M. de Saint-Martin, fameux capitaliste, qui demeure ici près, (*Tous les convives se lèvent et saluent Canivet*.) et j'ai pensé que c'était une connaissance utile à vous faire faire.

TOUS LES CONVIVES. Oui, sans doute.

SAINT-EUGÈNE, *à Canivet*. Je me suis placé à côté de vous, pour que nous puissions causer ensemble, et parler raison.

CANIVET. Oui, que les principes trouvent au moins un refuge dans notre coin.

SAINT-EUGÈNE, *à Canivet*. Vous ne mangez pas ?

CANIVET. Je n'ai pas faim.

SAINT-EUGÈNE. Ni moi non plus ; mais il faut faire comme tout le monde.

CANIVET, *présentant son assiette*. En ce cas, donnez-moi quelques truffes.

FRÉDÉRIC, *à Canivet*. Vous ne buvez pas ?

CANIVET. Je n'ai pas soif.

SAINT-EUGÈNE. Ni moi non plus ; c'est égal, il faut faire comme tout le monde. (*Il remplit son verre et celui de Canivet.*)

CANIVET. C'est donc pour vous obéir. (*A part, vidant lentement son verre, et prenant une gorgée à chaque phrase.*) Que dirait-on de voir un administrateur des deniers du pauvre dîner à trente francs par tête, (*Il boit.*) au milieu d'une troupe de jeunes insensés ? (*Il boit.*) Mais j'ai mon projet ; cela me suffit, (*Il boit.*) et comme ma conduite a un but moral... (*Il boit.*)

FRÉDÉRIC, *s'adressant à toute la société*. Messieurs, je vous recommande cette bouteille, c'est un porto excellent.

SAINT-EUGÈNE, *versant à Canivet*. Vous devez vous y connaître ; dites-nous ce que vous en pensez ?

CANIVET, *après l'avoir goûté*. Parfait ; mais je voudrais avoir de l'eau.

SAINT-EUGÈNE, *à Thomasseau*. Qu'on nous donne une carafe.

THOMASSEAU. Voilà, voilà. (*Il verse à Canivet. Bas, à Saint-Eugène.*) C'est l'eau en question.

CANIVET, *après avoir bu, et présentant de nouveau son verre*. Encore de l'eau. (*Thomasseau lui en verse.*)

SAINT-EUGÈNE, *à part*. Il paraît qu'il y prend goût.

FRÉDÉRIC, *à Thomasseau qui lui offre de l'eau*. Fi donc ! pas d'eau rougie, nous ne connaissons pas cela.

TOUS. Ni nous non plus.

SAINT-EUGÈNE.
Air des Créoles (de Berton.)
PREMIER COUPLET.

Messieurs, silence, et pour cause ;
Un seul instant, taisez-vous ;
C'est un toast que je propose ;
Il nous intéresse tous
Oui, mes amis, faisant gloire
De vous ramener au bien,
Je vous propose de boire
A la morale.

TOUS.
C'est bien.

SAINT-EUGÈNE, *à Frédéric*.
Pour accorder ma soif, que rien n'égale,
Avec la sobriété,
Verse, verse à la morale,
Je veux boire à sa santé.

CANIVET, ET LES AUTRES CONVIVES.
Verse, verse à la morale,
Je veux boire à sa santé.

(*Les domestiques emplissent les verres des convives.*)

SAINT-EUGÈNE. Ici du champagne. (*Prenant la bouteille, et s'adressant à Canivet.*) Vous ne pouvez pas refuser un verre de champagne à la morale.

CANIVET, *s'animant*. Non, certainement. A la morale, Messieurs.

TOUS. A la morale.

SAINT-EUGÈNE. Et pas d'eau cette fois.

CANIVET ET TOUS LES AUTRES. Pas d'eau.

SAINT-EUGÈNE. C'est ça, la morale la plus pure.

TOUS, *se levant et trinquant*. A la morale.

SAINT-EUGÈNE. A ses bienfaits.

TOUS. A ses bienfaits.

CANIVET. Faites mousser pour les bienfaits. (*Ils boivent.*)

SAINT-EUGÈNE, *se levant*. Messieurs, j'ai une seconde proposition à vous faire.

CANIVET, *un peu en train*. Voyons la proposition.

SAINT-EUGÈNE. C'est de recommencer.

TOUS, *se levant*. Approuve.

FRÉDÉRIC
DEUXIÈME COUPLET.
Il faut que ce jour expie
Tous les méfaits d'autrefois ;
Je bois à l'économie.
CANIVET.
A l'abstinence je bois.
SAINT-EUGÈNE.
Quelle tiédeur est la vôtre !
La sagesse exige plus ;
Et je veux, l'une après l'autre,
Boire à toutes les vertus.
Oui, pour rester ici jusqu'à l'aurore ;
Et pour boire encore plus,
Verse, verse, verse encore,
Verse à toutes les vertus
CANIVET ET LES AUTRES.
Verse, verse, verse encore,
Verse, à toutes les vertus ;
Je veux boire à la vertu.
(*Les domestiques versent encore.*)

CHŒUR GÉNÉRAL.
AIR : *Qu'il avait de bon vin,*
Le seigneur châtelain (du COMTE ORY).
(Musique arrangée et composée par M. Hus-Desforges.)
Buvons, il a raison,
Lorsque le vin est bon,
De boire on a raison.
Que la morale austère
Préside à ce festin ;
A sa santé si chère
Buvons jusqu'à demain.
SAINT-EUGÈNE.
Le bon vin ! combien je l'honore !
T'en reste-t-il beaucoup encore ?
FRÉDÉRIC.
Cent bouteilles.
SAINT-EUGÈNE.
En vérité !
Je te les joue à l'écarté.
TOUS.
C'est accepté, c'est accepté !
SAINT-EUGÈNE, *à Canivet.*
Vous parierez de mon côté.
CANIVET.
Qui, moi ? jamais d'un jeu semblable !
Je n'en sais qu'un de tolérable :
C'est le piquet.
SAINT-EUGÈNE.
Jeu très-savant,
Mais à la fois très-difficile.
Le jouez-vous passablement ?
CANIVET, *piqué.*
Si je le joue ?
SAINT-EUGÈNE, *montrant un des convives.*
Eh ! oui, vraiment...
Car voilà, mon cher, un habile
Qui pourrait vous mettre en défaut.
CANIVET, *d'un air de mépris.*
Monsieur !
SAINT-EUGÈNE.
Et vous faire capot.
CANIVET, *s'échauffant.*
Je l'en défie.
LE CONVIVE.
Et l'on vous prend au mot.
Quinze louis comptant...
SAINT-EUGÈNE, *à Canivet.*
Il est à nous, nous les tenons ;
C'est une victoire assurée...
Nous trouverons
Dans la chambre à côté,
Et le piquet et l'écarté.
Allez, amis, la lice est préparée.

ENSEMBLE.
(*Reprise du premier motif.*)
CANIVET.
Oui, de ce fanfaron
J'espère avoir raison.
SAINT-EUGÈNE.
Quand le motif est bon,
L'on a toujours raison.
FRÉDÉRIC ET LE CHŒUR.
C'est nous qui jugerons
Entre les deux champions.
TOUS, *se levant de table.*
Le talent, la science
Fixeront le destin
On peut ainsi, je pense,
Jouer jusqu'à demain.
Buvons, buvons, buvons jusqu'à demain,
(*Pendant ce dernier chœur, les domestiques enlèvent la table. A la fin du chœur, Frédéric, Canivet et tous les convives entrent en désordre dans la chambre à gauche, dont la porte reste ouverte.*)

SCÈNE XVII.

SAINT-EUGÈNE, *seul*. Bravo ! ça commence à s'animer ; les têtes s'échauffent, et la mienne aussi, par contre-coup. J'éprouve une satisfaction intérieure, je me sens à mon aise, je suis heureux ; j'étais né pour le désordre ; c'est malgré moi que je me suis jeté dans les bras de la morale.

AIR de *Lantara.*
Malgré moi, la raison austère
Sous ses lois prétend me ranger.
Hélas ! transfuge involontaire,
J'ai dû passer dans un camp étranger,
Il m'a fallu passer à l'étranger.
Mais quand j'entends les cris de la folie,
Mon cœur tressaille ; ô délire nouveau !
C'est l'exilé revoyant sa patrie,
Le déserteur retrouvant son drapeau.

(*Plusieurs garçons entrent.*) Qu'est-ce que c'est que ces gens-là ? qu'est-ce que vous apportez ?
UN DES GARÇONS. Ce sont des glaces que l'on a commandées pour le bal.
SAINT-EUGÈNE. Il donne un bal ! il ne m'en avait pas parlé. (*Plusieurs musiciens entrent avec leurs instruments.*) Plus de doute, voici l'orchestre : c'est délicieux. (*Aux garçons de café.*) Etablissez-vous dans la petite pièce du fond. (*Ils entrent dans la première chambre à droite. Aux musiciens.*) Vous, dans la grande salle ; il n'y a pas encore de danseurs ; c'est égal, jouez des contredanses pour vous amuser, (*Les musiciens entrent dans la salle au fond, à droite.*) comme au bal de l'Opéra ; ça fera venir du monde.

SCÈNE XVIII.

SAINT-EUGÈNE, DAMES ET MESSIEURS, *en costume de bal.*

SAINT-EUGÈNE. Qu'est-ce que je disais ? (*S'approchant des dames, auxquelles il donne la main.*) Donnez-vous la peine de passer dans le salon. (*A d'autres dames qui arrivent.*) On vous attend avec impatience ; le maître de la maison va venir tout à l'heure. (*D'autres dames entrent accompagnées de cavaliers.*) Oh ! encore ! Par ici, Mesdames ; débarrassez-vous de vos châles, vos manteaux. (*Revenant sur le devant de la scène.*) Toutes physionomies honnêtes, je n'en connais pas une. Et lui qui me disait encore ce matin qu'il n'y aurait pas de dames?

SCÈNE XIX.
NANETTE, SAINT-EUGÈNE.

NANETTE, *accourant.* Monsieur, Monsieur, ces dames qui viennent d'entrer, demandent M. Simon.

SAINT-EUGÈNE. Qu'est-ce que ça me fait?

NANETTE. C'est que je m'en vais vous dire, le propriétaire donne ce soir un bal, ici-dessus; et il paraît que ce sont de ses connaissances.

SAINT-EUGÈNE. Vraiment. (*Riant.*) Attends donc : je commence à comprendre; on se sera trompé d'étage, et, sans le vouloir, nous lui aurons escamoté toute sa société. Tant pis; honnêtement nous ne pouvons pas les mettre à la porte. Le bal est commencé. (*On entend à droite les premières mesures d'une contredanse, et à gauche, dans la salle de jeu, sur le même air, le chœur suivant :*)

  Amis, célébrons sans cesse
  Le jeu, le vin et l'amour;
  Et goûtons avec ivresse
  Tous les plaisirs en ce jour.
  (*La ritournelle continue.*)

SAINT-EUGÈNE, *parlant sur la ritournelle.* Entends-tu les violons? et les joueurs d'écarté; comme ils s'en donnent! Dis qu'on leur porte des rafraîchissements. (*Nanette sort.*) Il faut entretenir le feu sacré. (*Plusieurs garçons passent avec des bols de punch enflammés, des glaces, etc., et entrent dans le salon du bal et dans la salle de jeu.*) Quel coup d'œil enivrant! quel délicieux tapage!

SCÈNE XX.
SIMON, SAINT-EUGÈNE.

SIMON. C'est incroyable le bruit qui se fait au premier; tandis que chez moi, c'est d'un calme, d'un silence... je suis tout seul à me promener dans mon salon illuminé.

SAINT-EUGÈNE. Ah! c'est vous, monsieur Simon! Nous ferez-vous l'honneur de passer ici la soirée?

SIMON. Merci, je ne puis pas; je donne un bal.

SAINT-EUGÈNE. C'est comme nous.

SIMON. Vous sentez que, quand on attend du monde...

SAINT-EUGÈNE. Ah! vous en attendez?

SIMON. Beaucoup; j'ai même fait monter au grenier une partie de mes meubles, pour que l'on fût plus à son aise.

SAINT-EUGÈNE. Vous avez eu raison. Dans les soirées d'aujourd'hui, on ne peut pas se retourner, on étouffe.

SIMON. Ce ne sera pas le défaut de la mienne, je n'ai encore personne; je comptais au moins sur ce monsieur que j'ai laissé ce matin avec votre ami.

SAINT-EUGÈNE. Monsieur Canivet?

SIMON. Il vous a dit son nom?

SAINT-EUGÈNE. Parbleu! *in vino veritas.* C'est un diable qui, à table, a bu comme quatre.

SIMON. Ce n'est pas possible, un sage tel que lui!

SAINT-EUGÈNE. Raison de plus. Quand ils s'y mettent une fois...

  Air du vaudeville de *l'Homme vert.*

  Un philosophe, un sage austère,
  Comme un autre ne tombe pas;
  Pour nous qui marchons terre à terre,
  Lorsque nous faisons un faux pas,
  La chute est à peine sensible.
  Mais quand la sagesse en défaut
  Vient à broncher, ah! c'est terrible!
  Car elle tombe de plus haut.

SCÈNE XXI.
SIMON, SAINT-EUGÈNE, THOMASSEAU.

THOMASSEAU, *sortant de la salle de jeu.* (*A Saint-Eugène.*) En vérité, Monsieur, c'est très-mal à M. Frédéric. Comment! il prend le dîner au Café de Paris, et les glaces chez Tortoni, qui est notre ennemi naturel! Au surplus, on ne fait pas grand honneur aux rafraîchissements du confrère; ils sont trop occupés à jouer, surtout ce grand monsieur.

SAINT-EUGÈNE. Oui. (*Bas, à Simon.*) C'est encore M. Canivet.

THOMASSEAU. Il paraît qu'il avait d'abord gagné ces messieurs au piquet; on lui a demandé une revanche à l'écarté, qu'il a bien fallu accorder, et il a gagné encore plus de mille écus.

SIMON. Mille écus!

SAINT-EUGÈNE. Quelle horreur! moi qui suis de moitié avec lui.

THOMASSEAU. Il faut que ce soit un joueur de profession; il retourne toujours le roi, ce qui n'est pas naturel : aussi, ces messieurs, qui perdaient toujours, commençaient à se fâcher.

SIMON. A lui de pareils défauts!

THOMASSEAU. Des défauts! il les a tous : le jeu, il y est; le vin, il y était tout à l'heure; et les femmes! vous le savez, j'ai surpris mam'selle Nanette en tête à tête avec lui.

SIMON. Jugez donc les gens sur leurs discours! Moi, qui étais sa caution, je n'en réponds plus; je m'en vais le faire entendre à nos actionnaires.

SAINT-EUGÈNE. Et vous avez raison; car, à vos actionnaires,

  Il faut des actions, et non pas des ..

SIMON, *regardant dans le salon du fond, à droite.* Eh! mais qu'est-ce que je vois? les voici, ce sont eux; ils sont en train de danser. Comment se trouvent-ils ici? Peu importe, l'essentiel est de les avertir. M. Canivet se justifiera s'il le peut. (*Il sort. L'orchestre reprend très-fort.*)

SCÈNE XXII.
SAINT-EUGÈNE, CANIVET.

CANIVET, *sortant de la pièce où l'on joue, et s'adressant à la cantonade.* Eh bien! nous verrons; il ne faut pas croire que, parce qu'on a cinquante ans... certainement, ce n'est pas vous qui me ferez reculer.

SAINT-EUGÈNE. Qu'est-ce donc?

CANIVET. Les soupçons les plus injurieux, que j'ai repoussés comme je le devais; d'ailleurs, dans la chaleur du jeu...

SAINT-EUGÈNE. Et pourquoi jouer? pourquoi se livrer à cette passion dangereuse?

CANIVET. Eh! Monsieur, vous êtes de moitié avec moi.

SAINT-EUGÈNE. Qu'importe, Monsieur! quand nous aurions gagné mille écus... car c'est, je crois, mille écus que nous avons gagnés... il n'en est pas moins vrai que le jeu...

CANIVET. Je sais cela aussi bien que vous; mais est-ce ma faute si, en sortant de table, on se laisse entraîner? quand on a bu un peu plus qu'à l'ordinaire...

SAINT-EUGÈNE. Et pourquoi boire, Monsieur?

CANIVET. C'est vous qui me versiez!

SAINT-EUGÈNE. C'est vrai; mais où serait le mérite si on ne résistait pas? C'est ce que je disais tout à l'heure à M. Simon, qui vous attendait ici.

CANIVET. Ah! mon Dieu! c'est juste; j'ai oublié son rendez-vous. Est-ce qu'il saurait?...

SAINT-EUGÈNE. Lui! il sait tout. Mais quand il a vu que vous étiez en partie de plaisir, et en train de gagner de l'argent, il n'a pas voulu vous déranger. Il est allé en causer avec ses actionnaires. (*Pendant que Saint-Eugène parle, Frédéric et tous les jeunes gens sortent de la salle de jeu, et se tiennent un instant derrière Canivet.*)

CANIVET. Je suis un homme perdu : sortons. (*Il veut sortir, Frédéric et les jeunes gens l'arrêtent.*)

SCÈNE XXIII.

SAINT-EUGÈNE, CANIVET, FRÉDÉRIC ET LES CONVIVES.

FRÉDÉRIC, *à Canivet*. Arrêtez, Monsieur; vous ne nous quitterez pas ainsi, nous avons trop d'intérêt à savoir qui vous êtes.

CANIVET. Que voulez-vous dire?

FRÉDÉRIC. Vous vous êtes fait passer pour M. de Saint-Martin, le capitaliste; or, M. de Saint-Martin est là à côté, et là en train de danser.

CANIVET. O ciel!

FRÉDÉRIC. Vous comprenez, Monsieur, qu'on ne prend pas le nom et le titre d'un homme recommandable, sans des motifs qu'il nous importe de connaître; et avant de donner notre argent, nous voulons savoir avec qui nous l'avons perdu.

CANIVET, *à part*. C'est fait de moi.

SAINT-EUGÈNE, *à demi-voix*. Pas encore; je suis là pour vous sauver.

FRÉDÉRIC. Monsieur, il faut dire votre nom.

TOUS LES JEUNES GENS. Oui, votre nom.

SAINT-EUGÈNE. Son nom, jeunes gens! vous demandez son nom! il ne le dira pas, il ne peut pas le dire maintenant.

CANIVET, *à part*. Est-ce que ce monsieur-là me connaît?

SAINT-EUGÈNE. C'est tout à l'heure, en présence de tout le monde, qu'il se nommera.

CANIVET, *bas, à Saint-Eugène*. Mais, au contraire.

SAINT-EUGÈNE, *bas, à Canivet*. Laissez-moi donc! (*Haut.*) Et à ce nom seul, jeunes imprudents, à ce nom respectable, vous tomberez tous à ses pieds. (*A Frédéric.*) Vous, Monsieur tout le premier.

FRÉDÉRIC ET TOUS LES JEUNES GENS.

AIR :

Pour garder l'anonyme
A-t-il quelque raison?
S'il tient à notre estime,
Qu'il déclare son nom!

ENSEMBLE

LES DAMES, *sortant de la salle de bal*.
Quel courroux vous anime?
Quel bruit dans la maison?
Peut-on lui faire un crime

D'avoir caché son nom?
Son nom! son nom! son nom!

FRÉDÉRIC ET LES JEUNES GENS.
Pour garder l'anonyme
A-t-il quelque raison?
S'il tient à notre estime,
Qu'il déclare son nom!
Son nom! son nom! son nom!

SCÈNE XXIV.

LES PRÉCÉDENTS; SIMON, THOMASSEAU, NANETTE.

SIMON. Son nom, son nom; parbleu! c'est M. Canivet.

CANIVET, *se cachant la tête dans ses mains*. Plus d'espoir.

FRÉDÉRIC, *étonné*. Mon beau-père!

SAINT-EUGÈNE. Oui, jeune homme, votre beau-père, ce respectable administrateur de Nantes, qui, pour vous éprouver, pour vous donner une leçon, n'a pas craint de descendre lui-même à un pareil déguisement, et de paraître partager des excès dont il voulait vous faire rougir.

FRÉDÉRIC. Comment, c'était une épreuve?

SAINT-EUGÈNE. Oui, Monsieur, et c'est moi qui étais son complice, Saint-Eugène, qui viens d'être nommé à la dernière place vacante dans l'administration paternelle qu'il régit avec tant de talent.

CANIVET, *bas, à Saint-Eugène*. Quoi! vous seriez?..

SAINT-EUGÈNE. Silence.

FRÉDÉRIC, *à Saint-Eugène*. Ainsi tu nous avais trahis.

SAINT-EUGÈNE. Momentanément, pour passer du côté de la morale.

SIMON. Et moi qui ai été dupe d'une pareille ruse! qui ai pu croire un instant que c'était sérieusement; je ne sais plus où j'en suis.

FRÉDÉRIC, *à Canivet*. Ah! Monsieur, comment désarmer votre colère? comment vous persuader de mon repentir? et qui pourrait désormais vous parler en ma faveur?

SAINT-EUGÈNE. Moi, qui réclame pour un ami l'indulgence d'un beau-père irrité. (*A Frédéric.*) Vous avez été bien coupable, jeune homme; mais Monsieur sait, par bonheur, qu'aucun de nous n'est infaillible.

CANIVET, *avec un soupir*. C'est vrai.

SAINT-EUGÈNE, *à Frédéric*. Et si vous promettiez de suivre notre exemple, de ne plus retomber dans de pareils excès...

FRÉDÉRIC. Je le jure.

SAINT-EUGÈNE, *à Frédéric*. Cela lui suffit. Votre beau-père vous pardonne.

CANIVET. Que dites-vous?

SAINT-EUGÈNE, *à Canivet*. Oui, Monsieur, vous ne vous refuserez pas à mes prières. Si j'ai pu vous servir, tout ce que je vous demande, c'est que le bonheur d'un ami, c'est que vous fassiez pour Frédéric (*A demi-voix.*) ce que je viens de faire pour vous-même. C'est de la bonne morale, ou je ne m'y connais pas.

CANIVET. Il a raison.

SAINT-EUGÈNE. Et quant à l'argent du jeu, cet argent que nous avons gagné de moitié, nous en ferons un bon usage; car nous le destinons à doter l'innocence. Tiens, Nanette.

NANETTE, *à part*. Je puis dire que celui-là n'est pas volé.

CANIVET. Demain, mon gendre, nous partirons pour Nantes; l'air de Paris est trop dangereux pour les principes.

SAINT-EUGÈNE. Oui, nous partirons tous trois, et nous marcherons de compagnie dans la bonne route, à moins que les circonstances... car, en fait de morale, on en parle tant qu'on veut, mais on la met en action quand on peut.

VAUDEVILLE.
Air des *Créoles*.

SIMON.

De quoi dépend le mérite?
Maint philosophe vanté
A dû sa bonne conduite
A sa mauvaise santé.
Tel ce sage cacochyme,
Que l'ordre du médecin
Vient de soumettre au régime,
Il tonne contre le vin.
Gens bien portants, ô vous que font sourire
Sa morale et ses discours,
Laissez, laissez, laissez dire,
Laissez dire, et buvez toujours.

FRÉDÉRIC.

J'ai vu prêcher la décence
A d'antiques séducteurs,
Et j'ai vu blâmer la danse
Par de ci-devant danseurs
Qui jadis étaient ingambes,
Et dont le zèle moral
Vient, quand ils n'ont plus de jambes,
Nous interdire le bal.
Jeunes tendrons, ô vous que font sourire
Leur sagesse et leur discours.
Laissez, laissez, laissez dire,
Laissez dire, et dansez toujours.

SAINT-EUGÈNE.

Maint censeur atrabilaire
De nos maux semble accuser
Les beaux-arts, dont la lumière
Éclaire sans embraser.
Selon eux tout périclite,
Et l'on devrait garrotter
Ce siècle qui va trop vite,
Et qu'ils voudraient arrêter.
Guerriers, savants, artistes qu'on admire,
Loin d'écouter leurs discours,
Laissez, laissez, laissez dire,
Laissez dire, et marchez toujours.

CANIVET.

Que de choses admirables
Dont ce siècle est l'inventeur!
Des habits imperméables,
Des *Omnibus* à vapeur;
Et puis des cloches de verre
Si bien construites, qu'avec
Leur secours, dans la rivière
On se promène à pied sec.
Bons Parisiens, faciles à séduire,
Loin de croire à ces discours,
Laissez, laissez, laissez dire,
Laissez dire, et nagez toujours.

THOMASSEAU.

Lorsque l'on donne une pièce,
Il est des gens plein de goût
Qui vous disent : « Eh bien! qu'est-ce?
« C'est mauvais, ça r'semble à tout.
« Oui, vous avez, dans la salle,
« Grand tort de vous divertir;
« Par honneur pour la morale,
« On ne doit pas applaudir. »
Ce soir, Messieurs, loin d' vous laisser séduire,
Par de semblables discours,
Laissez, laissez, laissez dire,
Laissez dire...

(*Faisant le signe d'applaudir.*)
Et faites toujours.

FIN
de
LES MORALISTES.

LA BELLE-MÈRE

COMÉDIE-VAUDEVILLE EN UN ACTE

Représentée, pour la première fois, à Paris, sur le théâtre du Gymnase dramatique, le 1er mars 1826.

EN SOCIÉTÉ AVEC M. BAYARD.

Personnages.

M. DUVERSIN, négociant.
ÉLISA, sa femme.
LE COLONEL DE GIVRY.
CHARLES,
CLAIRE, } enfants de M. Duversin.
JULES,
MADEMOISELLE TURPIN, gouvernante.

La scène est à Paris, dans la maison de M. Duversin.

Le théâtre représente un salon. Porte au fond, et deux portes latérales; table, et tout ce qu'il faut pour écrire, sur le devant, à gauche de l'acteur.

SCÈNE PREMIÈRE.

M. DUVERSIN, LE COLONEL.

M. DUVERSIN. Non, colonel, non, ma caisse n'est jamais fermée pour vous; voici le montant de vos traites.

LE COLONEL. Ah! Monsieur, c'est un véritable service que vous me rendez; s'il fallait avoir affaire à un autre que vous...

M. DUVERSIN. Eh mais! je ne le veux pas; comment donc? mais je tiens à être toujours votre banquier et votre confident; car vous savez que je suis votre confident. (*Lui donnant des billets.*) Voyez, c'est la somme, je crois, neuf mille francs.

LE COLONEL. Oui, oui, parfaitement. Vous savez bien que je n'ai pas l'habitude de compter.

Air du Piège.

Au diable ces gens froids et lourds
Qu'on voit, pleins de terreurs secrètes,
Passer la moitié de leurs jours
A compter dépenses, recettes.
Ah! pour mes revenus, je crois
Que je suis un meilleur système;
Car sans compter je les reçois,
Et je les dépense de même.

M. DUVERSIN. Sans doute; vous êtes toujours occupé d'affaires plus importantes. Et dites-moi, comment vont les amours?

LE COLONEL. Ah! que me dites-vous là?

M. DUVERSIN. Est-ce que par hasard vous ne seriez pas éperdument amoureux?

LE COLONEL. Au contraire, vous devez me trouver triste, abattu, défait.

M. DUVERSIN. Allons, vous adorez encore une jolie femme, j'en suis sûr.

LE COLONEL. Bah! qui est-ce qui n'aime pas une jolie femme? il s'agit bien d'autre chose!

M. DUVERSIN. Vrai! qu'est-ce donc?

LE COLONEL. Une jolie femme! parbleu! j'en aimai toujours une, moi; mais aujourd'hui...

M. DUVERSIN. Aujourd'hui?

LE COLONEL. J'en aime deux.

M. DUVERSIN. Deux!

LE COLONEL.
Air du vaudeville de la Somnambule.
Ah! vous allez sermonner, je parie;
J'aime deux femmes.

M. DUVERSIN.
Deux? vraiment!
Rien que cela!

LE COLONEL.
Mais quoi donc, je vous prie?
Ce n'est pas trop.

M. DUVERSIN.
Eh! non, assurément.
Mon cher ami, lorsque j'avais votre âge,
Il me semblait, incertain de mon choix,
Qu'on pouvait, sans être volage,
Les aimer toutes à la fois.

LE COLONEL. Oh! ce n'est pas une plaisanterie. D'honneur! elles sont là toutes les deux, deux demoiselles! Je ne vous les nommerai pas, ce serait indiscret, et puis il y en a une dont je ne sais pas le nom; mais toutes les deux sont charmantes, et j'ai pour elles un amour également tendre, également sincère. Ah! je crois cependant que j'aime mieux la brune; elle a l'œil plus vif, la taille plus... Il est vrai que la blonde a plus de charmes, des traits plus doux, et je ne sache pas qu'il y ait une femme qui plaise davantage..... si ce n'est l'autre, peut-être.

M. DUVERSIN. A la bonne heure, au moins on peut comparer, choisir.

LE COLONEL. Choisir! ça ne se peut pas. Vous croyez que je suis infidèle, hein? Oui, eh bien! non, c'est impossible; il y a de la fatalité dans mon aventure; une jeune personne que j'ai connue il y a six mois en province, où elle était avec sa tante.

M. DUVERSIN. Ah! c'est la blonde!

LE COLONEL. Justement; et je l'adorais, lorsqu'un matin j'appris qu'elles venaient de partir en poste pour Paris; et depuis lors, je n'ai pas revu ma charmante inconnue.

M. DUVERSIN. Mais c'est un roman que cela.

LE COLONEL. N'est-ce pas qu'en y mettant deux ou trois duels et un enlèvement, ça serait quelque chose de drôle? Jugez de mon désespoir, ses traits charmants ne sortaient plus de ma pensée, je ne pouvais quitter les lieux où je l'avais vue, où je lui avais parlé: c'est alors que nous changeâmes de garnison, et que je connus...

M. DUVERSIN. La brune?

LE COLONEL. Oui. Jamais je ne vis plus de grâces, plus de beauté.

M. DUVERSIN. Et l'autre fut oubliée?

LE COLONEL. Non, oh! non; l'autre doit aimer plus tendrement! Que voulez-vous? je les adore toutes les deux, et quoi qu'il arrive, vous voyez bien que je serai toujours le plus malheureux des hommes.

Type de Élisa la belle-mère.

SCÈNE II.

Les précédents, MADEMOISELLE TURPIN.

M. DUVERSIN. Eh bien! qu'est-ce, mademoiselle Turpin?
LE COLONEL. Ah! c'est une demoiselle?
M. DUVERSIN. Mon Dieu, oui.

AIR : *Je ne veux pas qu'on me prenne.*
Elle se donne cinquante ans.
LE COLONEL.
Mais elle en porte bien soixante.
M. DUVERSIN.
Ses attraits ne sont pas brillants,
Sa douceur n'est pas séduisante.
Elle est sèche dans son maintien,
De son esprit elle raffole...
Elle se dit fille de bien,
Très-sage...
LE COLONEL.
Et je parierais bien
Qu'on la croit toujours sur parole.

M. DUVERSIN. Voyons, mademoiselle Turpin.
MADEMOISELLE TURPIN. Monsieur, j'attendais. L'artificier est dans le jardin, et le glacier fait demander à quelle heure il doit être ici.
M. DUVERSIN. Mais, comme l'orchestre, de huit à neuf. Ah! mademoiselle Turpin, dès que mes enfants seront arrivés, vous me les enverrez ici.
MADEMOISELLE TURPIN. Oui, Monsieur. (*Elle sort.*)

SCÈNE III.

M. DUVERSIN, LE COLONEL.

LE COLONEL. Je vous demande bien pardon, vous étiez occupé. Il paraît que vous êtes au milieu des préparatifs d'une fête?
M. DUVERSIN. Un bal de noces.
LE COLONEL. Ah! vous mariez un de vos enfants?
M. DUVERSIN. Non : vous ne devinez pas?
LE COLONEL. Vous vous remariez?

Les enfants de M. Duversin.

M. DUVERSIN. C'est fait ; je suis arrivé de la campagne ce matin, et, comme vous voyez, j'attends ma femme ce soir : c'est pourquoi mes bureaux sont fermés aujourd'hui.

LE COLONEL. Ma foi, mon cher monsieur Duversin, je vous fais mon compliment ; une jeune femme sans doute..... (*A part.*) Ils épousent toujours de jeunes femmes.

M. DUVERSIN. Vingt-deux ans.

LE COLONEL. C'est charmant ! Mais vous disiez que vous ne vous remarieriez pas, à cause de vos enfants.

M. DUVERSIN. Oh ! cela tient à des circonstances... Et cependant ils sont loin d'approuver mon mariage ; au moins ils ont cru pouvoir se dispenser d'assister à la cérémonie ; et en ce moment encore ils sont chez une tante.

LE COLONEL. De l'humeur, du dépit ? c'est assez l'usage.

M. DUVERSIN. Il n'y a pas jusqu'à ma vieille gouvernante, que vous venez de voir, qui ne me déclare la guerre.

LE COLONEL. Une gouvernante ! Parbleu ! je crois bien, la voilà détrônée ; elle a maintenant une maîtresse.

M. DUVERSIN. Et puis, ce que vous n'osez pas dire, c'est qu'à mon âge, j'ai fait, en me mariant, une extravagance.

LE COLONEL. Moi ! je ne dis pas cela.

M. DUVERSIN. Mais vous le pensez.

LE COLONEL. Du tout ; chacun est libre, surtout quand c'est à ses risques et périls.

M. DUVERSIN. Vous avez raison ; et pourtant je parie qu'à ma place le danger ne vous eût pas arrêté.

LE COLONEL. Je crois bien, nous autres militaires, c'est notre état ; mais vous, un négociant, qui n'y étiez pas obligé. Elle est donc bien jolie ?

M. DUVERSIN. Mieux que cela ; c'est un ange à qui je dois la vie et l'honneur. Fille d'un colon de Saint-Domingue, elle me fut autrefois confiée par un ami mourant ; et pendant le temps qu'elle fut ma pupille, j'eus le bonheur de lui rendre quelques services, de réaliser sa fortune qui, dans nos colonies, était fort

exposée; depuis elle a habité Strasbourg avec son frère.
LE COLONEL. Strasbourg!
M. DUVERSIN. Oui. Qu'est-ce donc?
LE COLONEL. Rien, rien; c'est l'endroit où j'ai connu ma seconde; et des souvenirs... Mais, pardon, continuez.
M. DUVERSIN. Il y a six mois, des retards, des malheurs, des spéculations hasardées avaient mis ma fortune en péril; j'étais près de manquer; et, décidé à ne pas survivre à mon déshonneur, j'avais éloigné de moi ma famille: j'avais envoyé ma fille en province, et mon fils aîné chez un de mes correspondants; encore quelques jours, et j'allais exécuter mon fatal dessein, quand je vois arriver ici, à Paris, ma jeune pupille qui venait d'atteindre sa majorité, et qui avait appris ma position. « Cette fortune que je vous dois, me dit-elle, je viens vous l'offrir pour conserver la vôtre. »
LE COLONEL. Il se pourrait!
M. DUVERSIN. Je vous vois, comme moi, ému de tant de générosité; et quant à ma réponse, vous la devinez sans peine. « Eh bien! continua-t-elle, si mon tuteur, si mon ami me refuse, mon époux doit accepter. » Jugez de ma surprise; elle m'avoua qu'elle m'aimait; que depuis son enfance, mes soins, ma tendresse, avaient touché son cœur; et qu'étrangère en France, elle serait heureuse de trouver en moi un guide, un ami. Que vous dirai-je! j'étais trop heureux moi-même de croire à son amour, je me laissai persuader, je l'épousai, et le bonheur est entré avec elle dans ma maison. Voilà, colonel, toute l'histoire de mon mariage; voilà cette femme que mes enfants refusent de voir et contre laquelle vous-même peut-être aviez tout à l'heure des préventions.
LE COLONEL. Eh bien! je n'en ai plus, sa conduite est admirable; et maintenant je suis pour vous, et surtout pour elle. J'espère bien que vous me présenterez à Madame.
M. DUVERSIN. Comment donc! mais dès aujourd'hui, si vous le voulez; car cette fête est pour célébrer son arrivée; je ne vous savais pas à Paris; d'ailleurs je vous vois rarement; tenez, faites-moi le plaisir d'accepter mon invitation, restez.
LE COLONEL. Monsieur...
M. DUVERSIN. J'aurai du plaisir à vous présenter à ma famille, et nous vous distrairons de vos chagrins.
LE COLONEL. Ah! vous avez raison; quand on a des peines... et j'aime la danse à la folie! j'accepte volontiers; mais permettez un quart d'heure à ma toilette, et je suis à vous. Ah! mon cher monsieur Duversin, quand pourrai-je vous retenir au bal de ma noce!
M. DUVERSIN. Avec la brune?
LE COLONEL. Oui, oui, avec la blonde. (Il sort.)
M. DUVERSIN. Je compte sur vous. C'est bien l'homme le plus aimable et le plus fou!

SCÈNE IV.

M. DUVERSIN, CHARLES, CLAIRE, JULES, MADEMOISELLE TURPIN.

MADEMOISELLE TURPIN. Monsieur, voici vos enfants.
M. DUVERSIN. Ah! ah! les rebelles! approchez, approchez, ne craignez rien. Charles, tu n'as pas coutume de m'aborder ainsi; est-ce que tu n'as pas de plaisir à me revoir?
CHARLES. Moi! bien au contraire.

M. DUVERSIN. Eh bien! Claire, tu ne viens pas m'embrasser?
CLAIRE. Mon papa.
M. DUVERSIN, à Jules, qui se cache derrière sa sœur. Jules se cache, je le croyais encore au collège.
JULES. Non, mon papa, je n'y suis plus.
M. DUVERSIN. Tant mieux, pour aujourd'hui. J'aurais bien quelques reproches à vous faire, ingrats! en n'assistant pas à mon mariage, vous m'avez désobéi, vous m'avez outragé; (Ils font un mouvement.) mais ne craignez rien, vous dis-je; votre belle-mère a demandé grâce pour vous.
MADEMOISELLE TURPIN, à part. Une belle-mère qui demande grâce!
M. DUVERSIN. Ce n'est pas tout, Charles, tu as un cheval à la campagne; tu aurais dû venir le chercher, mais on te l'amènera.
CHARLES. Comment! mon père, vous avez eu la bonté...
M. DUVERSIN. Non, non, ce n'est pas moi; c'est un présent de ta belle-mère.
CHARLES, à part. Oh! en ce cas...
M. DUVERSIN. Jules. (Il lui donne une montre.)
JULES. Une montre à répétition!
M. DUVERSIN. Ta belle-mère espérait te la remettre elle-même; il n'est pas venu, je m'en suis chargé.
JULES. Ma belle-mère! oh! c'est égal, je la prends, mon papa.
M. DUVERSIN, à Claire. Quant à toi, ma chère, depuis longtemps tu avais prié madame Germeuil, ta tante, de te procurer une demoiselle de compagnie pour t'aider dans tes études. Eh bien! j'y ai consenti; elle t'envoie aujourd'hui mademoiselle de Lussan, une jeune orpheline élevée par elle.
CLAIRE. Ah! cette bonne tante! elle a bien senti le besoin que j'avais d'une amie, surtout dans ce moment-ci; et mademoiselle de Lussan sera reçue par nous à bras ouverts, (A mademoiselle Turpin.) car celle-là, du moins, ne vient pas...
M. DUVERSIN. De votre belle-mère; il paraît que ce nom-là suffit pour tout gâter.
MADEMOISELLE TURPIN. Monsieur, je vous l'avais prédit.
M. DUVERSIN. Vous êtes folle, vous; de grâce, plus de minauderie. Préparez-vous à recevoir ma femme comme vous le devez; c'est à vous à faire les honneurs de la fête que je donne ce soir; je vous en prie; au besoin, je vous l'ordonne; et vous, mademoiselle Turpin, de la prudence. (Il sort.)

SCÈNE V.

CHARLES, CLAIRE, JULES, MADEMOISELLE TURPIN.

CHARLES. Je vous l'ordonne! c'est la première fois qu'il nous parle ainsi.
MADEMOISELLE TURPIN. Pauvres enfants! comme on sent bien tout de suite que c'est une belle-mère qui commande.
CLAIRE. Cependant je croyais qu'il nous gronderait davantage.
MADEMOISELLE TURPIN. Pourquoi? parce que vous avez refusé d'assister à la cérémonie? mais décemment vous ne le pouviez pas; et moi-même, qui ne suis que gouvernante, si votre père m'eût mandé d'aller à la campagne...

JULES. Vous y auriez été.
MADEMOISELLE TURPIN. Non, Monsieur.
JULES. Laissez donc; une noce, c'est si bon. (*A part.*) Elle est gourmande, mademoiselle Turpin, très-gourmande.
MADEMOISELLE TURPIN. Non, Monsieur; on peut vous gagner par des présents; mais moi...
JULES. C'est pour la montre que vous me dites cela, n'est-ce pas? c'est papa qui me l'a donnée, je ne connais que lui, moi. Une montre est si utile à mon âge, surtout quand on commence à avoir des affaires, et des rendez-vous, pour ne pas confondre.
MADEMOISELLE TURPIN. Oui, des rendez-vous; si vous en avez désormais, ce sera au collége avec votre professeur de grec et de latin.
JULES. Comment! vous croyez que ma belle-mère me fera renvoyer au collége?
MADEMOISELLE TURPIN, *avec colère.* Elle n'y manquera pas.
JULES. Par exemple, voilà de l'arbitraire et du despotisme; moi qui ai fini mes humanités.
MADEMOISELLE TURPIN, *toujours avec colère.* Oui, parlez d'humanité à une marâtre.
CHARLES. Mes pauvres amis, c'est vous que je plains; car, moi je n'ai plus longtemps à rester ici.
CLAIRE. Si vous saviez, si mon père savait qu'il s'est engagé, et qu'il part demain.

CHARLES.
Air de *Oui et Non.*
Oui, je partirai ; mais avant
Je prétends écrire à mon père,
Afin qu'il apprenne comment
Nous aimons notre belle-mère.

JULES.
C'est bien... écris-lui, fâche-toi ;
Présent, on craint quelque riposte;
Mais on est bien plus fort, je crois,
Lorsqu'on se fâche par la poste.

MADEMOISELLE TURPIN. Comment! vous êtes décidé?
CHARLES. Oui, sans doute, mon père aurait pu me pardonner mes dettes, les folies que j'ai faites, s'il n'y avait pas là une belle-mère ; mais maintenant, il n'y a plus d'espoir, me voilà soldat. Le plus ennuyeux, c'est qu'on vient de me donner un nouveau colonel que je ne connais pas, et auquel il faut que je me présente demain.
MADEMOISELLE TURPIN. Et tout cela, à cause de cette étrangère.
CLAIRE. Et moi, mes amis, j'ai bien d'autres sujets de haine. Vous savez ce jeune officier qui venait si souvent voir dans cette ville où mon père nous avait envoyés en secret?
MADEMOISELLE TURPIN. Eh bien?
CLAIRE. Eh bien! après notre départ, son régiment fut appelé à Strasbourg ; et là... oh! tant ma tante qui m'écrit tous les détails, il est devenu éperdument amoureux d'une demoiselle; et cette demoiselle, c'est notre belle-mère.
MADEMOISELLE TURPIN. Votre belle-mère ! quelle indignité!
CLAIRE. Et personne qui partage mes peines! Au moins quand mademoiselle de Lussan sera près de moi, nous pourrons en causer et en dire tout le mal qu'elle mérite.
MADEMOISELLE TURPIN. Oui, ça soulage.
JULES. Moi, je parierais qu'elle est laide, cette femme-là.
CHARLES. Ce doit être une grande sèche, jaune.
CLAIRE. Je ne crois pas ; c'est une grosse rouge.
JULES. Ah! dites donc, c'est une Américaine, n'est-ce pas? elle est peut-être noire. Tiens, ce serait drôle.
MADEMOISELLE TURPIN. Ce qu'il y a de certain, c'est qu'elle n'est pas bonne; et votre père veut que vous fassiez les honneurs...
CHARLES. Aux étrangers, soit ; mais à elle, jamais.
JULES. Oui, qu'elle vienne!
CLAIRE. Oh! je sens là que je ne pourrais pas lui dire un mot, si je ne pouvais la tourmenter.
MADEMOISELLE TURPIN. Oh! que ce serait bien fait! Mais qu'entends-je? une voiture! C'est sans doute quelqu'un d'invité à la fête.
CHARLES. Eh! non, des cartons, des paquets; c'est quelqu'un qui voyage.
CLAIRE. Si c'était notre belle-mère !
CHARLES. Non, une jeune personne.
CLAIRE. Mademoiselle de Lussan.
CHARLES. Il n'y a pas de doute : quelle jolie tournure !
JULES. Oh! comme elle est bien !
CHARLES. Eh! vite, je cours la recevoir.
JULES. Attends, je mets mes gants, et j'y vais.
CHARLES. Laisse donc! il veut recevoir les dames, lui !
JULES. Tiens, pourquoi pas? une jolie demoiselle, tout comme un autre ; parce que mon frère Charles est militaire, il croit qu'il n'y a que lui de la famille qui doive être galant.
MADEMOISELLE TURPIN. Galant, galant. Avant d'être galant, il vous faut passer encore quelques années au collége.
JULES. Au collége, au collége! ils n'ont que cela à dire.

Air de *l'Écu de six francs.*
Pour le latin, grec et logique,
Oh ! j'en ai raisonnablement ;
Je sais la danse et la musique ;
J'ai de l'esprit, je suis charmant ;
J'aime les dames, et que sais-je?
Je commence à plaire déjà,
Dites-moi donc, après cela,
Ce qu'on peut m'apprendre au collége.

SCÈNE VI.

ÉLISA, CHARLES, CLAIRE, JULES, MADEMOISELLE TURPIN.

(*Jules va au-devant d'Élisa, et prend son chapeau, qu'il met sur la table.*)

ÉLISA, *à Charles.* Monsieur, combien je vous remercie.
CHARLES. Ma sœur, mademoiselle de Lussan. Je l'aurais deviné, rien qu'au trouble de Mademoiselle, lorsqu'elle a appris que mon père n'y était pas. (*A Élisa.*) Mais rassurez-vous ; nous sommes les enfants de M. Duversin. Voici mon frère Jules, ma sœur Claire...
CLAIRE. Qui vous attendait avec impatience.
ÉLISA. Et mademoiselle Turpin, sans doute? Une demoiselle très-respectable.
MADEMOISELLE TURPIN. Mademoiselle... (*A part.*) Elle est charmante, cette jeune personne !
ÉLISA. Quant à M. Charles, je l'ai reconnu tout de suite : on m'a si souvent parlé de toute la famille.
CLAIRE. Oui, madame Germeuil, qui vous envoie.
ÉLISA. Elle-même ; et il me tardait bien de vous voir.

CLAIRE. Et moi donc! j'en avais grand besoin.
JULES. Car dans l'état de tyrannie et d'oppression où nous sommes...
CLAIRE. C'est quelque chose qu'un allié de plus.
ÉLISA. Eh! mon Dieu! qu'est-ce donc?
CLAIRE. Est-ce que ma tante ne vous a pas dit? est-ce que vous ne savez pas que nous avons une belle-mère?
ÉLISA. Ah! oui, votre belle-mère.
MADEMOISELLE TURPIN. Dites donc une marâtre.
ÉLISA. C'est donc une bien méchante femme?
CHARLES. Une intrigante qui vient ici pour nous désunir.
JULES. Qui donne de mauvais conseils à mon père.
CLAIRE. Et qui veut être seule aimée de lui.
JULES. Oui; mais en revanche, nous ne l'aimerons guère, voyez-vous.
ÉLISA. Oh! ni moi non plus; et, d'après ce que vous dites là, je la déteste déjà de confiance et sur parole.
CLAIRE. Vrai! eh bien! tenez, embrassons-nous; car j'en mourrais d'envie. (*Elles s'embrassent.*)
MADEMOISELLE TURPIN. Bravo! J'ai vu tout de suite que nous serions d'accord contre l'ennemi commun, car c'est moi qui ai formé la coalition. Ils n'y pensaient seulement pas.
ÉLISA. Ah çà! il y a donc des motifs bien graves? des choses...
JULES. Des choses affreuses.
ÉLISA. Quoi! vous croyez qu'elle est capable?...
MADEMOISELLE TURPIN. Elle est capable de tout. Tenez, ne voilà-t-il pas Mademoiselle à qui elle a enlevé un amant?
ÉLISA. Un amant! et lequel? car on dit que votre belle-mère avait quelques adorateurs.
MADEMOISELLE TURPIN. Quelques adorateurs! vous êtes bonne; je suis sûre qu'il y a mieux que cela. Et puis ne voilà-t-il pas Monsieur, le fils aîné de la maison, qui, n'osant plus avouer ses étourderies à son père, a pris le parti de s'engager sous le nom de Charles, dans le 5ᵉ régiment de chasseurs, et qui part demain pour Strasbourg.
CHARLES. Mademoiselle Turpin?
JULES. Et ne voilà-t-il pas que moi, qui espérais rester à la maison, libre avec un précepteur elle va me faire retourner au collége? Mais je ne lui pardonnerai de ma vie : aussi quand vous êtes arrivée, nous conspirions.
ÉLISA. Une conspiration! c'est charmant, j'en veux être aussi.
CHARLES. Sans doute, vous en serez.
MADEMOISELLE TURPIN. Parce que d'abord il faut qu'elle ou moi sorte de la maison.
ÉLISA, *souriant*. C'est trop juste.
CLAIRE. Oh! d'abord, mon père veut que je paraisse au bal; mais j'y serai triste, ennuyée; je ne veux pas dire un mot de toute la soirée.
ÉLISA. Vous avez raison; il sera bien puni.
CHARLES. Pour moi, je suis fou de la danse, on le sait, eh bien! je ne danserai pas; mon père aura beau se fâcher, il n'y a pas de loi qui force un mineur à danser.
ÉLISA. C'est cela, ne dansons pas.

MORCEAU D'ENSEMBLE.
Duo du Maçon : *Travaillons, dépêchons.*
TOUS.
Conjurons,
Conspirons;
Et nous réussirons ;
Mais surtout du complot
Ne disons pas un mot.
JULES.
Grand Dieu! quelle malice!
Pour ce soir on complait
Sur un feu d'artifice...
Mais j'ai là mon projet.
Je sais ce qu'il faut faire,
Afin qu'il n'ait pas lieu,
Et notre belle-mère
N'y verra que du feu.
(*Il sort.*)
TOUS.
Conjurons,
Conspirons,
Et nous réussirons ;
Mais surtout du complot
Ne disons pas un mot.

SCÈNE VII.

LES PRÉCÉDENTS; M. DUVERSIN, *sortant du cabinet à gauche.*

MADEMOISELLE TURPIN, *parlant.* Voilà, Monsieur.
Je vais, ma toute belle,
Vous présenter à lui.
(*A M. Duversin, en lui présentant Elisa.*)
Voici Mademoiselle!
M. DUVERSIN.
Grand Dieu! que vois-je ici?
(*Il court à Elisa, et l'embrasse.*)
MADEMOISELLE TURPIN.
Quelles sont ces manières?
M. DUVERSIN.
Mais qui vous trouble ainsi!
MADEMOISELLE TURPIN.
Ces façons familières...
M. DUVERSIN.
Sont celles d'un mari.
CHARLES ET CLAIRE.
Que dit-il?
MADEMOISELLE TURPIN.
Ah! grands dieux?
CHARLES ET CLAIRE.
Quoi! c'est elle?
MADEMOISELLE TURPIN.
En ces lieux!
M. DUVERSIN.
C'est ma femme; eh! pourquoi
Ce trouble et cet effroi?
CHARLES, CLAIRE ET MADEMOISELLE TURPIN.
Je le vois,
C'est fait de moi.
ENSEMBLE.
CHARLES, CLAIRE ET MADEMOISELLE TURPIN.
Quel regret,
C'en est fait!
Elle a notre secret :
Mais aussi conçoit-on
Pareille trahison?
ÉLISA, *à son mari.*
Indiscret,
Qu'as-tu fait!
Découvrir mon secret!
Pour cette trahison
Il n'est point de pardon.
M. DUVERSIN, *à Elisa.*
Qu'ai-je fait?
Quel était
Ce prétendu secret?
De cette trahison
Quelle est donc la raison?

MADEMOISELLE TURPIN. C'est affreux !
ÉLISA. N'est-il pas vrai ? se glisser dans un conseil, surprendre les secrets de l'État ! c'est une perfidie. Mon ami, je suis arrivée ici, seule, inconnue, et déjà je gagnais l'amitié de vos enfants, même celle de mademoiselle Turpin ; mais votre indiscrétion a tout gâté.
MADEMOISELLE TURPIN. Certainement, Madame, je ne crains rien, je suis tranquille, et je répéterai ce que je vous ai dit... j'ai dit que je n'aimais point...
ÉLISA. Les femmes qui venaient pour tout brouiller et pour tout désunir.
MADEMOISELLE TURPIN, *bas*. Sans doute.
ÉLISA. Vous n'aimez pas la concurrence.
MADEMOISELLE TURPIN. La concurrence, la concurrence ! me faire causer, m'arracher des secrets, c'est de l'inquisition, Madame.
M. DUVERSIN. Mademoiselle Turpin !
CHARLES. Oui, Madame, venir ainsi sous un nom supposé, sous le nom de mademoiselle de Lussan.
ÉLISA. Ah ! ce n'est pas moi qui l'ai pris ; c'est vous qui me l'avez donné.
CLAIRE. N'importe, Madame ; c'est bien mal à vous ; et moi qui l'ai embrassée !
ÉLISA. Allons, songez que vous m'avez promis votre amitié ; Charles, je danserai, moi, et je compte sur vous pour le bal ; quant à vous, mademoiselle Turpin, il faut vous résigner ; mais ce qui doit vous rassurer, c'est que tout le monde peut compter sur ma discrétion : vous pouvez être sûrs que votre belle-mère ne saura rien des secrets confiés à mademoiselle de Lussan.
CLAIRE, *sortant*. Adieu, Madame, adieu... J'en pleurerais de dépit.
CHARLES. Et moi aussi, je me retire ; mais rappelez-vous, mon père, que vous aurez fait notre malheur. (*Il sort.*)
MADEMOISELLE TURPIN. Ah ! monsieur Duversin, je prévois des choses, des choses ! Je ne puis rester plus longtemps chez vous, car j'ai de l'honneur.
M. DUVERSIN. Et qui est-ce qui pense à votre honneur, et qui songe à l'attaquer ? sortez. (*Mademoiselle Turpin sort.*)
ÉLISA. De grâce, modérez-vous, car voici un étranger.

SCÈNE VIII.

LES PRÉCÉDENTS ; LE COLONEL.

M. DUVERSIN. Eh ! c'est notre jeune colonel ! tant mieux, morbleu ! car sa présence va dissiper la mauvaise humeur qui allait me gagner.
LE COLONEL. Vous voyez, Monsieur, que je suis exact ; moi, d'abord, j'arrive toujours le premier. Ah ! mon Dieu ! cette jeune personne que j'aperçois !
M. DUVERSIN. Qu'avez-vous donc ?
LE COLONEL. C'en est une, celle de Strasbourg.
ÉLISA, *s'avançant*. M. de Givry ! (*A M. Duversin.*) Comment ! mon ami, vous le connaissez ?
LE COLONEL. Elle vous appelle son ami.
M. DUVERSIN. Oui, vraiment ; et je vais vous dire pourquoi. (*Prenant Élisa par la main.*) Colonel, je vous présente ma femme.
LE COLONEL. Votre femme ?
M. DUVERSIN. Oui, colonel, et puisque vous la connaissez, vous me permettrez plus volontiers de vous laisser un instant. D'ailleurs, je ne suis pas fâché que Madame vous réponde elle-même.

ÉLISA. Mon ami, n'oubliez pas de recommander à votre fils de danser la première contredanse avec moi.
M. DUVERSIN. La seconde, s'il vous plaît ; je tiens beaucoup à la première. (*Au colonel.*) Vous voyez, je suis redevenu danseur pour ma femme.
LE COLONEL, *à part*. Voilà qui est piquant, par exemple.
M. DUVERSIN, *bas, au colonel*. Dites donc, mon colonel, il faut vous en tenir à l'autre. (*Il sort.*)

SCÈNE IX.

LE COLONEL, ÉLISA.

LE COLONEL. Il a l'air de se moquer de moi.
ÉLISA. Ah ! Monsieur, vous connaissez mon mari ?
LE COLONEL. Votre mari, Élisa ? (*A part.*) Mais c'est qu'elle est encore mieux depuis son mariage.
ÉLISA. Mon Dieu ! colonel, vous paraissez troublé.

LE COLONEL.
AIR : *Le choix que fait tout le village.*
Sans doute au plaisir que j'éprouve
Se mêle un mouvement d'effroi...
Ce bien charmant que je retrouve
Serait-il donc perdu pour moi ?
Ah ! je le sens au feu qui me dévore,
Ce triste hymen, source de mes regrets,
A mon amour ajoute encore
Comme il ajoute à vos attraits.

ÉLISA, *souriant*. Ah ! vous pensez encore à cela ?
LE COLONEL. Je conçois que ma constance vous étonne, vous qui m'avez oublié, vous qu'un autre hymen...
ÉLISA. Ah ! brisons là, de grâce ; des circonstances que vous ignorez...
LE COLONEL. Je sais tout, Madame, la reconnaissance a fait plus que l'amour. Vous avez trahi un malheureux pour en sauver un autre ; mais avez-vous pensé que je pusse oublier tant d'attraits, de si douces espérances ? Car vous m'aimiez ; oui, Madame, vous m'aimiez : mon hommage n'était pas rejeté, j'ai surpris dans vos regards un aveu...
ÉLISA. Que vous avez cru y voir.
LE COLONEL. Non, Madame, que j'ai vu ; j'ai assez d'habitude pour m'y connaître, et vous étiez émue.
ÉLISA. Ah ! j'en conviens, je voyais avec peine une passion qui alors était une folie, et qui maintenant mériterait un autre nom.
LE COLONEL. Il faut se résigner, Madame, il faut vous fuir, et au moment où je croyais me rapprocher de vous ; car depuis deux mois je sollicite du ministre, mon parent, pour que mon régiment soit envoyé à Strasbourg, et je partais demain dans l'espérance de vous revoir.
ÉLISA. Demain à Strasbourg ! Est-ce que par hasard vous seriez nommé au 5ᵉ de chasseurs ?
LE COLONEL. Oui, Madame.
ÉLISA, *à part*. Le régiment de Charles ! c'est son colonel.
LE COLONEL. Adieu donc, puisque vous me bannissez, puisque je ne dois plus vous revoir. Ah ! je suis bien malheureux ! (*Il s'éloigne.*)
ÉLISA. Colonel !
LE COLONEL, *revenant précipitamment*. Madame, vous m'avez rappelé.
ÉLISA. Oui, je pense qu'aujourd'hui, du moins, vous pouvez rester avec nous.

LE COLONEL. Je resterais si je le pouvais sans vous aimer.

ÉLISA. Alors je n'ose plus vous retenir, et j'en suis fâchée, car j'avais un service à vous demander.

LE COLONEL. A moi! expliquez-vous, je cours, je vole, que faut-il faire?

ÉLISA. Un soldat, nommé Charles, s'est récemment engagé dans votre régiment; je voudrais avoir son congé, et de plus, j'aurais bien là une pétition que je voudrais présenter au ministre des finances; mais deux faveurs à la fois, c'est trop, sans doute.

LE COLONEL. Non, Madame, donnez, je m'en charge, je cours chez mon oncle, et je compte sur sa tendresse encore plus que sur mon crédit.

ÉLISA. En vérité! vous pouvez m'obtenir une réponse favorable?

LE COLONEL. Assurément, Madame. Je suis trop heureux; mais me sera-t-il permis de vous l'apporter moi-même?

ÉLISA. Oui, oui.

CHARLES, *entrant et voyant le colonel*. Un jeune homme! un militaire inconnu! qu'est-ce que cela signifie? (*Il se cache dans le cabinet à droite, dont il entr'ouvre de temps en temps la porte.*)

LE COLONEL. Et cet aveu que j'implore?

ÉLISA. Je vois que Monsieur met un prix à ses services.

LE COLONEL. Non, madame; mais...

ÉLISA. Mais il vous faut une récompense.

LE COLONEL.

AIR : *Ses yeux disaient tout le contraire.*

Une récompense... ah! grands dieux!
Pour moi, quel bien! quelle fortune!

ÉLISA.

N'en pas demander ça vaudrait mieux ;
N'importe, on vous en promet une.

LE COLONEL.

Quoi! vous en faites le serment!

ÉLISA.

Cela doit suffire, je pense.

LE COLONEL.

Oui, sans doute; mais cependant...

ÉLISA.

Ne faut-il pas payer d'avance?
Monsieur, je vois, est exigeant,
Et veut être payé d'avance.

LE COLONEL. Non, Madame, non, je crois à votre parole.

ÉLISA. Eh bien! ce soir, pendant le bal.

LE COLONEL. Ce soir?

ÉLISA. Ce soir, n'oubliez pas.

LE COLONEL. Ici?

ÉLISA. Ici. (*Elle sort par le fond.*)

SCÈNE X.

LE COLONEL, puis CHARLES.

LE COLONEL. A merveille! je crois que je suis aimé, (*S'approchant de la table à gauche.*) et je puis d'un trait de plume exécuter déjà la moitié de ses ordres. (*Il écrit.*)

CHARLES, *sortant du cabinet*. Je ne puis le croire encore; et si je n'en avais pas été témoin... Et je le souffrirais! non, morbleu! Quoique je déteste ma belle-mère, son honneur est maintenant celui de mon père, c'est le mien, et je saurai quelles sont ses intentions.

LE COLONEL, *achevant d'écrire*. Et ce cher banquier qui avait l'air de me défier!

Air du vaudeville du *Charlatanisme.*

Mes chers financiers, ici-bas
On ne voit que des infidèles,
Et pour vous, sans doute, il n'est pas
De privilége auprès des belles.
Grâce à la caisse où chaque jour
Vous puisez vos petits mérites,
Vous pouvez jouer tour à tour
Sur les rentes et sur l'amour...
Mais attendez-vous aux faillites.

CHARLES. C'est clair; et nous allons voir.

LE COLONEL. *Il a pris son chapeau et va pour sortir: apercevant Charles.* Ah! il y a là quelqu'un? Pardon, Monsieur, êtes-vous de la maison?

CHARLES. Oui, Monsieur.

LE COLONEL. Voulez-vous me faire le plaisir de remettre cette lettre, une lettre d'affaire, à madame Duversin?

CHARLES, *prenant la lettre. A part.* Morbleu! c'en est trop. (*Haut.*) Volontiers, Monsieur. Mais service pour service; car j'aurais un mot à vous dire.

LE COLONEL. Un mot! ça me convient parfaitement; mais pas un de plus, car je suis pressé.

CHARLES. Ce ne sera pas long; car ce n'est pas ici que nous pouvons nous expliquer. Ciel! mon père! (*M. Duversin paraît au fond donnant quelques ordres à ses domestiques. Charles, bas, au colonel.*) Je vous demanderai seulement votre nom et votre adresse.

LE COLONEL. Et pour quelle raison?

CHARLES, *de même*. Votre nom.

LE COLONEL. M. de Givry, colonel au 5e de chasseurs.

CHARLES, *à part*. Dieux! qu'allais-je faire? mon colonel!

LE COLONEL, *à part*. Qu'est-ce qu'il a donc? (*Haut.*) En tout cas, je vous prie de vous presser, car je pars demain pour Strasbourg. (*Il va pour sortir.*)

M. DUVERSIN, *l'arrêtant*. Eh bien! colonel, vous nous quittez?

LE COLONEL. Pour une affaire importante; mais soyez tranquille, je vous reviens. (*A part, en s'en allant.*) Un mari d'un côté, un amant de l'autre... Je crois que c'est le cas de battre en retraite. (*Il sort.*)

SCÈNE XI.

CHARLES, M. DUVERSIN.

M. DUVERSIN. Comment! tu connais M. de Givry?

CHARLES. Oui, mon père, oui, beaucoup... (*A part.*) Que faire à présent?

M. DUVERSIN. C'est un galant homme, un homme d'honneur.

CHARLES. Oh! sans doute. (*A part.*) Ils sont tous comme cela. (*Haut.*) Mais, dans votre intérêt, je vous engage à ne plus le recevoir.

M. DUVERSIN. Et pour quel motif?

CHARLES. Pour des motifs que je voulais vous taire; car j'espérais que moi seul, et sans que vous en eussiez connaissance... Mais des obstacles que je ne pouvais prévoir...

M. DUVERSIN. Ah çà! d'où vient ce trouble? et qu'y a-t-il donc?

CHARLES. Il y a... que M. de Givry a connu autrefois notre belle-mère.

M. DUVERSIN. Oui, je le sais; après?

CHARLES. On dit qu'il l'a aimée.

M. DUVERSIN. Je sais; après?

CHARLES. Après, après! et s'il l'aimait encore, s'il

osait le lui avouer, si cette lettre contenait la preuve de sa tendresse?

M. DUVERSIN. Il se pourrait!

CHARLES. Oui, mon père : voilà ce que je n'osais vous dire. Maintenant vous pouvez voir par vous-même.

M. DUVERSIN, *prenant la lettre et lisant l'adresse.* C'est bien cela. A madame Duversin. (*Il sonne.*)

CHARLES. Il est des circonstances où l'on peut vérifier, où il est permis de s'assurer... Enfin, mon père, puisque vous savez...

M. DUVERSIN, *à un domestique qui entre.* Tenez, portez cette lettre à ma femme. (*Le domestique sort.*)

CHARLES. Comment, mon père, vous l'envoyez?

AIR : *Un page aimait la jeune Adèle.*

Monsieur, je pense au fond de l'âme
Qu'il est encor des vertus... et j'y crois.
Du moins, jusqu'à présent, ma femme,
De me tromper n'a pas encor les droits,
Car jusqu'ici je n'ai rien fait moi-même
Qui méritât un tel oubli ;
Mais soupçonner celle qu'on aime,
C'est mériter d'être trahi.

CHARLES. Et si mes soupçons étaient fondés? si le colonel était aimé? si ce soir un rendez-vous?..

M. DUVERSIN. Charles, taisez-vous ; je ne croyais pas que chez vous la haine pût aller si loin.

CHARLES. Quoi! vous m'accusez de calomnie! Eh bien! c'est vous qui me forcez à parler. Oui, je l'ai vu, je l'ai entendu ; je le jure, je le jure sur l'honneur.

M. DUVERSIN. O ciel!

CHARLES. Et si vous voulez, je puis vous rendre témoin d'un entretien.

M. DUVERSIN. Ecoute ; j'aime ma femme, je l'estime ; et oser douter de son amour est un crime que je ne pardonnerais ni à moi, ni à qui que ce fût. Mais je veux te confondre, j'accepte ; et souviens-toi bien d'une chose : si tu me trompes, si tes soupçons étaient injustes, je te chasse de chez moi, je ne te reverrai jamais.

CHARLES. Mon père, je me soumets à tout.

SCÈNE XII.

LES PRÉCÉDENTS, JULES.

JULES. Mon frère, mon frère!

M. DUVERSIN. Que nous veux-tu?

JULES. Rien. Je croyais que mon frère... Et puis j'avais aussi, mon papa, une idée à vous communiquer.

M. DUVERSIN. Dans un autre moment ; je n'ai pas le temps. (*A Charles.*) Songe à tenir ta promesse, je tiendrai la mienne. (*Il sort.*)

JULES. Mais toi, mon frère, dis-moi au moins...

CHARLES. Plus tard · j'ai des affaires. (*Il sort.*)

SCÈNE XIII.

JULES, *seul.* C'est ça : aucun d'eux ne daigne me répondre... C'est singulier, le peu d'égards qu'on a pour moi dans la maison! moi qui, depuis une heure, suis dans le jardin à déficeler les pétards et à jeter de l'eau sur les soleils! Je ne sais pas où en est la conspiration ; et je tiens cependant à ce qu'elle réussisse, d'abord dans l'intérêt général, et puis ensuite dans le mien particulier, parce qu'il m'est venu une idée que je voulais communiquer à mon père. Ah! voilà mademoiselle de Lussan ; elle est encore plus jolie.

SCÈNE XIV.

ÉLISA, JULES.

ÉLISA. Vous trouvez?.. je vous plais?

JULES. Oh! oui, beaucoup, et je vous aime depuis ce matin, depuis que vous êtes dans notre parti.

ÉLISA, *à part.* Il paraît que celui-là n'est pas encore détrompé ; c'est un allié qui me reste.

JULES. Mais, dites-moi, où ça en est-il?

ÉLISA. La belle-mère est arrivée ; et dans ce moment, elle est dans une position assez délicate.

JULES. Elle est embarrassée ; tant mieux, parce qu'elle ne songera pas à moi, et qu'elle ne pensera pas à me mettre au collége.

ÉLISA. Il vous ennuie donc beaucoup?

JULES. Oui, habituellement ; mais maintenant surtout, parce que depuis que vous êtes dans la maison, j'ai encore plus d'envie d'y rester.

ÉLISA. Vraiment!

JULES. C'est comme je vous le dis ; à mon âge, à quinze ans passés, on est déjà quelque chose dans le monde : dans les fêtes, dans les bals où l'on se trouve, on se choisit déjà une inclination, celle avec qui on danse toujours de préférence...

ÉLISA. Et vous aviez fait un choix?

JULES. Pas encore, parce que j'hésitais entre mademoiselle Mimi, la nièce de l'agent de change, et mademoiselle Lolotte, la fille du notaire ; mais depuis que vous voilà, je n'hésite plus, et si vous voulez ce soir danser avec moi la première contredanse...

ÉLISA. Impossible, je suis engagée.

JULES. Et par qui?

ÉLISA. Par M. Charles, votre frère.

JULES. Là, qu'est-ce que je disais? mais mon frère va partir pour son régiment, et c'est moi qui succéderai, n'est-il pas vrai? et puis, dans quelques années, il faudra bien penser à mon établissement ; et quand j'aurai dit à mon père que je vous aime et que je veux vous épouser...

ÉLISA. Comment, Monsieur, y pensez-vous?

JULES. Est-ce que mon père peut blâmer les gens qui s'aiment et qui veulent vous épouser?

ÉLISA. Non, sans doute, et lui moins que personne, mais il y aura probablement d'autres obstacles.

JULES. J'entends, c'est la belle-mère qui ne voudra pas donner son consentement.

ÉLISA. Précisément.

JULES. Dieu! les belles-mères! voyez-vous à quoi ça sert, les belles-mères? mais soyez tranquille, me voilà son ennemi mortel, et pour commencer, j'ai mis bon ordre aux fusées et aux pétards.

ÉLISA. Mais voilà qui est très-mal.

JULES. Eh! mon Dieu! vous aimez peut-être les feux d'artifice ; mais laissez manquer celui-là, nous en ferons d'autres exprès pour vous ; car vous êtes si bonne, si aimable! Eh! c'est ma sœur.

SCÈNE XV.

LES PRÉCÉDENTS, CLAIRE.

JULES. Claire, viens donc. Tiens, elle pleure un jour de bal ; mais prends donc garde, tu auras les yeux rouges.

CLAIRE. Eh! que m'importe?

JULES. Dame! si ça ne te fait rien ; c'est cependant ce qui empêche les demoiselles d'avoir du chagrin.

CLAIRE. Jules, laisse-nous un moment.

JULES. Comment, et toi aussi, tu me renvoies; mon frère, à la bonne heure, mais je n'entends pas me laisser mener par une petite fille.

CLAIRE, *avec un peu d'impatience.* Petite fille ou non, va-t'en.

JULES. Et moi, je ne m'en irai pas. Parce que ce n'est pas la peine de conjurer si on me met toujours hors de la conspiration.

CLAIRE. Est-il obstiné!

JULES. C'est que je sais bien ce qui arrivera. Je ne suis pas des secrets; mais s'il y a à être puni, j'en serai, et décidément je veux partager les chances.

ÉLISA, *doucement.* Jules, mon bon ami, je vous prie de nous laisser un instant, vous n'en serez pas fâché.

JULES. Elle a dit : « Mon bon ami, » et avec une voix si douce ! Je m'en vais sur-le-champ, parce qu'au fait, c'est tout naturel, un secret ! les demoiselles en ont toujours à se dire, et l'on renvoie toujours les messieurs. (*A Claire.*) Eh bien ! rassure-toi, je vous laisse. Est-elle enfant, ma sœur, elle pleurait pour ça ! (*Bas, à Élisa.*) Vous me direz son secret, n'est-ce pas ? (*Il lui baise la main.*) Comme mon grand frère. (*Il sort.*)

SCÈNE XVI.

ÉLISA, CLAIRE.

ÉLISA. Eh bien ! ma chère amie... Pardon, Mademoiselle, vous désirez me parler ?

CLAIRE. Oui, Madame.

ÉLISA. Des larmes, des soupirs, qu'est-ce donc ? si je pouvais vous rendre quelque service ?

CLAIRE. C'est moi, Madame, qui viens vous en rendre un. Quoique je n'aie aucune raison de vous aimer, au contraire, mais il y va de l'honneur de mon père ; il y va de la vie de mon frère, et je n'ai pas hésité.

ÉLISA. Expliquez-vous.

CLAIRE. Ne devez-vous pas tantôt, ici, recevoir en secret un jeune colonel, M. de Givry ?

ÉLISA. Oui, sans doute, un charmant cavalier.

CLAIRE, *à part.* O ciel ! il est donc vrai ? (*Haut.*) Eh bien ! Madame, mon frère Charles, qui l'a appris, je ne sais comment, peut-être par le colonel lui-même, car les hommes sont si indiscrets, celui-là surtout ; enfin, mon frère Charles l'a répété à mademoiselle Turpin, mademoiselle Turpin me l'a répété.

ÉLISA, *souriant.* Voyez-vous comment les bonnes nouvelles se répandent !

CLAIRE. Comme eux, j'avais juré votre perte ; mais je n'ai pas eu le courage de tenir ma parole ; et sans leur en faire part, je suis venue vous prévenir en secret.

ÉLISA. C'est bien, c'est très-bien, et je n'oublierai jamais cette marque d'amitié.

CLAIRE. Ne recevez pas le colonel, Madame ; renvoyez-le, je vous en prie.

ÉLISA. Et pourquoi donc le renvoyer ?

CLAIRE. Comment, pourquoi ? puisque tout le monde le sait, puisque notre père lui-même en est instruit, et qu'il en est furieux.

ÉLISA. Quoi ! mon mari pourrait soupçonner ?..

CLAIRE. Vous voyez tous les malheurs qui vont arriver, et que vous pouvez détourner d'un seul mot ; c'est de dire au colonel que vous ne voulez plus le voir, que c'est un infidèle, un perfide ; que vous ne l'aimez plus, et vous aurez bien raison. Du moins, Madame, ce que je vous en dis c'est pour vous, et dans votre intérêt.

ÉLISA. Vous croyez ! c'est étonnant. Depuis un instant j'aurais pensé... mais j'aime mieux éloigner une pareille idée, et croire que dans le service que vous me rendez, il n'y a ni intérêt personnel, ni amour, ni jalousie.

CLAIRE, *interdite.* Quoi ! Madame, vous pourriez supposer ?..

ÉLISA. Cela serait, que je vous devrais encore de la reconnaissance pour un tel service.

CLAIRE. De la reconnaissance ! eh bien ! non, Madame, vous ne m'en devez pas ; et s'il faut tout vous avouer, avant de vous connaître, il m'aimait, ou plutôt il me le disait.

ÉLISA. Quoi ! c'est là cet amant que je vous avais enlevé ?

CLAIRE. Je ne l'aime plus, Madame ; je l'oublierai, je vous le jure, du moins je tâcherai.

ÉLISA. C'est bien, je le lui dirai.

CLAIRE. Eh ! non, Madame ; car pour le repos de mon père, pour le mien peut-être, ne le recevez pas chez vous, surtout ne le recevez pas ce soir ; car j'en mourrais.

ÉLISA. Pauvre enfant ! (*Lui prenant la main, et l'embrassant sur le front.*) Vous serez contente de moi, je l'espère.

SCÈNE XVII.

LES PRÉCÉDENTS, MADEMOISELLE TURPIN.

MADEMOISELLE TURPIN. Monsieur le colonel de Givry demande à parler à Madame.

CLAIRE, *à part.* Le perfide !

ÉLISA, *froidement.* Faites entrer.

CLAIRE. Quoi ! ne venez-vous pas de me promettre...

ÉLISA. Sans doute ; mais je désirerais lui parler un instant.

CLAIRE. Comment, Madame, après ce que je vous ai appris, vous le recevez ?

ÉLISA. Oui, oui.

CLAIRE, *allant s'asseoir sur le fauteuil à droite.* Eh bien ! nous allons voir ce qu'ils vont se dire.

ÉLISA. Non, je voudrais lui parler seule.

CLAIRE, *se levant.* C'en est trop ; je vous laisse, Madame. (*A part.*) Elle le reçoit ? la méchante femme ! (*Elle sort.*)

SCÈNE XVIII.

LES PRÉCÉDENTS, LE COLONEL.

LE COLONEL. Madame, je...

ÉLISA *va pour commencer la conversation avec le colonel ; mais s'apercevant que mademoiselle Turpin reste, elle lui dit :* Mademoiselle Turpin, laissez-nous.

MADEMOISELLE TURPIN. Comment !

ÉLISA, *plus sévèrement.* Laissez-nous.

MADEMOISELLE TURPIN. Ah ! Dieu ! (*Elle sort.*)

ÉLISA. Colonel, j'ai reçu votre lettre. On n'est pas plus aimable que vous. Oh ! je tenais beaucoup à ce congé.

LE COLONEL. Une folie de jeune homme. Il n'y avait rien de terminé. Mais voici la réponse à votre nouvelle demande.

LA BELLE-MÈRE.

Type de mademoiselle Turpin.

ÉLISA. Le brevet déjà! mais ce n'est pas possible.

LE COLONEL. Quand je vous ai parlé de mon crédit, vous pouviez me croire; et d'ailleurs, que n'eussé-je pas fait pour mériter la récompense que vous m'aviez promise!

ÉLISA, *baissant les yeux*. La récompense?

LE COLONEL. Oui, Madame, et vous la connaissez comme moi celle que j'ai le droit d'attendre, que vous me devez, et que je réclame.

ÉLISA. Colonel, vous êtes pressant, je ne vous demande qu'un moment, le temps seulement de vous adresser une question; et quand vous m'aurez répondu avec franchise, je vous promets de m'acquitter envers vous.

LE COLONEL. Il se pourrait! parlez, Madame.

ÉLISA. Eh bien! lorsqu'à Strasbourg vous me faisiez une cour assidue, avouez-le, colonel, vous ne cherchiez qu'à vous distraire de vos chagrins d'un amour plus tendre, plus vrai.

LE COLONEL. Madame...

ÉLISA. Ah! ne mentez pas, vous aimez encore cette jeune personne, que des raisons de famille forcèrent à vous taire son nom, et qui disparut tout à coup.

LE COLONEL. Comment! vous savez...

ÉLISA. Oui, je sais tout, colonel, et que votre amour-propre n'aille pas interpréter à son avantage les informations que j'ai prises; on m'a parlé de cette jeune personne.

AIR : *Hier encor j'aimais Adèle.*

Elle est aimable, elle est belle, elle est sage;
Elle a surtout, dans ce siècle inconstant,
Un grand mérite, un très-grand avantage;
C'est qu'elle aime... et sincèrement.

LE COLONEL.
Que dites-vous?

ÉLISA.
Autrefois, auprès d'elle,
Vous lui juriez de l'aimer en tout temps;
Vous lui juriez d'être toujours fidèle,
Et c'est elle qui tient vos serments;
C'est elle, oui, c'est elle
Qui tient vos serments.

LE COLONEL. Il serait vrai!

ÉLISA. Et que diriez-vous, Monsieur, si je vous apprenais que je suis sa confidente, son amie, qu'elle m'a tout avoué, et que tout à l'heure encore j'ai vu couler ses larmes?

LE COLONEL. O ciel! elle pleurait! et elle est ici! et elle m'aime encore! (Se reprenant.) Pardon, Madame; la surprise, l'étonnement...

ÉLISA. Vous n'avez pas besoin d'excuses, je vous pardonne tout, même votre joie; car, grâce au ciel, je vois que vous n'avez jamais cessé de l'aimer; votre trouble, votre embarras, ce bonheur même que vous cherchez à me déguiser, tout me le prouve. C'est le cas d'être infidèle, ou jamais : il y a si peu d'occasions où on puisse l'être avec l'approbation générale! et pour qui négligeriez-vous une jeune personne charmante? pour une femme qui s'est donnée à un autre, et qui s'est donnée par amour; car j'aime mon mari; il fut le guide, l'ami de mon enfance, je lui dois ma fortune et mon bonheur. J'ai promis de le rendre heureux, colonel, et je n'ai jamais manqué à ma promesse. Maintenant répondez : d'un côté le malheur d'un galant homme, le mien, le vôtre peut-être! de l'autre, l'estime de mon mari, mon amitié, à moi, l'amour de la belle inconnue : choisissez.

LE COLONEL. Ah! Madame! pouvez-vous douter de ma réponse?

ÉLISA. Je la devine; et comme vous méritez maintenant la récompense que je vous ai promise, je vais vous la donner.

LE COLONEL. Que dites-vous?

ÉLISA. Cette jeune personne dont je vous parle m'appelle sa belle-mère.

LE COLONEL. Il se pourrait!

ÉLISA. J'ai promis à mon mari de faire le bonheur de ses enfants; je veux commencer par sa fille, et c'est pour cela, colonel, que je vous la donne.

LE COLONEL. Ah! Madame, c'est à vos genoux que je vous remercie.

ÉLISA. A mes genoux, à la bonne heure; voilà comme je voulais vous y voir.

SCÈNE XIX.

LES PRÉCÉDENTS, M. DUVERSIN, CHARLES, CLAIRE, JULES, MADEMOISELLE TURPIN.

CHARLES, à M. Duversin. Maintenant, mon père, le croirez-vous?

CLAIRE, à Élisa. Oui, Madame, c'est affreux.

MADEMOISELLE TURPIN. C'est indigne! un homme ici à genoux! Depuis trente ans ça n'était pas arrivé.

JULES. Et c'est là notre belle-mère! Moi qui l'aimais déjà. Fi! Madame, c'est une perfidie de surprendre ainsi les gens.

M. DUVERSIN. Taisez-vous; et vous, Madame, que tout le monde accuse ici, qu'avez-vous à répondre?

ÉLISA. Rien.

MADEMOISELLE TURPIN. Elle est confondue et démasquée.

ÉLISA. C'est le colonel que je charge du soin de ma défense.

LE COLONEL, souriant. Oui, Monsieur, j'étais aux genoux de Madame, et je vais aux vôtres, s'il le faut, jusqu'à ce que vous m'ayez accordé la main de votre fille.

CLAIRE. Que dit-il?

M. DUVERSIN. Ma fille!

LE COLONEL. Oh! cette jeune personne qui voyageait avec sa tante, (A demi-voix.) vous savez bien, l'autre, celle que j'aime le mieux.

M. DUVERSIN. Il se pourrait! épousez vite; j'y gagne cent pour cent : j'ai un gendre de plus, et un rival de moins.

CLAIRE. Quoi! Madame, c'est à vous que je devrais... Ah! je n'ose accepter.

ÉLISA. Acceptez, ma chère enfant, acceptez, c'est mon présent de noces.

M. DUVERSIN, à Charles. Quant à vous, Monsieur, vous savez nos conventions.

ÉLISA. Mon ami, il me semble que, pour un jaloux, vous vous rendez bien vite. (Donnant une lettre à Charles.) Tenez, Charles, lisez. (A M. Duversin.) Voilà encore une lettre que je viens de recevoir et qui pourrait donner gain de cause à votre fils.

CHARLES. Comment! Madame, une place et mon congé!

M. DUVERSIN. Son congé! qu'est-ce que cela veut dire?

ÉLISA. Oh! c'est un secret entre nous.

CHARLES. Mais je n'avais rien demandé.

ÉLISA. Il est vrai; mais voilà votre place obtenue, soldat ou receveur, il faut opter.

CHARLES. Une recette et le bonheur de ma sœur! Ah! Madame, je suis indigne de vos bontés.

M. DUVERSIN. Sans doute, et j'exige...

ÉLISA. Mon ami, prenez garde; vous avez pu me soupçonner; qu'il ait son pardon, le vôtre est à ce prix; et de plus j'ai quelque chose à demander pour Jules, mon second fils; mais nous en reparlerons.

JULES. Quel bonheur! je n'irai pas au collége; mais c'est égal, je suis toujours fâché que vous soyez ma belle-mère, à cause d'autres idées.

ÉLISA. Vous danserez ce soir avec mademoiselle Mimi ou mademoiselle Lolotte; et quant à mademoiselle Turpin, l'âme de la coalition, qui voulait que l'une de nous deux sortît de la maison...

MADEMOISELLE TURPIN, à part. C'est sur moi que va retomber toute sa colère.

ÉLISA. Nous avons dans un château, en Bretagne, une place de femme de charge qui lui conviendra à merveille.

MADEMOISELLE TURPIN. C'est ça, elle veut m'éloigner pour rester maîtresse de la maison. Dieu! les belles-mères!

VAUDEVILLE.

Air du vaudeville du *Premier Prix*.

M. DUVERSIN.
Mes enfants, votre injuste ligue
Casse l'arrêt qu'elle a porté;
Où vous craigniez rigueur, intrigue,
Vous trouvez esprit et bonté :
La leçon est bonne; à votre âge,
En toute chose il faut songer
A ce vieux proverbe du sage :
Ne nous pressons pas de juger.

LE COLONEL.
Je l'avouerai, de belle en belle,
J'ai cherché, longtemps incertain,
La plus tendre, la plus fidèle;
Je cherchais encor ce matin ;
Douce blonde, piquante brune,
Tour à tour voulaient m'engager;
Un moment, disais-je, encore une...
Ne nous pressons pas de juger.

MADEMOISELLE TURPIN.
Autrefois, pour mieux me connaître,
On restait longtemps près de moi;
A présent, me voit-on paraître,

Soudain on s'éloigne... et pourquoi ?
Je ne suis plus à mon aurore ;
Mais faut-il vous décourager ?
Le cœur peut-être est jeune encore...
Ne vous presser pas de juger.

JULES.
Cet avoué célibataire
Doit sa charge... cent mille écus ;
Dans son étude il fait litière
De procès gagnés ou perdus :
En menus frais comme il nous gruge !
Ah ! dit-il pour les allonger,
Soyons prudents, monsieur le juge,
Ne vous pressez pas de juger.

ÉLISA, *au public*.
Messieurs, vous jugez bien sans doute ;
Mais il peut arriver, je crois,
Que le tribunal qu'on redoute
Se trompe... une première fois ;
D'un arrêt trop prompt, ce soir même,
Ah ! n'allez pas nous affliger...
Attendez à la cinquantaine :
Ne vous pressez pas de juger.

FIN
de
LA BELLE-MÈRE.

LE MÉDECIN DE DAMES
COMÉDIE-VAUDEVILLE EN UN ACTE
Représentée, pour la première fois, à Paris, sur le théâtre du Gymnase dramatique, le 17 décembre 1825.

EN SOCIÉTÉ AVEC M. MÉLESVILLE.

Personnages.

M. DE RAMSAY, colonel.
M. VERMONT, banquier.
MADAME VERMONT, sa femme.
MADAME DE LIMEUIL, leur nièce, jeune veuve.
LOLOTTE, cousine de madame de Limeuil.
ROSELYN, médecin à la mode.
MADAME DE CERNAY, } jeunes dames, amies de
MADAME RAYMOND, } madame Vermont.
UN DOMESTIQUE.

La scène se passe dans un château, à six lieues de Paris.

Le théâtre représente un salon élégamment meublé; porte au fond; deux portes latérales sur le devant du théâtre. A droite et à gauche, deux guéridons où se trouvent différents ouvrages de dames, tels que dentelles, broderies, canevas, etc.

SCÈNE PREMIÈRE.
M. DE RAMSAY, LOLOTTE.

LOLOTTE. Comment! colonel, on se croit seule à se promener dans le parc, et l'on vous rencontre ainsi?

RAMSAY. Comme propriétaire des environs, je venais faire à M. de Vermont, votre oncle, une visite de voisinage.

LOLOTTE. Je vais l'avertir, car mon oncle et ces dames sont à déjeuner.

RAMSAY. Non, ne vous donnez pas cette peine. De toutes ces dames, mademoiselle Lolotte, il n'y en a pas une dont la société me paraisse plus agréable que la vôtre.

LOLOTTE. Vraiment! (*A part.*) Je devine. Il a quelque chose à me demander.

RAMSAY. Est-il vrai, comme on l'a assuré, que madame de Limeuil, votre cousine, soit venue aussi passer quelques jours dans ce château?

LOLOTTE. Oui, Monsieur.

RAMSAY. On dit qu'elle est souffrante?

LOLOTTE. Oui, Monsieur, des nerfs, de la poitrine, du moins à ce que dit M. le docteur.

RAMSAY. O ciel! et elle ne reçoit pas?

LOLOTTE. Non, Monsieur.

RAMSAY. J'en suis désolé pour elle et pour moi; car je donne ce soir un bal où je comptais inviter ces dames. C'est pour cela que je venais.

LOLOTTE, *le regardant malignement.* Non, colonel, ce n'est pas pour cela.

RAMSAY. Que voulez-vous dire? achevez, je vous prie.

LOLOTTE. Monsieur le colonel, êtes-vous content de Léon, mon cousin, qui est dans votre régiment?

RAMSAY. Le petit Léon de Verneuil?

LOLOTTE. Oui, Monsieur... sous-lieutenant de carabiniers, premier escadron, deuxième compagnie; un joli garçon, n'est-il pas vrai?

RAMSAY. Un enfant, un étourdi, mais excellent officier.

AIR : *Ah! si Madame me voyait.*
LOLOTTE.
En êtes-vous bien satisfait?
Ah! dites-moi tout sans mystère.
RAMSAY.
Oui, c'est un brave militaire :
Le dernier rapport le disait. (*bis.*)
LOLOTTE.
A-t-il toujours le même zèle?

RAMSAY.
Oui... le rapport le disait bien.
LOLOTTE.
Est-il toujours tendre et fidèle?
RAMSAY.
Ah! le rapport n'en disait rien.

LOLOTTE. Qui est-ce qui les fait donc, les rapports?

RAMSAY. N'importe. Mais Léon aura de l'avancement à la première promotion.

LOLOTTE. Il serait possible! Voilà tout ce que je voulais savoir; et maintenant, colonel, comme je n'ai que ma parole, je vous dirai un grand secret que moi seule ai découvert.

RAMSAY. Parlez vite.

LOLOTTE. C'est qu'il y a quelqu'un ici qui adore en secret madame de Limeuil, ma cousine.

RAMSAY. Ce serait vrai! et qui donc?

LOLOTTE. Un jeune et beau militaire, le colonel de mon cousin Léon.

RAMSAY. O ciel!

LOLOTTE. Oui, Monsieur, vous-même! personne ne s'en doutait, excepté moi, parce que, dans la société, on se méfie des pères et des maris, jamais des petites filles; et ce sont elles qui savent tout; aussi ai-je vu tout de suite que vous aimiez ma cousine.

RAMSAY. Silence! Eh bien! oui, je donnerais pour elle ma vie et ma fortune. Ce procès que j'avais contre elle, je l'ai perdu exprès pour l'enrichir, il est vrai que j'ai été bien secondé par mon avocat, qui m'a servi sans le savoir. Enfin, je fais tout au monde pour plaire à madame de Limeuil, et parfois j'ai cru avoir réussi; mais depuis quelques jours, elle est triste, rêveuse, mélancolique; et tout en m'accueillant mieux que jamais, elle me prie de ne plus la voir : qu'est-ce que cela signifie?

LOLOTTE. Je crois m'en douter : il y a contre vous dans la maison quelqu'un qui a un grand crédit, un monsieur Roselyn, jeune docteur, plein de grâce et d'élégance, qui a de belles dents, le ton patelin, le sourire romantique, en un mot, le *Dorat de la faculté;* car il a toujours dans sa poche le Journal des Modes, et fait ses ordonnances en madrigaux.

AIR : *Vos maris en Palestine.*
Sur papier rose ou de Chine,
Il met ses ordres du jour,
Et parle de médecine
Comme l'on parle d'amour. (*bis.*)

Plus fin que ses camarades,
Jamais il ne risque rien; (bis.)
Car il ne prend de malades
Qu'autant qu'ils se portent bien.

RAMSAY. Vous voulez plaisanter?
LOLOTTE. Eh! mon Dieu, non. Excepté ma pauvre cousine de Limeuil, qui y va de franc jeu, en conscience, toutes les dames que je vois ici ne sont malades que pour leur plaisir. Nous avons madame Raymond, la femme d'un receveur, qui a voulu nourrir pour faire ses volontés, parce qu'on ne contrarie jamais une femme qui nourrit; nous avons madame de Cernay, la femme d'un négociant, qui prétend ne pouvoir marcher, pour que son mari lui donne une voiture : l'une consulte le docteur sur M. Oscar, son petit garçon; l'autre sur les moyens de bonifier son teint; et ma tante Vermont, la maîtresse de la maison, sur les moyens de maigrir. Vous jugez alors quel ascendant il a pris sur toutes ces dames.

RAMSAY. Et qui vous fait croire qu'il me nuise auprès de madame de Limeuil?
LOLOTTE. Je ne sais; peut-être vos intérêts gênent-ils les siens; car il se mêle de tout, des querelles, des raccommodements, de la vaccine, des baptêmes et des mariages : c'est lui qui s'oppose au mien.

RAMSAY. Vraiment!
LOLOTTE. C'est une indignité! il dit que je ne suis pas en âge de me marier; Léon dit que si, et je croirais plutôt Léon. Enfin, Monsieur, c'est le docteur qui est l'ennemi commun; il faut donc ou le mettre de notre parti ou le perdre.

RAMSAY. A merveille.
LOLOTTE. Le moment est favorable; car ces dames sont pour quelques jours dans ce château à six lieues de Paris, chez mon oncle Vermont, le banquier, qui ne pense qu'aux effets publics et qui n'est jamais malade, lui, tant que le tiers consolidé se porte bien. Le docteur ne peut quitter sa clientèle; et pendant son absence, en nous entendant tous les deux, nous pourrions peut-être... mais silence, je crois qu'on sort de table.

RAMSAY. Dieu! que de monde! je m'en vais; je ne veux pas que cela me compte pour une visite; je vous prie seulement de vouloir bien remettre à madame de Limeuil cet album qu'elle m'avait prêté pour y tracer quelques dessins.
LOLOTTE. Un album!
RAMSAY. Je viendrai tantôt savoir ce qu'elle en pense. Adieu, Mademoiselle; adieu, mon aimable alliée. Je vous confie mes intérêts; et moi, de mon côté, je penserai à Léon, je vous le promets. (Il sort.)

SCÈNE II.

LOLOTTE, M. MADAME VERMONT, MADAME DE LIMEUIL, MADAME DE CERNAY, MADAME RAYMOND, *sortant de l'appartement à droite.*

CHŒUR DES DAMES.

AIR *Dieu tout-puissant par qui le comestible.*
Ah! quel bonheur l'aspect de la nature
Fait éprouver aux cœurs parisiens!
Les champs, les bois, les prés et la verdure
Sont les plus doux et les premiers des biens.
M. VERMONT, *un cure-dent à la bouche.*
Quel déjeuner! et madère et champagne!
Pâtés truffés, et faisans et perdrix!
Quels bons repas on fait à la campagne!
LOLOTTE.
Lorsque l'on fait tout venir de Paris.

ENSEMBLE.
LES DAMES.
Ah! quel bonheur l'aspect de la nature, etc.
M. VERMONT.
Pour l'appétit, l'aspect de la nature
Est enchanteur, car il double le mien;
J'estime peu les prés et la verdure :
Pour moi la table est le souverain bien.

LOLOTTE, *à madame de Limeuil.* Eh bien! cousine, comment vas-tu?
MADAME DE LIMEUIL. Merci, cela va mieux. On est si bien dans cette terre! En vérité, mon oncle, vous avez fait là une acquisition superbe.
M. VERMONT. Oui, c'est pas mal, c'est campagne; des arbres, des feuilles; mais j'en ai là pour cinq cent mille francs, et avec cinq cent mille francs je pourrais acheter du trois et du cinq, des actions de la Banque ou de la caisse hypothécaire.
MADAME DE LIMEUIL. Et le bonheur d'être propriétaire?
M. VERMONT. La belle avance! pour devenir un contribuable, pour payer des impôts; c'est bon pour des bourgeois, pour de petites gens, qui ne peuvent pas prêter à l'Etat, alors c'est juste qu'ils lui donnent; mais pour un capitaliste, c'est humiliant.
MADAME DE LIMEUIL. Laissez-moi donc tranquille.
M. VERMONT. Oui, Madame, c'est humiliant; et puis ça fait du tort, ça retire des fonds de la circulation, on a l'air de réaliser et de faire Charlemagne; mais vous, cela vous est égal; vous n'avez vu là-dedans que le bonheur d'être *dame châtelaine*, et de pouvoir dire « *ma propriété!* » et en effet, c'est bien la vôtre; pour ce que j'y viendrai, le samedi après la bourse, et repartir le lundi matin.
MADAME VERMONT. C'est ce qui en fait le charme. Le mari est à ses affaires, et la femme à ses occupations champêtres et particulières; c'est pour cela que toutes les femmes d'agents de change ont des maisons de campagne. Mais moi, vous le savez bien, c'est un autre motif, c'est le soin de ma santé. Le docteur m'avait ordonné l'air de la campagne.
M. VERMONT. Oui, une ordonnance qui me coûte cinq cent mille francs. Tenez, ne me parlez pas de votre docteur; vous êtes à Paris une vingtaine de femmes qui faites sa réputation et sa fortune. Un petit docteur à l'eau de rose.
MADAME DE LIMEUIL. Si l'on peut dire cela de M. Roselyn !
MADAME VERMONT. Un médecin à la mode, à qui rien n'est impossible; il m'a guérie de mes migraines.
MADAME DE CERNAY. Moi, de mes vapeurs.
MADAME RAYMOND. Et Oscar, de la coqueluche.
M. VERMONT. C'est singulier, il n'a dans sa clientèle que de jeunes dames, de jeunes mères; pour les maris, les frères et les oncles, il paraît qu'on ne sait pas les guérir.
LOLOTTE. Sans doute ce n'est pas son état, puisque c'est un médecin de dames.

M. VERMONT.
AIR : *Tenez, moi, je suis un bon homme.*
On dit, voyez la calomnie,
Pour que ses soins soient assidus,
Qu'il faut être fraîche et jolie,
Et n'avoir que vingt ans au plus.
MADAME VERMONT.
Une pareille impertinence
Vient des médisants et des sots.
LOLOTTE, *montrant madame Vermont.*
Et puis ma tante est là, je pense,
Pour faire tomber les propos.

M. VERMONT. Ah çà! Madame, vous n'avez pas oublié que nous dînons tous aujourd'hui chez le sous-préfet?

MADAME VERMONT. Ah! mon Dieu, non, nous ne sortirons pas; le docteur l'a bien défendu.

TOUTES LES DAMES. Oh! oui, le docteur l'a défendu.

M. VERMONT. C'est ça, venir à la campagne pour ne pas sortir du salon. Alors, ma chère nièce, vous allez avoir la bonté d'écrire à notre amphitryon une lettre d'excuses.

MADAME DE LIMEUIL. Ah! mon Dieu! mon oncle, je ne demanderais pas mieux; mais voici l'heure de mon bain, et le docteur l'a ordonné.

M. VERMONT. Au diable le docteur et ses ordonnances! il faudra que ce soit moi qui réponde.

MADAME VERMONT. Où est le mal?

M. VERMONT. Le mal est que je n'aime pas à écrire, parce que les lettres, ce n'est pas mon genre; dès que je sors des chiffres, je ne m'y retrouve plus.

MADAME VERMONT. Écrivez-la en chiffres.

M. VERMONT, *entrant dans le cabinet à droite.* C'est cela; comme une note diplomatique.

MADAME DE LIMEUIL. Adieu, Mesdames.

MADAME VERMONT. Adieu, ma toute belle, est-ce que tu souffres?

MADAME DE LIMEUIL. Oui, j'attends ma migraine.

TOUTES, *la reconduisant.* Pauvre femme! (*Au moment où madame de Limeuil va sortir, on entend le bruit d'une voiture.*)

MADAME DE CERNAY, *s'approchant de la fenêtre.* Mesdames, Mesdames, écoutez donc! le bruit d'une voiture.

MADAME VERMONT, *à voix basse.* C'est lui, je le parie; il m'avait bien promis que s'il pouvait s'échapper...

TOUTES. Qui donc?

MADAME VERMONT. Le docteur.

Air *de l'Écu de six francs.*

TOUTES.
Le docteur! ô destin prospère
LOLOTTE.
Le docteur! ô destin contraire!
Pour notre projet, c'est fini.
MADAME DE CERNAY, *à madame Vermont.*
Ce n'est pas possible, ma chère,
Paris ne peut vivre sans lui.
MADAME VERMONT.
Si vraiment... du moins aujourd'hui
En été sa journée est franche;
Car la campagne a tant d'attraits,
Que les gens comme il faut jamais
Ne sont malades le dimanche.

MADAME VERMONT, MADAME DE CERNAY ET MADAME RAYMOND. Courons vite à sa rencontre. (*Elles sortent.*)

SCÈNE III.

LOLOTTE, MADAME DE LIMEUIL.

LOLOTTE, *à madame de Limeuil qui va sortir.* Ma cousine, vous ne lisez pas dans votre bain?

MADAME DE LIMEUIL. Et pourquoi?

LOLOTTE. C'est que j'ai là un album qui pourrait vous distraire.

MADAME DE LIMEUIL. Un album!

LOLOTTE. Que m'a donné pour vous le colonel.

MADAME DE LIMEUIL. Ah! oui, des esquisses, des dessins. Et pourquoi ne me l'avoir pas remis sur-le-champ?

LOLOTTE. J'attendais que l'on fût parti : il y a des choses que l'on voit mieux quand on est seule. (*Madame de Limeuil a ouvert l'album, et a pris une lettre qu'elle décachète.*)

LOLOTTE, *à part.* Je l'aurais parié. (*Haut, à madame de Limeuil.*) Il paraît, ma cousine, que dans cet album il y a de l'écriture.

MADAME DE LIMEUIL. Oui. (*A part.*) Une lettre de son oncle; on veut le forcer à se marier. Ah! voilà ce que je craignais. On demande sa réponse sur-le-champ, et il attend la mienne! Ah! je suis bien malheureuse!

LOLOTTE. Ma cousine, le colonel a dit que tantôt il viendrait savoir ce que vous pensez de son album.

MADAME DE LIMEUIL. C'est bien, c'est bien; je lui dirai, je répondrai. On vient. Ah! j'ai besoin d'être seule. (*Elle entre dans l'appartement à gauche.*)

SCÈNE IV.

LOLOTTE, ROSELYN, *entrant par le fond, entouré de toutes les dames.*

CHŒUR DES DAMES.

AIR de la valse de *Robin des Bois.*

Qu'il est aimable!
C'est adorable...
Un trait semblable
Sera cité;
Et sa présence
Nous rend d'avance
Et l'espérance
Et la santé.

ROSELYN, *à madame de Cernay.*
Combien j'admire
Ce doux sourire!
(*A madame Vermont.*)
Que votre empire
A de douceur!
(*A madame Raymond.*)
Vermeille rose,
A peine éclose,
A, je suppose,
Moins de fraîcheur.

TOUTES LES DAMES.
Qu'il est aimable, etc.

ROSELYN. Bonjour, bonjour; j'ai cru que je n'arriverais jamais; je ne peux pas suffire, et pour échapper à deux ou trois belles clientes, j'ai été obligé de partir incognito, ainsi ne me trahissez pas.

MADAME RAYMOND. Incognito, un médecin incognito; c'est délicieux.

ROSELYN. Oui, ça a quelque chose de mystérieux, on se croirait en bonne fortune, si on n'y était pas toujours, Mesdames, quand on vient pour vous voir. (*A madame de Vermont.*) Mais je vous fais compliment, vous avez une situation charmante; d'abord c'est très-sain, c'est beaucoup..... quelle différence avec votre hôtel de la rue de Provence, où l'air est chargé d'azote.

MADAME DE CERNAY. Qu'il est savant!

ROSELYN. Moi! du tout, au contraire.

Air *de la Sentinelle.*

Il le fallait jadis, mais maintenant
Nous avons fait bien des métamorphoses...
Il faut, sous peine ici d'être pédant,
Cacher toujours le savoir sous les roses.
Sur les livres pourquoi pâlir?
Le seul instinct et me guide et m'éclaire.

Et sans chercher à l'acquérir,
Moi j'ai trouvé l'art de guérir,
Comme vous trouvez l'art de plaire.

M. VERMONT, *sortant du cabinet, une lettre à la main.* Ce qui me rassure, du moins, c'est qu'ici à la campagne nous serons à l'abri du docteur.

ROSELYN. Pardon, je n'avais pas vu le maître de la maison, cet excellent M. Vermont.

M. VERMONT, *étonné.* Parbleu! celui-là est trop fort! pas de congé, même le dimanche! *(Il s'assied auprès de la table.)* Votre serviteur, Monsieur.

ROSELYN. Votre irritation d'estomac n'a pas eu de suites?

M. VERMONT. Non, Monsieur.

ROSELYN. Ces banquiers sont intraitables.

M. VERMONT. Qu'est-ce que c'est, Monsieur?

ROSELYN. Je dis qu'on ne peut pas vous traiter, que vous avez une santé de fer. *(Il tourne le dos à M. Vermont et va causer bas à madame Raymond.)*

MADAME VERMONT, *allant à son mari.* Faites-lui donc politesse.

M. VERMONT. Apprenez que je ne flatte personne, je suis indépendant, je suis chez moi. *(Il se lève.)* Et vous allez voir.

ROSELYN, *à madame Raymond.* Je vous remercie, elle va beaucoup mieux.

MADAME DE CERNAY. Qui donc?

ROSELYN. Une de mes clientes; la femme du grand banquier, celui qui est chargé de l'emprunt.

M. VERMONT, *vivement.* De l'emprunt! il y en aura donc un? pourrait-on y entrer? à quelle époque? à quelle condition? savez-vous tout cela?

ROSELYN. Certainement : est-ce qu'on a rien de caché pour son médecin.

M. VERMONT. Comme ça se rencontre! moi qui voulais en prendre; docteur, une partie de billard.

ROSELYN. Je vous remercie; après déjeuner.

MADAME VERMONT. Comment! est-ce que vous n'avez pas déjeuné?

ROSELYN. Non, vraiment; est-ce que j'ai le temps?

MADAME DE CERNAY. Il serait possible! mais voilà qui est affreux!

MADAME RAYMOND. C'est horrible à imaginer.

MADAME VERMONT. Ce pauvre docteur!

LOLOTTE. Il n'a pas déjeuné.

MADAME VERMONT. Amanda! Dubois! Lafleur! *(A M. Vermont.)* Mais voyez donc, Monsieur, appelez vos gens.

M. VERMONT. Eh! parbleu, j'y vais moi-même; nous avons là cette hure de sanglier.

ROSELYN. Y pensez-vous? il y aurait de quoi me donner une gastrite; je sucerai une aile de poulet, une cuisse de faisan, ce qu'il y aura; mais ici, dans le salon, pour ne pas quitter ces dames.

M. VERMONT. Je vais vous envoyer ce qu'il faut, et puis je vous attendrai au billard. *(Il sort par le fond.)*

SCÈNE V.

LES PRÉCÉDENTS, *excepté* M. VERMONT.

ROSELYN. Mais dites-moi, je ne vois pas votre charmante nièce, madame de Limeuil.

LOLOTTE, *à part.* J'étais bien étonnée qu'il n'en eût pas encore parlé. *(Haut.)* Monsieur, selon l'ordonnance, elle est malade dans son appartement.

ROSELYN. Une poitrine si délicate qui exige tant de ménagements. *(A madame de Cernay.)* Et vous, belle dame, vos vapeurs?

MADAME DE CERNAY. Je les ai toujours : mon mari ne veut pas me donner voiture.

ROSELYN. C'est affreux! car enfin, la santé avant tout; j'en parlerai, et dès demain vous aurez une bonne berline.

MADAME DE CERNAY. J'aimerais mieux un landau.

ROSELYN. A la bonne heure; je dirai un landau. *(Pendant ce temps, un domestique en livrée a placé sur un guéridon plusieurs plats et un couvert.)*

MADAME VERMONT. Allons, venez déjeuner. *(Les femmes entourent le docteur et le conduisent à la table. Il s'assied au milieu d'elles. Lolotte est seule sur le devant de la scène.)*

MORCEAU D'ENSEMBLE.

AIR DE LÉOCADIE : *C'est moi, c'est moi,* etc.

TOUTES LES DAMES.
C'est moi qui veux le servir;
Pour nous quel bonheur! quel plaisir!
Oui, c'est moi, cher docteur, qui dois, en vérité,
Servir la Faculté.

LOLOTTE.
Comment! il se fait servir!
L'état de docteur est un vrai plaisir;
C'est charmant, en vérité,
D'être de la Faculté.

ROSELYN.
C'est moi qui dois vous servir;
D'honneur, tant de soins me feront rougir!
Quel bonheur, je dois, en vérité,
Tomber aux pieds de la beauté.

LOLOTTE, *à part, pendant que l'on sert Roselyn.*
Que de frais, que de prévenance!
Jamais on n'eut tant de bonté...
Oui, renonçant à la fierté,
Pour lui seul, hélas! on dépense
Soins, art, douceur, et complaisance;
Puis, quand vient le mari,
Ces dames n'ont plus rien pour lui.

ENSEMBLE.

LES DAMES.
C'est moi, c'est moi, etc.

LOLOTTE.
Vraiment il se fait servir, etc.

ROSELYN.
C'est moi, etc.

ROSELYN. Un vin excellent, car il est très-léger; je vous en demanderai encore un peu.

MADAME RAYMOND, *lui versant.* Docteur, je suis inquiète sur Oscar, mon fils.

ROSELYN. Si vous allez vous tourmenter, c'est très-mauvais pour une nourrice; il faut vous distraire, vous amuser; du reste, pour le petit bonhomme, de l'eau de gomme, de la diète, beaucoup de diète; je vous demanderai encore une aile. *(A madame de Vermont.)* Vous, belle dame, toujours le même régime, et quant à cette jeune et jolie enfant... *(Montrant Lolotte.)*

LOLOTTE. Moi, Monsieur, je ne suis pas malade.

ROSELYN. C'est pour cela.

AIR : *J'en guette un petit de mon âge.*
Pour conserver cette jeunesse,
Cette fraîcheur, ces traits charmants,
(A madame Vermont.)
Point d'hymen, que rien ne nous presse,
Du moins, encor deux ou trois ans...

LOLOTTE, *à part.*
Il faut, même sans qu'on y pense,
Subir sa consultation,

LOLOTTE, à part. Je l'aurais parié. — Scène 3.

Et voilà ce pauvre Léon
Compris aussi dans l'ordonnance.

SCÈNE VI.

LES PRÉCÉDENTS, UN DOMESTIQUE.

LE DOMESTIQUE. M. le colonel de Ramsay demande à présenter ses hommages à ces dames.

MADAME VERMONT. Ce jeune militaire qui est notre voisin de campagne?

MADAME RAYMOND. Qui a une si belle fortune?

LOLOTTE. Mieux que cela, qui est le colonel de Léon.

MADAME VERMONT. Lolotte, je vous ai priée de ne plus parler de Léon, un petit fat, un étourdi qui me fait sans cesse des compliments sur ma santé, et me répète toujours que j'engraisse.

LOLOTTE. Dame! c'est facile à voir.

MADAME VERMONT. Alors, c'est inutile à dire. Quant au colonel, nous allons le recevoir au salon; venez, Mesdames. (*Elles sortent.*)

ROSELYN. Attendez donc que je vous donne la main.

LE DOMESTIQUE, *l'arrêtant*. Monsieur, madame de Limeuil vient de sortir du bain, et comme elle a appris l'arrivée de M. le docteur, elle va descendre.

ROSELYN. C'est différent, je ne souffrirai pas; je vais au-devant d'elle lui offrir mon bras. (*A Lolotte.*) Adieu, adieu, petite. (*Il entre dans l'appartement à gauche.*)

SCÈNE VII.

LOLOTTE, *seule*. Il faut avouer que la Faculté a bien des privilèges; se présenter ainsi le matin, dans la chambre de ma cousine; le colonel n'oserait pas, mais lui...

AIR : *Comme il m'aimait.*

C'est le docteur : (*bis.*)
Son pouvoir tient de la magie;
C'est le docteur. (*bis.*)
Il peut, grâce à ce nom flatteur,
Sans façon, sans cérémonie,

LE MÉDECIN DE DAMES.

CHŒUR DE DAMES. Qu'il est aimable,
C'est adorable! — Scène 4.

Être admis chez femme jolie :
C'est le docteur. (bis.)
DEUXIÈME COUPLET.
C'est le docteur,
Chacun et l'accueille et l'admire ;
L'époux même le plus grondeur,
Et de la plus jalouse humeur,
Sans crainte, sans bruit se retire ;
Car sa femme vient de lui dire :
C'est le docteur.
(Regardant à gauche.)

Je le vois venir de ce côté, donnant le bras à sa jolie malade qui se penche négligemment sur lui, et ils causent à demi-voix : qu'est-ce qu'ils peuvent se dire, je vous le demande ? Ah ! mon Dieu ! les voilà.

SCÈNE VIII.

ROSELYN, MADAME DE LIMEUIL, LOLOTTE.

ROSELYN. Je vous assure qu'un tour de jardin vous fera du bien.

MADAME DE LIMEUIL. Cela se peut ; mais je n'en aurais pas la force, car pour être venue de mon appartement jusqu'ici, je me sens d'une faiblesse...

ROSELYN. Asseyez-vous, et reposons-nous un instant. (Il fait asseoir madame de Limeuil, et s'assied à côté d'elle.)

MADAME DE LIMEUIL. Lolotte, laissez-nous.

LOLOTTE, à part. C'est ennuyeux ; on me renvoie toujours quand il arrive ; les laisser en tête-à-tête, passe encore si c'était le colonel. (Elle sort par le fond.)

ROSELYN. Cette faiblesse est l'effet du bain. Voyons s'il y a de la fièvre. (Lui prenant la main.) On voit le sang circuler à travers cette peau si blanche et si fine.

MADAME DE LIMEUIL. Mon Dieu ! docteur, comme votre main tremble !..

ROSELYN. Je craignais qu'il n'y eût de l'agitation ; elle est calmée.

MADAME DE LIMEUIL. Eh ! mais, comme vous me serrez la main ; prenez garde, vous me faites mal.

ROSELYN. Pardon, je voulais voir... Oui, la peau est excellente ; et les yeux ?

Air de *Céline.*

Un seul instant, je vous en prie,
Tournez vers moi ces yeux charmants;
Quoique pleins de mélancolie,
Comme ils sont doux et séduisants.
MADAME DE LIMEUIL.
Sont-ils mieux? Pour moi je l'ignore.
ROSELYN.
Oui, Madame, j'ai quelque espoir;
Mais je n'y trouve pas encore
Tout ce que je voudrais y voir.

Et les palpitations dont vous vous plaigniez l'autre jour?
MADAME DE LIMEUIL. Je souffre moins.
ROSELYN. Sont-elles aussi fréquentes qu'hier?
MADAME DE LIMEUIL. Cela va mieux, je vous remercie; parlons plutôt d'autre chose, car je ne puis m'empêcher de penser à ce que vous disiez il y a quelque temps. Quoi, docteur! vous croyez que réellement...
ROSELYN. Oui, Madame, c'est mon opinion; après cela, je peux me tromper; si si vous voulez que nous ayons une consultation...
MADAME DE LIMEUIL. Y pensez-vous? m'en préserve le ciel! et cependant savez-vous que c'est bien terrible de ne pouvoir se remarier sans mourir.
ROSELYN. Du moins d'ici à quelque temps, et après tout, un veuvage de deux ou trois années est-il donc une chose si terrible, surtout lorsque l'on est, comme vous, jeune, aimable et riche, entourée d'adorateurs? Il est beaucoup de dames qui feraient par coquetterie ce que je vous conseille par raison.
MADAME DE LIMEUIL. Je le sais bien : aussi ce n'est pas pour moi; mais que répondre aux instances de ma famille, de mes amis? (*A part.*) Ce pauvre colonel!
ROSELYN. Je n'ignore point que de tous côtés de nombreux partis se présentent; mais vous êtes maîtresse de votre choix, et l'on ne vous oblige à vous prononcer. (*Avec hésitation.*) Si vous aimiez quelqu'un, je comprends ce qu'une pareille hésitation aurait de cruel; mais votre cœur est tout à fait libre, du moins vous me l'avez assuré.
MADAME DE LIMEUIL. Oui, Monsieur. (*A part.*) Par exemple, je ne suis pas obligée de dire cela à mon médecin. (*Haut.*) Il n'en est pas moins vrai que d'après votre ordonnance, me voilà condamnée au célibat, et n'eût-on aucune idée de mariage, cela seul est capable d'en donner. Cependant je ne me soucie point de mourir à vingt ans; mais d'un autre côté, d'ici à trois ans, sait-on ce qui peut arriver? Je n'ai qu'à ne plus être jolie, on n'a qu'à ne plus m'aimer.
ROSELYN. Est-ce possible?
MADAME DE LIMEUIL. Eh! oui, Monsieur, si l'on s'impatiente; je n'en fait un autre choix! vous autres docteurs, vous ne comprenez pas tout cela, vous ne pensez qu'à vos livres et à la science.
ROSELYN. Nous, Madame! quelle est votre erreur! qui peut vous faire croire que nous soyons insensibles? nous, dont le cœur s'ouvre à chaque instant aux émotions les plus douces et les plus cruelles! oh! comment, en effet, ne pas céder à l'intérêt le plus tendre, quand on voit la beauté souffrante réclamer nos soins? Et lorsque, grâce à nous, ces yeux languissants ont retrouvé leur éclat, quand ces traits charmants ont repris leur fraîcheur et leur coloris, on se dit : C'est par moi qu'elle respire; c'est à moi qu'elle doit tant de grâces et tant d'attraits; et, nouveau Pygmalion, on adore son ouvrage.

MADAME DE LIMEUIL, *souriant. Eh quoi!* vraiment, docteur?
RAMSAY, *en dehors.* Il faut absolument que je lui parle.
MADAME DE LIMEUIL, *se levant.* Le colonel!
ROSELYN, *de même.* Un colonel!

SCÈNE IX.

LES PRÉCÉDENTS, RAMSAY.

RAMSAY, *à part, en entrant.* C'est lui, c'est notre docteur. (*Haut, à madame de Limeuil.*) Je viens, Madame, d'inviter votre tante et ces dames à vouloir bien passer la soirée chez moi; puis-je espérer que vous voudrez bien les accompagner?
ROSELYN. Pardon, Monsieur, est-ce un bal, une soirée agitée?
RAMSAY. Que vous importe?
ROSELYN. Il m'importe que Madame ne peut pas accepter. Je ne peux pas me permettre...
RAMSAY. Comment, Monsieur?
ROSELYN. Ah! j'en suis désolé, mais je suis inflexible. Je ne suis pas de ces docteurs complaisants qui transigent avec leur devoir; je déclare qu'une seule contredanse vous ferait un mal affreux, mais je dis affreux.
MADAME DE LIMEUIL. Eh bien! docteur, rassurez-vous. (*A Ramsay.*) J'irai, (*A Roselyn.*) mais je ne danserai pas.
ROSELYN. C'est égal, voilà une imprudence.
RAMSAY. Dont je suis responsable; et c'est moi seul que l'on accusera. (*A madame de Limeuil.*) J'aurais voulu aussi vous parler sur un sujet important, un sujet qui vous concerne. (*Regardant Roselyn.*) Allons, il ne s'en ira pas. (*Il va pour parler à madame de Limeuil.*)
ROSELYN, *prenant la parole et l'interrompant.* Si c'est quelque chose de sérieux, je vous engage à remettre à un autre moment; car nous avons la tête bien faible.
RAMSAY. Il suffit, Monsieur, je sais ce que j'ai à faire.
ROSELYN. Ah! si la santé de Madame vous est indifférente, je n'ai plus rien à dire.
RAMSAY, *avec impatience.* Eh! Monsieur...
MADAME DE LIMEUIL. Colonel...
RAMSAY. Madame sait bien que je ne viens lui demander qu'un mot, qu'un seul mot.
ROSELYN. Et moi, je défends à Madame de parler davantage.
RAMSAY. Parbleu, celui-là est trop fort.
ROSELYN. Oui, Monsieur, c'est comme cela, voilà comme on se fatigue la poitrine. (*Il tire de sa poche une boîte de gomme qu'il offre à madame de Limeuil.*) J'ordonne le silence le plus absolu.
RAMSAY, *à voix basse, à Roselyn.* Eh bien! Monsieur, si je ne puis m'adresser à Madame, c'est à vous que je parlerai.
ROSELYN, *d'un air gracieux.* A moi! vous auriez quelque chose à me communiquer?
RAMSAY, *bas.* J'ai à vous dire, Monsieur, que nous nous expliquerons ailleurs qu'ici.
ROSELYN, *en plaisantant, et élevant la voix.* Qu'est-ce que c'est, Monsieur? est-ce un défi? Est-ce que vous avez envie de me tuer? tuer un médecin! mais ce serait le monde renversé.

MADAME DE LIMEUIL. Quoi! colonel...

SCÈNE X.
LES PRÉCÉDENTS, LOLOTTE, *qui a entendu les derniers mots, accourant.*

LOLOTTE. Monsieur le docteur! monsieur le docteur!
ROSELYN. Eh bien! qu'y a-t-il?
LOLOTTE, *hésitant.* Il y a, il y a que madame de Cernay a une attaque de nerfs, et qu'on vous appelle de tous côtés.
ROSELYN. Une attaque de nerfs! et pourquoi donc?
LOLOTTE. Pourquoi? est-ce qu'on le sait jamais? Peut-être parce que vous êtes ici, et qu'elle aura voulu profiter de l'occasion.
ROSELYN. J'y vais, j'y vais; (*A madame de Limeuil.*) et je reviens à l'instant.
LOLOTTE. Mais allez donc, docteur, allez donc, ou elle sera obligée de revenir toute seule, et alors ce n'était pas la peine de se trouver mal. (*Bas, à Ramsay.*) J'ai éloigné le docteur, profitez du moment. (*Roselyn sort par le fond, et Lolotte entre dans l'appartement à droite.*)

SCÈNE XI.
RAMSAY, MADAME DE LIMEUIL.

RAMSAY, *regardant sortir Roselyn.* C'est bien heureux; j'ai cru qu'il n'y aurait plus moyen de vous parler un instant.
MADAME DE LIMEUIL. Je vous ferai observer, colonel, que votre conduite et votre vivacité sont bien étranges.
RAMSAY. Moi, Madame, je les trouve fort naturelles, quand de cet entretien dépend le bonheur de ma vie. Un oncle à qui je dois ma fortune et mon avancement, et qui depuis longtemps me pressait de me marier, m'offre aujourd'hui sa fille unique, une jeune personne charmante. Que lui répondre?
MADAME DE LIMEUIL, *émue.* Vous hésitez!
RAMSAY. Je refuserais à l'instant même, et sans regrets, si j'étais sûr d'être aimé de vous.
MADAME DE LIMEUIL, *tendrement.* Ai-je besoin de vous le dire?
RAMSAY. Ah! je n'hésite plus.

AIR : *Elle fut heureuse au village.*
D'un oncle bravant le courroux,
Je vais lui dire sans mystère
Que vous m'acceptez pour époux.
MADAME DE LIMEUIL.
O ciel! Monsieur, qu'allez-vous faire?
RAMSAY.
Oh! sa fureur d'abord éclatera,
En voyant que je le refuse;
Mais je suis sûr qu'il me pardonnera
(*La montrant.*)
Sitôt qu'il verra mon excuse.

MADAME DE LIMEUIL. Il ne la verra pas, car je ne puis être à vous.
RAMSAY. Que me dites-vous? et quel est le motif d'un pareil procédé?
MADAME DE LIMEUIL. Je ne peux m'expliquer; mais sachez seulement que je vous aime, que je n'aime que vous, et que si vous en épousez une autre, rien ne pourra me consoler de votre perte.

RAMSAY. Est-ce un jeu que vous vous faites de ma douleur? eh bien! Madame, vous serez satisfaite : caprice ou fantaisie, je m'y soumettrai; et si c'est là le seul moyen de vous prouver mon amour, je me brouille avec mon oncle, avec toute ma famille; demain je pars pour mon régiment, et si je me fais tuer, rappelez-vous, Madame, que c'est pour vous seule que j'aurai perdu la vie. (*Il s'éloigne.*)
MADAME DE LIMEUIL, *le retenant.* Que dit-il? perdre la vie! s'il en est ainsi, il vaut mieux que ce soit moi.
RAMSAY. Que voulez-vous dire?
MADAME DE LIMEUIL. Que c'est là mon sort; vous auriez dû peut-être avoir pitié de ma faiblesse, et respecter mon secret; mais vous douteriez de mon amour, voici ma main, je suis prête à vous épouser.
RAMSAY. Et je pourrais consentir!... Je ne pars plus! je ne me marierai jamais, je resterai auprès de vous, j'y resterai toujours; mais je suis le plus malheureux des hommes.
MADAME DE LIMEUIL. Le plus malheureux! et cependant je vous aime, et je vous le dis.
RAMSAY. Oui, vous avez raison.
MADAME DE LIMEUIL, *lui tendant la main.* A ce soir.
RAMSAY. Vous viendrez?
MADAME DE LIMEUIL. Oui, mon ami, je serai heureuse de me trouver chez vous à ce bal.
RAMSAY. Et vous ne danserez pas?
MADAME DE LIMEUIL. Non, mais tant mieux! je me persuaderai que je suis la maîtresse de la maison, et que j'en fais les honneurs.
RAMSAY. Mais du moins...

AIR : *Ses yeux disaient tout le contraire.*
Jurez-moi qu'un autre jamais
N'aura cette main qui m'est chère.
MADAME DE LIMEUIL.
Ah! d'avance je le promets,
Et par mon amitié j'espère
Adoucir au moins ce refus;
Oui, s'il le faut, en récompense,
Je veux vous aimer deux fois plus
Pour que vous preniez patience.
(*Elle entre dans l'appartement à gauche, Ramsay la conduit jusqu'à la porte, et madame de Limeuil lui dit en le quittant :*)

A ce soir.

SCÈNE XII.
RAMSAY, puis LOLOTTE.

LOLOTTE, *sortant de l'appartement à droite.* Eh bien! elle s'éloigne.
RAMSAY. Je suis le plus heureux et le plus misérable des hommes; elle m'aime, elle me l'avoue, et elle ne peut être à moi.
LOLOTTE. Je le sais, j'écoutais. Eh bien! vous ne devinez pas? cela vient du docteur, qui, je le parierais maintenant, est amoureux de ma cousine.
RAMSAY. Lui! je m'en doutais; c'est un moyen d'éloigner ses rivaux; mais nous nous verrons, et je vais sur-le-champ...
LOLOTTE. Vous allez tout gâter, la violence ne peut rien ici, et vous appelleriez en duel toute la Faculté, que vous n'ôteriez pas de l'esprit de ma cousine cette idée, cette conviction intime, qui est l'ouvrage du docteur, et que lui seul peut détruire.

RAMSAY. Comment faire?
LOLOTTE. Je ne sais, notre adversaire est malin; il se doute déjà que vous êtes son rival; et l'essentiel est d'abord de le convaincre du contraire.
RAMSAY. Oui, mais comment?
LOLOTTE, *frappée d'une idée.* Un mot seulement. Léon aura-t-il une lieutenance?
RAMSAY. Je vous le jure.
LOLOTTE. Bientôt?
RAMSAY. Avant un mois.
LOLOTTE. Eh bien! ce soir vous serez marié; j'entends le docteur.

Air de *Voltaire chez Ninon.*

Allons, Monsieur, vite, à genoux,
Et pour mieux seconder mon zèle,
L'air bien épris.
RAMSAY.
Que dites-vous?
Quoi! vous voulez, Mademoiselle...
LOLOTTE.
Craignez d'exciter mon courroux,
Je veux surtout qu'on soit docile...
Allons, Monsieur, vite, à genoux;
Mais est-ce donc si difficile?

RAMSAY, *à genoux.* Non, sans doute, et m'y voilà de confiance

SCÈNE XIII.

RAMSAY, *aux genoux de Lolotte*; ROSELYN, *arrivant par le fond.*

ROSELYN, *au fond du théâtre.* Qu'est-ce que je vois là?
LOLOTTE, *qui a donné un coup d'œil de son côté, prenant sur-le-champ un air troublé.* Mais, colonel, que me demandez-vous? et comment puis-je vous répondre?
RAMSAY. Qu'est-ce qu'elle a donc?
LOLOTTE, *de même.* Ce n'est pas bien à vous d'insister ainsi; (*Bas.*) mais allez donc, (*Haut.*) car vous savez bien que je dépends de toute ma famille, (*Avec intention.*) de madame Vermont, ma tante, de madame de Limeuil, ma cousine.
RAMSAY. N'importe; et quoi qu'il arrive, je vous jure, je vous atteste... (*Lui baisant la main.*)
LOLOTTE, *à part, pendant qu'il lui baise la main.* Par exemple, je n'avais pas dit de me baiser la main. (*Se retournant, apercevant le docteur et poussant un grand cri.*) Ah! qu'ai-je vu! (*Au colonel.*) Monsieur, au nom du ciel! mais levez-vous donc, on ne compromet pas ainsi quelqu'un.
ROSELYN. Pardon, pardon de mon indiscrétion. Ah! mademoiselle Lolotte!
RAMSAY, *fièrement.* Oui, Monsieur, vous savez tout; le hasard vous a appris plus que je ne voulais vous en dire; mais si vous profitez de cet avantage pour divulguer mon secret, (*Pendant ce temps, Lolotte l'encourage par ses gestes.*) ou pour me nuire auprès des parents de Mademoiselle...
ROSELYN. Moi! colonel, vous pouvez penser!.. vous ne me connaissez pas; si vous lisiez au fond de mon cœur, vous verriez que je suis enchanté, ravi de cette circonstance, et que je serai trop heureux de vous servir.
LOLOTTE, *bas, au colonel.* C'est bien, partez maintenant, et laissez-moi faire.
RAMSAY. Il suffit, docteur, tenez vos promesses; (*Prenant la main de Lolotte et la baisant encore.*) adieu, Lolotte, adieu; je compte sur vous.

SCÈNE XIV.
LOLOTTE, ROSELYN.

LOLOTTE, *regardant sa main.* En voilà encore un qui n'était pas nécessaire.
ROSELYN. Comment, mademoiselle Lolotte, vous aviez des secrets pour moi?
LOLOTTE. Il le fallait bien, n'étiez-vous pas mon ennemi?
ROSELYN. C'est-à-dire, c'est vous qui étiez toujours avec moi en état d'hostilité; et tout à l'heure encore, cette attaque de nerfs de madame de Cernay?
LOLOTTE, *d'un air ingénu.* Est-ce qu'elle n'en avait pas?
ROSELYN. Non, sans doute.
LOLOTTE. C'est jouer de malheur, car elle en a toujours.
ROSELYN. C'est vous seule qui l'aviez rendue malade.
LOLOTTE, *finement.* Et vous m'en voulez d'avoir été sur vos brisées.
ROSELYN. Il ne s'agit pas de cela; mais vous me direz au moins pour quelle raison vous êtes venue ainsi me chercher?
LOLOTTE, *baissant les yeux.* Il y avait assez longtemps que vous causiez avec le colonel.
ROSELYN, *malignement.* J'y suis; c'est moi qui à mon tour allais sur vos brisées.
LOLOTTE. Comme vous comprenez, monsieur le docteur!
ROSELYN. C'est pour cela, Lolotte, qu'il vaut mieux m'avoir pour allié que pour ennemi; et puisque maintenant nous convenons de tout avec franchise, n'est-ce pas vous qui aviez ainsi prévenu le colonel contre moi?
LOLOTTE. C'est vrai, je lui avais dit de vous un mal affreux.
ROSELYN. Et pourquoi?
LOLOTTE. Parce que vous seul vous opposiez à mon mariage; ne disiez-vous pas sans cesse à ma tante et à ma cousine que j'étais trop jeune?
ROSELYN. C'est vrai, parce que je croyais que vous vouliez épouser Léon, un petit fat qui ne perdrait pas une occasion de s'égayer à mes dépens; mais si vous m'aviez dit que c'était le colonel!... pourquoi ne m'en parliez-vous pas?
LOLOTTE. D'abord, parce qu'il ne s'est déclaré que tout à l'heure; et puis, je me disais : Si à quinze ans je suis trop jeune pour épouser un sous-lieutenant,

Air de *la Robe et les Bottes.*

Notre docteur, qui raisonne à merveille,
Trouvera-t-il, ça n'est pas naturel,
Que de cinq ans je sois plus vieille
En épousant un colonel?
Ou, si le grade augmente ainsi mon âge,
Je puis demain, voyez quel sort fatal!
Avoir trente ans... si, grâce à son courage,
Le colonel se trouve général.

ROSELYN, *souriant.* Vous plaisantez toujours; mais vous avez trop d'esprit, Lolotte, pour ne pas comprendre que, quand on le veut, les principes peuvent se plier aux circonstances. Dans celle-ci, à qui la faute? que ne parliez-vous plus tôt? il m'eût été facile de diriger les idées de votre tante vers un but plus conforme à vos désirs ; mais à présent il y a bien plus d'obstacles ; car j'avais une opinion que, pour vous plaire, je ne vais plus avoir. N'importe, je tenterai ; trop heureux, si j'acquiers des droits à votre reconnaissance, et si, une fois mariée, vous daignez vous rappeler qu'un médecin dévoué qui possède notre confiance est encore l'ami le plus discret et le plus sûr qu'une jeune femme puisse choisir.

LOLOTTE. Ah ! docteur, j'en suis persuadée, j'en parlerai à mon mari, qui, j'en suis certaine, pensera comme moi. Mais avant tout, vous me promettez de convaincre madame de Vermont, ma tante.

ROSELYN. Je l'espère, du moins.

LOLOTTE. Il y a aussi madame de Limeuil, ma cousine.

ROSELYN. Celle-là a de l'esprit, et ce sera peut-être plus difficile.

LOLOTTE, *le regardant*. Pour tout autre, oui ; mais pour vous, qui n'avez qu'un mot à dire...

ROSELYN. Et qui vous fait présumer que ce soit ainsi ?

LOLOTTE. Ce que j'ai vu, ce que je sais, et ce que vous-même, docteur, vous savez bien.

ROSELYN. Moi ! je vous jure que j'ignore...

LOLOTTE. Ce n'est pas bien, maintenant que nous sommes alliés. Nous avons promis de tout nous dire, et je vous ai donné l'exemple ; ainsi, docteur, convenez-en et ne soyez pas plus discret que ma cousine qui ne me l'a presque avoué.

ROSELYN, *inquiet*. Avoué, quoi ?

LOLOTTE, *vivement*. Qu'elle vous aime comme j'aime le colonel.

ROSELYN. Il se pourrait !

LOLOTTE. Faites donc l'étonné, c'est si difficile à voir ; elle ne peut vivre sans vous, ne peut se passer de vous ; on ne peut devant elle prononcer votre nom sans la faire rougir ; au point qu'hier je lui ai dit...

ROSELYN. Vous lui avez dit...

LOLOTTE. Eh ! mon Dieu oui, car cela me désole de la voir ainsi triste et mélancolique. Cousine, lui ai-je dit, puisque tu aimes le docteur, épouse-le, et que cela finisse. Tu as une belle fortune, mais il a un état dans le monde ; et après tout, tu ne dépends de personne.

ROSELYN. Vraiment, vous lui avez parlé ainsi ? et qu'a-t-elle répondu ?

LOLOTTE. Par exemple, voilà ce que je n'ai pu comprendre ; et je ne sais pas si vous serez plus savant que moi. Elle a soupiré, mais pas de ces soupirs de satisfaction, ah ! ah ! non ; c'était un soupir de regret, ah ! ah ! comme qui dirait : ah ! si cela se pouvait !

ROSELYN. Grand Dieu ! Que viens-je d'entendre ?

LOLOTTE. Et elle a ajouté : « Ne m'en parle jamais, « ni à moi, ni au docteur ; car il sait bien lui-même « que cela n'est pas possible. »

ROSELYN, *désolé*. Malheureux ! qu'ai-je fait ! Mais aussi comment me douter ? moi qui ne voulais qu'éloigner mes rivaux.

LOLOTTE. Qu'avez-vous donc ? est-ce que vous savez ?....

ROSELYN, *affectant de sourire*. Oui, oui, sans doute ; mais rien n'est désespéré, tout peu se réparer, pourvu que vous me promettiez le plus grand silence. Pas un mot de cette conversation ni à votre cousine, ni à ces dames, ni au colonel.

LOLOTTE. Est-ce que nos intérêts ne sont pas communs ?

ROSELYN. Vous avez raison, et avec de l'adresse et de l'amour, des raisonnements et de la logique... D'ailleurs ces dames me soutiendraient au besoin, car elles sont toutes pour moi. Eh ! mais, quel est ce bruit ?

LOLOTTE. Ce sont elles.

SCÈNE XV.

LES PRÉCÉDENTS ; M ET MADAME VERMONT, MADAME DE LIMEUIL, *en habit de bal* ; MADAME DE CERNAY, MADAME RAYMOND.

TOUTES LES DAMES.
AIR des *Eaux du Mont-d'Or*.

Un trait semblable
N'est pas croyable,
Et mon cœur en est révolté
Sa tyrannie
Nous contrarie
Sans égard pour notre santé.

ROSELYN. Eh ! mais, qu'y a-t-il donc ?

M. VERMONT. Il y a que le colonel, notre voisin, donne ce soir un fort joli bal, et que ces dames, qui étaient malades pour dîner chez le sous-préfet, se portent bien pour danser chez le colonel ; préférence injurieuse pour l'autorité civile. Mais cette fois je tiendrai bon, et d'après votre ordonnance on ne sortira pas, d'autant que je n'aime pas la danse ; et puis, je suis fort, j'ai pour moi le docteur.

MADAME VERMONT. Et nous aussi.

M. VERMONT. Je m'en rapporte à lui.

TOUTES LES DAMES. Et nous de même.

ROSELYN. Permettez, Mesdames, je vous ai, il est vrai, recommandé l'exercice.

MADAME DE CERNAY ET LES DAMES. Il n'y en a pas de meilleur que le bal.

ROSELYN. Jusqu'à un certain point ; oui, Mesdames, vous aurez beau vous fâcher, me trouver absurde et ridicule, je suis là-dessus du dernier rigorisme. Il faut que je sache d'abord si le bal a lieu dans un salon.

MADAME DE CERNAY. Du tout, bien mieux que cela, dans les jardins.

MADAME RAYMOND. Qui sont, dit-on, délicieux.

MADAME VERMONT. Et illuminés avec une élégance !

ROSELYN. Dans un jardin, c'est différent, nous n'avons point à craindre les miasmes délétères que l'on respire dans les salons de Paris ; c'est presque un bain d'air ; et si j'étais bien sûr que l'on fût raisonnable, je pourrais permettre...

TOUTES LES DAMES. Ah ! qu'il est aimable !

ROSELYN. Mais surtout pas d'excès ; quatre ou cinq contredanses, six tout au plus.

TOUTES LES DAMES. Oui, docteur.

ROSELYN. Et que dans les entr'actes nous ayons bien soin de croiser nos cachemires.

TOUTES LES DAMES. Oui, docteur. Allons nous habiller, et chercher nos châles.

M. VERMONT, *les arrêtant*. Un instant, un instant.

TOUTES LES DAMES. Ah ! le docteur l'a dit ; le docteur l'a dit.

M. VERMONT. Oui ; mais moi !

ROSELYN. Nous les accompagnerons, et nous parlerons de l'emprunt, attendu que je pars demain...

LOLOTTE. Et puis, mon oncle, il y aura un souper magnifique ; le colonel me l'a assuré.

M. VERMONT. Un souper ! un souper ! croyez-vous que cela me détermine ? mais enfin, puisque tout le monde y va.

LOLOTTE ET TOUTES LES DAMES. Victoire!

CHŒUR.

Air : *Vive un bal champêtre.*

Le bal nous appelle :
Au plaisir fidèle,
Venez-y, ma belle;
Jamais le bal
N'a fait mal..

LOLOTTE.

Moi j'aime la danse,
Par goût, par gaîté.

MADAME DE CERNAY.

Moi, par complaisance.

MADAME VERMONT.

Moi, pour ma santé.

TOUTES LES DAMES.

Le bal nous appelle, etc.

(*Toutes les dames sortent avec M. Vermont : madame de Limeuil reste avec Roselyn.*)

SCÈNE XVI.

MADAME DE LIMEUIL, ROSELYN.

ROSELYN. Pour vous, Madame, je vois que vous êtes déjà habillée.

MADAME DE LIMEUIL. Oui; j'avais déjà la permission du docteur.

ROSELYN. J'espère que cela vous distraira; voilà pourquoi je vous l'ai accordée sans peine.

MADAME DE LIMEUIL. Au contraire, vous ne vouliez pas.

ROSELYN. D'abord; mais depuis j'ai réfléchi, car je ne passe pas un instant sans étudier votre situation, sans m'occuper de vous... de votre état.

MADAME DE LIMEUIL. O ciel! vous êtes inquiet? vous craignez pour moi?

ROSELYN. Non, Madame, nullement.

MADAME DE LIMEUIL. Vous voulez me le cacher; mais vous avez des doutes.

ROSELYN. Franchement, si j'en ai, ce n'est que sur moi-même; car, dans ce moment-ci, plus je compare, plus je calcule, et moins je puis me rendre compte. Je croyais d'abord que la langueur, la tristesse où vous étiez, provenait d'un peu de faiblesse de poitrine, et je vous traitais en conséquence; mais cependant la fièvre a disparu, la toux s'est dissipée, vous ne souffrez nulle part.

MADAME DE LIMEUIL. Non, docteur.

ROSELYN. C'est fort étonnant, c'est même fort inquiétant, et il faut qu'il y ait quelque cause...

MADAME DE LIMEUIL. Ah! mon Dieu!

ROSELYN. Est-ce que par hasard?.. mais ce n'est pas possible, car vous me l'auriez dit, est-ce que nous aurions quelque chagrin, quelque peine secrète?

MADAME DE LIMEUIL. Quoi! docteur, vous croyez que cela pourrait influer?

ROSELYN. Mais sans doute, Madame; toutes les maladies physiques ont leur source dans quelque affection morale. Nous avons dans ce moment-ci des fièvres d'agiotage, des fièvres d'ambition rentrée, des fièvres d'amour : celles-là sont plus rares, surtout dans les hautes classes; mais enfin elles existent.

MADAME DE LIMEUIL. Ah! mon Dieu! si j'avais su, si j'avais osé plus tôt!

ROSELYN. Est-ce que j'aurais deviné?

MADAME DE LIMEUIL. Oui, docteur, je dois rendre justice à vos talents, à votre pénétration : j'éprouve depuis quelque temps un très-grand chagrin.

ROSELYN. Vraiment!

MADAME DE LIMEUIL, *baissant les yeux.* J'aime quelqu'un.

ROSELYN, *à part, avec joie.* Il est donc vrai! (*Haut.*) Voyez-vous, Madame, ce que c'est que de ne pas tout dire à son médecin! Comment voulez-vous, après cela que l'on puisse deviner, que l'on puisse se conduire? Cela ne prouve rien contre la science; mais dans l'ignorance où j'étais, je pouvais vous ordonner des choses contraires, et c'est précisément ce qui est arrivé.

MADAME DE LIMEUIL. Quoi! ce que vous m'aviez prescrit?..

ROSELYN. Mais, oui, Madame, et maintenant cela devient bien différent; si la souffrance que vous éprouvez depuis quelque temps n'a d'autre cause qu'une affection de l'âme, qu'un chagrin de cœur; si toutefois vous ne me trompez pas encore.

MADAME DE LIMEUIL. Oh! non, docteur, cela ne m'arrivera plus.

ROSELYN. Eh bien! Madame, il y aurait beaucoup plus de danger à rester dans la situation où vous êtes; vous ne savez donc pas quelles sont les conséquences d'une inclination contrariée?

MADAME DE LIMEUIL. O ciel!

ROSELYN.

Air. *Restez, restez, troupe jolie.*

Pardon, mais mon état l'ordonne,
Je dois vous parler sans détour,
J'ai vu mainte et mainte personne,
En pareil cas mourir d'amour.

MADAME DE LIMEUIL.

Que dites-vous, mourir d'amour?

ROSELYN.

Or, vous, si jeune et si jolie,
Jugez quels funestes destins,
De mourir d'une maladie
Dont il est tant de médecins!

MADAME DE LIMEUIL, *avec joie.* Ainsi donc, vous me conseillez, là, bien franchement, de me remarier?

ROSELYN. Oui, sans doute.

MADAME DE LIMEUIL, *à part.* Pauvre colonel! (*Après un geste de bonheur.*) Quant à la personne, que jusqu'ici je n'ai pas osé vous nommer...

ROSELYN. Je ne pouvais ni ne devais la connaître; son nom, quel qu'il soit, ne doit influer en rien sur mes décisions; car votre état avant tout; eh bien! Madame?

MADAME DE LIMEUIL. Ah! mon Dieu! quand j'y pense.

ROSELYN. Qu'avez-vous donc?

MADAME DE LIMEUIL. Que devenir? et comment faire à présent? tout à l'heure encore, j'ai déclaré à ma tante et à toutes ces dames que je chérissais ma liberté, et que, de moi-même et par goût, je resterais toujours veuve.

ROSELYN. Ne peut-on point changer d'idée?

MADAME DE LIMEUIL. Oui, Monsieur, mais pas d'une heure à l'autre.

ROSELYN. N'est-ce que cela? ce ne sera pas vous, ce sera moi qui l'aurai ordonné, et alors il n'y aura plus rien à dire.

MADAME DE LIMEUIL. Quoi! vraiment, vous seriez assez bon, assez aimable pour me donner une consultation?

ROSELYN, *montrant la porte à droite.* Je vais l'écrire là, dans le cabinet de votre oncle, et je vous l'apporte à l'instant.

MADAME DE LIMEUIL. Croyez, docteur, que ma reconnaissance..

ROSELYN. Je suis assez payé si je peux vous rendre la santé et le bonheur. Adieu, adieu. (*Il entre dans le cabinet à droite.*)

SCÈNE XVII.
MADAME DE LIMEUIL, puis RAMSAY, LOLOTTE.

MADAME DE LIMEUIL. Ah! l'aimable docteur! celui-là, par exemple, est bien un ami véritable. (*Apercevant Ramsay.*) Ah! colonel! vous voilà! arrivez donc vite; vous venez me prendre pour le bal?

RAMSAY. Oui, Madame; mais d'où vient ce trouble, cette émotion?

MADAME DE LIMEUIL. Que je vous dois une récompense, et (*Lui tendant la main.*) la voilà.

RAMSAY, *à ses genoux*. Ah! que je suis heureux!

LOLOTTE, *entrant en ce moment par le fond*. Et moi aussi!

SCÈNE XVIII.
LOLOTTE, MADAME DE LIMEUIL, RAMSAY; ROSELYN, *sortant du cabinet, et tenant un papier à la main.*

ROSELYN. Madame, voici la consultation, signée de moi.

MADAME DE LIMEUIL, *prenant le papier*. Merci, docteur.

ROSELYN, *apercevant le colonel qui est à genoux de l'autre côté*. Que vois-je? et que faites-vous?

LOLOTTE. Elle suit l'ordonnance.

ROSELYN, *à part*. Ah! grand Dieu! (*Haut.*) Comment, (*Regardant Lolotte.*) monsieur le colonel, lui qui vous aimait, du moins je le croyais.

LOLOTTE. Oui, cela en avait tous les symptômes; mais, quoique docteur habile, on peut être trompé.

ROSELYN, *à mi-voix*. Ah! petit serpent!

LOLOTTE. Oh! je n'ai pas peur, parce que nous sommes alliés, et vous me donnerez aussi une ordonnance pour épouser Léon, n'est-il pas vrai?

ROSELYN. Eh bien! par exemple.

LOLOTTE. Il n'y a que ce moyen-là de me faire taire, parce que, tant que je ne serai pas mariée, je serai bavarde! bavarde... comme le sont toutes les demoiselles.

ROSELYN. C'est bon, cela suffit.

MADAME DE LIMEUIL, *qui, pendant ce temps, a causé avec le colonel*. Remerciez le docteur, colonel, car c'est à lui que vous devez tout; aussi j'espère bien qu'il sera votre ami, comme il est le mien, et que dans notre ménage...

RAMSAY. Oui, ma chère amie; oui, Monsieur, sans doute... (*A part.*) Une fois marié, j'aurai le soin que ma femme en ait un autre, un vieux.

LOLOTTE. Mais voici toutes ces dames.

SCÈNE XIX.
LES PRÉCÉDENTS, M. ET MADAME VERMONT, MADAME DE CERNAY, MADAME RAYMOND.

CHŒUR.
AIR : *Vive un bal champêtre.*

Le bal nous appelle :
Au plaisir fidèle,
Venez-y, ma belle.
Jamais un bal
N'a fait mal.

ROSELYN. Mais surtout, Mesdames, pas d'anglaises, pas de ronds de jambe, soyons rentrées à trois heures du matin, là-dessus, je suis inflexible.

TOUTES LES DAMES. Oui, docteur.

MADAME DE LIMEUIL. Mais vous venez avec nous?

ROSELYN. Sans doute. (*A part.*) C'est étonnant comme j'ai envie de danser.

VAUDEVILLE.
AIR nouveau de M. Adam.

M. VERMONT.
De votre cher docteur je conçois la méthode,
Et près de vous, Madame, il doit être à la mode ;
Car, je le dis tout bas :
Fait-on vos volontés... vous vous trouvez guérie,
Mais dès que l'ordonnance, hélas ! vous contrarie,
Vous ne guérissez pas.

MADAME VERMONT.
Vous qui, dans le printemps, brillez, jeunes coquettes,
L'automne voit bientôt s'éloigner vos conquêtes,
Et l'amour fuit vos pas ;
De le revoir jamais n'ayez plus l'espérance,
Et que vos quarante ans soient pris en patience,
Car on n'en guérit pas.

RAMSAY.
Le pauvre attend de l'or ; le riche attend des places ;
L'une espère un mari, l'autre espère des grâces ;
Chacun rêve ici-bas :
A chaque vœu trompé l'on répète à la ronde ;
L'espérance est un mal... par bonheur, en ce monde,
On n'en guérira pas.

LOLOTTE.
On guérit les chagrins, on guérit de l'absence ;
Et même de l'amour comme de la constance
On guérit-ici-bas.
Mais nous avons des maux que l'on ne peut détruire,
C'est l'amour du pouvoir, l'amour du cachemire ;
Nous n'en guérissons pas.

ROSELYN.
Il est d'honnêtes gens, pâles de jalousie,
Que l'aspect de nos arts et de notre industrie
Fait souffrir ici-bas.
O vous dont nos succès causent la maladie !
Espérons que pour nous et pour notre patrie
Vous ne guérirez pas.

MADAME DE LIMEUIL, *au public*.
O vous dont les auteurs implorent les suffrages,
Médecins redoutés, qui donnez aux ouvrages
La vie ou le trépas !
Pour sauver celui-ci, venez tous en personne ;
Car lorsque le docteur, hélas ! nous abandonne,
Nous ne guérissons pas.

FIN DE LE MÉDECIN DE DAMES.

AVENTURES ET VOYAGES DU PETIT JONAS

PIÈCE ROMANTIQUE, EN TROIS ACTES

Représentée, pour la première fois, à Paris, sur le théâtre des Nouveautés, le 28 février 1829.

EN SOCIÉTÉ AVEC M. DUPIN.

Personnages.

LA MÈRE-GRAND.
JONAS, son petit-fils.
GIANETTA, sœur de lait de Jonas.
FRÉTINO, leur voisin, fils d'un fermier.
UNE BALEINE, personnage muet.

LA RIVIÈRE DES GOBELINS.
LA VÉRITÉ.
FLEUVES ET RIVIÈRES.
CHŒUR DE CRÉANCIERS.

La scène se passe dans le royaume de Naples, à Amalfi, près le golfe de Salerne.

ACTE PREMIER.

Le théâtre représente l'intérieur de la chaumière de la mère-grand. Au lever du rideau, elle est à son rouet, et Jonas est de l'autre côté assis près d'une table.

SCÈNE PREMIÈRE.
LA MÈRE-GRAND, JONAS.

LA MÈRE-GRAND. Jonas... mon fils Jonas... Je vous demande ce qu'il fait là...

JONAS. Moi, ma mère-grand? je m'amuse à me désespérer.

LA MÈRE-GRAND. Beau plaisir.

JONAS. C'en est un comme un autre... et quand on n'a que cela à faire, ça occupe.

LA MÈRE-GRAND. Est-ce ainsi que nous sortirons de la misère où nous sommes ? au lieu de travailler, de prendre un état.

JONAS. Travailler, prendre un état, c'est ce qu'ils disent tous ; j'en avais un état, celui de millionnaire. J'y ai été élevé, j'y suis fait, c'est l'état de mon père, et je ne demande pas mieux que de le continuer ; mais alors donnez-moi de quoi l'exercer.

LA MÈRE-GRAND. Quand on a tout perdu ! quand on a, comme toi, tout mangé.

JONAS. N'allez-vous pas me faire croire que j'ai mangé ma fortune? je le voudrais bien, je serais plus gras que je ne suis. Par malheur, il y avait toujours tant de convives, que le dîner allait vite; et quand il a été fini, votre serviteur, je me suis trouvé devant une table vide, tout seul avec mon appétit qui est toujours le même : celui-là peut bien se vanter d'être le seul qui n'ait pas changé. Mais les autres, mais les hommes, Dieu ! les hommes ! Je ne dis pas ça pour vous, ma mère-grand; les hommes, voyez-vous, je ne sais pas si ça vous fait cet effet-là, mais si vous les aviez toujours haïs autant que moi, je ne serais pas au monde, et c'est ce que je voudrais.

LA MÈRE-GRAND. Et pourquoi te décourager ainsi? Ta fortune ne peut-elle pas revenir? Vois monsieur Jonas, ton grand-père, qui était Juif de naissance, et le plus honnête homme du monde.

Air du vaudeville du Charlatanisme.

De ses talents l'heureux emploi,
De bons intérêts usuraires
Doublaient ses fonds !

JONAS.
C'est vrai, mais moi
Je n'ai pas l'esprit des affaires

LA MÈRE-GRAND.
Bien connu pour sa bonne foi,
Il fut, après mainte traverse,
Après trois faillites, je croi,
Plus riche encor. .

JONAS.
C'est vrai, mais moi
Je n'ai pas l'esprit du commerce.

LA MÈRE-GRAND. Tu n'en as d'aucune espèce!

JONAS. A qui la faute ? à mes parents. Je suis venu au monde comme cela, c'est mon père qui l'a voulu ; car, pour ce qui est de l'esprit, il n'en manquait pas, mon père ; c'était un savant qui était toujours fourré dans les livres.

LA MÈRE-GRAND. Il aimait à étudier celui-là, il n'était pas comme toi; il quittait souvent le beau palais qu'il avait à Naples pour s'enfermer tout seul à Amalfi.

Air de Marianne.

Il venait dans cette chaumière,
Et loin des regards du public,
Il passait la journée entière
Sur ses creusets, son alambic.

JONAS.
La belle avance !
Par sa science,
Dans le quartier
Il passait pour sorcier,
Et son esprit trop inventif
A bien manqué le faire brûler vif :
Car on dit qu'il faisait, mon père,
Des prodiges ..

LA MÈRE-GRAND.
J'aurais cru ça,
Si tu n'avais pas été là
Pour prouver le contraire.

JONAS. Jusqu'à vous qui tombez sur moi, *tu quoque*, ma mère-grand !

LA MÈRE-GRAND. Si je te parle ainsi, c'est pour ton bien, c'est pour t'apprendre à ne compter que sur toi et à ne plus compter sur tes amis.

JONAS. Mes amis, je n'y tiens pas, je ne tiens à personne ; mais il y en a d'autres qui tiennent à moi.

LA MÈRE-GRAND. Il serait possible ! et quels sont donc ces êtres généreux qui ne t'ont pas abandonné dans le malheur.

JONAS. Mes créanciers; ils me sont plus attachés que jamais; dans toutes les comédies que j'ai lues, j'ai toujours vu que c'était bon genre d'avoir des créan-

JONAS. Tâche surtout que la friture soit bien légère. — Acte 2, scène 2.

ciers, et de les faire aller; mais les miens ne vont pas, ou ils vont très-mal, et nous avons tous les jours des disputes et des prises ensemble, des prises de corps.

LA MÈRE-GRAND. O ciel!

JONAS. Et ce matin ils doivent venir me chercher pour me mener en prison.

LA MÈRE-GRAND, *pleurant.* Mon pauvre petit Jonas!

JONAS. Voilà que vous pleurez, maintenant.

LA MÈRE-GRAND. Oui, parce que je t'aime, et je vendrai plutôt tout ce que j'ai.

JONAS. Vous n'avez plus rien.

LA MÈRE-GRAND. Et mes dentelles! et mes falbalas! et ce portrait de moi que je t'avais donné, il faut le mettre en gage.

JONAS. Je ne vous l'avais pas dit, ma mère-grand, mais voilà plus d'un mois que je l'ai perdu sans savoir comment.

LA MÈRE-GRAND. Tous les malheurs à la fois! un si joli portrait, où j'étais représentée en bergère, et à l'âge de quinze ans! mais ça m'est égal, ça ne me décourage pas.

Air du vaudeville de *Partie carrée.*
Jamais, mon fils, dans ton destin funeste,
Ta mère-grand ne t'abandonnera.
JONAS.
Regardez donc, hélas! ce qui vous reste,
Votre béquille...
LA MÈRE-GRAND.
Eh bien! c'est toujours ça.
Oui, ta grand'-mère aime trop sa famille
Pour délaisser son enfant malheureux.
(*Lui prenant le bras qu'elle met sur le sien.*)
Viens t'appuyer sur moi, viens... ma béquille
Nous soutiendra tous deux.

JONAS. Ce n'est pas possible : vous ne pouvez pas m'accompagner en prison : vous n'êtes pas comme moi, vous n'avez pas de dettes.

LA MÈRE-GRAND. Eh bien! j'en ferai.

JONAS. O dévouement de la nature! O sensibilité des grand'mères! J'ai eu trop d'amis et pas assez de grand'mères. Si j'en avais eu seulement six comme celle-ci...

SCÈNE II.

Les précédents, GIANETTA.

GIANETTA. Monsieur Jonas, monsieur Jonas!
JONAS. C'est Gianetta... ma sœur de lait.
LA MÈRE-GRAND. En voilà encore une du moins qui ne nous a pas abandonnés, qui demeure avec nous... qui fait notre ménage.
JONAS. Depuis que nous n'avons plus rien... nous partageons tout avec elle.

GIANETTA.
Air : *J'en guette un petit de mon âge.*
C'était à moi d'être votre compagne.
JONAS.
Tous ces amis qui buvaient mon bon vin,
Tous ces amis qui sablaient mon champagne,
Ma cave vide, ont disparu soudain.
Toujours fidèle au nœud qui nous rassemble,
Ma sœur de lait est, dans son amitié,
La seule, hélas! qui n'ait pas oublié
Le temps où nous buvions ensemble.

GIANETTA. Grâce au ciel, vous avez encore d'autres amis! Vous savez bien, Frétino, le fils de votre ancien fermier... il revient de la ville, où il a entendu dire qu'on devait vous arrêter aujourd'hui.
JONAS. Qu'est-ce que je disais?
GIANETTA. Et il offre de vous cacher dans un souterrain qui est près d'ici et qui dépend de la ferme.
LA MÈRE-GRAND. Dieu soit loué... j'ai toujours eu une inclination pour ce petit Frétino... Un blondin qui a des yeux bleus magnifiques... comme ton grand-père.
JONAS. Il s'agit bien de cela... Je vous demande, ma mère-grand, comment, à votre âge, vous faites encore attention à ces choses-là? Il est question de votre petit-fils... qui a besoin de vos conseils et de tout son courage.
LA MÈRE-GRAND. Il faut commencer par le sauver.
JONAS. J'y pensais.
GIANETTA. Et moi, je ne crois pas. Pendant que nous causions avec Frétino, nous avons vu autour de la maison rôder des gens suspects. Il y en a deux, entre autres, qui se sont assis à la porte. Deux lazzaronis avec de mauvaises mines et de grosses cannes.
JONAS. Les mauvaises mines, ça me serait égal... je n'y ferais pas attention... mais c'est le reste du signalement qui me paraît plus frappant.
GIANETTA. Alors Frétino m'a dit : « Que monsieur Jonas ne sorte pas... Il y a moyen de le mettre en sûreté sans l'exposer. »
JONAS, *vivement*. C'est ce moyen-là qu'il faut prendre.
LA MÈRE-GRAND. Tu as raison.
JONAS. C'est justement celui que je cherchais depuis une heure...
LA MÈRE-GRAND. Parle vite...
GIANETTA. Frétino prétend que les souterrains qu'il connaît viennent de ce côté et touchent aux caves de la maison; de sorte qu'en pratiquant un trou dans le dernier mur, notre jeune maître s'évadera par là, se trouvera en sûreté, et pourra à volonté revenir auprès de vous.
LA MÈRE-GRAND. C'est à merveille.
JONAS. Le tout est de creuser la muraille... ça va me donner bien du mal.
LA MÈRE-GRAND. Paresseux!
JONAS. Je ne suis pas habitué à piocher... mais dès que ça vous fait plaisir... pour vous, ma mère-grand, qu'est-ce que je ne ferais pas?.. Adieu, Gianetta; ce nouveau service-là est encore à ajouter à tous les gages que tu nous as donnés de ton attachement... Sans compter que tu es si bonne et si jolie... que certainement... je te dirai le reste plus tard... je te le dirai... tu m'y feras penser! (*Il sort.*)

SCÈNE III.

LA MÈRE-GRAND, GIANETTA.

GIANETTA. Je ne lui demande rien... je suis assez payée s'il est heureux.
LA MÈRE-GRAND. Va, Gianetta... tu es une bonne fille... Approche-moi ce fauteuil.
GIANETTA. Oui, madame Jonas.
LA MÈRE-GRAND. Il me semble que tu soupires...
GIANETTA. Moi?..
LA MÈRE-GRAND. Oui, oui... tu as soupiré!.. Je m'y connais... je n'ai pas toujours eu quatre-vingt-cinq ans. Est-ce que tu aurais quelque chagrin... quelque amourette... conte-moi cela... nous autres, nous ne vivons que de souvenir... ça nous rajeunit.
GIANETTA. Vous pourriez penser...
LA MÈRE-GRAND. Que tu as un amoureux... Dame! à ton âge c'est tout naturel.

PREMIER COUPLET.
Air des *Voitures versées.*
Jadis, à quinze ans,
Et cette époque est bien passée,
Jadis, à quinze ans,
Je faisais des serments (*bis.*)
De fuir, hélas! tous les amants;
Mais la foule empressée
Admirait en tous lieux
Et ma taille élancée,
Et surtout mes beaux yeux.
Qu'elle a de beaux yeux!
Disaient-ils entre eux.
Et, si j'ai bonne souvenance,
Je crois que, malgré ma prudence,
Sensible à leurs vœux,
Je pris un amoureux, (*ter.*)
Je crois même en avoir eu deux.

DEUXIÈME COUPLET.
Le premier, dit-on,
Était fat et s'aimait lui-même;
Et pour le second,
Hélas! le pauvre garçon,
Je l'eusse aimé tout de bon,
Sans une autre inclination.
J'aimai donc le troisième,
Qui me fut inconstant,
Et pour le quatrième,
Il en fit tout autant.
Oui, chère enfant,
Tous font autant. (*ter.*)
Ce fut alors que, prude et sage,
Blâmant les erreurs du jeune âge,
Mon cœur fut guéri,
C'est alors, Dieu merci,
Que mon cœur fut guéri, (*bis.*)
Et que j'épousai mon mari.

GIANETTA. Pour moi, madame Jonas, je n'en ai qu'un et je n'en aurai jamais d'autre.
LA MÈRE-GRAND. Tu as raison, mon enfant, c'est ce qu'on dit toujours... Mais, quel est-il? Je le connais, n'est-il pas vrai? Tu rougis... je sais qui.
GIANETTA. Ah! mon Dieu!
LA MÈRE-GRAND. C'est ce petit Frétino, notre voisin.
GIANETTA. Non vraiment... vous ne pensez qu'à lui.
LA MÈRE-GRAND. C'est qu'il me semble qu'à ta place, c'est lui que j'aurais choisi.

GIANETTA. Je n'ai pas choisi; c'est venu tout seul depuis que je me connais.

LA MÈRE-GRAND. Et il t'aime aussi.

GIANETTA. Je ne crois pas! Je ne suis qu'une pauvre fille, et lui est tellement au-dessus de moi...

LA MÈRE-GRAND. C'est un grand seigneur.

GIANETTA, *vivement.* Oui, madame Jonas... un grand seigneur.

LA MÈRE-GRAND. J'en ai connu de bien aimables.

GIANETTA. C'est-à-dire.... c'était... car il ne l'est plus.

LA MÈRE-GRAND. Est-ce que c'est possible... est-ce que du jour au lendemain on peut cesser d'être noble!

GIANETTA. Dame! on dit que ça vient souvent comme cela... ça peut bien s'en aller de même! Et dans ce moment, nous avons autant l'un que l'autre.

LA MÈRE-GRAND. Alors, si vous êtes égaux, tu peux bien lui dire que tu l'aimes.

GIANETTA. Je n'oserai jamais.

LA MÈRE-GRAND. Veux-tu que je m'en charge?

GIANETTA. Peut-être bien!.. mais attendons.

LA MÈRE-GRAND. Attendre pour être heureuse!

Air : *Amis, voici la riante semaine.*

On a si peu le temps d'être jolie,
Et ce temps-là pour nous ne revient plus !
J'ai bien usé du printemps de ma vie,
Et je regrette encor des jours perdus !
Si les attraits, la jeunesse et la grâce
Duraient toujours à ne pas en jouir ;
Mais, qu'on en use ou non, tout cela passe !
Le plus qu'on peut il faut donc s'en servir.

Ainsi voyons, mon enfant, parle franchement, dis-moi son nom.

GIANETTA. Eh bien! madame Jonas, puisque vous le voulez...

SCÈNE IV.

LES PRÉCÉDENTS, JONAS.

JONAS, *tenant d'une main une pioche, et de l'autre un parchemin.* Ma mère-grand! ma mère-grand! ma petite Jeannette, embrasse-moi, et réjouissez-vous.

LA MÈRE-GRAND. Qu'est-ce donc?

JONAS. Nous sommes plus riches que jamais.

GIANETTA. O ciel!..

JONAS. Vous aviez raison, ma mère-grand... ce que c'est que de piocher!.. Tout à l'heure, dans cette cave, après avoir renversé des moellons...j'ai trouvé...

LA MÈRE-GRAND. Un trésor?

JONAS. Non, un souterrain, où je suis entré... un immense souterrain.

GIANETTA. Et vous n'avez pas eu peur?

JONAS. Il y avait de la lumière... des escarboucles qui éclairaient cela comme en plein midi, et j'ai aperçu au beau milieu, rangés circulairement, cinq piédestaux en porphyre; sur le premier, il y avait une statue en argent; sur le second, une statue en or; sur le troisième, une statue en rubis et en émeraudes.

LA MÈRE-GRAND. Dieu! que de richesses!

JONAS. Et pas des petites statues, pas des nabotes, toutes bien fortes, bien grandes, bien proportionnées.. enfin de ma taille... Et ce n'est rien encore... sur le quatrième piédestal était une statue en diamants... et enfin, sur le cinquième... sur celui du milieu... rien du tout...

LA MÈRE-GRAND. Comment, rien?

JONAS. Rien, qu'un rouleau de parchemin que voici...

et que je vous apporte toujours courant, tant je suis content... malgré un accident qui m'est arrivé.

GIANETTA. Lequel?

JONAS. Je vous le dirai plus tard... Lisons toujours.

LA MÈRE-GRAND. C'est l'écriture de ton père... et mes lunettes... mes lunettes, où sont-elles?

GIANETTA. Les voici... madame Jonas.

JONAS. Eh bien! Gianetta... eh bien! ma sœur de lait, vous pleurez...

GIANETTA. C'est de plaisir, monsieur Jonas; je suis si contente de vous voir tant de richesses !

JONAS. Oui, mais cette fois-ci... j'en ferais un meilleur usage... et j'ai des idées, ma petite Gianetta... car c'est étonnant comme la fortune vous redonne des idées.

LA MÈRE-GRAND. Veux-tu te taire.

JONAS. Oui, ma mère-grand... je vous écoute, vous et mon père.

LA MÈRE-GRAND, *lisant.* « J'ai amassé ce trésor pour
« mon fils Jonas, me doutant bien qu'avec son natu-
« rel facile, il aurait bien vite mangé la fortune que
« je lui laissais, et que s'il était obligé, avec son es-
« prit, de s'en refaire une seconde, il courrait risque
« de mourir de faim. »

JONAS, *s'essuyant les yeux.* Quel bon père!

LA MÈRE-GRAND. Comme il te connaissait! (*Continuant à lire.*) « Mais il ne pourra jouir de ces immen-
« ses richesses que quand il aura trouvé et placé sur
« ce piédestal une cinquième statue, plus précieuse à
« elle seule que les quatre autres ensemble. Telle est
« ma volonté dernière et immuable! »

JONAS. Ah ! mon Dieu ! Où veut-il que je trouve un pareil trésor!

GIANETTA, *avec joie.* C'est impossible. (*Se reprenant.*) Je veux dire qu'il n'y a pas moyen, et que c'est sans doute une énigme.

JONAS. Et moi qui n'ai jamais pu en deviner une... Je vous demande comment mon père, qui me connaissait si bien, a été s'aviser... Moi d'abord, pour tout ce qui sent les énigmes et les devinettes, je n'y suis plus .. ça m'embrouille... dites donc, ma mère-grand... y êtes-vous?... Est-ce que vous comprenez?..

LA MÈRE-GRAND. Peut-être bien.

JONAS. Eh bien! qu'est-ce que vous feriez à ma place ?

LA MÈRE-GRAND. Je prendrais d'abord les quatre premières, et la cinquième viendra plus tard... quand elle pourra...

JONAS. Oui-dà .. vous croyez qu'on en approche comme on veut... Imaginez-vous que quand on veut en toucher une, son poing va tout seul, et son pied aussi... c'est une mécanique.

Air : *A soixante ans.*

Sans redouter aucune catastrophe,
J'y mets la main, et la sienne, à l'instant,
Sur cette joue applique une apostrophe ;
Je me retourne vivement,
Et crac! voilà que lestement
Ailleurs encor j'en reçois une ;
Mais ce n'est rien ; maint autre que je vois
En philosophe en reçoit plus que moi ;
Car on prétend que pour faire fortune,
Il ne faut pas regarder derrièr' soi.

GIANETTA. Comment, monsieur Jonas, vous en avez reçu ?

JONAS, *se tenant la joue.* Oui, de celle en or ; jugez si ç'avait été celle de diamant; (*Se tenant la joue.*) aussi, dans ce momen', je ne tiens pas beaucoup à l'or.

GIANETTA. Vous avez bien raison.
LA MÈRE-GRAND. C'est la source de tous les maux.
JONAS. Surtout des maux de dents! Mais c'est égal, je n'en démordrai pas, et ça ne m'empêchera pas de partir.
GIANETTA. Partir! et où donc?
JONAS. Au bout du monde, s'il le faut, par terre et par mer, jusqu'à ce que j'aie trouvé ma cinquième statue; il n'y a pas d'autre moyen de la rencontrer.
LA MÈRE-GRAND. Y penses-tu? t'en aller ainsi?
JONAS. J'ai toujours eu envie de voyager.
LA MÈRE-GRAND. Toi qui n'es jamais sorti de chez nous, qui ne sais pas ce que c'est que les voyages.
JONAS. J'en ai tant lu, je ne lisais que cela presque; je sais par cœur ceux de M. Gulliver, un fameux voyageur celui-là! Et jugez donc quel avantage quand le soir, au coin du feu, je vous raconterai des aventures à vous faire dresser les cheveux sur la tête! Voilà le plaisir des voyages.
GIANETTA. Et s'il vous arrive des malheurs?
JONAS. Puisque je te dis que c'est un voyage d'agrément.

AIR : *Voulant par ses œuvres complètes.*
Afin de trouver ma statue,
En amateur je veux courir,
Dans quelque contrée inconnue
J'espère bien la découvrir.
Et si je n'en rencontre aucune,
Mes voyages et mes écrits
Suffiront pour que mon pays
A mon retour m'en élève une.

Et c'est peut-être cela que mon père avait dans l'idée. Ainsi, ma mère-grand, faites-moi le plaisir d'arranger mon paquet; et toi, Gianetta, va au port me retenir une place dans le bateau à vapeur.
GIANETTA. Si encore vous aviez quelqu'un avec vous!
JONAS. Ça me regarde.

AIR : *Il faut partir, ô peine extrême* (du TABLEAU PARLANT).

LA MÈRE-GRAND.
Il veut partir! ô peine extrême!
Quitter ainsi ce fils que j'aime!
Combien je prévois de malheurs
Je sens, hélas! couler mes pleurs.

GIANETTA.
Il va partir! ô peine extrême!
Quitter ainsi tout ce que j'aime!
Ah! plus d'espoir et de bonheur!
J'en mourrai, je crois, de douleur.

JONAS.
Pour résister, qu'il faut de cœur!
Non, plus d'alarmes,
Séchez vos larmes.
Je pars, mais pour votre bonheur!
(*Les deux femmes sortent.*)

SCÈNE V.

JONAS, *seul.* Terreur de femmes! visions chimériques! que me voulez-vous? Si on faisait attention à cela, on ne sortirait jamais de chez soi. Comment Christophe Colomb a-t-il découvert l'Amérique? Il l'a découverte en la cherchant; il cherchait sa quatrième partie du monde, comme moi je cherche ma cinquième statue; et il a trouvé des richesses, et j'en trouverai aussi; il est vrai qu'il avait des compagnons, et que je n'en ai pas.

—

SCÈNE VI.

JONAS, FRÉTINO.

FRÉTINO, *entr'ouvrant la porte.* Monsieur Jonas?
JONAS. Qui vient là? c'est Frétino, notre voisin.
FRÉTINO. Je viens vous dire qu'ils n'y sont plus pour le moment.
JONAS. Qui donc?
FRÉTINO. Ces lazzaronis qui vous guettaient. Gianetta m'avait mis en sentinelle pour vous avertir.
JONAS. Cette pauvre fille! elle pense à tout.
FRÉTINO. Et vous pouvez sortir sans crainte.
JONAS. Je te remercie; mais ça m'est égal, parce que maintenant je suis riche.
FRÉTINO. Il serait possible!
JONAS. C'est-à-dire je ne jouis pas encore de ma fortune, mais ça viendra, au retour d'un voyage que je vais entreprendre. (*Le regardant.*) Ah! mon Dieu! voilà mon affaire.
FRÉTINO. Qu'est-ce donc?
JONAS. Est-ce que tu aimerais les voyages, toi, Frétino?
FRÉTINO. Les voyages?
JONAS. Oui, tu m'as l'air d'un gaillard entreprenant, qui ne demande qu'à voir du pays.
FRÉTINO. Ma foi non; car lorsque je perds de vue le clocher du village, ça me fait un effet...
JONAS. Justement, l'émotion des voyages. Que sera-ce donc quand tu verras des régions inconnues, des montagnes de neige, des rochers de cristal; quand tu verras, comme Gulliver, dont je te raconterai les aventures, des royaumes suspendus, où tout le monde tient des discours en l'air, et des chevaux qui parlent raison en mangeant de l'avoine, et des femmes hautes comme des clochers, et des millions d'hommes pas plus hauts que ta cheville, parmi lesquels tu seras un grand homme tout à ton aise?
FRÉTINO. C'est-il possible? est-ce bien loin?
JONAS. Pas extrêmement; avec de bons chevaux, une bonne voiture, et surtout un postillon qui sache le chemin, c'est l'essentiel, on est bien vite arrivé et d'une manière fort agréable.
FRÉTINO. J'aimerais assez cela; mais ce que j'aimerais encore mieux, c'est de revenir.
JONAS. Et tu as bien raison; le plaisir du retour, il n'y a rien de pareil, et c'est justement pour cela qu'il faut partir. Quel bonheur de raconter ce qu'on a vu; et je vais même plus loin, j'admets qu'on n'ait rien vu; qu'est-ce qui nous empêche... surtout quand on est là, dans un bon fauteuil auprès de la cheminée, et entouré de jobards qui n'y voient que du feu? Ainsi mon cher Frétino, tu n'as plus d'objection à faire, et je te vois décidé.
FRÉTINO. A rester ici.
JONAS. Y penses-tu?
FRÉTINO. Je ne vous demanderais peut-être pas mieux que de vous suivre, sans une raison qui me retient, c'est que je suis amoureux.
JONAS. Toi!

FRÉTINO.
AIR de *la Robe et les Bottes.*
Mais amoureux comme une bête.
Depuis qu' ça m' trotte dans l'esprit,
Depuis qu' ça m'a tourné la tête,
J' n'ai plus d' sommeil ni d'appétit!
Et nuit et jour, dans ma douleur profonde,
J' bats la campagne, et n' sais plus où j'en suis.

J' n'ai pas besoin d'aller courir le monde,
L'amour déjà m' fait voir assez d' pays.

JONAS. La personne est donc de ce village?
FRÉTINO. Je n'en sais rien.
JONAS. Et où l'as-tu vue?
FRÉTINO. Nulle part.
JONAS. Au moins tu la connais?
FRÉTINO. Pas le moins du monde.
JONAS. Que diable me chantes-tu là, et comment cela t'est-il venu?
FRÉTINO. Un soir que je me promenais près d'ici, dans les vignes, je l'ai rencontrée sous mes pieds.
JONAS. Qui donc?
FRÉTINO. Cette passion que j'ai là dans ma poche... ce portrait où il y a une si jolie figure que je n'ai jamais rien vu de pareil; et qu'à force de le regarder, j'en perdrai la raison, car personne n'a pu me dire quel était l'original.
JONAS. Je serai peut-être plus heureux.
FRÉTINO. C'est que je n'aime pas trop qu'on la regarde, surtout un beau monsieur comme vous.
JONAS. Tu es jaloux, Frétino, et tu as tort... Il n'y a aucun inconvénient à ce que je voie... Si elle me voyait, c'est différent... je ne dis pas. (*Regardant le portrait.*) O ciel!..

AIR : *Gai, Coco.*

Que vois-je! ma grand'mère!
Eh quoi! le téméraire
Veut être mon grand-père
Ah! si je m'en croyais...
Mais l'honneur de ma mère
M'ordonne de me taire.

FRÉTINO.
De c'tte jeune bergère
Vous connaissez les traits?
JONAS.
Oui, je crois la connaître.
FRÉTINO.
Où courir, mon cher maître,
Pour trouver tant de charmes?
JONAS.
Modère tes alarmes;
Il faudrait pour ceci,
Bien courir, Dieu merci,
Car ce sont des charmes
Qui sont loin d'ici.

FRÉTINO. C'est égal, j'y vais toujours, droit devant moi.
JONAS, *à part.* Droit devant lui... ce ne serait pas le moyen... ce serait plutôt à reculons. (*Haut.*) Mais n'importe, je t'emmène, tu ne me quitteras plus, nous partirons ensemble.
FRÉTINO. C'est dit!
JONAS. Je t'aiderai dans tes recherches, tu m'aideras dans les miennes. J'ai besoin d'un confident, d'un compagnon, d'un ami qui batte mes habits et qui cire mes bottes.
FRÉTINO. Un instant, je ne veux pas être domestique, je suis le fils d'un fermier; je suis fier; et puis, je suis amoureux.
JONAS. Calme-toi! qu'est-ce qui fait la domesticité? ce sont les gages; eh bien! tu n'en auras pas.

AIR du vaudeville de *Partie et Revanche.*

Pour toi l'argent est une injure,
J'approuve de tels sentiments;
Tu n'auras rien, je le jure,
Et je tiendrai tous mes serments.
Voilà ma dépense arrêtée,

Tout est réglé, tu me suivras;
En grand seigneur ma maison est montée,
Car j'ai des gens, et ne les paierai pas.

FRÉTINO. C'est convenu... mais puisque nous sommes amis et que vous êtes riche, je vous demanderai seulement de me prêter...
JONAS. Avec plaisir... mais dans ce moment je suis un riche malaisé... j'ai bien de l'argent..... mais de l'argent qui dort.
FRÉTINO. Vraiment?
JONAS. J'ai même de l'or... mais je ne veux pas y toucher (*Se tâtant la joue.*), pour des raisons à moi connues... Toi, c'est différent, je ne t'empêche pas; et si tu veux te présenter à la caisse, tu seras toujours sûr de recevoir quelque chose.
FRÉTINO. Je vous remercie.
JONAS. Il n'y a pas de quoi... Mais voilà Jeannette et ma mère-grand qui viennent nous faire leurs adieux.

SCÈNE VII.

LES PRÉCÉDENTS, LA MÈRE-GRAND, GIANETTA.

LA MÈRE-GRAND. C'est donc un parti pris... rien ne peut te retenir?
JONAS. Non, ma mère-grand; et voilà Frétino, notre voisin, qui consent à m'accompagner.
LA MÈRE-GRAND. Ce cher Frétino, s'exposer ainsi... J'avais bien raison ce matin... quand je te parlais de l'inclination que j'avais pour lui... car j'en ai toujours eu...
FRÉTINO. Vous êtes bien bonne, madame Jonas...
JONAS, *à part.* Est-ce que ma grand'mère se douterait de quelque chose?... elle le regarde sans lunettes et d'un air... en tout cas, il est plus prudent de les éloigner.
GIANETTA. Tenez, monsieur Jonas, voilà votre paquet,.. que j'ai arrangé moi même, et votre place est retenue sur le bateau à vapeur.
JONAS. Et le signal du départ?...
GIANETTA. On avertira les passagers comme à l'ordinaire par un roulement de tambour.
JONAS. Pauvre petite Jeannette!.. elle a bien du chagrin...
LA MÈRE-GRAND, *à demi-voix.* Et de toutes les manières,... car cette pauvre enfant a une passion dans le cœur.
JONAS. Vraiment. (*A part.*) Moi qui avais des idées. Raison de plus pour partir, moi et mes idées. (*Haut.*) Et connait-on l'objet?..
LA MÈRE-GRAND. Elle n'a pas voulu me le dire.
JONAS. Ils sont donc tous amoureux, dans cette maison-ci?... (*Froidement.*) Adieu, mademoiselle Gianetta; je désire, à mon retour, vous trouver heureuse... moi je pars pour le tour du monde, et si vous avez quelques commissions à me donner pour ce pays-là...
GIANETTA. Je ne vous demande, moi, que de bien prendre garde à vous... de ne pas vous exposer, de ne pas être malade... et surtout de ne pas voyager sur terre à cause des assassins et des brigands.
LA MÈRE-GRAND. Et moi je ne veux pas qu'il voyage par mer à cause des naufrages... Il y a un vaisseau qui a manqué périr avant-hier, parce qu'il a rencontré à quelques lieues d'ici une immense baleine, qui d'un coup de sa queue a manqué le faire chavirer.

JONAS. Des baleines... nous nous en moquons bien ; et si nous en rencontrons nous les pêcherons à la ligne. N'est-ce pas, Frétino?.. Allons, partons. (*Regardant Gianetta.*) Je voudrais maintenant être déjà loin d'ici.

FINAL.
JONAS.

AIR : *Entendez-vous? c'est le tambour* (de LA FIANCÉE).

Ma mère-grand, c'est le tambour ;
Chacun s'embarque, voici l'heure ;
Vous l'entendez, c'est le tambour.
Frétino, quittons ce séjour.

LA MÈRE-GRAND.

Quoi ! tu pars ! tu quittes ainsi ta demeure ?
Mon enfant ! mon enfant, reste encore un jour.

JONAS ET LE CHŒUR.

Entendez-vous ? c'est le tambour.

GIANETTA.

Vous quittez donc notre séjour ?

LA MÈRE-GRAND.

Mes chers enfants, prenez bien garde !

FRÉTINO.

Nous reviendrons, n'ayez pas peur.

JONAS.

Ah ! comm' ma mère-grand le r'garde ;
Il faut partir ; allons ! du cœur.
Frétino, vite à l'avant-garde.

FRÉTINO.

Qu'il est cruel ! et quel malheur
D'être amoureux et voyageur !

JONAS.

Tout nous seconde ;
Au bout du monde
On nous attend, doublons le pas.
La route est belle,
Plutus m'appelle,
Visitons ses riches climats.

TOUS.

Tout les seconde,
Au bout du monde
On vous attend, doublez le pas,
La route est belle,
On vous appelle,
Visitez ces riches climats.

JONAS.

Mère-grand, embrassons-nous bien vite.
(*Froidement, à Gianetta.*)
Adieu, Mam'sell', je vous quitte.

LA MÈRE-GRAND.

Embrasse la pauvre petite,
C'est bien le moins dans un tel jour.

FRÉTINO.

Puisqu'il paraît que c'est l'usage,
Quand on se met en voyage.
(*S'avançant pour embrasser la mère-grand.*)
Madam' Jonas, à mon tour.

JONAS.

Non, mon cher, et pour cause
A cet adieu-là je m'oppose.

FRÉTINO.

Monsieur Jonas, pourquoi donc ?

JONAS.

Tu m'en demandes la raison ?
N'entends-tu pas ? c'est le tambour,
Chacun s'embarque, etc.

TOUS.

Entendez-vous ? c'est le tambour,
Chacun s'embarque, etc.

(*Jonas et Frétino sortent.*)

ACTE DEUXIÈME.

Le théâtre représente la pleine mer. On n'aperçoit d'abord que des vagues ; puis, au fond de l'horizon, on distingue à la surface des flots un point noir qui s'avance lentement et augmente à vue d'œil. On distingue enfin une énorme baleine qui arrive jusqu'au dernier plan du théâtre, en face des spectateurs : elle est en travers ; sa queue, que l'on ne voit point, est dans la coulisse à droite ; sa tête touche la coulisse à gauche. Sur le premier plan à gauche, l'œil de la baleine ; sur le second, du même côté, deux jets d'eau parallèles qui sortent de ses naseaux et vont continuellement. La baleine est d'abord un peu agitée et fait quelques mouvements ; son œil s'ouvre et se ferme peu à peu ; elle se calme et reste immobile. En ce moment une partie du flanc de la baleine s'ouvre pour le spectateur seulement, et lui présente l'intérieur divisé en divers compartiments, formés par des arêtes.

SCÈNE PREMIÈRE.

JONAS, *seul, dans un des premiers compartiments intérieurs ; il est sur un petit banc et devant une table fabriquée avec des arêtes de poisson.* Là, là, là, là, voilà pourtant la maison qui se tient tranquille ; c'est terrible d'être dans un domicile qui va tantôt à la cave, tantôt au grenier ! ça vous renverse toutes les idées ; il paraît cependant que la baleine s'est endormie, car elle ne remue plus ! O mon bon ange ! dans quel asile avez-vous donc conduit le pauvre Jonas ? et que dirait ma mère-grand, si elle savait que depuis huit jours je suis locataire amphibie de cet appartement ! C'était dans un état quand je l'ai pris... ce n'était vraiment pas habitable ! et pas une issue... Pour peu même qu'on s'approche de ces grands couloirs qui sont à droite et à gauche du corps de logis, et que je présume être les oreilles de notre propriétaire... on entend le bruit des vagues, bou-hou !.. bou-hou... nous sommes en pleine mer... c'est sûr ! Aussi je vous demande si mon histoire est possible et si cela ressemble à quelque chose... dire qu'au moment de notre naufrage il se soit trouvé là une baleine gastronome qui justement ce jour-là n'avait pas dîné, c'est peut-être invraisemblable, j'en conviens, mais dès qu'il fallait entrer quelque part... j'aime autant être entré chez elle. La maison est belle, vaste et bien aérée... une charpente admirable... On ne connaît pas assez les baleines, pour bien en juger ; il faut comme moi avoir été dedans.

AIR : *Dieu ! que c'est beau !* (de LA PETITE LAMPE.)

Dieu ! que c'est beau ! j'ai peine à suivre
Tous ces arceaux en sens divers.
Monsieur Buffon dit, dans son livre :
« La baleine est le roi des mers. »
Et quand on est dans un empire,
Il est, quoi qu'on en puisse dire,
Fort agréable, selon moi,
De loger chez le roi.

Aussi si jamais je sors de son palais, Dieu sait comme j'en conterai ; je veux même faire la relation véridique de mon voyage... relisons un peu les notes que j'ai jetées sur mon journal. (*Lisant.*)

« Le dix-huit février, j'étais dans la chambre du
« vaisseau, pensant au voyage que j'avais entrepris,
« à ma mère-grand et à cette petite Gianetta, que
« j'aimais comme un enragé depuis que j'avais appris
« qu'elle en aimait un autre ; et comme c'était le
« mardi-gras, je m'amusais à faire des beignets,
« lorsque Frétino, mon ami et mon domestique, en-
« tra m'annoncer qu'une tempête se préparait et que
« le bâtiment faisait une voie d'eau considérable ; je
« me recommandai à mon bon ange et j'envoyai Fré-
« tino travailler à la pompe... »

« Le dix-neuf, mercredi des Cendres, tout à coup
« il se fit un grand bruit; c'était le vaisseau qui en-
« fonçait... Je fermai les yeux pour ne rien entendre,
« lorsque je me trouvai dans l'eau avec Frétino qui
« s'était attaché à ma ceinture et qui ne m'aurait pas
« quitté pour un empire... Bon et digne serviteur...
« Je voulais lui faire lâcher prise; il ne voulait pas,
« et dans ce combat de générosité, nous descendions
« toujours vers la cave... lorsque j'aperçus une es-
« pèce de soupirail... Dans ces moments-là on se
« fourre où l'on peut... je m'y lançai à corps perdu,
« Frétino en fit autant, et nous nous trouvâmes dans
« un corridor obscur et étroit où nous restâmes
« quelques instants sans pouvoir avancer. (*S'arrêtant.*) Je suis certain maintenant, à n'en pouvoir
« douter, que ce passage-là n'était autre chose que le
« gosier de la baleine... et la preuve c'est que je
« sentis fort bien ce mouvement-ci (*Imitant le mouvement de quelqu'un qui avale.*) et qu'à l'inst nt
« même nous nous trouvâmes dans une pièce spa-
« cieuse et que je présume être son estomac... Ce
« fut là que nous passâmes la nuit. Le vingt, nous
» déjeunâmes assez gaiement avec quelques centaines
« d'huîtres que notre hôtesse avait avalées le matin.
« Le vingt et un, la baleine ayant de ces douleurs
« d'estomac, sans doute à cause de notre séjour dans
« le sien, ne voulut pas manger de la journée et nous
« ne prîmes rien.
« Le vingt-deux, nous cherchâmes alors à pénétrer
« dans l'intérieur du bâtiment, et nous trouvâmes
« une grande pièce que je présumai être le ventre et
« que j'appelai le corps de logis; je m'en établis pro-
« priétaire; la baleine sentant moins de pesanteur
« sur l'estomac, déjeuna légèrement, et nous eûmes
« cinq ou six saumons pour notre dîner; depuis elle
« a continué de nous pourvoir en abondance.
« Le vingt-trois, je réglai définitivement l'inté-
« rieur de notre habitation... de sorte que je man-
« geai dans l'estomac, je couchai sur le ventre, et je
« mis Frétino sur le derrière. Le vingt-quatre je
« bâillai toute la matinée.
« Le vingt-cinq, je me reposai et je fis faire à Fré-
« tino cette petite table et ce banc avec des arêtes de
« poisson. Le vingt-six nous étions chacun dans nos
« chambres quand toute l'habitation fut ébranlée
« par de vives secousses; il paraît que la maison était
« attaquée; j'envoyai Frétino à la découverte... il
« regarda par les yeux de la baleine et découvrit que
« nous étions aux prises avec un ennemi redoutable,
« qu'à ses longues rangées de dents je jugeai être un
« requin ou un marsouin.
« Le vingt-sept, le combat continua, et la baleine
« se défendit si vivement, que Frétino, qui était or-
« dinairement à la queue, ne pouvait y rester à cause
« des grands coups qu'elle en allongeait... Nous
« étions ici tous deux qui faisions notre possible pour
« l'encourager et lui remettre le cœur au ventre!
« Frétino lui criait toujours : Défends ta queue!..
« défends ta queue! » Enfin elle triompha, et c'est
« là que j'en suis resté de ma relation.

Air de *Marianne*.
Quel bruit!.. quelle rumeur soudaine;
Lorsqu'un jour on annoncera;
Mémoir's secrets d'une bal ine,
Par un monsieur qui l'habita!
On clabaud'ra;
J'entends déjà
Tout c' qu'on va dir' sur cet ouvrage-là.
L'un dira ci, l'autr' dira ça.

Puis l'autr' dira
Patati patata.
Enfin si je puis en cachette,
Sitôt que je l'aurai vendu,
Obtenir qu'il soit défendu,
V'là ma fortune faite.

SCÈNE II.
JONAS, FRÉTINO.

FRÉTINO. Je vous dérange, monsieur Jonas?
JONAS. Peux-tu le penser, un ami aussi fidèle.
FRÉTINO. Je viens vous parler de notre déjeun r.
JONAS. Qu'est-ce que nous avons aujourd'hui ?
FRÉTINO. D'abord un saumon.
JONAS. Est-ce bien frais?
FRÉTINO. De ce matin, j'étais là quand notre pro-
priétaire l'a avalé, je l'ai vu passer.
JONAS. Ah! tu étais au passage du saumon... c'est
bien ; et après.
FRÉTINO. Une centaine d'éperlans.
JONAS. Toujours du poisson !
FRÉTINO. Que je veux mettre en friture pour vous
changer un peu... vous savez que j'ai sauvé notre
poêle... car je faisais des beignets au moment du
naufrage et je l'ai gardée à la main.
JONAS. Ce qui a dû te gêner, quand j'y pense.
FRÉTINO, *battant le briquet*. Dame ! vous savez que
le plus embarrassé est toujours celui qui tient la...
JONAS. C'est juste... aussi je vais le consigner dans
notre journal de voyage... car tout ce que tu fais,
Frétino, je l'écris.
FRÉTINO, *battant le briquet*. Vraiment?
JONAS. Vois plutôt... *Le 28* , *Frétino se mit à battre
le briquet, et ramassant les morceaux de bois que notre
propriétaire avalait continuellement, il en fit un bon
feu.*
Tâche surtout que la friture soit bien légère...
comment la fais-tu ?..
FRÉTINO. A l'huile. L'huile de baleine, il n'en
manque pas.
JONAS, *près de la table et écrivant*. Ça ne doit pas
être mauvais.

FRÉTINO, *tenant la poêle*.
PREMIER COUPLET.
Air : *Pauvre dame Marguerite* (de LA DAME BLANCHE).

C' que c'est pourtant que les homm s!
Ce que c'est pourtant que les poissons...
Que la baleine où nous sommes
Fait fair' de réflexions!
Hélas! dans sa faim cruelle,
Nous fûmes mangés par elle,
Et ces jeunes éperlans
Le seront par nous, j'en soupire...
(*Remuant la poêle.*)
Tournez dans la poêle à frire,
Tournez, goujons innocents,
Tournez, tournez, car en tout temps,
Les p'tits sont mangés par les grands.

DEUXIÈME COUPLET.
Oui, nos destins sont semblables,
Les sous fermiers, les traitants
Grugent leurs contribuables,
Les procureurs, leurs clients.
Chacun se mange à la ronde,
Hélas! et dans ce monde,
Nous retournant en tous sens !
Le destin semble nous dire :
Tournez dans la poêle à frire,
Tournez, pauvres innocents,
Tournez, tournez, car en tout temps
Les p'tits sont mangés par les grands.

JONAS. Moi, mère-grand? je m'amuse à me désespérer. — Acte 1, scène 1.

JONAS, *le regardant.* Comme tu tiens ta poêle... prends garde de renverser... il n'en faudrait pas davantage pour donner à notre propriétaire une inflammation d'entrailles... on en voit tant!

FRÉTINO, *retournant sa poêle.* N'ayez pas peur! Mais vous avouerez, Monsieur, que pour un voyage d'agrément, comme vous me l'aviez dit, ça commence bien... une fameuse auberge.

JONAS. Nous pouvions plus mal tomber... pour moi, surtout, qui suis misanthrope et qui déteste les hommes.

FRÉTINO. Il n'y a pas à craindre qu'ils viennent vous déranger.

JONAS. Ici plus d'ambition comme là-haut, plus de préjugés, plus de disputes... seul avec un ami véritable que j'ai le plaisir de posséder chez moi.

FRÉTINO. Chez moi... c'est-à-dire chez nous.

JONAS. Je t'ai dit chez moi.

FRÉTINO, *se levant et laissant la poêle sur le feu.* Et c'est là où je vous arrête... car enfin la baleine est à nous deux.

JONAS. C'est ce qui te trompe... Je veux bien t'y loger, et avec plaisir, mais elle m'appartient.

FRÉTINO. Pas plus qu'à moi.

JONAS. J'y suis entré le premier.

FRÉTINO. Nous y sommes entrés en même temps.

JONAS. J'y étais avant toi... et j'en ai pris possession par droit de conquête, *primo occupanti*.. si tu entends le latin.

FRÉTINO. Non, Monsieur... mais ce que je sais, c'est que le soleil luit pour tout le monde.

JONAS. Pas ici... Monsieur, et vous me devez foi et hommage.

FRÉTINO. Je ne reconnais pas de maître.

JONAS. Vous reconnaîtrez du moins que notre souverain à tous deux c'est la baleine.

FRÉTINO. C'est vrai.

JONAS. Et c'est moi qui suis son ministre de l'intérieur.

FRÉTINO. C'est moi.

JONAS. C'est moi.

FRÉTINO. Silence ! je crois qu'elle se réveille. — Acte 2, scène 5.

ENSEMBLE.
JONAS.
AIR du *Château de mon oncle.*

Voyez cet ambitieux,
Qui prétendrait, dans ses vœux,
Me chasser de ces lieux.
Va, tu n'es qu'un séditieux.
Je prétends et j'entends bien
Rester maître de mon bien.
 Ce terrain est le mien,
 Et je le prouverai bien.
FRÉTINO.
Est-il donc ambitieux !
Que manque-t-il à ses vœux ?
 Ce séjour spacieux
Est assez grand pour nous deux.
Comme vous, moi je soutien
Que ce terrain est mon bien.
 C'est le mien comm' le sien,
 Et je le prouverai bien.
FRÉTINO.
 Mais voyez donc comme
 Est le cœur de l'homme,
 Ils ne peuvent entre eux

 Vivre en paix dès qu'ils sont deux.
JONAS.
 Si l'on me résiste,
 Je vais, j'y persiste,
 Te mettre hors de ces lieux.
FRÉTINO.
 Je ne demande pas mieux.
ENSEMBLE.
 Voyez cet ambitieux, etc.
(A la fin de l'air on entend un grand bruit, et la baleine recommence à s'agiter.)

JONAS. Écoute donc ! Il me semble que la maison remue : est-ce une visite qui nous arrive ?
FRÉTINO. Encore quelque combat... quelque requin qui nous aura entendus ; et pendant que nous nous disputons l'autorité à nous deux...
JONAS. Peut-être qu'un troisième... Dis donc, Frétino, va regarder.
FRÉTINO. Et par où ?
JONAS. Eh ! parbleu. . par l'œil de notre propriétaire ; tu sais bien que nous ne voyons que par ses yeux.

FRÉTINO. A la bonne heure !... je vais à notre observatoire et je reviens sur-le-champ... Attendez-moi.

SCÈNE III.

JONAS, seul. Sans qu'il y paraisse... il est impossible d'être plus ambitieux que ce petit garçon-là, (*Prenant la poêle et mangeant les poissons qui sont dedans.*) et surtout plus égoïste... il ne pense qu'à lui... aussi s'il était jamais mon grand-père... mais il n'y a pas de risque que je donne mon consentement... un gaillard !... qui ne sait pas même faire la friture... celle-ci est manquée et pendant que nous nous disputions.. ces pauvres éperlans... se sont desséchés et calcinés, (*Les mangeant.*) Misérables victimes des discussions des hommes et des divisions intestines !

SCÈNE IV.

JONAS, FRÉTINO.

FRÉTINO, *roulant un grand coffre.* Monsieur Jonas ! Monsieur Jonas !
JONAS. Qu'est-ce donc ?
FRÉTINO. Venez m'aider... car c'est joliment lourd... voilà ce que Madame vient d'avaler.
JONAS, *regardant.* Un vase de bronze !
FRÉTINO. Quand je vous dis qu'elle a un estomac de fer... Eh mais ! il y a sur ce vase des caractères tracés... voyons, lisons : *ane... anneau du roi Salomon.*
JONAS. Il faut que ce soit bien précieux, car c'est bien fermé.
FRÉTINO. Ouvrons toujours... (*Ils lèvent ensemble le couvercle, il sort du vase une épaisse fumée.*)
JONAS. Ah ! mon Dieu ! quelle fumée !.. pouah ! c'est pire qu'un estaminet. (*Y fourrant la main.*) Un anneau... et un papier. (*Lisant.*) «Jonas...» Tiens, c'est à moi ! comment ont-ils su mon adresse ?.. « Je sais ce « qui t'amène, et je t'attendais depuis trois mille ans.» Par exemple, je suis bien fâché d'avoir fait attendre si longtemps. « Je t'attendais depuis trois mille ans, pour « te donner le moyen de trouver la cinquième statue « que tu cherches. » Il se pourrait !..
FRÉTINO. Achevez donc vite.
JONAS, *continuant.* « L'anneau ci-joint est celui du « puissant roi Salomon ; il l'avait autrefois donné à « une de ses femmes, la sultane Rebecca, qui était « l'esprit de contradiction en personne. Or, cet an-« neau t'aidera dans tes recherches, et disparaîtra « quand tu auras réussi. Mais je te préviens qu'il « exécutera toujours le contraire de ce que tu ordon-« neras ; ainsi, prends garde à toi ! »
FRÉTINO. Comment ! ça fera toujours le contraire de ce que nous dirons ?
JONAS. Encore des devinettes... Ils savent que je ne les aime pas, et ils m'en donnent exprès pour nous casser la tête. C'est égal, essayons toujours, donne-moi l'anneau et tiens-toi bien... Qu'est-ce qu'il faut demander ?

AIR : *Montagnes.*
Prononce ; (*bis.*)
De tes avis je veux m'aider.
Prononce, (*bis.*)
Qu' faut-il demander ?
FRÉTINO.
De ces lieux d'mandez qu'on nous sorte ;
Allons, parlez d'une voix forte.
JONAS, *criant.*
A l'instant j'entends et je veux
Qu'au-dessus des flots orageux
On nous porte tous deux.
(*Le ventre de la baleine s'entr'ouvre et on les voit redescendre.*)
ENSEMBLE.
J'enfonce. (*bis.*)

JONAS.
Lâch'-moi donc.
FRÉTINO.
J' vous sorr' dans mes bras.
J'enfonce, (*bis*)
Je n' vous qu'tt' pas.
(*Ils disparaissent tous les deux.*)

SCÈNE V.

Le théâtre change et représente le fond de la mer ; une grotte maritime située sous les eaux ; on voit au-dessus de la tête couler les vagues ; sur le premier plan, une néréide endormie et appuyée sur son urne.

LA NÉRÉIDE, JONAS, FRÉTINO.

JONAS, *à Frétino.* Ah çà ! veux-tu me lâcher ! Qu'est-ce que c'est donc que cette mauvaise habitude-là ? Je vous préviens, Frétino, que la première fois que nous enfoncerons ensemble, je n'entends pas que vous vous attachiez ainsi à moi...
FRÉTINO. Je ne m'attendais pas à vous voir blâmer un excès d'attachement.
JONAS. C'est la cause que nous avons été à fond une fois plus vite.
FRÉTINO. Aussi, c'est votre faute... On vous avait prévenu que cet anneau faisait tout le contraire de ce qu'on lui disait, et vous allez demander qu'on nous sorte de l'eau.
JONAS. Je vois bien maintenant que c'était le moyen de nous couler bas ; mais pourquoi nous ordonne-t-on des choses si difficiles ?.. Moi, ça m'embrouille... Ah çà ! il paraît que nous ne descendons plus, et que nous voilà arrivés.
FRÉTINO. Si nous remontions de suite ?
JONAS. Il faut au moins le temps de respirer, et puisque nous voilà... (*Regardant en haut.*) Ah ! mon Dieu ! où sommes-nous donc ?

FRÉTINO.
Air du vaudeville de l'*Actrice.*
Voyez au dessus d' notre tête
Les flots fair' des sauts et des bonds,
Et même au milieu d' la tempête
Nous voyons passer des poissons.
JONAS.
J'admire ce miracle insigne,
Ce n'est plus comme en notre sol,
Au lieu de les prendre à la ligne,
On pourrait les tirer au vol.

FRÉTINO. Monsieur, regardez donc cette petite fille appuyée sur ce vase, et qui dort si profondément.
JONAS. C'est quelque fleuve ou quelque rivière souterraine ?
FRÉTINO. Silence !.. je crois qu'elle s'éveille.
JONAS. Tant mieux... car il n'y a pire eau que l'eau qui dort. Attends... attends, nous allons savoir où nous sommes. (*Frottant son anneau.*) J'ordonne qu'elle vienne à nous, et qu'elle nous parle.
FRÉTINO. Elle ne bouge pas, et elle ne dit rien ; est-ce que nous nous serions trompés ? est-ce que ce serait une statue ?
JONAS. Une statue... Si c'était ma cinquième !.. Madame... je vais bien le voir, Madame... Décidément elle ne dit rien... c'est bien étonnant.
FRÉTINO. Eh ! non, c'est tout naturel... c'est encore votre faute, ou plutôt celle de l'anneau... Qu'est-ce que vous avez dit tout à l'heure ?
JONAS. J'ai dit : Je veux qu'elle parle.
FRÉTINO. Justement.
JONAS. Diable d'anneau... Quand on n'y est pas habitué ! Eh bien ! qu'elle reste là et qu'elle ne parle pas !
LA NÉRÉIDE, *venant à eux, et avec volubilité.* Que vois-je ! des mortels dans ces lieux où les divinités de l'Océan ont seules le droit de pénétrer !.. Jamais vi-

site pareille ne nous était encore arrivée. Qui êtes-vous ? Que voulez-vous ? que demandez-vous ?
JONAS. Tu avais raison... il n'y avait que cela qui la retenait.
LA NÉRÉIDE. Répondez ! D'où sortez-vous ?
JONAS. Mon Dieu ! Madame, je vous demande la permission de ne pas vous le dire... parce que vous ne le croiriez pas... Notre voiture est restée là-haut... Mais daignerez-vous nous apprendre où nous sommes ?
LA NÉRÉIDE. Vous êtes dans le palais d'Amphitrite, situé sous les eaux. Vous n'en avez guère que deux ou trois mille pieds sur la tête ; c'est ici le rendez-vous de tous les fleuves et de toutes les rivières. Ces messieurs et ces dames, quand ils ont achevé leur tournée et fini leur cours, viennent causer ici sur la pluie et le beau temps. Vous pouvez les apercevoir.
FRÉTINO, *regardant à gauche.* C'est ma foi vrai.
JONAS. Quel est ce grand qui a une tournure allemande ?
LA NÉRÉIDE. C'est le Rhin...
FRÉTINO. Et ce petit sec, habillé à l'espagnole ?
LA NÉRÉIDE. C'est le Tage...
JONAS. Il cause avec une demoiselle qui a l'accent gascon.
LA NÉRÉIDE. C'est la Garonne.

JONAS.
AIR : *Le briquet frappe la pierre.*
Quelle est cette autre Française
Dont l'aspect est libre et fier ?
LA NÉRÉIDE.
C'est la Seine.
FRÉTINO,
Elle a bon air.
L'autre habillée à l'anglaise ?
LA NÉRÉIDE.
La Tamise.
JONAS.
Beau maintien.
Et ce gros, qui ne dit rien ?
LA NÉRÉIDE.
Le Danube.
JONAS.
C'est très-bien :
Je lui trouve un air despote.
Pourquoi cet accoutrement ?
Habit vert et gros turban ?
LA NÉRÉIDE.
C'est que dans le doute il flotte,
Ignorant en ce moment
S'il est russe ou musulman,
S'il sera russe ou musulman.

JONAS. Et vous, Madame, est-ce que vous seriez quelque rivière de notre connaissance ?
LA NÉRÉIDE. J'en doute, car je ne fais pas grand bruit dans le monde ; on m'appelle des Gobelins.
JONAS. Vous seriez cette fameuse rivière des Gobelins ?
LA NÉRÉIDE. Néréide subalterne, qui ne suis ici que pour la galerie.
JONAS. Je comprends ! pour faire tapisserie. Pardon, Mademoiselle, de vous avoir dérangée ; ce n'est pas ici, je le vois bien, que je trouverai ce que nous cherchons.
LA NÉRÉIDE. Au contraire, vous ne pouvez mieux rencontrer ; nous avons ici tout ce qui se perd là-haut ; c'est un pays très-riche que le nôtre. Les cargaisons de vos négociants, les galions du Nouveau-Monde, les frégates à courant d'eau, les cloches hydrauliques, et tant de projets qui sont tombés dans l'eau.
FRÉTINO. Ce n'est pas ça qu'il nous faut.
LA NÉRÉIDE. Sans compter mille inventions nouvelles qui font d'abord grand bruit chez vous, et qui tôt ou tard finissent par arriver à ce grand fleuve que vous voyez, et qu'on appelle le fleuve d'oubli.
JONAS. Il serait possible !

LA NÉRÉIDE.
AIR : *Ces postillons sont d'une maladresse.*
Peines, chagrins, grâce à lui, tout s'efface.
Ce qu'on était, on l'oublie à l'instant.
Vos parvenus, vos gens en place
En font usage fréquemment,
Et les amants encore plus souvent.
JONAS,
Ah ! si ces eaux enlèvent la mémoire,
Daignerez-vous m'en donner ?
LA NÉRÉIDE.
Volontiers.
Est-ce pour vous ?
JONAS.
Non, pour en faire boire
A tous mes créanciers.

LA NÉRÉIDE. Mais nous avons ici une source plus précieuse encore.
FRÉTINO. Et laquelle ?
LA NÉRÉIDE. C'est la fontaine de Jouvence.

AIR de *l'Artiste.*
Sa source enchanteresse
De l'hiver fait l'été,
Et donne la jeunesse
Ainsi que la beauté.
Par cette onde immortelle
On plaît toujours.
FRÉTINO.
Vraiment !
Je vois qu' Mademoiselle
Doit s'y baigner souvent.

JONAS. Si j'osais vous en demander quelques bouteilles.
LA NÉRÉIDE. Il ne tient qu'à vous d'en puiser.. tenez, de ce côté.
JONAS. Frétino... va vite avant que nous partions.

AIR des *Amazones.*
Pourvu tout'fois qu'en ces lieux l'ordonnance
Nous permett' de les emporter.
LA NÉRÉIDE.
Mais sans danger vous le pouvez, je pense ;
Personne ici ne peut vous arrêter.
FRÉTINO.
Nous pourrons donc remonter vers la terre,
Et sans payer de commis ni d'octrois,
A moins qu'on n'ait placé près d' la barrière
Quelques requins pour percevoir les droits.
(*Il sort.*)

SCÈNE VI.

JONAS, LA NÉRÉIDE.

LA NÉRÉIDE. Si c'est pour cela que vous veniez, vous serez bientôt satisfait.
JONAS. Je vous avoue, mademoiselle des Gobelins, que j'aurais bien quelque chose à vous demander ; mais je crains que vous ne puissiez pas me dire au juste où est ce que je cherche.
LA NÉRÉIDE. Jusqu'à présent cela me serait difficile, mais nous avons en ces lieux une nymphe jeune et belle qui en sait plus que moi et à qui rien n'est caché.
JONAS, *vivement.* C'est mon bon ange qui m'a conduit près d'elle ! Et vous croyez que cette jeune personne pourra m'apprendre...
LA NÉRÉIDE. Tout ce que vous voudrez savoir.
JONAS. Elle est donc bien instruite..... pour une femme ?
LA NÉRÉIDE. C'est ce que tout le monde dit ; et ce qui vaut encore mieux, elle ne vous trompera jamais.
JONAS. O miracle sans pareil !.. Et quel est son nom ?
LA NÉRÉIDE. La Vérité.
JONAS, *étonné.* La Vérité !
LA NÉRÉIDE. Est-ce qu'elle vous fait déjà peur ?

JONAS. Comment! elle est ici à domicile?
LA NÉRÉIDE. Où voulez-vous donc qu'elle soit, n'étant pas sur terre?
JONAS. Il faut bien qu'elle soit dessous, vous avez raison. C'est donc ça, qu'on m'a toujours dit qu'elle habitait dans un puits?
LA NÉRÉIDE. A peu près; car elle demeure depuis trois ou quatre mille ans dans ce beau palais de cristal que vous voyez d'ici...
JONAS. Un palais de cristal! singulier hôtel. Au fait, elle est assez précieuse et assez rare pour qu'on la mette sous verre! Venez, guidez-moi.

AIR : *Si ça t'arrive encor* (de LA MARRAINE).

Ce palais sans doute est bâti
Près d'un fleuve ou d'une rivière;
Car vous en avez tant ici.
  (*Montrant le côté des fleuves.*)
Est-ce par là?
LA NÉRÉIDE, *montrant le côté opposé.*
  Tout au contraire,
Elle habite de ce côté.
On a mis, pour raison fort bonne,
Le palais de la Vérité
  Bien loin de la Garonne.

JONAS. Est-ce étonnant? moi qui ne la cherchais pas; la rencontrer ainsi par hasard!
LA NÉRÉIDE. Les plus grands savants n'en font jamais d'autres; venez, je vais vous conduire.

SCÈNE VII.

LES PRÉCÉDENTS, FRÉTINO.

FRÉTINO, *tenant plusieurs fioles.* Monsieur Jonas! monsieur Jonas! j'ai notre provision.
JONAS, *prenant les fioles et les mettant dans sa poche.* C'est bien! c'est bien!
FRÉTINO. Surtout, n'allez pas casser les fioles! Car c'est une eau si merveilleuse, que cette eau de Jouvence. Imaginez-vous qu'on me baissant pour puiser à cette fontaine, j'y ai laissé tomber ma casquette qui était si vieille... vous savez...
JONAS. Eh bien?
FRÉTINO. Eh bien! je l'ai retirée, c'était un **castor** tout neuf... C'est-il heureux!

AIR : *Au clair de la lune.*

Tout est vieux sur terre.
Que d' peine on s' donna
Souvent pour refaire
Ce qu'on fit déjà!
Auteurs d' tout's espèces,
  (*Montrant son chapeau.*)
Contemplez-moi ça,
Et portez vos pièces
A c'te fontain'-là.

JONAS. Il est de fait que c'est très-commode, et quand je songe à mon habit, pouvons-nous passer par là en allant au palais de cristal?
LA NÉRÉIDE. Pourquoi?
JONAS. A cause de mon habit qui est de l'année dernière; je ne serais pas fâché de le mouiller un peu pour lui donner un air de fraîcheur.
LA NÉRÉIDE. C'est inutile; la Vérité ne tient pas au costume.
JONAS. C'est juste... car on dit que le sien... ce n'est pourtant pas faute de miroir... Et vous croyez qu'elle nous recevra bien?
LA NÉRÉIDE. Je l'ignore, il y a trois sortes de gens qui sont très-mal avec elle : les charlatans, les courtisans et les voyageurs.
JONAS. Nous sommes de ce nombre.
FRÉTINO. Alors, Monsieur, n'y allons pas.
LA NÉRÉIDE. Je dois vous prévenir aussi qu'en approchant on est ébloui, et qu'à moins de détruire ce palais de cristal, dont l'éclat peut vous faire perdre la vue...
JONAS. Il fallait donc le dire; moi qui y allais pour m'éclairer, je ne me soucie pas d'en revenir aveugle.
LA NÉRÉIDE. Alors, que voulez-vous?
JONAS. Qu'elle reste chez elle; car je ne veux ni la voir ni briser son palais. (*On entend en dehors un grand bruit.*) Voilà de la vaisselle qui se casse.
LA NÉRÉIDE, *s'enfuyant.* Tout est perdu! c'est le palais qui est en morceaux.
FRÉTINO. Encore votre talisman; vous ne prenez jamais garde.
JONAS. Est-ce que j'y pensais!

SCÈNE VIII.

JONAS, FRÉTINO, LA VÉRITÉ, *son miroir à la main,* FLEUVES ET RIVIÈRES.

ENSEMBLE.

LA VÉRITÉ ET LES FLEUVES.

AIR : *A ce soir, à minuit.*

Un mortel en ces lieux!
Quel est le téméraire
Qui, bravant ma colère,
Se présente à mes yeux?
  JONAS ET FRÉTINO.
Excusez en ces lieux
Un mortel téméraire
Qui craint votre colère
Et l'éclat de vos yeux.
  LA VÉRITÉ.
Auprès de moi qui vous attire?
  JONAS.
C'était le désir de savoir.
  FRÉTINO.
Et nous commençons, dans votre empire,
Par un' bêtis' sans le vouloir,
  JONAS.
A vos bontés voilà nos titres;
Ce n'est pas notre faute, hélas!
  FRÉTINO.
Car près des dam's nous n'avons pas
L'usage de casser les vitres.
  ENSEMBLE.
  LA VÉRITÉ.
Approchez tous les deux;
Je n'ai plus de colère,
Je vais vous satisfaire
Et combler tous vos vœux.
  FRÉTINO ET JONAS.
Approchons tous les deux;
Oubliant sa colère,
Ell' va nous satisfaire
Et combler tous nos vœux.

JONAS. Vous êtes donc assez bonne pour nous pardonner notre indiscrétion?
LA VÉRITÉ. Ceux qui me recherchent sont si rares qu'il faut leur savoir gré de leur visite.
JONAS. Et vous ne m'en voulez pas de la casse de votre palais?
LA VÉRITÉ. Il sera bientôt reconstruit...
JONAS. Vraiment... (*Se reprenant.*) Je vous crois sur parole, et certainement, Madame, c'est un honneur pour nous.
LA VÉRITÉ. Je n'aime pas les compliments.
JONAS. Alors je vous dirai que nous venons...
LA VÉRITÉ. Je sais pourquoi...
JONAS. J'aurais l'avantage d'être connu de vous! Oserai-je vous demander comment vous me trouvez?
LA VÉRITÉ. Très-laid.
JONAS, *à part.* Eh bien! par exemple, est-ce qu'on dit ces choses-là! Au fait, à son âge, à quatre mille ans, il est possible qu'on ait la vue basse. (*Haut.*) Je voulais vous parler du moral.

LA VÉRITÉ. Bon naturel, gâté par la flatterie, la richesse et la sottise.

JONAS, à part. Allons, décidément elle voit faux. On dira ce qu'on voudra, je ne trouve pas que cette femme-là est aimable; mais puisque j'ai besoin d'elle... (Haut.) Je craindrais, en vous interrogeant davantage, d'abuser de votre complaisance : je vous demanderai seulement si vous savez quel est ce trésor si précieux que mon père m'a ordonné de chercher.

LA VÉRITÉ. Je le sais.

JONAS. Cette cinquième statue existe donc?

LA VÉRITÉ. Elle existe.

JONAS. Et où la trouverai-je?

LA VÉRITÉ. Dans le royaume de Naples, aux environs d'Amalfi, près le golfe de Salerne.

JONAS. La chaumière de ma mère-grand?

LA VÉRITÉ. Précisément!

JONAS. C'était bien la peine de la quitter, et d'aller chercher si loin ce que nous avions sous la main... Partons vite.

FRÉTINO. Sans la remercier?

JONAS. Elle n'aime pas les compliments.

FRÉTINO. Oui; mais moi, j'ai aussi quelque chose à lui demander. — Pardon, excusez, ma belle dame, connaissez-vous celle que j'aime?

LA VÉRITÉ. Oui.

FRÉTINO. L'original de ce portrait existe-t-il?

LA VÉRITÉ. Il existe.

FRÉTINO. Et où le trouverai-je?

LA VÉRITÉ. Dans le royaume de Naples, aux environs d'Amalfi, près le golfe de Salerne.

FRÉTINO. Le monde entier s'est donc donné rendez-vous dans cette chaumière?

JONAS, à part. Pour ce qui est de cela, elle n'a pas menti.

FRÉTINO. Encore un mot..... Pourrai-je m'en faire aimer?

LA VÉRITÉ. Elle t'aimera.

JONAS, à part. Mânes de mon grand-père, le souffririez-vous?

FRÉTINO. L'épouserai-je?

LA VÉRITÉ. L'épouser, toi?..

FRÉTINO. Oui, Madame.

LA VÉRITÉ. Tu l'épouseras.

ENSEMBLE.
FRÉTINO.

Air des *Folies Amoureuses* (arrangé par Castil-Blaze).

Quel bonheur! d'après cet oracle,
J'obtiendrai l'objet de mes vœux.
C'est à vous qu'est dû ce miracle,
C'est par vous que je vais être heureux.

JONAS.

C'en est fait, d'après cet oracle,
Il verra combler tous ses vœux.
Je saurai bien y mettre obstacle,
Et l'empêcher d'insulter mes aieux.

LA VÉRITÉ.

Du destin tels sont les oracles;
Vous verrez combler tous vos vœux.
Mais craignez encor des obstacles,
Qui peut jamais se vanter d'être heureux?

FRÉTINO.

De partir de ces lieux je grille,
Prenons nos bouteill's à l'instant,
Et puis remontons promptement.

(*Il court au fond du théâtre, où il a déposé en arrivant ses bouteilles.*)

JONAS, à part.

Oui, pour l'honneur de la famille,
Employons notre talisman.
Il faut qu'ici son pouvoir brille.
Mon anneau, je veux à l'instant
Que loin de ces lieux on m'emporte,
(*Montrant Frétino.*)
Et je veux, lui, qu'il y reste toujours.
(*En ce moment Frétino est enlevé dans les airs.*)

FRÉTINO.

A moi! c'en est fait de mes jours!

LA VÉRITÉ.
Eh quoi! nous quitter de la sorte!

JONAS.
Arrêtez! arrêtez! vous vous trompez encor.
Arrêtez! arrêtez! ils n'en vont que plus fort.
(*On voit Frétino s'élever dans l'air, passer à travers les vagues, et disparaître, tandis que la néréide et tous les fleuves accourent et le regardent.*)

CHŒUR.

Dieu! quel bruit! quel est ce miracle!
Des mortels sont venus dans ces lieux!
Jusqu'ici semblable spectacle
N'avait encor jamais frappé nos yeux.
(*Jonas se désespère, la Vérité le console.*)

ACTE TROISIÈME.

Le théâtre représente l'intérieur de la chaumière de la mère-grand. Même décor qu'au premier acte.

SCÈNE PREMIÈRE.

LA MÈRE-GRAND, GIANETTA.

GIANETTA, *arrivant*. Madame Jonas! madame Jonas! où est-elle donc?.. v'là son grand fauteuil toujours à la même place, ce n'est pas comme elle: tous les jours elle va au-devant de son fils, et moi aussi j' viens savoir tous les jours s'il est arrivé... Personne! il paraît que ce n'est pas encore pour aujourd'hui.

PREMIER COUPLET.

Air :

Depuis qu'il est à la poursuite
De c' trésor que nous attendons,
Je n' sais pas lui s'il court bien vite,
Mais mon pauv' cœur, j' vous en réponds,
N' va plus que par sauts et par bonds.
Par le chagrin je suis maigrie,
Si j' pleur' de cette façon-là,
Je vais cesser d'être jolie.
C'est des bêtis' d'aimer comme ça.

DEUXIÈME COUPLET.

Tous les garçons du voisinage
Pendant ce temps me font la cour.
Ils parlent tous de mariage;
Moi je dis non, car chaque jour
De Jonas j'attends le retour.
Mais avant que ce jour-là brille,
J'en mourrai, je le sens bien là;
Et l' plus cruel, je mourrai fille...
C'est des bêtis' d'aimer comm' ça.

SCÈNE II.

LA MÈRE-GRAND, GIANETTA.

LA MÈRE-GRAND. Ah! mon Dieu! mon Dieu! les maudites gens!

GIANETTA. Qu'avez-vous, madame Jonas?

LA MÈRE-GRAND. Ah! qu'une pauvre veuve est à plaindre... Voilà notre maison saisie par autorité de justice.

GIANETTA. Qu'est-ce que vous me dites là...

LA MÈRE-GRAND. Que les huissiers, que les recors ont tout bouleversé dans la maison; dans ce moment ils font l'inventaire des caves, ils vont trouver nos trésors.

GIANETTA. Et M. Jonas qui n'est pas ici!

LA MÈRE-GRAND. C'est bien heureux qu'il n'y soit pas, car on attend qu'il arrive pour le conduire en prison.

GIANETTA. C'est égal, il serait arrivé.

LA MÈRE-GRAND. Pour le voir injurier, maltraiter? pour le voir battu?

GIANETTA. Qu'est-ce que ça me fait... je le verrais.

LA MÈRE-GRAND. Comme elle l'aime!

GIANETTA.
Air d'*Aristippe*.

Mais je ne sais quel sinistre présage
Me dit tout bas qu'il n' reviendra jamais.

LA MÈRE-GRAND.
Pour un' pauvre mère, à mon âge,
Quels seraient, hélas ! mes regrets !
Mon p'tit Jonas, je n' te r'verrai jamais.
Quand on n'a qu'un fils... ô nature !

GIANETTA.
Notr' malheur, Madame, serait commun ;
Car j' n'ai qu' c't amant-là, je vous jure.

LA MÈRE-GRAND.
Toi, c'est ta faut', pourquoi n'en as-tu qu'un ?

LA MÈRE-GRAND. Et dire que depuis son départ... il ne nous a pas donné une seule fois de ses nouvelles.
GIANETTA. C'est qu'il n'a pas pu.
LA MÈRE-GRAND. Avec cela... il y a tant de gens charitables qui viennent toujours vous apporter la gazette, quand elle contient de mauvaises nouvelles. « Mère Jonas, le vaisseau où était votre fils a fait « naufrage... lisez plutôt... il a été englouti, et pa- « tati, et patata. » Moi je ne veux rien croire de tout cela...
GIANETTA. Mais cependant si c'était vrai... ce pauvre Jonas !
LA MÈRE-GRAND. Et ce pauvre Frétino... qui ne l'accompagne que pour son plaisir et par complaisance...
GIANETTA. Moi d'abord... j'en mourrais.
LA MÈRE-GRAND. Aussi c'est ta faute... pourquoi ne pas m'avoir avoué avant son départ... que c'est lui que tu aimais... Ça l'aurait peut-être empêché de partir... car je suis bien sûre qu'il t'aime au fond, et plus que tu ne crois...
GIANETTA. Non, madame Jonas, il lui fallait de la fortune, et je n'en ai pas... car tous les hommes sont de même... Ne voilà-t-il pas mon oncle qui, pour comble de malheur, veut me marier au gouverneur de la province qui est amoureux de moi..
LA MÈRE-GRAND. Le seigneur de Riparda, qui est si vieux et si riche ?
GIANETTA. Il ne se contente pas d'être laid et bossu, il faut encore qu'il soit borgne.
LA MÈRE-GRAND. Et tu lui as donné dans l'œil ?
GIANETTA. Le seul qui lui reste... est-ce avoir du malheur... J'ai différé tant que j'ai pu... espérant que M. Jonas arriverait et qu'il me protégerait... Mais c'est aujourd'hui que j'ai promis de me décider... sans cela le gouverneur viendra m'enlever ici de vive force, à ce qu'il dit, pour faire mon bonheur.
LA MÈRE-GRAND. Et la justice n'ouvrira pas les yeux sur de pareils attentats !
GIANETTA. Pardi !.. la justice, c'est lui... Et vous savez bien qu'elle n'y voit qu'à moitié...
LA MÈRE-GRAND. C'est vrai...
GIANETTA. Je le soupçonne même d'avoir fait aujourd'hui saisir notre maison... pour que je me trouve sans asile ; eh ! tenez, je les entends...
LA MÈRE-GRAND. Nous sommes ruinés, ils emportent tous nos trésors.

SCÈNE III.

LES PRÉCÉDENTS ; CHOEUR D'HUISSIERS, *boitant ou se tenant la joue*.

LE CHOEUR.
AIR : *Amis, voici le jour qui va paraître* (de la MUETTE).

Ah ! c'est affreux ! ah ! c'est abominable !
Traiter ainsi des honnêtes recors !
Vit-on jamais rien de semblable !
Nous nous plaindrons, et pour l'honneur du corps.

LA MÈRE-GRAND. Comment ? vous sortez les mains vides .. vous auriez été attendris...

PREMIER HUISSIER. Attendris... vous êtes bien bonne ; j'en suis meurtri, et le procès-verbal en parlera... il y a voie de fait.
DEUXIÈME HUISSIER. Il y a rébellion... j'en ai trois dents de moins...
PREMIER HUISSIER. Et moi les reins brisés.
DEUXIÈME HUISSIER. C'est la première fois...
PREMIER HUISSIER. Au lieu de toucher notre capital.
DEUXIÈME HUISSIER. C'est lui qui nous a touchés...
PREMIER HUISSIER. Mais de quelle manière !

CHOEUR.

Ah ! c'est affreux ! ah ! c'est abominable,
Traiter ainsi des honnêtes recors !
D'un tel abus, d'un guet-apens semblable
Nous nous plaindrons, et pour l'honneur du corps.

GIANETTA, *ouvrant la porte*.
Mais nous avons plus d'une autre statue,
Toutes en or ; venez donc les saisir.

CHOEUR DE CRÉANCIERS, *se sauvant par la fenêtre du fond*.

Ah ! pour mon dos je crains même leur vue.

LA MÈRE-GRAND.
C'est pourtant l'or qui les aura fait fuir.

ENSEMBLE.

CHOEUR DE CRÉANCIERS.
Ah ! c'est affreux ! ah ! c'est abominable !
Traiter ainsi des honnêtes recors !
D'un tel abus, d'un guet-apens semblable,
Nous nous plaindrons, et pour l'honneur du corps.
(*Ils disparaissent tout à fait.*)

LA MÈRE-GRAND ET GIANETTA.
Ah ! c'est charmant ! c'est vraiment admirable !
Sans désormais craindre pour mes trésors,
Nous pouvons donc, par un accueil semblable,
Récompenser les huissiers, les recors.

GIANETTA, *fermant la fenêtre du fond*. Les voilà partis... ne craignez rien, je vais les reconduire jusqu'au bout de la rue.

SCÈNE IV.

LA MÈRE-GRAND, *seule*. Mon pauvre petit Jonas, que n'était-il là... Quel plaisir pour lui de voir ses intérêts aussi bien défendus... Mais quand reviendra-t-il retrouver ses trésors ? et sa mère-grand la reverra-t-il... jamais !.. (*On frappe en dehors.*) Ah ! on frappe en dehors... c'est sans doute le voisin... Gianetta !.. Gianetta !.. J'oublie qu'elle est sortie...
JONAS, *en dehors*. Ma mère-grand !
LA MÈRE-GRAND, *tout émue*. Qu'est-ce que j'entends ?
JONAS, *en dehors*. Ma mère-grand... c'est moi... c'est votre petit Jonas.

LA MÈRE-GRAND.
Air de *Renaud d'Ast*.

Pauvre petit, j'entends sa voix.
Eh quoi ! c'est bien lui cette fois.
Ah ! ma joie est trop forte.

JONAS, *en dehors*.
Mais ouvrez donc la porte.

LA MÈRE-GRAND, *allant ouvrir*.
Comment ! c'est lui que je revois !
J'en mourrai de plaisir, je crois ;
Ah ! oui, ah ! oui, le plaisir me transporte.

SCÈNE V.

LA MÈRE-GRAND, JONAS, *avec un panier sous le bras*.

LA MÈRE-GRAND. Ce pauvre petit !.. que je t'embrasse encore... je te trouve un peu grandi.
JONAS. Et vous, au contraire, vous me semblez rapetissée.

LA MÈRE-GRAND. Comme te voilà frais!
JONAS. Je le crois bien... On le serait à moins.
LA MÈRE-GRAND. Mais quand j'y pense... tomber ainsi des nues...
JONAS. Ah! bien oui, des nues..... il s'en faut diablement..... Si vous saviez d'où je viens..... dire que j'étais resté enfoncé... maudissant les fleuves, les naïades, et surtout les baleines dont je ne voulais plus entendre parler... C'est ce qui fait que tout à coup je m'y suis retrouvé.
LA MÈRE-GRAND. Dans une baleine?
JONAS. Justement... Par bonheur, ce n'était pas la première fois, et je connaissais les êtres.
LA MÈRE-GRAND. Ah! mon Dieu! il ne sait plus ce qu'il dit... il est fou...
JONAS. Non, mère-grand, je suis un voyageur qui vous en contera de belles. Qu'il vous suffise de savoir que j'y serais encore... si dans un moment d'inspiration, je n'avais pas ordonné à mon génie de m'éloigner de vous.
LA MÈRE-GRAND. De moi?
JONAS. Ce qui fait que sur-le-champ j'ai été transporté devant votre maison.
LA MÈRE-GRAND. Et comment cela?
JONAS. C'est une suite de l'obéissance qu'il a pour mes ordres. Quand on le prie d'aller à gauche on est sûr de le trouver à droite.
LA MÈRE-GRAND. C'était juste le caractère de ton grand-père... Aussi le pauvre défunt, si je ne l'avais pas mené...
JONAS. Je sais bien, mère-grand, vous l'avez fait marcher droit.
LA MÈRE-GRAND. Et toi-même, si je ne t'avais pas morigéné... Mais dis-moi, mon garçon, toi et ce petit Frétino, qu'êtes-vous devenus? As-tu réussi?.. comment reviens-tu?
JONAS. Je reviens comme j'étais parti.
LA MÈRE-GRAND. C'était bien la peine. Qu'est-ce que tu auras appris à voyager?
JONAS. Ça m'aura appris bien deschoses... Ça m'aura appris, d'abord, que j'avais eu tort de me mettre en route..... aussi, désormais, que je trouve ou non ce que je cherche, j'ai assez d'aventures comme cela... Je ne veux plus vous quitter, ma mère-grand, je veux rester au coin de notre feu.
LA MÈRE-GRAND. T'établir, te marier, être comme ton grand-père...
JONAS. Peut-être bien... Ça peut m'arriver.
LA MÈRE-GRAND. Prendre une bonne femme.... une femme qui t'aime.
JONAS. Pour ça, je vous ai déjà dit, ma mère-grand, que je ne voulais plus courir, et je n'ai pas envie de faire le tour du monde.
LA MÈRE-GRAND. Et si en ton absence je t'avais trouvé ce qu'il te faut?..
JONAS. Vraiment?
LA MÈRE-GRAND. Cette petite Gianetta, qui demeure avec nous.
JONAS. Une belle idée... Presqu'au moment de mon départ vous m'avez confié qu'elle aimait quelqu'un... et j'ai dit ; bon, la voilà comme les autres..... elles aiment toutes quelqu'un... et c'est drôle, moi je n'ai jamais pu être quelqu'un... même du temps où j'étais quelque chose... Ainsi, jugez maintenant que je ne suis rien.
LA MÈRE-GRAND. Eh bien! voilà ce qui te trompe... car celui qu'elle aimait... c'était toi...
JONAS. Il serait possible!..
LA MÈRE-GRAND. Elle n'osait te l'avouer... mais c'est toi... Ah! comme elle venait ici te pleurer et faire ma partie de piquet.
JONAS. O dévouement de l'amour!
LA MÈRE-GRAND. Ou me lire la gazette.
JONAS. Pauvre fille! en a-t-elle souffert pour moi...
LA MÈRE-GRAND. Et elle a refusé d'épouser le gouverneur, qui est amoureux d'elle et qui veut l'enlever.

JONAS. Où est Gianetta... que je la revoie, que je me jette à ses pieds.
LA MÈRE-GRAND. Elle vient de sortir.
JONAS. Je cours la chercher...
LA MÈRE-GRAND. A peine arrivé... tu repars déjà...' tu quittes ta mère-grand, que ton absence a manqué faire mourir de chagrin, et à laquelle, ingrat, tu n'as peut-être pas pensé une seule fois.
JONAS. Si on peut dire une chose pareille!.. Voyez, ma mère-grand, combien vous êtes injuste... Regardez cette fiole que j'ai rapportée de mes voyages exprès pour vous... c'est de l'eau de Jouvence.
LA MÈRE-GRAND. Jouvence! qu'est-ce que c'est que cela? quelque drogue...
JONAS. Buvez toujours; vous m'en direz des nouvelles.
LA MÈRE-GRAND. Puisque tu le veux, à ta santé.
JONAS. Non, c'est à la vôtre.
LA MÈRE-GRAND, *qui était courbée, après en avoir bu une gorgée se lève droite.* Eh mais! cette liqueur m'a toute ragaillardie... il me semble qu'on vient de m'ôter vingt bonnes années. (*Elle avale le reste. Sa coiffe, son bonnet et sa perruque grise disparaissent, et on voit la figure d'une jeune fille qui se trouve sur-le-champ habillée très-élégamment.*)
JONAS, *voyant qu'elle boit encore.* Arrêtez!.. arrêtez!.. c'est trop... Diable! comme vous haussez le coude ; là, si vous en aviez avalé une gorgée de plus, j'étais obligé de vous remettre en nourrice.

LA MÈRE-GRAND.
AIR : *Point de chagrin qui ne soit oublié* (de LA VIEILLE).
PREMIER COUPLET.
Quelle étrange métamorphose!
Je ne sens plus le poids des ans :
Je vois tout en couleur de rose ;
Tout m'offre l'aspect du printemps.
Vous qui fuyez sur des ailes rapides,
Vous qu'effrayaient ma vieillesse et mes rides,
Gaîté, plaisirs, amours, rêves charmants,
Revenez, je n'ai que quinze ans.

Je puis sauter... je puis courir... (*Regardant sa béquille et la jetant,*) Qu'est-ce que c'est que ça? je n'en ai plus besoin.

DEUXIÈME COUPLET.
Me revoilà jeune et gentille ;
Et si je faisais des faux pas,
Maintenant, ma pauvre béquille,
Tu ne me garantirais pas.
Un sang nouveau dans mes veines s'agite,
Je sens mon cœur...
(*Prenant la main de Jonas.*)
Vois donc comme il palpite!
Ta, ta, ta, ta, ta, ta.
Gaîté, folie, amour, jeunes amants,
Revenez, je n'ai que quinze ans.

JONAS. Ma pauvre mère-grand! ça lui parait-il étonnant d'être comme ça remise à neuf!
LA MÈRE-GRAND, *regardant ses habits.* Ah! la jolie robe! comme elle me va bien! Mais il m'en faudra d'autres... n'est-il pas vrai, Jonas, mon ami?.. et un collier, des boucles d'oreilles, c'est nécessaire. (*Sautant de joie.*)

AIR : *Sans mentir.*
Que je dois être jolie!
Quel succès je vais avoir!
JONAS.
Déjà la coquetterie?
LA MÈRE-GRAND.
Donne-moi donc mon miroir.
JONAS.
Vous qui prêchez la sagesse,
Vous qui trouvez, vieilles gens,
Tant de torts à la jeunesse,
Ah! revenez à quinze ans,
A l'instant (*bis*).
Vous en ferez tous autant

LA MÈRE-GRAND. Et dire qu'il n'y a personne ici..... que personne ne peut me voir !.. Où est donc ce petit Frétino, notre voisin, qui avait toujours avec moi un air si aimable ?

JONAS. Dieu ! qu'est-ce que j'ai fait là !... Je vous déclare, ma mère-grand, qu'il ne faut plus penser à Frétino, qui est... (*A part.*) Il doit être loin s'il monte toujours... Et j'entends qu'il n'en soit plus question... qu'il ne mette plus le pied ici.

FRÉTINO, *frappant en dehors.* Mère Jonas ! ouvrez-moi !..

LA MÈRE-GRAND. C'est lui-même que j'entends !

JONAS. Dieu ! qu'est-ce que j'ai dit là !

LA MÈRE-GRAND. Et à coup sûr, ce pauvre Frétino n'est pas fait pour attendre.

JONAS. Au contraire, n'ouvrez pas... Je ne veux pas qu'il entre... (*La porte s'ouvre d'elle-même, et Frétino paraît.*)

SCÈNE VI.
LES PRÉCÉDENTS, FRÉTINO.

FRÉTINO. Mère Jonas !.. mère Jonas !.. Dieu ! encore un miracle !.. La dame du palais de cristal avait bien raison... c'est ici que je devais trouver celle que j'aime.

LA MÈRE-GRAND, *jouant l'embarras.* Que dit-il !

FRÉTINO. L'original de ce portrait.

LA MÈRE-GRAND, *minaudant.* Le mien... Comment ? monsieur Frétino...

JONAS. Qu'est-ce que c'est ? je crois qu'elle lui fait des mines ; je n'entends pas ça, et je vous prie, ma mère-grand, d'avoir plus de tenue avec les jeunes gens.

FRÉTINO. Sa mère-grand ! Quoi ! j'aurais l'honneur de parler à madame votre mère ?

JONAS. Eh ! oui... c'est cette eau de Jouvence que j'ai apportée qui est cause de tout...

FRÉTINO. Ça ne me surprend pas... c'est comme ma casquette, il faut que je sois né coiffé...

JONAS. Coiffé !.. Pas tant que vous croyez, car je ne souffrirai pas que vous deveniez mon grand-père...

LA MÈRE-GRAND. Et de quoi vous mêlez-vous ?... Quel droit avez-vous de vous opposer à mes inclinations ?.. Qu'on parle encore de la tyrannie des grands parents..... moi qui me vois sacrifiée par mon petit-fils !

JONAS. Les voilà aussi les folies de jeunesse... Elle va m'envoyer des sommations respectueuses... Apprenez, ma mère-grand, que je ne suis pas un petit-fils barbare et tyrannique... J'ai dit, et je crois savoir ce que je dis, que je ne consentirai jamais à cette union que quand j'aurai épousé Gianetta.

FRÉTINO. Si ce n'est qu'à cette condition-là, c'est fait de nous, car on dit qu'elle a été enlevée par ordre du gouverneur.

TOUS. Enlevée !

FRÉTINO. Et je viens de le voir qui l'emmenait pour l'épouser.

JONAS. L'épouser !

AIR : *Que d'établissements nouveaux.*
S'il doit devenir son époux,
J'en mourrai, c'est fait de ma vie !
LA MÈRE-GRAND.
Quels sont donc ces transports jaloux ?
Quelle est, Monsieur, cette folie ?
JONAS.
L'ai-je bien entendu... comment !
C'est vous qui blâmez la tendresse !..
Ah ! ma mèr'-grand, j' crois qu'il vous r'prend
Des retours de vieillesse.

FRÉTINO. Pourquoi vous désespérer ?.. N'avez-vous pas votre anneau ?

JONAS, *vivement.* Il a raison... mon anneau que j'oubliais..... Je ne veux pas que le gouverneur..... (*S'arrêtant.*) Ah ! mon Dieu ! qu'est-ce que j'allais dire !.... avec ce talisman-là il faut toujours penser avant de parler, et quand on n'en a pas l'habitude...

LA MÈRE-GRAND. Pourquoi donc !

JONAS. Pourquoi ! pourquoi ! parce que c'est toujours un tas d'embarras pour s'en servir ; dans ce moment, par exemple, si je disais seulement : je ne veux pas que le gouverneur baise la main de Gianetta... (*Se frottant le front.*) Ah ! mon Dieu ! c'est déjà fait... il l'a embrassée, j'en suis sûr... Chien de talisman ! va-t'en au diable... je ne veux plus de bonheur, plus de statue, plus de fortune.... (*Le fond du théâtre s'ouvre et laisse voir un palais magnifique : on aperçoit de chaque côté, sur leurs piédestaux, deux statues resplendissantes de pierreries. Sur le piédestal du milieu, une femme voilée.*)

CHŒUR.

AIR : *Honneur ! honneur et gloire !* (de LA MUETTE).
Ici quelles merveilles
Brillent de toutes parts !
Des richesses pareilles
N'ont jamais frappé nos regards.
JONAS.
J'ose à peine en croire ma vue ;
D'espoir mon cœur a tressailli.
GIANETTA, *levant son voile.*
C'est Gianetta qui t'est rendue.
LA MÈRE-GRAND.
Et tu vois l'oracle accompli.
ENSEMBLE.
Ici quelles merveilles, etc.

LA MÈRE-GRAND, *prenant par la main Gianetta, qu'elle amène au bord du théâtre.*

AIR de *Turenne.*
Ton père, que mon cœur honore,
Voulait, pour son unique enfant,
Un bien plus précieux encore
Que l'or et que le diamant ;
Tu le possèdes maintenant.
Femme belle, aimable et sincère,
Qui joint les vertus aux appas,
Est plus précieuse ici-bas
Que tous les trésors de la terre.

JONAS. O mon anneau ! ô mon cher talisman ! moi qui te maudissais tout à l'heure ; je te garderai toujours ; je ne veux plus que tu me quittes... Là ! le voilà qui s'envole ! (*L'anneau sort de son doigt et on le voit s'envoler autour d'une flamme bleuâtre.*)

GIANETTA. Laissez-le partir, maintenant ; vous n'en avez plus besoin.

LA MÈRE-GRAND. Et peut-être en ménage t'aurait-il porté malheur.

JONAS. C'est vrai... quand j'aurais dit : je le veux, j'aurais été sûr que chez moi on aurait fait le contraire.

LA MÈRE-GRAND. Tu es là ta femme... ça te suffit ; et puisque te voilà marié...

FRÉTINO. D'après votre promesse...

JONAS. Je ne demanderais pas mieux... mais ce qui me chiffonne toujours, c'est que tu deviennes mon grand-père...

FRÉTINO. Bah !.. a beau mentir qui vient de loin ; vous me ferez passer pour un prince russe que vous avez rencontré en voyage.

JONAS. A cette condition je donne mon consentement.

LA MÈRE-GRAND. Et moi, mes enfants, je vous donne ma bénédiction.

CHŒUR GÉNÉRAL.
Ici quelles merveilles
Brillent de toutes parts !
Des richesses pareilles
N'ont jamais frappé nos regards.

FIN DES AVENTURES ET VOYAGES DU PETIT JONAS.

ALFRED, tombant aux pieds d'Amélie. — Scène 16.

UNE VISITE A BEDLAM
COMÉDIE EN UN ACTE, MÊLÉE DE VAUDEVILLES

Représentée, pour la première fois, à Paris, sur le théâtre du Vaudeville, le 24 avril 1818.

EN SOCIÉTÉ AVEC M. POIRSON.

Personnages.

ALFRED DE ROSEVAL.
AMÉLIE, sa femme.
LE BARON DE SAINT-ELME, son oncle.

CRESCENDO, compositeur italien.
TOMY, jardinier du baron.

La scène se passe auprès de la nouvelle maison de fous de Bedlam, aux portes de Londres.

Le théâtre représente un parc à l'anglaise fort élégant, orné de statues et d'arbres exotiques; dans le fond, un jardin fermé d'un grillage; avec une porte également en treillage; à gauche, sur le premier plan, un pavillon; au troisième plan, l'entrée du parc; sur le devant du théâtre, à droite, un saule pleureur, avec un banc de gazon au pied.

SCÈNE PREMIÈRE.
LE BARON, AMÉLIE, CRESCENDO.

CRESCENDO. Oui, signora, de l'âme, dou sentiment, de la méthode et de la voix, voilà tout ce qu'il faut pour la musique italienne, et vous possédez tout cela dans la perfection.

AMÉLIE. Je crains que votre écolière ne vous fasse pas honneur.

CRESCENDO. Point du tout. Il n'y a pas à dix lieues

à la ronde onne de nos ladys qui puisse soutenir la comparaison.

LE BARON. Savez-vous, signor Crescendo, que je m'étonne toujours de voir un talent tel que le vôtre rester en Angleterre.

CRESCENDO. Que voulez-vous?

AIR : *Un homme pour faire un tableau.*

Sur les beaux-arts et les talents
Peu de gloire est ici semée;
Paris seul dispense en tout temps
Les palmes de la renommée.
Des talents faits pour l'illustrer
Il est l'asile tutélaire.
En France on sait les admirer,
Mais on les pale en Angleterre.

D'ailleurs, le grand homme est de tous les pays... Je vous réserve aujourd'hui un petit air d'opéra que j'achève en ce moment.

Barbar amor! crudel tyran!

Car je compose, tel que vous me voyez; ce qui ne m'empêche point d'aller à droite et à gauche donner des leçons dans les châteaux voisins.

LE BARON. J'entends : *I virtuosi ambulanti.*

CRESCENDO. C'est cela même. Je déjeune le matin à Bedlam, je dîne à Southwarck, et je soupe à Tudor-Hall: le génie mange partout. Moi, je ne suis pas fier, et j'affectionne surtout votre château, monsou le baron. Quoique Français, vous savez apprécier le macaroni; et l'on trouve ici les égards, les attentions, une voix délicieuse, une cuisine française et une mousique italienne. C'est un séjour enchanté.

LE BARON. Je suis charmé qu'il vous plaise. Mais est-ce que nous ne continuons pas la leçon?

CRESCENDO. La signora a l'air fatigué. Je vais avant le dîner revoir la romance que votre charmante nièce m'a permis de lui dédier. Un mot encore : comment mettrai-je pour la gravure? A madame, ou à madamigelle?

LE BARON. Qu'est-ce que cela fait?

CRESCENDO. Oh! c'est très-essentiel. Voyez-vous en gros caractère : Dédié par son très-humble serviteur Crescendo... à et cætera, et cætera.

AIR du vaudeville du *Printemps.*

Que j'inscrive ici votre nom!
Du succès je réponds d'avance;
Et vous regarde avec raison
Comme l'auteur de la romance.

AMÉLIE.

C'est l'être à bon compte, en effet.

CRESCENDO.

Eh! mon Dieu! que d'autres, je gage,
Qui sont auteurs, et qui n'ont fait
Que mettre leur nom à l'ouvrage!

Mais il y a une difficulté: c'est que depuis un mois que je donne des leçons à la signora, je n'ai pas encore pu savoir si elle était madame ou madamigelle.

LE BARON. Était-ce bien nécessaire pour lui enseigner des roulades et des cadences?

CRESCENDO. Nullement, et je vous prie d'excouser mon indiscrétion.

LE BARON. Ce n'en est pas une; et vous pouvez mettre hardiment...

CRESCENDO. A madamigelle.

LE BARON. Au contraire : à madame, madame la comtesse Amélie.

CRESCENDO. Ah! madame! c'est différent; je m'en étais toujours douté. C'est qu'il est étonnant que nous n'ayons pas encore vou monsieur le comte. Il doit s'estimer bien heureux monsieur le comte; et il faut que madame se soit mariée bien jeune... Mais, pardon; c'est que, voyez-vous, l'amour et la jeunesse...

L'amor e la gioventù..

J'ai un rondeau là-dessus. *(Se frappant le front.)* Attendez : c'est la fin de mon grand air. Depuis deux jours je la guettais.

Crudel tiran!.. ah! ah! ah! ah!
J'y suis; je cours profiter de l'inspiration.

AMÉLIE. Prenez garde qu'elle ne vous mène trop loin.

CRESCENDO. Soyez tranquille, je ne passerai pas l'heure du dîner. *(Il sort en chantant et en gesticulant.)*

SCÈNE II.

LE BARON, AMÉLIE.

AMÉLIE. Allons, et lui aussi va faire des commentaires sur la conduite de mon mari, et s'étonner de ce que monsieur le comte...

LE BARON. C'est qu'en effet il y a de quoi s'étonner.

AMÉLIE. Eh! pourquoi donc, mon oncle? je trouve tout naturel qu'un mari reste éloigné de sa femme.

LE BARON. Oui; mais qu'il y reste pendant huit ou dix mois! On m'a assuré cependant qu'il t'aimait éperdument.

AMÉLIE. Mon oncle, vous n'étiez pas à Paris lorsqu'on m'unit à M. Alfred de Roseval; ainsi, vous pouvez savoir...

LE BARON. Non; mais sans le connaître, je sais que c'est le plus étourdi, le plus aimable et le plus brave de tous les officiers français.

AMÉLIE. Un véritable enfant, qui se croyait le plus heureux des hommes quand il était paré de son grand uniforme, ou qu'il montait son cheval de bataille; et qui aurait tout sacrifié au bonheur de passer son régiment en revue!

LE BARON. Vrai? Eh bien! il est impossible qu'un homme comme celui-là ne soit pas charmant.

AMÉLIE. En vérité, mon oncle, vous me donneriez de l'humeur!

LE BARON. Non; mais avec un tel caractère on doit être gai, franc, incapable de tromper; on doit aimer sa femme, et quoi que tu en dises, il faut qu'il y ait un peu de ta faute, et tu ne m'as pas tout avoué.

AMÉLIE. Moi, mon oncle! Grand Dieu! si on peut dire... Soyez notre juge : on nous maria; il disait qu'il m'aimait, je voulus bien le croire: ils le disent tous, et l'on est convenu de ne pas disputer là-dessus. Pendant huit jours, je dois pourtant lui rendre cette justice, il parut beaucoup plus occupé de moi que de ses chevaux, et même de son uniforme! Il fallut partir pour une mission importante; il en fut désolé, rien n'égala sa douleur; moi-même, par compassion, je daignai en être touchée! Au bout de huit jours il devait m'écrire, quinze se passent! Enfin la lettre arrive; elle a été retardée par une foule d'événements plus ou moins extraordinaires; vous sentez qu'on n'est pas dupe de tout cela. Je réponds très-froidement. On me récrit, mais d'un ton, vous auriez été indigné! je ne réponds pas, comme vous vous en doutez bien: j'attends qu'on me fasse des excuses, qu'on me demande pardon; eh bien! point! un mois, deux mois se passent, aucune nouvelle! Vous sentez que, ma vie en eût-elle dépendu, je ne serais point revenue la première. A cette époque vous passez en France; vous me proposez de quitter Paris, dont le séjour me paraissait insipide, de venir habiter avec vous un château que vous avez au bord de la Tamise, près du nouvel établissement de Bedlam; j'accepte avec joie, et c'est dans cet asile enchanteur, au sein des arts et de l'amitié, que vous croyez que je puis conserver quelques regrets ou former quelques désirs! non, mon oncle, rassurez-vous, je ne regrette rien; je n'aime rien que vous seul, et je jouis, grâce au ciel, d'une tranquillité et d'une indifférence que rien ne pourra troubler.

LE BARON. Le ton dont tu me le dis me persuade, et je ne conserve plus aucun doute. Il y a bien dans ton récit quelques petits détails que tu ne m'avais pas racontés; mais c'est égal, tu as raison, complétement raison. Et que fait Alfred maintenant?

AMÉLIE. J'ai appris indirectement que sa mission était terminée, et qu'il voyageait pour son plaisir.

Air de *la Robe et les Bottes.*

On prétend qu'il parcourt le monde ;
Qu'éblouissant toutes les cours,
Il va, promenant à la ronde
Son or, son faste et ses amours.

LE BARON.
En tous lieux s'il est infidèle,
C'est qu'il veut connaître par là
La plus aimable et la plus belle...
Je suis sûr qu'il te reviendra.

AMÉLIE. Lui ! quelle idée ! En tous cas ce serait inutile, car mon parti est pris ; je vous le dis sans humeur, sans colère : je ne le reverrai jamais ! jamais je ne rendrai ma tendresse ni mon estime à quelqu'un qui, volontairement, a pu vivre une année entière éloigné de moi.

SCÈNE III.
LES PRÉCÉDENTS, TOMY.

LE BARON. Eh bien ! que nous veut Tomy ?
TOMY. Ah ! c'est vous, not' maître ? tant pire.
LE BARON. Pourquoi tant pire ?
TOMY. C'est que j'ai quelque chose à vous demander.
LE BARON. Eh bien ! imbécile ?
TOMY. Pas tant... Dans le fond, c'est bien à vous ; mais je m'entends : c'est à Madame que je voulais d'abord m'adresser, parce que quand c'est Madame qui parle on est toujours sûr d'obtenir.
AMÉLIE. Vraiment ! je ne me croyais pas tant de crédit...
TOMY. Oh ! tout le monde ici le sait bien, allez.
AMÉLIE. Eh bien ! voyons donc, monsieur Tomy ?
TOMY. Madame, c'est que je viens de la taverne du Grand-Amiral.
LE BARON. J'aurais dû m'en douter !
TOMY. Imaginez-vous que je trouve là un beau jeune homme qui arrivait en poste ; six chevaux, trois postillons ; clic, clac : tout était sens dessus dessous pour le recevoir... « Holà ! la fille, les garçons, toute la « maison ; qu'on me donne à déjeuner ! » On voulait lui servir de ce bon porter que j'aime tant ! car il y en a d'excellent à la taverne de l'Amiral. Ah bien ! oui : du champagne, du bordeaux, du vin de France ; vive la France ! Aussi faut-il lui rendre justice, il les a traités en compatriotes. Vous voyez que je ne vous passe rien.
AMÉLIE. Oh ! Tomy conte bien.
TOMY. Ah çà, pendant qu'il déjeunait et qu'il avait derrière lui deux grands laquais... « Madame l'hô- « tesse, est-il possible de visiter la nouvelle maison « royale de Bedlam ? je suis étranger, et je voudrais « voir en détail ce bel établissement. » On lui dit alors que ça n'est pas public, et qu'à moins d'un mot de recommandation d'un des propriétaires des environs... « Eh ! qui diable voulez-vous qui me recommande, je « ne connais personne. » Alors, Monsieur, je me suis avancé ; je lui ai dit que s'il voulait permettre j'allais m'adresser à mon maître.
LE BARON. Ah ! nous y voilà !
TOMY. Qui était un riche et brave seigneur.
LE BARON. Et tu lui as promis ta recommandation auprès de moi ?
TOMY. Dame, oui, Monsieur : le désir d'obliger, vu surtout qu'il m'a donné une pièce d'or, et que je suis sûr qu'il m'en donnera encore autant. Vous ne voudriez pas me faire perdre cela ?
AMÉLIE. D'ailleurs il ne faut pas compromettre le crédit de M. Tomy !
LE BARON. Je vois bien qu'il a eu raison de compter sur ta protection. (*Il ouvre la porte du pavillon, et écrit.*)
TOMY. D'autant plus que Monsieur connaît le directeur de la maison des fous, et qu'ainsi il n'a besoin que d' griffonner un mot. (*A Amélie, pendant que le baron écrit.*) Pour en revenir à not' jeune seigneur, je l'ai laissé arrangeant sa cravate devant une glace, et cajolant miss Jenny, cette jolie petite fille...
AMÉLIE. C'est bon, c'est bon.

TOMY.
Air du ballet des *Pierrots.*

Il d'mand' son compte ! on l' lui présente ;
Il pai' sans en r'garder l' montant ;
Et puis il parle, il rit, il chante,
Et tout ça dans le même instant.
Il faut voir comme il se démène ;
Franchement, Bedlam lui convient ;
Et loin d' croire qu'il y va, morguenne !
On croirait plutôt qu'il en vient.

LE BARON, *ayant achevé d'écrire.* Et sait-on quel est cet original ?
TOMY. Ma fine, oui, car un de ses gens l'a nommé devant moi, et je crois qu'il a dit le comte de... de Roseval ?
LE BARON. Roseval !
AMÉLIE. Alfred ! grands dieux ! (*Elle court vers le côté par où Tomy est entré.*)
LE BARON. Eh bien ! où vas-tu ?
AMÉLIE, *revenant.* Mon oncle, je ne reste pas ici : je ne veux pas m'exposer à le rencontrer.
LE BARON. Bon ! quel enfantillage ! je ne vois rien là-dedans qui puisse t'effrayer : ce n'est pas ici qu'il vient.
AMÉLIE, *cherchant à se remettre.* Vous avez raison, ce n'est qu'une aventure fort ordinaire.
LE BARON. Oh ! fort ordinaire ! (*A part.*) Quel événement ! Alfred dans ce pays ! Alfred si près de nous ! ne laissons point échapper cette occasion ! mais par quel moyen ? Eh ! sans doute ! (*A Tomy.*) Tiens, porte-lui cette lettre ; propose-lui de le conduire toi-même à Bedlam.
TOMY. Pardin ! je sais bien où c'est ; la maison des fous, à deux pas d'ici.
LE BARON. Oui, mais alors... (*Il lui parle bas à l'oreille.*)
TOMY. Comment, Monsieur ? mais il n'y a pas de conscience.
LE BARON. Fais ce que je te dis, et surtout...
TOMY. Ah ! soyez tranquille... ma foi, ça sera drôle ; car je n'y comprends rien. (*Il sort.*)

SCÈNE IV.
LE BARON, AMÉLIE.

AMÉLIE. Mais, mon oncle, quel est votre dessein ? et que prétendez-vous faire ?
LE BARON. Ne t'inquiète pas.
AMÉLIE. Je vous l'ai dit ; vous savez ce que je pense, ce que j'ai juré ; je ne le verrai pas ; je ne le verrai jamais.
LE BARON. A la bonne heure ; toi, tu ne peux pas seulement l'envisager, c'est trop juste ; mais moi, je n'ai pas fait de serment ; et la tendresse qu'on doit à sa famille...

Air : *Tenez, moi, je suis un bon homme.*

Je dois accueillir sur sa route
Un neveu qui m'est inconnu,
Qui visite, sans qu'il s'en doute,
Un oncle qu'il n'a jamais vu.
Auprès d'un parent qu'il ignore,
Crains-tu qu'il ne reste toujours,
Lorsqu'avec les gens qu'il adore
A peine reste-il huit jours ?

AMÉLIE. Ah ! quel plaisir j'aurais à le voir à mes pieds ! et à le désespérer !
LE BARON. Eh bien ! tout cela est très-possible.
AMÉLIE. Comment ?
LE BARON. Rentre au château : je vais aller te rejoindre et t'expliquer mon projet.
AMÉLIE. Vous ne tarderez pas, n'est-ce pas, mon oncle ?

LE BARON. Donne-moi au moins le temps de le recevoir.
AMÉLIE. Si vous me le disiez tout de suite?
LE BARON. On vient...
AMÉLIE. Non, mon oncle; je vous assure que ce n'est personne.
LE BARON. Et si vraiment, te dis-je!
AMÉLIE. Mon Dieu! que c'est impatientant! me voilà maintenant d'une inquiétude! on avait bien besoin de recevoir ici ce mauvais sujet! (*Elle sort en regardant plusieurs fois le côté par lequel Alfred doit venir.*)

SCÈNE V.
LE BARON, ALFRED, *conduit par* TOMY.

TOMY. Par ici, Monsieur, par ici.
ALFRED, *dans le fond*. L'entrée est fort bien, c'est un séjour fort agréable que Bedlam; on ne se douterait jamais qu'on est dans une maison de fous! (*Montrant le baron.*) C'en est un que j'aperçois.
TOMY. Non, Monsieur, c'est le maître de la maison.
ALFRED. Ah! oui, le directeur... C'est bon, laisse-moi. Tiens, voilà pour boire à ma santé; je te remercie de m'avoir conduit à Bedlam.
TOMY. Il n'y a pas de quoi, Monsieur.
ALFRED. Dis à ton maître que le comte de Roseval demande la permission de lui présenter ses respects avant de quitter ce pays.
TOMY. Oui, Monsieur... (*A part.*) V'là de l'argent bien gagné!.. (*Il sort.*)

SCÈNE VI.
LE BARON, ALFRED.

LE BARON, *à part*. Ses respects! c'est un garçon fort honnête que mon neveu.
ALFRED. C'est au docteur Willis que j'ai l'honneur de parler?
LE BARON. Monsieur...
ALFRED. Voici une lettre qui vous est adressée; daignez, je vous prie, en prendre connaissance.
LE BARON, *à part*. Je pourrais m'en dispenser. (*Haut.*) Hum! hum! On m'engage à vous faire voir l'intérieur de la nouvelle maison de Bedlam. Monsieur, vous n'aviez pas besoin de recommandation; un gentilhomme tel que vous est toujours sûr d'être bien reçu. Je suis fâché cependant que vous veniez aujourd'hui; nous avons plusieurs parties de l'établissement qui ne sont pas visibles; et je ne puis même que dans un instant vous conduire dans l'intérieur de la maison.
ALFRED. Comment donc, Monsieur! je suis à vos ordres, et j'attendrai tant qu'il vous plaira. Vos jardins seuls méritent d'être vus; il y règne un goût, une variété... en honneur, j'en connais peu d'aussi beaux.
LE BARON, *à part*. S'entendre dire cela à soi-même! un propriétaire! c'est charmant!

ALFRED.

AIR du *Verre*.

A vos fous il ne manque rien,
Ils sont les plus heureux du monde;
En France on les traite moins bien;
Chez nous pourtant l'espèce abonde;
Que j'aime ces ombrages frais!
Si chez vous... (cela m'intéresse)
La Folie habite un palais,
Comment loge-t-on la Sagesse?

On doit se trouver trop heureux de passer sa vie dans un séjour semblable. Parbleu! vous devriez bien me permettre de m'y établir.
LE BARON. Y pensez-vous? nous n'avons ici que des gens dont la tête...
ALFRED. Eh bien! justement: je vous jure que je n'y serais pas plus déplacé que beaucoup d'autres.

LE BARON. Auriez-vous par hasard quelques chagrins?
ALFRED. C'est selon, voyez-vous, si j'y pensais, j'en aurais de très-grands... Tel que vous me voyez, je suis marié; vous ne vous en douteriez pas, ni moi non plus. Une femme charmante qui m'aurait fait mourir de douleur, si je n'y avais pris garde.
LE BARON. Vraiment! et où est-elle en ce moment?
ALFRED. Vous allez rire; vrai, je n'en sais rien. Je présume cependant qu'elle est à Paris, au milieu des plaisirs et des adorateurs; nous sommes brouillés à mort. Une légèreté, un caprice, ce serait trop long à vous raconter. D'ailleurs, tout est fini; je l'ai juré!
LE BARON. Vous l'avez juré!
ALFRED. Oui, Monsieur. Cependant j'ai fait les avances; j'ai écrit, on ne m'a pas répondu, ma conscience est tranquille.
LE BARON. Et vous ne fîtes pas de reproches?
ALFRED. J'en eus d'abord envie; mais c'était déjà si singulier d'être mari! et puis un mari qui se plaint, comprenez-vous, on en voit partout : soit dépit, soit amour-propre, je préférai une vengeance plus digne de moi. J'allai au bal, je me lançai dans toutes les sociétés; il faut bien se faire une raison! C'est ce que je me dis depuis un an! aussi les voyages, les bals, les concerts, les spectacles, je ne sors pas de là. Enfin, Monsieur, vous voyez l'homme le plus malheureux!
LE BARON. Croyez, Monsieur, que je compatis bien sincèrement... (*A part.*) Allons, je m'en doutais, ce n'est qu'un étourdi.

SCÈNE VII.
LES PRÉCÉDENTS, TOMY, *paraissant et appelant par signes le baron*.

TOMY. St, st, st, monsieur le baron!
LE BARON, *à part*. Diable! il faudrait prévenir ma nièce. (*Tomy sort.*)
ALFRED. Eh bien! qu'attendons-nous pour commencer notre visite?

AIR du vaudeville de *l'Écu de six francs*.

Allons, hâtons-nous, je vous prie,
Et daignez combler mon espoir.
LE BARON.
Vous serez surpris, je parie,
De tout ce que vous allez voir.
ALFRED.
Parmi tant de monde, je gage,
Qui bientôt doit m'environner,
Ce qui va le plus m'étonner,
C'est de me trouver le plus sage.

SCÈNE VIII.
LES PRÉCÉDENTS, CRESCENDO.

CRESCENDO, *tout hors de lui*. Monsu le baron, monsu le baron, mon air est achevé...
Crudel tiran... ah! ah!
LE BARON, *à part*. Ah! diable! notre musicien! je n'y avais pas songé.
ALFRED. Quel est cet homme?
LE BARON, *bas, à Alfred*. C'est un fou, mais de ceux qui ne sont pas dangereux, et à qui on laisse la liberté. Vous ne croiriez jamais? c'est un grand personnage, un chancelier de l'Échiquier, qui a la manie de se croire un grand compositeur, et qui ne parle que musique. Tenez, regardez-le. Il voit partout des protecteurs, et moi-même il me prend pour un baron à qui il veut dédier un opéra.
ALFRED. Ah! ah! ah! le pauvre homme!
LE BARON, *bas, à Crescendo*. C'est un prince russe, grand protecteur des beaux-arts, et qui raffole de la musique italienne.
CRESCENDO. Che gusto!
LE BARON, *à Alfred*. Je vous demande encore un instant. (*A part.*) Allons retrouver ma nièce. Je reviens au plus vite.

SCÈNE IX.
ALFRED, CRESCENDO.

CRESCENDO. Me sera-t-il permis de vous présenter mes respects? Combien nous devons nous tenir honorés d'oune semblable visite!
ALFRED, *le regardant.* Voilà bien la figure la plus originale! Qui diable reconnaîtrait là un chancelier? (*Haut.*) C'est moi, Monsieur, qui suis trop heureux de faire connaissance avec un aussi grand talent. Vous dites que vous vous appelez?
CRESCENDO. Il signor Crescendo.
ALFRED. Ma foi, signor Crescendo, je trouve bien étonnant que l'amour de la composition vous ait fait tout à fait oublier vos anciennes fonctions.
CRESCENDO. Non pas: je me rappelle, j'ai été chef d'orchestre à Turin et maître de chapelle à Florence; mais l'intrigue, la cabale. Bah! à quoi bon les places? Vive le vrai compositor! l'artiste indépendant qui n'obéit qu'à son génie.

Air du vaudeville du *Jaloux malade.*

Quel art plus noble et plus sublime!
Qui sait chanter doit tout savoir :
La nature à sa voix s'anime,
Et tout reconnaît son pouvoir.
Les morts s'élancent de l'Érèbe;
Et ce fut jadis un rondo
Qui fit bâtir les murs de Thèbe
Et tomber ceux de Jéricho.

ALFRED. Ah! ah! il est très-amusant.
CRESCENDO. A propos de cela, mon prince.
ALFRED. Me voilà prince, à présent!
CRESCENDO. J'oubliais de vous chanter mon grand air :
Crudel tiran... ah! ah! ah!
Mettez-vous dans la situation. C'est le jeune héros qui marche au supplice, et qui, avant de monter à l'échafaud, commence en mi bémol...
ALFRED. Le morceau me paraît déjà bien placé.
CRESCENDO. C'est que je vois que vous ne connaissez pas mon opéra. Que c'est heureux pour vous! je m'en vais vous le chanter. Il est en répétition dans ce moment au grand théâtre de Londres. Ce n'est pas sans peine! des passe-droits, des injustices, quinze mois à l'étoude, ça ne serait pas pire à l'Opéra de Paris. L'ouverture, maestoso!

Tra, la, la, la, la, tra, la, la, la, la...
Et l'oboé qui se fait entendre :
Pon, pon, pon, pon, pon, pon...

Mais quand j'y pense... quelle idée! ah! mon prince! si ce n'était pas abuser des bontés de Votre Altesse, je lui demanderais...
ALFRED. Vous n'avez qu'à parler.
CRESCENDO. D'accepter la dédicace de mon opéra.
ALFRED. Avec plaisir. C'est servir la cause des beaux-arts que d'être utile à un compositeur aussi distingué.
CRESCENDO. Ma fortune est faite!

SCÈNE X.
LES PRÉCÉDENTS, LE BARON.

CRESCENDO, *au baron qui arrive.* Ah! monsu le baron! il ne l'a pas entendu; mais il m'a accepté la dédicace : me voilà connu à Saint-Pétersbourg! Je cours écrire mon grand air, et nous l'exécuterons après le dîner. Votre Altesse, monsou le baron, croyez que jamais je n'oublierai.. Récitatif..

Che veggio... qual spettacolo!
Suona l'orribil tromba!
Crudel tiran... ah! ah! ah! ah!
(*Il sort en chantant et en gesticulant.*)

SCÈNE XI.
ALFRED, LE BARON.

ALFRED. Ah! ah! ah! j'avoue d'abord que je le plaignais; mais, ma foi, je n'ai pu y résister. Ce pauvre chancelier! savez-vous que c'est un fou très-divertissant?
LE BARON. Vous allez en voir bien d'autres : venez. (*On entend un prélude.*)
ALFRED. Écoutez donc.

AMÉLIE, *en dehors.*

AIR : *Combien j'ai douce souvenance.*

Il est parti loin de sa mie,
Loin du beau ciel de sa patrie;
Mais en vain l'ingrat tous les jours
M'oublie,
Serai fidèle à mes amours
Toujours.

ALFRED, *avec émotion.* Quelle jolie voix!
LE BARON. Chut! c'est notre jeune comtesse. Venez de ce côté; gardons-nous de la troubler.
ALFRED. Un instant, je vous prie.
LE BARON. Non pas, c'est l'heure de sa promenade. Elle aime à être seule, et nous respectons sa douleur.
ALFRED, *regardant vers la droite.* Oui, elle s'avance dans cette allée, elle s'arrête; à sa démarche et à sa taille, je parierais qu'elle est charmante.
LE BARON. C'est le mot. Une femme bien estimable et bien à plaindre, qui a eu le malheur d'épouser un mauvais sujet.
ALFRED. Voyez-vous cela!
LE BARON. Et à qui la mauvaise conduite de son mari a fait perdre la raison.
ALFRED. Vous m'avouerez que c'est indigne.
LE BARON. Oui, Monsieur, elle est folle d'amour.
ALFRED. Ah! pas possible! (*Dans ce moment Amélie paraît dans le jardin du fond; elle ouvre la grille, et vient s'asseoir sous le saule.*) Je vous en supplie, laissez-moi lui parler. Pauvre petite! folle d'amour! Et vous dites qu'elle est jolie? Je ne la dérangerai pas de sa promenade; mais permettez-moi de la voir.
LE BARON. Songez donc que mon devoir me réclame.
ALFRED. Eh bien! cher docteur, ne vous gênez pas; faites vos affaires, je vous rejoins dans l'instant! (*Il pousse le baron dehors par la gauche.*)

SCÈNE XII.
ALFRED, AMÉLIE.

AMÉLIE, *la tête couverte d'un grand chapeau à la Paméla.*

DEUXIÈME COUPLET.

Il est parti l'ami que j'aime!
Ai tout perdu, le bonheur même,
N'en est pour moi qu'avec celui
Que j'aime!
Tout est chagrin, tout n'est qu'ennui
Sans lui!

ALFRED. Cette voix! quelle illusion! mais non, c'est impossible.
AMÉLIE. Enfin, me voilà seule. (*Otant son chapeau.*) Oui, seule ici, seule dans le monde.
ALFRED, *qui s'est approché.* Ciel! c'est elle... Quel changement dans ses traits! Mais c'est bien elle, c'est Amélie, plus jolie que jamais.
AMÉLIE. Amélie!.. qui m'a appelée? que veut cet étranger?
ALFRED. Elle ne me reconnaît pas!.. Amélie. (*Il lui prend la main.*)
AMÉLIE. Laissez-moi; votre vue me fait mal.
ALFRED. Et c'est moi qui suis la cause..
AMÉLIE. Non, ne t'éloigne pas; tu pleures, tu as du chagrin... Écoute : est-ce que tu as été trahi, abandonné?
ALFRED. J'ai perdu tout ce que j'aimais.

AMÉLIE. Reste alors, reste en ces lieux. Et moi aussi j'ai tout perdu... Tu ne sais donc pas... Il est parti, il s'est éloigné.
ALFRED. Comment se fait-il que sa raison se soit ainsi... Amélie! reviens à toi, reconnais-moi, je suis Alfred.
AMÉLIE. Alfred, dites-vous?.. Oui, Alfred, c'était son nom... Où est-il?
ALFRED. Auprès de toi.

AMÉLIE.
AIR de *M. Frédéric Kreubé.*
Serait-ce l'ami que sans cesse
    Je désirais?
Voilà sa voix enchanteresse,
    Voilà ses traits.
Mais non, une flatteuse ivresse
    M'abuse ici!
Et tes yeux ont trop de tendresse :
    Ce n'est pas lui !

ALFRED.
Même air.
J'avais quitté mon Amélie.
AMÉLIE.
C'est comme lui.
ALFRED.
J'avais méconnu mon amie.
AMÉLIE.
C'est comme lui.
ALFRED.
Mon cœur n'a brûlé que pour elle :
    J'en jure ici !
AMÉLIE.
Quoi ! ton cœur fut toujours fidèle?
    (*Douloureusement.*)
    Ce n'est pas lui !

Je savais bien que vous me trompiez. Alfred ne doit pas revenir. Mais c'est lui que je plains; oui, Monsieur, je le plains.

AIR : *A Paris et loin de sa mère.*
Ce n'est point par coquetterie,
Mais je crois entendre souvent
Dire que je suis embellie,
Et mon miroir m'en dit autant.
Que ce soit ou non un prestige,
Je ne suis pas si mal encor!..
Voyez pourtant ce qu'il néglige ;
Dites, dites-moi, n'a-t-il pas grand tort?

ALFRED. C'est qu'en effet elle est charmante !
AMÉLIE. Et puis... (*Mystérieusement.*) c'est un secret au moins, il ne faut pas lui en parler!.. à son retour, je voulais le surprendre par mes progrès. Avec quel plaisir j'étudiais!.. c'était pour lui !.. (*Avec gaieté.*) Vous ne savez pas ?.. j'ai fait son portrait... si j'étais sûre que vous ne lui diriez point, je vous le montrerais... (*Regardant autour d'elle.*) Tenez, regardez vite; n'est-il pas ressemblant?..
ALFRED. Ah! je n'y tiens plus; j'en mourrai de douleur!
AMÉLIE. Je ne jouais pas de ma harpe, de mon piano!.. mais vous savez comme il aimait la valse?.. eh bien! Monsieur, je valse à ravir.
ALFRED. Elle valse à ravir! est-on plus malheureux ! Quelle femme j'avais là!

AIR de *M. Doche.*
(*Amélie fait quelques pas de valse sur la ritournelle.*)
Quel charme heureux, quelle grâce légère
Semble animer ses yeux déjà si doux ?
    (*Amélie s'arrête et le regarde.*)
Daigne un instant écouter ma prière :
C'est ton amant qui tombe à tes genoux.
AMÉLIE *le regarde tendrement et recommence à valser.*
Tra, la, la, la, la, la, la, la, la, laire,
Tra, la, la, la, la, la, la, la, la.

ALFRED, *tombant à ses genoux.* C'est Alfred... c'est ton époux, qui n'a jamais cessé de t'aimer.

SCÈNE XIII.
LES PRÉCÉDENTS, CRESCENDO.

CRESCENDO, *paraissant dans le fond, un papier de musique à la main.*
Che veggio! qual spettacolo.
AMÉLIE, *qui était prête à se trahir, aperçoit Crescendo, pousse un grand cri, et s'enfuit en fermant la grille sur elle.* Ah!
CRESCENDO. Son Altesse aux pieds de mon écolière!..
ALFRED. Elle a disparu! (*Prenant Crescendo au collet.*) Malheureux ! c'est ta présence qui l'a fait fuir!.. où est-elle, dis-moi, tu m'en répondras?
CRESCENDO. Mon prince... (*A part.*) A qui en a-t-il ?
ALFRED. Eh bien ! que fais-je ?.. je suis aussi insensé que lui; mais vit-on jamais un malheur égal au mien ?. (*Regardant le portrait.*) Amélie! bonne Amélie !
CRESCENDO. Mon prince... c'est ce fameux air en mi-bémol.
ALFRED. Eh ! laisse-moi tranquille... Dis-moi plutôt... connais-tu cette jeune dame qui, tout à l'heure?
CRESCENDO. Sans doute.
ALFRED, *avec feu.* Tu la connais, tu la vois souvent ?. Ah! je t'en prie, parle-moi d'elle.
CRESCENDO. C'est la comtesse Amélie.
ALFRED. Oui...
CRESCENDO. C'est la nièce de M. le baron, du maître de ce château, du possesseur de cette maison de plaisance... de celui que vous avez vu.
ALFRED. Allons, le château, le baron... Voilà sa tête qui se perd... Aussi, où m'avisais-je d'aller lui demander des renseignements?..
CRESCENDO. C'est mon écolière : c'est moi qui lui montre la musique... et une voix!.. une méthode!..
ALFRED. Eh! au nom du ciel, laissons là la musique ! Rappelez-vous que vous n'êtes pas plus musicien que moi.
CRESCENDO. Comment! pas musicien?
ALFRED. Eh! non, monsieur le chancelier.
CRESCENDO. Moi, chancelier!.. rabaisser ainsi un compositeur distingué !..
ALFRED. Allons, je ne m'en tirerai pas !.. Morbleu ! laissez-moi.
CRESCENDO. Non... l'on a abusé Votre Altesse ; mais elle va connaître il signor Crescendo ! Voici les lettres les piou flatteuses qui m'ont été adressées par des princes et des directeurs de spectacles ; voici des lettres de recommandation pour les piou grands personnages qui doivent être en ce moment en Angleterre; pour M. l'ambassadeur de France, pour M. le marquis de Valmont, M. le comte de Roseval...
ALFRED. De Roseval, dis-tu ?
CRESCENDO. Oui, Monsieur, lui-même.
ALFRED, *lui arrachant la lettre et la décachetant.* Qu'est-ce que ça signifie?
CRESCENDO. Monseigneur est sans façons.
ALFRED. Eh ! oui... c'est pour moi ; c'est le chevalier de Forlis, mon ami intime... lisons. « D'après ta dernière lettre, tu dois être à Londres dans ce moment. « Je t'adresse et te recommande il signor Crescendo, « mon maître de musique...
CRESCENDO. C'est moi.
ALFRED, *continuant.* « Un original...
CRESCENDO. C'est moi.
ALFRED, *continuant.* « Qui ne manque pas de talent. » C'est daté d'hier... Comment! il serait vrai?.. vous seriez réellement ?.. Et ce château... Amélie, le baron...
CRESCENDO. Sont réellement ce que je vous ai dit.
ALFRED, *vivement.* Quel bonheur! Oh! oui, c'est cela... c'est cela même, mon cœur a besoin de le croire... Je cours m'informer, achever de m'éclaircir... cette jolie Amélie!.. son oncle!.. Ah! vous voulez me donner des leçons !.. Morbleu ! je leur rendrai !.. Tant d'idées se croisent, se confondent dans ma tête... Mon cher Crescendo!

CRESCENDO. Monseigneur, vous allez entendre mon grand air?
ALFRED. Va toujours, je t'écoute.
CRESCENDO. Tra, la, la, la.
ALFRED, à part. Mais j'aperçois Amélie et le baron... Ne perdons pas de temps. (*Il s'enfuit par la gauche.*)

SCÈNE XIV.
CRESCENDO; LE BARON, AMÉLIE, *entrant avec précaution par la droite.*

CRESCENDO, *continuant.* Tra, la, la, la... Mille pardons, il y a des notes de passées. (*Il corrige au crayon.*)
AMÉLIE. Mon oncle, il n'est plus là!
LE BARON. Aussi, tu le quittes sans attendre mon arrivée; ce n'est pas cela dont nous étions convenus.
AMÉLIE. C'est ce Crescendo qui tout à coup m'a effrayée.
CRESCENDO. Tra, la, la... Votre Altesse, mon prince! Eh bien! où est-il donc?
AMÉLIE. Quel dommage! si vous aviez vu son trouble, son désespoir, le désordre de ses traits; c'était charmant!..
LE BARON. Je vois que tu es moins irritée contre lui.
AMÉLIE, *sévèrement.* Plus que jamais, mon oncle; comme s'il suffisait d'un instant de repentir pour effacer tous les torts du monde.
CRESCENDO. Dites-moi, êtes-vous bien sûr que notre prince rousse soit dans son bon sens?
LE BARON. Comment?
CRESCENDO. Oui, que sa tête ne soit pas... là... un peu. Pendant un quart d'heure, il me parle d'un tas de balivernes où l'on ne conçoit rien; et, lorsque je veux commencer mon grand air, il part comme un éclair, zest!..
LE BARON, *bas, à Amélie.* Ça n'est pas si dépourvu de bon sens. (*On entend du bruit.*)

SCÈNE XV.
LES PRÉCÉDENTS; TOMY, *arrivant en désordre.*

TOMY. Ah! Madame!.. ah! Messieurs!.. qui l'aurait cru... ce pauvre jeune homme!
AMÉLIE. Eh bien! qu'as-tu donc? Lui serait-il arrivé quelque chose?
TOMY. La tête n'y est plus.
CRESCENDO. Là, quand je vous le disais.
TOMY. Il faut que quelque révolution subite ait troublé sa cervelle; mais il est fou... fou à lier!
AMÉLIE. Mon mari... où est-il? conduis-moi de ce côté.
CRESCENDO. Son mari! allons, à l'autre à présent... ah çà! tout le monde perd donc la tête aujourd'hui?
TOMY. Il est dans une fureur, qu'il a déjà ravagé deux plates-bandes et brisé nos cloches à melons... Il demande sa femme, il la voit partout, il lui demande pardon, il s'accuse, et il casse tout!
AMÉLIE. Mon Dieu! qu'avons-nous fait là... vous voyez, mon oncle, avec votre stratagème : ce pauvre Alfred! j'étais bien sûre qu'il m'aimait! mais en perdre la raison!.. Mon oncle, je vous en supplie, envoyez chercher des secours.
LE BARON. Parbleu! je vais moi-même voir un peu ce dont il s'agit... Ce pauvre jeune homme!.. aussi avec une tête comme la sienne...
AMÉLIE. Eh! allez donc.
LE BARON. Je reviens dans l'instant. (*Il sort.*)

SCÈNE XVI.
LES PRÉCÉDENTS, *excepté* LE BARON.

TOMY. Il s'avance de ce côté... retirez-vous, il est furieux!
CRESCENDO. Ohimè furioso! Madame, rentrons, je vous le conseille.
AMÉLIE. Non, quel que soit le danger, je reste ici, je ne le quitte plus.
CRESCENDO. Moi, je me sauve. (*Il rencontre Alfred, et s'enfuit de l'autre côté.*)
ALFRED, *dans la coulisse à gauche.* Laissez-moi! laissez-moi! (*Il entre d'un air égaré; ses vêtements sont en désordre; Crescendo, Tomy poussent un grand cri et se sauvent.*)

SCÈNE XVII.
ALFRED, AMÉLIE.

(*Alfred parcourt le théâtre en furieux; Amélie se retire derrière un arbre.*)

ALFRED. Oui, cet Alfred est un monstre! c'est à lui que j'en veux!
AMÉLIE, *timidement.* Mon Dieu! qu'il a l'air méchant! Alfred, c'est moi, ne me faites pas de mal.
ALFRED. Qui êtes-vous?.. approchez.
AMÉLIE. Vous ne me ferez pas de mal?
ALFRED. Vous le savez bien; c'est Alfred seul qui mérite ma colère.
AMÉLIE. Il faut dire comme lui pour l'apaiser. Oui, sans doute, c'est un mauvais sujet, un méchant caractère, qui fait de la peine à tout le monde; mais, si vous m'aimez, faites comme moi, ne lui en voulez plus; il a pressé ma main sur son cœur!
ALFRED. Connaissez-vous Amélie?
AMÉLIE, *timidement.* Oui, je la connais.
ALFRED, *avec feu.* Vous la connaissez!
AMÉLIE, *s'enfuyant.* Ah! mon Dieu! (*Tremblante.*) Non, Monsieur, non, je ne la connais pas. Ah! mon Dieu! est-ce qu'il va toujours être comme cela?
ALFRED. Non, vous ne la connaissez pas?
AMÉLIE, *disant comme lui.* Non, non, je ne la connais pas.
ALFRED. Si vous la connaissiez, vous l'aimeriez comme moi. Vous sauriez quelle fut ma conduite, surtout depuis que je suis éloigné d'elle; je veux tout vous raconter.
AMÉLIE. Quelle situation! une femme écouter les confidences de son mari! Dieu sait combien je vais en apprendre.
ALFRED. Quand j'arrivai à Vienne, vous savez bien, jamais la cour n'avait été si brillante. Une foule de femmes charmantes...
AMÉLIE. Ah! mon Dieu!

ALFRED.
Air de *M. Mélesville.*

Une surtout, fraîche et jolie,
Au fin sourire, au doux minois,
Des Français vantait la folie,
La grâce et les galants exploits.

AMÉLIE.
Et vous disiez à cette belle...

ALFRED.
Je disais, en amant fidèle...
Tra, la, tra, la,
Ne me parlez pas de cela.

AMÉLIE. Comment! Monsieur, vous disiez... Mais c'est très-bien.
ALFRED. Oh! ce n'est pas tout. Vous rappelez-vous, à Berlin, cette jeune et jolie comtesse; bonne et estimable femme!

Même air.

Aux doux plaisirs ainsi qu'au monde
Elle voulait me rappeler.

AMÉLIE.
Et malgré sa douleur profonde,
Monsieur se laissa consoler...

ALFRED, *d'un air égaré.*
Devoirs, égards, dans mon délire,
Oubliant tout, j'osai lui dire...
(*Gaiement.*)
Tra la, tra la,
Ne me parlez pas de cela.

AMÉLIE. Et moi qui l'accusais! Mais c'est un modèle de fidélité conjugale.

ALFRED. Et vous-même, vous êtes b'en jolie! je n'ai jamais rencontré rien de plus attrayant! eh bien! vous tenteriez en vain de me séduire.
AMÉLIE. J'ai bien envie d'essayer. (*Tendrement.*) Alfred, si j'avais été abusée; si, vous retrouvant fidèle, mon cœur vous pardonnait.
ALFRED, *faisant un mouvement qu'il réprime.* Non! je ne puis vous écouter.
AMÉLIE. Mon Dieu! il va m'être trop fidèle à présent. Et si j'étais cette Amélie que vous regrettez?
ALFRED, *avec feu.* Amélie, dites-vous? Etes-vous bien sûre que ce soit elle?
AMÉLIE. Je vous jure que c'est moi.
ALFRED. Ecoutez, n'espérez pas m'abuser; je le saurai bien. Amélie, d'abord, ne m'aurait pas dit : *vous*.
AMÉLIE. Eh bien Alfred, je te le jure.
ALFRED. Amélie me donnait un nom plus doux.
AMÉLIE. Eh bien! mon ami, mon Alfred! (*A part.*) Il faut bien faire tout ce qu'il veut.

AIR : *Quand toi sortir de la case* (PAUL ET VIRGINIE.)

ALFRED.
Amélie, hélas! moins fière,
Regardait plus tendrement.

AMÉLIE.
Ai-je donc l'air si sévère?
(*A part.*)
Je crains qu'à chaque moment
Il ne se mette en colère.

ALFRED, *la regardant.*
Oui, c'est son regard charmant,
Je m'en souviens à présent.
Mais je me souviens qu'Amélie,
Loin, hélas! de me résister,
M'abandonnait sa main jolie...
(*Il lui baise la main.*)

AMÉLIE.
Il ne faut pas l'irriter. (*bis.*)

DEUXIÈME COUPLET.

ALFRED.
Oui, ce moment me rappelle
Des souvenirs bien plus doux!
(*Il la serre dans ses bras.*)

AMÉLIE, *émue.*
Quelle contrainte cruelle!
Mais, Alfred, y pensez-vous?

ALFRED.
S'il est vrai que ce soit elle,
Ne suis-je plus son époux?

AMÉLIE.
Mais, au fait, c'est mon époux.

ALFRED, *vivement.*
Non, non, jamais mon Amélie
Si longtemps n'eût pu résister
A son amant qui la supplie.
(*Il l'embrasse.*)

AMÉLIE.
Il ne faut pas l'irriter. (*bis.*)
(*Alfred tombe à ses genoux.*)

SCÈNE XVIII.

LES PRÉCÉDENTS; LE BARON, CRESCENDO, TOMY, *dans le fond.*

AMÉLIE. Mon oncle! n'approchez pas! il n'y a que moi.
ALFRED, *se relevant.* Venez, venez, mon cher oncle.

Air du *Pot de Fleurs*.
Non, vous n'avez pu rien à craindre.
(*Montrant Amélie.*)
Son cœur n'était plus courroucé,
A mon tour je cesse de feindre,
Allez mon accès est passé.
Sur ma parole qu'on se fonde;
A ce baiser je dois ma guérison;
Et ce qui me rend la raison
La ferait perdre à tout le monde.

AMÉLIE. Comment! Monsieur?
ALFRED. C'était le seul moyen de te fléchir. M'en veux-tu d'avoir perdu la tête?

LE BARON. Bah! Est-ce qu'une femme ne pardonne pas toujours les folies qu'on fait pour elle! mais ce que je ne te pardonne pas, ce sont mes plates-bandes et mes cloches de melons.
CRESCENDO. Ah çà! Messieurs, puisque vous avez tous recouvré la raison, si vous entendiez mon air
LE BARON. Après dîner.
CRESCENDO. Au moins un petit allegro.

VAUDEVILLE.

AIR de *M. Mélesville.*
Enfin donc un ciel plus doux
Pour vous succède aux orages;
Plus de courses, de voyages,
Ah! restez toujours chez vous.

CHŒUR.
Enfin donc, etc.

LE BARON.
De vos voisins, chaque jour,
Français, votre humeur légère
Vous fait prendre tour à tour
Le costume et la manière.
Chaque pays a ses goûts :
Pourquoi renoncer au nôtre?
La France en vaut bien un autre,
Ah! restez toujours chez vous.

CHŒUR.
Chaque pays a ses goûts, etc.

TOMY.
Ne courons point le pays;
Car souvent plus d'un orage
Nous menace hors du logis.
Et quand dans votre ménage
On vous dira, tendre époux,
Que l'air vous est nécessaire,
Croyez votre ménagère,
Mais restez toujours chez vous.

CHŒUR.
Si l'on vous dit, tendre époux, etc.

ALFRED.
Étrangers, qu'un sort jaloux
Tient loin de votre retraite,
Bientôt enfin puissiez-vous
(Ah! mon cœur vous le souhaite!)
Goûter le bonheur si doux
De retrouver votre amie ;
Rentrez dans votre patrie,
Et restez toujours chez vous *.

CHŒUR.
Goûtez le bonheur si doux, etc.

CRESCENDO.
Dans un somptueux hôtel,
Lorsque l'appétit me gagne,
A cinq heures j'entre ; ô ciel!
Monsieur est à la campagne.
Vous dont les mets sont si doux,
Dont on vante la cuisine,
Vous enfin chez qui l'on dîne,
Ah! restez toujours chez vous.

CHŒUR.
Vous dont les mets sont si doux, etc.

AMÉLIE, *au public.*
Deux époux, que met d'accord
Une double extravagance,
Pour être heureux, ont encor
Besoin de votre indulgence.
Messieurs, tournant contre nous
Le refrain qu'on vous adresse,
Quand on donnera la pièce,
N'allez pas rester chez vous

CHŒUR.
Messieurs, tournant contre nous, etc.

* Ce couplet fut chanté en 1818, lorsque la France était encore occupée par les armées étrangères.

FIN DE UNE VISITE A BEDLAM.

VIALAT ET Cᴵᴱ, IMPRIMEURS ET ÉDITEURS.

LOUISE, au milieu du théâtre, prend son papier de musique. — Scène 4.

LES ÉLÈVES DU CONSERVATOIRE

TABLEAU-VAUDEVILLE

Représenté, pour la première fois, à Paris, sur le théâtre du Gymnase dramatique, le 28 mars 1827.

EN SOCIÉTÉ AVEC M. SAINTINE.

Personnages.

ZOÉ,
GUILLERI, } élèves du Conservatoire.
LOUISE,
MADAME LEFEBVRE, grand'mère de Zoé.

M. PETIT-PAS, maître de ballets et répétiteur de danse.
UN JOCKEY.

La scène se passe dans une mansarde, au sixième au-dessus de l'entresol, chez madame Lefebvre.

Le théâtre représente une mansarde. Porte au fond, et deux portes latérales. A gauche de l'acteur, une cheminée, une table, et différents ustensiles de ménage. A droite, une autre petite table. Une croisée sur le premier plan, à droite.

SCÈNE PREMIÈRE.

MADAME LEFEBVRE, *assise dans un grand fauteuil auprès de la petite table à gauche, occupée à tricoter;* PETIT-PAS, *en dehors, sonne.*

MADAME LEFEBVRE, *allant ouvrir la porte.* On y va, on y va... (*Elle ouvre.*) Comment! c'est vous, monsieur Petit-Pas, qui me faites l'honneur de venir chez moi, et de monter six étages au-dessus de l'entresol?

PETIT-PAS. Oui, madame Lefebvre, j'ai cet honneur-là; mais, nous autres danseurs et maîtres de ballets, ça ne nous coûte rien de nous élever... *sic itur ad astra.*

MADAME LEFEBVRE. Qu'est-ce que vous me dites là?

PETIT-PAS. Ne faites pas attention... c'est du latin... Dans notre état on est obligé de tout savoir... dans ce moment, j'apprends le grec pour mon ballet de *Léonidas*... mais, dites-moi, où est la petite?

MADAME LEFEBVRE. Est-ce que vous venez pour lui donner leçon?

PETIT-PAS. Hé sans doute! cette scène de Clary que nous avons commencée hier... Et je suis arrivé si vite, que Psyché, ma petite jument, est en nage... Mais aujourd'hui je n'ai pas un moment à moi... à onze heures nous avons conseil d'administration; car je suis maintenant du conseil... ils y ont été obligés, attendu que, sans les ballets, l'Opéra ne peut pas marcher... il a bien fallu que la pantomime eût voix au chapitre.

Air du vaudeville de *Partie et Revanche*.

A midi, ma classe de danse;
A deux heures, *Léonidas*;
A trois, leçon au fils d'une excellence;
A cinq heures, un grand repas;
Ce soir, deux bals qui sans moi n'iraient pas,
Passant ainsi toute ma vie
Dans des plaisirs, des travaux assidus,
Pour composer, pour avoir du génie, } bis.
Je n'ai que mes moments perdus,
D'honneur, je n'ai que mes moments perdus.

MADAME LEFEBVRE. Je suis alors bien fâchée... Zoé, ma petite-fille, qui est sortie.

PETIT-PAS. Déjà!

MADAME LEFEBVRE. Elle est allée vendre quatre paires de bas de filoselle que j'ai tricotés la semaine dernière; car je fais ce que je peux pour l'éducation de cette chère enfant... mais les talents coûtent cher; et sans vous, monsieur Petit-Pas, qui avez la bonté de lui donner des leçons pour rien...

PETIT-PAS. Ne parlons donc pas de cela.

MADAME LEFEBVRE. Si vraiment; j'en parlerai à tout le monde... c'est à vous, si elle réussit, qu'elle devra sa fortune... elle ne l'oubliera jamais.

PETIT-PAS. Eh! mon Dieu! ma chère madame Lefebvre, elle sera peut-être ingrate, comme tant d'autres que j'ai lancées.

Air : *A soixante ans*.

Lorsque l'on a, dans une douce ivresse,
Respiré l'encens théâtral;
Quand chaque soir on se trouve déesse,
On méconnaît l'ami tendre et loyal
Qui vous mit sur le piédestal.
Que d'être ingrat un mortel fasse gloire,
Je le veux bien, et n'en suis pas surpris;
Mais dans les dieux lorsque l'on est admis...
Ah! devrait-il, au temple de Mémoire,
Etre permis d'oublier ses amis!

Je me rappelle encore le premier jour où le hasard offrit la petite Zoé à ma vue... elle dansait en rond, à la place Royale, avec des bonnes et des enfants... et dans ses pas, formés au hasard... il y avait un moelleux... un laisser-aller... que nous appelons... la danse elle-même... je crus voir madame Montessu.

MADAME LEFEBVRE. Vous croyez donc qu'elle ira?

PETIT-PAS. Elle ira haut.

MADAME LEFEBVRE. Et pourquoi ne pas la faire débuter, puisque ça dépend de vous?.. pourquoi ne vous dépêchez-vous pas?

PETIT-PAS. D'abord, parce qu'à l'Opéra on ne se dépêche jamais... et puis j'avais auparavant certaines idées... sur lesquelles, madame Lefebvre, j'ai parbleu envie de vous consulter.

MADAME LEFEBVRE. Moi, monsieur Petit-Pas?

PETIT-PAS. Oui... vous savez quelle est ma position... je ne suis pas encore premier maître de ballet, parce que mes anciens sont là, *Gardel, Aumer, Blache et Milon*..... des hommes de mérite que je révère..... mais j'arriverai, parce que je me sens dans les jambes ce que Voltaire avait dans la tête, et avec ça l'on fai toujours son chemin. Une seule chose pourrait me nuire... c'est la classe de danse que je fais aux Menus-Plaisirs... Vingt-cinq ou trente petites filles, plus jolies les unes que les autres... c'est un poste bien dangereux et bien glissant pour un célibataire... et j'ai idée de me marier pour conserver mes principes et mes places.

MADAME LEFEBVRE. Eh mais! monsieur Petit-Pas... je trouve cela une spéculation très-morale.

PETIT-PAS. N'est-il pas vrai?.. et c'est parmi nos jeunes élèves que je voudrais faire un choix.

MADAME LEFEBVRE. Il se pourrait! vous en aimez une?

PETIT-PAS. Mieux que cela... je crois que j'en aime deux, et j'hésite encore... parce que, avec mes talents et mes places, dix-huit à vingt mille francs de traitement, on tient à être aimé pour soi-même... et je voulais vous demander là-dessus bien franchement... (*On sonne.*)

MADAME LEFEBVRE, *allant ouvrir la porte à gauche*. C'est cette petite fille qui revient... Je vous demande si on peut entrer plus mal à propos.

SCÈNE II.

LES PRÉCÉDENTS, ZOÉ.

ZOÉ. Ne vous impatientez pas, ma grand'mère... Ah! c'est M. Petit-Pas.

PETIT-PAS. Oui, petite... (*Voyant qu'elle fait la révérence.*) Plus bas, plus bas... effaçons les épaules... Je venais pour répéter notre scène de Clary... mais maintenant je n'ai plus le temps... (*Tirant sa montre.*) mon conseil d'administration... mes affaires... et puis Psyché, qui doit s'impatienter... Adieu, adieu... je tâcherai de passer dans la journée, et nous dirons notre scène. (*Bas, à madame Lefebvre.*) Nous achèverons notre conversation... (*A Zoé.*) Adieu, petite... levons le menton... jolie comme un ange... Soyons toujours bien sage... de la tenue, de la conduite, et tous les matins, deux cents battements de chaque jambe. (*A madame Lefebvre*) Je vous prie de les surveiller... Adieu... adieu... ne vous dérangez pas... (*Il va pour sortir par la porte à gauche.*)

MADAME LEFEBVRE, *le conduisant à la porte du fond*. Je vous en prie, Monsieur, par le grand escalier.

SCÈNE III.

MADAME LEFEBVRE, ZOÉ.

MADAME LEFEBVRE, *reconduisant Petit-Pas*. Monsieur... j'ai bien l'honneur... prenez bien garde... tenez-vous à la corde... à la rampe, je veux dire... Il est si léger!.. le voilà déjà en bas.

ZOÉ. Il est donc venu en mon absence, M. Petit-Pas? (*Elle s'assied auprès de la table, à droite, et défait ses socques.*)

MADAME LEFEBVRE. Eh! oui, sans doute.

ZOÉ, *à part*. C'est jouer de bonheur... c'est toujours des battements de moins.

MADAME LEFEBVRE. Est-il possible d'être si longtemps dehors!.. moi qui vous attendais pour aller au marché.

ZOÉ. J'étais entrée chez Louise et Guilleri, qui n'y sont pas... et j'ai cru que je les trouverais ici.

MADAME LEFEBVRE. Vous ne pouvez pas vivre l'une sans l'autre.

zoé. C'est si naturel !.. Guilleri est si gaie, et Louise est si bonne !.. toutes les deux m'aiment tant !.. et, dans votre dernière maladie, elles ont pris tant de soin de vous !

madame lefebvre. C'est vrai, vous étiez là toutes les trois... et il n'y a pas de duchesse, de grande dame qui ait été soignée comme moi.

zoé. Vous voyez, ma grand'mère, l'avantage d'être pauvre... on n'a pas de domestique, on n'a que des amis... Tenez, (*Elle lui donne de l'argent.*) j'ai été en recette, et voilà sept livres dix sous que m'a donnés M. Flanelle, le bonnetier.

madame lefebvre, *se mettant à travailler dans son grand fauteuil.* Pas davantage?

zoé. C'est une horreur !.. des bas qui vaudraient le double !.. un tricot superbe !.. car, malgré vos soixante ans, vous travaillez encore joliment, et même beaucoup trop pour vos yeux.

Air : *On dit que je suis sans malice.*

C'est ce travail-là qui vous tue ;
(*Lui ôtant son ouvrage des mains.*)
Vous vous abîmerez la vue ;
Si cela vous arrive encor,
C'est moi qui gronderai bien fort.
(*Madame Lefebvre veut faire un geste.*)
C'est pardonné... plus de dispute...
Songez que bientôt je débute.
Ma grand'mère, gardez vos yeux
Pour surveiller mes amoureux.

madame lefebvre. Tu crois donc que j'aurai bien du mal?

zoé. Dame! je l'espère.

madame lefebvre. Et, pour commencer, qu'est-ce que tu dirais si ton professeur était déjà un de ces amoureux-là?

zoé. Lui !.. ce serait gentil, parce que sa protection seule peut me faire recevoir.

madame lefebvre. Et s'il voulait t'épouser?

zoé. M'épouser !.... c'est différent ; je ne voudrais pas...

madame lefebvre. Et pourquoi?

zoé. Parce que j'ai idée que cela ferait de la peine à Charles.

madame lefebvre. Comment! ce petit Charles, notre voisin?.. est-ce que par hasard tu penserais à lui?

zoé. Toute la journée, ma grand'mère... et même quelquefois encore...

madame lefebvre. Elle qui ne me quitte jamais !.. Comment vous êtes-vous rencontrés?

zoé. Comme on se rencontre toujours... au Conservatoire. On se dit bonjour... on se salue... Dans cette rue Bergère il y a toujours tant de voitures... il nous offrait son bras, à Louise et à moi... Et puis, en classe, quand le professeur parle, souvent on n'écoute pas, on se regarde.

madame lefebvre. Et aller ainsi se prendre de belle passion pour un jeune homme, pour un artiste.

zoé. Raison de plus... je ne veux pas d'autre mari... Tout le monde peut être banquier, notaire, agent de change... pour cela il ne faut que de l'argent... mais pour être artiste, il faut du talent, et Charles en aura... quoique écolier, il joue déjà du violon comme un maître... au dernier exercice, où j'ai été avec Louise, c'est lui qui a remporté le premier prix. Pendant qu'il jouait, M. Lafont criait : *C'est très-bien...* le jeune Bériot lui-même l'a applaudi ; et je crois que ceux-là s'y connaissent... Aussi tous les regards étaient fixés sur lui... et lui, dans ce moment, ne regardait que de notre côté.

madame lefebvre. Il serait possible!

zoé. Ah! que j'étais fière! que j'étais heureuse des applaudissements qu'il obtenait! et que j'aurais voulu, à ses yeux, en mériter de pareils !.. Oui, ma grand'-mère... si je veux réussir, c'est pour lui.

Air du *Fleuve de la vie.*

Si j'avais la beauté piquante
Que dans Contat l'on adorait ;
Si j'avais la grâce élégante
Que l'on admire chez Noblet,
Ou si de Mars, notre modèle,
J'avais le talent accompli...
Ah! tout cela serait pour lui,
Dût-il m'être infidèle!

madame lefebvre. A-t-on idée d'un pareil amour !.. Sais-tu, mon enfant, que c'est très-dangereux... surtout s'il en a connaissance?..

zoé. Ni lui, ni personne au monde... vous êtes la première...

madame lefebvre. Pas même Louise et Guilleri?

zoé. Il est des choses qu'on ne dit pas... même à ses amies intimes... Et lui, du reste, n'a jamais prononcé devant moi un seul mot d'amour. Ce n'est qu'hier soir... je rentrais avec Louise, et Charles montait devant nous, dans notre vilain escalier qui est si obscur... il s'est arrêté pour nous faire place, et au moment où je passais, il m'a glissé dans la main un petit billet chiffonné...

madame lefebvre. Et où est-il?

zoé. Le voilà, ma grand'mère... vous pouvez le prendre, car je le sais par cœur.

madame lefebvre. Pas d'adresse.

zoé. Quand ça se donne de la main à la main.

madame lefebvre, *lisant.* « Si vous m'aimez, si je « dois être votre époux... il faut absolument que je « vous parle... Permettez-moi, je vous en supplie, de « vous attendre au coin de la rue du Faubourg-Pois- « sonnière, demain à une heure... ou, dans mon « désespoir, je suis capable de tout. »

zoé. Ce pauvre jeune homme! ce que c'est que d'aimer!

madame lefebvre. Oui, mais avec cet amour-là... il n'a rien, ni toi non plus.

zoé. C'est vrai... c'est la dot d'un artiste.

madame lefebvre. Et songe un peu à notre position... nous n'avons pour vivre que le travail de nos mains, et ma pension de retraite, comme ouvreuse à l'Opéra... quatre-vingt-deux francs cinquante centimes, avec les retenues.

zoé. Et la place de Charles.

madame lefebvre. Comment?

zoé. La place qu'il aura, ou à l'Opéra, ou à la Chapelle... c'est toujours trois à quatre mille francs... et moi, mon engagement.

madame lefebvre. Lequel?

zoé. L'engagement que j'aurai... Tout réuni, nous voilà, ma grand'mère, avec sept ou huit petites mille livres de rente... et tout cela sera pour vous soigner, pour vous dorloter... Un bon petit appartement bien chaud, et vous serez là, dans votre grande bergère, où vous n'aurez rien à faire... que votre café, et puis des cancans, si ça vous amuse... et puis à nous voir heureux, ça occupe !.. Ah! vous riez... je crois bien ; maintenant que nous voilà riches... vous êtes bien contente ; nous n'avons plus rien à craindre, et nous pouvons envoyer à Charles cette lettre.

madame lefebvre. Comment, cette lettre?

zoé. Oui, la réponse que j'ai faite... mais avec votre

permission, et vous allez voir. (*Elle lit.*) « Monsieur
« Charles, vous me demandez si je vous aime, et si
« je veux vous épouser... en vérité, je l'ignore ; mais
« aujourd'hui, à une heure, venez le demander à ma
« grand'mère, qui le sait mieux que moi, et qui vous
« dira ce qui en est. »

AIR : *Ce que j'éprouve en vous voyant.*
De ce billet que dites-vous ?
MADAME LEFEBVRE.
Je dis, puisque tu crois qu'il t'aime,
Qu'il t' rende heureux', je l' s'rai moi-même
D' pouvoir le nommer ton époux.
ZOÉ.
De vos jours éloignant le terme,
Cet hymen va vous rajeunir.
Vers le bonheur qui semblait fuir,
Vous marcherez d'un pas plus ferme :
Nous serons deux pour vous soutenir.

MADAME LEFEBVRE, *prenant la lettre.* C'est bon, c'est
bon... (*On entend la ritournelle de l'air suivant.*)
Tiens, voilà tes bonnes amies, mademoiselle Louise
et mademoiselle Guilleri.

—

SCÈNE IV.

LES PRÉCÉDENTS ; LOUISE, GUILLERI, *entrant par la porte à gauche.*

(*Louise tient un papier de musique et un panier à ouvrage ; Guilleri tient une brochure et une robe.*)

LOUISE ET GUILLERI.
AIR du *Concert à la Cour.*
Oui, gaîment,
En chantant
Passons la vie.
GUILLERI, *seule.*
Il faut ça,
Car déjà
Louise, que voilà,
Chant' l'opéra.
Ah ! ah ! ah ! ah ! ah !
Moi, par état, vouée à la psalmodie,
J' dois, comm' tant d'autr's, chanter la tragédie.
ENSEMBLE.
Ah ! ah ! ah ! ah ! ah ! ah !

LOUISE ET GUILLERI. Bonjour, madame Lefebvre...
Bonjour, Zoé.
ZOÉ. Comme vous venez tard !
LOUISE. C'est que nous avons conduit mes petits frères à l'école : et ils ne marchent pas vite, surtout quand ils y vont... quand ils en reviennent, c'est différent, on ne peut pas les suivre... parce qu'ils sont gamins, mes petits frères, vous n'en avez pas d'idée... J'ai été obligée de porter Auguste, qui pleurait, de donner la main à Barthélemy, qui veut toujours glisser sur la glace.
GUILLERI. Et moi, je menais les trois autres à la suite... et nous avons rencontré un marchand de galette, qui nous a encore arrêtées.
MADAME LEFEBVRE, *montrant Zoé.* Ah çà ! vous venez la chercher.
LOUISE. Pas encore, la classe n'est qu'à une heure.
GUILLERI. Mais en attendant, nous venons travailler avec elle ; parce qu'à trois on étudie bien mieux.
LOUISE. Moi, j'ai ma broderie à finir et ma cavatine à répéter. (*Elle s'assied sur une chaise au fond, et défait ses socques.*)

GUILLERI, *s'asseyant auprès de la table à droite, et quittant ses socques.* Moi, mon rôle de tragédie, et ma robe à repasser. (*Pendant ce temps, Zoé est auprès de la cheminée occupée à passer un plumeau sur la glace.*)
MADAME LEFEBVRE. Au fait, c'est commode pour les répétitions, quand on demeure sur le même palier.
GUILLERI. Il n'y a que des talents à cet étage-ci.
ZOÉ. Je crois bien, au sixième au-dessus de l'entresol.
GUILLERI. Corridor des Beaux-Arts.
MADAME LEFEBVRE. C'est bon, c'est bon... livrez-vous à vos études, et ne perdez pas votre temps à jaser comme vous faites toujours. (*Guilleri se place auprès de la table à droite, et déclame à voix basse. Louise, au milieu du théâtre, prend son papier de musique, bat la mesure et chante tout bas. Zoé, auprès de la table à gauche, se dispose à faire des battements.*) Moi, qui ne suis pas artiste, je vais faire le ménage... travaillez bien, parce que je serai là pour vous surveiller... (*Elle entre dans la chambre dont la porte est à droite.*)

SCÈNE V.

ZOÉ, LOUISE, GUILLERI.

(*A peine madame Lefebvre est-elle sortie, qu'elles abandonnent leur ouvrage et viennent toutes trois au bord du théâtre ; Guilleri est à droite, Louise dans le milieu, Zoé à gauche.*)

GUILLERI. Enfin, nous voilà seules, et nous en avons à te raconter ; car, sans qu'il y paraisse, nous avons bien du chagrin.
ZOÉ. Qu'est-ce donc ?
LOUISE. Tu sais que toute ma famille, que mes frères et sœurs n'ont d'espoir qu'en moi, et dans ce que je gagnerai : c'est tout naturel, c'est mon devoir... mais voilà mon père qui, à cause de cela, ne veut pas que je me marie jamais, à moins de dix mille livres de rente.
GUILLERI. Quelle tyrannie !
LOUISE. Tout ce que j'ai pu obtenir, en le priant bien, c'est qu'il se contenterait pour moi de six mille francs, pas à moins.
ZOÉ. Et c'est ça qui te désole ! A ta place, je me résignerais, je prendrais ma fortune en patience.
GUILLERI. Mon Dieu ! que tu as peu d'imagination ! tu ne devines pas qu'elle aime quelqu'un qui n'a rien... rien que son cœur... ça ne fait pas six mille livres de rente.
ZOÉ. Pauvre Louise !.. je comprends alors ton chagrin.
GUILLERI. Eh bien ! ce n'est rien encore ; car enfin elle est aimée... mais moi !.. si tu savais !..
ZOÉ. Qu'est-ce donc ?
LOUISE. Elle a vu tout à l'heure M. Petit-Pas, qui sortait de la maison, et ça lui a fait un effet...
ZOÉ, *avec douceur.* Tu l'aimes donc toujours ?
GUILLERI. Eh bien ! oui... c'est plus fort que moi !.. à cause de mon caractère ! comme ça... je n'ai pas l'air... mais aussi, une fois que je m'attache... Dieux !.. ai-je aimé cet être-là !
ZOÉ. C'est vrai qu'il est aimable !
LOUISE, *à Zoé.* Et puis, tu ne sais pas... il a cabriolet depuis quelque temps.
GUILLERI, *pleurant.* Un cabriolet charmant... où je l'ai rencontré avec Rosalie.
LOUISE. Quelle indignité !

GUILLERI. Et c'est d'autant plus mal, que ce jour-là même il m'avait fait une promesse de mariage.

ZOÉ. Tu as une promesse de mariage !

GUILLERI, *la lui donnant*. Eh ! oui, sans doute, la voilà... regarde plutôt.

ZOÉ, *la parcourant*. C'est que c'est bien différent.

GUILLERI. Eh non !.. c'est la même chose... j'ai consulté là-dessus un clerc de notaire qui me fait la cour; il m'a dit que ça n'était plus valable, et qu'il m'en ferait tant que je voudrais.

ZOÉ. Dieux ! que les hommes sont perfides !.. Il doit revenir ici dans la journée, et c'est moi qui me charge de lui rendre sa promesse. (*Elle la met toute dépliée sur la table à droite, puis elle vient entre Guilleri et Louise.*) Nous sommes bien bonnes de nous occuper de ces misères-là, au lieu de penser à nos études, au lieu de penser à la carrière qui nous est ouverte, et où nous pouvons trouver l'indépendance, la fortune, et peut-être la gloire.

GUILLERI. La gloire !.. la gloire !.. je n'en sais rien... mais sans parler de ça... tiens, si jamais je suis sociétaire à la Comédie-Française !..

LOUISE. Et moi à Feydeau...

ZOÉ. Et pourquoi pas?.. toutes ces grandes dames-là ont commencé comme nous, par être des petites filles... Il y a longtemps, c'est vrai... raison de plus... nous avons devant nous le temps qu'elles ont derrière elles... Et songez donc, quand on est à un théâtre royal, avec du talent... ou enfin, quand on y est... combien l'on a de privilèges !.. les journaux vous font des compliments, les auteurs vous font la cour, les semainiers ou les directeurs sont à vos genoux... et puis on dit qu'on est malade... « Oh ! j'ai la migraine !.. « je ne peux pas jouer. » Et puis, après tout, comme on se conduit bien, et qu'on est bien sage, on n'a rien à dire sur votre compte.

GUILLERI. Oui, joliment... ça n'y fait rien... c'est pour cela que, la moitié du temps... mais enfin quand ça arrivera-t-il?.. Moi, d'abord, je n'ai pas de patience... je veux faire fortune tout de suite, et je suis décidée à accepter une proposition qu'on me fait.

ZOÉ. Et laquelle ? (*On entend madame Lefebvre qui rentre.*) Dieux ! c'est ma grand'mère. (*Elles retournent toutes à leurs places ; Guilleri reprend sa brochure ; Louise, son papier de musique ; et Zoé fait des battements.*)

SCÈNE VI.

LES PRÉCÉDENTES; MADAME LEFEBVRE, *avec son châle, ses gants de poil de lapin, tenant un panier sous le bras.*

MADAME LEFEBVRE. A la bonne heure, au moins ; voilà ce qui s'appelle travailler.

ZOÉ. Où allez-vous donc?

MADAME LEFEBVRE. Belle question!.. je vais au marché, parce qu'il se fait tard... je n'ai pas encore pensé à mon dîner.

ZOÉ. Ma grand'mère, je vous aiderai.

MADAME LEFEBVRE. Du tout, Mademoiselle... Faites vos battements, c'est l'essentiel... (*Elle fait quelques pas pour sortir, mais revenant elle lui dit:*) Ah ! de temps en temps seulement donne un coup d'œil à mon pot-au-feu, entends-tu ?

GUILLERI. N'ayez pas peur... nous sommes là...

ZOÉ, *bas, à madame Lefebvre*. N'oubliez pas la lettre de Charles.

MADAME LEFEBVRE. Sois donc tranquille... elle est là, et en rentrant je te la lui enverrai... Adieu, adieu, mes enfants... travaillez bien. (*Elle sort par la porte du fond.*)

SCÈNE VII.

LES PRÉCÉDENTES, *hors* MADAME LEFEBVRE.

(*Zoé, Guilleri et Louise, après la sortie de madame Lefebvre, quittent leur ouvrage, et viennent sur le devant de la scène; Guilleri à droite, Zoé dans le milieu, Louise à gauche.*)

ZOÉ, *à Guilleri*. Eh bien ! cette proposition qu'on te faisait... dis-nous vite...

GUILLERI. Vous n'en parlerez pas?.. Un engagement superbe pour jouer le mélodrame.

ZOÉ. Y penses-tu, toi... un des meilleurs sujets du Conservatoire !

LOUISE. Toi, qui es la plus forte de la classe de M. Baptiste.

GUILLERI. C'est égal ; j'ai envie de laisser là le classique pour le romantique... songez donc qu'à l'Ambigu je serai tout de suite sociétaire.

ZOÉ. Est-ce qu'on le souffrira !.. est-ce que les petits théâtres ont le droit d'enlever comme ça?..

GUILLERI. Et pourquoi pas?

AIR de *Turenne*.
Vois aux Français les ouvrages qu'on donne,
N'y voit-on pas geôlier et souterrain,
Tyran qui s' fâche, et roi qu'on emprisonne?
Le mélodrame y règne en souverain...
Et dans ses fureurs vengeresses,
L'Ambigu peut bien, Dieu merci,
Prendre aux Français ses acteurs, quand ceux-ci
Tous les jours lui prennent ses pièces.

Et je dois, demain, pour m'essayer, jouer dans une représentation à bénéfice, à la barrière Rochechouart... et tu verras si je ne dis pas aussi bien qu'une autre ; (*Imitant les acteurs du boulevard.*) « Nous sommes « officiers dans l'armée française... nous combattrons... « nous mourrons... »

ZOÉ. Je suis bien que ça n'est pas difficile... et moi, qui par état ne dois jouer que la pantomime, je dirai bien aussi, sans me gêner ; (*Imitant une actrice des boulevards.*) « Tu ne le connais pas, ma bonne ; et « les qualités de son cœur dédommagent bien une « femme sensible et aimante des légères imperfec- « tions de son physique. » (*A Guilleri*). Mais est-ce que ce sont là des succès auxquels tu dois aspirer; et pour l'honneur des arts ?

GUILLERI. Je conviens que c'est déroger ; mais il faut vivre... et nous n'avons pas... et je te dois déjà tant d'argent... car c'est toujours toi qui nous en prêtes... or, songe donc que six mille francs d'appointements... nous pourrions partager... ça vous donnerait le temps d'attendre, et quand vous serez un jour dans les théâtres royaux, promettez-moi seulement de ne pas être fière ; et rappelez-vous que vous avez des amis dans le mélodrame... on dit qu'il faut en avoir partout.

ZOÉ. Guilleri, je n'oublierai jamais ce trait-là.

LOUISE. Ni moi non plus.

ZOÉ. Mais si ce n'est que cela, soyez tranquilles ; car d'ici à quelques jours, je dois débuter.

AIR : *Ces postillons sont d'une maladresse.*
Si le succès comble mon espérance...
GUILLERI ET LOUISE.
Moi, des succès je n'ai jamais douté.

ZOÉ.
Richesse, honneur... quel plaisir quand j'y pense !
De pouvoir tout mettre en communauté.
GUILLERI ET LOUISE.
Surtout, pour nous point de rivalité.
ZOÉ.
A l'amitié que mon cœur aime à croire !
Aussi, par elle abrégeant le chemin,
Marchons gaîment toutes trois à la gloire,
En nous donnant la main.
TOUTES TROIS, *se donnant la main.*
Marchons gaîment toutes trois à la gloire,
En nous donnant la main.

LOUISE. Elle a raison... rester toujours artistes.
GUILLERI. Ne jamais nous séparer.
TOUTES TROIS. Jamais. (*Elles remontent la scène et redescendent ensemble.*)
GUILLERI. Et dites donc... quand nous serons dans notre bel appartement, avec des meubles de chez Jacob ou de chez *Vervelles.*
LOUISE. Quand nous passerons, comme ces dames, dans une belle voiture de chez *Robert?*
ZOÉ. Quel plaisir de nous rappeler notre sixième étage !
LOUISE. Et le temps où nous allions au Conservatoire avec des socques.
ZOÉ. Et les jours où nous faisions notre cuisine nous-mêmes; comme aujourd'hui, par exemple... (*Se retournant vers la cheminée.*) Ah ! voilà ma marmite qui s'en va.
GUILLERI. Parce que tu ne l'as pas écumée.
LOUISE. Attends, je vais t'aider. (*Zoé et Louise vont à la cheminée; Zoé arrange le feu, Louise prend l'écumoire, Guilleri prend son fer à repasser, et arrange sa robe qui est sur la table à droite.*)

GUILLERI, *repassant.*
Air de *la Vieille.*

Moi, je rêve toujours d'avance
A nos adorateurs nouveaux.
LOUISE, *écumant la marmite.*
Aux cachemires moi je pense.
ZOÉ, *soufflant le feu.*
Moi, je ne pense qu'aux bravos.
Que cet espoir nous donne du courage.
(*Elles viennent toutes trois sur le devant de la scène.*)
Et toutes trois mettons-nous à l'ouvrage.
ENSEMBLE.
Oui, toutes trois mettons-nous à l'ouvrage.
Point de chagrin qui ne soit oublié
Avec les arts et l'amitié.
(*Elles vont prendre leurs rôles, qu'elles tiennent à la main.*)
LOUISE, *au milieu.*
Écoutez bien le grand air
Que je chante au premier concert.
ZOÉ ET GUILLERI.
Écoutons bien.
(*Zoé s'assied sur le bras du fauteuil à gauche, et Guilleri sur le coin de la table à droite.*)
« Chassons cette vaine folie,
« Reprenons ma gaîté chérie. »
GUILLERI, *la contrefaisant.*
Io, io, io, io.
Moi, je trouve cela mauvais.
ZOÉ.
Sans doute, ça ne veut rien dire.
A ta place, j'imiterais
Un talent que chacun admire ;
Un talent toujours nouveau.

LOUISE ET GUILLERI.
Lequel ?
ZOÉ.
La fauvette de Feydeau.
(*Elle se place au milieu et chante, imitant madame Rigaut.*)
« Chassons cette vaine folie,
« Reprenons ma gaîté chérie. »
TOUTES TROIS.
Ah ! c'est bien mieux, sans contredit.
LOUISE.
De vos conseils je ferai mon profit.
TOUTES TROIS, *venant sur le bord du théâtre.*
Pas de chagrin qui ne soit oublié
Avec les arts et l'amitié.
GUILLERI, *au milieu.*
Écoutez bien, que je déclame
Ma tirade de mélodrame.
LOUISE ET ZOÉ.
Écoutons bien.
(*Louise et Zoé se placent à gauche, l'une sur un fauteuil, l'autre sur une chaise.*)
(*L'orchestre joue une ritournelle de mélodrame pour une entrée de princesse affligée.*)
(*GUILLERI, tenant son mouchoir à la main, et venant à grands pas du fond jusque sur le devant de la scène, où elle s'arrête.*)

« Le cruel ! il a vu mes larmes... il a été témoin de
« ma douleur... (*Avec dépit.*) et il a pu m'abandon-
« ner ! »
ZOÉ. Comme tu dis cela !.. (*Imitant Guilleri.*) « Et
« il a pu m'abandonner! »
GUILLERI. Sans doute, puisqu'il m'a plantée là ; et que je dois dans la pièce m'asphyxier avec du charbon.
ZOÉ. Raison de plus... moi je dirais : (*Avec douleur.*) « Le cruel ! il a vu mes larmes, il a été témoin de ma « douleur, » du ton d'une femme qui ne se consolera jamais.
GUILLERI. Ça n'est pas naturel.
ZOÉ. Comment ? ça n'est pas naturel. Si celui que tu aimes t'abandonnait... t'avait trahie... qu'est-ce que tu ferais ?
GUILLERI. Moi ! j'en prendrais un autre.
ZOÉ. Alors, tu ne joueras jamais le mélodrame, et tu feras bien de rester à la Comédie-Française. (*On sonne.*) Qui vient là ? (*Elle va ouvrir la porte du fond.*)

SCÈNE VIII.

LES PRÉCÉDENTES; UN JOCKEY, *tenant une grande corbeille.*

LE JOCKEY. Mademoiselle Zoé Lefebvre.
ZOÉ. C'est moi.
LE JOCKEY. C'est de la part de mon maître, qui m'a dit de remettre ce billet ainsi que cette corbeille. (*Il la dépose sur la table.*)
ZOÉ. Un billet !
LOUISE. Une corbeille !
GUILLERI. Qu'est-ce que ça veut dire ?
LE JOCKEY. Je vais attendre dans l'antichambre.
ZOÉ. Oui, Monsieur... là, sur le carré, si vous voulez bien... ou plutôt vous n'avez qu'à repasser.
LE JOCKEY. C'est que mon maître est en bas, qui attend dans son landau.
GUILLERI. Un landau !.. (*Aux deux autres.*) Dites donc, un landau... (*Avec dignité.*) C'est bien... ça suffit, qu'il attende !.. tout à l'heure on descendra la réponse.
LE JOCKEY. Oui, Mademoiselle. (*Il sort.*)

SCÈNE IX.

Les précédentes, *excepté* le jockey.

guilleri. Par exemple, Mesdemoiselles... nous qui tout à l'heure parlions d'équipage... voilà une aventure...
louise. Dieux! que c'est amusant!
guilleri. Ouvre donc vite.
zoé, *lisant l'adresse.* « A mademoiselle Zoé Lefebvre, passage de la Boule-Rouge, faubourg Montmartre. »
C'est bien à moi. (*Ouvrant la lettre.*) Ah! mon Dieu! c'est M. Sterling.
guilleri. Cet Anglais qui est si riche, et qui nous fait la cour aux répétitions!.. mais sois tranquille, je n'y pense pas... entre amies, c'est sacré.
zoé Du tout... je n'y tiens pas... (*Elle déchire la lettre.*) Il n'y a pas de réponse... car apprenez, mes amies, qu'il est quelqu'un que j'aime... un artiste comme nous.
louise et guilleri. Il serait possible!
zoé. Et c'est de ce matin que notre mariage est décidé; car je ne suis pas comme toi, Louise, j'ai une grand'mère qui ne veut que mon bonheur.
louise. Ah! tu avais raison... renvoie l'Anglais et ses présents.
guilleri. Sois tranquille... je vais les lui descendre...

Air: *Amis, voici la riante semaine.*
Qu'il les remport', puisqu'il est en carrosse.
louise.
Sans cachemire on peut bien être heureux.
guilleri.
En calicot nous irons à la noce,
Et plus légère, on en danse bien mieux.
zoé.
Si je n'avais pensé qu'à la richesse,
Mon cœur, hélas! prompt à se repentir,
Sous ces tissus eût gémi de tristesse,
Sous la percale il battra de plaisir.

louise. Et dis-nous vite quel est notre nouvel ami; quel est celui que tu épouses.
guilleri. Oui, oui, fais-nous-le connaître pour que nous nous dépêchions de l'aimer aussi.
zoé. Allez... vous ne vous en douteriez jamais... apprenez donc... (*On entend à la fenêtre à droite un solo de violon.*)
louise. Tais-toi... c'est Charles.
zoé. Comment le sais-tu?
louise, *allant ouvrir la fenêtre.* Pauvre garçon... c'est le signal convenu.
zoé, *avec émotion.* Quel signal?
louise. Quand vient l'heure de la classe, il m'avertit ainsi qu'il va descendre... et nous nous rencontrons dans l'escalier.
zoé. Comment! ils se rencontrent!.. Charles est donc celui...
guilleri. Eh! oui... celui qu'elle aime et qu'elle ne peut épouser... car cette pauvre Louise n'est pas si heureuse que toi.
zoé, *à Louise.* Et tu es sûre que M. Charles t'aime aussi?
louise. Il le dit du moins.
guilleri. Et moi, je l'atteste... car je suis leur confidente... Sans moi, ils n'auraient jamais pensé à s'aimer.

zoé, *à part, avec dépit.* Je vous demande de quoi elle se mêle?
louise. Mais d'où vient ton trouble, et pourquoi me dis-tu cela?
zoé. C'est que je suis ton amie... et que je sais de bonne part... J'ai la preuve que Charles te trompe... ou du moins qu'il en dit autant à une autre.
louise. O ciel! (*Le solo de violon recommence, et le morceau d'ensemble suivant continue sur ce motif.*)

ENSEMBLE.
zoé, guilleri, louise.
zoé.
O découverte affreuse!
Celui que j'aimais tant
Est un perfide amant...
Hélas! que je suis malheureuse!
L'objet de mon amour
Me trahit en ce jour.
guilleri.
O destinée affreuse!
Celui qu'elle aime tant
Est toujours inconstant.
(*Regardant Louise.*)
Elle, du moins, elle est heureuse!
L'objet de son amour
La paie de retour.
louise.
O découverte affreuse!
Celui que j'aimais tant
A trahi son serment.
(*Regardant Zoé.*)
Elle, du moins, qu'elle est heureuse!
Elle épouse en ce jour
L'objet de son amour.
guilleri, *regardant sa montre.*
Mais, descendons, il est une heure un quart;
Et la classe de monsieur Baptiste.
louise.
Moi, celle de monsieur Ponchard.
guilleri.
On va nous marquer sur la liste;
Dépêchons-nous, nous sommes en retard.
(*Louise prend ses socques, et Guilleri referme la corbeille; Zoé est à droite du spectateur, son mouchoir sur les yeux; pendant ce temps, on entend par la croisée le violon qui reprend le premier motif.*)

ENSEMBLE.
guilleri, louise, zoé.
guilleri.
O destinée affreuse!
Celui qu'elle aime tant, etc.
louise.
O découverte affreuse!
Celui que j'aimais tant, etc.
zoé.
O découverte affreuse!
Celui que j'aimais tant, etc.
(*Louise sort la première par la porte à gauche; Guilleri la suit, emportant la corbeille.*)

SCÈNE X.

zoé, *seule, assise près de la table à gauche.* Je ne puis le croire encore... A qui se fier désormais? ayez donc des amies. C'est Louise qui cause mon malheur!.. ou plutôt c'est cette Guilleri qui est cause de tout!.. Non, non, c'est Charles!.. lui que j'aimais tant... lui pour qui j'aurais donné ma vie... me tromper ainsi! (*Elle se lève.*) Je me vengerai sur lui, et sur bien d'autres encore..... tant pis sûr qui ça tombera; je n'épargnerai personne... Dieux! c'est M. Petit-Pas... tant mieux... je commencerai par lui.

SCÈNE XI.

ZOÉ, PETIT-PAS.

PETIT-PAS. Elle est seule... à merveille... (*A Zoé, qui lui fait une profonde révérence.*) Parfait!.. voilà une révérence délicieuse.... Qu'est-ce que je demande?.. du moelleux, et voilà tout... Est-ce que votre grand'mère est sortie?

ZOÉ. Oui, Monsieur.

PETIT-PAS. Et dites-moi, chère petite, vous a-t-elle parlé de notre conversation de ce matin... et de la nécessité où j'étais de me prononcer?

ZOÉ. Non, Monsieur.

PETIT-PAS. Eh bien! vous saurez donc que, dans ce moment, il ne tient qu'à moi de vous faire recevoir à l'Opéra... de vous faire obtenir un engagement superbe.

ZOÉ. O ciel!

PETIT-PAS. Mais à une condition... celle de m'aimer et de m'épouser.

ZOÉ, *à part*. L'épouser... lui! la passion de Guilleri... eh bien! tant mieux, c'est ce que je demandais... je me vengerai... j'aurai des succès... je serai riche... je serai heureuse; elles en mourront de dépit, et moi peut-être de chagrin... c'est ce que je désire.

PETIT-PAS, *à part*. Elle se consulte... (*Haut.*) Eh bien! vous hésitez?

ZOÉ. Non, Monsieur; j'accepte.

PETIT-PAS. Il se pourrait!.. Le bras plus arrondi... Quel bonheur! quel plaisir! d'avoir là, dans son intérieur, sa femme, son amie, et un premier sujet... Vous ne jouez que dans mes pièces... vous soignez mon répertoire; et dans notre heureux ménage... notre vie se passera à répéter et à faire des battements.

ZOÉ. Quoi! c'est pour cela?

PETIT-PAS. Pour cela même... Les coudes à la hauteur du corps... Et comme on ignore que vous devez être ma femme, je cours à l'administration, discuter vos intérêts et obtenir les conditions les plus avantageuses... D'ailleurs, il y a des fonds disponibles... il y en a... un premier violon a demandé sa retraite, et nous avons une Vénus, deux Grâces et une Hébé qui viennent d'être admises à la réforme, après cinquante ans de service... ainsi, c'est arrangé, nous sommes d'accord.

ZOÉ. Oui, Monsieur.

PETIT-PAS. Ce qui est rare... même chez les amoureux... témoin ce jeune couple que je viens de rencontrer en montant chez vous... cette petite Louise, votre amie intime.

ZOÉ. Que dites-vous?

PETIT-PAS. Elle se disputait avec son inclination... ce petit Charles; un jeune homme qui a du talent... un joli archet... si bien qu'ils sont séparés, brouillés.

ZOÉ. Il serait possible!... ils sont brouillés... et pourquoi donc?

PETIT-PAS. Charles, que je connais, m'a raconté cela à la hâte... Il lui avait donné hier soir, dans l'escalier, une lettre qu'elle soutient n'avoir pas reçue... c'est admirable!..

ZOÉ. Dieux! c'était pour elle!.. quelle humiliation!.. mais lui du moins ne m'a pas trompée. (*A Petit-Pas, qui a pris son chapeau, et qui va pour sortir.*) Monsieur... un mot encore, de grâce.

PETIT-PAS Qu'est-ce que c'est, cher amour?

ZOÉ. Cette place de premier violon dont vous parliez tout à l'heure, et qui est vacante... combien vaut-elle?

PETIT-PAS. Six mille francs.

ZOÉ. Et dites-moi, Monsieur, comment obtient-on des places?

PETIT-PAS. Eh mais! par des recommandations, par des protections... souvent même par le mérite... ça n'empêche pas.

ZOÉ. Eh bien! Monsieur, il faut demander cette place-là pour M. Charles.

PETIT-PAS. Pour M. Charles... ô ciel! La taille plus cambrée... Qu'est-ce que vous me faites l'honneur de me dire? on ne donne point ainsi des places à un élève.

ZOÉ. On va m'en donner une, à moi, qui n'ai pas encore débuté.

PETIT-PAS. Vous, c'est bien différent... je vous protége..

ZOÉ. Eh bien! vous le protégerez... Du reste, arrangez-vous, cela vous regarde... s'il n'est pas nommé, je ne promets rien... je ne m'engage pas.

PETIT-PAS. Eh mais! permettez donc... La voilà déjà avec le despotisme d'un premier sujet... Allons, allons, chère petite, calmez-vous... on va employer tout son crédit... les pieds seulement plus en dehors... Si par hasard je réussis, vous me promettez?..

ZOÉ. De vous épouser sur-le-champ... je ne manque jamais à ma promesse.

PETIT-PAS. J'en demande un gage, un baiser!

ZOÉ, *froidement*. Un baiser! à la bonne heure... je n'y tiens pas.

PETIT-PAS, *l'embrassant*. Et moi, j'y tiens beaucoup. (*Dans ce moment Guilleri entre par la porte à gauche ; Zoé l'aperçoit, pousse un cri et s'enfuit dans la chambre à droite.*)

SCÈNE XII.

GUILLERI, PETIT-PAS.

GUILLERI. Qu'ai-je vu!

PETIT-PAS. Dieux! cette petite Guilleri.

GUILLERI, *croisant les bras*. Que faisiez-vous là, infidèle?

PETIT-PAS, *à part*. Du caractère!.. ou je vais avoir une scène... (*Voulant sortir.*) Mille pardons... une affaire importante... Quand on va se marier.

GUILLERI. Se marier?..

PETIT-PAS. Oui... un mariage de raison... car vous savez mieux que personne où sont mes inclinations. (*Guilleri est prête à s'évanouir, Petit-Pas la soutient et la conduit vers la chaise qui est auprès de la table à droite.*) Il est des circonstances où la morale et les convenances font taire les sentiments particuliers ou antérieurs... et... (*Voyant Louise qui entre par la porte à gauche, et remettant Guilleri dans ses bras.*)

AIR : *Je vous comprendrai toujours bien.*

Je laisse à la tendre amitié
Le doux soin de sécher vos larmes...
    (*A part.*)
Malgré moi, mon cœur a pitié
De sa douleur et de ses charmes.
Un seul balancé.. je le vois,
Pourrait assurer ma défaite.
Un *échappé* vaut mieux. Je dois,

PETIT-PAS. O ciel! ma promesse à Guilleri! — Scène 15.

Pour fuir les remords, (bis.)
Les fuir par une *pirouette*.
(*Il fait une pirouette, et sort par la porte à gauche.*)

SCÈNE XIII.
GUILLERI, LOUISE.

GUILLERI, *quittant le bras de Louise, et regardant Petit-Pas qui s'enfuit.* Qu'il est gentil!.. (*Avec dépit.*) Quelle trahison!.. d'un amant, je ne dis pas... on doit s'y attendre... mais d'une amie...
LOUISE. Qu'as-tu donc?
GUILLERI, *allant s'asseoir auprès de la table à gauche.* Rien, rien... ça me fait trop de peine à dire... Cette petite Zoé que j'aimais tant... je ne croirai plus à la fidélité de personne, pas même à... (*Voyant la lettre adressée à Charles, et la donnant à Louise.*) Tiens, une lettre pour Charles... ça te regarde.
LOUISE, *vivement.* Pour Charles... (*La regardant.*) C'est singulier, on dirait de l'écriture de Zoé.

GUILLERI, *vivement.* Zoé... oui... c'est bien de sa main.
LOUISE. Que peut-elle avoir à lui écrire maintenant, surtout que grâce à elle nous voilà brouillés?
GUILLERI. Vous être brouillés?
LOUISE. Hélas! oui... D'après ce qu'elle m'avait dit, j'ai été lui faire une scène... il m'en a fait une autre à laquelle je n'ai rien compris : et nous sommes fâchés à jamais.
GUILLERI. Eh bien ! alors, Zoé est capable de tout... Apprends que ce mari dont elle nous parlait ce matin... cet artiste qu'elle doit épouser... c'est M. Petit-Pas... celui que j'aime.
LOUISE. Il serait possible?
GUILLERI. Oui, ma chère, elle me l'enlève .. et elle n'est encore qu'au Conservatoire... ça promet.
LOUISE. Mais c'est cette lettre surtout... qu'est-ce que ça signifie?
GUILLERI. La voilà... laisse-moi faire... Je vais lui parler.

SCÈNE XIV.

Les précédentes, ZOÉ.

LOUISE. Je suis toute tremblante.

GUILLERI. Et moi aussi... mais c'est de colère... (*S'avançant lentement près de Zoé, qui est à la droite du théâtre.*) Vous savez, mademoiselle Zoé, si je serais en droit de vous faire des reproches; je vous les épargnerai, parce que vous ne pourriez pas y répondre... mais nous vous demanderons seulement quelle est cette lettre que ce matin vous avez écrite à Charles?

ZOÉ. O ciel! c'est lui qui vous l'a montrée?

LOUISE. Non... il ne l'a pas encore reçue... elle n'est pas décachetée... car la voilà; (*Allant à Zoé.*) mais je t'en prie, Zoé, dis-nous ce qu'elle contient.

ZOÉ, *à part.* Ah! mon Dieu! que lui répondre? (*Haut.*) Te le dire, je ne le puis.

LOUISE. Comment, tu me refuses?

ZOÉ. Si tu m'aimes, ne me le demande pas, ça m'est impossible.

LOUISE. Et que veux-tu que je pense?

GUILLERI. Qu'elle te trahit aussi... c'est clair comme le jour... (*Prenant la lettre.*) mais attends, nous allons savoir à quoi nous en tenir. (*Elle va pour la décacheter.*)

ZOÉ. Arrêtez... il ne tient qu'à vous de décacheter cette lettre... mais, pensez-y bien... si vous l'ouvrez... si vous en lisez un mot... tout est fini entre nous... brouillées à jamais... Choisissez.

GUILLERI ET LOUISE. O ciel!

LOUISE, *à Zoé.* Voilà donc cette amitié qui devait durer sans cesse... C'est toi qui parles de la rompre!

GUILLERI. Cela ne te fait rien, à toi...

LOUISE. Eh bien! moi, cette idée seule me rend trop malheureuse; et si Charles et toi vous m'avez trahie, tant pis pour vous, car je ne veux pas le savoir. (*Elle lui donne la lettre.*)

AIR de *Marianne*.
Que mes droits, que mon amour même,
Que tout te soit sacrifié;
Je te cède malgré que j'aime,
Zoé, rends-moi ton amitié.

GUILLERI.
De c' perfide insigne
Je serai digne;
Et ce perfide, à ton char attaché,
Je te le donne,
Je l'abandonne,
L'Anglais encor, par-dessus le marché.

ZOÉ, *passant au milieu.*
Quoi! sans regrets?.. quoi! sans partage!

GUILLERI.
C'est tout c' que j'ai d'amants, hélas!
Ce n'est pas ma faut' si je n' peux pas
T'en donner davantage.

ZOÉ. Mes amies, mes chères amies, ah! je vous retrouve enfin, et bientôt vous me connaîtrez... (*A Louise.*) Toi, d'abord : Charles est innocent, je te l'atteste... tu n'as rien à lui reprocher... va raccommoder avec lui...

LOUISE. Ah! j'y cours, et je l'amène ici.

ZOÉ, *vivement.* Non, non, ce n'est pas nécessaire; je ne t'ai pas dit cela... Et toi, Guilleri... mais on vient.

GUILLERI. C'est M. Petit-Pas.

ZOÉ, *à Louise, lui faisant signe de partir.* Vite dans le cabinet... (*A Louise, lui faisant signe de partir.*) Et toi... allez... (*Guilleri entre dans le cabinet à droite, dont elle ferme la porte; Louise sort par la porte à gauche.*)

SCÈNE XV.

ZOÉ, PETIT-PAS, *entrant par le fond.*

PETIT-PAS, *s'essuyant le front.* Je suis abîmé... je n'en puis plus... surtout nous autres danseurs, qui n'avons pas l'habitude de marcher, ni de parler... Je sors de l'administration. (*Lui remettant deux papiers à la fois.*) Voici la place de Charles, et notre engagement... quinze mille francs fixe... et trois mois de congé... Ce n'est pas sans peine.

ZOÉ. Que vous êtes bon!

PETIT-PAS. Mais pour obtenir de si grands avantages, j'ai parlé comme pour moi, et j'ai fait un si grand éloge de vos talents, que ces messieurs veulent en juger par eux-mêmes, et vont assister, à trois heures, à notre répétition de Clary.

ZOÉ. Aujourd'hui?.. quelle idée!.. tant pis pour eux; car je ne suis pas du tout en train.

PETIT-PAS. Raison de plus pour répéter... et j'accours pour cela; car il faut nous soigner.

ZOÉ. Ma foi, non... car je n'ai pas le cœur à la danse.

PETIT-PAS. Eh bien! rien que la pantomime... Voyons, mon petit cœur, la scène importante, celle de brouille et de dispute.

ZOÉ. Oh! pour celle-là... je le veux bien.

PETIT-PAS. A la bonne heure... je ferai le rôle d'*Albert*, et vous celui de *Bigottini* ou de mademoiselle *Noblet*; car maintenant c'est exactement la même chose... Vous entrez en scène au dernier *forte*... c'est le roulement de timbale qui vous donne la réplique... tra, la, la, la, pon. (*Il chante.*) La, la, la, la; vous me regardez d'abord avec douleur. (*Il chante.*) La, la, la, la, la; vous êtes la fille séduite. (*Il chante.*) Tra, la, la, la.... moi, je ne regarde pas, tra, la, la, la, la; je suis le séducteur. (*Zoé s'avance vers lui précipitamment.*) Eh bien! qu'est-ce que vous faites donc?.. vous accourez en poste!

ZOÉ. C'est pour arriver plus vite à la dispute.

PETIT-PAS. Eh! non vraiment... en pantomime... le désordre, le délire de la passion... tout cela se fait en mesure... et puis nous avons un tas de sentiments à exprimer... car chez nous, sans prononcer un mot, on dit beaucoup de choses; ce qui est le contraire de bien d'autres théâtres... Voici votre première tirade... Vous voulez qu'on vous épouse. (*Il chante sur un mouvement plus vif.*) Tra, la, la, Monsieur, tra, la, la, les mains jointes; et moi... pour pon, pon, pon, non! — Dieux! quel dialogue! quel style! comme cette scène-là est filée!.. Pon, pon, non, nous restons là, en attitude.

ZOÉ. Et la dispute?

PETIT-PAS. Patience! nous y viendrons... Vous tirez alors la promesse de mariage, et vous me la présentez. (*Il chante.*) Tra, la, la, la.

« Oui, c'est demain, demain que l'hyménée. »

Eh! non, chère petite, ce n'est pas cela. Au moment où je vous mi dit non avec le bras droit et le haut de l'épaule... vous me répondez avec les deux avant-bras, que vous croisez (*Il fait le geste.*) : « Comment, vous « me refusez! » Ouvrez les deux bras. (*Il fait le geste; Zoé le répète.*) « Mais vous ne le pouvez pas... mais « c'est impossible... voici votre promesse. » (*Puis lu lui donnant.*) C'est comme si vous lui disiez : « Vous « êtes un homme d'honneur... vous ne tromperez pas « une pauvre fille qui vous aime, et dont le plus grand « crime est d'avoir confiance en vous. » Ici, je réponds par un geste d'émotion, de la jambe et de la main gauche; et vous, de la main droite, vous ajoutez : « Ah! « j'en appelle à votre cœur; je ne veux point d'autre « juge... qu'il prononce entre nous, etc... » Reprenons ça maintenant... et allons de suite... mais avez-vous là quelque lettre... quelque papier?

zoé, *prenant sur la table à droite la promesse de mariage que Guilleri lui a donnée à la scène V.* Oui, oui... j'ai là ce qu'il me faut. (*Ils reprennent la scène, et au moment où Petit-Pas fait le geste de la refuser, elle lui donne la promesse de mariage de Guilleri; Petit-Pas jette les yeux dessus.*)

PETIT-PAS. O ciel! ma promesse à Guilleri!.. Qu'est-ce que ça signifie?.. Je ne veux point en entendre parler... je ne connais pas ça.

zoé, *imitant les gestes qu'il vient de lui indiquer.* Comment, vous me refusez!.. mais vous ne le pouvez pas... mais c'est impossible... c'est là votre promesse... oui, Monsieur, lisez plutôt... Vous êtes un homme d'honneur... vous ne tromperez pas une pauvre fille qui vous aime, et dont le plus grand crime est d'avoir confiance en vous.

PETIT-PAS. A la bonne heure... mais...

zoé. J'en appelle à votre cœur... je ne veux point d'autre juge... qu'il prononce entre nous. Je sais bien qu'avec nous, les hommes ne sont pas tenus de remplir leurs serments... mais à l'Opéra, on est sévère sur certains chapitres... il y a des lois pour protéger l'innocence, ce qui est bien vu : car c'est là qu'elle serait le plus exposée... et pour être trop aimable, vous risqueriez...

PETIT-PAS. Je le sais bien... mais quand je le voudrais... le moyen maintenant... après ce qu'elle a vu... après ce que je lui ai dit... elle ne croira jamais que l'amour seul me ramène à ses pieds.

zoé. N'est-ce que cela?.. vous êtes justifié... (*Allant à Guilleri, qui est sortie du cabinet, et l'amenant auprès de Petit-Pas.*)

PETIT-PAS. Que vois-je!

GUILLERI. Guilleri, qui a tout entendu, et qui vous pardonne.

PETIT-PAS, *à ses pieds.* Ah! je suis trop heureux!

SCÈNE XVI.

Les précédents; LOUISE, *entrant par la porte à gauche.*

zoé, *allant à Louise, et la prenant par la main.* Et toi, viens donc vite... mais qu'as-tu donc à pleurer?

LOUISE. Rien... je suis raccommodée avec Charles; mais il est décidé à partir, à quitter Paris pour chercher fortune.

zoé. N'est-ce que ça? il peut rester... Tiens, Louise... (*Lui donnant le papier que lui a remis Petit-Pas.*) voilà pour lui une place que M. Petit-Pas et moi nous lui accordons.

LOUISE. O ciel!

zoé. Maintenant que vous avez six mille francs de rente... va demander à ton père s'il veut te permettre de l'épouser?

LOUISE. Ah! Zoé!.. (*Passant auprès de Petit-Pas, dont elle prend la main.*) Ah! Monsieur!

PETIT-PAS, *entre Guilleri et Louise.* Quel tableau! (*Montrant Guilleri.*) L'amour!.. (*Montrant les deux autres.*) L'amitié!.. quel sujet de ballet!

zoé, *lui tendant la main.* Celui-là... c'est ce que vous aurez fait de mieux.

SCÈNE XVII.

Les précédents, MADAME LEFEBVRE.

MADAME LEFEBVRE. Eh bien! eh bien!.. qu'est-ce que je vois là?

zoé. Guilleri, qui se marie à mon professeur, et Louise, qui épouse M. Charles.

MADAME LEFEBVRE. Comment, celui que tu aimais?

zoé. Silence, ma grand'mère... vous savez tout.

MADAME LEFEBVRE. Et que te restera-t-il, mon enfant?

zoé. Ce qui me restera?.. (*Lui donnant l'engagement que Petit-Pas lui a apporté.*) mon état d'artiste... la liberté, l'indépendance, quelque succès peut-être... (*A Louise et à Guilleri.*) et plus encore l'aspect de votre bonheur; avec cela on ne regrette rien.

MADAME LEFEBVRE, *qui a lu le papier.* Est-il possible!.. un engagement de quinze mille francs.

zoé. Oui, ma grand'mère, vous voilà riche; et, comme vous le disiez ce matin...

MADAME LEFEBVRE. Maintenant nous pourrons quitter ces lieux.

zoé. Mais nous y reviendrons seules, en cachette, pour nous rappeler nos beaux jours et nous consoler peut-être de la fortune... et nous nous dirons tout... nos projets, nos plaisirs, nos chagrins...

LOUISE. Oui, sans doute... Si nos maris sont volages... s'ils ne nous aiment plus...

zoé. Nous nous le dirons.

GUILLERI. Et si au contraire...

zoé. Nous nous le dirons tout de même, et nous répéterons...

(*Regardant Louise et essuyant une larme.*)
  Point de chagrin qui ne soit oublié
  Avec les arts et l'amitié.

ENSEMBLE.
Point de chagrin, etc.

zoé, *au public.*
Air *de la Vieille.*
Nos complots, vous v'nez d'les entendre;
En cachette, et sans nos maris,
Ici souvent nous d'vons nous rendre,
Et personne n'y doit être admis.

TOUTES.
Dans ces lieux où nous d'vons nous rendre,
Que personne ne soit admis.

zoé.
Pourtant, Messieurs, ces défenses formelles
N' sont pas pour vous... d'mandez à ces d'moiselles...

TOUTES.
Et puissiez-vous, au rendez-vous fidèles,
Toutes les trois quand nous viendrons ici,
  Chaque soir y venir aussi!

FIN DE LES ÉLÈVES DU CONSERVATOIRE.

LA VOLIÈRE DE FRÈRE PHILIPPE

COMÉDIE-VAUDEVILLE EN UN ACTE

Représentée, pour la première fois, à Paris, sur le théâtre du Vaudeville, le 15 juin 1818.

EN SOCIÉTÉ AVEC MM. DELESTRE-POIRSON ET MÉLESVILLE.

Personnages.

RAMIREZ, gouverneur de Fernand.
FERNAND, fils du duc d'Hermosa.
LA COMTESSE ISABELLE.
BLANCHE, cousine de Fernand.
ISAURE, amie de Blanche.
LÉONARDE, gouvernante de Blanche.
PHILIPPE, cuisinier.
QUATRE COMPAGNES DE BLANCHE.

La scène se passe dans les montagnes du duché d'Alentejo.

Le théâtre représente la fin d'un enclos fermé par une haie. Au fond, du côté gauche, une trouée dans la haie. A droite, sur le second plan, la sortie figurée dans la haie. Plus loin, un rocher élevé, qui domine tout le théâtre. A gauche, et toujours au fond, une grande et riche volière, garnie d'oiseaux de toute espèce.

SCÈNE PREMIÈRE.

RAMIREZ, PHILIPPE.

RAMIREZ. Philippe... Philippe... Voyez s'il me répondra.

PHILIPPE, *paraissant avec une oie grasse à la main.* Ecoutez donc, on ne peut pas tout faire... j'étais à soigner le rôti.

RAMIREZ. Ma mule est-elle prête?

PHILIPPE. Je lui ai mis son plus riche harnais, j'ai brossé votre manteau, j'ai arrosé les fleurs de notre jeune maître, et j'achève de plumer cette oie grasse que je destinais au dîner de votre seigneurie... Car, Dieu merci! je suis ici jardinier, écuyer, valet de chambre et cuisinier!..

RAMIREZ. Eh bien! approche ici... j'ai une confidence à te faire.

PHILIPPE. Là, me voilà confident à présent; encore une charge de plus!

RAMIREZ. Je vais faire un voyage.

PHILIPPE. Dieu soit loué! nous allons donc quitter ces éternelles montagnes où il n'y a, je crois, d'être vivant que nous et votre élève... Dans ce maudit pays des Algarves, un soleil, une chaleur, que le gibier y rôtirait en plein air!

RAMIREZ. Ecoute, Philippe, j'ai un emploi bien important à te confier; pendant mon absence, c'est toi que je charge de veiller sur mon élève...

PHILIPPE. Comment, vous me laissez tête à tête? Tenez, seigneur, je ne suis qu'un frère servant, un pauvre frère coupe-choux; mais on sent son talent et sa vocation... J'ai été élevé dans les cuisines du chapitre de Grenade, je m'y étais déjà fait une réputation par mes *olla podrida* et mes pommes *à la portugaise*... Je pouvais aspirer aux meilleures places, entrer chez quelque prince ou dans quelque confrérie, et au lieu de cela vous m'emmenez dans cette retraite, parce que vous ne détestez pas les bons morceaux... c'est trop juste... on peut être philosophe et gourmand;... mais au lieu de recevoir des convives éclairés, depuis que j'y suis, nous n'avons vu paraître âme qui vive... Arrangez-vous, je ne veux pas rester plus longtemps dans cette solitude. Je suis décidé à jeter le froc aux orties... Moi, je perds en ces lieux mon beau talent.

AIR de *Julie.*
Le souvenir de tant de renommée
Me poursuit jusqu'en mon repos;

Environné d'une noble fumée,
Je revoyais cette nuit mes fourneaux.
D'un air pensif, tenant une lardoire,
Et méditant quelque ragoût nouveau,
Ma main piquait un aloyau,
Et je rêvais encor la gloire.

RAMIREZ, *gravement.* Philippe, nous ne pouvons quitter encore ces lieux.

PHILIPPE. Et pour quelle raison?

RAMIREZ. Le prince le veut, et depuis que j'existe, il ne m'est jamais venu dans l'idée qu'il fût possible de résister à la force de ces quatre mots, le prince le veut.

PHILIPPE. Eh bien! le prince la une singulière volonté.

RAMIREZ. Tu ne sais donc pas qu'autrefois il a été trahi par celle qu'il aimait, la comtesse Isabelle à laquelle il avait tout sacrifié. Alors, dans son désespoir, il m'a dit : Ramirez, allez vivre au fond de mon duché, avec mon fils; laissez-lui ignorer absolument l'existence des femmes... je suis parti avec mon élève, il y a eu quatorze ans, le jour de la Saint-Ambroise, et j'attends les ordres de S. A... Si elle me dit : Ramirez, il y a assez longtemps que mon fils est exilé, il faut le ramener à ma cour, je le ramènerai. Pourquoi? parce qu'il le voudra... Le prince le veut; voilà la base de toute ma conduite.

PHILIPPE. Et tout ça pour une brouillerie d'amour; c'était bien la peine...

AIR : *Ces postillons sont d'une maladresse*
S'il faisait bien, il oublierait, je pense,
Cette inconstante et perfide beauté.
RAMIREZ.
Je blâme ici la désobéissance,
Bien plus encor que l'infidélité.
Oui, je permets parfois qu'une autre belle
Change d'amant; mais dans un pareil nœud,
On doit toujours au prince être fidèle,
Car le prince le veut.

PHILIPPE. C'est fort bien; mais moi, je persiste à demander mon congé... je veux m'en aller... Philippe le veut.

RAMIREZ. Tout à l'heure, Philippe, il ne tenait qu'à toi; mais, maintenant, tu ne peux plus; tu possèdes le secret de l'Etat.

PHILIPPE. Et pourquoi me l'avez-vous dit? est-ce que je vous le demandais?

RAMIREZ. Et tu sens bien alors que cette retraite

vaut encore mieux que la tour de Lisbonne, ou les prisons de l'inquisition.

PHILIPPE, *effrayé.* Par saint Philippe, mon patron, où me suis-je fourré?.. Et quelle fantaisie vous prend de partir aujourd'hui et de me laisser une responsabilité?..

RAMIREZ. Un message secret m'ordonne de me rendre au prochain village... On doit, dit-on, m'y donner des instructions, j'ignore à quel propos; mais me voilà prêt à partir, et tu seras prévenu de mon retour par la cloche du Val. Ne manque pas, quand tu l'entendras, de venir prendre ma mule au bas de la montagne.

PHILIPPE. C'est convenu.

RAMIREZ. Fais venir mon élève. Je sais que je confie à ta prudence des fonctions bien délicates... Mais obéis ponctuellement. Ne t'étonne de rien, et console-toi par ces mots : Le prince le veut!

PHILIPPE. Tenez, le voici lui-même.

SCÈNE II.

LES PRÉCÉDENTS, FERNAND.

(*Fernand entre d'un air pensif. Philippe est dans un coin occupé à plumer son oie.*)

RAMIREZ, *à Fernand, qui ne le voit pas.* Eh bien! Fernand, vous ne nous voyez pas?

FERNAND. Ah! vous voilà.

RAMIREZ. Qu'est-ce donc? Vous avez l'air triste, rêveur?...

FERNAND. C'est vrai.

RAMIREZ. Que vous est-il arrivé?

FERNAND. Je ne sais.

RAMIREZ. Mais enfin...

FERNAND. Je m'ennuie...

PHILIPPE, *à part.* Allons, je ne suis pas le seul au moins...

RAMIREZ. Cependant je ne vous quitte presque jamais...

FERNAND. Hélas! oui...

RAMIREZ. Votre jardin est rempli des plus belles fleurs de la contrée...

FERNAND. Oui... Vous... Mes fleurs... Mais il y a si longtemps que je vois toujours la même chose...

PHILIPPE. Pardi, c'est comme à dîner... toujours des oies aux olives. On finit par s'en lasser...

RAMIREZ, *sévèrement.* Philippe, vous vous oubliez...

PHILIPPE, *à part.* Ah bien! aussi, si on ne peut plus parler, c'est trop fort aussi.... Il me prend des mouvements de rage... (*Il plume vite et avec humeur.*)

RAMIREZ, *à Fernand.* Et votre volière...

FERNAND. Ma volière... Eh bien! c'est ce qui me chagrine le plus...

PHILIPPE. Est-ce qu'il vous manquerait quelque oiseau?

FERNAND. Au contraire.... Il y en a toujours quelques-uns de plus. Ils sont petits, il est vrai; mais enfin comment sont-ils là.... car la volière est bien fermée.

PHILIPPE, *tenant une plume en l'air.* Ah! dame, s'il fait des remarques à présent !

RAMIREZ, *embarrassé.* Fernand, vous vous occupez d'une foule de futilités.

FERNAND. Eh bien! nous, pourquoi ne sommes-nous jamais que trois?.. Nous avons donc toujours été ici?..

RAMIREZ, *embarrassé.* Non...

FERNAND. Nous y sommes donc venus... et alors.... tenez, ce n'est pas clair...

AIR de *Dominich.*
Pourquoi de cette solitude
L'aspect est-il moins enchanteur?
Pourquoi n'aimé-je plus l'étude?
Pourquoi suis-je triste et rêveur?
Pourquoi... pourquoi... moi, je vois bien
Que l'on se cache en ma présence,
Et malgré toute ma science,
Je le vois bien... je ne sais rien.
DEUXIÈME COUPLET.
Au milieu des roses nouvelles,
Dont le printemps pare ces lieux,
Hier, je vis deux tourterelles
Qui chantaient d'un air si joyeux !
Pourquoi... pourquoi chanter si bien?
De leurs accents l'écho résonne...
Ils ne chantaient pas en automne...
Je le vois bien... je ne sais rien.

PHILIPPE. Mon Dieu, Seigneur, il me semble qu'il devient très-curieux.

RAMIREZ. Fernand, pour répondre à toutes vos questions, je vous dirais bien : le prince le veut; mais vous n'êtes pas encore assez sage pour comprendre la force de ce raisonnement.... Mais laissons cela, je pars... venez avec moi jusqu'au bas de la côte, cela vous dissipera.

TOUS TROIS.
AIR : Fragment de Joconde. (*Amour, seconde mon courage*).
Adieu, je me mets en voyage.
Adieu, mettez-vous en voyage.
Adieu ; mais pourquoi ce voyage?
RAMIREZ, *bas, à Philippe.*
Songe à bien remplir ton emploi.
PHILIPPE, *bas.*
Je m' pass'rais bien d'un tel emploi.
ENSEMBLE.
RAMIREZ, *bas.*
Et pour achever mon ouvrage,
Montre-toi digne en tout de moi.
PHILIPPE, *bas.*
Car si ça tourne mal, l'orage
Ne retombera que sur moi.
FERNAND, *à part.*
Pourquoi donc se mettre en voyage
Et s'éloigner d'ici sans moi?
RAMIREZ, *à Fernand.*
Jusqu'au Val, venez pour me plaire;
Je veux dissiper votre ennui.
PHILIPPE ET FERNAND.
Allez,   } cela { peut vous } distraire.
Allons, }   { doit me   }

Oui, cela { peut vous } distraire.
          { doit me   }
ENSEMBLE.
RAMIREZ, *bas, à Philippe.*
De la prudence... du mystère.
PHILIPPE, *bas.*
Je saurai bien (3 *fois.*) veiller sur lui.
FERNAND.
Quoi ! seul ici... rester ainsi. (*bis.*)
PHILIPPE, *bas.*
Je veill' sur lui
FERNAND, *à part.*
Ah! quel ennui !..
RAMIREZ, *bas.*
Il faut veiller sur lui.
ENSEMBLE.
RAMIREZ.
Adieu, je me mets en voyage.
PHILIPPE.
Adieu, mettez-vous en voyage.

FERNAND.
Adieu, mais pourquoi ce voyage ? etc.
(*Ramirez sort en tenant Fernand par la main.*)

SCÈNE III.

PHILIPPE, *seul*. Bon voyage, et ne tardez pas à revenir; ne voilà-t-il pas une belle commission dont il m'a chargé là! Moi qui ne connais que ma cuisine, j'avais bien besoin de me lancer dans les affaires d'Etat... Sous-gouverneur et cuisinier diplomate... Comme ça me va !... Avec ça ce Fernand qui est déjà curieux en diable et qui vous fait des questions... Je commettrai quelques bévues, c'est sûr, et je vois d'ici la tour de Lisbonne... Oh! Dieu!

AIR : *Vers le temple de l'hymen.*
Montrons-nous bien attentif,
Car s'il vient quelque anicroche,
Le gouverneur s'ra sans reproche,
Et moi, je s'rai brûlé vif;
Fuyez loin de ces parages,
Fuyez, féminins visages,
Jadis objet d' mes hommages,
Maint'nant objet d' ma terreur ;
La crainte a glacé mon âme,
Et j' croirai dans chaque femme
Voir le grand inquisiteur.

Heureusement nous sommes si loin de toute habitation, qu'il est impossible qu'il en vienne jamais ici... Et c'est bien ce qui me rassure!

SCÈNE IV.

PHILIPPE, ISAURE.

(*Isaure paraît par la trouée de la haie ; elle a l'air de faire signe à ses compagnes.*)

ISAURE. Par ici... par ici... voilà un endroit habité
PHILIPPE, *se retournant et l'apercevant*. Grand saint François, qu'ai-je vu ?..
ISAURE, *s'avançant*. Voilà, sans doute, le maître de cet ermitage. Par Notre-Dame de Bon-Secours, n'est-ce pas ici l'ermitage de Saint-Ambroise ?
PHILIPPE. Oui, mais allez-vous-en.
ISAURE. Oh! qu'il est méchant! Comment, vous auriez le cœur de nous renvoyer, nous qui tombons de lassitude et de chaleur ?
PHILIPPE. Si je vous écoutais, j'aurais encore plus chaud que vous. Je n'ose la regarder!
ISAURE. Monsieur le solitaire, nous avons besoin de tout, et surtout de bons conseils.
PHILIPPE. Ah! mon Dieu! quelle situation. (*Il se bouche les oreilles et ferme les yeux.*) Pour des conseils, ce n'est pas à moi à vous donner, c'est de vous en aller. Quant au reste, je voudrais bien pouvoir... Mais vous me perdez, je grille, je suis sur les charbons.
ISAURE. Allons, je vous en prie...
PHILIPPE. Eh bien! oui, oui, je vais vous donner tout ce qu'il vous faut; mais allez-vous-en... (*A part.*) Je tremble qu'il ne revienne. (*Haut.*) Tenez, allez m'attendre sous les oliviers que vous voyez d'ici. Je vais vous porter des raisins, des figues, de quoi vous rafraîchir, ma belle demoiselle. C'est qu'elle est vraiment charmante. Mais aussi pourquoi s'exposer toute seule dans ces montagnes ?
ISAURE. Seule! oh! non, nous sommes six.
PHILIPPE, *plus effrayé*. Six demoiselles ensemble, et près d'ici : sans nous en douter, nous étions à côté d'un volcan !

ISAURE. Mon Dieu ! n'ayez pas peur, nous ne vous ferons pas de mal, puisque nous venions, au contraire, vous demander des conseils. Allez, c'est une histoire bien triste et bien longue.
PHILIPPE. Eh bien ! voilà qu'elle s'asseoit à présent.
ISAURE. Dame, je suis fatiguée et je ne puis pas parler debout. Je vais vous conter cela en deux mots.
PHILIPPE. Dépêchons, dépêchons, je vous prie.
ISAURE. Eh bien! patience. Quand on me presse, je ne sais plus ce que je dis. Figurez-vous que nous étions six demoiselles, filles de gentilshommes les plus nobles de la cour du duc d'Alentejo.

AIR : *Adieu, je vous fuis, bois charmant.*
Dès longtemps, par ordre formel,
La noble dame Léonarde,
Près d'ici, dans un vieux castel,
Nous élevait, et sous sa garde,
On n'apprenait rien, sur ma foi,
Et cependant, sans fin ni trève
Elle parlait, parlait.
PHILIPPE, *à part*.
Je voi
Qu'elle a pourtant fait une élève.

(*Haut.*)
Mais achevez, je vous supplie.
ISAURE. Nous vivions là heureuses et tranquilles; mais voilà le malheur, c'est qu'on a voulu marier l'une de nous, la princesse Blanche...
PHILIPPE. Eh bien !
ISAURE. Eh bien ! on a voulu lui faire épouser un cousin qu'elle ne connaissait pas. Elle a résisté, c'est bien naturel. Nous avons juré à Blanche de ne pas l'abandonner. Nous nous sommes révoltées, et ce matin nous avons quitté le château de las Torrès.
PHILIPPE. Pour aller où?
ISAURE. Pour aller jusqu'au bout du monde. Voilà déjà une grande demi-lieue que nous avons faite, et nous n'en pouvons plus!
PHILIPPE. Là, voyager ainsi à marches forcées, ça a-t-il le sens commun?.. Elle m'attendrit!.. Quoique homme d'État, on n'a pas un cœur de rocher. Mais songez que je risque tout... Ah! grand Dieu ! c'est lui !
ISAURE. Qu'est-ce que vous avez donc ?
PHILIPPE, *troublé*. Partez, partez vite. Allez m'attendre sous les oliviers ; je suis à vous dans l'instant.
(*Il la pousse et la force à disparaître.*)

SCÈNE V.

PHILIPPE, FERNAND, *accourant*.

FERNAND. Philippe, Philippe, ah ! qu'ai-je vu ?
PHILIPPE. Eh bien ! qu'est-ce qu'il a donc ?
FERNAND. Où est-il? l'as-tu vu passer ?
PHILIPPE. Qui donc ?

AIR : *Non so più* (Cavatine delle Nozze di Figaro.)
Je ne sais... Ah ! quel trouble m'agite...
Quel est-il ?.. Ah ! que mon cœur palpite...
Je l'ai vu... mais une prompte fuite
A mes yeux l'a dérobé de suite.
Dis-moi vite
Pourquoi donc a-t-il disparu ?
Dis-moi vite
Quel est donc cet être inconnu ?
Sa tournure à la mienne est semblable,
Mais son air est bien plus agréable;
Son sourire est plus vif et plus doux.
Sa prunelle
Etincelle ;

C'est fait à peu près comme nous ;
  Mais sa grâce
  Nous efface ;
Ah ! c'est mieux, c'est bien mieux que nous !
Je ne sais... Ah ! quel trouble m'agite... etc.

PHILIPPE, *à part*. Ah ! mon Dieu ! il en aura vu... (*Haut.*) Allons donc ; vous voulez rire, et vous n'avez rien vu. C'est quelque jeu de votre imagination.

FERNAND, *apercevant Isaure qui paraît pour traverser le rocher du fond*. Tiens, tiens. Cette fois je ne me trompe pas. Vois sur ce rocher.

PHILIPPE, *à part*. Ah ! mon bon ange, c'est fait de moi.

FERNAND. Ça a disparu. Qu'est-ce donc ? Philippe, réponds-moi, je t'en conjure. Je veux savoir ce que c'est.

PHILIPPE. C'est... (*A part.*) Ah ! mon Dieu ! que lui dire ?

FERNAND. Eh bien ! parle donc

PHILIPPE. C'est... des oiseaux.

FERNAND. Des oiseaux ? C'est singulier. Il n'y en a donc pas comme ça dans notre pays ? Voilà le premier que je vois. C'est donc un oiseau de passage ?

PHILIPPE. Oui, oui, ça passe.

FERNAND. Philippe, j'en veux un.

PHILIPPE, *à part*. Nous y voilà !

FERNAND. Ça ne doit pas être difficile à prendre.

PHILIPPE. Au contraire... Diable, ne vous y jouez pas.

FERNAND. Il me semble pourtant que ça ne vole point.

PHILIPPE. Laissez donc ; c'est farouche, farouche. Moi qui vous parle, je n'ai jamais pu en apprivoiser.

FERNAND. Bah ! c'est que tu t'y es mal pris ; tu es si maladroit. — Écoute, nous irons ensemble à la chasse ; c'est-à-dire non. Avec une figure comme celle-là, tu leur ferais peur ; j'aime mieux y aller tout seul.

PHILIPPE. Ne vous en avisez pas ; c'est si traître ! c'est si méchant !.. (*A part.*) Allons, faut lui porter les grands coups, il m'interrogerait jusqu'à demain.

AIR : *Lise épouse l' beau Gernance*.

Leur air câlin vous abuse,
Mais c'est plein d' finesse et d' ruse,
Et ça déroul' quelquefois
Les chasseurs les plus adroits !
On croit les t'nir, ils échappent ;
Ce sont d's oiseaux dangereux
Qui presque toujours attrapent
Ceux qui courent après eux.

FERNAND. C'est égal ; moi, je veux me risquer, arrivera ce qui pourra. J'aurais tant de plaisir à en avoir un dans ma volière.

PHILIPPE. Oui, votre volière ! vous vous en occupez joliment, v'là vos oiseaux qui meurent de faim.

FERNAND. C'est vrai ; je ne leur ai rien donné d'aujourd'ui.

PHILIPPE. Et vous ne pensez pas non plus que voilà le moment le plus chaud de la journée, et que ces pauvres petites bêtes vont rôtir au soleil. (*Il baisse un store qui couvre la volière du côté du public.*)

FERNAND. Eh ! mon Dieu, je ne sais plus ce que je fais, moi qui les aimais tant... c'est égal ; je vais leur donner à manger. (*Regardant toujours du côté où il a vu Isaure.*) Allons, on ne voit plus rien.

PHILIPPE.

AIR : *Que ne suis-je la fougère ?*

Quelle paresse est la vôtre ?

FERNAND.

Je vais suivre ton avis ;
Mais depuis que j'ai vu l'autre,

Ceux-là sont bien moins jolis ;
Ma folie est sans remède ;
Car je donnerais, hélas !
Mille oiseaux que je possède,
Pour un seul que je n'ai pas.

(*Il s'éloigne.*)

—

SCÈNE VI.

PHILIPPE, *seul*. Ouf ! Nous l'échappons belle ; et il faut avouer que le seigneur Ramirez est bien heureux d'avoir un suppléant aussi intelligent. Des oiseaux. Heim ! C'est diablement adroit de ce que je lui ai trouvé là. (*Se retournant brusquement.*) Qu'est-ce ? N'est-ce pas là encore quelque femme que j'aperçois ? Mon imagination troublée me fait voir partout des jupes et des guimpes. Et ces petites filles à qui j'ai promis... Et mon dîner donc... J'oublie jusqu'aux choses essentielles. Je crois que j'en perdrai la tête.

—

SCÈNE VII.

PHILIPPE, BLANCHE, *entrant d'un air effrayé et comme quelqu'un que l'on poursuit*.

BLANCHE. Ah ! grand Dieu, sauvez-moi.

PHILIPPE. Encore une ! il est dit que nous ne verrons que des femmes aujourd'hui.

BLANCHE. On me poursuit.

PHILIPPE. Qui ?

BLANCHE. Le voilà. (*Montrant Fernand qui accourt du même côté.*)

PHILIPPE. Cette fois, impossible de l'éviter. Rassurez-vous. Mais quoi qu'il fasse, quoi qu'il dise, soyez muette. Pas un mot, ou c'est fait de vous.

BLANCHE, *tremblante*. Comment, c'est fait de moi ?

PHILIPPE. Chut !

BLANCHE. Oui, Monsieur.

—

SCÈNE VIII.

LES PRÉCÉDENTS, FERNAND. *Il entre en courant, et voyant Blanche arrêtée, il s'arrête aussi, comme craignant de l'effaroucher.*

FERNAND, *dans le fond, s'avançant avec précaution, et parlant à demi-voix*. Philippe, Philippe. Ne bouge pas, prends garde de l'effaroucher ; ne remue pas, te dis-je, ou il se sauve. Comme il est gentil ! Petit, petit.

BLANCHE. Comment, il me prend pour un oiseau. Qu'est-ce que cela signifie ? (*Philippe lui fait signe de se taire.*)

FERNAND. Philippe, c'est celui que j'ai aperçu la première fois ; tu disais que c'était méchant, il a un air si doux. Sa vue me cause un plaisir que je ne puis te rendre. Petit, petit ; ça chante-t-il ?

PHILIPPE. Oui, quand c'est en liberté ; et si vous voulez le laisser en aller...

FERNAND. Non pas, je ne le quitte pas. J'en aurai tant de soins, que je finirai par m'en faire aimer.

PHILIPPE. Eh bien ! j'ai fait là de joli ouvrage. (*On entend sonner une cloche dans le lointain.*) Ah ! mon Dieu ! c'est la cloche du Val. Notre gouverneur qui revient ; le voilà au bas de la montagne. Vite, seigneur Fernand, retirez-vous.

FERNAND. Je ne veux pas, moi, je veux rester ici.

PHILIPPE. Et que dira le seigneur Ramirez ?

FERNAND. Il dira ce qu'il voudra ; j'ai fait jusqu'à

PHILIPPE. C'est, c'est... des oiseaux. — Scène 5.

présent vos volontés; mais l'on m'ôterait plutôt la vie que de me priver de ce joli oiseau que j'aime tant; je ne peux plus m'en passer. (*On entend encore la cloche.*)

PHILIPPE, *désolé.* Je ne puis pourtant pas le laisser à la porte... (*Bas, à Blanche.*) Tâchez de trouver quelque moyen de vous évader; mais surtout pas une parole, ou je ne réponds pas de vous... (*On sonne encore.*) Ah! mon Dieu! mon Dieu! comment tout cela finira-t-il? (*Il sort.*)

SCÈNE IX.

BLANCHE, FERNAND.

BLANCHE, *à part.* Quelle situation! Me laisser seule avec lui! Si je pouvais rejoindre mes compagnes!

FERNAND, *courant vers la porte.* Est-ce qu'il voudrait s'échapper? Oh! tu ne t'en iras pas. Le voilà tout effrayé à présent. Petit, petit; n'aie pas peur, je ne veux pas te mettre en cage, tu auras ta liberté, je ne veux jouir que du plaisir de te voir. On dirait qu'il me comprend. Reste avec nous, tu ne manqueras de rien; je partagerai tout avec toi; tu seras mon favori; n'est-ce pas? Tu le veux bien?

BLANCHE. Ça me fait de la peine; se peut-il qu'on l'ait abusé à ce point?

FERNAND. Tu ne seras pas méchant; là, là. (*Il approche.*) |Oh! que je suis content, il n'a plus peur de moi. Mais quel nom lui donner? Écoute, tu t'appelleras Chéri; Chéri, entends-tu? (*Blanche tourne la tête vers lui en souriant.*) Il connaît déjà son nom! C'est étonnant comme il a de l'intelligence.

AIR des *Artistes par occasion* (de SAVEL.)

Non, non, jamais, dans ma volière,
Rien de tel ne frappa mes yeux!..
Combien sa démarche est légère,
Que ses contours sont gracieux!..
Viens, mon petit, mon petit, viens toi-même. (*bis.*)
Je ne puis trop te contempler,
Je veux toujours te contempler,
M'aimeras-tu comme je t'aime?..

FERNAND. Tu ne seras pas méchant; là, là. — Scène 9.

BLANCHE, *à part*.
On m'a défendu de parler.
DEUXIÈME COUPLET.
FERNAND, *l'admirant*.
Il paraît déjà moins farouche,
Et me permet de l'approcher ;
Il semble ému quand je le touche :
Par quel moyen me l'attacher ?
Viens, mon petit, mon petit; quelle ivresse ! (*bis*.)
(*Lui prenant le bras et le caressant.*)
Surtout ne vas pas t'envoler. (*bis*.)
(*Il l'embrasse sur le cou.*)
Es-tu fâché qu'on te caresse ?
BLANCHE, *à part*.
Je crois qu'il est temps de parler.

On vous a trompé; je ne suis pas...
FERNAND, *très-effrayé*. Hélas! mon Dieu, le voilà qui parle ! Prenez pitié de moi; le ciel m'est témoin que je ne voulais pas vous faire de mal.
BLANCHE. Eh bien ! voilà qu'il va avoir peur de moi à présent. Fernand, rassurez-vous.
FERNAND. Il sait mon nom ! (*S'éloignant un peu.*) Philippe m'a dit ce matin que vous étiez un être méchant et dangereux.
BLANCHE. Au contraire, je suis une femme !
FERNAND. Et qu'est-ce que c'est qu'une femme ?

BLANCHE.

|AIR : *N'est-ce pas d'elle* (de madame GAIL).
Quoi ! d'une femme
Vous ignorez même le nom ?
Mais une femme
Est un être plein de raison.
Dans une femme,
Tout est parfait, et voyez-vous...
L'être le meilleur, le plus doux,
C'est une femme.

FERNAND. L'être le meilleur, le plus doux, et vous êtes seule de votre espèce ?

SCÈNE X.

Les précédents; ISAURE, et les jeunes filles paraissant sur la montagne.

FERNAND, les voyant. Ah!

Air de la Montagnarde (contredanse).

CHŒUR.

(Les jeunes filles descendent de la montagne.)
Le ciel est sans nuage,
Reprenons le voyage,
Nous pouvons sans orage,
Du chemin
Voir la fin.

FERNAND.
Que mon âme est émue...

BLANCHE, faisant signe à ses compagnes.
Venez, venez ici.

FERNAND.
Ah! quelle douce vue!
Comment s'en est aussi?

TOUTES.
Le ciel est sans nuage,
Reprenons, etc.

FERNAND.
Quelle bonne fortune
Dans ces lieux les amena?
(Courant de l'une à l'autre.)
Encore une... encore une...
Mon Dieu! comme en voilà!

TOUTES.
Le ciel est sans nuage,
Reprenons, etc.

FERNAND, sautant de joie. Chéri, Chéri, vois-tu? Oh! la jolie petite nichée!

ISAURE. Qu'est-ce que c'est donc?

BLANCHE. Mes sœurs, c'est une victime comme nous. Un jeune homme bien à plaindre, que l'on a trompé indignement.

Air de Voltaire chez Ninon.

Apprenez que son gouverneur,
Par la malice la plus noire,
Des femmes lui fit toujours peur,
Et veut même lui faire accroire
Que nous n'avons rien d'attrayant,
Que notre âme est fausse et traîtresse.

ISAURE.
Et voilà pourtant à présent
Comme on élève la jeunesse.

TOUTES. Fi! l'horreur!

ISAURE. Le vilain homme que ce gouverneur. Tenez, je vais vous donner un conseil, c'est de vous révolter comme nous et de faire le pèlerinage ensemble.

TOUTES. Oh! oui, venez avec nous.

FERNAND. Ah! quel bonheur!

BLANCHE. Imaginez-vous qu'on voulait me forcer...

ISAURE. Non, c'est à moi à raconter cela; figurez-vous qu'on voulait forcer Blanche à se marier.

FERNAND. Se marier! qu'est-ce que cela?

BLANCHE. C'est prendre un mari!

FERNAND. Et qu'est-ce qu'un mari?

ISAURE. Dame! un mari, c'est quelqu'un qu'on aime, c'est-à-dire qui vous aime, et qui alors vous donne de belles robes; et puis il y a un grand repas, une noce, on danse; et après cela on vous appelle Madame, et voilà à peu près tout. Demandez à ces demoiselles.

FERNAND. Je n'entends pas beaucoup, mais c'est égal.

ISAURE. Et comme Blanche ne voulait pas du tout de cet amant-là...

FERNAND. Qu'est-ce que c'est qu'un amant?

ISAURE. C'est... dame! un amant, tout le monde sait ça. Aussi on n'a jamais vu faire des demandes comme celles-là.

BLANCHE. Par exemple, un amant, ça serait vous, si vous nous aimiez.

FERNAND. Oh! oui, je suis un amant; j'entends mieux cela que le mari. Le mari n'est donc pas une bonne chose, puisque vous le fuyez.

ISAURE. Mais si, c'est selon; car il ne comprend pas; l'amour vient d'abord, et puis le mariage après.

BLANCHE. Et l'on épouse celle que l'on aime.

FERNAND. Oh! moi, qui vous aime bien, je vous épouserai donc?

ISAURE. Toutes! ça ne se peut pas.

FERNAND. Et pourquoi?

ISAURE. Pourquoi? Il demande pourquoi! mais c'est étonnant; vous avez donc été élevé comme une demoiselle? Enfin ne vous fâchez pas, nous vous expliquerons cela. Tant il y a que pour ne pas être tourmentées, nous sommes toutes parties ensemble pour aller en pèlerinage à Notre-Dame de Bon-Conseil, et si vous voulez être du voyage, nous vous traiterons comme notre camarade; car, au fait, je ne vois pas la différence.

FERNAND. Oh! à la bonne heure; pourvu que je ne quitte pas Chéri.

BLANCHE. Eh bien! nous ne nous quitterons plus et partons.

ISAURE. Partons toutes ensemble.

CHŒUR.

Le ciel est sans nuage,
Reprenons le voyage,
Nous pourrons sans orage,
Du chemin
Voir la fin.

SCÈNE XI.

Les précédents, PHILIPPE. Il aperçoit Fernand au milieu de toutes les petites filles.

PHILIPPE. Par saint Polycarpe! qu'est-ce que je vois là?

FERNAND. N'aie pas peur, Philippe, n'aie pas peur, elles ne te feront pas de mal; vois plutôt.

PHILIPPE. Il s'agit bien de cela; votre gouverneur qui me suit.

FERNAND. Que m'importe?

PHILIPPE. Il m'importe à moi, qui suis perdu si le seigneur Ramirez vient à découvrir...

BLANCHE. Le seigneur Ramirez!

ISAURE. Qu'est-ce que c'est que cela?

PHILIPPE. Un philosophe, un sauvage qui n'aime pas du tout les oiseaux, et c'est fait de moi s'il vous aperçoit.

ISAURE. Bah! ne soyez donc pas inquiet, laissez venir votre monde; nous trouverons bien quelque petite cachette. Venez, Mesdemoiselles.

FERNAND. Vois-tu comme elles sont bonnes! (Voulant les suivre.) Philippe, je vais me cacher aussi.

PHILIPPE, le retenant. Non pas, non pas.

FERNAND. Si; vois-tu, j'achèverai d'apprendre.

PHILIPPE. Oh! le petit démon! quel goût pour l'étude!

FERNAND, revenant. Je les reverrai, Philippe?

PHILIPPE. Oui.
FERNAND. Bientôt?
PHILIPPE. Oui; sauvez-vous donc, vous autres.
FERNAND. Prends bien garde qu'il ne s'en échappe quelqu'une.
PHILIPPE, *impatienté*. Eh! soyez tranquille. (*Les jeunes filles disparaissent d'un autre côté.*)
PHILIPPE, poussant Fernand vers la maison. Et vous, rentrez... Ah! mon Dieu! lui qui ne voulait qu'aucune femme pénétrât dans ces lieux; rien qu'une demi-douzaine à la fois! Eh! rentrez donc. (*Ils sortent tous les deux.*)

SCÈNE XII.

RAMIREZ, ISABELLE, LÉONARDE, *suite de la princesse.*

CHŒUR.

AIR de : *Monsieur Jean, que le repas s'apprête* (de JEAN DE PARIS.)

Daignez entrer dans cet humble ermitage,
Que vos attraits viennent charmer ces lieux ;
Oui, votre aspect, dans ce séjour sauvage,
Grande princesse, y comble tous nos vœux.

SCÈNE XIII.

LES PRÉCÉDENTS ; PHILIPPE, *apercevant la princesse et sa suite.*

PHILIPPE. Encore des femmes! au moins celles-là ne seront pas sur mon compte.
LÉONARDE. Comme cette côte est escarpée! Je n'en puis plus.
ISABELLE. Voilà donc l'habitation du jeune Fernand?
RAMIREZ. Oui, Madame; j'ai reçu, au hameau voisin, un message du prince qui me prévenait de votre visite, et je me félicite d'être arrivé à temps pour avoir eu l'honneur de vous servir de guide.
ISABELLE. Le prince a de grands projets sur votre élève. La haine que le duc d'Hermosa avait vouée à toutes les femmes, et à moi particulièrement, vient enfin de céder aux preuves de mon amour ; il m'offre sa fortune et sa main ; et abjurant à jamais ses erreurs, il rend à tout mon sexe la justice qui lui est due.

AIR du vaudeville de *la Robe et les Bottes.*

Vous qui blâmant un sexe sans défense,
Sur lui lancez des traits mordants,
Rappelez-vous qu'au temps de votre enfance
Il guida vos pas chancelants ;
Rappelez-vous que dans les jours d'orage,
Il fut sensible et courageux ;
Et que ce sexe, enfin, quand on l'outrage,
Se venge en vous rendant heureux.

RAMIREZ, *s'inclinant.* C'est toujours ce que j'ai pensé, et qui mieux que la princesse Isabelle...
PHILIPPE, *étonné*. Comment, cette méchante femme dont vous parliez?
RAMIREZ. Comment... je parlais... je parlais... vous devez vous rappeler, au contraire, que j'ai toujours défendu Madame, que j'ai souvent gémi de l'erreur du prince : mais mon devoir, l'obéissance...
ISABELLE. N'en parlons plus ; j'espère qu'un nouveau lien va rapprocher les deux familles.

RAMIREZ. Vous le voulez, le prince le veut ; il n'y a rien de plus aisé !
LÉONARDE. Oui, aisé! lorsque la future a disparu, et court les champs à l'heure qu'il est !
RAMIREZ. J'en suis fâché pour vous, dame Léonarde; mais c'est votre faute.
LÉONARDE. Comment ! ma faute?
RAMIREZ. Sans doute : elle était confiée à votre surveillance ; et si vous l'aviez élevée comme j'ai élevé Fernand dans une retraite profonde, dans une ignorance absolue...
ISABELLE. Au surplus, cette fuite est un enfantillage, et je suis persuadée qu'elle s'est réfugiée dans mon château, où elle m'attend pour me conter ses petits chagrins. Mais avant d'aller la rejoindre, je serai ravie, seigneur Ramirez, de connaître votre élève ; ce que m'a dit le prince semble tenir du miracle : un jeune homme qui ignore jusqu'à l'existence des femmes !
RAMIREZ. Oui, Madame! et je vous prie de rendre compte au prince de la manière dont ses ordres ont été exécutés ; c'était contre mon gré ; mais enfin le prince le voulait.
ISABELLE. Et vous dites donc qu'il n'a jamais vu de femmes?
RAMIREZ. Votre Altesse sera la première.
ISABELLE. L'entrevue sera piquante, et je suis impatiente de juger de l'impression que ma vue lui causera.
LÉONARDE. Moi de même.
RAMIREZ. Philippe!
PHILIPPE. Aye ! aye !
ISABELLE. Quel est cet homme?
RAMIREZ. C'est notre pourvoyeur, frère Philippe, qui est à la fois à la tête de la cuisine, du jardin et de la volière ; car, tel que vous le voyez, il se connaît beaucoup en oiseaux.
ISABELLE. Ah ! il se connaît...
PHILIPPE. Oui, Madame.
RAMIREZ. Faites venir don Fernand; mais le voici lui-même.
PHILIPPE. Par Saint-Jacques de Compostelle, qu'est-ce que ça va devenir?

SCÈNE XIV.

LES PRÉCÉDENTS ; FERNAND, *entre en rêvant.*

CHŒUR.

AIR : *Le voilà le vrai modèle* (de l'AMI DE LA MAISON)

Le voilà
Le vrai modèle
D'une innocence si belle !
Et son maître, le voilà !
Oui, son maître, le voilà !

ISABELLE. Quel air timide ! Quel charmant embarras !
LÉONARDE. Qu'il est gentil ! regardez donc, Madame?
FERNAND, *apercevant Isabelle*. Ah! en voilà. (*Il court à elle, lui prend la main qu'il presse sur son cœur et la regarde attentivement.*)
ISABELLE. Mais, seigneur Ramirez, il ne me semble pas si sauvage.
FERNAND, *à Isabelle*. Oui! je vous reconnais. Même regard, même langage. Ah! mon cher gouverneur, que vous avez bien fait de l'amener; nous la garderons avec les autres.

LÉONARDE. Les autres! Sainte-Vierge! la belle éducation.
RAMIREZ. L'ai-je bien entendu?
FERNAND, *regardant Léonarde.* Quelle est celle-là? je vois bien qu'elle en est aussi; mais ça n'est pas de la bonne espèce.
LÉONARDE. Hein!
ISABELLE. Ah çà, pour qui nous prenez-vous?
FERNAND. Pour des femmes!
ISABELLE. Comment, vous savez ce que c'est que des femmes?
FERNAND. Certainement! c'est ce qu'il y a de meilleur et de plus doux au monde!
LÉONARDE. Au moins, il a de bons principes.
ISABELLE. Seigneur Ramirez, c'est très-bien à vous.
RAMIREZ. Madame, je vous jure... Je tombe de mon haut. (*A Fernand.*) Comment, petit serpent, vous osez...
ISABELLE. Laissez-le dire... Eh bien! Fernand, puisque vous savez si bien apprécier les femmes, je veux vous en donner une. Serez-vous content d'être marié?
FERNAND. Oh! ça ne se peut pas ainsi. Il faut d'abord que je sois amant; parce que l'amant vient d'abord, et le mari après.
LÉONARDE. Ouf! quelle innocence! Comment, seigneur Ramirez, il sait ce que c'est que le mariage, tandis que mes élèves à moi ne s'en doutent seulement pas?
FERNAND. Pardi, le mariage! ça n'est pas difficile. On donne de beaux habits et de belles robes, et puis il y a un repas, et puis une noce, et puis on danse, et puis....
LÉONARDE, *l'interrompant.* Chut! Monsieur, quel scandale!
RAMIREZ. Je demeure confondu!

CHŒUR.

Quoi! c'est là
Ce beau modèle
D'une innocence nouvelle;
Et son maitre, le voilà;
Oui, son maitre, le voilà.

ISABELLE. Je vous promets, seigneur Ramirez, de rendre compte au prince de la manière dont ses ordres ont été exécutés.
RAMIREZ. Madame, je puis vous attester qu'il n'a jamais vu d'autres personnes que frère Philippe et moi; qu'il n'a eu d'autre passe-temps que ses fleurs, ses oiseaux...
PHILIPPE. Une volière superbe, que j'ai pris plaisir à composer moi-même; voyez plutôt. (*Il court à la volière, tire son store sans regarder l'intérieur; le rideau se lève; on voit toutes les petites filles, qui s'étaient cachées dans la volière, groupées les unes auprès des autres.*)
TOUS. Ah! ah!

SCÈNE XV.

LES PRÉCÉDENTS, BLANCHE, ISAURE *et leurs compagnes.*

BLANCHE ET TOUTES LES JEUNES FILLES; *elles sont dans la volière.*

AIR : *O Pescator dell' onda* (Barcarolle vénitienne).

Las! à notre prière
Rendez-vous.
Monsieur le solitaire,
Ouvrez-nous!
Calmez votre courroux,
Calmez votre colère,
Ne soyez pas sévère;
De grâce, ouvrez-nous.

LÉONARDE. Comment, ce sont là les oiseaux de frère Philippe?
ISABELLE. C'est Blanche, votre cousine.

AIR : du vaudeville de *Turenne.*

Eh quoi! Fernand, celle qu'on vous destine,
Chez vous-même vient se cacher.

RAMIREZ.

Ouvre donc vite à sa cousine.

PHILIPPE.

L' jolis oiseaux à dénicher!
J' les crois pourtant plus malins que les nôtres;
Et si j' leur donne la clé des champs,
La liberté que je leur rends
Va compromettre cell' de bien d'autres.
(*Il leur ouvre la porte de la volière.*)

LÉONARDE. Vous voilà donc enfin, Mesdemoiselles!

BLANCHE ET LES AUTRES, *à Isabelle.*

AIR : *O Pescator dell' onda.*

Vous nous voyez confuses
Devant vous,
Et demandant excuses
A genoux.
(*Montrant Léonarde.*)
Ah! calmez son courroux,
Calmez, calmez notre maîtresse.
Vous voyez notre détresse;
Priez tous
Pour nous.

ISABELLE. Relevez-vous, mes bonnes amies, je me charge d'obtenir votre pardon, et vous emmène toutes à la cour, pour assister au mariage de Blanche et de Fernand.
PHILIPPE. Je demande à travailler au repas de noce, et l'on reconnaîtra, j'espère, les principes de la bonne école.
FERNAND. Comment, il serait vrai? Elle est pour moi? Ah! Madame, je vous en supplie, que tout le monde en ait aussi. (*Montrant Léonarde.*) Donnez celle-là à mon gouverneur.
LÉONARDE. Eh! de quoi se mêle-t-il?
ISABELLE. Quant à vous, seigneur Ramirez, quoiqu'on ne puisse trop payer une aussi belle éducation, Son Altesse m'a chargée cependant de vous offrir mille piastres fortes de pension.
PHILIPPE. Mille piastres fortes pour un philosophe! dites donc, est-ce que vous accepterez?
RAMIREZ. Philippe, Monseigneur le veut!

VAUDEVILLE.

AIR : *Del Signor Crescendo.*

ISABELLE.

Vous qui gardez de jeunes filles
Pour les tenir sous le scellé,
Employez les clés et les grilles
Tant que leur cœur n'a pas parlé!
Mais, dès que l'amour les engage,
Adieu les grilles et les clés :
C'est songer à fermer la cage
Quand les oiseaux sont envolés!

LÉONARDE.

Jadis, aux jours de ma jeunesse,
Moi, des oiseaux je raffolais;
Je puis dire qu'avec adresse
J'en pris plus d'un dans mes filets!

Maintenant, hélas! je l'éprouve,
Ces jours heureux sont écoulés ;
Et dès que j'arrive, je trouve
Que les oiseaux sont envolés.
PHILIPPE.
Qui me rendra ces jours prospères,
Ces gros prieurs que j'ai servis?
Comme on dînait chez ces bons pères !
Quels festins et quels appétits!
J' voyais sur leur table féconde
Cailles, perdreaux amoncelés ;

Et crac... en moins d'une seconde,
Les oiseaux étaient envolés.
FERNAND, *aux loges et aux galeries.*
Vous, qu'en mon erreur passagère,
Je pris pour des oiseaux charmants,
Sexe aimable, dans ma volière,
Puissé-je encor vous voir longtemps!
Jugez ici, vous que j'admire,
Combien nous serions désolés,
Si, dès demain, l'on allait dire
Que les oiseaux sont envolés.

FIN DE LA VOLIÈRE DE FRÈRE PHILIPPE.

LA MANIE DES PLACES

OU

LA FOLIE DU SIÈCLE

COMÉDIE-VAUDEVILLE EN UN ACTE

Représentée, pour la première fois, à Paris, sur le théâtre du Gymnase dramatique, le 19 juin 1828.

EN SOCIÉTÉ AVEC M. DAYARD.

Personnages.

M. DE BERLAC.
M. DE NOIRMONT, ancien inspecteur général.
FRÉDÉRIC DE RINVILLE.
M. DUFOUR, employé au Mont-de-Piété.
GEORGES, commis de l'hôtel garni.
MADAME PRESTO, tenant un hôtel garni.
JULIETTE, sa fille.
JOSEPH, domestique de l'hôtel.
UN DOMESTIQUE.

La scène se passe à Paris, rue de Rivoli, dans l'hôtel garni tenu par madame Presto.

Le théâtre représente une grande salle de l'hôtel; porte au fond, et deux portes latérales sur les derniers plans. — Sur le premier plan, à gauche et à droite, portes d'appartements au-dessus desquelles sont des numéros ; la porte à gauche de l'acteur, qui est celle de M. de Berlac, doit porter le n° 54. — A droite, sur le devant, une table et tout ce qu'il faut pour écrire ; on doit y voir un grand livre où sont inscrits les noms des voyageurs.

SCÈNE PREMIÈRE.

FRÉDÉRIC, GEORGES.

GEORGES. Comment ! vous ici, monsieur Frédéric de Rinville ?

FRÉDÉRIC. Eh! mon pauvre Georges, par quel hasard dans un hôtel garni ? et premier garçon, à ce qu'il me semble ?

GEORGES. Du tout, Monsieur, premier commis, ce qui est bien différent; et puis la situation fait tout ; un hôtel, rue de Rivoli ! ce n'est pas déroger. On ne reçoit ici que des ducs, des marquis, des princes étrangers. Nous avons manqué avoir les Osages.

FRÉDÉRIC. Je ne sais pas alors si moi, qui ne suis ni prince, ni marquis, ni Os...

GEORGES. Vous avez cinquante mille livres de rente ; c'est reçu partout: et puis, vous avez des amis qui vous sont dévoués. Élevé près de vous, ayant presque fait mes études en vous voyant faire les vôtres, je pouvais solliciter comme tout le monde; mais, dans cette maison, j'ai pris d'autres idées.

Air de *Marianne.*

Ici, je deviens philosophe...
Nous logeons des solliciteurs
Dont j'ai vu mainte catastrophe
Emporter toutes les grandeurs.
Je veux souvent
Suivre en avant
Les gens heureux que protége un bon vent;
Ils sont montés...

A leurs côtés
Je rêve aussi des rangs, des dignités ;
Mais qu'une tempête survienne,
Je les vois revenir confus,
Pleurant les places qu'ils n'ont plus ;
Et je reste à la mienne.

Aussi, je n'ai pas d'autre ambition que de rester ici, et de m'y marier.

FRÉDÉRIC. Je comprends; tu aimes l'hôtesse.

GEORGES. Pas tout à fait ; j'aime sa fille sérieusement, et je serais déjà son mari sans un procès que nous suscite un concurrent, car je suis malheureux, moi ! il y a toujours de la concurrence. Mais vous avez l'air préoccupé, inquiet, et moi qui vous ennuie de mes affaires.

FRÉDÉRIC. Écoute : tu es un garçon actif, discret, intelligent ; j'ai toujours eu besoin de ton zèle, et maintenant plus que jamais.

GEORGES. Parlez, monsieur Frédéric. Faut-il courir? Faut-il vous suivre ?

FRÉDÉRIC. Dis-moi ; n'avez-vous pas dans cet hôtel un voyageur arrivé depuis peu ; tête poudrée, air enjoué, œil vif, même un peu hagard, toujours allant, venant, parlant de son crédit, et jetant à tort ou à travers des espérances, des cordons et des places?

GEORGES. Si, Monsieur; il y en a ici beaucoup, nous en voyons tous les jours, parce que, comme je vous disais tout à l'heure..... la situation..... vis-à-vis des Tuileries et à côté d'un ministère...

FRÉDÉRIC. Eh ! ce n'est pas de cela qu'il s'agit, mais

de quelqu'un que tu as dû voir chez moi; tu le connais, M. de Berlac.

GEORGES. Non, non; mais Julien, votre valet de chambre, m'en a souvent parlé. Attendez donc; vous aimiez sa fille ?

FRÉDÉRIC. Oh! je l'aime plus que jamais. Le jour du mariage était fixé; j'allais être heureux, lorsqu'aux dernières élections il prit fantaisie à mon beau-père de se porter candidat. J'avais quelque influence; il comptait sur moi; il avait raison ; j'aurais tout fait pour lui, excepté d'en faire un député.

AIR de *Julie*.

Pour lui j'aurais donné ma vie;
Mais il s'agissait, en ce jour,
Des intérêts de ma patrie,
J'oubliai ceux de mon amour.
Oui, l'on doit, s'immolant soi-même,
Préférer toujours, en bon fils,
La mère qui nous a nourris
A la maîtresse qui nous aime.

M. de Berlac ne doutait point du succès; il faisait déjà des discours superbes qui nous ennuyaient à mourir; il commanda son habit qui devait servir à un autre (cela s'est vu quelquefois). Enfin, le jour fatal arriva; il n'eut pas une voix, pas même la mienne. Juge de sa colère. Dès lors, plus d'amitié entre nous, plus de mariage; il me bannit de sa présence; il ne veut même pas que mon nom soit prononcé devant lui.

GEORGES. Ma foi, Monsieur, à votre place je l'aurais envoyé à la Chambre; il ne penserait pas à faire sa fortune, puisqu'elle est faite; il est aimé, estimé; c'est ce qu'il faut, je crois.

FRÉDÉRIC. Assurément, c'est un excellent homme, mais la tête...

GEORGES. La tête?

FRÉDÉRIC. Oui, oui, plus rien! c'est fini !

GEORGES. O ciel! que dites-vous là? ah çà ! il lui est donc arrivé quelque malheur?

FRÉDÉRIC. Une maladie assez à la mode aujourd'hui, une ambition rentrée. L'échec qu'il venait de recevoir aux élections avait déjà donné à son esprit, un peu faible, un nouveau degré d'exaltation, lorsqu'un matin il lit dans le *Moniteur*, partie officielle : « M. de Berlac « vient enfin d'être nommé conseiller d'Etat. » Juge de sa joie, de son ravissement! Le jour de la justice est donc enfin arrivé ! Il court chez tous ses amis, même chez moi, avec qui il était brouillé; il m'offre son crédit, sa protection, car le voilà en place, le voilà conseiller d'Etat. Il le fut en effet toute la journée; mais le lendemain, l'implacable *Moniteur* lui apprit sa destitution.

GEORGES. Sitôt que cela?

FRÉDÉRIC. Il n'avait pas été nommé : c'était par erreur.

GEORGES. Du ministère?

FRÉDÉRIC. Non, de l'imprimeur ; une faute d'impression, une lettre changée, M. de Berlac au lieu de Gerlac : erreur bien permise entre deux mérites aussi inconnus l'un que l'autre. Mais vois à quel point une lettre, un jambage de plus ou de moins peuvent influer sur la raison humaine; il a été accablé du coup, et son cerveau, déjà malade, n'a pu supporter la perte d'une place qu'il n'avait jamais eue.

GEORGES. Je crois bien : on s'habitue si vite... Si encore, en le destituant, on lui avait donné des consolations, des dédommagements; enfin, une place supérieure, comme cela se pratique... quelquefois.

FRÉDÉRIC. De ce côté-là, sois tranquille, rien ne lui manque; il s'est donné de lui-même des cordons, des dignités, des portefeuilles, il ne se refuse rien.

GEORGES. Comment, Monsieur?

FRÉDÉRIC. C'est là sa folie. Aujourd'hui, il se nomme chef de division; demain , secrétaire général; après-demain, ministre; et puis il recommence, toujours enchanté de sa nomination, qui, du reste, ne peut faire crier personne; car il est impossible d'exercer avec plus de probité; tout au mérite, rien à la faveur. Enfin, mon ami, comme je te le disais, une folie complète.

AIR du *Charlatanisme*.

Partout, il admet tour à tour
La justice et l'économie ;
Même on m'a dit que, l'autre jour,
Dans un beau moment de folie,
Trouvant le budget trop pesant,
Il s'est ôté son ministère...
Et, pour être moins exigeant,
Pour mieux sentir la valeur de l'argent,
Il s'est nommé surnuméraire.

GEORGES. Voyez-vous cela!

FRÉDÉRIC. A cela près, un excellent homme; bon père, bon ami, causant de la manière la plus sage et la plus raisonnable sur tous les sujets, un seul excepté.

GEORGES. Ce n'est pas possible.

FRÉDÉRIC. Si vraiment. Semblable à Don Quichotte, qui n'extravaguait que lorsqu'il était question de chevalerie, M. de Berlac ne perd la tête que quand il s'agit de places ou de dignités. L'un prenait des auberges pour des châteaux, et celui-ci prend toutes les maisons pour des ministères.

GEORGES. Je comprends, Monsieur.

AIR de *l'Artiste*.

Don Quichotte moderne,
Il prendrait en chemin
Tel orateur qu'on berne
Pour l'enchanteur Merlin ;
Un ministre en disgrâce
Pour quelque mécréant,
Et bien des gens en place
Pour des moulins à vent.

Et dans quelle maison, dans quel ministère est-il en ce moment ?

JULIETTE, *en dedans*. Georges! Georges !

FRÉDÉRIC. Chut ! quelqu'un.

SCÈNE II.

LES PRÉCÉDENTS; JULIETTE, *sortant de la chambre du fond, à gauche.*

JULIETTE, *accourant*. Georges! Georges ! Ah ! monsieur Georges.

GEORGES, *bas, à Frédéric*. C'est elle, Monsieur, la jeune personne...

JULIETTE. Maman vous recommande les voyageurs qui sont arrivés cette nuit.

FRÉDÉRIC, *vivement, allant à Juliette*. Des voyageurs! Permettez, Mademoiselle; qui sont-ils? savez-vous?

JULIETTE. Mais, M. de Noirmont, cet inspecteur général qui est déjà venu l'année dernière.

FRÉDÉRIC. Ah! ce n'est pas cela. (*Il passe à la gauche de Juliette.*)

GEORGES. Moi qui ne suis ici que depuis six mois, je ne le connais pas, je ne l'ai pas vu.

JULIETTE. Je crois bien. Cette nuit on vous a fait appeler longtemps sans pouvoir vous réveiller. Monsieur Georges a le sommeil très-dur. Eh bien! venez-vous? on vous attend.
FRÉDÉRIC. Pardon, Mademoiselle; j'ai deux mots à lui dire, et je vous le renvoie.
GEORGES. Si c'est possible, mademoiselle Juliette.
JULIETTE, *à part.* Il y a toujours des importuns. (*Haut.*) Comme vous voudrez. C'est que M. Dufour, que vous n'aimez pas, ni moi non plus, est là-bas près de maman, il lui parle, et...
GEORGES. Vrai! M. Dufour, cet intrigant, cet imbécile, un commissaire du Mont-de-Piété! (*A Frédéric.*) C'est mon rival, Monsieur.
JULIETTE. Monsieur Georges!
FRÉDÉRIC. Rassurez-vous, Mademoiselle; je sais tout, et s'il y a des obstacles à votre bonheur, je les lèverai peut-être. Avez-vous confiance en moi?
JULIETTE. Dame! Monsieur, ça commence à venir.
FRÉDÉRIC. A la bonne heure. Cela dépend de Georges.

AIR du *Piége.*
S'il peut me servir aujourd'hui,
Je vous marie.
JULIETTE.
Ah! quelle ivresse!
Monsieur, je vous réponds de lui.
Mais vous tiendrez votre promesse.
FRÉDÉRIC.
Comptez sur moi s'il réussit.
GEORGES.
Parlez, Monsieur; j'aurai, je pense,
Cent fois plus d'adresse et d'esprit,
En songeant à la récompense.

JULIETTE. Maintenant, je n'ai plus peur de M. Dufour, et je vais faire prendre patience à maman. Adieu, Monsieur, adieu. (*Elle rentre dans l'appartement du fond, à gauche.*)

SCÈNE III.
GEORGES, FRÉDÉRIC.

GEORGES. Est-elle gentille! et vous consentiriez...
FRÉDÉRIC. A servir tes amours? mais certainement, si tu parviens à servir les miens.
GEORGES, *riant.* Moi, Monsieur!
FRÉDÉRIC. Oui, toi, si tu m'aides à retrouver M. de Berlac.
GEORGES. Est-ce qu'il est comme sa raison? est-ce qu'il est égaré?
FRÉDÉRIC. Eh! sans doute, voilà ce qui cause mon inquiétude; je suis à sa poursuite. Sa fille Émilie, qui vient d'arriver à Paris, me mande que, depuis six jours, son père a disparu, qu'il a quitté son château, sa province, en lui laissant la lettre que voici et qu'elle m'envoie. (*Il lit.*) « Ma chère Émilie, je suis « obligé de partir à l'instant et sans t'embrasser. On « vient de créer pour moi un nouveau ministère. Viens « donc me rejoindre dès que tu pourras. Tu me trou- « veras à Paris, dans mon hôtel.
« Mon excellence,
« DE BERLAC. »
GEORGES. Je comprends, son excellence est perdue.
FRÉDÉRIC. Précisément.
GEORGES. Et où la retrouver, dans la foule des excellences? Il y en a tant à Paris, d'anciennes et de nouvelles.
FRÉDÉRIC. D'après les renseignements que j'ai pris, une voiture de poste, à peu près semblable à la sienne, a passé hier dans ce quartier. Mais dans quel hôtel s'est-il arrêté?
GEORGES. Je les connais tous; je verrai, je m'informerai.
FRÉDÉRIC. C'est le service que j'attendais de toi; et si tu peux réussir, je te marie, je t'assure une place auprès de moi.
GEORGES. Une place auprès de vous! Nous le trouverons, Monsieur, nous le trouverons.
FRÉDÉRIC. Mon bonheur en dépend. J'ai promis à Émilie de lui ramener son père; et pourtant je ne puis me montrer à ses yeux; car, s'il me reconnaissait, il ne voudrait pas me suivre. Il faut donc que ce soit toi seul qui paraisses, qui te charges de tout. Mais je te recommande, dans toutes tes mesures, les plus grands égards.
GEORGES. Oui, Monsieur, oui, je comprends..... comptez sur moi. (*On sonne.*) Mais pardon, on s'impatiente. On y va. Mon mariage et une place, n'est-ce pas?
FRÉDÉRIC. Pour l'argent, ne l'épargne pas; et si tu as le bonheur de le retrouver, tâche, avec esprit, et sans violences, de ne plus le quitter, de t'en assurer, afin de le conduire à la maison dont voici l'adresse. (*Il lui donne une adresse.*)
GEORGES. Soyez tranquille. (*On sonne encore.*)

SCÈNE IV.
FRÉDÉRIC, GEORGES, MADAME PRESTO.

MADAME PRESTO. Eh bien! Georges, vous n'entendez pas?
GEORGES. Si, Madame, car je prenais les ordres de Monsieur.

ENSEMBLE.
FRÉDÉRIC.
AIR : *La voilà... de frayeur.* (DE LÉONIDE).
Tu m'entends,
Je t'attends;
Je compte sur ton zèle;
Tu m'entends,
Tu comprends,
Vous serez tous contents.
MADAME PRESTO.
Allez donc,
Partez donc,
On sonne, on vous appelle;
Allez donc,
Partez donc,
Quel bruit dans la maison!
GEORGES.
On y va,
Me voilà;
O i, comptez sur mon zèle;
On y va,
Me voilà!
On le retrouvera.
FRÉDÉRIC.
Je vais bien vite au ministère,
Où j'ai du monde à prévenir,
Dans la crainte que mon beau-père
Ne veuille d'abord y courir.
MADAME PRESTO.
Mais allez donc, dans l'antichambre
J'entends des députés sonner;
Ils demandent leur déjeuner
Avant de se rendre à la Chambre.
(*On sonne.*)
ENSEMBLE.
Reprise de l'air.

FRÉDÉRIC.
Tu m'entends, etc., etc.
MADAME PRESTO.
Allez donc, etc., etc.
GEORGES.
On y va, etc., etc.
(*Frédéric sort par le fond; Georges entre dans la chambre du fond à droite.*)

SCÈNE V.

MADAME PRESTO, *seule.* Je ne sais pas où ce garçon-là a la tête. Quoi qu'en dise ma fille, ce n'est pas le gendre qu'il me faut; il nous aime, et voilà tout; tandis que M. Dufour... il ne nous aime pas, celui-là; au contraire, il plaide contre nous.

AIR : *Qu'il est flatteur d'épouser celle.*

A nous poursuivre il se dispose;
Je le ménage. A mon avis
On doit plus soigner, et pour cause,
Ses ennemis que ses amis.
Lorsque les beaux jours disparaissent,
Quand vient le malheur, on sait ça,
Les amis souvent nous délaissent,
Les ennemis sont toujours là

Ah! voici M. de Noirmont, notre inspecteur général.

SCÈNE VI.

MADAME PRESTO, M. DE NOIRMONT, *qui entre en rêvant, par la porte du fond, à droite, et se dirigeant vers la chambre de M. de Berlac.*

MADAME PRESTO. J'ai bien l'honneur de présenter mes respects à monsieur l'inspecteur général.
M. DE NOIRMONT. Ah! c'est vous, madame Presto?
MADAME PRESTO. Monsieur l'inspecteur est arrivé hier au soir si tard que je n'ai pu avoir le plaisir de lui présenter mes hommages; mais j'espère qu'on a eu les soins, les égards qui sont dus à monsieur l'inspecteur général?
M. DE NOIRMONT, *de mauvaise humeur.* Monsieur l'inspecteur général, monsieur l'inspecteur général; vous pouvez bien m'appeler monsieur de Noirmont. Il me semble que ce nom vaut bien l'autre, qui me choque, qui me déplaît; je ne puis souffrir qu'on me le donne, surtout depuis qu'on me l'a ôté.
MADAME PRESTO. Comment! Monsieur ne serait plus inspecteur général?
M. DE NOIRMONT. Eh! voilà une heure que je vous le dis. Vous n'avez donc pas lu le *Moniteur?*
MADAME PRESTO. Je m'y abonne, Monsieur, mais je ne le lis pas. Et Monsieur a été destitué?
M. DE NOIRMONT. Oui, ma chère amie; voilà comme on récompense les services. Moi qui étais en place depuis vingt ans, sous tous les gouvernements, sous tous les ministères! Aussi je venais ici pour réclamer, et pour voir s'il n'y aurait pas moyen d'être dédommagé.
MADAME PRESTO. C'est bien difficile maintenant.
M. DE NOIRMONT. Moins que vous ne le croyez. (*A voix basse.*) Et vous-même, si vous voulez, vous pouvez m'être utile, me seconder.
MADAME PRESTO. Moi, Monsieur!
M. DE NOIRMONT. Silence. Il y a ici, dans cet hôtel, un homme puissant, un grand personnage, un ministre en un mot.
MADAME PRESTO. Que me dites-vous là?

M. DE NOIRMONT. C'est moi qui l'ai amené dans votre hôtel.
MADAME PRESTO. Je logerais une excellence!
M. DE NOIRMONT. Je l'ai rencontré hier à Fontainebleau, où sa voiture venait de se briser. Il pressait les ouvriers, disant qu'il était attendu à Paris; et se promenant avec impatience, il laissait échapper les mots de *Conseil de ministres, projets de loi, portefeuille.* Ces paroles mystérieuses, ce regard bienveillant, cet air de dignité, tout en lui me surprit, m'imposa. Je me hasardai à lui offrir dans ma chaise de poste une place, qu'il a daigné accepter; et, tout en roulant, il m'a avoué lui-même qu'on le rappelait de sa campagne pour lui confier un portefeuille.
MADAME PRESTO. Lequel?
M. DE NOIRMONT. C'est ce que j'ignore; car il parlait à la fois des finances, de la guerre, de la marine, et il se pourrait qu'il fût honoré de la présidence.
MADAME PRESTO. Bonté de Dieu!
M. DE NOIRMONT. Silence! il est là, dans cette chambre, n° 54.
MADAME PRESTO. Et vous l'avez amené dans mon hôtel?
M. DE NOIRMONT. Il n'en connaissait point, et je lui ai indiqué celui-ci.
MADAME PRESTO. Quelle reconnaissance!
M. DE NOIRMONT. Il ne tient qu'à vous de me la prouver. Autant que j'ai pu en juger, (*Élevant la voix en se tournant du côté de la chambre de M. de Berlac.*) c'est un homme intègre, impartial, qui vient ici avec des idées de justice et d'économie.
MADAME PRESTO. Croyez-vous qu'il reste longtemps?
M. DE NOIRMONT Ah!... raison de plus pour se hâter. Mais vous sentez bien qu'avec un pareil homme, je me suis bien gardé de rien demander, de parler de moi ou de mes services. D'abord, il n'est pas dans mon caractère de solliciter ou d'intriguer; on sait ce que je vaux. Vous le savez, vous, madame Presto?
MADAME PRESTO. Certainement.
M. DE NOIRMONT. Eh bien! vous pouvez le dire à son excellence, lui parler des injustices dont j'ai été victime, de tout le bien que j'ai fait, de cette brochure que j'ai fait faire, et surtout de cette place de receveur particulier qui est vacante à Paris, et que je sollicite pour mon gendre; et tout cela négligemment... sans affectation... par manière de conversation, et comme chose de notoriété publique, le tout sans vous compromettre; car vous n'êtes pas censée savoir que c'est un ministre; vous ne voyez en lui qu'un simple particulier qui vient loger et déjeuner chez vous.
MADAME PRESTO. Vous avez raison, moi qui n'y pensais pas! (*Allant vers la porte du fond.*) Le déjeuner de Monseigneur!
M. DE NOIRMONT, *l'arrêtant.* Silence donc, attendez au moins qu'il le demande, et surtout n'allez pas donner à ce déjeuner une dénomination ministérielle. C'est un déjeuner incognito.
MADAME PRESTO. Soyez tranquille.
M. DE NOIRMONT, *écoutant et regardant à la porte de la chambre de M. de Berlac.* On a parlé, il est levé. Oh! ma foi, je n'y tiens plus. (*Il frappe à la porte.*)
M. DE BERLAC, *en dedans.* Qu'est-ce? qui est là?
M. DE NOIRMONT. Monseigneur est-il visible?
M. DE BERLAC, *de même.* Oui.
M. DE NOIRMONT. Peut-on entrer?
M. DE BERLAC. Entrez.
M. DE NOIRMONT. Entendez-vous? il a dit : Entrez.

M. DE NOIRMONT. Monseigneur est-il visible? — Scène 6.

Madame Presto. Il l'a dit!

M. de Noirmont. Quelle bonté! Mais surtout, madame Presto, de la discrétion, la plus grande discrétion. Il a dit : Entrez; j'entre. (*Il entre dans la chambre.*)

SCÈNE VII.
MADAME PRESTO, puis M. DUFOUR.

Madame Presto. Je ne puis revenir encore d'une semblable aventure, et il y aura bien du malheur si je n'en profite pas. (*M. Dufour entre par la porte du fond.*) Ah! monsieur Dufour, vous voilà!

M. Dufour. Oui, ma belle dame, et je reçois à l'instant de mon avoué une lettre que je m'empresse de vous communiquer.

Madame Presto. Une lettre! votre avoué! vous savez bien qu'il n'y a plus de procès entre nous.

M. Dufour. Comme vous voudrez; je suis en mesure. Je suis principal locataire; et en faisant rompre un bail que le propriétaire a fait en fraude de mes droits, je vous renvoie de cet hôtel, qui est déjà achalandé, rue de Rivoli... une exposition superbe... et je vous ruine.

Madame Presto. Monsieur Dufour.

M. Dufour. Ou je reste avec vous comme votre associé, comme votre gendre : c'est à vous de choisir.

Madame Presto. Vous savez bien que mon choix est déjà fait.

M. Dufour. Oui, mais à condition que vous donnerez à votre fille une dot proportionnée à mon amour; et vous savez que je l'aime beaucoup.

Madame Presto. Beaucoup trop; votre tendresse est d'une exigence.... Mais si, au lieu d'une dot assez modique, je vous faisais avoir une bonne place?

M. Dufour. Que dites-vous?

Madame Presto. Une place de receveur des finances à Paris?

M. Dufour. Pas possible! moi!

Madame Presto. Si, j'en réponds!

M. Dufour. Moi! M. Dufour, commissaire au Mont-de-Piété.

Air des *Scythes*.

Moi, receveur! quel bonheur! quelle place!
Se pourrait-il?

MADAME PRESTO.
Mais soyez notre ami.

M. DUFOUR.
Parlez : pour vous que faut-il que je fasse?
Neuf ans encor vous resterez ici :
Plus de procès entre nous, c'est fini.
J'en perds l'esprit.

MADAME PRESTO.
Entrez dans ma famille.

M. DUFOUR.
C'est un bonheur que j'ai toujours cherché.
Vite au contrat. J'épouse votre fille,
Et vous aussi par-dessus le marché.

De plus, j'épouse sans dot.
MADAME PRESTO. C'est dit : touchez là, mon gendre.
M. DUFOUR. Et quels sont vos desseins?
MADAME PRESTO. Laissez-moi faire, et taisez-vous. Le voici.
M. DUFOUR. Qui donc?
MADAME PRESTO. Silence!

SCÈNE VIII.
M. DUFOUR, MADAME PRESTO, M. DE BERLAC, M. DE NOIRMONT.

M. DE BERLAC. Oui, Monsieur, je diminue le budget; j'éclaircis les comptes; je les mets à la portée de tout le monde. Les voilà : regardez; vous n'y voyez pas encore? Approchez des lumières; n'ayez pas peur, ça ne mettra pas le feu. Des lumières partout; je ne les crains pas, je veux qu'on y voie.

MADAME PRESTO. Comme Monsieur voudra; mais comme il fait grand jour...

M. DE BERLAC. Grand jour! ma chère amie. Oui, vous avez raison; c'est un grand jour, le jour de la réconciliation, du bonheur général; car je veux désormais que tous nos administrés, que tous nos contribuables soient heureux. Quand une fois, par hasard, ils auraient de l'agrément pour leur argent, où serait le mal?

M. DE NOIRMONT, à part. Voilà bien le ministre le plus original...

M. DE BERLAC. Et puis quand je m'en irai, je leur dirai : « Mes enfants, me voilà. Rien dans les mains, « rien dans les poches. Regardez dans les vôtres, et « comptez. Comme cela, on se sépare bons amis; une « poignée de main, et votre serviteur de tout mon « cœur, je m'en vais déjeuner. » — Car nous déjeunons, n'est-il pas vrai? (*Il passe à la gauche du théâtre; madame Presto est à sa droite.*)

M. DE NOIRMONT. Moi, c'est déjà fait; mais vous, n'est-ce pas madame l'hôtesse? (*Il avance un fauteuil pour M. de Berlac.*)

MADAME PRESTO. Oui, Monsieur; oui, Monsieur.

M. DE NOIRMONT, bas, à madame Presto. Commencez donc sur-le-champ, il n'y a pas de temps à perdre.

MADAME PRESTO. N'ayez pas peur. (*A M. de Berlac, avec volubilité.*) On va le monter à l'instant, un déjeuner soigné et délicat. Mon mari est en bas à la cuisine, qui a voulu s'en occuper lui-même, et mon mari est un homme... c'est un homme celui-là!

M. DE BERLAC. C'est un cuisinier.

MADAME PRESTO. Cuisinier par excellence. Quand je parle d'excellence, il y en a beaucoup qui auraient voulu l'avoir, et il a toujours refusé, à cause de l'indépendance de ses opinions. Celui qui aurait l'esprit de se l'attacher ne s'en repentirait pas.

M. DE BERLAC. Vraiment? (*Il tire un calepin de sa poche.*)

M. DE NOIRMONT. Il ne s'agit pas de cela; allez donc au fait.

MADAME PRESTO. C'est une manière d'y arriver. (*A M. de Berlac.*) Et à un grand seigneur, à un ministre, par exemple, pour qui j'aurais de l'amitié, je ne souhaiterais point d'autre chef d'office que mon mari. (*M. de Berlac s'assied.*) C'est un cadeau que je lui ferais.

M. DE BERLAC. Son nom?
MADAME PRESTO. Presto, cuisinier italien.
M. DE BERLAC. Cuisinier bouffe.
MADAME PRESTO. Connu par la vivacité de son exécution; avec lui on n'attend jamais, et l'on dîne toujours de bonne heure. (*A part.*) Et le déjeuner qui n'arrive pas. (*Elle va vers le fond.*)

M. DE BERLAC. Ses titres?

MADAME PRESTO, *revenant et s'approchant de M. de Berlac, qui est assis*. Auteur d'un traité sur le macaroni; attaché au dernier conclave en qualité de restaurateur; employé au congrès de Vérone; et, dans les Cent-Jours, il a refusé une place de cinquante napoléons, chez un chambellan dont la fortune était douteuse et les opinions suspectes.

M. DE BERLAC, *se levant*. C'est bien, il aura quinze cents francs.

Air : *Mon père était pot.*

Oui, les dîners sont dans nos mœurs;
Chez moi, je veux qu'on dîne
J'ouvre aux penseurs, aux orateurs,
Ma table et ma cuisine.
Mais
Malgré mes mets
Et mes vins
Divins,
Les lois, l'honneur, la Charte
Seront respectés,
Et nos libertés
Ne paieront pas la carte.

(*Juliette entre, suivie d'un domestique qui porte un petit guéridon sur lequel se trouve le déjeuner.*)

MADAME PRESTO. Voici le déjeuner.

M. DE NOIRMONT, bas, à Madame Presto. Mais parlez donc de moi.

MADAME PRESTO. Nous y voilà. (*M. de Berlac s'assied. Madame Presto est à côté de lui, à sa gauche. Juliette et M. Dufour, à droite. M. de Noirmont auprès de madame Presto.*)

M. DE BERLAC. Beau déjeuner! (*Regardant Juliette.*) Jolie fille. (*Montrant Dufour.*) Et celui-là, c'est votre mari, M. Presto, dont vous me parliez tout à l'heure?

JULIETTE. Non, Monsieur, ce n'est pas là mon père. N'est-ce pas, maman?

MADAME PRESTO. C'est un homme du plus grand mérite, un comptable! un administrateur! et s'il y avait une justice au monde, il y a longtemps qu'il serait receveur.

M. DE BERLAC. Comment cela?

MADAME PRESTO. Il en a exercé les fonctions en secret, pour un homme nul et sans talents, qui en avait le titre et les appointements, tandis que lui en remplissait la place, avec un zèle, une intégrité. C'est cette place de receveur particulier qui est maintenant vacante.

M. DE BERLAC. Que me dites-vous là?

M. DE NOIRMONT, *bas, à madame Presto.* Y pensez-vous ! cette place que j'ai en vue pour mon gendre !

MADAME PRESTO. Ecoutez donc j'ai aussi une fille à marier.

M. DE BERLAC. Voilà qui n'est pas juste : et la justice avant tout ; il aura la place. Son nom ?

MADAME PRESTO. M. Dufour, commissaire au Mont-de-Piété. (*Bas, à Dufour.*) Vous avez votre place.

M. DE NOIRMONT, *bas.* Madame Presto, voilà qui est bien peu délicat.

MADAME PRESTO, *de même.* La famille avant tout.

M. DE NOIRMONT, *à part.* Je vois bien qu'il faut que je me soigne moi-même. (*Haut.*) Madame Presto, a-t-on apporté les exemplaires de mon dernier ouvrage ?

M. DE BERLAC. Un ouvrage ! qu'est-ce que c'est ? et de qui ?

MADAME PRESTO. De M. de Noirmont.

M. DE NOIRMONT. Allez donc, allez donc.

MADAME PRESTO. Un homme très-capable, et qui joint aux plus grands talents le plus beau caractère. Il a été inspecteur général pendant vingt ans, et a donné sa démission pour cause d'économie publique.

M. DE BERLAC. Il serait possible !

MADAME PRESTO. M. de Noirmont ! c'est connu, tout le monde vous le dira.

M. DE BERLAC, *se levant de table.* Une injustice à réparer ! c'est mon affaire, c'est mon état. (*Allant à M. de Noirmont.*) Mon ami, j'ai besoin dans mon ministère d'un secrétaire général. Touchez là, je vous nomme. Voilà comme je suis ; c'est toujours cela, en attendant mieux.

M. DE NOIRMONT. Ah ! Monseigneur ! une pareille faveur...

DUFOUR, *à madame Presto.* Monseigneur ! que dit-il ?

M. DE NOIRMONT. C'est le ministre lui-même.

JULIETTE. Un ministre dans la maison ! moi qui n'en ai jamais vu.

MADAME PRESTO. Ah ! Monseigneur ! votre excellence me pardonnera-t-elle la liberté, la familiarité avec laquelle je vous ai parlé ? Moi, d'abord, je dis tout ce que je pense.

M. DE BERLAC. Il n'y a pas de mal. Qu'ils sont doux, qu'ils sont inappréciables les avantages de l'incognito ! Un ministre doit tout entendre et tout voir par lui-même ; c'est le seul moyen de connaître la vérité et de faire des choix estimables. M. Presto sera cuisinier du ministère, M. Dufour receveur des finances, et M. de Noirmont, secrétaire général.

TOUS, *s'inclinant.* Ah ! Monseigneur !

M. DE BERLAC. C'est bon ; je n'exige rien, que votre estime, votre amitié, et une prise de tabac. En usez-vous ?

DUFOUR, *lui donnant une tabatière d'or.* En voici, Monseigneur.

M. DE BERLAC, *prenant la tabatière.* C'est bien. (*Il prend une prise et dit en rêvant :*) Je suis fâché d'être ministre, à présent ; si je n'étais pas ministre, je me serais fait nommer directeur général des droits réunis.

M. DE NOIRMONT, *s'approchant.* Y pensez-vous ?

M. DE BERLAC, *froidement.* C'est agréable, on a toujours du bon tabac.

M. DE NOIRMONT. Votre excellence veut rire ?

M. DE BERLAC. Je ne ris jamais ; mais je ne vous en empêche pas. Je veux que le peuple s'amuse, je veux qu'il rie, fût-ce à mes dépens ; cela vaut mieux que de le faire pleurer.

AIR : *Comme il m'aimait.*
Je le permets :
Ayez tous de l'indépendance ;
Avocats, députés, préfets,
Ayez ensemble désormais
De l'appétit, de l'éloquence,
Et même un grain de conscience ;
Je le permets.

DEUXIÈME COUPLET.

Je le permets :
Qu'un journal soit incorruptible,
Qu'un orateur parle français,
Que nos auteurs, dans leurs couplets,
Aient de l'esprit, si c'est possible,
Qu'un censeur même soit sensible ;
Je le permets.

Les journaux sont-ils arrivés ?

MADAME PRESTO, *allant à gauche.* Ils sont en bas. Vite, petite fille, les journaux de Monseigneur.

M. DE BERLAC. Ne vous donnez pas la peine, je descendrai dans la salle des voyageurs les lire moi-même ; je ne suis pas fier. En même temps je prendrai mon café, et, de là, je me rendrai au ministère pour m'y installer. (*A M. de Noirmont.*) Vous m'y suivrez.

M. DE NOIRMONT, *s'inclinant.* Monseigneur n'a pas d'autres ordres à me donner ?

M. DE BERLAC. Si vraiment, cette note qu'il faut mettre au net et envoyer au journal ministériel. Entrez là, dans la chambre. (*Il le prend à part, et lui dit tout bas avec mystère :*) Vous trouverez tout ce qu'il faut pour écrire. Monsieur de Noirmont, conduisez-vous bien. (*Lui glissant la tabatière qu'il a reçue de M. Dufour.*) Je ne m'en tiendrai pas là. (*Mouvement de Dufour.*) Adieu, mes enfants, adieu.

AIR : *Au marché qui vient de s'ouvrir* (DE LA MUETTE DE PORTICI).

TOUS.
Ah ! Monseigneur, ah ! Monseigneur !
Je suis à vous de tout mon cœur.

MADAME PRESTO.
Il sera notre bienfaiteur,
Nous lui devrons notre bonheur.

JULIETTE.
Il aurait bien mieux fait ici
De m'donner Georges pour mari.

DUFOUR.
Quel talent ! quelle profondeur !
Ah ! quel grand administrateur !

M. DE NOIRMONT.
Celui-là fera, mes amis,
Le bonheur de notre pays.

TOUS.
Ah ! Monseigneur, ah ! Monseigneur !
Je suis bien votre serviteur.
Je suis à vous de tout mon cœur.

M. DE BERLAC.
Que je jouis de leur bonheur !..
Je suis à vous de tout mon cœur.

(*M. de Berlac entre dans la chambre du fond à droite ; madame Presto dans celle du fond à gauche ; M. Dufour sort par la porte du fond, et M. de Noirmont entre dans la chambre de M. de Berlac, n° 54.*)

SCÈNE IX.

JULIETTE, puis GEORGES.

JULIETTE, *seule.* Ah ! mon Dieu ! qu'est-ce que je viens d'apprendre ? Il avait bien besoin d'arriver au ministère et de donner une place à M. Dufour. Pauvre Georges ! qu'est-ce qu'il va devenir maintenant ?

GEORGES. Je n'en peux plus, j'ai couru tous les hôtels du quartier; ils n'ont pour locataires que des gens sages, raisonnables et sans ambition. Je n'aurais jamais cru qu'à Paris on eût tant de peine à rencontrer un fou. (*Apercevant Juliette qui a un mouchoir sur les yeux.*) Eh! mais, Juliette, qu'avez-vous? qui donc vous fait pleurer?

JULIETTE. C'est le ministre.

GEORGES. Le ministre! Comment, mademoiselle Juliette, vous avez des relations avec le ministre?

JULIETTE. Hélas! oui; il est venu chez nous.

GEORGES. Pas possible.

JULIETTE. C'est là sa chambre, n° 54; c'est moi qui l'ai servi à table; et je lui trouvais d'abord un air si doux, si bienveillant! et je me disais : Bon, ça promet. Après m'avoir dit qu'il me trouvait gentille, vous ne vous douteriez jamais de ce qu'il a fait.

GEORGES. Quoi donc?

JULIETTE. Il a fini par donner une place à M. Dufour, votre rival, qui est maintenant receveur des finances à Paris, et qui va m'épouser tout de suite.

GEORGES. M. Dufour receveur! ce n'est pas possible. Ah! mon Dieu! quelle idée! Comment nomme-t-on ce ministre?

JULIETTE. Monseigneur, votre excellence : et pas autrement.

DUO.

AIR : *Quand une belle est infidèle* (des MARIS GARÇONS).

GEORGES.
Son excellence !
JULIETTE.
Son excellence !
GEORGES.
Et sa puissance ?
JULIETTE.
Elle est immense ;
Il a de l'or et des emplois
GEORGES.
Comment ! de l'or !
JULIETTE.
Et des emplois,
Et pour tout le monde, je crois.
ENSEMBLE.
GEORGES.
Ah ! l'aventure est piquante et nouvelle !
Si c'était lui, que dans mon zèle,
Bien loin d'ici je voulais découvrir,
Et le hasard vient me l'offrir.
JULIETTE.
Ah ! l'aventure est pour nous bien cruelle ;
L'occasion était si belle ;
Quand la fortune à nous semblait s'offrir,
Monsieur ne veut pas la saisir.
GEORGES.
Et depuis quand est-il chez nous ?
JULIETTE.
De cette nuit.
GEORGES.
Que dites-vous ?
JULIETTE.
D.s voyageurs voyez le livre.

GEORGES, *allant à la table et ouvrant le livre*.
De Noirmont, de Berlac, c'est lui !..
A quel espoir mon cœur se livre !
JULIETTE.
Qu'avez-vous donc ?
GEORGES, *repassant à la gauche de Juliette*.
Je suis ravi.
Ne perdons pas de temps ; à Joseph allez dire
D'amener la voiture, et de monter ici.
JULIETTE.
Mais pourquoi donc ?

GEORGES.
Plus tard j'irai vous en instruire.
Ne craignez rien.
Tout ira bien.
(*Reprise du duo.*)
Son excellence !
JULIETTE.
Son excellence !
GEORGES.
Est, je le pense,
En ma puissance ;
De notre hymen
Je suis certain.
JULIETTE.
Et ce rival ?
GEORGES.
N'aura demain
Ni sa place, ni votre main.
ENSEMBLE.
GEORGES.
Ah ! l'aventure est piquante et nouvelle !
Oui, c'est bien lui ; grâce à mon zèle,
Bientôt, morbleu ! je saurai le saisir ;
Notre projet doit réussir.
JULIETTE.
Ah ! l'aventure est piquante et nouvelle !
Comptez aussi sur notre zèle,
Si notre hymen par là doit réussir,
Adieu : je cours vous obéir.
(*Elle sort.*)

GEORGES, *seul*. Elle n'y comprend rien, elle a perdu la tête. Mais, en fait de tête, voici la meilleure de toutes, car c'est notre ministre, je l'entends; attention.

SCÈNE X.

M. DE NOIRMONT, GEORGES, *au fond*.

M. DE NOIRMONT *sort de la chambre de M. de Berlac, il tient un papier à la main, et il a un portefeuille sous le bras*. La note est recopiée, et pour une entrée au ministère il est impossible de voir une profession de foi plus positive, et des intentions mieux prononcées ; il en arrivera ce qui pourra. — Et le journal ministériel auquel il faut l'envoyer ; il n'y a pas un instant à perdre. Maintenant ça m'est égal ; je tiens la faveur, je la tiens et je m'y cramponne.

GEORGES, *avec compassion*. C'est un accès qui commence.

M. DE NOIRMONT. Ils me croyaient perdu ; mais me voilà, je reviens, je rentre dans la carrière, prêt à les écraser tous ; et malheur à qui se trouvera sur mon passage.

GEORGES, *à part*. Pauvre homme! c'est du délire ! de la rage ! je ne le croyais pas aussi malade.

M. DE NOIRMONT, *s'asseyant auprès de la table, à droite*. Je suis donc depuis un instant secrétaire général. Secrétaire général ! c'est bien peu...

GEORGES, *à part*. C'est vrai, lui qui tout à l'heure était ministre ; il paraît qu'il recommence.

M. DE NOIRMONT. Mais on peut devenir conseiller d'État, directeur général ; qui sait même ! ministre ; et pourquoi pas ?

GEORGES. Ça dépend de lui, quand il voudra.

M. DE NOIRMONT. Et puis ça ne m'empêche pas d'avoir un titre, un titre, c'est utile, c'est même économique ; ça tient lieu de tant de choses, et puis cela fait bien, surtout quand on ouvre les deux battants, et qu'on vous annonce. M. le baron... M. le vicomte... M. le duc... M. le duc! il y a pourtant des gens qui s'entendent appeler ainsi, des gens qui, devant leur nom, peuvent mettre ces trois lettres, DUC, le duc; sont-ils heureux! Je paierais un pareil mot de toute ma fortune, et du repos de ma vie entière.

GEORGES, *à part.* Si celui-là n'est pas fou! il me faisait peur tout à l'heure, il me fait pitié maintenant; M. Frédéric a raison, il est trop malheureux pour ne pas tâcher de le guérir.

JOSEPH, *entrant. Bas, à Georges.* Monsieur, la voiture est en bas, elle est prête.

GEORGES, *regardant M. de Noirmont.* C'est bien. Il se calme, il s'apaise, et le plus fort de l'accès est passé; profitons-en pour tâcher de l'emmener. (*Saluant.*) Monsieur...

M. DE NOIRMONT. Qu'est-ce que c'est?

GEORGES. Je voulais parler à M. le secrétaire général.

M. DE NOIRMONT. C'est moi; que voulez-vous? qui vous envoie; de quelle part?

GEORGES. De la part... de la part de son excellence.

M. DE NOIRMONT, *se levant.* Son excellence, c'est différent : qui êtes-vous?

GEORGES. Je suis son secrétaire.

M. DE NOIRMONT, *vivement.* Son secrétaire! c'est moi.

GEORGES. Oui, secrétaire général; mais je suis, moi, du cabinet particulier.

M. DE NOIRMONT, *avec envie.* Secrétaire intime! une belle place que vous avez là, une place influente; et je ne sais pas si je n'aimerais pas mieux...

GEORGES, *à part.* C'est ça, il va me la prendre; il les lui faut toutes.

M. DE NOIRMONT. Et que me veut son excellence?

GEORGES. Elle vous attend.

M. DE NOIRMONT. Pour aller au ministère?

GEORGES. Précisément : la voiture est en bas, et vous n'avez qu'à y monter.

M. DE NOIRMONT. Je mets un cachet à cette lettre, et je suis à vous. (*Il va à la table.*)

GEORGES, *bas, à Joseph.* Il y a des cadenas aux portières?

JOSEPH, *de même.* Comme vous l'aviez dit.

GEORGES. Alors, fouette, cocher; et conduis-le à la maison de santé dont voici l'adresse. Dix écus pour toi.

JOSEPH. Vous pouvez être tranquille.

M. DE NOIRMONT. Monsieur ne vient pas avec nous?

GEORGES, *à part.* Pour aller à Charenton : merci. (*Haut.*) Je ne prendrai point cette liberté. Vous avez sans doute à causer de graves intérêts, et je n'ai pas une tête comme la vôtre, (*A part.*) grâce au ciel.

M. DE NOIRMONT. C'est juste. Adieu, mon cher, adieu; nous nous reverrons. (*A part.*) Secrétaire intime! à son âge! il y a des gens qui ont un bonheur insolent. (*Il sort par le fond; Joseph le suit.*)

SCÈNE XI.

GEORGES, *seul.*

AIR : *Du neveu de Monseigneur.*

Il est en ma puissance,
Tous nos vœux sont remplis!
Bientôt de ma prudence
L'hymen sera le prix.
J'entends ses cris,
Le voilà pris.
 Serviteur,
 Monseigneur,
Partez! votre excellence,
En perdant sa grandeur,
Doit assurer mon bonheur.
 (*On entend rouler la voiture.*)
DEUXIÈME COUPLET.
Pour vous plus de puissance,
Pour vous plus de crédit ;
Et mon bonheur commence
Où le vôtre finit.
Allez chercher votre raison
 A Charenton.
 Serviteur,
 Monseigneur.
Il part, et son excellence,
En perdant sa grandeur,
Vient d'assurer mon bonheur.

SCÈNE XII.

GEORGES, FRÉDÉRIC.

FRÉDÉRIC. Eh bien! quelles nouvelles?

GEORGES. D'excellentes! j'ai trouvé votre homme; il roule maintenant sous bonne escorte, dans une voiture qui va le conduire à la maison de santé dont vous m'avez donné l'adresse.

FRÉDÉRIC. Ah! mon cher Georges, comment te témoigner ma reconnaissance? et quelle sera la joie de sa fille! je la quitte à l'instant, et elle ne croyait pas avoir si tôt le bonheur de revoir son père.

GEORGES. Ce bonheur-là ne sera pas sans mélange, car je l'ai trouvé bien mal.

FRÉDÉRIC. Vraiment?

GEORGES. Oui, Monsieur; le cerveau est bien malade, plus que vous ne croyez; il a même eu un accès de fureur concentrée.

FRÉDÉRIC. Ah! mon Dieu! et tu n'as pas peur qu'il ne s'échappe?

GEORGES. Impossible! un cadenas à chaque portière, Quand je me mêle de quelque chose... (*On entend M. de Berlac qui, en dehors, s'écrie :*) Ce ne sera pas ainsi ; je ne veux pas cela.

FRÉDÉRIC. O ciel! c'est lui que j'entends.

GEORGES. Non, Monsieur, vous vous trompez.

FRÉDÉRIC, *regardant à la porte de la chambre du fond, à droite.* Je le vois d'ici; il monte l'escalier, en causant avec madame Presto et ta prétendue. Regarde plutôt.

GEORGES. Je le vois bien; mais ce n'est pas celui-là.

FRÉDÉRIC. Eh! je te dis que si; je le connais bien, peut-être, c'est M. de Berlac lui-même.

GEORGES, *étonné.* M. de Berlac! Ah çà! et l'autre?

FRÉDÉRIC. Quel autre?

GEORGES. L'autre fou. Il faut donc qu'ils soient deux.

FRÉDÉRIC. Que le diable t'emporte, et l'autre aussi! Mais il ne faut pas qu'il m'aperçoive.

GEORGES, *lui montrant la porte du cabinet à droite.* Là, dans ce cabinet, où vous pourrez le voir et l'entendre.

AIR : *De sommeiller encor, ma chère.*

Comptez sur moi, je vous le jure,
Je suis là pour vous obéir.
 (*Seul.*)
Et l'autre qui roule en voiture,
Dieu sait ce qu'il va devenir.
Ce bon monsieur, quoique, hélas! bien malade,
A se traiter ne songe nullement,
Et va, morbleu! grâce à mon escapade,
Etre guéri par accident.

(*Frédéric est entré dans le cabinet à droite, et M. de*

Berlac entre par la porte du fond, à droite, avec madame Presto et Juliette.)

SCÈNE XIII.
GEORGES, JULIETTE, M. DE BERLAC, MADAME PRESTO.

M. DE BERLAC, *à Juliette, qu'il tient par la main.* Comment, ma chère amie, vous en aimez un autre?

MADAME PRESTO. Je demande pardon à votre excellence, que cette petite fille a été étourdir de ses bavardages.

M. DE BERLAC. Apprenez, madame Presto, que j'aime le bavardage des petites filles. Ça me rappelle la mienne, parce qu'un ministre qui est père de famille... ça ne fait jamais de mal; ça fait penser à être sensible, et on a si peu d'occasions! Voyons, mon enfant, ne craignez rien.

GEORGES. Qu'est-ce que disait donc, M. Frédéric? Celui-là est la raison même.

M. DE BERLAC, *à Juliette, qui hésite.* Eh bien! vous disiez donc?

JULIETTE. Qu'on veut me faire épouser M. Dufour, un de vos employés, que je n'aime pas.

M. DE BERLAC. Comment, madame Presto, votre fille n'aime pas M. Dufour, et vous voulez qu'elle l'épouse?

MADAME PRESTO. Mais, Monseigneur...

M. DE BERLAC. Voilà comme on fait de mauvais ménages! voilà comme les accidents arrivent! comme les plus honnêtes gens du monde finissent par être... *(Prenant une prise de tabac.)* par être vexés! Et exposer M. Dufour, un employé à moi, à être un mari de ce genre-là! Je ne le veux pas; je ne veux pas qu'il y en ait un seul dans mon administration.

GEORGES, *à part.*
AIR : *J'ai vu le Parnasse des dames.*
Allons, il s'y met, il commence.

M. DE BERLAC.
Je ne veux plus de tels maris
Dans les bureaux d'une excellence.

MADAME PRESTO.
Ce n'est pas leur faute.

M. DE BERLAC.
Tant pis.
Je les supprime, je les chasse,
C'est à ces dames d'y penser.
Ça leur fera perdre leur place.

GEORGES, *à part.*
Jadis ça les faisait placer.

M. DE BERLAC. Et vous qui les défendez, madame Presto; voilà votre époux que j'ai pris comme maître d'hôtel; si je savais qu'il fût...

MADAME PRESTO. Du tout, Monsieur.

M. DE BERLAC. A la bonne heure; dès que vous en répondez... Et, au fait, elle doit le savoir mieux que personne. *(A Juliette.)* Approchez ici. Vous n'épouserez pas M. Dufour; nous trouverons quelque autre employé, **quelque surnuméraire**, à qui il faille une jolie place... et en attendant, voilà mon présent de noce. *(Voulant lui donner un anneau.)*

JULIETTE, *refusant.* Oh! non, non, Monseigneur.

M. DE BERLAC. Allons donc, une misère comme celle-là, une bague de cinq ou six cents francs.

MADAME PRESTO, *bas, à Juliette.* Apprenez, Mademoiselle, qu'on ne refuse jamais un ministre.

JULIETTE. J'aimerais mieux que Monseigneur me donnât **autre chose**.

M. DE BERLAC. Et quoi donc?

JULIETTE. Une place à Georges, que voici; il devait la demander à votre excellence, et il paraît qu'il n'a pas osé.

M. DE BERLAC. Une place?

GEORGES, *à part.* Elle aurait mieux fait de prendre la bague; c'était plus sûr.

M. DE BERLAC. Ah! il veut une place? *(Il fait approcher Georges.)* Approchez. Quels sont vos titres?

GEORGES, *passant auprès de M. de Berlac.* Je n'en ai pas, Monseigneur.

M. DE BERLAC. Voilà, au moins, de la franchise, et c'est rare. C'est bien, mon garçon; c'est très-bien; et à quoi es-tu bon? que sais-tu faire?

GEORGES. Rien.

M. DE BERLAC. Je te nomme... à la barrière de l'Etoile, inspecteur des travaux... il n'y a rien à faire.

JULIETTE. Quel bonheur!

GEORGES. Je vous remercie, Monseigneur; mais je n'en veux pas.

M. DE BERLAC. Qu'entends-je?

JULIETTE. Comment! monsieur Georges, vous refusez?

GEORGES. Oui, Mademoiselle; je n'ai pas d'ambition; je ne tiens pas aux honneurs, aux dignités; je ne tiens qu'à vous.

JULIETTE. A la bonne heure; mais ça n'empêche pas.

M. DE BERLAC. Jeune homme, jeune homme, donnez-moi la main, l'autre. Ce n'est plus une place que je vous offre; c'est mon amitié, vous l'avez; et, par-dessus le marché, je vous nomme chef de division.

GEORGES. Mais, Monseigneur...

M. DE BERLAC. Conseiller d'État, directeur général.

GEORGES. Non, non; et cent fois non. Je n'accepte de tout cela que votre amitié.

M. DE BERLAC. Mon amitié, soit; mais j'espère que vous prendrez quelque chose avec.

AIR de *Turenne.*
Venez toujours dîner au ministère,
Rien qu'en ami on vous y traitera;
Nous vous verrons y prendre goût, j'espère.

GEORGES.
Je ne crois pas.

M. DE BERLAC.
Ça vous viendra,
Au ministère on connaît ça.
Tous ces dîneurs qui font les bons apôtres,
Sans avoir faim prennent place au repas,
Et l'appétit vient...

GEORGES.
En mangeant.

M. DE BERLAC.
Non pas,
Mais en voyant manger les autres,
Rien qu'en voyant manger les autres.

M. DE BERLAC. Mais, à propos d'appétit, où est donc mon secrétaire général, M. de Noirmont?

JULIETTE, *s'approchant de M. de Berlac.* Je n'osais pas en parler à Monseigneur; car nous avons cru, en bas, que c'était par son ordre qu'il venait d'être arrêté.

M. DE BERLAC. Arrêté! qu'est-ce que cela signifie?

JULIETTE. Ah! mon Dieu, oui! des cadenas aux portières et des hommes à cheval qui escortaient la voiture. *(Georges veut l'empêcher de parler.)*

M. DE BERLAC. Et de quel droit priver un citoyen de ce qu'il a de plus précieux au monde, de sa liberté? Holà! quelqu'un! *(Un domestique entre.)*

GEORGES. Il y a sans doute des raisons.

M. DE BERLAC. Des raisons! il n'y en a pas; il n'y a que la loi, la loi avant tout, je ne connais que ça : point d'arbitraire, je n'en veux pas.
GEORGES, *regardant le domestique qui est entré.* Aussi, je vais envoyer.
M. DE BERLAC. Attendez; il faut un ordre et je vais le signer. (*Il va à la table, et prend du papier et une plume. Pendant ce temps, Juliette passe à gauche, à côté de madame Presto.*) Quel honneur! quel beau privilége! une plume, un peu de papier, trois mots : Mettez en liberté, et vous sauvez un innocent, un opprimé, un honnête homme. *Mettez en liberté.* Allez. (*Il donne le papier à Georges.*)
GEORGES, *qui, pendant ce temps, a parlé à un domestique.* Allez.
M. DE BERLAC, *reprenant le papier.* Un instant, que je lui donne l'adresse de mon ministère pour qu'il vienne m'y rejoindre de suite. (*Il écrit et donne le papier à Georges.*) Allez.
GEORGES, *donnant le papier au domestique.* Allez.
M. DE BERLAC, *sur le devant de la scène.* Je suis content; une injustice réparée... ça fait bien pour entrer en fonctions; et je puis maintenant me rendre à mon ministère. On doit aimer à faire le bien quand on a le temps; c'est si facile! moi, j'en ferai souvent; je n'aurai pas d'ennemis, je pardonnerai toujours, et d'abord ce pauvre Frédéric de Rinville... (*Frédéric paraît sur la porte du cabinet.*) Me voilà ministre; c'est le moment d'avoir de l'indulgence et de lui dire : « Mon ami, une poignée de main; rendez-moi votre « amitié, et prenez ma fille, je vous la donne avec des « gants blancs, un bouquet au côté... C'est bien, c'est « bien, point de remercîments. (*S'essuyant les yeux.*) « Pauvre enfant! rendez-la heureuse, et nous serons « quittes. »
GEORGES. Ah! l'honnête homme.
M. DE BERLAC. Qu'est-ce que c'est?
GEORGES. Rien, Monseigneur.
M. DE BERLAC. J'ai dit à M. de Noirmont de me rejoindre au ministère. (*A Juliette.*) Voilà votre mari. (*A madame Presto.*) Vous congédierez Dufour. Moi, on m'attend; je vais à mon audience.
MADAME PRESTO. Et la voiture de Monseigneur.
M. DE BERLAC. Point de voiture; il est beau d'entrer au ministère à pied, avec le parapluie à canne, et d'en sortir de même. Donnez-moi le parapluie à canne, (*Georges lui donne le parapluie.*) il est de rigueur; car, là aussi, il y a souvent des orages. Adieu, mes amis, je vous reverrai ici, après mon audience. Je reviendrai dîner.
MADAME PRESTO, *accompagnant M. de Berlac qui sort.* Ah! quel bonheur pour moi! Vous pouvez être sûr que le dîner le plus fin et le plus délicat... un dîner de ministre... rien que des truffes.
M. DE BERLAC, *revenant avec colère.* Des truffes! Qui est-ce qui a dit des truffes? Point de truffes. Les malheureuses! elles ont causé dans l'État trop de désordre, trop d'abus, sans compter les indigestions; je n'en veux point sous mon ministère, je les destitue.
MADAME PRESTO. Destituer les truffes! qu'allons-nous devenir?
M. DE BERLAC. Je ferme la bouche aux mécontents, aux envieux.
GEORGES. Ils l'ouvriront encore pour crier; c'est changer les idées reçues.
MADAME PRESTO. Bouleverser tous les repas.
GEORGES. Soulever contre vous tous les appétits de la grande propriété.

M. DE BERLAC, *rêvant.* C'est possible. (*A Georges.*) Vous me ferez un rapport là-dessus; (*A part.*) au fait, il faut marcher avec le siècle, et nous vivons dans un siècle truffé. D'ailleurs, si je les destitue, qu'est-ce que je mettrai à leur place? je ne vois que les... qui sont bien insuffisantes pour les besoins de la civilisation; j'y songerai... (*A Georges.*) Le portefeuille. (*Georges lui donne un portefeuille.*) Vous ferez votre rapport. (*A madame Presto.*) Vous congédierez Dufour. Adieu, mes enfants, adieu : j'y songerai. (*Il sort par le fond, Juliette et madame Presto sortent avec lui.*)

SCÈNE XIV.

FRÉDÉRIC, GEORGES.

GEORGES, *à Frédéric qui sort du cabinet.* Eh bien! Monsieur, vous avez tout entendu; faut-il vous suivre?
FRÉDÉRIC. Non; en l'écoutant, j'ai changé d'idée. Cet excellent homme, qui me pardonne, qui me donne sa fille, parce qu'il est ministre; et je lui ôterais une place dont il fait un si bon usage! je l'empêcherais d'être heureux!
GEORGES. Ce serait bien ingrat.
FRÉDÉRIC. Qu'est-ce que nous gagnerions à le guérir? il rêve, c'est vrai; mais ce sont les rêves d'un homme de bien, pourquoi le réveiller?
GEORGES. Vous avez raison. C'est là de l'humanité, de la bonne philosophie; laissons-lui son erreur et son portefeuille, et qu'il dorme tranquillement : c'est si rare quand on est ministre.
FRÉDÉRIC. Je vais retrouver sa fille, lui faire part de mes nouveaux projets; et si elle les approuve, je viens sur-le-champ les mettre à exécution.
GEORGES. Et je suis là pour vous seconder. (*Frédéric sort par la porte du fond, à droite.*)

SCÈNE XV.

GEORGES; DUFOUR, *entrant avec* MADAME PRESTO ET JULIETTE.

DUFOUR. Quoi! Madame, refuser de signer ce bail et ce contrat?
JULIETTE. C'est le ministre qui ne veut pas.
MADAME PRESTO. Oui, le ministre ne veut pas.

AIR : *Honneur, honneur et gloire* (de LA MUETTE).

JULIETTE.
Ici son excellence
Dispose de ma foi,
Et d'une autre alliance
Nous impose la loi.

ENSEMBLE.

MADAME PRESTO.
Oui, c'est son excellence
Qui s'intéresse à nous;
George a la préférence,
Et sera son époux.

GEORGES.
Oui, c'est son excellence
Qui s'intéresse à nous;
J'obtiens la préférence,
Je serai son époux.

DUFOUR.
Quelle insolence et quelle audace!
Combien j'enrage! c'est égal,
Faisons, pour conserver ma place,
Des compliments à mon rival.

GEORGES. Eh! mais, Juliette, qu'avez-vous? qui vous fait donc pleurer? — Scène 9.

ENSEMBLE.

TOUS.

Oui, c'est son excellence
Qui s'intéresse à nous;
Georges a la } préférence,
J'obtiens la
Et sera son
      mon } époux.
Je serai son

DUFOUR.

Oui, de son excellence
Redoutons le courroux...
George a la préférence;
Il sera son époux.

SCÈNE XVI.

LES PRÉCÉDENTS; M. DE NOIRMONT.

M. DE NOIRMONT, *entrant par le fond*. C'est une horreur! c'est une indignité! se jouer de moi à ce point!
DUFOUR. Qu'y a-t-il donc?
M. DE NOIRMONT. D'abord un rapt, un enlèvement.

MADAME PRESTO. Nous le savions; mais cela n'a pas eu de suites.
M. DE NOIRMONT. Au contraire; me conduire dans une maison où l'on m'a donné des douches!
DUFOUR. Des douches!
M. DE NOIRMONT. Comme j'ai l'honneur de vous le dire, une, deux.
JULIETTE. Et l'ordre de mise en liberté que Monseigneur avait signé?
GEORGES. Et que je me suis empressé d'expédier.
M. DE NOIRMONT. Empressé! joliment! il n'est arrivé qu'à la troisième, et dans ma fureur, j'aurais tué tout le monde... si je n'avais eu peur de faire attendre son excellence, qui me donnait rendez-vous à son ministère. J'y cours, et là, ce que j'apprends est encore pire.
TOUS. Qu'y a-t-il donc?
M. DE NOIRMONT. Il y a que je suis compromis, que vous êtes compromis, que nous sommes tous compromis.
TOUS. Expliquez-vous.

Monsieur de Derlac.

M. DE NOIRMONT. Je monte d'abord au cabinet du secrétaire général pour m'y installer; je le trouve occupé par un compétiteur, qui me demande ce que je voulais; parbleu! ce que je voulais, c'était sa place; mais en fonctionnaire obstiné, il refuse de s'en dessaisir, et c'est pour le mettre à la raison que je m'élance avec lui dans le cabinet du ministre.

TOUS. Eh bien!

M. DE NOIRMONT. Eh bien! voici bien un autre incident : le ministre n'était pas ministre.

TOUS. Comment?

M. DE NOIRMONT. C'en était bien un, mais ce n'était pas le nôtre.

TOUS. O ciel!

GEORGES, à part. Voilà le réveil qui commence.

M. DE NOIRMONT. Troublé à cette vue, je me courbe jusqu'à terre, pour me donner une contenance; et, balbutiant quelques mots d'excuse, je sors au milieu des chuchotements, des éclats de rire, et des politesses de mon confrère l'usurpateur, qui me reconduit jusqu'à la porte pour la fermer sur moi.

M. DUFOUR. Et l'autre excellence?

M. DE NOIRMONT. L'autre excellence s'était moquée de nous; je l'ai rencontrée dans un corridor, se disputant avec un garçon de bureau qui ne voulait pas le laisser entrer; vous entendez bien que j'ai filé sans le voir et sans le saluer.

AIR : *Le soleil va paraître* (de LA MUETTE DE PORTICI).
TOUS.
Ah! c'est affreux! une telle disgrâce
Compromet tous nos intérêts.
ENSEMBLE.
M DE NOIRMONT.
C'est grâce à lui que je me vois sans place.
Et c'est pour lui que je me compromets.
GEORGES.
Pauvre Dufour, il en perdra sa place.
Ah! s'il pouvait encor payer les frais!
DUFOUR.
C'est votre faute, et, si je perds ma place,
Nous plaiderons; et vous paierez les frais.
MADAME PRESTO ET JULIETTE.
Tout est perdu, Georges perdra sa place.
Nous plaiderons, et je paierai les frais.

MADAME PRESTO.
Écoutez-moi.
DUFOUR.
Non, j'enrage.
Plus de bail, plus de mariage.
GEORGES.
Quel réveil!
JULIETTE.
Quel dommage!
MADAME PRESTO.
Mais je le vois. Oui, c'est lui,
Il ose encor venir ici.

SCÈNE XVII.

LES PRÉCÉDENTS, M. DE BERLAC, *qui entre en rêvant.*

TOUS, *allant au-devant de lui et l'entourant.*
Ah! c'est affreux! une telle disgrâce
Menace tous nos intérêts :
C'est grâce à vous que je me vois sans place,
Et c'est pour vous que je me compromets.

M. DE BERLAC, *sortant de sa rêverie.* Qu'est-ce que c'est? des regrets, des murmures, des amis qui me plaignent, qui se désolent.
GEORGES. Il voit tout en beau.
M. DE BERLAC. Vous êtes mécontents? pourquoi cela?.. Je ne le suis pas, moi, parce que je suis philosophe, c'est-à-dire destitué.
TOUS. Destitué!
M. DE BERLAC. Oui, mes enfants, j'ai été nommé; j'ai été ministre vingt-quatre heures; je ne le suis plus : cela peut arriver à tout le monde.
DUFOUR. Et ceux que vous avez nommés, ceux que vous avez placés?
M. DE BERLAC. Rassurez-vous; ils partagent mon sort, ils partent avec moi.
M. DE NOIRMONT. Partir! partir! comme c'est agréable! Eh! qui vous priait de me nommer secrétaire général? Vous l'avais-je demandé?
DUFOUR. Et moi, avais-je besoin de votre recette? Quand on est indépendant par sa fortune et son caractère, on n'a que faire d'aller s'exposer. J'en perdrai peut-être ma place au Mont-de-Piété.
MADAME PRESTO. Et moi qui ai refusé une affaire superbe, un bail que Monsieur me proposait; je me vois obligée de plaider; et c'est vous qui êtes cause de tout.
(*Ils se retirent au fond du théâtre; M. de Berlac est seul sur le devant, Georges auprès de lui.*)
M. DE BERLAC. Les ingrats! ils sont tous les mêmes. Allez, vils roseaux que courbait le vent de la faveur, relevez-vous, le vent ne souffle plus; (*A Georges.*) et toi? eh bien! tu restes là? tu ne t'éloignes pas?
GEORGES. Non, Monseigneur; je suis courtisan du malheur, je lui suis fidèle.
M. DE BERLAC. Ce n'est pas un roseau, celui-là, c'est un chêne qui prend racine dans la disgrâce; je n'oublierai pas ton dévouement; et si jamais je reviens aux grandeurs...
GEORGES. Je serai encore le même.
M. DE BERLAC. Tu as raison, tu n'as besoin de rien; seul et unique de ton espèce, tu n'as qu'à te montrer pour de l'argent, et ta fortune est faite, la mienne aussi; car je reviendrai aux honneurs : il me faut une place, j'emploierai mes amis, mon crédit.
MM. DE NOIRMONT ET DUFOUR. Oui, il est joli.
MADAME PRESTO. Je lui conseille de s'y fier.

SCÈNE XVIII.

LES PRÉCÉDENTS, FRÉDÉRIC.

FRÉDÉRIC. M. de Berlac! M. de Berlac, où est-il?
M. DE BERLAC. Frédéric de Rinville!
FRÉDÉRIC. Lui-même, qui est impatient de vous embrasser.
M. DE BERLAC. Ce matin, Monsieur, j'étais puissant, j'étais ministre, je pouvais vous revoir et vous pardonner, mais maintenant...
FRÉDÉRIC. Maintenant plus que jamais; il y a bien d'autres nouvelles.
M. DE BERLAC. Il serait possible!
FRÉDÉRIC. On vous a enlevé votre place de ministre, parce qu'on vous en destinait une bien autrement importante dans les circonstances actuelles, une place qui réclamait tous vos talents et votre adresse; on vous nomme ambassadeur à Constantinople.
M. DE BERLAC. Moi!
TOUS, *s'approchant de M. de Berlac.* Ambassadeur!
M. DE BERLAC. Mon cher Frédéric, mes amis, mon gendre! ambassadeur! je m'en doutais; ambassadeur à Constantinople!
GEORGES. Au moment où ils reviennent tous, au moment où la guerre est déclarée! voilà qui prouve la confiance que l'on a en vous.
M. DE BERLAC. Elle ne sera pas trompée. Ambassadeur à Constantinople!

AIR : *Connaissez-vous le grand Eugène.*

Je pars : l'espoir me donnera des ailes;
La Grèce attend, et les Russes sont là :
Notre vaisseau franchit les Dardanelles;
A mon nom seul je vois fuir le pacha;
Jusqu'à *Stamboul* j'arrive : me voilà!
(*Il fait un pas en avant, et se posant avec dignité :*)
« Sultan Mahmoud, il faut que ça finisse;
« Résignez-vous, ou je repars soudain;
« Vous entendrez la raison, la justice,
« Ou le canon de Navarin. »

FRÉDÉRIC. Ma voiture est en bas; et il faut avant tout remercier le ministre qui nous attend, et qui n'a rien à refuser.
DUFOUR ET MADAME PRESTO. Il serait possible! ah! Monseigneur!
M. DE BERLAC, *les regardant.* La girouette a tourné, le vent de la prospérité souffle de nouveau, et le roseau reprend son pli. (*Voyant qu'ils saluent.*) C'est ça, c'est ça, inclinez-vous; je devrais vous abaisser plus encore, mais ça n'est pas possible. Faites vos pétitions, je les présenterai.
DUFOUR ET MADAME PRESTO. Ah! Monseigneur! (*M. Dufour et madame Presto vont à la table à droite, et écrivent leur pétition.*)
M. DE BERLAC. Et vous aussi, monsieur de Noirmont.
M. DE NOIRMONT. Vous ne me connaissez pas, Monsieur, et bientôt vous saurez ce que je pense.
M. DE BERLAC. De la fierté, c'est bien.
M. DE NOIRMONT. Je prie seulement votre excellence de jeter les yeux sur ce mémoire. (*Ils se retirent un peu vers le fond, à gauche. Pendant que M. de Berlac parcourt le mémoire, Georges s'approche de Frédéric, et lui dit à voix basse :*)
GEORGES. Ah çà! Monsieur, d'où vient cette ambassade?
FRÉDÉRIC, *se touchant le front.* De là; j'ai vu Émilie, elle consent à un projet qui fait le bonheur de son père et le nôtre. Le ministre a tout appris; il nous se-

condera, et au moment de nous embarquer à Marseille, nous serons nommés à d'autres ambassades, et de capitale en capitale...

GEORGES. Je comprends, nous voyagerons ainsi gaiement en famille.

FRÉDÉRIC. Tant que durera sa folie.

GEORGES. Oui, le tour de l'Europe !

M. DE NOIRMONT, *à M. de Berlac qui a fermé le mémoire.* Vous y voyez, Monsieur, que je ne veux rien, que je ne demande rien au ministre.

M. DE BERLAC. C'est trop juste, et vous êtes sûr de l'obtenir.

M. DE NOIRMONT. Mais vous allez courir des dangers, je demande à les partager, à ne point quitter l'ambassade.

M. DE BERLAC. Un pareil dévouement vous rend mon estime et ma faveur; je vous nomme secrétaire d'ambassade.

M. DE NOIRMONT. Ah ! Monseigneur !

GEORGES, *bas, à Frédéric.* Celui-là est incurable; les douches n'y feraient rien, et je vous conseille de le laisser aller à Constantinople.

MADAME PRESTO, *se levant et présentant sa pétition à M. de Berlac.* Voici ma pétition.

DUFOUR, *de même.* Voici la mienne.

M. DE BERLAC. C'est bien; mais je vous ai entendu parler de procès; je n'en veux pas, je supprime les procès, les huissiers, les procureurs; il faut que tout le monde se donne la main. (*A Dufour.*) Donnez la main à Madame. (*Désignant madame Presto.—A Georges.*) Vous, à Mademoiselle. (*Montrant Juliette.—A Frédéric et à M. de Noirmont.*) Et nous aussi, (*Il leur donne la main.*) là...

FRÉDÉRIC, *à Georges.* Eh bien ! quel est le plus fou d'eux tous ?

GEORGES, *les regardant.* Je n'en sais rien; mais, à coup sûr, (*Montrant M. de Berlac.*) ce n'est pas celui-là.

CHŒUR FINAL.

AIR : *Au marché qui vient de s'ouvrir.*

Ah ! Monseigneur, ah ! Monseigneur !
Je suis à vous de tout mon cœur !

(*Pendant ce dernier chœur, M. de Berlac s'éloigne tenant Frédéric sous le bras, et donnant la main à M. de Noirmont. Georges, Juliette, M. Dufour, madame Presto, le saluent avec respect.*)

FIN
de
LA MANIE DES PLACES.

LE MYSTIFICATEUR

COMÉDIE-VAUDEVILLE EN UN ACTE

Représentée, pour la première fois, à Paris, sur le théâtre du Vaudeville, le 22 février 1819.

EN SOCIÉTÉ AVEC MM. DELESTRE-POIRSON ET ALPHONSE-CERFBEER.

Personnages.

M. ROBERT, prenant le nom de Bernard.
ADÈLE, sa nièce.
GUSTAVE, son neveu.
ADOLPHE, } amis.
SAINT-FIRMIN,
RONDON.
LAURENT, valet de Robert.
MADAME SAINT-FIRMIN.
FANFARE, trompette.
MASQUES ET DOMINOS.
DOMESTIQUES.
MUSICIENS.

La scène se passe à Paris, dans l'hôtel de M. Robert.

Le théâtre représente un salon avec trois portes de fond ouvrant sur des appartements élégants, et deux portes de côté. Au milieu, un lustre recouvert de sa gaze. Sur les côtés, des cariatides supportant des candélabres garnis de bougies.

SCÈNE PREMIÈRE.

ROBERT, *dans son fauteuil*; LAURENT, *debout près du fauteuil*; GUSTAVE, ADÈLE, ET TROIS DOMESTIQUES *tenant des bougeoirs à la main.*

ROBERT, *achevant un récit.* Devinez alors quel parti je pris?

LAURENT. Mon capitaine, il est dix heures et demie.

ROBERT. C'est vrai, c'est vrai; j'allais aborder le capitaine anglais, et je vois que je n'aurai pas le temps aujourd'hui.

ADÈLE. En effet, mon oncle, il me semble que vous vous retirez plus tard que de coutume.

ROBERT. Que veux-tu? le Mardi gras n'arrive pas tous les jours, et c'est pour vous faire passer votre soirée un peu plus gaiement que je vous ai raconté aujourd'hui deux combats navals de plus qu'à l'ordinaire.

GUSTAVE. Ah! mon oncle, voilà une attention; je vous reconnais bien là.

ADÈLE. Heureusement pour nous, le carnaval finit ce soir... Car nous n'aurions pu supporter plus longtemps des plaisirs aussi vifs.

ROBERT. Allons, allons, ma petite nièce, vous savez bien que je ne suis pas de ces oncles à la mode, qui vont tous les soirs dans le monde.

ADÈLE. Mais au moins, vous pourriez recevoir, jouir de votre fortune... Il me semble que mon frère et moi ferions convenablement les honneurs de la maison.

ROBERT. Oui-da!.. Avoir tous les jours des amis que je ne connaîtrais pas... Recevoir des bouffons et des parasites qui mangeraient mon bien et se moqueraient de moi..... des étourdis qui n'écouteraient pas mes histoires, et qui en conteraient à ma nièce... donner des fêtes ruineuses, qui ne causent que de l'ennui aux maîtres de la maison.

LAURENT. Et de l'embarras aux domestiques; vous avez raison, mon capitaine.

ROBERT. Et ma goutte donc, croyez-vous qu'elle s'arrangerait d'un pareil système?

Air *de l'Écu de six francs.*

Je laisse à la foule enivrée
Le bal ou le concert brillant;
Moi, j'aime à passer ma soirée
Auprès d'un brasier pétillant :
C'est la félicité parfaite,
Les jours de fêtes, selon moi,
Sont ceux où l'on reste chez soi,

GUSTAVE.
Et chez nous c'est tous les jours fête.

ROBERT. Aussi, j'entends que ce soit ici comme à mon bord... A dix heures et demie, tout le monde couché... Eh! mon Dieu! en voilà onze tout à l'heure. Voyez comme on s'oublie! Laurent, viens m'éclairer. Bonsoir, mes enfants. Ce qui m'enchante, c'est que ma maison sera peut-être la seule de Paris qui sera tranquille cette nuit.

ADÈLE. Oui, nous allons dormir au son du violon de nos voisins. Comme c'est gai!

ROBERT.
Air : *Écoutez ma prière.*

Quand près d'ici l'on danse,
Nous goûterons chez nous,
Au bruit de leur cadence,
Le repos le plus doux ;
A danser la nuit pleine,
On croit se divertir...
Puis, toute une semaine,
L'ennui va les saisir...
Il faut, dans cette vie,
Lorsque l'on veut jouir
Avec économie
Ménager le plaisir.
Bonsoir, bonsoir, allons dormir.

TOUS.
Bonsoir, bonsoir, allons dormir.

(*Robert et Laurent sortent par la porte latérale à droite.*)

SCÈNE II.

ADÈLE, GUSTAVE.

GUSTAVE, *les regardant sortir.* Bonsoir! bonsoir! (*Après un moment de silence, ils partent d'un éclat de rire.*) Ah! ah! Eh! vite, Louis, Pierre, le lustre, les bougies, allumez partout, fermez bien les volets, les contrevents, que la plus petite lueur, le moindre bruit ne puissent parvenir jusqu'au pavillon où couche mon oncle. (*Les domestiques entrent et se disposent à lui obéir.*)

ADÈLE. En vérité, Gustave, je me fais un scrupule de le tromper ainsi.

GUSTAVE. Est-ce qu'il s'en doutera! nous voilà bien

sûrs de lui et de Laurent. Dans un instant ils seront couchés, et tout est déjà prêt, le repas, le dessert, le champagne, celui du petit caveau.

ADÈLE. Comment, celui que mon oncle aime tant?

GUSTAVE.
AIR : *Restez, restez, troupe jolie.*
Je sais bien que ce vin lui coûte
Bien plus encore qu'il ne croit.
S'il se plaint parfois de la goutte,
C'est à sa cave qu'il le doit :
Oui, pour lui rien n'est plus nuisible
Que le champagne, le bordeaux,
Et je dois, en neveu sensible,
Tarir la source de ses maux.

ADÈLE. Mais tout le monde sera-t-il de parole? tout le monde a-t-il répondu?

GUSTAVE. Je le présume. J'ai pris chez le concierge un paquet de lettres que je n'ai pas encore pu ouvrir de la soirée. (*Il lui donne quelques lettres. On entend tousser Laurent.*) Ah! mon Dieu! qu'est-ce que j'entends?

SCÈNE III.
LES PRÉCÉDENTS, LAURENT.

LAURENT. Ah! ah! vous n'êtes pas encore retirés?

ADÈLE. Non, mais toi-même, qui te ramène?

LAURENT. J'ai laissé M. le capitaine lisant des lettres qu'il vient de recevoir; je vais régler les comptes du mois, car dans cette maison-ci l'on n'a jamais un moment à soi. (*S'asseyant à la table.*)

ADÈLE. Eh bien! il reste ici?

GUSTAVE. Mais, Laurent, tu n'y penses pas, toi qui n'as pas l'habitude de veiller.

LAURENT. C'est l'affaire d'une petite heure.

GUSTAVE. Ah! mon Dieu! tu feras bien mieux d'aller te coucher.

ADÈLE. Oui, Laurent, oui, va te coucher, demain tu auras tout le temps.

LAURENT. Pas du tout. Dans la journée on est toujours interrompu, tandis qu'à cette heure-ci tout le monde repose, on est seul dans la maison.

SCÈNE IV.
LES PRÉCÉDENTS, FANFARE, puis LES MUSICIENS.

FANFARE, *passant la tête à travers la porte.* St, st, mon lieutenant, peut-on entrer?

GUSTAVE. Bien doucement.

FANFARE. Vous nous avez fait monter une fameuse garde toujours! vous savez qu'il faut que je m'en aille de grand matin, à six heures le boute-selle, et depuis une heure, nous sommes là à faire notre Mardi gras dans la rue des Martyrs.

AIR : *Au son du fifre et du tambour.*
Depuis un' heur' la faction est bonne.
GUSTAVE.
As-tu tes gens?
FANFARE.
Mon orchestre est ici.
GUSTAVE.
Entre sans bruit, chacun est endormi,
Et gardez-vous de réveiller personne.
FANFARE.
Soyez tranquille, l'on jouera
Comme à l'orchestre d' l'Opéra.
LES MUSICIENS.
Oui, nous jouerons, on le verra,
Comme à l'orchestre d' l'Opéra.

LAURENT. Ah çà! mais dites donc, qu'est-ce que c'est que tout ce monde-là?

GUSTAVE, *à Laurent.* Ce n'est rien, ce n'est rien. Ne fais pas attention.

LAURENT. Comment, ce n'est rien?

GUSTAVE. C'est-à-dire, si; c'est quelque chose; mais nous allons te l'expliquer.

ADÈLE. Je m'en vais te dire... Mon oncle ne reçoit jamais; cela produit un mauvais effet dans le monde, et nous l'aimons trop pour lui laisser même l'apparence d'un tort.

GUSTAVE. J'ai envoyé en son nom une vingtaine d'invitations à des amis intimes qui ne le connaissent pas, mais que je connais; ça revient toujours au même. J'ai commandé de sa part un ambigu superbe, et nous ne manquerons pas de vins, puisque tu as les clés de la cave.

LAURENT. Comment, Monsieur?

GUSTAVE. Mon oncle habite l'autre pavillon et n'entendra pas.

ADÈLE. Nous te promettons le plus grand mystère, le plus profond silence. C'est Fanfare, le trompette du régiment de mon frère, qui conduira l'orchestre, et nous sommes sûrs de lui.

LAURENT. Quoi! Monsieur, vous croyez que je pourrai me prêter!..

GUSTAVE. Si je le crois? J'en suis persuadé; toi qui nous aimes, qui nous as élevés, tu ne voudras pas nous refuser; et quand tu verras, au milieu de l'ivresse générale, les danseurs sauter, les bouchons voler, les flacons brisés, tu te diras, bon Laurent, tu te diras : Voilà mon ouvrage.

ADÈLE. Mon petit Laurent, tu ne voudrais pas nous faire manquer cette partie de plaisir?

LAURENT. C'est que ça a tous les caractères d'une conspiration.

GUSTAVE.
AIR : *A soixante ans.*
Oui, tu l'as dit, à tort ce mot te blesse,
Nous conspirons, mais contre le chagrin :
Notre serment est de rire sans cesse,
Notre mot d'ordre est un joyeux refrain.
Avec ardeur partageant mes alarmes,
Dans le complot vingt braves sont entrés;
Pour cette nuit les coups sont préparés;
Mais les flacons seront les seules armes
Qui brilleront aux mains des conjurés.

LAURENT. Je suis sûr que ça finira mal; si Monsieur venait à savoir... moi qui depuis trente ans ne lui ai jamais désobéi.

GUSTAVE. Mon oncle ne se doutera de rien; d'ailleurs il est si bon.

LAURENT. C'est ce qui vous trompe, Monsieur est un rusé compère. Il a fait dans son temps des malices.

GUSTAVE. Oui, des malices d'autrefois.

LAURENT. Qui valaient bien les vôtres.

GUSTAVE. Tant mieux; il ne peut pas nous en vouloir de marcher sur ses traces.

LAURENT. Au moins, vous me répondez que la société...

GUSTAVE. C'est tout ce qu'il y a de mieux; des jeunes gens du meilleur ton, des femmes charmantes; tout le monde est enchanté de faire connaissance avec M. Robert; c'est la première fois qu'il reçoit.

ADÈLE, *ouvrant une lettre.* Voici d'abord M. et madame de Senneville qui viendront.

GUSTAVE, *de même.* Saint-Firmin, sa femme et sa sœur, la petite comtesse de Mercourt.

ADÈLE. Est-ce que ton ami, M. Adolphe, n'a rien fait dire.

GUSTAVE. Il paraît que celui-là t'intéresse; voici sa lettre. (*Lisant.*) « Je n'ai garde de manquer à ton ai- « mable invitation. (*Lisant plus bas.*) J'ai demain « matin une affaire d'honneur, je compte sur toi, « heureusement, ce n'est qu'à six heures, et nous « irons en sortant du bal. Ma foi, nous autres, nous « ne perdons pas un moment, tous les plaisirs se suc- « cèdent avec une rapidité... »

ADÈLE. Qu'est-ce donc?

GUSTAVE. Rien, rien.

ADÈLE. Je devine; quelque surprise qu'il nous prépare.

GUSTAVE, *prenant une autre lettre.* Je vous préviens, « Monsieur, que vos lettres de change sont protes- « tées. » Ah! ah! celle-là c'est de M. Vincent, un honnête usurier. Je ne crois pas qu'il vienne au bal. « Il me faut mes vingt mille francs, ou je dé- « couvre tout à votre oncle. » Parbleu, voilà un original ; je suis désolé de ne l'avoir pas invité. (*Se retournant, et aux domestiques auxquels Laurent donne des ordres.*) Eh bien! les bougies, le lustre, les quinquets. (*Les domestiques finissent d'allumer.*) Vous voyez bien que je suis dans ma correspondance. (*Ouvrant une autre lettre.*) Ah! celle-ci est essentielle, c'est de Saint-Firmin. Nous allons bien nous divertir, il m'a promis de nous amener un homme impayable, un bouffon de société; enfin un mystificateur qui n'a pas son pareil.

ADÈLE. Oh! quel bonheur! comme il va nous faire rire!

GUSTAVE. C'est son état... Mais voici déjà du monde qui nous arrive.

SCÈNE V.

LES PRÉCÉDENTS, RONDON, SAINT-FIRMIN, ADOLPHE, LES CHŒURS.

SAINT-FIRMIN, RONDON ET LES CHŒURS.

AIR : *Faut l'embrasser* (de L'ÉCOLE DE VILLAGE).

Il faut courir,
Se divertir,
En carnaval c'est fort sage;
Il est d'usage,
En carnaval,
De voler de bal en bal.

SAINT-FIRMIN.

Aujourd'hui à l'Opéra j'ai déjà
Promené mon grotesque équipage,
Et toute la nuit en l'air,
Je fus encore hier
Au Tivoli d'hiver.

TOUS.

Il faut courir,
Se divertir,
En carnaval, c'est fort sage, etc., etc.

GUSTAVE. Mes amis, c'est charmant d'être venu de bonne heure. Bonjour, mon cher Adolphe, il y avait ici quelques personnes (*Regardant Adèle.*) qui craignaient que tu ne vinsses pas... Ma sœur, je te présente M. Rondon, un homme d'un mérite solide, dont j'ai fait connaissance au café Tortoni.

SAINT-FIRMIN. C'est un habitué du comptoir.

RONDON. Le fait est que j'y passe tous mes moments perdus.

ADOLPHE. Eh! mais, vous y êtes toute la journée.

RONDON. C'est cela même ; moi, je ne suis occupé que la nuit; d'abord je soupe tous les jours en ville, ce qui me prend une grande partie de mon temps.

Air du vaudeville de *la Robe et les Bottes.*

Qu'un ami par hasard m'invite
Chez nos modernes Lucullus,
J'y vais toujours, quel que soit leur mérite,
Qu'ils soient en place ou bien qu'ils n'y soient plus.
Loin de m'informer à la ronde
Quels sont leurs rangs ou leurs partis,
Moi je soupe chez tout le monde,
J'ai toujours faim, et n'ai jamais d'avis.

ADOLPHE. Je croyais que vous aviez un état.

RONDON. Sans doute, je suis homme d'affaires; c'est l'état le plus commode et le plus répandu; parce que, voyez-vous, homme d'affaires, ça n'oblige à rien, pas même à faire les siennes; aussi, je suis de toutes les fêtes, de toutes les réunions ; je ne suis jamais que spectateur, mais spectateur utile : je ris aux charades en action, et je fais le compère dans les proverbes; en un mot, je suis lié avec presque tous les bouffons et farceurs de la capitale; ce qui donne toujours une certaine considération dans le monde.

GUSTAVE. A propos de cela, Saint-Firmin, je ne vois pas avec vous ce mystificateur que vous m'aviez promis?

SAINT-FIRMIN. Ah! M. Bernard!

RONDON. Comment, M. Bernard! vous avez ici M. Bernard! moi qui désirais tant faire sa connaissance. Il y a un siècle que je le promets dans une maison; mais impossible de le joindre, on se l'arrache.

SAINT-FIRMIN. Oh! celui-là, je vous le livre bien pour le premier dans son genre.

RONDON. Et vous nous l'amenez? quel bonheur!

SAINT-FIRMIN. Au contraire, il ne vient pas; il m'a fait dire qu'il lui était impossible.

TOUT LE MONDE. Oh! quel contre-temps!

SAINT-FIRMIN. Laissez donc, est-ce que vous donnez là-dedans? Je le connais, il n'en fait jamais d'autres; c'est pour surprendre son monde; je suis sûr que vous allez le voir paraître dans le costume le plus original.

RONDON. A propos de cela, où est donc le maître de la maison?

SAINT-FIRMIN. C'est vrai, nous serions enchantés de faire sa connaissance.

GUSTAVE. Mon oncle est désolé de ne pouvoir vous recevoir lui-même ; mais une indisposition très-légère... Il nous a chargés de faire les honneurs.

RONDON. Et monsieur votre oncle ne soupera même pas?

GUSTAVE. Il dort; on ne peut pas tout faire à la fois. Vite, n'oublions pas que c'est un bal masqué ; passons au vestiaire, vous trouverez les costumes les plus piquants, les plus variés; allons, monsieur Rondon, mettez donc aussi un habit de caractère, nous en avons là de délicieux; allons, vite, par ici ; toilette pour ces dames, toilette pour ces messieurs.

CHŒUR.

AIR : *Allons, mettons-nous en voyage* (fragment de JOCONDE).

Allons, mettons-nous sous les armes,
Bal enchanteur, joyeux festin :
Que cette nuit aura de charmes!
Nous danserons jusqu'à demain.

GUSTAVE.

Mais préparons-nous pour le bal.

CHŒUR.
Oui, préparons-nous pour le bal.
Guerre à la mélancolie;
Le plaisir nous convie,
Momus nous donne le signal.
Allons, que chacun se rallie
Sous les drapeaux de la folie.
(*Ils sortent tous.*)

SCÈNE VI.

ROBERT, *seul, un bougeoir à la main, en robe de chambre et en bonnet à ramages.* Vingt mille francs de lettres de change. Oh! je ne me coucherai pas sans les avoir sermonnés d'importance. Morbleu! ce M. Vincent vient de m'en apprendre de belles! Ah! monsieur mon neveu fait des lettres de change! et cet étourdi d'Adolphe, qui demain se bat avec mon intime ami, et qui ose écrire à ma nièce. (*Montrant une lettre.*) C'est un brave garçon, il est vrai; mais je ne veux pas que l'on me compte pour rien. Je veux jouer mon rôle d'oncle; car à moins d'être un sot, un maître de maison doit être instruit de tout ce qui se passe chez lui. (*Regardant autour de lui.*) Hein! qu'est-ce que je vois là? Des lustres, des quinquets. Je vous demande un peu où ce Laurent a la tête, et si l'on a besoin d'une illumination quand on dort. (*Ouvrant la porte à gauche.*) Eh! mais, c'est éclairé partout, jusque dans ma salle à manger, où je vois la table dressée. Des mets de toutes sortes, et du vin de Champagne. Oh! est-ce que mon maître d'hôtel et mon cuisinier seraient somnambules? Je ne m'étonne plus que tout aille si vite, jusqu'à mon vin de Champagne qui se relève la nuit.

SCÈNE VII.

ROBERT, RONDON, *sortant du cabinet à droite, habillé en polichinelle.*

RONDON. Quoui!... ri!... qui, qui.
ROBERT, *l'apercevant.* Hein? Qui va là? Qu'est-ce que c'est que ça?
RONDON, *le regardant.* Tiens, c'en est un qui est déguisé en malade. (*Allant à lui.*) Beau masque, voulez-vous que le docteur Polichinelle vous tâte le pouls et vous donne une petite consultation.
ROBERT. Un polichinelle, ici, à cette heure! n'est-ce pas un rêve que j'achève, et suis-je bien éveillé? Pourriez-vous me dire, seigneur Polichinelle qui vous a permis de vous introduire ici?
RONDON. Qu'est-ce qu'il dit donc?
ROBERT. Et savez-vous que si j'appelle du monde je vous fais sauter par la fenêtre.
RONDON. Ah çà! est-ce sérieusement?
ROBERT. Me connaissez-vous, Monsieur?
RONDON. Comme je ne vous ai pas encore vu...
ROBERT. C'est égal, Monsieur, regardez-moi là, bien en face, et tâchez de me reconnaître.
RONDON. Vous reconnaître?.. serait-il possible! comment! est-ce que vous seriez?..
ROBERT. Justement, Monsieur.
RONDON. Je l'aurais parié; mais j'aurais dû le deviner plus tôt à votre figure. Ce cher M. Bernard, c'est vous qui allez mystifier toute la société, et vous commencez par moi, c'est charmant; allez, M. Gustave vous attend avec bien de l'impatience!
ROBERT. Comment, Gustave?

RONDON. Oui, celui qui donne le bal et le souper; enfin le maître de la maison, c'est-à-dire le maître de la maison, c'est l'oncle, un bon homme; mais il est malade, il est couché; je vous expliquerai cela.
ROBERT. Ah! parbleu! vous me rendrez grand service.
RONDON. Comment donc, c'est trop d'honneur que vous me faites de vouloir bien me prendre pour compère. Vous a-t-on vu là-dedans?
ROBERT. Non, pas encore.
RONDON. Tant mieux, ça fera plus d'effet. Mais est-ce que vous comptez garder ce costume-là?
ROBERT. Pourquoi pas?
RONDON. Oui, il est original; nous pourrions faire la scène du malade et de l'apothicaire, ou celle de l'homme qui se trouve mal, et toutes les dames qui accourent avec leurs flacons; mais c'est connu, et puis c'est trop chargé. La société a l'air bon genre. Il faudrait plutôt commencer par quelques scènes de dominos.
ROBERT. Vous croyez?
RONDON. Soyez tranquille, je vous ferai connaître toute la famille; mais il vous faudrait un masque.
ROBERT. C'est votre avis?
RONDON. Parbleu! sans cela ça n'aurait pas de piquant, et l'on saurait à qui l'on a affaire.
ROBERT. J'entends, et nous garderons les scènes à visage découvert pour le dénoûment.
RONDON. C'est cela même; je crois que nous nous amuserons; la maison est bonne, le neveu m'a l'air d'un écervelé, et l'oncle n'est pas fort; mais il donne à souper, il a de bon vin, ça pourra nous faire une maison de plus, et une table d'ami... Ah çà! mon cher, il faut que nous fassions plus ample connaissance; il y a longtemps que j'en ai envie; venez la semaine prochaine sans façon dîner avec moi ici.
ROBERT. Comment ici!
RONDON. Oui, j'arrangerai cela. Mais voulez-vous prendre quelque chose? ne vous gênez pas.
ROBERT. Je vous remercie.
RONDON, *allant prendre un domino.* Allons, allons.

Air : du vaudeville des *Amazones.*
Dépêchons-nous, endossez un costume,
Le domino ne vous ira pas mal.
ROBERT, *à part.*
A son projet mon esprit s'accoutume;
Au fait, pourquoi n'irais-je pas au bal?
De m'amuser j'ai droit plus que personne,
Car je prévois, tout bien considéré,
Que c'est ce soir mon neveu qui le donne, } bis.
Et que demain c'est moi qui le paierai,
Que c'est moi qui demain le paierai.

RONDON. Ah çà! n'oubliez pas que nous vous avons annoncé comme le premier mystificateur de Paris, et songez à soutenir votre réputation.
ROBERT, *se mettant un faux nez.* Parbleu! s'ils comptent sur un homme d'esprit, voilà déjà une première mystification que je leur prépare.

SCÈNE VIII.

LES PRÉCÉDENTS, GUSTAVE, ADOLPHE, ADÈLE, SAINT-FIRMIN, *tous en costumes de caractère, plusieurs dominos noirs.*

RONDON, *bas, à Robert.* Le beau Léandre, c'est le neveu, et le Troubadour, c'est l'amant, le petit Adolphe.

CHŒUR.
Air d'une anglaise.
Sous ces costumes piquants,

Le doux plaisir nous invite ;
Sous ses lois rangeons-nous vite,
Et profitons des instants.

RONDON. Messieurs, voilà un danseur que je vous présente : c'est un domino noir qui m'a déjà beaucoup intrigué et que je ne puis reconnaître. (*Bas, à Saint-Firmin.*) C'est lui, n'en dites rien.

SAINT-FIRMIN, *bas, à Gustave.* C'est lui !

GUSTAVE, *bas, à Adèle.* C'est lui !

ADÈLE, *bas.* C'est lui, chut !

SAINT-FIRMIN, *à Rondon.* Eh bien ! moi qui le vois souvent, je ne l'aurais pas reconnu. Imaginez-vous qu'il a deux pouces de plus que l'autre jour.

RONDON. Oh ! ils savent si bien se déguiser, se contrefaire.

SAINT-FIRMIN, *bas, à Robert.* Bonjour, mon cher.

ROBERT. Comment, en voilà déjà un qui me connaît ?

GUSTAVE. Beau masque, je te remercie d'avoir bien voulu être des nôtres.

ROBERT, *avec une voix de bal.* Vous ne m'aviez pas invité, mais c'est égal, je suis sans façon et je viens ici comme chez moi.

RONDON, *riant d'un gros rire.* Ah ! il est amusant !

ROBERT, *de même.* Mais soyez tranquille, je paierai mon écot.

RONDON, *de même.* Ah ! il paiera son écot. Je vous le disais, vous allez en voir bien d'autres.

ROBERT, *à part.* Il paraît qu'avec ces gens-là, on a de l'esprit à bon compte, et mon rôle n'est pas si difficile que je le croyais ; on n'a qu'à ouvrir la bouche pour faire rire.

SAINT-FIRMIN. C'est bien, c'est bien. Mais il faudrait maintenant commencer quelques farces.

SCÈNE IX.
LES PRÉCÉDENTS, LAURENT.

LAURENT, *à Gustave.* Monsieur, vos ordres sont exécutés et tout est prêt. (*Bas.*) Mais croyez-moi, dépêchez-vous de vous amuser et de renvoyer tout ce monde-là.

ROBERT, *à part.* Comment, jusqu'à mon vieux Laurent qui me trahit aussi !

RONDON, *bas, à Robert.* C'est Laurent, le factotum de l'oncle, le domestique de confiance.

ROBERT, *à part.* Elle est bien placée. (*Haut.*) Je connais ce domestique-là ; il a été autrefois mon valet de chambre.

LAURENT. Je crois que Monsieur se trompe ! je n'ai jamais eu qu'un maître. Mais je n'ai rien à démêler avec les masques, et je vous prie de m'excuser.

ROBERT. Restez. J'ai à vous parler, fidèle Laurent.

ADÈLE. Tiens, il sait son nom.

RONDON. C'est quelque farce qu'il va faire à Laurent, nous allons bien rire.

ROBERT, *à Laurent.* Approchez, approchez. (*Il lui parle bas à l'oreille.*)

LAURENT, *avec tous les signes du plus grand effroi.* Ah ! mon Dieu ! Comment, il serait possible ! je suis perdu.

RONDON. Ah ! ah ! c'est délicieux ; votre domestique donne-t-il dedans ? (*Robert continue à parler à l'oreille de Laurent, qui se contente de répondre en tremblant :*) Oui, Monsieur, oui, Monsieur, oui, Monsieur.

ROBERT. Et surtout...

LAURENT. Vous pouvez y compter... Ah ! mon Dieu ! je disais bien que c'était fait de moi.

SCÈNE X.
LES PRÉCÉDENTS, *hors* LAURENT.

GUSTAVE. Par exemple, j'avoue que celle-là est impayable ; ce pauvre Laurent n'y est plus.

ADÈLE. Ah ! mon Dieu ! beau masque, racontez-nous donc ce que vous lui avez dit ?

ROBERT. Je me suis nommé.

GUSTAVE. J'avoue que je serais bien curieux d'entendre un nom aussi terrible ; mais je te préviens que je ne suis pas facile à effrayer.

ROBERT, *bas, à Gustave.* Je ne suis pas ce que vous croyez. Je ne suis pas M. Bernard, et j'ai pris ce déguisement pour vous donner un avis salutaire.

GUSTAVE. Vraiment ?

ROBERT. M. Vincent a obtenu contre vous une prise de corps.

GUSTAVE. Hein ?

ROBERT. Je sais bien qu'on n'arrête point après le soleil couché ; mais il y a ici des huissiers en dominos noirs, qui n'attendent que le point du jour pour vous conduire en prison.

GUSTAVE. Ah ! ah ! la plaisanterie est charmante. (*A part.*) Ah çà ! se moque-t-il de moi ? c'est que ce Vincent en est bien capable, et voilà une esclandre..

RONDON. Ah ! ah ! monsieur Gustave, vous voilà mystifié.

ADOLPHE. Vrai ! malgré toute ton audace, tu as un peu de la figure de Laurent.

ADÈLE. Beau masque, moi j'aime beaucoup aussi que l'on me fasse peur. Veux-tu danser avec moi ?

ROBERT. Je ne danse pas très-bien ; mais je vous serai peut-être plus utile qu'un beau danseur. J'ai accepté votre main (*A voix basse.*) pour vous remettre cette lettre d'Adolphe, qu'on allait intercepter, et qui aurait tout découvert.

ADÈLE, *s'éloignant avec effroi.* Ah ! mon Dieu !

TOUT LE MONDE, *s'empressant auprès d'Adolphe.* Eh bien ! qu'est-ce qu'elle a donc ?

ADÈLE. Je suis près de me trouver mal.

RONDON. Aussi vous demandez qu'on vous fasse peur.

ADOLPHE, *à Robert.* Monsieur, je veux savoir ce que vous avez pu dire à Mademoiselle.

ROBERT. Non, Monsieur, parce que ça nous ferait peut-être une affaire, et vous savez bien que ce matin, à six heures, vous en avez déjà une plus pressée que la mienne ; votre rendez-vous est à Vincennes.

ADOLPHE. Voulez-vous bien vous taire.

ADÈLE, *effrayée.* Ah ! grand Dieu ! à Vincennes ! serait-il vrai ? monsieur Adolphe ? je vous défends de vous battre.

RONDON, *à Adolphe.* Sont-ils drôles !

AIR : *C'est une trahison.* Fragment de L'ÉPREUVE VILLAGEOISE.)

ADOLPHE, GUSTAVE, ADÈLE.
C'est une trahison, (*ter.*)
Et j'en aurai raison.

GUSTAVE.
M'outrager de la sorte,
C'est une trahison.

RONDON, *bas, à Gustave.*
Mon cher, quand on s'emporte,
C'est qu'on n'a pas raison.

TOUT LE MONDE.
Il est vraiment fort drôle !
De grâce, attrapez-moi ;
Il est bien dans son rôle.

LE MYSTIFICATEUR.

ROBERT, *seul, un bougeoir à la main...* Hein! qu'est-ce que je vois là? — Scène 6.

TOUS, *à Robert.*
De grâce, attrapez-moi;
GUSTAVE, ADOLPHE.
Oui, vraiment, c'est fort drôle;
Mais bientôt, sur ma foi,
Il quittera son rôle.
TOUS, *à Robert.*
De grâce, attrapez-moi.

SAINT-FIRMIN. Puisqu'ils le veulent, attrapez-les aussi.
ROBERT. Tout à l'heure, chacun son tour.
RONDON. Oui, oui, voilà assez de scènes de domino, passons à d'autres; et pour commencer, si nous nous mettions à table?
TOUS. Il a raison : à table!
GUSTAVE. Messieurs, la main aux dames.

AIR : *Folie.*
A table! (*ter.*)
Quel instant aimable
Et charmant !
A table! (*ter.*)
On nous attend.
(*Tous les cavaliers donnent la main aux dames; arrivés à la porte latérale, à gauche, ils s'arrêtent.*)

SAINT-FIRMIN, *à Gustave.* Ah çà! dites donc, comment entre-t-on dans la salle à manger?
GUSTAVE. Par la porte.
SAINT-FIRMIN. Eh bien! viens donc l'ouvrir au moins; la porte est fermée, et la clé n'y est pas.
GUSTAVE. Comment, la clé n'y est pas?

AIR de *Marianne.*
J'en fais mon affaire.
ADÈLE.
A merveille,
Pour réveiller mon oncle au bruit.
GUSTAVE.
Un serrurier !
ADÈLE.
Mais tout sommeille,
Et l'on n'en trouve pas la nuit.
GUSTAVE.
Quel embarras !
SAINT-FIRMIN.
Point de repas !
Je vois, hélas !
Qu'on ne soupera pas.
(*Tous se parlant à l'oreille.*)

On ne soupera pas ! on ne soupera pas !

RONDON.
Messieurs, n'importe,
Cherchons main-forte
Pour assiéger
Cette salle à manger ;
A ce blocus, moi, je m'obstine.

ROBERT.
Il ne saurait durer longtemps,
Puisque ce sont les assiégeants
Qui sont pris par la famine.

GUSTAVE. Pardonnez-moi, Messieurs, l'on soupera, et je vais aviser... Comment les occuper pendant ce temps ? (A Adolphe et Adèle.) Faites-les danser, je vous prie ; qui danse soupe ; allons, une petite anglaise.

RONDON. C'est ça, pour nous mettre en appétit.
ROBERT, à Rondon. Par exemple, cette farce-là est de vous ?
RONDON. Pas du tout ; je vous jure que non.
ROBERT. Laissez donc, je la trouve excellente.
SAINT-FIRMIN. En place, en place. (Au moment où l'on commence la première figure d'une anglaise, on entend sonner vivement une cloche ; la contredanse s'arrête sur-le-champ.)
TOUS. Ah ! mon Dieu ! qu'est-ce que c'est que ça ?

SCÈNE XI.

LES PRÉCÉDENTS, LAURENT.

LAURENT, accourant. Ah ! Monsieur, Monsieur, votre oncle...
ADÈLE. Qu'y a-t-il donc ?
LAURENT. Il n'y est plus.
ADÈLE. Grand Dieu !
LAURENT. Il vient de lui prendre un accès ; je craignais que sa goutte ne remonte ; il m'a recommandé d'aller vous éveiller ; venez vite le voir.
GUSTAVE, ADÈLE, défaisant leurs costumes. J'y cours.
ADOLPHE. Oh ! je ne vous quitte pas.
GUSTAVE. Mes amis, mes chers amis, que je vous dois d'excuses !
ADÈLE. Adieu, Mesdames, nous nous reverrons ; nous causerons des événements de cette nuit. Je suis désolée ; mais notre oncle avant tout. (Ils sortent.) Ah ! grand Dieu ! comment faire ? Mon costume de bergère. Eh ! vite ! un peignoir. Ah ! mon Dieu ! mon Dieu ! quelle soirée !

SCÈNE XII.

LES PRÉCÉDENTS, hors GUSTAVE, ADÈLE ET ADOLPHE.

SAINT-FIRMIN. Il faut convenir que Gustave nous fait passer là une belle nuit : pas de danse...
RONDON. Pas de souper.
SAINT-FIRMIN. Un oncle malade ; c'est fort gai.
ROBERT. Messieurs et dames, faites-moi donc un grand plaisir, s'il vous plaît.
TOUS. Quoi donc ?
ROBERT. Ayez la bonté de me dire... Est-ce que nous nous sommes amusés ?
SAINT-FIRMIN. Au diable la raillerie. Allons, Mesdemoiselles, les châles, les chapeaux, les vitchouras.
UN DOMINO, à Robert. J'espère au moins qu'avant de nous séparer, Monsieur nous permettra de voir ses traits et de savoir à qui nous avions affaire.
SAINT-FIRMIN, à Robert. Oh ! tu ne peux leur refuser ce plaisir-là ; c'est le seul qui leur reste.
RONDON. D'autant plus qu'à présent l'incognito est inutile ; il n'y a plus personne à mystifier.
ROBERT. Vous croyez ? Alors, regardez bien, et reconnaissez à qui vous avez ça affaire. (Il ôte son masque.) Eh bien ?
SAINT-FIRMIN, regardant. Eh ! mais ce n'est pas lui, et je ne le connais pas.
TOUT LE MONDE. Ni moi, ni moi, ni moi.
RONDON. Comment, personne ne le connaît ?
ROBERT. Je vais vous dire pourquoi ; c'est que c'est la première fois que vous me voyez. Vous vous attendiez peut-être à trouver quelqu'un de votre connaissance. Eh bien ! c'est bon ! ça fait toujours une petite attrape de plus. Mais en ma qualité de mystificateur, je ne pouvais pas, je ne devais pas vous être connu ; c'eût été maladroit de ma part. Allons, allons, il est temps de se quitter ; Mesdames, veuillez agréer... (En s'en allant.) Voilà donc cette salle à manger, objet de tant de vœux, sujet de tant de regrets ! salut, trois fois salut... Eh mais ! que vois-je ? cette porte inaccessible s'ouvre d'elle-même.
DEUX DOMESTIQUES, en grande livrée, portant des flambeaux. Ces dames sont servies !
SAINT-FIRMIN. Allons, j'en étais sûr ; encore un nouveau tour ; ce souper qu'on croit perdu...
RONDON. Et qu'on retrouve ; c'est là le meilleur ; je vous dis qu'on n'a pas le temps de respirer avec lui.
SAINT-FIRMIN. Est-ce que nous nous mettrons à table sans Gustave et sa sœur, et cet oncle qui est malade ?
ROBERT. Bah ! nous boirons à sa santé.

CHŒUR.
AIR : Folies.

A table ! (ter.)
Quel instant aimable
Et charmant !
A table ! (ter.)
On nous attend.
(Ils entrent tous dans la salle à manger.)

SCÈNE XIII.

GUSTAVE, ADÈLE, ADOLPHE.

GUSTAVE. Cet imbécile de Laurent ! faire un pareil tapage pour rien ; nous n'avons seulement pas pu le voir ; il était déjà rendormi.
ADÈLE. Je ne suis pas fâchée que nous n'ayons pas été introduits. S'il avait distingué mon costume de bergère ! Mais il paraît que tout le monde est parti. Eh bien ! mon pauvre frère, quelle soirée ! Nous devions tant nous divertir !
GUSTAVE. Ne m'en parle pas. Je retrouverai ce domino noir, je verrai ce M. Bernard, avec ses avis et ses huissiers.
ADOLPHE. Et moi, je saurai qui l'a instruit de mes affaires et comment la lettre que je vous avais écrite se trouve entre ses mains.
ADOLPHE. Le fait est que c'est indigne.
GUSTAVE. Ce qui me console, c'est qu'il est parti sans souper.

CHŒUR, dans la salle à manger.
AIR : Folie, folie, folie.

A boire ! à boire !
La gloire

Est d'aimer le bon vin.
A boire (ter.)
Jusqu'à demain.

SCÈNE XIV.

Les précédents; RONDON, *sortant de la salle à manger, un verre de champagne à la main.*

GUSTAVE, ADÈLE. Qu'est-ce que c'est que ça?
RONDON. Parfait, mon cher; le vin, les truffes; tout est exquis. Nous n'avons pas perdu pour attendre.
GUSTAVE. Au moins, expliquez-vous.
RONDON. C'est tout simple. La clé s'est retrouvée, la porte s'est ouverte, la table s'est garnie, les bouchons ont volé; vous devinez le reste.
ADÈLE. Encore un tour de Bernard.
RONDON. Juste. Il est d'une gaieté... C'est lui qui fait les honneurs de la table. Imaginez-vous qu'un autre masque a voulu jouter avec lui et commencer même quelques charges; mais on ne l'a seulement pas écouté. Quelle différence avec l'autre!
GUSTAVE. De sorte que vous vous êtes bien divertis?
RONDON. Parbleu! je le crois... Ils sont tous furieux là-dedans; ce diable d'homme n'a épargné personne, et ils ont la bonté de se fâcher; ils ne veulent pas comprendre que c'est un mystificateur. Tout à l'heure, sans avoir l'air de le connaître, il a raconté à Duval l'aventure de sa femme... ah! ah! et à moi-même, il a été jusqu'à me dire que j'étais un pique-assiette. Qu'est-ce que ça me fait, puisque c'est un mystificateur?

SCÈNE XV.

Les précédents, SAINT-FIRMIN, *plusieurs convives.*

SAINT-FIRMIN. Ah! l'on n'y peut pas tenir; et ce monsieur avec son ton goguenard...
ADÈLE. Comment! monsieur Saint-Firmin, est-ce qu'il n'épargne pas même ses connaissances?
SAINT-FIRMIN. Moi, je ne le connais pas, et je vous avouerai que je ne sais ni qui l'a amené, ni comment il s'est introduit ici.
GUSTAVE. Comment! ce n'est pas toi?
SAINT-FIRMIN. Du tout; et le plus singulier, c'est que tout à l'heure personne ne l'a reconnu.
GUSTAVE. Comment! il a ôté son masque?
RONDON. Eh parbleu! pour souper... Mais le voici.

SCÈNE XVI.

Les précédents, ROBERT.

ROBERT. Eh bien! tout le monde s'en va, et l'on me laisse seul à table.
ADÈLE. Ah! il a remis son masque.
ROBERT. C'est que je vais m'en aller; je suis pressé, voilà cinq heures passées, et à cette heure-là, la meilleure farce qu'on puisse faire, c'est d'aller se coucher.
ADOLPHE. Un instant, Monsieur, vous ne nous quitterez pas ainsi, et vous me direz comment certaine lettre s'est trouvée entre vos mains.
ROBERT. Non, Monsieur; après souper, je ne dis plus rien.
GUSTAVE. Il ne s'agit pas de plaisanter, Monsieur; je veux savoir...
RONDON. Vous voulez savoir... Sont-ils bons! puisqu'on vous répète que c'est un mystificateur.
GUSTAVE. Il n'importe, Monsieur, vous ferez connaître, ou vous nous direz de qui vous tenez tous ces renseignements.
PLUSIEURS DOMINOS. Oui, nous l'exigeons tous.
ROBERT. Eh! Messieurs, ne vous fâchez pas; il paraît que les petites particularités dont je vous ai entretenus, sont toutes vraies ou à peu près; mais ce n'est pas à moi qu'il faut s'en plaindre, puisque c'est une personne de la société qui me les a toutes révélées.
SAINT-FIRMIN. Un de nous? cela n'est pas possible; j'insiste pour qu'il nomme la personne.
TOUS. Oui, oui, il faut qu'il la nomme.
ROBERT. Eh bien! puisqu'il faut vous le dire, je tiens tous ces détails de M. Rondon.
RONDON. Moi, par exemple!
SAINT-FIRMIN, *et tous les autres masques.* Comment, monsieur Rondon! c'est vous qui nous arrangez ainsi? c'est une horreur!
RONDON. Ah çà! ne plaisantons pas, et Monsieur va vous avouer...
ROBERT. Oh! j'avoue que vous êtes un excellent compère. (*On entend sonner une demie.*)
ADOLPHE, *regardant à sa montre.* Ah! mon Dieu! six heures dans l'instant. (*A Gustave.*) Et notre rendez-vous! et reconduire ces dames!
FANFARE. Mon lieutenant, voilà six heures, et vous savez que le devoir m'appelle.
GUSTAVE. Messieurs, Mesdemoiselles, je vous souhaite bien le bonsoir. (*Ils vont pour sortir. La porte à deux battants du fond et les portes latérales se ferment, et l'on entend en dehors le bruit des verrous.*)
RONDON. Eh bien! il y a donc un sort jeté sur toutes les portes?
GUSTAVE. Par exemple, c'est trop fort; deux fois la même plaisanterie.
FANFARE. Qui sonnera le boute-selle pour moi?
ADOLPHE. Quand il s'agit d'une affaire d'honneur.

FANFARE.
Air : *Ces postillons.*
A l'instant il faut que je sorte.
RODOLPHE.
Et moi de même, on m'attend ce matin.
ROBERT, *s'asseyant dans un fauteuil.*
Nul ne m'attend, et pour moi, peu m'importe;
Je resterais ici jusqu'à demain.
Souper divin, femme aimable et sensible,
Bal enchanteur, soins empressés et doux.
(*A Gustave.*)
Ah! Monsieur, il est impossible
De sortir de chez vous.

GUSTAVE, *vivement et très-haut.* Finissons, Monsieur; nous ne sommes point vos dupes; vous seul êtes l'auteur d'une plaisanterie aussi déplacée, et je vous conseille à l'instant...
ROBERT. Moi, Monsieur, je vous conseille de ne pas parler trop haut. Si votre oncle, qui est malade, allait vous entendre...
GUSTAVE. Monsieur, il ne s'agit point ici de mon oncle.
ROBERT, *reprenant sa voix naturelle.* Au contraire, Monsieur, et c'est ce qui vous trompe; vous ne savez peut-être pas qu'il est des oncles qui ne sont pas aussi simples qu'ils veulent bien le paraître; moi qui vous parle, j'en ai connu un entre autres, qui était bien homme le plus singulier; il était assez ridicule pour

trouver mauvais qu'on vint chez lui s'emparer de sa maison à son insu, et qu'on bût son vin sans sa permission.

ADOLPHE. O ciel! ce serait...

ADÈLE. Quelle voix!

ROBERT, *gaiement*. Ce n'est pas que je n'aie connu aussi des oncles, et j'étais assez de leur avis, qui, après avoir prouvé par une petite vengeance qu'on avait tort de les prendre pour des sots et de dissimuler avec eux, devenaient les meilleures gens du monde et remerciaient leurs neveux d'avoir bien voulu leur permettre de s'amuser à leurs dépens. Si ces oncles lisaient des lettres écrites à leur nièce, c'est que ces lettres étaient du futur que depuis longtemps ils lui destinaient en secret, et dont ils avaient soin d'arranger l'affaire toutes les fois qu'elle pouvait l'être avec honneur.

ADOLPHE. Monsieur!

GUSTAVE. Vous seriez?..

ROBERT, *ôtant son masque*. Je suis M. Bernard; comment! vous me reconnaissez? vous êtes le seul de la société.

ADÈLE. Mon cher oncle, nous qui croyions nous divertir sans que vous le sussiez, c'est vous qui avez eu tous les plaisirs du bal.

ADOLPHE. Vous avez ri à nos dépens.

ROBERT. Ecoutez donc; l'état de mystificateur a ses désagréments, mais il a aussi son bon côté; et quand, à la prière de M. Rondon, j'ai consenti à le devenir, je ne lui ai pas promis que je jouerais le rôle de mystifié; on vient au bal, c'est pour s'amuser : n'est-ce pas, monsieur Rondon?

SAINT-FIRMIN. Et quel est donc ce monsieur que nous avons reçu si mal et qui nous a paru si ennuyeux.

RONDON. Là, vous allez voir que c'est le vrai M. Bernard, le mystificateur à la mode.

ROBERT. Voilà de vos arrêts, messieurs les gens du monde.

RONDON. Moi qui l'avais promis pour un déjeuner de garçons; il a dû s'en aller furieux.

GUSTAVE. Oui, mais au moins il a soupé.

ROBERT. Coquin! je t'entends; tu veux aller te mettre à table; c'est terrible d'avoir faim après un souper comme celui que tu nous as donné. Mais ces dames doivent être fatiguées, elles ont tant dansé! et comme cette soirée pourrait leur faire perdre le goût du bal, je veux leur en donner un, moi, le jour de la mi-carême; et quoiqu'à leur âge le fruit défendu ait bien des attraits, je suis sûr qu'elles préféreront le bal de l'oncle à celui du neveu.

VAUDEVILLE.

Air de *Darondeau*.

ROBERT.
Si de mon humeur indiscrète
J'exerçai la malignité,
Si j'ai dérangé votre fête,
Si j'ai troublé votre gaîté,
Point de rancune, je vous prie;
Pardonnez-moi, mes bons amis,
Ma petite supercherie :
Sous le masque tout est permis.

GUSTAVE.
Du temps l'irréparable outrage
Chez nous se répare aisément :
On déguise un ancien visage
Avec du rouge, avec du blanc;
Et par cette ruse innocente,
Malgré soixante ans accomplis,
On ne m'en donne plus que trente :
Sous le masque tout est permis.

SAINT-FIRMIN.
Au bal, sous l'habit de Pyrame,
D'une Thisbé je suis les pas;
Cette Thisbé c'était ma femme,
Qui ne me reconnaissait pas.
Par une double inadvertance,
Nous nous jurons d'un ton épris,
Amour, fidélité, constance :
Sous le masque tout est permis.

RONDON.
Dans nos modes tout se déguise;
Tout se déguise en nos festins :
Où trouver, hélas! la franchise?
On n'en voit plus même en nos vins;
Grâce au flacon qui l'accompagne
Et grâce au cachet qu'il a pris,
Le surène devient champagne :
Sous le masque tout est permis.

ADÈLE, *au public*.
On le sait bien, tout ce qu'on donne
Pendant l'année est excellent,
On sait que chaque pièce est bonne :
En carnaval, c'est différent.
Le goût accorde des dispenses,
Et si nos auteurs en ont pris,
Pardonnez-leur quelques licences :
Sous le masque tout est permis.

FIN
de
LE MYSTIFICATEUR.

LA QUARANTAINE

COMÉDIE-VAUDEVILLE EN UN ACTE

Représentée, pour la première fois, à Paris, sur le théâtre du Gymnase dramatique, le 3 février 1835.

EN SOCIÉTÉ AVEC M. MAZÈRES.

Personnages.

JONATHAS, négociant du Havre.
GABRIEL DE RÉVANNES, son camarade de collége.
MADAME DE CRÉCY, jeune veuve.
LAVENETTE, médecin de la ville.
GIROFLÉE, jardinier de Jonathas.

Le théâtre représente un salon richement meublé : porte au fond ; grande croisée de chaque côté sur le premier plan ; à droite et à gauche, sur le second plan, deux portes latérales.

SCÈNE PREMIÈRE.
GABRIEL, JONATHAS.

JONATHAS. Comment ! mon ami, tu es au Havre depuis ce matin ? comme on se retrouve !.. Encore une poignée de main, ça fait plaisir.

GABRIEL. Ah ! mon Dieu, oui, j'arrive à l'instant. Je regardais à la porte d'Ingouville cette jolie maison qui borde la chaussée ; je me rappelais les jours heureux que j'y ai passés, l'aimable société qui l'habitait, lorsque tu es venu me heurter, et j'allais peut-être te chercher querelle...

JONATHAS. Lorsque je t'ai reconnu.

GABRIEL. Malgré douze ou quinze ans de séparation.

JONATHAS. Parbleu ! Gabriel de Révannes, mon ancien camarade, avec qui j'ai fait toutes mes études au lycée de Rouen.

GABRIEL. Ce cher lycée de Rouen ! le *Louis-le-Grand* de la Normandie... Nous y avons eu de fiers succès.

JONATHAS. Moi, j'étais le plus fort en thèmes.

GABRIEL. Et moi, le plus fort à la balle.

JONATHAS. Eh ! oui, tu ne faisais pas grand'chose ; mais quand il y avait quelque expédition périlleuse, tu étais là !.. Aussi on t'appelait Gabriel le tapageur.

GABRIEL. Toi, tu ne travaillais pas mal ; mais quand il y avait quelques taloches à recevoir, ça te regardait ; aussi on t'appelait Jonathas...

JONATHAS. Jonathas le jobard !..

GABRIEL. Oui, le jobard !.. Quelle différence entre nous !

AIR de *la Robe et les Bottes*.
Quand des pensums j'avais le privilége,
Toi, tu passais pour piocheur assidu ;
Dans tous nos jeux, moi, j'étais, au collége,
Toujours battant, et toi, toujours battu
JONATHAS.
Quel heureux temps ! Ma mémoire fidèle,
Malgré quinze ans ne l'a point oublié ;
Avec plaisir toujours on se rappelle
Les coups de poing de l'amitié.

Voilà deux ans que je suis venu m'établir au Havre.

GABRIEL. Moi, j'y suis né ; mais voilà dix ans que je l'ai quitté.

JONATHAS. Et pendant ce temps, qu'es-tu devenu ?

GABRIEL. Je suis officier de marine. J'ai couru toutes les mers.

JONATHAS. Tiens, c'est drôle, tu vas dans les îles, et moi j'y envoie.

GABRIEL. C'est moins dangereux.

JONATHAS. Tu crois peut-être que je suis encore jobard ? pas du tout ; maintenant j'ai de l'esprit, j'ai fait fortune, je suis farceur ; on dit même que je suis malin ; parmi les négociants du Havre, il y en a peut-être qui font plus d'affaires que moi ; mais il n'y en a pas un qui fasse autant de malices.

GABRIEL. Ça vaut bien mieux. (*A part.*) Pauvre garçon ! Soyez donc fort en thèmes... (*Haut.*) Et tu es heureux ?

JONATHAS. Je t'en réponds. J'ai pris ici la maison de commerce de mon oncle, une entreprise magnifique ; mais j'étais en procès avec la veuve de son associé ; notre fortune en dépend, et quand on plaide, il y en a toujours un qui perd, et quelquefois tous les deux... Ah ! ah ! celui-là est méchant, n'est-ce pas ? Alors, pour arranger tout cela, on a parlé d'un mariage ; et c'est aujourd'hui même que la noce a lieu.

GABRIEL. Si tu es aimé, je t'en fais compliment.

JONATHAS. Parbleu ! si je suis aimé, tu le verras ; car j'espère bien que tu assisteras à mon mariage ; toute la ville du Havre y sera. Vrai, ça te fera plaisir, c'est un beau coup d'œil.

AIR : *Connaissez mieux le grand Eugène*.
J'aurai le suisse avec sa hallebarde,
Les deux adjoints, tous les marins du port,
On dit même qu'une bombarde
Doit faire un feu de bâbord et tribord :
Pour le tapage au Havre l'on est fort.
GABRIEL.
J'approuverais un tel usage,
Si, de l'hymen garantissant la paix,
Le bruit qu'on fait avant le mariage
Dispensait d'en avoir après.

Je te remercie de ton invitation ; mais tu as des parents, des amis intimes à recevoir ; et je craindrais de te gêner.

JONATHAS. Laisse donc, ma maison est très-grande ; c'est une des plus jolies maisons de campagne de la côte ; je paye douze cents francs de contribution ; et puis j'en ai encore une autre dans la grande rue ; ça t'étonne ? Vous autres officiers de marine, vous n'avez pas l'habitude d'être propriétaires ; et puis tu verras le crédit, la considération... Tiens, voilà déjà du monde qui m'arrive.

SCÈNE II.
LES PRÉCÉDENTS, LAVENETTE.

JONATHAS. C'est M. Lavenette ; j'ai à lui parler.

GABRIEL. Ne te gêne pas, fais tes affaires.

JONATHAS. Ce cher docteur! pour la première fois de sa vie, il est en retard.

LAVENETTE. Que voulez-vous, la ville du Havre ne peut se passer de moi... quand on est à la fois employé à la mairie et médecin.

Air du *Jaloux malade.*

Des enfants j'inscris la naissance;
C'est le plus beau droit des adjoints;
De plus, je suis la providence,
Du malade implorant mes soins.
Ainsi, qu'on meure ou que l'on vive,
A leur sort prenant toujours part,
Moi, je suis là quand on arrive,
Et j'y suis encor quand on part.

JONATHAS. C'est juste, sans vous il n'y a pas moyen de vivre ni de mourir. Ah! ah! c'est une plaisanterie, il ne faut pas que cela vous fâche.

LAVENETTE. Me fâcher! ah bien oui. A propos de ça, ma femme vient d'arriver par la diligence de Paris. Pauvre petite femme! elle a passé la nuit en route, et voilà qu'elle s'habille pour la noce; elle veut assister au bal, parce que j'y serai; elle m'aime tant!.. Ah çà! avez-vous été sur le port? savez-vous les nouvelles?

JONATHAS. Qu'y a-t-il donc?

LAVENETTE. Il y a en rade un navire grec, le *Philopœmen*; un vaisseau qui arrive de Smyrne, avec un chargement de cotons.

JONATHAS. Ah! il vient de Smyrne; mais ne dit-on pas que dernièrement quelques symptômes y ont éclaté?

LAVENETTE. Aussi, comme membre du conseil sanitaire, nous avons pris nos précautions; le vaisseau va subir une quarantaine rigoureuse, et personne ne pourra venir à bord, sous les peines les plus sévères.

JONATHAS. Diable! vous avez raison, ne badinons pas! prenons bien garde à la santé de la ville du Havre.

LAVENETTE. Quel est ce monsieur? un commerçant?

JONATHAS. Non, c'est un officier de marine, un camarade de collége, à qui je ne suis pas fâché de montrer quelle figure je fais ici.

LAVENETTE. Je comprends..... (*S'avançant vers Gabriel.*) Monsieur, les amis de nos amis sont nos amis. Monsieur se fixe au Havre?

GABRIEL. Je ne sais pas encore.

LAVENETTE. Il le faut; cela me fera une maison de plus. Une ville charmante, une société délicieuse; j'en puis juger mieux que personne, car, par état, je dîne chez l'un, je dîne chez l'autre; ça dépend de l'heure de mes visites.

JONATHAS. Oui, vous me faites toujours la vôtre à cinq heures.

LAVENETTE, *à Jonathas, lui tâtant le pouls.* Comment allons-nous ce matin?

JONATHAS. Dame! je n'en sais trop rien: je m'en rapporte à vous.

GABRIEL. Est-ce que tu es malade?

JONATHAS. Non, mais, par précaution, je me suis abonné. Tous les jours le docteur vient me dire comment je me porte.

GABRIEL. C'est charmant.

JONATHAS. Que veux-tu, mon ami, la santé avant tout. Quand on est riche, il est si utile d'être heureux et de bien se porter! on n'a que cela à faire.

LAVENETTE. Ah çà! nous mettons-nous à table? la future est-elle là? tout le monde est-il arrivé?

JONATHAS. Oui, sans doute; on n'attendait que vous pour signer le contrat. (*A Gabriel.*) Viens, mon ami, je vais te présenter à ces dames, car ce matin, avant la cérémonie, je donne à déjeuner chez moi à ma prétendue.

GABRIEL. Un instant, j'ai aussi des prétentions, et je suis là en costume de voyageur.

JONATHAS. Oh! mon Dieu, tous mes domestiques sont occupés; et pourtant j'en ai sept, y compris le petit commis; mais tiens, voici Giroflée, le jardinier, qui va te montrer ton appartement, et qui de plus sera à tes ordres.

Air : *Triste spectacle, hélas! aux yeux du sage* (du Bureau de Loterie).

Adieu, mon cher, sans façon je te laisse;
Tu peux chez moi commander, ordonner.
A t'obéir je veux que l'on s'empresse;
Et nous, docteur, courons au déjeuner.

LAVENETTE.

Oui, je me sens un appétit féroce;
Un jour d'hymen, si parfois les Amours,
Quoique invités, ne sont pas de la noce,
Les déjeuners du moins en sont toujours.

ENSEMBLE.
JONATHAS.

Adieu, mon cher, etc.

LAVENETTE.

Allons, Monsieur, sans façon je vous laisse,
Mais vous pouvez commander, ordonner.
A le servir ici que l'on s'empresse,
Et nous, ami, courons au déjeuner,

(*Jonathas et Lavenette entrent dans la chambre à droite.*)

SCÈNE III.

GABRIEL, GIROFLÉE, *qui se tient à l'écart.*

GABRIEL. Diable! depuis que nous sommes sortis du collége, mon ancien camarade est bien changé; ce n'est plus une bête, c'est un sot... J'ai vu qu'il tranchait avec moi du protecteur, et j'avais bien envie, pour prendre ma revanche, d'ouvrir mon portefeuille et de lui proposer de l'acheter, lui et ses commis..... Une mauvaise affaire que j'aurais faite là! et je peux, je crois, mieux placer mon argent.

GIROFLÉE. Monsieur, si vous voulez, je vais vous montrer votre appartement; je suis à votre service.

GABRIEL. Ah! ah! c'est vrai; c'est le valet de chambre qu'on m'a donné... Tiens, mon garçon, voilà d'abord pour ta peine.

GIROFLÉE. Comment donc, Monsieur, il n'y a encore eu que du plaisir.

GABRIEL. Tu vas aller dans la grande rue, chez Delaunay, à l'Aigle d'or : c'est là que la diligence m'a débarqué.

GIROFLÉE. Ah! Monsieur est venu en diligence?

GABRIEL. Oui, j'aime mieux ça; c'est plus gai, plus animé, surtout les Jumelles qu'on prend à Rouen.

Air du *Petit Courrier.*

Un tel voyage me plaît fort.
A la nuit on se met en route,
On se place sans y voir goutte,
On babille ou bien l'on s'endort,
On rit, on s'intrigue, on se presse,
On parle amour... et cætera.
Sans savoir à qui l'on s'adresse :
C'est comme au bal de l'Opéra.

Et puis, on y fait des rencontres... J'avais entre autres une petite voisine charmante, qui avait en moi une confia c... Elle m'avait donné à serrer ses gants et son éventail; et ma foi, en nous séparant, j'étais occupé à la regarder, et je n'ai plus pensé à lui restituer le précieux dépôt.

GIROFLÉE. Ça se retrouvera, Monsieur; ici, d'ailleurs, tout se retrouve...

GABRIEL, *lui donnant une carte.* C'est bon; tu demanderas à la diligence mes effets que j'y ai laissés, et tu me les apporteras ici.

GIROFLÉE. Oui, Monsieur : les effets de monsieur... (*Cherchant à lire.*) g... a... ja... bri.

GABRIEL. Gabriel de Révannes.

GIROFLÉE. Comment! vous êtes M. Gabriel de Révannes?

GABRIEL. Est-ce que tu me connais?

GIROFLÉE. Non, Monsieur; mais il y a dix ans, quand j'étais jeune, j'ai joliment entendu parler de vous... Un bon enfant qu'ils disaient; mais une mauvaise tête... Tout ça, à cause de cette fameuse affaire que vous avez eue...

GABRIEL. Comment! est-ce qu'on s'en souvient encore?

GIROFLÉE. Il y a longtemps que c'est oublié; mais moi qui suis un enfant du Havre, et qui ne l'ai jamais quitté... C'était dans un bal, n'est-ce pas, Monsieur? et parce qu'une demoiselle de seize ans avait refusé de danser avec vous, vous avez cherché querelle à celui qu'elle avait accepté pour cavalier.

GABRIEL. Oui, et ce sera pour moi un sujet éternel de remords. Ce pauvre Crécy, un de mes camarades ; je le vois encore frappé d'un coup fatal... Éperdu, hors de moi, marchant au hasard, je rentre dans la ville, j'aperçois un vaisseau qui mettait à la voile; je m'élance sur son bord; et depuis ce temps je n'ai pas revu ma patrie... Il y a un mois seulement, j'ai débarqué à La Rochelle; je me suis rendu à Paris, et c'est là que j'ai appris que M. de Crécy avait été rappelé à la vie; que, guéri de ses blessures, il avait épousé celle...

GIROFLÉE. Oui, Monsieur; il l'a bien fallu. Après un éclat comme celui-là, elle aurait été compromise. Mais du reste, ils ont fait un excellent ménage, et M. de Crécy vivrait encore, si ce n'était il y a cinq ans, cette fièvre cérébrale, pour laquelle il a eu l'imprudence d'appeler M. Lavenette le médecin... Oh! celui-là ne l'a pas manqué; ça n'a pas été long; en voilà comme ça une vingtaine à ma connaissance... Eh bien! c'est égal, il reste toujours ici, lui; il ne pense pas à s'embarquer.

GABRIEL. C'est bien, va vite où je t'ai dit.

GIROFLÉE. Oui, Monsieur; mais quand j'y pense, c'est drôle que mon maître vous invite à la noce. Vous me direz que voilà deux ans seulement qu'il est établi au Havre, et qu'alors il ne connaît pas votre aventure.

GABRIEL. Eh bien! par exemple, je crois qu'il fait des réflexions. Va et reviens, parce que j'ai d'autres commissions à te donner.

GIROFLÉE. Oui, Monsieur. (*Il sort par le fond.*)

SCÈNE IV.

GABRIEL, *seul.* On ne m'avait pas trompé; elle est veuve, elle est libre; dix ans d'exil ont dû expier ma faute; et je pense qu'elle sera assez généreuse pour me recevoir. Je n'ai pas osé demander sa demeure, ni me présenter chez elle. Mais il y a ici une noce, une grande réunion; la meilleure société du Havre y est invitée... Madame de Crécy s'y trouvera sans doute; voilà pourquoi j'ai accepté les offres de mon ancien camarade; et quand je pense qu'aujourd'hui même je vais la revoir, j'éprouve un tremblement dont je ne me croyais pas capable. Moi, un marin, un corsaire!..

Air de *Téniers.*

Mais d'où vient donc l'émotion profonde
Que, malgré moi, dans ces lieux je ressens?
Moi, voyageur et citoyen du monde,
Tous les pays m'étaient indifférents!
Depuis dix ans, fatigué de moi-même,
C'est le seul jour où mon cœur fut ému.
Ah! la patrie est aux lieux où l'on aime,
Et je sens là que j'y suis revenu.

Ah! mon Dieu! quelle est cette femme qui s'avance dans cette gu'erie? Comme mon cœur bat! c'est elle, c'est Mathilde! quel bonheur! elle vient, et elle est seule.

SCÈNE V.

GABRIEL, MADAME DE CRÉCY.

MADAME DE CRÉCY. Quel ennui qu'un contrat de mariage! être obligée de recevoir tout ce monde; sans compter qu'ils arrivent tous avec la même phrase de félicitations; et pour peu qu'on tienne à varier ses réponses, c'est un travail... (*Apercevant Gabriel qui s'avance.*) Encore un de nos convives!.. (*Elle lui fait la révérence, et lève les yeux sur lui.*) Ah! mon Dieu! en croirai-je mes yeux? voilà des traits.

GABRIEL. Quoi! Mathilde, vous ne les avez point oubliés?

MADAME DE CRÉCY. Monsieur de Révannes!..

GABRIEL. Oui, Madame, celui dont vous eûtes les premières amours; celui qui n'a jamais cessé de vous aimer, qui après dix ans d'exil et de malheur se présente en tremblant devant vous, pour demander sa grâce.

MADAME DE CRÉCY. O ciel! que faites-vous? ignorez-vous donc ce qui s'est passé en votre absence?

GABRIEL. J'arrive à l'instant même; mais j'ai appris à Paris que depuis cinq ans vous étiez veuve, vous étiez libre, et j'accours. Je ne vous parle pas de la fortune que j'ai acquise.

MADAME DE CRÉCY. Monsieur...

GABRIEL. Je sais que ce n'est pas cela qui vous déciderait; aussi je n'implore que votre générosité. Accordez-moi votre main, et je croirai l'avoir achetée trop peu encore par tous les maux que j'ai soufferts.

MADAME DE CRÉCY. Mon ami, écoutez-moi; je voudrais en vain vous cacher l'émotion que m'a causée votre vue; je croyais vous avoir perdu pour jamais; et l'on ne retrouve pas sans plaisir l'ancien ami de son enfance. Vous fûtes le premier que j'aimai, j'en conviens. (*A demi-voix et avec émotion.*) Je vous dirai même plus, je n'ai jamais aimé que vous.

GABRIEL. Il se pourrait!

MADAME DE CRÉCY. Oui, et cependant je crois encore que si je vous avais épousé, j'aurais eu tort; j'aurais été fort malheureuse. Oui, mon ami, l'amour ne suffit pas en ménage, et votre caractère bouillant et emporté, ce premier mouvement auquel vous ne pouviez résister...

GABRIEL. Vous avez raison, tel j'étais à dix-huit ans, quand je vous ai quittée; et ce que vous ne croirez

JONATHAS. Ah çà! mais... ils n'ont pas l'air de m'apercevoir. — Scène 15.

jamais, c'est l'état même que j'ai pris, qui, plus encore que les années, a changé mon caractère. Oui, Madame, l'aspect des combats et des naufrages, toutes ces scènes d'horreurs dont se compose la vie d'un marin use la fougue de ses passions, et ne lui laissent plus d'énergie que contre le danger. L'habitude d'exposer sa vie la lui rend indifférente; le besoin de s'aider, de se secourir mutuellement, le rend humain et charitable. Aussi, Madame, malgré leurs dehors brusques et farouches, presque tous les marins, au fond du cœur, sont la bonté et la douceur même. En vous parlant ainsi, je vous suis suspect sans doute. Pour me rendre digne de vous, j'ai trop d'intérêt à me faire meilleur que je ne suis; mais daignez vous en convaincre par vous-même, daignez m'éprouver : quoi qu'il en coûte à mon impatience, qu'importent quelques jours de plus, quand depuis dix ans on attend le bonheur!

MADAME DE CRÉCY. Eh bien! s'il est vrai... si vous avez conservé pour moi quelque amitié, je vais la mettre à une épreuve cruelle; il faut nous séparer.

GABRIEL. Et pourquoi?

MADAME DE CRÉCY. Parce que votre présence en ces lieux blesserait toutes les convenances.

GABRIEL. Que dites-vous?

MADAME DE CRÉCY. Je vous dois ma confiance tout entière... Restée veuve et avec un fils, j'ai dû tout sacrifier à son avenir; j'ai dû penser non à ma fortune, mais à la sienne; un procès menaçait de la lui enlever; en me remariant, je pouvais la lui conserver.

GABRIEL. Eh bien! Madame?

MADAME DE CRÉCY.
AIR : *J'en guette un petit de mon âge.*
Eh bien! j'ai promis.. j'étais mère!
Ce titre, hélas! m'ordonnait d'écouter
Mes amis, ma famille entière,
L'opinion que l'on doit respecter.

GABRIEL.
Qu'importe à moi ce qu'on a pu promettre?
Je brave tout.

MADAME DE CRÉCY.
Vous, vous avez raison.
Un homme peut braver l'opinion,
Une femme doit s'y soumettre.

LA QUARANTAINE.

LAVENETTE. Ah! mon Dieu! est-ce que vous seriez du Philopœmen? — Scène 8.

J'ai donné ma parole; et c'est aujourd'hui, en présence de toute la ville, que devait se signer le contrat.

GABRIEL. Et vous croyez que je souffrirai...

MADAME DE CRÉCY. Il n'est plus temps de vous y opposer... Tout est fini, je viens de signer.

GABRIEL. O ciel! il se pourrait! Je devine maintenant, je vais trouver votre époux.

MADAME DE CRÉCY. Et pourquoi? pour nous séparer encore pendant dix ans.

GABRIEL. Dieu! quel souvenir vous me rappelez!

MADAME DE CRÉCY. Qu'il vous rende à la raison : vous avez juré de vous éloigner, j'ai votre parole, je la réclame... Si je vous suis chère, n'allez pas me compromettre, me déshonorer par un éclat inutile, que je ne vous pardonnerai jamais.

GABRIEL. Je vous comprends, vous l'aimez?

MADAME DE CRÉCY, *prenant sur elle-même*. Eh bien! oui, Monsieur, je l'aime; je l'aime beaucoup.

GABRIEL. Ce mot seul suffisait. Adieu, Madame, adieu pour toujours.

SCÈNE VI.

LES PRÉCÉDENTS, JONATHAS.

JONATHAS, *arrêtant Gabriel qui veut sortir*. Eh bien! où vas-tu donc? nous allons partir, et nous comptons sur toi. Mon ami, c'est ma femme que je te présente.

MADAME DE CRÉCY, *avec embarras*. Je connaissais déjà Monsieur.

JONATHAS. Eh bien! tant mieux; ça se trouve à merveille : c'est lui qui, ce matin, va vous donner la main; c'est une idée que j'ai eue. Ah! ah!

GABRIEL. Qui, moi?

MADAME DE CRÉCY, *vivement*. C'est impossible. Monsieur me disait tout à l'heure que ce matin même, et pour rendre service à un ami qui l'en suppliait, il était obligé de partir pour Paris.

JONATHAS. A la bonne heure; mais s'il s'en va, je me brouille avec lui; j'ai parlé à toute la société de mon ami l'officier de marine, et l'on y compte. (*A Gabriel.*) Enfin, si tu restes, je te placerai à table à côté de la mariée; voilà des motifs déterminants.

GABRIEL. Écoute donc, si tu le veux absolument...

JONATHAS. Oui, mon ami, ça me rendra service; un jour de noce on ne sait où on en est; il faut s'occuper de tout le monde : et pendant que je ferai les honneurs, tu feras la cour à ma femme! ah! ah! ah! c'est drôle, n'est-ce pas?

MADAME DE CRÉCY, à Gabriel, d'un air de reproche. Eh quoi! Monsieur...

JONATHAS. Et demain, nous partons pour une campagne à dix lieues d'ici, nous t'emmènerons, nous n'aurons personne, nous serons en petit comité; et puis, il y a là une chasse superbe; il est vrai que tu n'es peut-être pas amateur... tant mieux, tu tiendras compagnie à Madame, parce qu'au fait, j'aime autant que tu ne chasses pas sur mes terres. Ah! ah! celui-là est original, n'est-il pas vrai? Ainsi, c'est convenu, tu vas écrire à Paris qu'on ne t'attende pas, et tu pars avec nous.

MADAME DE CRÉCY, bas, à Gabriel. Refusez, Monsieur, refusez, je vous en supplie.

GABRIEL. Et pourquoi donc, Madame? je suis trop heureux d'accepter l'invitation que me fait un ami.

JONATHAS. A la bonne heure. (A madame de Crécy.) Ça vous convient, n'est-il pas vrai?

MADAME DE CRÉCY. Non, Monsieur.

JONATHAS. Et pourquoi cela?

MADAME DE CRÉCY. Il me semble que vous pouviez le deviner et m'épargner la peine de le dire.

JONATHAS. Je comprends. Tu ne sais pas que ma femme est d'une sévérité... et je suis sûr que c'est parce que je lui ai dit tout à l'heure que tu lui ferais la cour : ça t'a fâchée, je l'ai vu. (A madame de Crécy.) Mais vous sentez bien, ma chère amie, que c'était une plaisanterie.

MADAME DE CRÉCY. Et si ce n'en était pas une?

JONATHAS ET GABRIEL. Que dites-vous?

MADAME DE CRÉCY. C'est malgré moi, c'est à regret que je fais un pareil aveu; mais on l'a voulu, on m'y a forcée. Apprenez que Monsieur m'a aimée autrefois, et peut-être maintenant encore... (Vivement.) mais j'en doute : car s'il m'eût aimée, il aurait eu plus de soumission à mes ordres, et ne m'aurait pas placée dans la position cruelle où je suis. (Elle entre dans l'appartement à gauche.)

JONATHAS. Écoute donc, mon ami, je ne pouvais pas prévoir.. tu ne m'en veux pas, ce n'est pas ma faute. Je vais voir si tout est prêt. (Il sort par le fond.)

SCÈNE VII.

GABRIEL, seul. Oui, je l'aime encore; mais après un tel outrage, après une pareille trahison, il faudrait que je fusse bien lâche pour ne pas l'oublier; aussi bien elle me renvoie de chez elle, elle me bannit; et je lui obéirais! Non, morbleu! Qu'ai-je maintenant à ménager? Puisque ma présence lui est odieuse, je ne quitte pas ces lieux; puisque ma tendresse lui déplaît, je l'aimerai toujours; et pour que ma vengeance soit complète, je saurai bien malgré elle, malgré son mari, la forcer à me voir encore, à m'aimer, à m'épouser... Par quel moyen? je n'en sais rien; mais quand on le veut bien... Me battre avec Jonathas, il ne faut pas y penser, il ne mérite pas ma colère : et d'ailleurs c'est le moyen de tout perdre. Ne vaut-il pas mieux encore avoir recours à quelque ruse de guerre, ou à quelqu'un de ces coups décisifs?.. N'ai-je donc plus mon ancienne audace? Ne suis-je pas marin? N'ai-je pas mon étoile?.. Allons! qui vient là à mon secours? est-ce un allié?.. Non, c'est le docteur.

SCÈNE VIII.

GABRIEL, LAVENETTE.

LAVENETTE, sortant de la porte à droite et parlant à un domestique. Ah bien! oui, il ne manquerait plus que cela; venir me chercher pour aller en mer en sortant de table. (Au domestique.) Gervais, mon garçon, dis à nos confrères qu'ils peuvent aller à bord du *Philopœmen*, si ça leur fait plaisir; qu'ils fassent leur rapport sans moi; je suis médecin attaché à la ville du Havre, j'ai mille écus pour cela, je veux les gagner en restant à mon poste.

LE DOMESTIQUE. Oui, Monsieur.

LAVENETTE. Attends donc encore; tiens, tu remettras à ma femme cet éventail en ivoire que je viens de lui acheter, car elle est d'une inconséquence! aller perdre le sien cette nuit dans la diligence, ou, ce qui est tout comme, le confier à un jeune homme qu'elle ne connaît pas. (Le domestique sort par le fond.)

GABRIEL. Ah! mon Dieu! madame Lavenette était ma compagne de voyage.

LAVENETTE, criant encore au domestique. Dis à ma femme que dans l'instant nous allons la prendre en voiture. (Se retournant et apercevant Gabriel.) Eh bien! jeune et bel étranger, que faites-vous donc là? Nous allons partir pour la mairie; et, d'après ce que j'ai entendu dire, c'est vous qui allez donner la main à la mariée.

GABRIEL. Oui, Monsieur... (A part.) J'y suis. (Haut.) Je cours chercher madame de Crécy. (Montrant la porte à gauche.) Je tiens à ce qu'on se dépêche, car je suis en retard; il faut ce matin que je retourne à mon bord.

LAVENETTE. Ah! Monsieur a quitté son équipage pour venir à terre, peut-être même sans permission.

GABRIEL. Précisément; mais l'amour de la patrie, le désir de revoir ses amis quand il y a longtemps qu'on en est séparé... Songez donc que j'arrive de Smyrne.

LAVENETTE, s'éloignant de lui. Ah! mon Dieu! est-ce que vous seriez du *Philopœmen*?

GABRIEL. Oui, Monsieur, un navire superbe qui, dans ce moment, est en rade; mais ce matin, dans mon impatience, je me suis jeté dans la chaloupe et j'ai abordé à la côte, sans en rien dire à personne; c'est vous, cher docteur, c'est vous qui êtes le premier... (Il lui tend la main, le docteur recule.)

LAVENETTE, tremblant. Monsieur... Monsieur... toute la société... toute la noce qui est là.

GABRIEL. Vous avez raison, on va nous attendre; je cours chercher la mariée, puisque je dois être son chevalier d'honneur. (Il sort par la porte à droite.)

SCÈNE IX.

LAVENETTE, seul. Ah! grands dieux! que devenir! quel danger!... ce jeune imprudent qui ne s'en doute même pas et qui vient ici compromettre toute une noce, l'élite de la société, les premières têtes du Havre.

SCÈNE X.

LAVENETTE, JONATHAS, TOUS LES GENS DE LA NOCE.

CHŒUR.

Air : Fragment d'*une Nuit au château.*

Dans l'hymen qui les engage,
Quel bonheur leur est promis!
C'est un jour de mariage
Qu'on connaît tous ses amis.

JONATHAS.
Nous avons tous, à la ronde,
Porté, grâce à mon bordeaux,
La santé de tout le monde.

LAVENETTE.
Cela vient bien à propos.

CHŒUR.

Dans l'hymen, etc.

LAVENETTE, *les interrompant.* Taisez-vous, taisez-vous; cessez tous ces chants d'allégresse.

JONATHAS. Qu'avez-vous donc, docteur? comme vous voilà pâle!

LAVENETTE. Il n'y a peut-être pas de quoi. Apprenez que nous ne sommes pas en sûreté dans cette maison.

TOUS, *l'entourant.* Que dites-vous?

LAVENETTE. Cet ami que vous avez accueilli, que vous avez reçu, ce jeune officier de marine... il est de l'équipage du *Philopœmen.*

JONATHAS. Ce navire suspect qu'on a mis en quarantaine?

LAVENETTE. Précisément.

JONATHAS. C'est fait de nous.

LAVENETTE. Ah! mon Dieu! j'y pense maintenant; ce matin ne m'a-t-il pas donné la main?

JONATHAS. Eh! non, docteur, c'est à moi; heureusement j'avais mes gants de marié... (*Il les ôte, les jette sur la table.*) Sans mon mariage, j'étais perdu; mais voyons, dépêchons : c'est à vous de prendre des mesures de sûreté.

LAVENETTE. Il vient d'entrer dans cet appartement.

TOUS. Dans cet appartement!

FINAL *de la Neige.*

LAVENETTE.
Je tremble, je tremble,
Je tremble d'effroi.
Même sort nous rassemble;
Je prévoi
Que c'est fait de moi.

JONATHAS.
Mais de peur qu'il ne sorte,
Fermons bien cette porte.

LAVENETTE.
Pour enfermer ici
Votre femme avec lui.

JONATHAS, LAVENETTE ET LE CHŒUR.
C'est lui, c'est lui.
Fuyons loin d'ici.

SCÈNE XI.

LES PRÉCÉDENTS, GABRIEL, MADAME DE CRÉCY.

(*Gabriel paraît, donnant la main à madame de Crécy : tous les assistants poussent un cri d'effroi et s'enfuient en fermant les portes, hors celle du cabinet à gauche qui reste ouverte.*)

SCÈNE XII.

GABRIEL, MADAME DE CRÉCY.

(*Tous deux au milieu du théâtre, et se regardant d'un air étonné.*

MADAME DE CRÉCY. Qu'est-ce que cela signifie?

GABRIEL, *d'un air innocent.* Je n'en sais rien, et je ne m'en doute même pas. Comme je venais de vous le dire, d'après les nouvelles instances de votre mari, qui craignait que mon départ ne parût extraordinaire à la société, je voulais, Madame, vous donner la main jusqu'à la mairie, et après cela, obéir à vos ordres, en vous quittant pour jamais.

MADAME DE CRÉCY. Je ne me trompe point, l'on ferme les portes sur nous!

GABRIEL, *froidement.* Je ne sais pas alors comment nous ferons pour aller à la mairie; il faudra attendre qu'on nous ouvre.

MADAME DE CRÉCY. Comment! Monsieur, nous laisser ainsi! s'enfuir à notre aspect!

GABRIEL.

Air de *Céline.*

Oui, dans l'exacte bienséance,
Il est mal de nous oublier.
Je conçois votre impatience,
Vous avez à vous marier :
Je sais que l'on tient, d'ordinaire,
A terminer ces choses-là;
Quant à moi, je n'ai rien à faire,
Et j'attendrai tant qu'on voudra.

MADAME DE CRÉCY. O ciel! ce calme, ce sang-froid... c'est quelque ruse de vous!

GABRIEL. Je conviens, Madame, qu'au premier coup d'œil cette idée-là a bien quelque apparence de raison.

Air du *Piége.*

Banni par un injuste arrêt,
Encor tout plein de mon outrage,
J'ai pu former quelque projet
Pour empêcher ce mariage.
Vous enlever à la noce! ah! vraiment
C'eût été d'une audace extrême!
Alors, j'ai trouvé plus décent
D'enlever la noce elle-même.

Elle vient de partir.

MADAME DE CRÉCY. J'ignore quels moyens vous avez employés; mais celui qui a pu me compromettre ainsi n'obtiendra jamais rien de moi.

GABRIEL. Permettez-moi au moins de me justifier et de vous expliquer...

MADAME DE CRÉCY. Eloignez-vous, Monsieur, je ne veux rien entendre.

GABRIEL. Vous ne devez point douter, Madame, de mon respect ni de ma soumission; à défaut d'autre mérite, j'aurai du moins celui de l'obéissance, et je ne reparaîtrai à vos yeux que quand vous me rappellerez. (*Il sort.*)

SCÈNE XIII.

MADAME DE CRÉCY, *seule.* Est-il exemple d'une pareille audace! de sang-froid concevoir un tel projet!.. et bien plus, l'exécuter! Comment en est-il venu à bout, je ne puis le deviner; mais je le saurai. (*Allant à la table et sonnant.*) Holà! quelqu'un... (*Sonnant plus fort et à l'autre bout du théâtre.*) Eh bien!

viendra-t-on?... personne, aucun domestique... suis-je donc seule dans cette maison?

Air du *Muletier.*
(*Sur la ritournelle de l'air, on entend crier en dehors:*)

A vos postes, garde à vous!
MADAME DE CRÉCY, *allant à la porte du fond.* Tout est fermé et barricadé en dehors.

  Je commence à trembler, je croi.
  Ah! du moins, par cette fenêtre,
  Peut-être pourrai-je connaître
  Ce que l'on veut faire de moi.
  (*Regardant par la croisée à droite.*)
  Eh mais! qu'est-ce que j'aperçoi?
  Les murs sont entourés de gardes,
  Je vois des paysans armés de hallebardes.
  Que de précautions! que de soins! et pourquoi?
  Pour laisser un amant tête à tête avec moi.
  (*Regardant.*)
  C'est Jonathas! c'est bien lui que je voi.

Dieu me pardonne, c'est mon mari lui-même qui les place en sentinelles autour du parc; il a donc bien peur que je n'en réchappe.

  (*Suite de l'air.*)
  Par hasard, serais-je en prison?
  L'hymen en est une, dit-on ;
  Mais en ce cas, ce qui m'étonne,
  C'est le geôlier que l'on me donne.
  Oui, chacun serait étonné
  Du geôlier que l'on m'a donné.
  (*On entend sur la ritournelle.*)

Qui vive? garde à vous!
(*On voit paraître à la croisée une lettre au bout d'une perche.*) Grâce au ciel! voici des nouvelles; je vais donc savoir quel est ce mystère. (*Elle va à la croisée et prend la lettre.*) Une lettre... *A monsieur, monsieur Gabriel de Révannes, officier de marine.* C'est pour lui, et à coup sûr je n'irai pas lire ses lettres (*Allant à la porte par laquelle Gabriel est sorti.*) Monsieur, Monsieur, je vous en supplie.

SCÈNE XIV.
MADAME DE CRÉCY, GABRIEL.

GABRIEL. Quoi! Madame, vous daignez me rappeler?
MADAME DE CRÉCY. Non, sans doute.
GABRIEL, *avec douleur et faisant quelques pas.* Alors... il faut donc encore s'éloigner.
MADAME DE CRÉCY, *avec impatience.* Mais non, Monsieur, restez... Il le faut bien; que je sache enfin ce que cela signifie et quelle est cette lettre.
GABRIEL, *l'ouvrant.* C'est le docteur Lavenette qui me fait l'honneur de m'écrire. « Monsieur, vous avez « commis une grande imprudence.... vous devriez sa- « voir que votre vaisseau *le Philopœmen* était soumis « à la quarantaine. »
MADAME DE CRÉCY. Quoi! Monsieur ?
GABRIEL, *vivement.* N'en croyez pas un mot, Madame.

Air de *Préville et Taconnet.*

  Que le calme rentre en votre âme,
  Votre docteur y fut le premier pris ;
   Le *Philopœmen*, c'est, Madame,
   La diligence de Paris ;
  Lourd bâtiment, qui très-souvent chavire,
  Mauvais voilier et vaisseau de haut bord,
  Que six chevaux traînaient avec effort ;
  Et ce matin, notre pesant navire
  Au grand galop est entré dans le port.

MADAME DE CRÉCY. Et le docteur a été dupe d'une pareille ruse?
GABRIEL. Oui, Madame, et rien ne lui ôterait cette idée-là; aussi je n'y pense seulement pas. (*Froidement.*) Je vais achever sa lettre. (*Il lit.*) « Je cours « faire mon rapport à la société de médecine; et « en attendant, vous ne devez point vous étonner « des mesures d'urgence que nécessite l'événement. « Les portes de cette maison seront exactement gar- « dées, et vous ne pourrez en sortir que dans qua- « rante jours. »
MADAME DE CRÉCY. Ah! mon Dieu!..
GABRIEL. Pour vous, Madame, le tête-à-tête est un peu long; mais pour moi le temps va se passer avec une rapidité...
MADAME DE CRÉCY, *avec colère.* C'est une indignité; c'est en vain qu'on prétend me retenir dans ces lieux.
GABRIEL, *continuant la lettre.* « Quant à la jeune « dame qui est restée avec vous, et que malheureuse- « ment ces mesures concernent aussi, mon ami Jo- « nathas et moi la mettons sous la sauvegarde de « votre honneur et de votre délicatesse. Un militaire « français... » — C'est juste; les phrases d'usage. (*Parcourant la lettre.*) Du reste, des livres, des provisions, tout ce que nous pouvons désirer nous sera fourni en abondance. On ne nous refuse rien que la liberté!
MADAME DE CRÉCY, *avec colère.* Ainsi, Monsieur, c'est grâce à vous que je suis renfermée dans cette prison, et vous ne voulez pas que je vous déteste?
GABRIEL. Si, Madame, permis à vous; c'est un moyen comme un autre de passer le temps; mais si mon imprudence vous a donné des fers, au moins vous rendrez justice au sentiment généreux qui m'a porté à partager votre captivité.
MADAME DE CRÉCY. Je suis d'une colère...
GABRIEL. Du reste, c'est presque une revanche; et quand je pense à tous ceux que vous avez privés de leur liberté...
MADAME DE CRÉCY, *avec impatience.* Eh! Monsieur, faites-moi grâce de phrases pareilles, et une fois pour toutes, qu'il n'y ait jamais entre nous le moindre mot d'amour ou de galanterie; je ne le souffrirais pas.
GABRIEL. Soit, Madame, vous n'avez qu'à commander; et puisque vous le voulez, je ne parlerai que raison. Pour commencer, je vous ferai observer qu'il est sans doute cruel d'être ainsi renfermés pendant six semaines; mais aux maux sans remède, il n'y a qu'à patienter; il faut tâcher de prendre son parti, et il me semble que de se quereller et de s'aigrir, comme nous le faisons, ne sert à rien, et fait paraître le temps encore plus long. Que n'ai-je, pour l'abréger, (*La regardant.*) l'esprit et la grâce d'une personne que vous connaissez, et que je ne veux pas nommer! Que n'ai-je, pour vous plaire, sa conversation aimable et piquante!
MADAME DE CRÉCY. Ce serait inutile, car je ne suis pas en train de causer, et je ne vous répondrais pas.
GABRIEL. Aussi, Madame, je ne vous demande rien; moi je vous vois, et cela me suffit; c'est pour vous seule que je suis en peine; un marin a peu de ressources dans l'esprit; il a le désir de plaire; mais le secret, où le trouver? Je vous le demanderais, Madame, si vous étiez en humeur de me répondre, (*Elle lui tourne le dos, et va s'asseoir près de la table à droite.*) mais vous venez de m'annoncer votre intention à cet égard... Que pourrai-je donc faire pour vous distraire?

Air : *Depuis longtemps j'aimais Adèle.*

Je pourrais bien vous parler politique,
Ou vous conter mes campagnes sur mer.
(*Allant à la table à gauche.*)
Ce n'est pas gai! Vous aimez la musique;
Si d'*Othello* j'essayais un grand air?
Mais non, je vois et Montaigne et Voltaire;
A la faveur de ces noms révérés
Je puis parler sans vous déplaire.
Ce n'est pas moi que vous entendrez.

Je prends le théâtre de Voltaire; n'est-ce pas, Madame?

MADAME DE CRÉCY, *prenant son ouvrage.* Comme vous voudrez, je n'écoute pas.

GABRIEL, *s'asseyant près d'elle.* Tant mieux, car j'aurais eu peur de ne pas lire assez bien. (*Ouvrant le livre.*) Acte quatrième, scène trois, peu importe. (*Madame de Crécy lui tourne le dos.*)

(*Lisant.*)
« Je sais mes torts, je les connais, Madame,
« Et le plus grand qui ne peut s'effacer,
« Le plus affreux fut de vous offenser.
« Je suis changé. — J'en jure par vous-même,
« Par la raison que j'ai fui, mais que j'aime!
« A peine encore échappé du trépas,
« Je suis venu; l'amour guidait mes pas.
« Oui, je vous cherche à mon heure dernière;
« Heureux cent fois, en quittant la lumière,
« Si, destiné pour être votre époux,
« Je meurs, au moins, sans être haï de vous! »

MADAME DE CRÉCY, *se retournant.* Quel est ce passage?

GABRIEL. C'est de Voltaire! *l'Enfant prodigue...* lorsque Euphémon revient auprès de Lise...

(*Continuant.*)
« Ne cachez point à mes yeux pleins de larmes
« Ce front serein, brillant de nouveaux charmes;
« Regardez-moi, tout changé que je suis;
« Voyez l'effet de mes cruels ennuis.
« De longs regrets, une horrible tristesse
« Sur mon visage ont flétri ma jeunesse.
« Je fus peut-être autrefois moins affreux,
« Mais voyez-moi, c'est tout ce que je veux. »

MADAME DE CRÉCY, *l'interrompant.* Assez, Monsieur, assez.

GABRIEL. Le reste de la scène est pourtant bien plus intéressant; surtout le moment où elle lui pardonne.

MADAME DE CRÉCY. Oui, mais parlons d'autre chose.

GABRIEL, *vivement.* Mon Dieu, Madame, comme vous voudrez; d'autant que, pendant notre séjour en ces lieux, nous avons beaucoup de choses à régler; d'abord, l'emploi de notre journée; moi, j'aime l'ordre avant tout.

MADAME DE CRÉCY. Vraiment!

GABRIEL. Oui, Madame, j'ai comme cela quelques bonnes qualités qu'on ne me connaît pas. Dans le monde, on préfère les avantages extérieurs, on se laisse séduire par des dehors aimables ou brillants; mais comment connaître le caractère de celui avec qui l'on doit habiter? Comment savoir s'il aura les soins, les égards, la complaisance qui font un bon mari?.. De là, les illusions détruites, les plaintes, les regrets, les mauvais ménages... Pour obvier à tout cela, il n'y aurait qu'un moyen j'aurais envie de proposer : ce serait d'établir, avant d'arriver au port de l'hymen, une espèce de quarantaine conjugale. (*A madame de Crécy qui sourit.*) Je vois que ce projet vous sourit, et pour vous développer mon idée, vous sentez bien qu'un mariage à l'essai, une communauté anticipée.

MADAME DE CRÉCY. C'est inutile, Monsieur, je comprends parfaitement. Mais revenons à ce que nous disions tout à l'heure; où en étions-nous?

GABRIEL. Sur un chapitre qui ne vous tiendra pas bien longtemps, sur celui de mes bonnes qualités.

MADAME DE CRÉCY. Ah! je me rappelle, vous me disiez que vous avez de l'ordre.

GABRIEL. Oui, Madame, j'en ai toujours eu, même quand j'étais garçon; et si jamais j'étais assez heureux pour entrer en ménage, j'ai d'avance un plan tout tracé, dont je ne m'écarterais pas d'une ligne. D'abord, Madame, comme je n'aime pas la médisance, je n'habiterais pas une petite ville.

MADAME DE CRÉCY. Ah! Monsieur préfère la capitale?

GABRIEL. Oui, Madame; j'aurais dans la Chaussée d'Antin, et non loin du boulevard, un joli hôtel pour moi et ma femme : ça ne serait pas bien grand; mais le bonheur tient si peu de place... Nous aurions ensuite un joli équipage...

MADAME DE CRÉCY. Comment, Monsieur!

GABRIEL. Est-ce que vous croyez que je laisserai ma femme aller à pied, en hiver surtout, pour qu'elle se fatigue, qu'elle s'enrhume? Pauvre petite femme! ah bien! oui.

Air de *Voltaire chez Ninon.*

Nous aurons le brillant landau,
Ou le coupé fait à la mode :
Un landau, c'est vraiment fort beau,
Mais un coupé, c'est bien commode!
Lequel choisirai-je des deux?
Mon seul embarras est d'apprendre
Celui qu'elle aimera le mieux.
(*Se retournant vers madame de Crécy.*)
Que me conseillez-vous de prendre?

MADAME DE CRÉCY, *souriant.* Un instant, Monsieur.. il me semble que pour quelqu'un qui a de l'ordre et de l'économie, vous voilà déjà avec un hôtel à la Chaussée d'Antin, un landau...

GABRIEL. Je vois que vous préférez le landau, et vous avez raison, parce que, dans la belle saison; il nous mènera à une jolie maison de campagne, sur le bord de la Marne ou de la Seine; un beau pays, un air pur... Il faut bien penser à la santé de ma femme... Mais nous sommes encore dans Paris; n'en sortons pas .. Le matin nous irions faire nos visites, courir les promenades, le bois de Boulogne, ensemble, toujours ensemble; le soir, nous aurions notre loge à tous les spectacles; car je veux que ma femme s'amuse.

MADAME DE CRÉCY. Une loge à tous les spectacles!.. Ah çà! Monsieur, prenez garde, vous allez vous ruiner.

GABRIEL. N'ayez pas peur... Mais il ne s'agit pas ici de ma fortune; il s'agit de mon bonheur; revenons à ma femme. Nous voyez-vous tous les deux, assis l'un près de l'autre, écoutant les beaux vers de Racine ou de Voltaire, et nous attendrissant sur des amours qui nous rappellent les nôtres? Me voyez-vous, le soir, ramenant ma femme chez moi, ou plutôt chez elle, dans cette maison que le luxe et les arts ont parée pour la recevoir? Ah! quel bonheur d'enrichir ce qu'on aime, d'embellir son existence par les trésors qu'on a acquis aux périls de la sienne! (*Madame de Crécy se lève, et Gabriel continue en la suivant.*) Oui, Madame, oui, dans les mers du Nouveau-Monde, lorsqu'un bâtiment ennemi se présentait, quand nous sautions à l'abordage, quand une riche part de butin venait augmenter ma fortune, je me disais : « C'est « pour elle; je pourrai le lui offrir; je pourrai l'en- « tourer de tous les plaisirs de l'opulence; ce que le « commerce, les arts, l'industrie auront créé de plus « riche et de plus élégant, je pourrai le lui prodi- « guer, non qu'elle en ait besoin pour être plus jolie, « ni moi pour l'aimer davantage, mais en amour, le « bonheur qu'on partage est doublé de moitié. » Telles étaient mes espérances, tels sont les plans que j'ai formés, et qu'un mot de vous, Madame, peut réaliser ou détruire à jamais.

MADAME DE CRÉCY. Que dites-vous ?

GABRIEL. Que malgré votre ressentiment, que magré mes nouveaux torts, vous ne pouvez douter de mon amour, et que cette ruse même en est une nouvelle preuve! mon imprudence vous a compromise, mais pour vous faire connaître celui que vous me préfériez.

Air de *la Sentinelle*.

Oui, maintenant prononcez entre nous :
A son rival le lâche qui vous livre,
Celui qui craint de mourir avec vous,
Pour vous, Madame, est-il digne de vivre?
Qu'un tel destin n'est-il venu s'offrir
A moi, moi, votre amant fidèle !
J'aurais dit, heureux de mourir :
« Seule, elle eut mon premier soupir,
« Et mon dernier sera pour elle. »

Vous m'aimiez autrefois, vous me l'avez dit.

MADAME DE CRÉCY, *se retournant*. Ah! mon Dieu! qui vient là?

GABRIEL. Peut-être vient-on nous rendre la liberté.

MADAME DE CRÉCY, *involontairement*. Déjà!

GABRIEL, *à ses genoux*. Ah! je n'en demande pas davantage.

SCÈNE XV.

LES PRÉCÉDENTS, LAVENETTE, JONATHAS.

(*Madame de Crécy est à droite, au coin du théâtre, assise, et Gabriel est près d'elle à genoux, continuant à lui parler bas. Lavenette et Jonathas entrent par la porte à gauche; ils ont à la main des flacons, et portent à leur figure des mouchoirs imprégnés de vinaigre.*)

JONATHAS, *les apercevant de loin*. Dieu! que vois-je? (*Il fait un pas et recule.*)

LAVENETTE. Eh bien! avancez donc.

JONATHAS. Parbleu! c'est à vous, puisqu'en votre qualité de médecin de la ville, on vous a ordonné de faire le rapport; cette fois-ci, il n'y a pas à aller en mer, et vous ne pouvez pas refuser.

LAVENETTE. Je le crois bien, sans cela je perdrais ma place; mais ce ne sera pas long. (*Il se met à la table qui est à l'extrême gauche, en face de Gabriel et de madame de Crécy, et se met à écrire en tremblant.*)

JONATHAS, *au milieu du théâtre, et regardant madame de Crécy*. Ah çà! mais... ils n'ont pas l'air de m'apercevoir. (*Appelant de loin*.) Hem! hem! Madame! mon ami Gabriel!..

MADAME DE CRÉCY. Ah! vous voilà, Monsieur! approchez-vous donc !

JONATHAS, *reculant*. Vous êtes trop bonne; il n'est pas nécessaire. Il me semble que mon ami Gabriel vous parle de bien près.

MADAME DE CRÉCY. Nous nous occupions de vous, Monsieur, et nous disions qu'il faudra déchirer le contrat, et plaider de nouveau, à moins que vous ne préfériez vous arranger à l'amiable.

JONATHAS. Qu'est-ce que cela signifie?

GABRIEL, *se levant*. Je vais te l'expliquer.

JONATHAS, *s'éloignant*. Du tout, ne vous dérangez pas, ce n'est pas la peine.

GABRIEL.

Air des *Filles à marier*.

Tu nous as mis tous deux en quarantaine,
Et victime d'un sort cruel,
Madame va, malgré sa haine,
S'unir à moi par un nœud éternel,
Il l'a fallu... c'était tout naturel.
Que n'eût pas dit votre ville indiscrète?
Ensemble ici rester quarante jours !
Nous ne pouvions, craignant les sots discours,
Légitimer un si long tête-à-tête
Qu'en le faisant durer toujours.

JONATHAS. A la bonne heure : mais tu sens bien, mon ami Gabriel, que ça ne peut pas se passer ainsi.

GABRIEL. Comme tu voudras; je suis à toi.

JONATHAS, *se reculant*. Pas maintenant, nous nous battrons dans six semaines, quand il n'y aura plus de danger; voilà comme je suis, la santé avant tout.

SCÈNE XVI.

LES PRÉCÉDENTS; GIROFLÉE, *tenant à la main un porte-manteau, et une malle sur son dos*.

GIROFLÉE. Monsieur, voici vos effets.

JONATHAS. D'où vient cet imbécile?

GIROFLÉE. Des Messageries, où j'ai attendu pendant deux heures.

LAVENETTE. Que dites-vous? cette malle est à Monsieur? Qui vous l'a donnée?

GIROFLÉE. Le conducteur.

LAVENETTE. D'où vient-elle?

GABRIEL. De Paris, d'où je l'ai apportée.

LAVENETTE. Par *le Philopœmen*?

GABRIEL. Non, Monsieur, par la diligence de la rue du Bouloy.

JONATHAS ET LAVENETTE. Il se pourrait! c'était donc une ruse?

GIROFLÉE. Parbleu! ils sont une douzaine de voyageurs qui ont fait route avec Monsieur.

GABRIEL. Si vous en doutez encore, (*Fouillant dans sa poche.*) voici des gants et un éventail qui appartiennent à une jolie voyageuse dont j'ai été cette nuit le cavalier.

LAVENETTE. L'éventail et les gants de ma femme!

GABRIEL. Que je comptais avoir l'honneur de rapporter moi-même à madame Lavenette.

LAVENETTE. Je m'en charge, Monsieur, car je n'aime pas ces histoires de diligence. Dans notre ville du Havre, il n'en faudrait pas davantage pour faire croire que.....

JONATHAS. C'est juste; mais convenez, docteur, que s'il avait voulu, il aurait pu s'en donner les gants.

LAVENETTE. Jonathas!..

JONATHAS. Encore une. C'est la dernière.

VAUDEVILLE.

Air nouveau de *M. Adam*.

LAVENETTE.

Tous leurs désirs sont exaucés ;
Prions qu'autant nous en advienne.
Ici-bas vous qui dispensez
Les plaisirs ainsi que les peines,

Daignez mettre, ô Dieu de bonté,
Pour le bien de l'espèce humaine,
Tous les plaisirs en liberté,
Et les chagrins en quarantaine.

JONATHAS.
Vins étrangers, ah! s'il est vrai
Qu'à la frontière on vous condamne,
Vins du Rhin, et vins de Tokaï,
Tâchez d'échapper à la douane !
Mais vous, qui du Pinde français
Osez envahir le domaine,
Vers allemands, drames anglais,
Restez toujours en quarantaine.

GIROFLÉE.
Qu'est qu' c'est qu' l'Institut? il paraît
Que d'esprit on y fait la banque ;
On s' moqu' d'eux s'ils sont au complet,
On les cajol' dès qu'il en manque.
Cet usag'-là me semble neuf ;
Ils ont donc, ça me met en peine,

Plus d'esprit quand ils sont trent'-neuf,
Que lorsqu'ils sont la quarantaine?

GABRIEL.
Exilés du palais des grands,
Que le mensonge et son escorte,
Que les flatteurs, les intrigants,
Demeurent toujours à la porte ;
Mais jusqu'au trône, en liberté,
Que la voix du malheur parvienne,
Et surtout que la vérité
Ne soit jamais en quarantaine !

MADAME DE CRÉCY, *au public*.
Quelquefois les pièces, chez nous,
Meurent le jour qui les vit naître ;
Mais souvent aussi, grâce à vous,
Cent fois on les voit reparaître.
Les auteurs sont moins exigeants ;
Ils accepteraient la centaine ;
Mais je crois qu'ils seront contents,
S'ils vont jusqu'à la quarantaine.

FIN DE LA QUARANTAINE.

CAROLINE

COMÉDIE-VAUDEVILLE EN UN ACTE

Représentée, pour la première fois, à Paris, sur le théâtre du Vaudeville, le **15 mars 1819**, et reprise le **30 décembre 1820**, sur le théâtre du Gymnase dramatique.

EN SOCIÉTÉ AVEC M. MÉNISSIER.

Personnages.

M. DE SAINT-GÉRAN.
CAROLINE.
MARIANNE.
LÉON, neveu de Saint-Géran.

DERVILLE, ami de Léon.
SAINT-ERNEST.
VALENTIN, valet de Saint-Géran.

Le théâtre représente un salon élégant, dont les croisées donnent sur un parc. Une porte au fond, deux latérales ; une table, plusieurs corbeilles de fleurs ; une redingote est étendue sur un fauteuil.

SCÈNE PREMIÈRE.

(*Dans l'appartement à gauche, dont la porte est ouverte, on entend chanter.*)

CHŒUR d'*Un jour à Paris*.
Mes amis, peut-on vivre un jour
Sans boire et sans faire l'amour,
Sans boire
Et sans faire l'amour!

VALENTIN, *sortant, une serviette sous le bras*. C'est ça, voilà qu'ils chantent, et de fameuses chansons; si on les entendait ; heureusement ils m'ont renvoyé, je ne suis pas fâché de prendre l'air; tout ce vin de Champagne qu'ils ont bu me porte à la tête.

Air du vaudeville des *Maris ont tort*.
Ces messieurs en prennent à l'aise ;
Mais moi, j'aime peu les repas
Où l'on est derrière une chaise,
Et la serviette sous le bras.
Il faut n'avoir d'yeux ni d'oreilles ;
Et le plus dur, si l'on m'en croit,
C'est de déboucher les bouteilles,
Quand c'est un autre qui les boit.
 (*On entend de nouveau :*)
Mes amis, peut-on vivre un jour, etc.

SCÈNE II.

VALENTIN, CAROLINE, *sortant de la porte à droite*.

CAROLINE. Ah ! mon Dieu, quel tapage !

VALENTIN. Dam'! un déjeuner de garçons, ça n'est pas comme un goûter de demoiselles ; et je suis bien sûr que, dans votre couvent, vous ne faisiez pas tant de bruit; vous surtout, Mademoiselle, qui êtes la tranquillité même; car depuis huit jours que vous êtes ici, à peine si l'on vous a entendue parler.

CAROLINE, *à part*. Et Valentin, qui fait aussi des observations.

VALENTIN. Mais voyez-vous, tout est relatif, et pour une douzaine d'officiers qu'ils sont là-dedans, il n'y a certainement, en fait de tapage, que ce qui est indispensable.

CAROLINE. Je craignais que cela n'incommodât mademoiselle de Saint-Géran qui a sa migraine.

VALENTIN. *Il va prendre la redingote*. C'est vrai, c'est aujourd'hui; car elle est de migraine de deux jours l'un, et de mauvaise humeur tous les jours.

CAROLINE, *à Valentin, qui fouille dans la poche de la redingote*. Eh bien ! que faites-vous donc là ?

VALENTIN. C'est une liste de commissions que M. Léon, mon maître, m'a données, et qu'il m'a dit que je trouverais dans la poche de sa redingote. Ce doit être ce papier ; il n'y en a pas d'autres ; mais il n'y a qu'une difficulté, c'est que ce matin, je suis sûr que je ne savais pas lire, et je ne crois pas que depuis... si Mademoiselle voulait me rendre le service...

CAROLINE. Volontiers. (*Elle lit.*) « Serait-il vrai, mon « cher Léon... » Mais c'est une lettre!

VALENTIN. N'importe, les commissions y sont sans doute écrites.

CAROLINE, *lisant.* « Serait-il vrai, mon cher Léon, « que tu consentisses à épouser la ridicule et sotte « petite personne qu'on te destine?.. » C'est de moi qu'il s'agit. (*On entend en dehors.*)
Holà! Valentin, le café.

VALENTIN. Ah! mon Dieu! C'est le café et la liqueur; j'y cours. Lisez toujours, Mademoiselle, vous me direz... (*Il entre dans le cabinet à gauche.*)

SCÈNE III

CAROLINE, *seule, continuant à lire.* «Elle n'est pas « trop mal si l'on veut; mais quelle tournure et quel « esprit! je l'aurais crue muette, sans les *oui, Mon-* « *sieur, et non, Monsieur,* qui ont fait l'aliment de la « conversation; rappelle-toi le bal d'avant-hier, je « l'ai invitée par égard pour toi, et elle m'a demandé « si l'anglaise n'était pas une valse; que dis-tu de « son éducation? » Ah! mon Dieu, c'est vrai; je m'en souviens; je suis perdue de réputation. (*Lisant.*) « Nos « pères pouvaient se contenter de bonnes ménagères; « dans ce siècle-ci, il nous faut, à nous autres, des « femmes d'esprit. Je viens de recevoir de la petite « baronne une lettre admirable; c'est pétillant de « style; il y a même du trait: cette femme-là aurait « tourné le couplet si elle avait voulu.
« Ton ami,
« DERVILLE. »
Derville! c'est ce monsieur qui était si singulièrement habillé, et que j'ai pris pour un Anglais! Il me parlait toujours de Paris et de Tortoni. Qu'y pouvais-je comprendre? Je suis bien malheureuse; élevée par les soins de M. de Saint-Géran, mon généreux protecteur, mais seule, sans guide, dans ce monde où j'entre pour la première fois, je ne puis, malgré mes efforts, vaincre ma timidité, et cependant si j'osais parler! Ah! d'après tout ce que je vois, que les réputations coûtent peu, et qu'on est homme d'esprit à bon marché!

AIR : *Est-ce ma faute à moi* (de LA REINE DE HOLLANDE).

Léon semble éviter mes pas,
Et craindre ma présence;
Il prend toujours mon embarras
Pour de l'indifférence.
Mon trouble même aurait, je croi,
Dû me faire comprendre.
Hélas! est-ce ma faute, à moi,
S'il ne sait pas m'entendre?

SCÈNE IV.

CAROLINE, MARIANNE.

CAROLINE. Ah! c'est vous, Marianne?

MARIANNE. Oui, Mademoiselle, j'ai congé aujourd'hui; comme je suis la dame de compagnie de mademoiselle de Saint-Géran, ses jours de migraine sont mes bons jours, et je viens vous annoncer une nouvelle, c'est que, pour célébrer l'arrivée de M. de Saint-Géran, son frère et votre tuteur, il y aura ce soir une grande fête et un bal.

CAROLINE. Ah! mon Dieu! encore un bal, je suis perdue.

MARIANNE. Eh bien! vous n'êtes pas contente? par exemple, vous êtes la première demoiselle à qui un bal fasse de la peine.

AIR : *Tenez, moi, je suis un bon homme.*

C'est dans un bal que l'on peut plaire :
Dans un bal on trouve un mari;
Puis on parle au père, à la mère,.
On s'arrange, tout est fini.
A l'église on roule en carrosse :
Et par un bonheur sans égal,
Le bal a fait venir la noce,
La noce fait venir le bal.

Et ainsi de suite, il n'y a pas de raison pour que ça finisse.

CAROLINE. Est-ce que tous ces messieurs y seront?

MARIANNE. Cela va sans dire, M. Léon les a tous invités, et ces belles dames, des demoiselles! Mais je conçois que vous ne serez pas à votre aise au milieu de tout ce monde-là. Parce que quand on a un air un peu gauche... mais ça n'est pas de votre faute; on a de l'esprit ou on n'en a pas, on vient au monde avec ça, et l'on ne peut pas se refaire; c'est ce qu'ils ne veulent pas comprendre; aussi moi, je vous ai prise en amitié.

CAROLINE. C'est bien de l'honneur que vous me faites, mademoiselle Marianne.

MARIANNE. Voyez-vous, quand mademoiselle de Saint-Géran, ma marraine, m'a prise auprès d'elle, j'étais presque une paysanne, il est vrai que moi, je ne manquais pas d'intelligence; et puis j'avais tant d'envie de devenir une grande dame; car, c'est à cela qu'il faut penser, et une demoiselle ne doit songer qu'à son établissement, parce qu'une fois qu'elle est mariée, c'est tout.

CAROLINE. Eh! qui vous a si bien instruite?

MARIANNE. Oh! j'ai bien vu par moi-même : quand on a l'envie d'apprendre, on observe, on examine; dès que deux personnes parlent ensemble, je suis de là (*Avançant la tête.*) et puis j'ai lu de bons livres; tenez, j'en ai lu un qui porte mon nom : *Marianne*; c'est une petite fille qui finit par épouser un grand seigneur; pourquoi ne m'en arriverait-il pas autant? en voilà trois ou quatre que je lis, et ça se termine toujours par là; ainsi...

CAROLINE. Et c'est là-dessus que vous comptez?

MARIANNE. Sans doute, et ça a déjà commencé. Une aventure, juste comme dans le livre; vous savez bien l'allée du canal où nous allons souvent nous promener, et le gros chêne au pied duquel nous nous asseyons? J'y ai trouvé un billet adressé à la belle solitaire ; à moi : *si l'amour fait tout excuser...*

CAROLINE. Et de qui était-il?

MARIANNE. Pardi! d'un inconnu, c'est toujours d'un inconnu, ça ne peut pas même être d'une autre personne.

AIR : *Mon galoubet.*

Sans se nommer,
Sans s'exprimer;
A la fin pourtant tout s'exprime,
Et ces messieurs de grand renom,
Ces princesses que l'on opprime,
Les meurtriers et la victime,
Ça n'a pas d' nom. (*4 fois.*)
Ça n'a pas d' nom, (*bis.*)
La façon dont on les promène,
Et l'oncle cruel qui dit : Non!
Et jusqu'aux enfants qu'on amène,
Qui n'ont ni parrain, ni marraine,
Ça n'a pas d' nom. (*4 fois.*)

CAROLINE, *seule*. Elle n'est pas trop mal. — Scène 3.

Aussi j'ai répondu en conséquence.
CAROLINE. Vous avez répondu?
MARIANNE. Il le faut bien; c'est toujours ainsi que ça commence, et vous allez voir maintenant les déclarations et les aventures; ça ne peut pas manquer d'arriver, ainsi qu'un bon mariage, et je vous tiendrai au courant parce que ça pourra vous servir dans l'occasion, quand vous voudrez vous établir.
CAROLINE. Je vous en dispense, et si vous pouviez seulement trouver un moyen pour m'empêcher de paraître à ce bal; si j'osais m'adresser à M. Léon.
MARIANNE. Voulez-vous que je m'en charge?
CAROLINE. Non, mon Dieu, non. (*A part.*) Cette petite fille se mêle de tout... Le voici. (*A Marianne.*) Il me semble que si vous me laissiez, j'aurais plus de courage.
MARIANNE. Non; au contraire, je viendrai à votre secours.

SCÈNE V.

LES PRÉCÉDENTES, LÉON, *sortant de l'appartement à gauche*.

LÉON. En vérité, il n'y a pas de raison pour qu'on sorte de table. Ce Derville les retient avec ses fades plaisanteries... Ah! voici cette pauvre Caroline! qu'elle est jolie! et pourquoi faut-il?.. Eh bien! ils ont beau dire, il y a des moments où ces yeux-là semblent annoncer de l'esprit. Ah! quel dommage! Allons, sortons. (*Il salue Caroline, et s'éloigne.*)
CAROLINE. Eh bien! il s'éloigne, et sans m'adresser la parole. C'est la première fois.
MARIANNE. Comment! vous ne lui parlez pas!
CAROLINE. Puisqu'il s'en va.
MARIANNE. Eh bien! il faut l'arrêter. (*Appelant.*) Monsieur Léon! Monsieur!
CAROLINE, *voulant l'en empêcher*. Mais non... mais je vous en prie... c'est insupportable!

MARIANNE. C'est Mademoiselle qui voudrait vous parler.

LÉON, revenant. Serait-il vrai? et serais-je a sez heureux...

CAROLINE. Non, Monsieur, non certainement; je suis désolée qu'on vous ait retenu; c'est Mademoiselle.

MARIANNE. C'est Mademoiselle. Eh bien! une autre fois, faites vos commissions vous-même; dame! c'était pour vous faire plaisir.

LÉON. Il est donc vrai que c'est par vos ordres?

CAROLINE. Moi, Monsieur; non, assurément; je ne me serais pas permis...

LÉON, à part. Allons, il est impossible de rien comprendre à sa conduite ainsi qu'à ses discours.

SCÈNE VI.

LES PRÉCÉDENTS; DERVILLE, SAINT-ERNEST, PLUSIEURS OFFICIERS, *dont quelques-uns tiennent encore leur serviette, d'autres des verres de liqueur.*

DERVILLE. Mon ami, le champagne de ton oncle est délicieux. (*A Caroline, qui veut s'en aller.*) Eh! quoi, Mademoiselle, nous vous faisons fuir? ah! restez, je vous en supplie.

CAROLINE, *à part.* J'aurais pourtant bien voulu m'en aller. (*A Marianne.*) Mais c'est peut-être malhonnête.

MARIANNE. Oh! sans doute, ce serait malhonnête.

DERVILLE, *bas, aux autres officiers.* C'est le génie en question; vous allez entendre une conversation dont je vais vous indiquer d'avance les répliques : *oui, Monsieur; non, Monsieur;* nous ne sortirons pas de là. (*Allant à Caroline.*) Oserais-je demander à Mademoiselle si elle ne s'est point ressentie des fatigues du dernier bal?

CAROLINE. Non, Monsieur.

DERVILLE. Et aurons-nous le plaisir de vous voir ce soir?

CAROLINE. Oui, Monsieur.

DERVILLE, *regardant les autres officiers, d'un air d'intelligence.* C'est que ces messieurs avaient l'air d'en douter. Vous voyez que je ne vous ai pas trompés, et Mademoiselle ne nous privera pas, je l'espère, de l'avantage de danser l'anglaise avec elle?

CAROLINE. Non, Monsieur.

LÉON, *bas, à Derville.* Derville, de grâce.

DERVILLE. Ah çà! nous comptons sur un bon orchestre, car à Paris, maintenant, l'on vous exécute une boulangère comme un concerto. Je ne conçois pas comment, au dernier bal, vous n'aviez pas de galoubet. Quand on aurait dû faire venir Colinet en poste. Un orchestre sans galoubet! je vous demande, Mademoiselle, si jamais vous avez rien vu de plus impertinent.

CAROLINE, *le regardant de la tête aux pieds.* Oui, Monsieur. (*Elle fait la révérence et sort avec Marianne.*)

SCÈNE VII.

LES PRÉCÉDENTS, *hors* CAROLINE ET MARIANNE.

DERVILLE, *un peu déconcerté.* Allons, celui-là a de l'intention; je ne sais pas si c'est de sa faute.

LÉON. Derville, encore une fois, finis, ou nous nous fâcherons.

DERVILLE. Ah çà! peut-on voir un plus mauvais caractère? Je fais les honneurs de chez lui; je sue sang et eau pour être aimable et soutenir la conversation.

Il est vrai que j'étais secondé, sans cela!.. Eh bien! mes amis, je m'en rapporte à vous, et je vous demande si nous pouvons lui laisser contracter un pareil mariage. Moi, d'abord, je forme opposition. Que diable! mon ami, tu ne te maries pas pour toi seul; il faut un peu songer à nous.

Air du vaudeville de *Partie carrée.*
Oui, nous vivrons toujours amis, j'espère,
Ainsi qu'au temps où nous étions garçons ;
Et ce sera pour nous un jour prospère,
Quand chez toi nous te trouverons ;
Mais pour affaire, ou d'autres cas semblables,
S'il te faut absenter, hélas !
Qu'au moins chez toi nous trouvions femme aimable,
Quand tu n'y seras pas.   (*ter.*)

LÉON. Je vois que cette pauvre Caroline est condamnée, et que j'espérais en vain la défendre? Mais tu aurais dû songer au moins que sa timidité...

DERVILLE. Sa timidité! moi, je la soutiens très-vive et très-romanesque, et j'en ai des preuves. Où en serais-tu si tu n'avais pas en moi un ami véritable? Mais ce n'est pas après un déjeuner comme celui que tu viens de nous donner, que je voudrais te cacher quelque chose. Eh bien! depuis quelque temps, je désirais savoir, dans ton intérêt, si le style de ta prétendue répondait à son dialogue; j'avais remarqué, au bout de l'allée du canal, un gros chêne, où elle allait souvent s'asseoir; j'y ai déposé un petit billet insignifiant, de ces déclarations de portefeuille.

SAINT-ERNEST. Est-ce celle qui commence par *si l'amour fait tout excuser...*

DERVILLE. C'est cela; moi, je n'en ai qu'une, c'est toujours la même, et j'en ai reçu la réponse suivante.

LÉON. Elle a répondu?

DERVILLE. Deux lignes qui peuvent servir de modèle dans le genre épistolaire. (*Lisant.*) « Que l'inconnu se « fasse connaître, et il trouvera un cœur sensible. »

SAINT-ERNEST. Que l'inconnu se fasse connaître!

DERVILLE. Il me semble utile d'aller aux voix, le mariage est cassé à l'unanimité. Mais voyons d'abord, pourquoi te maries-tu, car, s'il n'y a pas de nécessité...

LÉON. Je vous répète que je dépends de mon oncle, que je n'ai d'autre patrimoine que des dettes, et chaque jour, vous le savez, j'augmente mon patrimoine d'une manière effrayante. Vous ne raisonnez pas assez solidement vous autres; vous ne pensez pas que ces excellents oncles, c'est mon oncle qui les donne; que ces parties de plaisir, c'est lui qui les paie; que nos folies, c'est lui qui les répare; et dans ce siècle-ci, Messieurs, l'on ne peut trop estimer les oncles payants.

DERVILLE. L'observation est juste; continue.

LÉON. Quoique mon oncle soit resté garçon, il veut absolument qu'on se marie; il ne parle que de mariage, il ne vante que le mariage, et c'est pour cela qu'il veut me faire épouser Caroline.

DERVILLE. Eh bien! déclare-lui que tu ne peux pas.

LÉON. Oui; mais quelle excuse lui donner?

DERVILLE. Parbleu! il n'en manque pas; dis-lui que tu en aimes une autre, nous allons t'en trouver une.

LÉON. Vous ne la connaissez pas; il irait sur-le-champ la demander pour moi à ses parents, et demain il faudrait signer le contrat. Oh! vous n'avez pas idée de son activité en fait de mariage, et vous serez bien heureux, vous qui parlez, si vous sortez d'ici avec votre liberté.

DERVILLE. Comment, on n'est pas ici en sûreté? Eh bien! écoutez. Une inclination malheureuse, un choix disproportionné. J'ai ce qu'il te faut sous la main! La camériste de ta tante, mademoiselle Marianne; il ne te forcera pas, j'espère, à l'épouser.

LÉON. Eh bien! après?

DERVILLE. Après, après. Tu ne peux pas te marier tant que tu en aimes une autre. Cette autre, il est vrai, n'est pas digne de toi; tu en conviens le premier, et tu ne demandes qu'à te guérir d'une passion fatale; mais il te faut du temps.

LÉON. J'y suis; un an, deux ans; je peux même être incurable, et me voilà, comme mon oncle, garçon toute ma vie.

DERVILLE.
AIR : *J'ai vu le Parnasse des dames.*
Ta flamme ne sera guérie,
Hélas! qu'avec ton dernier jour;
Et pour peu qu'on te contrarie,
Tu peux même mourir d'amour.
LÉON.
L'en menacer serait folie;
Jamais on n'en meurt ici-bas,
Car c'est la seule maladie
Que les docteurs ne traitent pas.

SCÈNE VIII.

LES PRÉCÉDENTS, VALENTIN.

VALENTIN. Alerte! alerte! c'est monsieur votre oncle, sa voiture entre dans la cour, et la journée sera bonne, car je l'ai entendu qui grondait entre ses dents.

DERVILLE. Sauve qui peut!

LÉON. Ah çà! je compte sur vous pour dîner et pour la fête de ce soir; mon oncle est bon homme au fond, et n'a contre lui que son système conjugal. D'ailleurs, si vous avez peur, dites que vous êtes mariés.

DERVILLE ET LES AUTRES.
AIR : *On m'avait vanté la guinguette.*
De la prudence et du courage,
Et, crois-moi, nous réussirons;
Hardiment soutiens l'abordage,
Tiens-toi ferme, nous nous sauvons.
(*Seul.*)
Pour marier chacun, je pense
Que ton oncle, dans ce pays,
Devrait établir une agence
Dont nous serions tous les commis.
TOUS.
De la prudence et du courage, etc.
(*Ils sortent tous.*)

SCÈNE IX.

LÉON, SAINT-GÉRAN.

SAINT-GÉRAN *entre d'un air de mauvaise humeur, et se promène quelque temps sans rien dire.* La belle chose qu'un garçon en voyage! Des domestiques négligents, aucun soin; tous mes paquets en désordre. Si l'on avait là une femme; et ici, personne pour me recevoir... Ah! c'est vous, monsieur mon neveu?

LÉON. Oui, mon oncle, enchanté de vous revoir.

SAINT-GÉRAN, *brusquement.* Et moi aussi. (*Continuant.*) J'aurais trouvé là bon feu, visage agréable, une bonne bergère, une robe de chambre et des pantoufles fourrées, toutes prêtes au coin du feu.

LÉON. Mais, mon oncle, voulez-vous qu'à l'instant même?..

SAINT-GÉRAN. Eh! non, Monsieur, c'est inutile; je n'ai pas besoin de feu au mois d'août; mais je dis que les soins, les égards et les pantoufles fourrées sont des douceurs auxquelles il faut qu'un garçon renonce pour toute sa vie; prenez leçon sur moi, et profitez. Comment se porte votre future? Comment la trouvez-vous?

LÉON. Fort jolie, assurément.

SAINT-GÉRAN. Je l'aurais parié; depuis six ans que je l'ai mise au couvent, et que je ne l'ai pas vue, elle doit être bien changée et bien embellie. Ce doit être un ange, si elle ressemble à son père. Pauvre colonel! c'était un brave, celui-là, nous le savions tous, et l'ennemi aussi.

AIR de *Lantara.*
Oui, pour tout bien, à sa famille,
Il n'a laissé que son nom, ses exploits;
Un brave méritait sa fille,
Et c'est de toi que j'ai fait choix. (*bis.*)
Mais je connais déjà, malgré ton âge,
Ton cœur, ton courage... en un mot,
La gloire est son seul héritage, } *bis.*
Et tu sauras ajouter à sa dot.

Oui, Monsieur; vous serez heureux, et moi, je ne serai plus seul; car vos enfants seront les miens, et ils auront tout mon bien.

LÉON. Mon cher oncle, combien je suis touché de tant de bontés! mais, dites-moi pourquoi, vous, qui détestez autant le célibat, ne songez-vous pas vous-même?..

SAINT-GÉRAN. Pourquoi, Monsieur? Parce que celui qui ne se marie pas à votre âge est un fou, et celui qui se marie au mien est un sot. Vous entendez bien que je me connais; la femme que je prendrais aurait toujours trop d'esprit, et avec une femme qui réfléchit et qui raisonne je serais perdu; car, à coup sûr, ses réflexions ne seraient pas à mon avantage.

LÉON. Je comprends, mon oncle.

SAINT-GÉRAN. C'est fort heureux! Je ne dis pas si j'avais rencontré l'ignorance et la simplicité que je cherchais; mais où les trouver maintenant? avec l'éducation qu'on donne aux demoiselles. Vous, c'est différent, vous n'êtes pas dans le même cas, et rien ne s'oppose à votre bonheur.

LÉON. Eh bien! mon oncle, c'est ce qui vous trompe, il y a un obstacle insurmontable; vous êtes trop généreux pour contrarier mon inclination, et je ne puis épouser Caroline, puisque j'en aime une autre.

SAINT-GÉRAN. Comment! morbleu! j'en apprends là de belles. Et moi, j'entends que vous n'en aimiez pas d'autre, et que vous aimiez Caroline. Eh! pourquoi, s'il vous plaît, ne l'aimeriez-vous pas?

LÉON. Mais mon oncle, on n'est pas maître...

SAINT-GÉRAN. Si, Monsieur.

AIR : *Quand une Agnès devient victime.*
A sa présence, à sa personne,
Bientôt vous vous habituerez;
Elle vous plaira, je l'ordonne,
Et dans huit jours, vous l'aimerez!
LÉON.
Vous prétendez qu'un homme sage
Devienne amoureux tout exprès.
SAINT-GÉRAN.
Oui certes, Monsieur, à votre âge,
Moi je l'étais quand je voulais.

LÉON. Et moi, je vous déclare que cela m'est impossible; je ne pourrai jamais m'habituer à un tel caractère, et encore moins à un tel esprit. Interrogez-la vous-même, et vous verrez si c'est la femme qui me convient.

SAINT-GÉRAN. Qu'est-ce à dire?
LÉON. Nul maintien, nulle tenue. L'ignorance, la simplicité même.
SAINT-GÉRAN. Comment! comment! Serait-il vrai? Répète-moi donc un peu cela.
LÉON. Oui, mon oncle, je vous répète que c'est la gaucherie personnifiée.
SAINT-GÉRAN. Vraiment!
LÉON. Ne sachant ni parler ni répondre.
SAINT-GÉRAN. Serait-il bien possible?
LÉON. N'ayant pas le moindre usage, pas la moindre habitude du monde.
SAINT-GÉRAN. C'est à merveille.
LÉON. Enfin, d'une nullité d'esprit...
SAINT-GÉRAN. Allons, tranchons le mot, tu crains de dire qu'elle est...
LÉON. Je n'aurais pas osé.
SAINT-GÉRAN. Il n'y a pas de mal, il n'y a pas de mal. Je vois cela d'ici. Comment! diable! mais c'est un trésor que cette femme-là: et moi, qui, sans en connaître le prix, allais la sacrifier. Allons, puisque tu ne l'aimes pas, je te pardonne. Nous arrangerons cette affaire-là. (*Appelant.*) Holà! quelqu'un! Cherchez mademoiselle Caroline, et dites-lui que je serais enchanté de la voir. Quant à toi, voyons un peu quelle est ton inclination, car je veux que tout le monde soit heureux, et dès demain je te marie.
LÉON, *à part.* Nous y voilà. (*Haut.*) Mon cher oncle, je suis indigne de vos bontés; je ne puis pas espérer que celle que j'aime puisse jamais vous plaire. Je combattrai, je surmonterai ma passion. Je ne vous demande que du temps, beaucoup de temps pour me guérir.
SAINT-GÉRAN. C'est égal; je veux savoir...

SCÈNE X.

LES PRÉCÉDENTS, MARIANNE.

MARIANNE, *dans le fond.* Comment! il est vrai que Monsieur est arrivé?
LÉON. Eh bien! mon oncle, dussé-je rougir à vos yeux, il faut donc vous l'avouer! C'est cette petite fille que ma tante a élevée; c'est Marianne que j'adore.
MARIANNE, *à part.* Ah! mon Dieu! c'est lui qui a écrit le billet; M. Léon est l'inconnu.
SAINT-GÉRAN. Comment! il serait possible? une petite paysanne sans éducation.
MARIANNE. Tiens, par exemple, est-il malhonnête!
SAINT-GÉRAN. Et comment cet amour-là t'est-il venu?
LÉON. Je ne vous dirai pas. C'est l'amour le plus prompt, le plus inconcevable.
SAINT-GÉRAN. Et mon imbécile de sœur, qui là, devant ses yeux!..
LÉON. Elle n'a rien vu; et même, je vous jure qu'il était impossible qu'elle pût rien voir.
MARIANNE. Pardi! puisque moi-même...
SAINT-GÉRAN. Tu avais donc perdu la tête?
LÉON. J'en conviens.
MARIANNE. C'est là de l'amour!

LÉON.
AIR : *Sans mentir.*
Respectez l'amour funeste
Dont le souvenir m'est cher.
MARIANNE.
Il va faire, je l'atteste,
Quelque coup à la Werther.
SAINT-GÉRAN.
Mais je crains, Dieu me pardonne,
Qu'il ne parle franchement;
Il faut donc qu'il déraisonne.
MARIANNE, *à part, dans le fond.*
Oui, car il a l'air, vraiment,
D'un roman (*bis.*) imité de l'allemand.
Que je le plains!

SAINT-GÉRAN. Allons, il n'y a pas à hésiter; il faut mettre fin à une pareille folie, et pour commencer, je vais renvoyer cette petite fille à ses parents, et écrire qu'on vienne la reprendre. (*Il entre dans le cabinet.*)
MARIANNE, *approchant doucement de Léon.* Ah! Monsieur, que c'est bien à vous! j'ai tout entendu, et je ne me serais jamais doutée d'un amour aussi désordonné que celui-là.
LÉON. Comment! vous étiez là!
MARIANNE. Oui. Nous aurons bien des obstacles, c'est toujours comme ça. Mais il ne faut pas que cela vous effraie. Nous avons le chapitre des oncles barbares et des parents inflexibles; mais ça finit toujours par s'arranger. Quant à moi, vous pouvez compter sur la fidélité ordinaire, et sur la constance de rigueur. (*Elle sort.*)
LÉON. Parbleu! la rencontre est excellente.
SAINT-GÉRAN. Tiens, fais partir cette lettre.
LÉON. Oui, oui, mon oncle; je me retire. (*A part.*) Allons, tout a réussi au gré de mes vœux, et cependant je suis moins content que je ne l'aurais cru. (*En s'éloignant il salue Caroline qui entre.*)

SCÈNE XI.

SAINT-GÉRAN, CAROLINE.

CAROLINE. Il s'en va; tant mieux! il ne verra pas que j'ai pleuré.
SAINT-GÉRAN. Elle est en effet fort bien. Approchez, Caroline, je voulais vous unir à mon neveu; mais il refuse votre main.
CAROLINE, *à part, douloureusement.* Il est donc vrai!
SAINT-GÉRAN. Je ne puis lui en vouloir, il m'a avoué qu'il en aimait une autre, et les inclinations sont libres; qu'en dites-vous?
CAROLINE. Ce que vous voudrez.
SAINT-GÉRAN. Comment? ce que je voudrai; (*A part, d'un air approbatif.*) c'est bien. (*Haut.*) Je vous demandais si cette résolution vous affligeait?
CAROLINE. M'affliger! non, rien maintenant ne peut m'affliger.
SAINT-GÉRAN, *à part.* Voilà parbleu un heureux caractère! (*Haut.*) Vous êtes donc contente?
CAROLINE. Oui.
SAINT-GÉRAN. Et pourquoi?
CAROLINE. Je ne sais!
SAINT-GÉRAN, *à part.* C'est bien. (*Haut.*) Et s'il se présentait un époux qui ne fût plus de la première jeunesse, et qui vous offrît de vous rendre immensément riche?
CAROLINE. A quoi bon?
SAINT-GÉRAN. Par exemple, voilà une question. C'est admirable!

AIR de *Duche.*

Quoi! les diamants, la parure?
CAROLINE.
Je n'y tiens pas.
SAINT-GÉRAN.
Mais cependant,
Songez-y bien, chacun assure
Que par leur éclat séduisant
La beauté même est embellie;
S'il se peut, leur secours divin
Vous rendrait encor plus jolie.
CAROLINE, *douloureusement.*
Que n'en avais-je ce matin! (*bis.*)

SAINT-GÉRAN. Ce matin ou ce soir, la différence n'est pas grande, et vous serez satisfaite. Mais que diriez-vous si cet époux était moi-même; si je voulais rendre la fille de mon ancien ami, libre, heureuse et indépendante, et si, en retour, je ne lui demandais qu'un peu d'amitié?

CAROLINE, *avec expression*. Quoi! vous daignez attacher quelque prix... Vous, Monsieur, vous voulez donc bien que Caroline vous aime?

SAINT-GÉRAN. Si je le veux! Parlez, commandez, disposez de ma fortune et de moi; je suis un peu brusque, mais bon diable au fond, et pour devenir le meilleur homme du monde, je n'avais besoin que de trouver quelqu'un qui voulût bien m'aimer; vous avez cette bonté-là, et c'est d'autant plus beau à vous, que vous êtes la première. Mais, ventrebleu! je ne serai point ingrat, et vous serez heureuse, ou le diable m'emporte; que ça ne vous fasse pas peur.

CAROLINE. Oh! non, au contraire. Depuis que j'habite ce château, vous êtes la première personne avec qui il me semble que je sois à mon aise.

SAINT-GÉRAN. Et vous avez raison, voyez-vous; pas de façons, point de cérémonies. Ils prétendent que vous n'êtes point une femme savante. Tant mieux! moi, je ne suis pas non plus un académicien; nous ne débiterons pas de phrases ni de grands mots; on peut faire bon ménage sans cela.

AIR : *Ma belle est la belle des belles.*

Si par hasard parler vous gêne,
Je m'efforcerai de mon mieux,
Pour vous en épargner la peine,
D'aller au-devant de vos vœux ;
Et s'il est maint époux peu tendre,
Toujours prêts à se quereller,
Qui parlent jamais sans s'entendre,
Nous nous entendrons sans parler.

Je vais envoyer chez le notaire... Je comptais assurer la fortune de mon neveu, s'il vous avait épousée... mais désormais, cet article-là est rayé, et vous aurez tout mon bien.

CAROLINE. Et moi, je n'en veux pas... vous êtes bon, généreux, et pour une personne que vous connaissez depuis quelques instants, vous ne dépouillerez point votre neveu.

SAINT-GÉRAN, *stupéfait*. Comment!.. parbleu, je suis trop heureux! pas d'esprit, et un bon cœur! voilà la femme qu'il me fallait... Caroline, c'est bien, c'est très-bien... ordonnez, je ferai ce que vous voudrez.

CAROLINE. Eh bien! donc, donnez-lui cette dot, et qu'il épouse celle qu'il aime.

SAINT-GÉRAN. Celle qu'il aime!.. mais, savez-vous que ce n'est pas proposable... Si vous la connaissiez! c'est la filleule de ma sœur, cette petite Marianne.

CAROLINE. Marianne! Marianne!

SAINT-GÉRAN. Elle a pour parents d'honnêtes fermiers, il est vrai; mais une fille qui n'a rien, qui ne possède rien.

CAROLINE. Elle n'a rien!.. et elle est aimée.

SAINT-GÉRAN. D'accord, mais cela ne constitue pas une dot.

CAROLINE. Sa famille est honnête, votre neveu en est épris; que vous faut-il de plus? Je n'ai pas le droit de dicter votre conduite, mais je suis ce que mon cœur me commande, et je ne consentirai jamais à jouir d'un bonheur dont vous priveriez votre neveu... notre mariage suivra le sien.

SAINT-GÉRAN. Comment! l'ai-je bien entendu?

CAROLINE, *avec fermeté*. Je vous le répète, ma main est à ce prix.

SAINT-GÉRAN, *étonné*. Parbleu, Mademoiselle... allons, allons, je suis marié, je n'ai plus de volonté. Au fait, elle a raison... qu'est-ce qu'elle me demande? de sacrifier un peu d'orgueil, de faire la félicité de mon neveu, et par conséquent la mienne.

AIR du *Petit Corsaire.*

Je sais bien que plus d'un époux
A ma place craindrait le blâme,
Car ces messieurs rougissent tous
D'être ainsi menés par leur femme.

Je n'ai pas un tel point d'honneur;
Quand une femme qu'on admire
Veut nous mener vers le bonheur,
Ma foi, je me laisse conduire.

SCÈNE XII.

LES PRÉCÉDENTS, LÉON.

SAINT-GÉRAN. Venez ici, Monsieur, et tombez aux pieds de votre tante.

LÉON. Comment! mon oncle, il serait possible?

SAINT-GÉRAN. Oui, Monsieur, et si vous saviez ce qu'elle a fait pour vous... cent mille francs que je vous donne... remerciez-la, vous dis-je; car je jure bien que jamais sans elle... (*Le prenant à part.*) Tu avais raison, ce n'est pas un génie, mais elle a du caractère et un bon cœur, et cela vaut bien de l'esprit.

AIR de *Doche.*

Mon cœur à l'espoir s'abandonne ;
Je suis plus jeune de vingt ans ;
Près d'elle je vois mon automne
S'embellir des fleurs du printemps.
Marianne t'est destinée :
Je vais l'avertir de mon choix :
Pour moi quelle heureuse journée !
Deux mariages à la fois.

LÉON. Comment, mon oncle?..

SAINT-GÉRAN. Ce n'est pas moi, Monsieur, c'est elle qu'il faut remercier.

(*Reprise de l'air.*)
Mon cœur à l'espoir s'abandonne.

SCÈNE XIII.

LÉON, CAROLINE.

LÉON. Marianne et cent mille francs ! Par exemple, je ne croyais pas que sa rage de marier allât jusque-là. Mais, comment diable me tirer de là? (*Avec dépit, à Caroline.*) Et c'est vous, Mademoiselle, que je dois remercier de ce service?

CAROLINE, *avec dépit*. Me remercier! non, Monsieur, je n'ai fait que mon devoir; vous en aimez une autre... vous ne m'aimez pas. Votre conduite est toute naturelle... qui pourrait s'en étonner? ce n'est certainement pas moi... et je me rends trop de justice pour ne pas être la première à plaider votre cause.

LÉON, *la regardant avec étonnement*. Qu'entends-je? Et qui vous a dit que cet hymen comblait mes vœux?

CAROLINE. Qui me l'a dit? votre oncle, vous-même, les transports de joie que vous avez fait éclater... Mais je le vois, vous craignez même de m'avoir une obligation... et le bonheur que vous désirez cesse d'en être un quand il vient de moi.

LÉON. Non, rien n'égale ma surprise, et c'est vous qui croyez que Marianne a pu me plaire?

CAROLINE.

AIR de *Romagnesi.*

De cet amour vif et soudain
Pourquoi plus longtemps vous défendre ?
J'en aurais gémi ce matin,
A présent on peut me l'apprendre.
Qui pourrait vous en empêcher ?
Quand on est d'humeur inconstante,
A sa femme on doit le cacher ;
Mais on peut le dire à sa tante.

LÉON. Comment, ma tante!

CAROLINE.
Oui, ce nom-là me semble doux;
Désormais il doit me suffire;
Il faut, pour fixer un époux,
Des charmes qui puissent séduire.
Un neveu... du moins, je le croi,
Sans qu'aucun prestige le tente,
Peut vous aimer... voilà pourquoi
J'ai pris le nom de votre tante.
Je l'avouerai, voilà pourquoi
J'ai pris le nom de votre tante.

LÉON. Ah! Caroline... daignez m'entendre. Allons, voilà qu'on vient de ce côté, quand je donnerais tout au monde pour un moment d'entretien. C'est mon oncle et ces messieurs.

CAROLINE, à part. Ces messieurs... Ah! si je pouvais me venger à ses yeux!

SCÈNE XIV.

Les précédents, M. DE SAINT-GÉRAN, DERVILLE, SAINT-ERNEST, plusieurs autres jeunes gens.

SAINT-GÉRAN. Oui, Messieurs, soyez tous les bienvenus, les amis de mon neveu sont les miens, et surtout dans un jour comme celui-ci! Permettez que je vous présente à la maîtresse de la maison; celle qui, demain, sera ma femme, madame de Saint-Géran.

DERVILLE. Général, je vous en fais mon compliment. (Avec intention.) Et surtout à votre neveu.

SAINT-GÉRAN. Et pourquoi?

DERVILLE. Parce qu'il aura une jolie tante, et vous une excellente femme. (S'inclinant, à Caroline.) Ah çà! est-ce par raison, ou par sympathie? Je serais curieux de savoir comment ce mariage-là a pu se faire.

CAROLINE. Je peux vous l'apprendre, Monsieur. (En souriant, et avec intention.) Autrefois nos pères se contentaient de bonnes ménagères.

DERVILLE. C'est vrai! Je l'écrivais encore l'autre jour à Léon.

CAROLINE. A présent les jeunes gens prétendent que, dans ce siècle-ci, il leur faut des femmes qui leur apportent en mariage beaucoup d'esprit; il y a tant de gens qui ont besoin de dot; mais M. de Saint-Géran n'était pas dans ce cas, et la solidité de son jugement, l'étendue de ses connaissances lui permettaient d'épouser une femme sans instruction et sans talents; voilà, Monsieur, ce qui peut vous expliquer le choix qu'il a fait de moi.

SAINT-GÉRAN. C'est très-bien répondu.

DERVILLE, à part, étonné. Qu'est-ce que cela signifie? Il me semble qu'elle s'exprime... (Haut.) Nous devons en vouloir à Mademoiselle de nous avoir privés si longtemps du plaisir de l'entendre.

CAROLINE. C'est que je pensais qu'il y avait souvent du danger à parler, et rarement à se taire.

SAINT-GÉRAN. C'est bien dit.

CAROLINE. Et qu'une personne dont l'entretien se bornerait à oui, Monsieur; non, Monsieur, courrait souvent moins de risques que celle qui fait les honneurs de la conversation.

SAINT-GÉRAN. Elle a raison.

DERVILLE. Ah çà! mais décidément elle parle.

CAROLINE. Oui, Monsieur; mais vous m'avouerez qu'avant de parler, il fallait connaître la langue du pays. Et comment me faire entendre? comment prendre ce ton léger, cette ironie aimable que vous savez manier avec tant de grâce? Il est des modèles, Monsieur, dont la perfection décourage.

SAINT-GÉRAN, à part, étonné et fâché. Hum! hum!

DERVILLE. Mademoiselle... certainement... Mais c'est une mystification!

SAINT-GÉRAN, qui pendant les deux précédentes tirades a montré de l'étonnement et un air fâché. Eh bien, Messieurs, vous n'avez plus rien à dire. Allons donc, en restez-vous là? (A part.) Morbleu!

LÉON, qui de même a montré de l'étonnement, mais d'un autre genre. Je suis anéanti!

DERVILLE. Et moi, d'honneur, je suis pétrifié.

SCÈNE XV.

Les précédents, VALENTIN.

VALENTIN. Monsieur, voilà une partie de la compagnie qui arrive, et je viens prendre vos ordres.

SAINT-GÉRAN, galamment. Prenez ceux de Madame; moi, cela ne me regarde plus.

CAROLINE. Comment?

SAINT-GÉRAN. Je l'exige, ou, du moins, je vous en prie.

CAROLINE, avec aisance et dignité. Faites entrer dans le premier salon, où nous allons les recevoir; préparez la galerie pour le bal, et disposez les tables de jeu. Vous passerez avant à la salle à manger, et qu'on soit prêt à servir (Montrant Saint-Géran.) quand Monsieur l'ordonnera; allez. (Valentin sort.)

DERVILLE, présentant la main à Caroline. Vous voulez bien permettre. (A Léon, sans quitter la main de Caroline.) Mon ami, elle est charmante. C'est l'esprit le plus piquant et le plus original que je connaisse. Je suis sûr que nous trouverons dans le salon une foule d'originaux de province, et nous allons nous amuser ensemble à les mystifier. Ce sera divin! (A Caroline.) Mille pardons, je suis à vous. (Ils sortent tous, et Saint-Géran se retire le dernier en marchant lentement, et l'air préoccupé. Léon le retient.)

SCÈNE XVI.

LÉON, SAINT-GÉRAN.

LÉON. Mon oncle, il faut que je vous parle. Vous connaissez mon attachement pour vous; il m'empêche de garder plus longtemps le silence; on vous a trompé.

SAINT-GÉRAN. Tu crois?

LÉON. Oui, mon oncle, il est de mon devoir de vous avertir. Vous allez vous marier avec confiance, parce que vous croyiez épouser une femme simple. Je dois vous prévenir qu'elle ne l'est pas.

SAINT-GÉRAN. Eh bien! mon ami, je m'en doutais.

LÉON. Et moi, j'en suis sûr.

SAINT-GÉRAN. C'est cependant toi qui m'as dit...

LÉON. C'est moi qui suis un sot. Vous alliez être dupé, si je ne vous avais pas averti du danger.

SAINT-GÉRAN. Je te remercie. Mais je ne le crois pas si grand que tu le dis.

LÉON. Si, mon oncle; bien plus encore. Vous ne pouvez vous imaginer quelle femme charmante! quelle réunion de grâces et de dignité! quel feu! quelle finesse! quelle imagination! Vous ne pouvez pas plus mal tomber, et le danger est réel.

SAINT-GÉRAN. Eh bien! mon ami, ça m'est égal; je me risque.

LÉON. Comment!

SAINT-GÉRAN. Ma foi, oui.

Air : *Qu'il est mince, notre journal*.

Nous comptions rencontrer céans
Une fille gauche et muette;
Nous trouvons grâce, esprit, talents;
Enfin une femme parfaite.
Ma foi, qu'y faire? que veux-tu?
Il faut se résigner, je pense;
Et je prends, j'y suis résolu,
Mon bonheur en patience.

LÉON. Mais, mon oncle, ce que vous me disiez tantôt...

SAINT-GÉRAN. Je crois que je raisonnais mal. Car enfin, une femme sotte peut faire des sottises comme une femme d'esprit, tandis que la femme d'esprit peut quelquefois avoir celui de se plaire avec son mari. As-tu vu déjà quelles attentions la mienne a pour moi, comme dans tout ce qu'elle dit elle cherche à m'attirer les égards et la considération? Mon ami, c'est fini; je me range du parti de la majorité. Je suis pour les femmes aimables.

LÉON. Eh bien! mon oncle, puisqu'il faut vous le dire, puisque vous ne voulez pas m'entendre, je vous déclare qu'il m'est impossible de donner mon consentement à ce mariage-là.

SAINT-GÉRAN. Qu'est-ce à dire?

LÉON. Oui, mon oncle; je l'aime, je l'adore, et je ne puis vivre sans elle.

SAINT-GÉRAN. Expliquons-nous, s'il vous plaît; je te la donne pour femme, et tu n'en veux pas; tu en aimes une autre; je te la donne encore! et voilà que maintenant... ah çà! je vais croire que c'est à moi que tu en veux.

LÉON. Non, mon oncle; mais rien n'égale mon désespoir; et, si vous l'épousez, je ne réponds pas de ce qui peut arriver.

SAINT-GÉRAN. Il n'arrivera rien, Monsieur; je connais Caroline, et elle me préfère à vous. C'est moi qui ai reconnu son mérite, qui ai su l'apprécier. Que diable! épousez votre Marianne, ou, si vous ne voulez pas vous marier, n'empêchez pas les autres; ainsi, prenez votre parti. Caroline sera ma femme, et tâchez d'avoir un peu plus d'amitié pour moi et pas tant pour votre tante; sinon, je vous déshérite. (*Il sort.*)

SCÈNE XVII.

LÉON, *seul*. Ma tante! ma tante! je ne pourrai jamais m'habituer à ce nom-là. Est-il une situation pareille à la mienne? et fut-on jamais plus malheureux? Pourquoi ai-je écouté les conseils de mes amis, et n'ai-je pas osé braver leurs railleries? car, malgré eux, malgré moi, j'ai toujours aimé Caroline; je l'ai aimée du premier moment que je l'ai vue; et, depuis que mon oncle veut l'épouser, il me semble, s'il est possible, que je l'aime deux fois plus encore; je n'y tiens plus; je cours lui dire, lui expliquer...

SCÈNE XVIII.

LÉON, MARIANNE.

MARIANNE, *l'arrêtant*. Ah! Monsieur, vous savez sans doute... votre oncle consent à tout; je vous disais bien que ça devait finir comme ça; mais je ne croyais pas que ça irait si vite : on compte sur des obstacles; on s'arrange pour ça, et puis, crac, voilà un mariage et pas d'obstacles.

LÉON. Rassurez-vous, il en surviendra.

MARIANNE. Dame! pas trop forts, cependant... Moi... ce que j'en dis...

AIR : *De sommeiller encor, ma chère.*

Je sais très-bien que quand on s'aime,
Il faut plus d'un événement;
Mais nous serons toujours à même :
Marions-nous, c'est plus prudent,
Si par malheur, suivant l'usage,
Nous n'avons pas eu tout exprès
D'accidents avant l'mariage,
Nous en aurons peut-être après.

Et pour commencer, vous n'avez pas vu; je vous avais mis un second billet dans le creux du gros chêne.

LÉON. Comment! le gros chêne?

MARIANNE. Eh! oui, la boîte aux lettres; là, où vous avez trouvé ma réponse : *Que l'inconnu se fasse connaître.*

LÉON. Comment! cette lettre... c'était vous...

MARIANNE. Je crois bien, et il me semble que ça n'était pas mal. *Que l'inconnu se fasse connaître, et il trouvera un cœur sensible.* Dame! c'est que je n'ai pas menti.

LÉON. Ah! mon Dieu, Marianne, vous êtes bien aimable, et je vous aime beaucoup; mais ce n'est pas moi qui vous ai écrit, et ce n'est pas moi qui ai reçu votre lettre : c'est Derville.

MARIANNE. Comment! M. Derville m'aime donc aussi?

LÉON. Sans doute.

MARIANNE. Eh bien! et vous? comment ça va-t-il s'arranger?

LÉON. Oh! je lui cède tous mes droits. Après l'amour qu'il a pour vous, je ne puis persister.

MARIANNE. Ah! vous ne persistez pas? Cependant, si ça vous contrariait... Ah! ce sera donc lui qui...

LÉON. Sans contredit, et il n'y a pas de temps à perdre.

MARIANNE. Alors je cours lui parler. Par exemple, voilà un événement; je n'en ai jamais *lu* de pareil; là, au moment... un qui m'aime, et un autre qui m'épouse. (*Elle sort en courant.*)

SCÈNE XIX.

LÉON, *seul*. Notre prévention a été assez grande, pour que nous ayons été dupes d'une erreur aussi grossière! Moi, supposer que Caroline... Ah! je suis indigne d'elle, et j'ai perdu par ma faute le bonheur qui m'était réservé.

SCÈNE XX.

LEON, CAROLINE, DEUX DOMESTIQUES.

(*Caroline sort de l'appartement à droite, et parle aux deux domestiques.*)

CAROLINE. Oui, c'est bien; je vais faire placer le lustre et les guirlandes de fleurs.

LÉON. C'est elle, et j'ose à peine maintenant lui adresser la parole. (*Haut.*) Mille pardons, Mademoiselle, je vois que vous avez de si nombreuses occupations...

CAROLINE. Oui, votre oncle a voulu...

LÉON. Je n'ose alors vous arrêter; mais je cherchais... je voulais...

CAROLINE, *vivement*. Mon Dieu, l'on peut attendre; (*Aux domestiques.*) allez, vous autres, je vous rejoins. (*Ils sortent.*) Serais-je assez heureuse, monsieur Léon, pour que vous eussiez besoin de moi?

LÉON. Oui, j'ai besoin de vous dire combien je fus coupable envers vous, moi qui ai pu vous méconnaître, vous outrager. J'en suis assez puni, puisque je vous perds, et qu'en vous perdant, je n'ai pas même le droit de me plaindre; mais si vous saviez quels sont mes tourments et mes remords, vous ne me refuseriez pas la grâce que je vous demande.

CAROLINE. A moi! une grâce?

LÉON. Oui, je serais moins malheureux si j'avais la certitude que vous ne me haïssez pas, que vous oubliez mes torts, et que vous daignez me pardonner.

CAROLINE. Vous pardonner? et quels torts avez-vous envers moi? Est-ce votre faute si vous ne m'aimez pas?

LÉON. Que dites-vous? Ah! vous ne connaîtrez jamais combien je vous aimais, et à quel point ma faiblesse et une fausse honte ont pu m'égarer. Mais vous ne me croiriez pas, et je dois renoncer à tout, même à l'espoir de vous convaincre de ma sincérité! Il est donc vrai que tout est fini pour moi! Caroline, vous allez en épouser un autre.

CAROLINE. Oui; mon consentement est donné, ma main n'est plus à moi.

SCÈNE XXI.

Les précédents, SAINT-GÉRAN. *Il est dans le fond.*

SAINT-GÉRAN. Diable! un tête-à-tête! approchons.

LÉON. Et j'aurais pu posséder tant de charmes, et c'est moi-même qui m'en suis privé! Non, mon oncle ne peut exiger un pareil sacrifice; et s'il me réduit au désespoir, je suis capable de tout oublier.

CAROLINE. Non, vous n'oublierez pas la reconnaissance que vous lui devez; vous vous rappellerez qu'il prit soin de votre enfance, qu'il vous combla de ses bienfaits; que tout à l'heure encore, il vient d'assurer votre fortune; et quand il fait tout pour votre bonheur, de quel droit viendriez-vous troubler le sien? Vous prétendez que ce sacrifice vous est impossible; je le crois, je veux bien le croire; mais vous n'avez pas pensé, sans doute, que l'honneur le commandait : ce mot doit vous suffire; je n'ai pas besoin, auprès de vous, d'autres considérations.

LÉON. Caroline!

CAROLINE. Oui, vous vous éloignerez, vous quitterez ces lieux... Vous hésitez; et qui vous a dit, Monsieur, que vous souffriez seul au monde, qu'il n'y a pas d'autres personnes plus à plaindre, et qui ont autant que vous besoin de courage. J'aurais peut-être dû vous le laisser ignorer; mais je ne m'en fais pas de reproches; je crois que vous n'en abuserez pas, que vous n'y verrez qu'un nouveau motif de faire votre devoir, et que vous rougiriez qu'une femme eût plus de fermeté que vous.

LÉON. Je ne balance plus, je m'éloigne : chaque vertu que je découvre en elle est un nouveau regret pour moi; adieu, Caroline. (*Il fait quelques pas pour sortir.*)

SAINT-GÉRAN. Allons! il s'en va; c'est très-bien.

LÉON, *revenant.* Et vous, n'avez-vous point d'adieux à me faire? N'avez-vous plus rien à me dire?

CAROLINE. Non, depuis longtemps mon parti est pris; j'ai juré de faire mon devoir, d'épouser votre oncle, de ne plus vous voir, et de vous aimer toujours.

LÉON, *se jetant à ses pieds.* Grand Dieu!

SAINT-GÉRAN. Comment, de vous aimer toujours?

LÉON. Eh quoi! vous étiez là?

SAINT-GÉRAN. Oui, Monsieur, et elle vous a traité comme vous le méritiez; c'est bien, Caroline, c'est très-bien; je suis content; il n'y a que quelques mots seulement que j'ai peine à comprendre, *j'épouserai votre oncle, et je vous aimerai toujours.* Voilà une distinction diablement subtile; et je crois qu'en effet il y a trop d'esprit pour moi là-dedans... hein? Qu'en dites-vous? Dans la crainte de ne pas nous entendre, je crois qu'il faut retourner la phrase : « Vous épouserez mon neveu, et vous m'aimerez toujours, » car je serai toujours votre père, votre ami; oui, mes enfants, je reviens à mes premiers projets, et nous ne changerons rien au contrat.

SCÈNE XXII.

Les précédents, DERVILLE.

DERVILLE. Ah bien! qu'est-ce que je vois donc? cela fait tableau!

LÉON. Ah! mon ami, je suis le plus heureux des hommes; elle est à moi.

DERVILLE. Ma foi, tant mieux; je suis maintenant dans les principes du général, il faut qu'on se marie.

MARIANNE, *accourant tout essoufflée, à Derville.* Ah! c'est vous, Monsieur; voilà assez longtemps que je vous cherche.

DERVILLE. Elle est tout à fait gentille... Qu'est-ce que tu me veux, mon enfant?

MARIANNE. Eh bien! vous savez... C'est donc vous... qui...

DERVILLE. Quoi?

MARIANNE. Eh bien! c'est clair... vous savez bien, pour le mariage?..

DERVILLE. Excepté cela, ma belle enfant, demande-moi tout ce que tu voudras.

MARIANNE. Ah! vous ne persistez pas non plus; personne ne persiste, il paraît qu'il n'y aura pas de dernier chapitre.

VAUDEVILLE.

DERVILLE.

AIR : *Moi, j'aime la danse.*

Quand l'amour nous guide,
Tout va bien; sous un tel précepteur,
La plus timide
Bientôt n'a plus peur.

SAINT-GÉRAN.

Sexe dangereux
Que je redoute,
A mon âge on craint, sans doute,
Deux beaux yeux
Plus que les feux
D'une redoute.
Mais qu'amour nous guide,
Que sa flamme échauffe notre cœur,
La plus timide
Bientôt n'a plus peur.

LÉON.

Ce soldat récent
Que chacun raille,
Dès qu'il se trouve en bataille,
S'élance en chantant
Galment
Sous la mitraille :
Quand l'honneur nous guide
Près des vieux enfants de la valeur,
Le plus timide
Bientôt n'aura plus peur.

DERVILLE.

L'opéra, vraiment,
Fait ma conquête;
Chaque soir, nymphe discrète
Y soigne le sentiment
Et la pirouette :
L'Amour y préside;
Mais de ce dieu terrible et vainqueur,
La plus timide
N'a jamais eu peur.

CAROLINE, *au public.*

L'auteur inquiet
Est dans l'attente,
Moi qui d'un rien m'épouvante,
Je n'eus jamais plus sujet
D'être tremblante.
Soyez notre égide :
Dès qu'il entend un bravo flatteur,
Le plus timide
Bientôt n'a plus peur.

FIN DE CAROLINE.

VIALAT ET Cⁱᵉ, IMPRIMEURS ET ÉDITEURS.

ARTHUR. Deux heures! comment, il n'est que cela? — Acte 1, scène 6.

L'ENNUI
OU
LE COMTE DERFORT

COMÉDIE-VAUDEVILLE EN DEUX ACTES

Représentée, pour la première fois, à Paris, sur le théâtre des Variétés, le 2 février 1820.

EN SOCIÉTÉ AVEC MM. DUPIN ET MÉLESVILLE.

Personnages.

ARTHUR, COMTE DERFORT.
SIR BIRTON, baronnet.
ARUNDEL.
MACARTY, négociant.

MARIE.
ROBIN, jardinier du comte.
VASSAUX DU COMTE.

La scène se passe en Écosse, dans le château du comte Derfort.

COUPLET D'ANNONCE.

Air de *Julie, ou le Pot de fleurs.*

Sur notre affiche, en faisant apparaître
　Ce mot redoutable : *l'Ennui!!!*...
L'auteur au moins ne vous prend pas en traître,
Et vous savez sur quoi compter ici.
Quand chaque jour par le titre on vous triche,
　Vous ne pourrez, Messieurs, nous en vouloir
Si par hasard la pièce allait ce soir
　Tenir ce que promet l'affiche.

LAGNY. — Imprimerie de VIALAT et Cⁱᵉ. — Nº 5. —

ACTE PREMIER.

Le théâtre représente une salle élégante du château; deux portes latérales. Au fond, trois grandes portes vitrées, au travers desquelles on aperçoit un site pittoresque.

SCÈNE PREMIÈRE.

BIRTON, *étendu sur une chaise, et lisant un journal;* MACARTY, ROBIN.

MACARTY, *s'asseyant dans une bergère.* Ça m'est égal, j'attendrai; voilà trois fois que je viens pour parler à lord Arthur, et je lui parlerai.

ROBIN, *entrant.* C'est une horreur! une infamie!

BIRTON. Qu'est-ce que c'est donc qu'un tapage comme celui-là? Robin, vous voulez donc réveiller tout le monde au château?

ROBIN. Comment! Monseigneur dort encore à une heure de l'après-midi? Dieu de Dieu! qu'on est heureux d'être grand seigneur et de n'avoir pas le temps de se lever plus tôt... moi qui veux lui parler.

MACARTY, *brusquement.* Et moi aussi, et vous voyez que j'attends.

ROBIN. Vous qui êtes un étranger, c'est bon; mais moi, son frère de lait et son jardinier, j' devrais passer avant tout.

BIRTON. Que veux-tu?

ROBIN. J' viens lui demander justice; tenez, monsieur Birton, vous, qui êtes son ami, imaginez-vous que le collecteur, le percepteur, je ne sais pas lequel, ont dressé procès-verbal pour un lapin que j'avais tiré dans l' parc, et ils m'ont pris mon fusil sous prétexte que c'était la troisième fois qu'on me pardonnait; j' vous demande si ce n'est pas un abus.

BIRTON. C'est bien fait, pourquoi vas-tu tirer sur les lapins de ton maître?

ROBIN. Mais dame, puisqu'il n'en tue pas.

BIRTON. Qu'est-ce que cela fait?

ROBIN. Alors, qui est-ce qui les tuera?

Air : *Tenez, moi, je suis un bon homme.*
V'la justement pourquoi j'enrage :
Qu'il nous laisse au moins ce soin-là;
Vous savez bien que c'est l'usage,
Et qu'ici-bas le ciel plaça
L' collecteur pour être intraitable,
Les vassaux pour être grugés,
Les grands seigneurs pour être à table,
Et les lapins pour êtr' mangés.

C'est leur état... mais voyez-vous monsieur le comte se promenant dans son parc? T'nez, v'là comme il va à la chasse... (*Il met ses mains dans ses poches.*) et puis quand il a fait un tour d'allée, il rentre au château, s'étend dans une bergère, et s'occupe à se démonter la mâchoire. Corbleu! que v'là un seigneur qui a une vie agriable!.. Quand je vois ça, ça me met dans les fureurs de n'être que jardinier.

BIRTON. Eh bien! ne faudrait-il pas aussi que tu fusses seigneur?

ROBIN. Dame! tout comme un autre.

BIRTON. Allons, allons, va travailler.

ROBIN. Travailler, travailler, ils n'ont que ça à vous dire, rien que ce mot-là... ça me fait mal..... Dites donc, monsieur Birton, vous vous chargerez de mon affaire?

BIRTON. C'est bon, c'est bon, on va s'en occuper sur-le-champ.

MACARTY, *à Robin, qui s'en va.* Ah çà! mon cher, je vous en prie, tâchez de savoir si votre maître se réveillera aujourd'hui.

ROBIN, *imitant Birton.* C'est bon, c'est bon, on va s'en occuper sur-le-champ. (*Il sort.*)

SCÈNE II.

BIRTON, MACARTY.

BIRTON. Voilà ce que c'est que de se lever matin, on est accablé de demandes.

MACARTY. Vous vous levez donc matin, vous, Monsieur?

BIRTON. Oui, Monsieur, je suis sur pied depuis midi; j'ai toujours eu les goûts roturiers.

MACARTY. Je vous en fais compliment, car un gentleman qui dort ne vaut pas un roturier qui fait ses affaires, et John Williams Macarty, votre serviteur, ne serait pas devenu un des premiers manufacturiers de l'Écosse, s'il eût attendu la fortune dans son lit. (*Regardant Birton.*) ou sur une chaise.

BIRTON, *se levant.* Ah! vous êtes M. Macarty... Je vous en fais compliment à mon tour... ce gros négociant qui a toujours de l'argent... Est-ce que vous viendriez en apporter?

MACARTY. Non, Monsieur, au contraire, il faut enfin que le comte Derfort connaisse l'état de ses affaires; je sais bien que son indolence, ses intendants et ses amis l'empêchent d'y voir clair; mais ça va mal, entendez-vous, ça va fort mal.

BIRTON. Eh! parbleu! qu'est-ce qui vous dit que cela aille bien? qu'est-ce que ça me fait qu'il se ruine? Je ne suis pas son intendant; je suis son ami. Je lui dirai cependant que vous êtes venu.

MACARTY, *tirant sa montre.* Ce n'est pas la peine, je le lui dirai bien moi-même... Une heure dans l'instant, ah! mon Dieu, et mes affaires!..

Air du vaudeville des *Gascons.*
Je pars, et je reviens céans,
Dans cette salle
Je m'installe;
Je pars; nous autres commerçants,
Nous connaissons le prix du temps.
BIRTON.
Mais attendez encor.
MACARTY.
Bonsoir.
Je dois être toujours en course;
Je ne m'assieds qu'à mon comptoir,
Et je ne cause qu'à la Bourse.
Je pars, et je reviens céans, etc.
(*Il sort.*)

SCÈNE III.

BIRTON, *seul.* Parbleu! voilà une visite qui fera grand plaisir au comte Derfort; quant à moi, j'en ferai mon profit, et je ne crois pas que je reste longtemps au château... ça devient un séjour fort ennuyeux... Arthur ne dit mot, ou bâille toute la journée; j'ai beau faire tout au monde pour le distraire... encore hier, mille guinées que je lui ai gagnées, et cinq cents sur parole, il ne s'en est seulement pas aperçu; ma foi, j'y renonce.

Air du vaudeville de *la Robe et les Bottes.*
En d'autres lieux le doux plaisir m'entraîne,
J'ai vingt amis qui m'offrent leurs maisons,
Dans leur bourse je vois la mienne,
Et par égards j'en use sans façons.

Partager tout est d'un ami fidèle :
Tout, entre amis, doit être de moitié ;
Et chaque jour je remplis avec zèle
Tous les devoirs de l'amitié.

Mais l'amitié a des bornes quand la fortune en a, et je serais déjà parti depuis longtemps sans cette petite Marie qui est charmante ; et il faut qu'Arthur soit aussi insouciant qu'il l'est pour ne pas l'avoir remarqué. Eh ! mais, c'est elle qui vient de ce côté.

SCÈNE IV.

BIRTON, MARIE, *marchant sur la pointe du pied, et s'avançant vers la porte à gauche.*

BIRTON. Hé bien ! que faites-vous donc là ?

MARIE, *l'apercevant.* Oh ! mon Dieu, je marchais tout doucement de crainte de réveiller Monseigneur.

BIRTON. Ah ! ne craignez rien, quand il dort, il dort bien, il n'a que cela à faire. Eh bien ! Marie, vous ne me regardez pas ?.. allons, je vois que vous êtes encore fâchée du baiser d'hier ; écoutez donc, si vous me l'aviez donné, je ne l'aurais pas pris.

AIR nouveau de *M. Panseron.*
De toutes mes folies
Accuse ta rigueur.
Toujours tu te défies
De ma sincère ardeur.
Mais réponds-moi, traîtresse ?
Par quels moyens, hélas !
Te prouver ma tendresse ?

MARIE.
En ne m'en parlant pas.

BIRTON.
DEUXIÈME COUPLET.
J'ai fait pour toi, cruelle,
Des serments et des vœux,
Et j'ai fait sentinelle
Souvent une heure ou deux.
Alors, dis-moi, ma chère,
Pour plaire à tes beaux yeux,
De plus puis-je faire ?

MARIE.
Me faire vos adieux.

Quel bonheur ! voilà Monseigneur qui descend !

BIRTON. Eh ! non, ce n'est pas lui. Ah çà ! quelle impatience avez-vous donc de le voir ?

MARIE. C'est que j'ai de bonnes nouvelles à lui annoncer ; une nouvelle qui lui fera bien plaisir... un ami qui lui arrive.

BIRTON. Parbleu ! des amis, quand on est riche, il vous en arrive tous les jours.

MARIE. Oh ! non, celui-là, ce n'est pas un ami à sa fortune, c'est un ami à lui.

BIRTON. Hein ?

MARIE. Oui, c'est sir Arundel, celui qui l'a élevé ; un homme franc et loyal qui ne flatte personne, et dit toujours la vérité.

BIRTON. Et ce monsieur-là a fait fortune ?

MARIE. Eh ! mais... c'est lui, je crois, qui vient, entouré de tout ce monde.

BIRTON. Adieu, Marie ; je cède la place à notre nouvel ami. (*Il sort.*)

SCÈNE V.

MARIE, ARUNDEL, ROBIN, ET PLUSIEURS PAYSANS *qui entourent Arundel.*

ARUNDEL.

AIR : *Ah ! quel plaisir !* (de JEANNOT ET COLIN).
Ah ! quel plaisir de vous revoir,
Lieux chéris de mon enfance !
Ah ! quel plaisir de vous revoir
Après une aussi longue absence ?
Séjour de ma jeunesse,
De mes premiers plaisirs ;
Ici je vis sans cesse
De mes vieux souvenirs.
Mes amis, quelle ivresse,
Pour mon cœur quel plaisir !

ENSEMBLE.
Séjour de ma jeunesse, etc.

CHŒUR.
Séjour de sa jeunesse,
De ses premiers plaisirs ;
Il retrouve sans cesse
Tous ses vieux souvenirs.

ARUNDEL. Mes bons amis ! mes chers amis ! combien je suis aise de vous revoir... Eh ! c'est Robin, le fils du jardinier... Je ne l'aurais pas reconnu.

ROBIN. C'est vrai, que je suis joliment grandi.

ARUNDEL. Ce pauvre Robin ! (*A part.*) Il a toujours l'air bête.

ROBIN. Ça n'a fait que croître et embellir.

ARUNDEL, *montrant Marie.* Eh ! quelle est cette jolie personne ?

ROBIN. C'est Marie, cette orpheline que M. le comte avait recommandée en mourant à lord Arthur, son fils.

ARUNDEL. Je sais, je sais ; cette petite fille... Diable ! c'est que depuis cinq ans ce n'est plus cela. Tenez, mes amis, voilà toujours de quoi boire à ma santé. (*Les paysans sortent. Regardant autour de lui.*) Quel plaisir j'éprouve à revoir ces lieux ! c'est ici que j'ai passé ma jeunesse avec ce pauvre comte Derfort, mon brave, mon respectable ami, l'honneur de son pays, la gloire de sa famille. Mais j'espère que son fils, que lord Arthur sera digne de lui... Je lui ai entendu prononcer son premier discours au parlement, et j'étais à côté de lui quand il fut blessé en Portugal, à la tête de son régiment.

AIR : *Il n'est pas temps de nous quitter.*
Grâce à nos soins, à nos avis,
Grâce à l'exemple de son père,
Il servait déjà son pays
Comme un citoyen doit le faire ;
Soldat, orateur à la fois,
Il consacrait, dès l'âge le plus tendre,
Sa voix à proclamer nos droits,
Et son épée à les défendre.

(*Regardant autour de lui.*)
Mais pourquoi n'est-il pas là pour me recevoir ?.. Non pas que je tienne à l'étiquette, mais je tenais à l'embrasser le plus tôt possible.

ROBIN. Dame ! c'est qu'il n'est pas encore levé.

ARUNDEL. Comment ! pas encore levé !.. Serait-il malade, par hasard ?

MARIE. Oui, Monsieur, oui, je le crois bien malade.

ARUNDEL. Parbleu ! j'arrive bien heureusement. Dieu merci, je m'entends à tout, et surtout en médecine... Conduisez-moi vers ce pauvre Arthur... mais dites-moi avant tout quelle est l'espèce de sa maladie, et depuis combien de temps... Hein?.. Eh bien! vous gardez le silence?

ROBIN. C'est qu'elle n'ose pas vous dire que la maladie de Monseigneur, c'est... (Il se met à bâiller.)

ARUNDEL. Que veut dire cet original avec ses bâillements?

ROBIN. Dame! Monsieur, vous devez bien voir, d'après ces symptômes, qu'il est malade de ne rien faire... et je troquerais bien sa maladie contre ma santé.

MARIE. Hélas! oui. Depuis que notre pauvre maître a eu le malheur de se voir à la tête de trois cent mille livres de rente, il n'est plus reconnaissable; la première année, qui était celle de votre départ, ça allait encore bien.

AIR des *Visitandines*.

D'être heureux, joyeux et content,
Il avait d'abord la recette ;
Tout allait bien, grâce à l'argent,
Et dans c' pays où tout s'achète,
Il achetait de la santé,
Il ach'tait d' l'amour vif et tendre,
Il ach'tait plaisir et gaîté ;
Mais dam', quand il eut tout ach'té,
On n'eut plus rien à lui vendre.

ROBIN. Et alors il resta de là, ne sachant plus que faire.

MARIE. Vous oubliez tout le bien qu'il a fait ici à ses vassaux.

ROBIN. Oui, ses vassaux! il s'en occupe joliment : on ne peut seulement pas tuer un lapin sur ses terres.

MARIE, *avec vivacité*. Robin! vous êtes un mauvais cœur, et ce n'est pas à vous à parler; vous, pour qui il a mille fois trop de bontés : lord Arthur est sensible, généreux plus qu'on ne croit ; et il est étonnant que les personnes qui devraient le défendre soient les premières à l'attaquer, à lui faire perdre tous ses amis...

ARUNDEL. Non, non, il en a encore, je le vois; mais Robin a raison, et j'ai bien fait d'arriver pour traiter le malade ; moi, mes ordonnances ont toujours réussi, et à moins qu'il ne soit dans un état désespéré... Mais, je vais d'abord commencer par moi, car j'ai une faim d'enfer... Conduisez-moi à la salle à manger, et surtout ne lui dites pas que je suis arrivé.

MARIE. On vous attendait plus tôt.

ARUNDEL. Oui, je suis en retard : à quelques milles d'ici je me suis arrêté chez Tom, l'ancien garde-chasse; il y avait de la brouille dans le ménage, je les ai raccommodés en passant ; moi, ça me fait du bien, ça me tient en haleine; mais ça n'empêche pas d'avoir faim.

AIR : *Mon cœur à l'espoir s'abandonne*.

Puisque votre maître sommeille,
Mes amis, loin de le gêner,
En attendant qu'il se réveille,
Je vais trouver le déjeuner.
Quand, le matin, on rend service,
On mange mieux, à ce qu'on dit,
Et grâce au ciel qui m'est propice,
J'ai toujours eu bon appétit.
Puisque, etc.

(*Il sort avec Robin.*)

—

SCÈNE VI.

MARIE, puis ARTHUR.

MARIE. Et nous, préparons ce qu'il faut à Monseigneur; ah! mon Dieu, le voici! (*Arthur paraît en négligé et comme un homme qui vient de se lever; il marche nonchalamment, arrive jusqu'au bord du théâtre, étend les bras.*) Voilà pourtant comme il commence toujours la journée, et souvent comme il la finit.

ARTHUR, *sans regarder Marie*. Holà! quelqu'un! quelle heure est-il?

MARIE, *timidement*. Deux heures.

ARTHUR. Deux heures!.. Comment! il n'est que cela? les journées n'en finissent pas..... Eh bien, mon déjeuner!

MARIE. Voilà, Monseigneur. (*Elle approche la table sur laquelle est le thé.*)

ARTHUR. Ah! c'est toi, ma petite Marie... (*A part.*) C'est une excellente fille que Marie; elle me gronde quelquefois; mais quand j'ai causé le matin avec elle, il me semble que je suis plus content le reste de la journée.

MARIE. Mon Dieu, Monseigneur, vous vous êtes levé bien tard aujourd'hui.

ARTHUR.

AIR d'*Aristippe*.

Le jour trop long me fatigue et m'ennuie,
Et je l'abrège de mon mieux ;
Sur les chagrins de cette vie,
Je l'avouerai, j'aime à fermer les yeux.
De cette erreur où le sommeil me plonge,
Pourquoi voudrais-tu me priver ?
Le bonheur n'existe qu'en songe,
Et je m'endors pour le trouver.

MARIE. Vous avez beau dire, il y a des gens tout éveillés qui le rencontrent.

ARTHUR. Eh ! parbleu ! je ne demanderais pas mieux; mais ce bonheur dont chacun parle, où est-il ? où le trouver ? je t'en fais juge : je l'ai cherché à la cour, on n'en avait pas de nouvelles ; dans les emplois, dans les places, il partait le jour même qu'on y entrait; dans les plaisirs, dans la dissipation, on croyait le saisir, on ne rencontrait que l'ennui, et même près des femmes... Les femmes de la ville, tu ne peux pas t'imaginer, toi, Marie, combien elles sont coquettes.

MARIE. Eh bien ! pourquoi vous adresser à celles-là ? Il en est tant d'autres que leur naissance, leur fortune, rendaient dignes de vous.

ARTHUR. Tu crois, Marie ? Il est de fait que ce mariage qu'on me proposait...

MARIE. Un mariage?..

ARTHUR. Oui, c'était fort convenable.

MARIE, *vivement*. Il faut accepter, Monseigneur.

ARTHUR. Oui, mais je n'ai pas d'amour pour la personne.

MARIE, *avec joie*. Ah ! vous n'avez pas... Alors, voilà qui est bien différent; et je ne peux pas vous conseiller... Cependant...

AIR : de *Toberne*.

Je parirais d'avance
Qu'elle vous chérira ;
Et, par reconnaissance,
Votre cœur l'aimera.
De ce mal qui vous gêne
On est bientôt guéri
Quand l'amour vous enchaîne ;
Car on dit qu'avec lui
On peut avoir d' la peine,
Mais jamais de l'ennui,
Non, non, jamais d'ennui.

ARTHUR. Marie, tu es fort aimable, et surtout de bon conseil; et peut-être aurais-je suivi celui que tu me donnes, s'il ne m'était pas venu une autre idée, un autre projet qui, je crois, assurera encore plus ma tranquillité; et je suis étonné de n'y avoir pas pensé plus tôt.

MARIE. Monseigneur, ce projet-là doit-il vous éloigner de nous?
ARTHUR. Oui; mais je ne partirai pas sans avoir assuré votre bonheur à tous, et à toi surtout, ma bonne petite Marie; mais nous nous reverrons aujourd'hui.
MARIE. Aujourd'hui, non; je vais à Falkirk pour porter à mon oncle la petite pension que vous lui faites; Robin voulait m'accompagner, mais je n'ai pas voulu, et j'irai seule.
ARTHUR. Ainsi, je ne te verrai plus d'aujourd'hui.
MARIE. Non Monseigneur; mais demain.
ARTHUR. Oui, demain... Adieu, Marie; je te remercie de ton amitié, de l'attachement que tu me portes; mais, après mon départ, tu penseras encore quelquefois à moi, n'est-ce pas?
MARIE. Oh! toujours!
ARTHUR. Adieu, Marie. (*Il l'embrasse.*)
MARIE. Adieu, Monseigneur.

SCÈNE VII.

LES PRÉCÉDENTS, ARUNDEL.

ARUNDEL, *apercevant Arthur qui embrasse Marie.* Eh bien, courage! il me semble, mademoiselle Marie, qu'il n'est pas si mal portant que vous le disiez.
ARTHUR, *courant à lui.* C'est toi, mon cher Arundel?
ARUNDEL. Moi-même, qui, depuis une heure, attends en déjeunant le moment de t'embrasser.
ARTHUR. Comment! on t'a fait attendre.
ARUNDEL. Oh! je ne me suis pas impatienté, vu que je faisais antichambre dans ta salle à manger. J'étais là d'ailleurs avec un original, M. Birton, que l'on prendrait pour le maître de la maison. Il s'est fait apporter du meilleur vin... Ce n'est pas cela que je blâme; mais il dispose de tout avec un sang-froid!.. Je te préviens qu'il a commandé la calèche pour aller tantôt à Falkirk; ainsi arrange-toi pour t'en passer.
MARIE, *à part.* Comment! il vient aussi à Falkirk? Pourvu que je ne le rencontre pas. Hâtons-nous de partir. (*A Arundel.*) Adieu, Monsieur.
ARUNDEL. Au revoir, ma belle enfant. (*Marie sort, emportant le plateau sur lequel est le déjeuner.*)

SCÈNE VIII.

ARTHUR, ARUNDEL.

ARUNDEL. Voilà une charmante fille pour laquelle j'ai une affection toute particulière.
ARTHUR. Comment! tu la connais?
ARUNDEL. Parbleu! depuis une heure que je suis arrivé, est-ce que je n'ai pas eu le temps de faire connaissance, de revoir tous les anciens vassaux, de recevoir sept ou huit pétitions?.. Les voilà... je t'en parlerai tout à l'heure, et il faudra bien que tu accordes, car je suis toujours solliciteur, et surtout tenace en diable: mais voyons d'abord dans quel état sont tes affaires.
ARTHUR, *d'un air insouciant.* Mais... je crois que cela va bien.
ARUNDEL. Il paraît que tu n'en es pas sûr?
ARTHUR. Ma foi, non; mais toi, qui parles...
ARUNDEL. Moi, c'est différent, je n'ai jamais eu beaucoup d'ordre, et je ne sais pas trop où j'en suis; je crois même que j'ai par le monde quelques lettres de change; mais enfin elles arriveront, et on verra bien.

AIR de *Lantara*.

Qu'un autre aux calculs s'abandonne,
Moi, mon budget est facile et léger;
Je reçois moins que je ne donne,
Et j'emprunte pour obliger. (*bis.*)
Je puis compter quelques dépenses faites;
Je puis compter des services rendus;
Bref, j'ai doublé mes amis et mes dettes;
Voilà l'état de tous mes revenus.

Mais, que veux-tu? je suis garçon, je n'ai pas d'enfants; je me fais une famille; j'ai le défaut de me mêler un peu de tout, il est vrai, mais comme c'est pour rendre service, on veut bien me le passer.
ARTHUR. Et qu'est-ce que cela te rapporte?
ARUNDEL. Le plaisir d'obliger, c'est une spéculation comme une autre; dès que j'arrive quelque part, je vois un air amical, des figures ouvertes, le sourire sur les lèvres. On me paie en bon accueil. Si tu savais comme ils m'ont reçu dans le pays... Vrai, je leur redois quelque chose.
ARTHUR. Je vois que tu es toujours le même; aussi tu étais digne d'être heureux.
ARUNDEL. Et pourquoi ne le serais-tu pas autant que moi! Je sais que tu as des chances contre toi; tu es riche, tu es grand seigneur; mais qu'importe, morbleu! le bonheur est partout.
ARTHUR. Non pas pour moi, et si tu veux que je t'ouvre mon cœur, je suis le plus malheureux des hommes.
ARUNDEL. J'y suis!.. quelque passion?
ARTHUR. Non.
ARUNDEL. C'est donc quelque chagrin bien profond? quelque accident imprévu?
ARTHUR. Plût au ciel! Mais tout semble au contraire sourire à mes vœux.
ARUNDEL. J'entends, enfin, tu es malade de ton propre bonheur.
ARTHUR. Oui, je t'avoue que l'ennui est le plus insupportable des fardeaux, que l'existence m'est à charge, et que je t'attendais pour te faire part de mes résolutions: tu étais l'ami de mon père, tu es le mien... C'est entre tes mains que je veux mettre ma fortune; tu en feras un bon usage, j'en suis certain; et quant à moi, ce soir... je n'aurai plus besoin de rien et ne m'ennuierai plus: voilà mon projet.
ARUNDEL, *froidement.* Cela me paraît raisonnable, et dans la situation où tu es, tu n'as rien de mieux à faire. Si tu étais utile à l'Etat, à ton pays, à tes compatriotes, je te presserais de vivre; mais ton immense fortune, tes brillantes qualités, tes talents, n'ont contribué ni à ton bonheur, ni à celui des autres; tu peux partir, tu ne laisseras, après toi, ni reproches, ni regrets, ton absence même ne sera pas remarquée.
ARTHUR. C'est ce qui te trompe; je veux, après moi, leur être plus utile que je n'ai pu l'être jusqu'ici: je te confie ces papiers, ce sont mes dernières volontés; tu verras que je n'ai oublié personne; que je donne à toi, à tous mes vassaux.
ARUNDEL, *froidement.* C'est là ta dernière volonté?
ARTHUR. Oui, fixe et invariable.
ARUNDEL. Eh bien! tu pouvais t'épargner cette peine, tu n'as rien à donner.
ARTHUR. Comment! je ne peux pas disposer de mes biens?
ARUNDEL. Tes biens! apprends donc que tu n'en as pas, que tu n'as rien. Si j'ai consenti à me taire par tendresse pour toi, rien ne m'oblige maintenant à

cacher la vérité, et ta résolution aura au moins cet avantage, qu'elle rendra au vrai comte Derfort et son nom et ses biens.

ARTHUR. Que veux-tu dire?

ARUNDEL.

AIR : *A soixante ans* (du DÎNER DE MADELON).

De ce séjour le maître véritable
Vit inconnu dans son propre château ;
Pour l'enrichir, une adresse coupable
Vous échangea tous les deux au berceau.
A tous les yeux s'il faut que je l'affiche,
J'y suis tout prêt, et sans rien épargner,
Son nom, ses biens, je vais tout lui donner.
Il est heureux, je vais le rendre riche ;
Fasse le ciel qu'il y puisse gagner !

ARTHUR. Et pourquoi m'as-tu aussi longtemps caché ce secret?

ARUNDEL. Je n'avais d'autre garant, d'autre preuve, que ta parole ; et ne t'en aurais jamais parlé, sans la résolution dont tu viens de me faire part.

ARTHUR. Oui, tu as raison, ces biens ne m'appartiennent pas, il faut les rendre.

ARUNDEL. Je vais chercher le véritable propriétaire; il n'est pas loin d'ici ; je le rétablis dans tous ses droits... je viens après te rejoindre, et nous ne nous séparerons plus.

ARTHUR. Que dis-tu?

ARUNDEL. J'ai promis à ton père de ne jamais te quitter, tu vois bien qu'il faut que nous partions ensemble.

ARTHUR. Est-ce tout que j'entends?

ARUNDEL. Oh! moi, c'est différent.

AIR des *Amazones*.

Sur mon destin je suis tranquille,
Pour mon pays j'ai combattu,
A mes amis j'ai tâché d'être utile,
J'ai toujours fait tout le bien que j'ai pu.
Celui qui voit sa tâche terminée,
Au doux repos peut se livrer gaîment ;
Bon ouvrier, j'ai fini ma journée,
Voici le soir, et je pars en chantant.

Sois tranquille, je vais tout disposer, et dans une heure je viens te chercher. (*Il prend la main d'Arthur et sort.*)

SCÈNE IX.

ARTHUR, seul. Il a beau dire... non, je ne lui laisserai pas exécuter ce dessein. Mais Marie, cette bonne Marie dont j'avais promis d'assurer le bonheur, je ne puis plus rien pour elle, il ne me reste rien.

SCÈNE X.

ARTHUR, BIRTON.

BIRTON. Ah! c'est toi, mon cher ; je suis enchanté de te rencontrer, je pars à l'instant même.

ARTHUR, *distrait*. Ah! tu nous quittes?

BIRTON. Oui, une affaire indispensable m'oblige à retourner à Édimbourg... Et comme j'aurai besoin de mes fonds... si tu pouvais me payer en ce moment ta dette d'hier au soir ?

ARTHUR. Comment!

BIRTON. Oui, ces cinq cents guinées que je t'ai gagnées sur parole ; les aurais-tu oubliées, par hasard ?

ARTHUR. Non, certainement ; mais je ne m'attendais pas...

BIRTON. Dans toute autre occasion je te ferais crédit; mais, dans ce moment,.. (*A l'oreille.*) on peut te confier cela, parce qu'autrefois tu étais un amateur. Je ne sais pas si tu as remarqué ici une charmante petite fille que l'on nomme Marie.

ARTHUR. Oui, oui ; eh bien ?

BIRTON. Je l'emmène avec moi à Édimbourg ; elle consent à me suivre, et je pars avec elle dans ta calèche : tu veux bien me la prêter... C'est bien ; j'en étais sûr, et j'en avais disposé d'avance.

ARTHUR, *étonné*. Marie consent à te suivre?...

BIRTON. C'est-à-dire, j'aide un peu à la lettre ; mais tu sais, ces vertus de village ne demandent pas mieux que d'être un peu contraintes; pourquoi leur refuser ce plaisir-là ? J'ai appris qu'elle allait aujourd'hui à Falkirk ; et John et Williams, mes deux piqueurs, les plus hardis coquins, des sujets impayables enfin, doivent la joindre sur la route, la faire monter dans ta calèche, et tu devines le reste.

ARTHUR, *ému*. Birton, votre conduite est indigne d'un galant homme.

BIRTON. Eh bien! qu'est-ce qu'il a donc? est-ce que tu en es aussi amoureux?.. Il fallait le dire ; je suis le premier en date ; ce n'est pas ma faute.

ARTHUR. Vous me rendrez raison de l'insulte que vous lui avez faite.

BIRTON. Ce que tu dis là est très-beau, et dans toute autre occasion j'accepterais ta proposition ; mais dans ce moment ma vie ne m'appartient pas, mes créanciers n'ont pas d'autre hypothèque, et je ne peux pas tromper leur confiance.

ARTHUR. Monsieur!..

BIRTON.

AIR : *De sommeiller encor, ma chère*.

Plus que toi cela me désole ;
Mais, je te le dis sans détours,
Mes créanciers ont ma parole,
Et bien loin d'exposer mes jours,
J'en prends un soin inconcevable ;
Je dors bien, je bois encor mieux,
Je passe enfin ma vie à table ;
Tu vois ce que je fais pour eux.

ARTHUR. Je te le répète, si tu n'es pas le dernier des hommes...

BIRTON. Je ne suis pas le dernier des hommes, et je ne me battrai pas, ici du moins. Je galope sur la route de Falkirk, permis à toi de m'y rejoindre ; au moins ce ne sera pas un duel, ce sera une rencontre imprévue, mes créanciers n'auront rien à dire, et la belle Hélène que nous nous disputons sera le prix du combat. Adieu, mon très-cher ami. (*Il sort.*)

SCÈNE XI.

ARTHUR, *seul*. Holà ! quelqu'un ; qu'on me selle un cheval ! oui, je le rejoins, je m'attache à ses pas.

SCÈNE XII.

ARTHUR, MACARTY.

MACARTY. Enfin, je vous trouve donc.

ARTHUR. C'est vous, mon cher Macarty... Dans tout autre moment j'aurais grand plaisir à vous voir...

MACARTY, *le retenant*. Non, Milord ; vous ne me quitterez pas...

ARTHUR. Une affaire indispensable...

MACARTY. Je n'en connais pas de plus indispensable

que celle de réparer ses torts, et d'empêcher la ruine d'un honnête homme.

ARTHUR. Que voulez-vous dire?

MACARTY. Depuis longtemps votre insouciance avait causé le plus grand désordre dans nos affaires, vous n'avez pas même répondu aux deux dernières lettres où je vous demandais des fonds pour le paiement des ouvriers, et voilà qu'en rentrant à mon auberge, je reçois la nouvelle qu'ils viennent de se révolter et qu'ils veulent tous s'éloigner.

ARTHUR. Serait-il possible!

MACARTY. Milord, je dois tout à votre père, c'est lui qui a créé cette manufacture... qui depuis a daigné m'y associer.

AIR : *Ce magistrat irréprochable.*

Grâce à lui, d'un nom respectable
Je me suis montré le soutien ;
Mais votre indolence coupable
A renversé son ouvrage et le mien.   (*bis.*)
Milord, vous m'ôtez plus, je pense,
Que ne m'avait donné mon bienfaiteur ;
Je ne lui dois que l'opulence,
Et vous me ravissez l'honneur.

ARTHUR. Non, mon ami, non, tout peut encore se réparer... parle, dispose de moi, que veux-tu que je fasse?

MACARTY. Que vous daigniez seulement parler aux ouvriers; ils vous connaissent, ils vous aiment; un mot de vous les calmera, leur fera reprendre leurs travaux... pendant ce temps, je m'occupe à rassembler les fonds nécessaires pour les payer... demain, je serai, je l'espère, en mesure; mais ne perdez pas un moment, ou ma ruine est déclarée.

ARTHUR. Oui, je te le promets, je te le jure; fais tout préparer pour mon départ... quatre lieues, c'est l'affaire d'un instant. (*Macarty sort.*)

SCÈNE XIII.

ARTHUR, *puis* ARUNDEL.

ARTHUR. Et ce duel... malheureux que je suis... si j'allais succomber! Deux heures... je ne demande que deux heures... que le ciel me les accorde, et je serai trop heureux.

ARUNDEL, *froidement.* Je viens te chercher; quand tu voudras, nous partirons.

ARTHUR, *vivement.* Non, mon ami, non, c'est impossible pour le moment, quelques instants de plus ou de moins ne changeront rien à ma résolution, et dans une heure ou deux je suis à toi.

ARUNDEL. Diable!.. Mais comme tu dis, ça peut se remettre... Voici, d'ailleurs, tous tes anciens vassaux ; tu vas leur faire tes adieux.

SCÈNE XIV.

LES PRÉCÉDENTS; ROBIN, PAYSANS, PAYSANNES.

Fragment de *Jean de Paris.*

CHŒUR.

Grands dieux! quel événement!
Quoi! Monseigneur, on prétend
Que vous devez tout à l'heure
Partir de cette demeure,
Et quitter notre pays?

ARTHUR.
Il est trop vrai, mes amis.

CHŒUR.
Ah! pour nous tous quel malheur!
Vous nous quittez, Monseigneur?

ARTHUR, *bas, à Arundel.*
Oui, je pars... et toi, demeure;
Je suis à toi dans une heure.

ARUNDEL, *à part.*
C'est fort bien, une heure ou deux,
Oui, déjà cela va mieux.

ARTHUR.
Mais je ne dois plus prétendre
Aux honneurs qu'on vient me rendre
Je ne suis plus maître ici,
Je ne suis que votre ami.

CHŒUR.
Que dit-il? Parlez, de grâce.

ARUNDEL.
D'un autre il avait la place,
Et bientôt, dans ce hameau,
On va vous faire connaître
Celui qui de ce château
Est le véritable maître.

CHŒUR.
Du village et du château
Quel est donc le nouveau maître?

ROBIN.
Encore un qui va-t-êtr' maître!
Quand donc ce s'ra-t-y mon tour?

ARTHUR.
Oui, je veux perdre en ce jour
Et mon nom et ma richesse ;
Mais pour vous j'aurai sans cesse
Toujours la même tendresse.

SCÈNE XV.

LES PRÉCÉDENTS; MACARTY *d'un côté*, DEUX VALETS *de l'autre.*

MACARTY.
Allons, qu'on se dépêche ;
Partons, il faut en finir.

ARTHUR, *troublé, aux paysans.*
Mes amis... oui, je vous quitte.
(*Aux valets.*)
Je vous suis.
(*A Macarty.*)
Nous, partons vite.
(*A Arundel.*)
Je reviens de suite,
J'en perdrai l'esprit, vraiment.

CHŒUR.
Oui, Monseigneur, partez vite,
Ne perdez pas un moment.

MACARTY.
Allons, la voiture est prête.

ARUNDEL.
C'est fort bien ; une heure ou deux ;
Oui, déjà cela va mieux.

ENSEMBLE.

ARTHUR.
Vraiment, j'en perdrai la tête ;
A revenir je m'apprête.
Grands dieux! donnez-moi le temps
De remplir tous mes serments.

ARUNDEL.
Tout va bien ! ma ruse est prête,
J'ai mon projet dans ma tête,
Encore quelques instants,
Et je tiendrai mes serments.

ROBIN.
Un nouveau seigneur, quell' fête!
A bien danser je m'apprête,

Je prendrai donc du bon temps,
Et nous serons tous contents.
MACARTY.
Partons, la voiture est prête,
Mais ne perdez pas la tête;
Nous avons encor le temps
De remplir tous nos serments.
CHŒUR.
A nous quitter il s'apprête,
Pour le village plus d' fête;
Malgré nos nouveaux serments,
Nous vous aim'rons en tout temps.

(Ils sortent tous en suivant Arthur qui serre la main d'Arundel, et s'éloigne très-agité.)

ACTE DEUXIÈME.

Même décor.

SCÈNE PREMIÈRE.

ARUNDEL, ROBIN, *avec un habit très-riche, mais ayant conservé le reste de son premier costume.*

ROBIN. Comment, monsieur Arundel, c'est moi qui est le seigneur?
ARUNDEL. Oui, mon garçon, et tu l'as toujours été.
ROBIN. Comment, je le suis, et de naissance?.. Voilà le plus drôle... Je vous demande comment mon père, qui était paysan, a-t-il eu l'esprit de faire un seigneur?
ARUNDEL. Rien de plus aisé à t'expliquer; mais si tu en doutes...
ROBIN. Du tout, du tout, mon Dieu, je vous crois sur parole; vous l'avez dit, ça suffit, ce n'est pas moi qui voudrais y regarder après vous; mais voyez quen revirement... Il n'y a pas trois heures que j'étais à arroser les laitues de Monseigneur, et maintenant je vas les manger pour mon propre compte.
ARUNDEL. Ça te fait donc plaisir?
ROBIN. Parbleu! il n'y a qu'une chose qui me fait de la peine, c'est de ne pas l'avoir su ce matin avant mon déjeuner, ça aurait fait une fameuse différence.
ARUNDEL. Tu n'as donc pas mangé?
ROBIN. Au contraire, c'est que je m'en suis donné... et qu'il faut que j'attende à ce soir pour avoir de l'appétit... Qu'est-ce que je m'en vais faire jusque-là?
ARUNDEL. Eh bien! promène-toi.
ROBIN. Le beau plaisir! me promener dans mes jardins, je les connais comme mes poches, je les ai assez ratissés.
ARUNDEL. Va dans la bibliothèque, prends un livre.
ROBIN. Faut d'abord que j'apprenne, et je n'ai jamais eu de goût.
ARUNDEL. Tant pis.
ROBIN. Tant mieux, parce que si j'aimais à lire, je donnerais dans la lecture, et je ne peux la souffrir.
ARUNDEL. Monte à cheval.
ROBIN. Et si je tombais, moi, qui ne vais qu'à âne; la santé d'un seigneur est autrement précieuse que celle d'un jardinier, je ne peux pas comme ça l'exposer.
ARUNDEL. Eh bien! va voir tes vassaux... Ne disais-tu pas ce matin que si tu étais puissant tu serais juste, affable, généreux?
ROBIN. Oh! ça, c'est vrai.

AIR du *Nouveau Seigneur*.
De mes droits, en maître équitable,
Déjà je me suis informé;
J'ai seul ici l' droit d'être aimable,
J'ai l' droit d'être toujours aimé;
J'ons aussi le droit de tout prendre,
Enfin, jusques au collecteur
Que j'ai le droit de faire pendre :
Ah! le joli droit du seigneur!

Et je vais commencer par en user; son affaire est bonne.
ARUNDEL. J'en suis fâché, mais c'est impossible; ici, on est obligé de juger les gens avant de les condamner.
ROBIN. Au moins, si j'avais là quelqu'un de mes gens, nous jouerions une partie.
ARUNDEL. Fi donc! ça ne se peut pas... et la dignité de seigneur? et le décorum?
ROBIN. Ça ne se peut pas, ça ne se peut pas... alors, qu'est-ce que je peux donc? apprenez-le-moi.
ARUNDEL. Très-volontiers.

AIR : *On dit qu'en mariage.*
Boire la nuit entière,
S'éveiller à midi,
Bâiller dans sa bergère
Auprès de Milady,
Briguer dans les communes
L'honneur d'être nommé,
Se montrer aux tribunes,
En descendre assommé;
Voilà quels sont d'abord
Les devoirs d'un milord.
Par le *Morning-Chronicle,*
Ranimer sa gaîté,
Arroser chaque article
D'une tasse de thé;
Pour que l'on vous renomme,
Acheter du crédit
Ainsi que de l'esprit,
Et se croire un grand homme
Quand le journal l'a dit.

Enfin, mon cher...

Devant ses Dulcinées
Boxer, fier comme un roc,
Placer mille guinées
Sur la tête d'un coq;
Toute la matinée
Courir à New-Market,
Et finir la journée
D'un coup de pistolet :
Voilà quels sont encor
Les plaisirs d'un milord.

ROBIN. Ah! que c'est ennuyeux de s'amuser comme ça!

SCÈNE II.

LES PRÉCÉDENTS, MARIE, *tout essoufflée.*

ROBIN. C'est mam'selle Marie.
MARIE. Ah! Robin...
ARUNDEL. Vous voilà, ma chère enfant?.. Eh bien! Arthur...
MARIE. Ah! mon Dieu! si vous saviez ce qu'il a fait pour moi.

AIR : *Vers le temple de l'Hymen.*
Un indigne ravisseur
M'entraînait malgré mes larmes;
Quand j'entends le bruit des armes
Et la voix de Monseigneur...
Birton l'outrage et s'avance;

ROBIN, *en colère*. Eh bien! v'là c' que j' n'entends pas, M'amselle! — Acte 2, scène 3.

Mais soudain Milord s'élance,
Et malgré sa résistance
Le désarme.

ROBIN.

Oh! sur ma foi,
De c' récit j'ai l'âme émue,
Et je veux qu'il continue
A s' battre toujours pour moi.

ARUNDEL, *vivement*. Il s'est battu! ça va bien... et il n'est pas blessé?

MARIE. Non, Dieu merci.

ARUNDEL. Tant mieux, tant mieux... Cependant un petit coup d'épée, ça n'aurait pas mal fait; mais il faut se contenter de ce qu'on a.

ROBIN. Il s'est battu! comment diable a-t-il fait son compte, lui qui dormait toujours?

ARUNDEL. Et qu'est devenu notre fou de baronnet?

MARIE. M. Birton?.. il s'est en allé d'un côté; Monseigneur a repris au galop la route de Falkirk, et moi je suis revenue avec M. Macarty dans la calèche de Milord.

ROBIN. Dans ma calèche? c'est très-bien.

ARUNDEL, *réfléchissant*. M. Macarty, ce riche manufacturier que j'ai vu ici tantôt... si j'allais... je ne le connais pas, mais c'est égal.

AIR : *Époux imprudent! fils rebelle!*

Il est, dit-on, plein d'honneur, de franchise,
Jamais n'obligeant à demi ;
Que même ardeur nous électrise,
Et conjurons pour sauver un ami.
Puisque l'on voit, dès qu'il faut nous surprendre,
De l'accord parmi les méchants,
Dans leurs complots d'honnêtes gens
Au premier mot doivent s'entendre.

(*Il sort.*)

—

SCÈNE III.

MARIE, ROBIN.

ROBIN. Allons, allons, v'là un combat qui me fait honneur; il n'y a qu'une chose qui cloche. Mam'selle, vous dites toujours monseigneur, milord Arthur; et à moi, Robin tout court; j' vous l' passe, parce que, nous sommes seuls, mais en compagnie faudra vous observer.

MARIE. Comment, Robin, il serait possible!.. ce qu'on vient de me dire serait vrai? c'est toi qui es le seigneur?

ROBIN. Dame! quelle question!... est-ce que vous ne voyez pas l'habit brodé.

MARIE. Et lord Arthur?

ROBIN. N'est plus rien dans le château, Mam'selle; tout est à moi, sa fortune, ses honneurs, ses décorations...

MARIE. Ses décorations!.. comment, tu oserais porter?..

ROBIN. Eh bien! ses blessures donc, ses blessures qu'il a reçues en Portugal, si ça ne me complait pas, ça serait joli.

AIR : *Va, d'une science inutile.*

Tout c' qu'il a fait d'puis qu'il est l' maître
Doit me profiter, c'est mon bien.
MARIE.
Pour l' remplacer, il faudrait être
Doué d'un mérite égal au sien.
ROBIN.
Qu' vous avez donc la têt' rétive!
Esprit, mérite, *et cœtera...*
C'est moi qu'en ai, puisque j'arrive,
Il n'en a plus, puisqu'il s'en va.

MARIE. Ah! mon Dieu! mon Dieu! je ne pourrai jamais m'habituer à l'appeler monseigneur.

ROBIN. Comment, Mam'selle...

MARIE. J'en suis fâchée, Robin, mais je ne peux pas changer mes affections du jour au lendemain, et oublier ainsi celui qui fut notre bienfaiteur.

ROBIN, *en colère*. Eh bien, v'là c' que j'n'entends pas, Mam'selle; il n'y a qu' moi d' maître ici; il n'y a qu' moi d'aimable, de respectable, et si l'on m' fait mettre en colère, je saurai bien vous prouver aussi que je suis votre bienfaiteur... c'est que je chasserai tout le monde, moi.

MARIE. Ah! voilà Milord; oui, c'est lui... Robin, Robin, mais lève-toi donc, c'est Milord.

ROBIN, *se levant*. Là, je vous y prends encore... certainement j' vas me lever, mais vous ne pouviez pas me dire : Monseigneur, lève-toi donc.

SCÈNE IV.

LES PRÉCÉDENTS, ARTHUR, *couvert de poussière*.

MARIE, *courant à lui*. Milord, vous voilà enfin de retour?

ARTHUR, *d'un air plus gai*. Oui, ma chère enfant, oui, Marie, et grâce au ciel, j'ai réussi dans tout ce que j'avais entrepris.

MARIE, *avec intérêt*. Vous avez l'air bien fatigué?

ARTHUR, *gaiement*. C'est que je me suis donné une peine depuis trois heures... pas une minute de repos, toujours à cheval, six lieues au grand galop, un temps superbe, des chemins magnifiques; c'était une promenade délicieuse; j'ai vu tout le monde. (*Riant.*) Aussi, je n'en puis plus, je suis harassé.

MARIE, *approchant un fauteuil*. Asseyez-vous donc... vous devez avoir besoin de prendre quelque chose.

ARTHUR. Ma foi, oui, le grand air et la course m'ont donné une faim de tous les diables.

MARIE. Là... et il n'y a peut-être rien de prêt?

ARTHUR. Bah! un morceau de pain, une bouteille de porter; la première chose venue.

MARIE. Je cours chercher ce qu'il vous faut. (*Elle sort.*)

ARTHUR. Bonne petite Marie! que je me félicite... (*Il aperçoit Robin.*) Ah! ah! te voilà, Robin... Eh bien! mon garçon, comment te trouves-tu de ta seigneurie?.. commences-tu à t'y faire?

ROBIN, *le chapeau à la main et d'un air embarrassé.* Oh! Monseigneur! vous êtes bien bon, ça me donne bien un peu de tracas, mais je ne m'en plains pas.

ARTHUR, *s'asseyant*. Je viens de travailler pour toi.

ROBIN, *toujours debout.* Oui, Monseigneur, j' sais que vous avez eu la complaisance de vous battre. (*Marie rentre et pose sur la table un plateau avec du pain et du vin, etc.*)

ARTHUR. J'ai fait mieux que cela, j'ai vu les ouvriers de la manufacture du bon Macarty; ils sont rentrés dans le devoir, et les travaux vont reprendre avec une nouvelle activité... En passant à Falkirk, j'ai vu aussi le receveur des taxes, et j'ai obtenu pour les vassaux du comté une diminution que j'avais négligé de réclamer; enfin, j'ai fait en ton nom ce que j'aurais dû faire plus tôt pour moi-même et pour le bonheur de ces bons villageois ; mais, vaut mieux tard que jamais.

AIR de l'*Avare*.

Mon cher, grâce à cette journée,
On respecte déjà ton nom;
Mes soins dans une matinée
Ont tout changé dans le canton.
On te bénit dans ce domaine.
ROBIN.
Soit, je me laisserai bénir,
Et ça m' fait d'autant plus plaisir
Qu' ça n' m'a pas coûté grand'peine.

(*Bas, à Marie.*)
Là, voyez-vous encore ce que je viens de faire, les taxes diminuées.

MARIE. Monseigneur, vous êtes servi.

ROBIN. Attendez donc que j'approche cette table.

ARTHUR, *mangeant avec avidité.* Bien! bien.

MARIE, *le servant.* Je suis désolée de n'avoir trouvé que ça à l'office.

ARTHUR, *mordant dans son pain.* Excellent! un verre?

ROBIN, *prenant une serviette et l'essuyant.* Voilà... et c'te bouteille qui n'est seulement pas débouchée. (*Il la débouche et verse à boire.*)

ARTHUR. Délicieux, je n'ai jamais rien bu de meilleur. (*Il mange.*)

ROBIN, *le regardant avec envie.* Comme il mange!.. est-il heureux d'avoir faim comme ça! et moi, faut que j'attende encore deux heures pour mon appétit du dîner.

MARIE, *regardant vers le côté gauche en allant à Arthur.* Ah! Monseigneur!

ROBIN, *lui faisant des signes de s'adresser à lui.* Eh bien, eh bien! encore. (*A Arthur.*) Dites-y donc, je vous prie, qu'elle s'adresse à moi, je suis le seigneur.

ARTHUR. C'est trop juste, parlez à Monsieur.

MARIE. Eh! mon Dieu! voyez plutôt d'ici, c'est un constable et des gens de justice... Si c'était pour ce duel, si on venait arrêter Monseigneur.

ROBIN, *se levant effrayé.* Eh! arrêter Monseigneur!.. c'est que ça n'est plus ça du tout... Qu'est-ce que ça veut dire? un constable dans mon château!.. (*Fièrement.*) Je m'en vas... (*A part.*) Je m'en vas me cacher. (*Il s'enfuit.*)

MARIE, *courant à Arthur*. Et moi, je ne vous quitte pas.
ARTHUR, *regardant par le fond*. Je ne me trompe point, Macarty est au milieu d'eux, et il a l'air de leur donner des ordres.

SCÈNE V.

LES PRÉCÉDENTS, MACARTY.

MACARTY, *à la coulisse*. Qu'on s'empare de toutes les issues; je vous répète qu'il est ici. (*Se frottant les mains.*) Ah! Milord, je vous trouve à propos.
ARTHUR. Marie, laisse-nous.
MARIE. Mais, Monseigneur...
ARTHUR. Laisse-nous, te dis-je.
MACARTY, *à part*. Ferme... Portons-lui les derniers coups. (*Marie sort par la porte à droite, en témoignant son inquiétude; elle se montre de temps en temps pendant la scène suivante.*)

SCÈNE VI.

ARTHUR, MACARTY.

ARTHUR. Eh bien! mon cher Macarty, qu'y a-t-il donc?
MACARTY. Pardon, Milord, si je vous ai laissé brusquement... nos affaires sont en bon train.
ARTHUR. Vous croyez?... Mais on vient de me parler de constable...
MACARTY. Que cela ne vous inquiète pas; c'est moi qui l'ai fait venir.
ARTHUR. Vous?...
MACARTY. Pour cette lettre de change de trois cents guinées.
ARTHUR. Ah!.. votre débiteur est donc?..
MACARTY. Ici, je le suivais à la piste.
ARTHUR. Il est au château?
MACARTY. Précisément.
ARTHUR. Et vous allez le faire arrêter?
MACARTY. Sans difficulté... Je ne demande pas de grâce pour mes engagements; mais, ventrebleu! je veux qu'on soit de même, et sir Arundel va aller passer quelques mois à la Tour.
ARTHUR. Quoi! c'est lui!.. Arundel!.. mon meilleur ami!.. Quoi! c'est lui!.. En effet, il me parlait ce matin de quelques lettres de change... Mais je ne souffrirai pas... monsieur Macarty, je me rends sa caution.
MACARTY. Vous, Milord; j'accepte.
ARTHUR. Étourdi!.. J'oublie que je n'ai plus rien, que je ne suis plus rien, que je ne puis disposer d'un schelling... Je n'ai plus de fortune, il est vrai, mais suis-je donc incapable d'en acquérir, de travailler?.. monsieur Macarty, je ne vous demande que du temps, ou plutôt... Oh! quelle idée!.. Vous êtes à la tête de plusieurs manufactures?
MACARTY. Oui.
ARTHUR. Que donnez-vous à vos ouvriers?
MACARTY. C'est suivant: je paye bien les bons travailleurs, peu les médiocres, et je renvoie les paresseux.
ARTHUR. Donnez-moi une place d'inspecteur, de chef d'atelier, de teneur de livres, ça m'est égal.
MACARTY. Sérieusement?
ARTHUR. Pourquoi non?

Air de *Julie*.
Cher Arundel, en ce péril extrême,
De te servir mon cœur me fait la loi;
Pour ne devoir ton salut qu'à moi-même,
Je serai fier du plus modeste emploi;
Oui, sans rougir au travail je me livre,
Je n'existais pas jusqu'ici;
Mais je vais sauver un ami,
D'aujourd'hui je commence à vivre.

MACARTY. Parbleu! vous m'enchantez... J'ai justement une place de premier commis; cent guinées par an, et le logement, ça vous convient-il?
ARTHUR. A merveille!
MACARTY. Je ne vous en paierai que la moitié pendant six ans; et votre ami sera quitte à la sixième année. Ah çà! voyons; un petit bout d'écrit, je ne connais que cela, moi.
ARTHUR. Tout ce que vous voudrez. (*Pendant que Macarty écrit à la hâte, Arthur se promène vivement en se frottant les mains.*) Ce bon Arundel!.. Jamais ce jour ne s'effacera de ma mémoire!.. J'éprouve une joie, un bonheur que je ne me croyais plus capable de ressentir.
MACARTY, *lui présentant deux papiers*. Tenez, je crois que cela suffit.
ARTHUR, *prenant la plume*. Très-bien, très-bien?
MACARTY. Ah çà! vous n'avez aucun regret?
ARTHUR. Des regrets, quand vous me sauvez plus que la vie!.. Je signe aveuglément. (*Ils prennent chacun un des doubles de l'écrit.*)
MACARTY, *lui prenant la main*. Bien, monsieur Arthur, je vous estime, je vous honore; voyez-vous, je respecte beaucoup les titres, les distinctions, mais cela avant tout, ça ne vous abandonne jamais, et ça vaut mieux que le reste... Sans adieu; dans une heure je me remets en route, nous partons ensemble, je vous installe à la fabrique, et corbleu! vous verrez qu'on peut vivre heureux dans tous les états, quand on est honnête et qu'on fait son devoir. Serviteur. (*Il sort, et Marie reparaît et s'approche lentement d'Arthur.*)

SCÈNE VII.

ARTHUR. Il a ma foi raison, et je vais travailler maintenant avec une ardeur, un plaisir!.. Cent guinées par an, cinquante pour Arundel, cinquante pour moi, c'est trop juste... Hé bien, je ne serai pas à plaindre... cinquante guinées! je n'aurai pas de quoi faire le seigneur, mais enfin on peut être heureux. Macarty l'est bien, tout respire chez lui un air de bonheur... il est vrai qu'il a une femme, des enfants qui l'aiment, qui le chérissent, tandis que moi.. Hé bien, je n'avais pas encore pensé à cela... autour de moi, personne!.. (*Il se retourne, et voit Marie près de lui.*) C'est toi, Marie?

SCÈNE VIII.

ARTHUR, MARIE.

MARIE. Il est donc vrai, vous nous quittez?
ARTHUR. Oui, Marie, et c'est moi qui serai le plus à plaindre; car toi, tu resteras ici, tu t'établiras dans ce village.
MARIE, *vivement*. Moi, jamais, Milord! ne vous l'ai-je pas dit ce matin?
ARTHUR, *la regardant avec intérêt*. En effet. (*Après un silence.*) Marie, je suis ton ami, ton meilleur ami...

parle-moi franchement, n'aurais-tu pas de l'amour pour quelqu'un?..

MARIE, *hésitant.* Je crois que oui.

ARTHUR, *ému, et douloureusement.* Comment! j'aurais deviné juste?

AIR : ***Je t'aimerai*** (de Blangini).

Quoi! vous aimez sans espérance?

MARIE.

Aucune.

ARTHUR.

Son rang peut-être empêche un nœud si doux?

MARIE.

Non, grâce au ciel, sa naissance est commune.

ARTHUR.

Et croyez-vous qu'il ait de la fortune?

MARIE.

Pas plus que vous. (*bis.*)

DEUXIÈME COUPLET.

ARTHUR.

Vous aime-t-il?

MARIE.

Hélas! il me délaisse;
Jamais pourtant je n'aurai d'autre époux.

ARTHUR.

Quoi! lui garder une telle tendresse!..
Et croyez-vous au moins qu'il la connaisse?

MARIE, *avec expression.*

Pas plus que vous. (*bis.*)

ARTHUR, *à part.* Quelle idée! (*Changeant d'intention.*) Hé bien! Marie, j'ai aussi un conseil à te demander; je t'avais parlé ce matin d'un mariage.

MARIE, *vivement.* Oui, mais vous m'aviez dit aussi, je crois, que vous n'aimiez pas la personne.

ARTHUR, *l'observant.* C'est vrai, Marie; d'ailleurs un mariage de convenance, c'était bon lorsque j'avais de la fortune.

MARIE. Sans doute, vous aviez l'habitude de vous passer de bonheur; maintenant que vous n'avez plus rien, il faut songer à être heureux.

ARTHUR. Oui; mais ce bonheur, je ne pourrais le trouver qu'auprès d'une personne qui m'aimerait et aujourd'hui que je suis privé de mes richesses...

MARIE. J'entends bien, vous seriez obligé d'épouser quelqu'un qui vous aimât pour vous-même... Dame, en cherchant bien... ça peut se trouver.

ARTHUR, *lui prenant la main.* A la bonne heure; mais, supposé que cette personne-là existât, ne serais-je pas moi-même bien peu généreux de lui avouer mon amour quand je n'ai plus rien à lui offrir?

MARIE, *avec tendresse.* Qu'importe? offrez toujours.

ARTHUR, *avec feu.* Marie, je te dois les plus doux instants que j'aie encore goûtés; oui, je t'aime, je t'aimerai toujours, nous ne nous quitterons plus, tu seras ma femme, mon amie!.. Marie, le veux-tu?

MARIE, *avec joie.* Si je le veux! Ah! que c'est heureux pourtant que vous ayez tout perdu!

DUO.

FRAGMENT DE JEANNOT ET COLIN.

AIR : ***Au son des musettes.***

Croyez qu'au village
On peut être heureux :
On rit davantage,
On chante bien mieux,
La, la, la, la, la, la, la.
Gaîment à l'ouvrage
On part tous les deux;
Mais le soir rassemble
Chacun au hameau,
Et l'on peut ensemble
Danser sous l'ormeau :
La, la, la, la, la, la, la, la.

ARTHUR, *suivant ses mouvements.*

Oui, ce que j'éprouve
Fait battre mon cœur,
Près de toi je trouve
Enfin le bonheur.
O moment prospère!
D'un époux reçois
Cet anneau, ma chère,
Gage de ma foi.

(*Il lui donne une bague.*)

TOUS DEUX.

Oui, jurons ensemble
De vivre au hameau,
Nous irons ensemble
Danser sous l'ormeau.
Oui, oui, oui, danser sous l'ormeau
Tra, la, la, la, la, la, la, la.

(*Ils dansent.*)

La, la, la, la, la.

ENSEMBLE.

ARTHUR.

Désormais Marie
Sera tout pour moi.

MARIE.

A jamais Marie
Te donne sa foi.

ENSEMBLE.

Veux toute ma vie
Danser avec toi.

(*Ils dansent.*)

SCÈNE IX.

LES PRÉCÉDENTS; ARUNDEL, ROBIN, LES VILLAGEOIS.

(*A la fin du duo, Arundel paraît à la porte à gauche, Robin à celle de droite, tous les villageois dans le fond.*)

ARUNDEL, *prenant la main à Arthur.* Allons, mon ami; allons, il est sept heures passées... Je viens te chercher.

ARTHUR. Sept heures!.. Déjà. (*Apercevant les villageois.*) Eh! mon Dieu, que me veut tout ce monde en habit de fête?

MARIE. Je m'en doute bien; ils viennent remercier Monseigneur de la diminution des taxes.

ROBIN. Vite, mon fauteuil. (*Il s'assied. Les villageois vont droit à Arthur qu'ils environnent, sans faire attention à Robin qui reste seul sur son fauteuil à l'autre bout du théâtre.*)

CHŒUR.

AIR de Joconde.

C'est à vous (*bis*) que le village
Doit la paix (*bis*) et le bonheur.
Nous vous offrons notre hommage
Comme à notre bienfaiteur.
Vive, amis, vive notre bon seigneur!

ROBIN. Eh bien! eh bien! mais ils se trompent; dites donc, dites donc, me v'là : ils ne voient donc pas la broderie?.. hum! Oh! les paysans!.. (*Arthur, attendri, serre la main de ceux qui l'entourent.*)

ARUNDEL, *bas et tirant Arthur par son habit.* Allons, allons; si tu t'amuses à écouter les bénédictions de tout ce monde-là, nous n'en finirons pas, et il faut partir.

ARTHUR. Partir, dis-tu? non, mon ami, je ne pars plus.

Air : *Connaissez-vous le grand Eugène.*

L'honneur défend que je dispose
D'un bien qui ne m'appartient plus.
Mon cœur doit sa métamorphose
A ses bienfaits, *(Montrant Marie.)* à ses vertus. *(bis.)*
Oui, désormais l'existence m'est chère,
Et je promets, jusqu'au dernier soupir,
De la consacrer tout entière
A ceux qui me l'ont fait chérir.

ARUNDEL. Ah ! tu as changé d'avis...

ARTHUR, *lui montrant l'écrit qu'il a signé.* Juge toi-même, mon ami, si je puis manquer à de pareils engagements.

ARUNDEL., *lisant.* Comment ! c'est pour moi. *(Lui serrant la main.)* C'est bien, c'est très-bien, je reconnais le fils de mon ancien ami, le noble héritier du comte Derfort... Tu es digne de son nom et de sa fortune, et maintenant tu peux les reprendre ; je te les avais ôtés ce matin, je te les rends.

ARTHUR. Que dis-tu?

MARIE, ROBIN. Comment, milord Arthur...

ARUNDEL. N'a jamais cessé d'être votre seigneur... Mais, pour le guérir, il fallait bien enlever la première cause du mal. *(Marie ôte l'anneau de son doigt, et le présente à Arthur en détournant la tête.)*

ARTHUR. Ah! Marie, peux-tu penser que je le reprendrai?

MARIE. Vous êtes riche, maintenant...

ARTHUR. Oui, Marie, je suis riche, mais j'abandonnerais ma fortune plutôt que de renoncer à la seule femme que je puisse aimer ; viens partager le sort de ton époux, et m'aider à faire le bonheur de tout ce qui m'entoure.

MACARTY, *en riant.* Avec tout cela, j'y perds un excellent commis.

ROBIN, *en soupirant.* Et moi?

ARUNDEL. Toi! de mon autorité privée je t'avais fait seigneur ; et maintenant je te fais garde-chasse.

ROBIN. C'est bon, je pourrai tuer des lapins.

ARUNDEL, *à Marie et à Robin.* Eh bien, quand je vous disais que je le guérirais ! Il est vrai, charmante Marie, que sans vous en douter vous m'avez bien secondé. *(A Arthur.)* Mon cher Arthur, je ne crains plus que pareille fantaisie te reprenne : mais si tu rencontrais jamais de ces pauvres cerveaux, administre-leur mon remède, montre-leur que jusqu'au dernier moment on peut être utile à ses amis, et ils renonceront bien vite à leur projet insensé.

VAUDEVILLE.

Air des *Rendez-vous bourgeois.*

Gaîté, douce folie,
Amour,
Femme jolie,
C'est par vous que la vie
S'embellit tour à tour.

CHŒUR.

Gaîté, douce folie, etc.

MARIE, *au public.*

Air : *Enfin, qu'elle n'ait rien de vous* (LA SOMNAMBULE).

Atteint d'une sombre manie,
Il voulait finir ses destins ;
Mais l'amour, mais l'amitié chérie
Pour le sauver furent ses médecins.
Arthur, guéri de sa faiblesse,
En ce moment ne connaît plus l'ennui.
Ah! puissiez-vous, en sortant de la pièce,
Vous porter *(bis)* aussi bien que lui. *(ter.)*

CHŒUR.

Gaîté, douce folie,
Amour,
Femme jolie,
C'est par vous que la vie
S'embellit tour à tour. *(bis.)*

FIN
de
L'ENNUI.

LES MANTEAUX

COMÉDIE-VAUDEVILLE EN DEUX ACTES

Représentée, pour la première fois, à Paris, sur le théâtre du Gymnase dramatique, le 20 février 1826.

EN SOCIÉTÉ AVEC MM. VARNER ET DUPIN.

Personnages.

BLUM, garçon tailleur.
MADEMOISELLE BRIGITTE, sa prétendue, couturière.
PLEFEL, intendant d'un riche seigneur.
MAURICE, soldat aux gardes, et amant de Louisa.
LOUISA, pupille de Plefel.

La scène se passe dans une petite ville d'Allemagne.

ACTE PREMIER.

Le théâtre représente une chambre assez simplement meublée; une petite porte au fond, un peu à droite. A la gauche de l'acteur, sur le second plan, une autre petite porte. Sur le devant, une table avec du fil, des ciseaux, et autres différentes choses à l'usage d'une couturière.

SCÈNE PREMIÈRE.

PLEFEL, LOUISA; *ils entrent par la porte du fond.*

PLEFEL. Oui, mademoiselle Louisa, oui, ma chère pupille, voici désormais votre appartement. Monseigneur, dont je suis l'intendant, m'a permis de vous loger dans cet hôtel, et de vous donner au cinquième cette jolie petite chambre en garni, qui est vacante depuis hier.

LOUISA. Ah! et pourquoi?.. comme c'est triste! je vais m'ennuyer ici.

PLEFEL. Pendant quelque temps; mais bientôt vous allez être ma femme; je ne vous quitterai plus; nous ne ferons qu'un.

LOUISA. Tant pis; quand je suis seule, je m'ennuie. Pourquoi m'avoir fait quitter la maison de M. Kaufmann, mon parrain, où c'était si gai et si amusant, et où il venait tant de monde?

PLEFEL. Parce que M. Kaufmann, qui est le premier traiteur de cette résidence, reçoit chez lui la ville et la cour, des militaires surtout, et je connais les militaires allemands.

Air du vaudeville de l'*Homme vert.*

Lorsque l'Allemand est à table,
Aux belles il ne pense pas;
Mais il devient plus redoutable,
Dès que vient la fin du repas.
L'amour chez lui ne songe à naître
Que quand la bouteille a vécu;
Et l'un ne commence à paraître
Que lorsque l'autre a disparu.

On m'a d'ailleurs parlé d'un certain M. Maurice, soldat aux gardes.

LOUISA. Ah! et pourquoi?

PLEFEL, *à part.* Ah! et pourquoi?.. elle n'a jamais que cette question à faire. (*Haut.*) Il y a ensuite d'autres motifs, inutiles à vous expliquer; car ce soir, chez votre parrain, il doit se passer des choses...

LOUISA. Ah!

PLEFEL. Que vous n'avez pas besoin de savoir.

LOUISA. Vous me dites toujours cela, depuis quelque temps, et vous avez surtout un air sombre et mystérieux...

PLEFEL. Voulez-vous bien vous taire, et ne pas répéter de pareils propos! Je vous ordonne, au contraire, de dire à tout le monde que je suis gai, très-gai. Adieu. Je ne viendrai peut-être pas vous voir ce soir, parce que j'attends chez moi quelques amis à qui j'ai donné rendez-vous. Enfermez-vous ici, et n'en sortez pas.

LOUISA. Ne pas sortir de cette chambre! (*Elle aperçoit le fil et les ciseaux qui sont sur la table à gauche.*) Mais elle est encore habitée, car je vois là, sur cette table, des ciseaux et du fil.

PLEFEL. Comment, mademoiselle Brigitte est encore ici!... une petite couturière à qui j'ai donné congé depuis un mois... elle devait s'en aller hier matin... Péters, le portier, m'avait même assuré qu'elle était partie... et il m'a trompé.

Air: *Un homme pour faire un tableau.*

Oser tromper un intendant!
Ah! c'est aussi par trop d'audace!
Dans l'hôtel, d'un œil indulgent,
Je vois souvent ce qui se passe.
A l'erreur, au tort le plus grand,
J'ai pu pardonner... et pour causes;
Mais attraper un intendant,
C'est renverser l'ordre des choses.

LOUISA. Ah! et pourquoi?

PLEFEL. Pourquoi? parce que je veux être obéi, et je vais renvoyer à l'instant même mademoiselle Brigitte, et de plus Péters, le portier.

LOUISA. Quoi! vous voulez sans pitié?...

PLEFEL. Est-ce que je ne suis pas intendant, intendant de Monseigneur, et comme tel responsable?

LOUISA. Et l'humanité!

PLEFEL. Les loyers d'abord, l'humanité après, si cela se peut sans se gêner: voilà les principes d'un intendant! Et cette chambre qui ce soir devait être vacante! (*A part.*) Ah! mon Dieu! c'est ce qu'il nous faut. (*Haut.*) Je change d'idée. Pour ce soir, vous prendrez mon appartement, parce que celui-ci .. (*A part.*) est plus convenable pour notre conférence... au cinquième... sous les mansardes... deux sorties... deux escaliers... impossible qu'on puisse nous surprendre. Je vais prévenir ces messieurs.

LOUISA. Eh bien! qu'avez-vous donc encore? voilà votre air de mystère qui vous reprend.

PLEFEL. Moi, du tout. Voyez cette petite sotte avec ses remarques!

Air : *Dieu tout-puissant, par qui le comestible.*
Écoutez bien ; c'est Brigitte, je pense.
LOUISA.
Il m'a semblé qu'on montait l'escalier.
PLEFEL.
Tant mieux, morbleu !
LOUISA.
Mais faites donc silence !
Je crois près d'elle entendre un cavalier.
PLEFEL.
Un cavalier ! hâtons-nous de descendre,
Envoyons-leur un fonds de pouvoir ;
Comme intendant je suis là s'il faut prendre ;
 (*Montrant son épaule.*)
J'ai mon huissier dès qu'il faut recevoir.
ENSEMBLE.
Éloignons-nous, car je crois que c'est elle,
Et descendons par { mon / votre } autre escalier.
Je
Il } n'aime point affliger une belle,
Alors qu'elle est près d'un preux chevalier.
(*Ils sortent par la porte à gauche.*)

SCÈNE II.

BRIGITTE, BLUM : *ils entrent par la porte du fond. Blum a une veste, et par-dessus un manteau qu'il dépose en entrant. Sous son bras est un paquet enveloppé dans de la serge verte.*

BRIGITTE, *tenant un panier à son bras.* Oui, Monsieur, j'étais chez ce bon Péters, le portier, à parler de vous. Venir aussi tard ! Depuis cinq ans, c'est la première fois ! Mais je me disais bien que cet amour-là ne durerait pas.

BLUM. Vous êtes fâchée contre moi, mademoiselle Brigitte ! mais quand vous saurez...

BRIGITTE. Je le devine. Vous vous disiez : « Je n'ai « pas besoin de me presser. Je suis sûr que made- « moiselle Brigitte est là à m'attendre ; parce que « couturière en chambre, c'est sage et sédentaire , ça « n'est pas comme les garçons tailleurs. » Oui, Monsieur, dans votre état vous voyez tant de monde !

Air de *Oui et Non.*
Obligé de porter vos pas
Chez des gens de mœurs fort légères,
En leur prenant mesure, hélas !
Vous prenez souvent leurs manières ;
Et de plus d'un jeune élégant
Adoptant ainsi la méthode,
Monsieur Blum s'est fait inconstant
Afin de se mettre à la mode.

Et je remarque que depuis quatre ou cinq jours, surtout, vous devenez très-léger.

BLUM. Moi ! un Allemand !

BRIGITTE. Oui ; mais il y a chez votre maître des garçons tailleurs français. Ce sont ceux-là qui vous perdront... Surtout depuis qu'on a établi dans cette résidence un magasin de modes à l'instar de ceux de Paris... et l'autre jour, quand vous me donniez le bras, vous avez salué une des demoiselles de comptoir.

BLUM. C'est par honnêteté. Vous savez que je salue toujours tout le monde. Pouvez-vous avoir des idées pareilles ? Moi qui vous aime depuis cinq ans, et qui attends de jour en jour l'instant de nous marier.

BRIGITTE. Oui, mais on se lasse d'attendre.

BLUM. Est-ce que vous vous lassez, mademoiselle Brigitte ?

BRIGITTE. Je ne dis pas cela pour moi, mais pour vous, monsieur Blum. Nous ne devions nous marier que quand nous aurions des économies Et loin de cela nous avons des dettes ; témoin mon terme, qui n'est pas payé ; et sans M. Péters, le portier, qui, en l'absence de l'intendant, a bien voulu me laisser quelques jours de plus...

BLUM. Sans doute ; il faut de l'argent pour entrer en ménage, pour s'établir ; et puis, quand nous serons mariés tous les deux, peut-être que nous deviendrons trois, quatre, cinq ; qui sait ? on ne peut pas prévoir. Il ne faut pas rougir pour cela, mademoiselle Brigitte ; parce que c'est tout naturel, et que tout est possible dans l'ordre des choses.

BRIGITTE. Je ne rougis pas, monsieur Blum. Mais je réfléchis, et je me dis :

AIR : *Voilà huit ans qu'en ce village* (de LÉOCADIE).
Avant d' former cet hyménée,
Nous prétendions, en bons parents,
Fixer d'abord la destinée
De notre..., ou bien de nos enfants.
Oui, le destin de nos enfants.
Matin et soir tenant l'aiguille,
Voilà pourtant cinq ans et plus
Que nous songeons à not' famille,
Et voilà cinq ans de perdus ;
Tout en songeant à not' famille...
Oui, voilà cinq ans de perdus.

BLUM. Hélas ! oui ; et ces années-là, mademoiselle Brigitte, ça ne se retrouve plus. Je me rappelle encore la première fois que je vous vis dans ce bal champêtre ; j'avais vingt ans, et vous en aviez quinze. Quel gaillard je faisais ! Comme je dansais deux fois plus vite que le violon ; et un pied plus haut que les autres ! On ne voyait que moi. Et vous donc ?...

Même air.
Que vous étiez gentille et leste !
Quell' grâce, quel joli minois !
Votre taille souple et modeste
Aurait tenu dans mes doigts.
J' croyais voir la rose nouvelle.
Quell' fraîcheur ! quels traits ingénus
Vous êtes toujours fraîche et belle ;
Mais voilà cinq ans de perdus.

Aussi, j'ai pris un parti désespéré, et je suis venu pour vous le proposer.

BRIGITTE. Ah ! mon Dieu !

BLUM. Ne vous effrayez pas ; voilà ce dont il s'agit. Il y a une vingtaine de jours, un monsieur que je ne connais point vint me trouver, non pas chez mon maître, mais dans ma chambre, où je travaille, et me demanda si, dans douze jours, je pourrais lui livrer douze manteaux bien confectionnés. Vous savez comme je couds vite, surtout quand je pense à vous. Je lui donnai ma parole ; il m'apporta une pièce d'étoffe toute particulière, et comme je n'en avais pas encore vu ; je me mets donc à l'ouvrage.

BRIGITTE. Et vous faites les douze manteaux ?

BLUM. Mieux que cela, j'en fais treize, on de plus... rien qu'avec les morceaux... tout cela dépend de la coupe... ils n'y auront rien perdu, car ils ne s'en apercevront seulement pas ; et moi j'y aurai gagné un vêtement bien chaud pour cet hiver.

BRIGITTE. Mais ce n'est pas bien, monsieur Blum. Vous qui ne feriez tort à personne d'un denier.

BLUM. Pour de l'argent ! non, sans doute, je n'y toucherais pas ; mais du drap, c'est bien différent. C'est l'usage chez les tailleurs ; chaque corporation a ses privilèges ; voyez les gens d'affaires, les mar-

BRIGITTE, apperçoit Louisa, et pousse un cri. O ciel ! — Acte I, scène 1.

chands, les cuisinières ; ce sont des grâces d'état ; et la preuve, c'est que la pratique dont je vous parlais a été enchantée, et m'a donné, pour la façon des douze manteaux, douze frédérics.

BRIGITTE. Vraiment !

BLUM, *les lui donnant* Oui, Mademoiselle, les voilà ; ce n'est pas grand'chose ; mais j'ai idée que nous ne serons jamais plus riches qu'en ce moment ; et si vous vouliez...

BRIGITTE. Eh bien ?

BLUM. Eh bien ! nous irions nous marier dès ce soir...

BRIGITTE. Comment ! monsieur Blum, vous voudriez, comme ça à l'improviste, et sans réfléchir ?..

BLUM. Ma foi, oui. Un coup de tête. Il n'y a que cela pour en finir.

AIR : *Le Luth galant.*
Luttant jadis contre l'adversité,
Nous souffrions chacun de not' côté.
BRIGITTE.
Mais tous deux n'ayant rien, pour l'avenir je tremble.

BLUM.
Moi, je vois sans frayeur
L'hymen qui nous rassemble.
Si nous somm's malheureux, nous le serons ensemble.
BRIGITTE.
C'est presque du bonheur.

Mais il faudrait passer à la paroisse, prévenir le ministre, avertir des témoins.

BLUM. Je vais m'en occuper. (*On entend frapper à la porte du fond.*) Qui frappe là ?

BRIGITTE. Ce ne peut être que Maurice, mon cousin, qui est soldat aux gardes.

BLUM. Ah ! M. Maurice, votre cousin le Westphalien, un bon enfant, qui vous aime bien ; mais c'est un luron qui est d'une vivacité... comme tous les militaires allemands.

SCÈNE III.

LES PRÉCÉDENTS, MAURICE.

MAURICE. Ah ! bonsoir, cousine, ch'afré pas pu fenir

Mademoiselle Brigitte.

ce matin, parce que ché être de carde chez le comte de Rinsberg, la favori du prince; c'étaient pas là des pékins... Ah! vous voilà, monsieur Blum; je suis pien aise de fous foir.

BLUM. Et moi aussi, monsieur Maurice.

MAURICE. Quoique vous m'havré fait mon ternier uniforme un peu chéné des entournures, fus êtes un homme de pon conseil; et je fenais vous consulter toutes les deux sur mes amours.

BLUM. Comment! et vous aussi?

BRIGITTE. Vous êtes amoureux?

MAURICE. Ya, de la petite Louisa, la filleule de Kaufmann, le plus riche traiteur de la ville. J'étais distingué par la jeune personne; mais la parrain et la marraine ils foulaient point me recevoir.

BRIGITTE. Comment alors faites-vous pour voir mademoiselle Louisa?

MAURICE. Jé allais poire chez la parrain.

AIR : *Elle a trahi ses serments et sa foi.*
Lorsque j'allais pour faire les doux yeux,
On me priait d' sortir de la boutique;
Le pèr' Kaufmann renvoie un amoureux,
Mais n'a jamais renvoyé de pratique.
C' n'est qu'en buvant que je pouvais la voir,
Et j' la voyais du matin jusqu'au soir.

Mais j'ai eu aujourd'hui un mouvement de fifacité qui a fait du tort à ma passion. En temandant une bouteille de vin, j'ai temandé mondemoiselle Louisa; on m'a répondu qu'elle avait un tuteur qui être fenu aujourd'hui l'emmener pour l'épouser. L'épouser! tartefif! la fifacité m'a pris, et j'ai levé le canne sur la parrain.

BLUM. Vous l'avez levée! il serait possible!

MAURICE. Mieux que cela; elle afre retombé... à différentes reprises... mais pas bien fort. Son femme, la marraine de Louisa, elle est arrivée au secours; j'ai dit : Montame, taisez-vous, taisez-vous, Montame; et comme elle se taisait pas, je havré encore eu une autre fifacité; ché foulu, de la main, la faire rasseoir sur son chaise, ché pas visé juste, et la matame elle s'est assise par terre; pouf, mais pas bien fort.

BLUM. Ah! mon Dieu!

MAURICE.
Air du vaudeville de *Fanchon*.
Quand je suis amoureuse,
J'ai la main malheureuse.
Que s'présente un empêchment
A grands coups je l'élague;
Car un militaire allemand
Ne connait que la schlague
Et que le sentiment.

DEUXIÈME COUPLET.
On dit qu' dans son ménage,
Quand sa femme est peu sage,
L'Anglais
Se munit d'un procès;
L'Espagnol d'une dague;
Mais un bon époux allemand
Ne connait que la schlague
Et que le sentiment.

BLUM. Mais c'est fait de vous et de votre mariage.
MAURICE. Ce être rien encore. Dans le fifacité des moufements; ché afre tout cassé dans le boutique; le peuple il est fenu; les chens de loi afoir tressé un procès-ferpal; et si temain ché paye pas une amende de six frédérics, moi aller en prison.
BRIGITTE. O ciel!
MAURICE. Pour moi, ce être égal; mais ché fais tire; ché poufoir plus poursuifre ce coquin d'intendant qui a enlevé montemoiselle Louisa, et qui foulvir l'épouser; alors, temain, ché pendre moi tout toucement par mon cou.
BLUM. Et je le souffrirais! le cousin de mademoiselle Brigitte! non, corbleu!
BRIGITTE. Quoi! vous voudriez?..
BLUM. Est-ce qu'entre parents on ne doit pas s'entr'aider? (*A Maurice.*) Tenez, nous avions douze frédérics pour entrer en ménage; partageons, et ce soir vous serez de la noce; vous nous servirez de témoin.
MAURICE. Il serait vrai? vous vous fécidez enfin.

AIR : *Amis, voici la riante semaine*.
Quoi! mon cousin' va cesser d'être fille!
Vous qui craigniez de tevenir époux.
BLUM.
Ça nous regarde.
MAURICE.
Et le petit' famille?
BLUM.
S'il en arrive, ils feront comme nous.
BRIGITTE.
A l'espérance ici mon cœur se livre,
De leur destin pourquoi s'inquiéter?
Et pour savoir s'ils auront de quoi vivre,
Permettons-leur, avant tout, d'exister.

MAURICE. C'est ça; ché fais aller bayer le père Kaufmann, et tâcher en toucceur d'afoir des nouvelles de montemoiselle Louisa et de son tuteur.
BLUM. Je descends avec vous; car il faut que je passe au presbytère.
BRIGITTE. Y pensez-vous? dans ce costume? votre veste de travail?
BLUM. Je n'en ai pas d'autre; et, grâce à mon beau manteau neuf, que je mettrai par-dessus, j'aurai l'air d'un comte du Saint-Empire.
BRIGITTE. On ne se marie pas avec un manteau.
BLUM. Vous avez raison; mais pour avoir un habit neuf, c'est trop cher. Attendez, je sais ce qu'il nous faut. (*Courant au paquet de serge verte.*) Voilà un beau frac bleu, que mon maître m'a dit de porter ce soir chez une pratique; je peux bien ne le lui porter que demain, et l'essayer en attendant; c'est un service que je lui rendrai.
BRIGITTE, *à Blum*. Est-ce que c'est permis?
BLUM. Tiens, par exemple! il appartient à un grand seigneur qui en a bien d'autres, le comte de Rinsberg.
MAURICE. Le comte de Rinsberg, le favori du prince, chez qui j'étais de carde ce matin.
BLUM. Est-ce un bon enfant?
MAURICE. Ya, pour le soldat: parce que lui se battre bien. Mais dans cette résidence, voyez-vous...

AIR : *Ce que j'éprouve en vous voyant*.
Il afre à caus' de son crédit
Des ennemis remplis d'audace,
Qui voudraient lui prendre sa place.
BLUM.
Je ne lui prends que son habit. (*bis*.)
MAURICE.
Et pourtant c'est un homme honnête
Qui voudrait combler tous les vœux.
BRIGITTE.
Alors, cela se trouve au mieux :
Car l'habit que ce soir il prête
Va servir la fair' deux heureux.
(*Blum ôte sa veste et met l'habit.*)

BLUM. Partons, partons, et vous, cousin, n'oubliez pas que nous vous attendons ici à dix heures, pour donner la main à la mariée.
MAURICE, *à Brigitte*. C'est tit, ché serai au boste. A propos, cousin, voilà un papier que le concierge m'a dit de vous remettre tifement. (*Blum a pris son manteau, et sort avec Maurice par la porte du fond.*)

SCÈNE IV.

BRIGITTE, *seule*.

Air du vaudeville de *la Somnambule*.
Enfin, au gré de mon impatience,
Je vais ce soir former ce nœud charmant!
Dans les beaux jours de mon adolescence,
J'en conviendrai, j'y pensai bien souvent.
Je sais, m'rappelant mon aurore,
Qu'on est curieuse à quinze ans;
Mais à vingt ans on l'est bien plus encore,
Car on attend, et depuis plus longtemps.

Et quand on est comme ça au moment, ça produit un effet qu'on ne peut pas rendre. Il est vrai que M. Blum est un garçon si doux, si honnête et si respectueux... c'est aujourd'hui, pour la première fois, qu'il s'est hasardé à me faire une telle demande. C'est singulier que ça ne lui soit pas venu plus tôt; j'en ai eu souvent l'idée; mais une demoiselle qui se respecte n'avoue jamais ces idées-là. Voyons ce papier que m'a remis mon cousin; c'est peut-être quelque patron; non, c'est de l'écriture, eh mais! c'est de M. Plefel, l'intendant! un ordre de lui remettre les clés, et de partir ce soir, à l'instant même, sous peine d'y être contrainte, et par corps. Une contrainte par corps! le jour de mon mariage! qu'est-ce que ça veut dire? Je ne peux pourtant pas partir sans payer; et je lui dois six frédérics, juste ce qui nous reste! de sorte que, pour entrer en ménage, nous allons nous trouver plus pauvres qu'auparavant; et il va falloir encore attendre! Ah mon Dieu! mon Dieu! attendre encore, quand on était au moment!.. moi! d'abord, c'est fini... je n'ai plus de patience.

SCÈNE V.
BRIGITTE, BLUM.

BLUM, *en dehors*. Mademoiselle Brigitte! mademoiselle Brigitte! (*Il entre.*) Eh bien! qu'avez-vous donc à pleurer?

BRIGITTE. Ce que j'ai? l'intendant, M. Plefel, me renvoie d'ici, à l'instant même, et il faut que je lui porte les clés.

BLUM. N'est-ce que cela? venez chez moi, et ne craignez rien; nous sommes riches maintenant.

BRIGITTE. Que dites-vous?

BLUM. Ah! de fameuses nouvelles! mais ça et les cinq étages, ça vous coupe la respiration. Je venais de chez le ministre luthérien qui est à deux pas, et tout est convenu pour ce soir à minuit; lorsqu'en passant près des murs du presbytère, je me sens arrêté par le bras.

BRIGITTE. Ah! mon Dieu! je meurs de peur.

BLUM. J'ai bien aussi commencé par là; mais à la lueur du demi-clair de lune, je lève les yeux en tremblant, et vis-à-vis de moi, je vois un grand homme enveloppé d'un manteau pareil au mien. « Tiens, me « dit-il, en me donnant un portefeuille... tout à « l'heure, au rendez-vous convenu... songe à tes pro-« messes... voici les nôtres... » et en achevant ces mots, il avait disparu.

BRIGITTE. Qu'est-ce que cela veut dire?

BLUM. Je n'en sais rien. Mais voilà qu'à la lueur d'un réverbère, j'ai regardé, et le portefeuille contenait des billets de banque, Banque d'Autriche: c'était écrit.

BRIGITTE. Il se pourrait!

BLUM. Il y en a pour huit cents florins. Les voilà, je vous les rapporte, je vous les donne.

BRIGITTE.
Air des *Amazones*.

Il se pourrait! quel bonheur, quelle ivresse!
BLUM.
J'suis millionnaire, ou je n'en suis pas loin.
BRIGITTE.
J'n'y conçois rien; car toujours la richesse
Va chez les gens qui n'en ont pas besoin.
En v'nant chez nous, ell' s'est trompé' de route,
J'n'espérais pas la connaître aussitôt...
Mais la fortune est aveugle... et sans doute
Ell' nous a pris pour des gens comme il faut.

Nous aurions huit cents florins!

BLUM. Vous le voyez. C'est notre mariage qui nous a porté bonheur... Dieux! quelle idée! maintenant que nous voilà riches, nous pourrons, mademoiselle Brigitte, nous marier avec un peu plus d'éclat. Ce soir, chez moi, un petit repas de noce, une réunion de famille... notre cousin le soldat, quelques amis... puis au dessert, on rira: on s'embrassera, on boira à la santé des mariés, et puis ensuite, comme ce sont des amis, j'espère qu'ils s'en iront; alors, mademoiselle Brigitte, nous resterons seuls.

BRIGITTE, *baissant les yeux*. Oui, monsieur Blum.

BLUM. Nous serons chez nous.

BRIGITTE. Oui, monsieur Blum.

BLUM. Nous causerons, comme de bons bourgeois, de nos richesses et de notre avenir; et puis, madame Blum... car enfin vous serez madame Blum.

BRIGITTE. Il serait possible!

BLUM. Tenez, mademoiselle Brigitte, si nous partions tout de suite?

BRIGITTE. Et les clés que je vais porter à M. Plefel... et ce souper dont vous me parliez... il faut y penser! Je vais aux provisions; vous, pendant ce temps, allez avertir mon cousin; car il viendrait ici nous chercher à dix heures, comme c'est convenu.

BLUM. Oui, Brigitte. Je vais y aller, je te le promets.

BRIGITTE. Comment, Monsieur, me tutoyer! pour la peine, vous ne viendrez pas avec moi; (*Tendrement.*) mais vous me trouverez chez vous. (*Elle sort.*)

SCÈNE VI.

BLUM, *seul*. Oui, mademoiselle Brigitte... oui, ma femme... C'est égal, je l'ai tutoyée... si elle ne s'était pas en allée, je crois que j'allais l'embrasser... il faut que la fortune donne de l'audace; car depuis que je suis riche, c'est étonnant comme je suis hardi. (*Prenant son manteau.*) Allons prévenir le cousin. (*Tout en l'attachant.*) Quelle femme je vais avoir! la sagesse, la sévérité même; car ici, excepté moi, elle ne voyait personne. (*On tourne une clé dans la serrure de la petite porte à gauche.*) Qu'est-ce que cela veut dire? je croyais que cette petite porte-là était condamnée; du moins Brigitte ne l'ouvrait jamais, et n'en avait pas même la clé. (*La porte s'ouvre; il paraît un homme enveloppé d'un manteau.*) Que vois-je? (*En tremblant.*) Est-ce que Brigitte aurait l'habitude de recevoir ce monsieur?

SCÈNE VII.
PLEFEL, *en manteau*; BLUM.

PLEFEL, *à part en entrant, et en refermant la porte*. On vient de me remettre les clés, et mademoiselle Brigitte est partie pour ne plus revenir; nous serons tranquilles. (*Apercevant Blum.*) C'est bien; en voici déjà un au rendez-vous. (*Il s'approche de lui.*) Bonsoir, frère.

BLUM, *à part*. Je crois que je peux toujours le saluer, pour le voir venir.

PLEFEL. Monseigneur ne viendra pas ce soir.

BLUM, *de même*. Comment, il y a un seigneur qui vient aussi chez mademoiselle Brigitte!

PLEFEL. C'est moi qui le représente; c'est plus prudent. Vous savez, du reste, que tout s'arrange à merveille; le comte de Rinsberg soupe ce soir chez le traiteur Kaufmann avec trois seigneurs de la cour.

BLUM. Ah! trois seigneurs!

PLEFEL. Oui.

BLUM. Trois autres?

PLEFEL. Apparemment.

BLUM. Alors, ça n'est plus cela, et je n'y comprends rien.

PLEFEL. Vous n'avez donc pas reçu?..

BLUM. Si, Monsieur, un portefeuille.

PLEFEL. C'est bien; mais la circulaire?

BLUM. Non, Monsieur.

PLEFEL, *lui donnant une lettre*. En voici une.

BLUM, *la prenant*. (*A part.*) Je peux toujours la mettre dans ma poche. (*Il la met dans la poche à droite de son habit.*) Mais il est sûr qu'on me prend pour un autre. (*A Plefel.*) Monsieur, je suis Blum.

PLEFEL. Silence!

BLUM. Je vous répète que je suis Blum, rue Cyprien, n° 10.

PLEFEL. C'est inutile; nous n'avons pas besoin de

nous connaître; moi qui vous parle, est-ce que vous me connaissez?

BLUM. Non, Monsieur.

PLEFEL. C'est ce qu'il faut; notre entreprise en marche tout aussi bien, et n'en est que plus sûre.

BLUM. Une entreprise! Ah! mon Dieu! (On entend frapper à la petite porte à gauche; Plefel va ouvrir, et introduit plusieurs personnages en manteau, en leur disant:) Entrez, Messieurs. (Blum, se retournant et les apercevant, dit avec effroi:) Qu'est-ce que je vois là? un, deux, trois, quatre... encore des manteaux! Il paraît que ce soir il y en a partout.

SCÈNE VIII.

PLEFEL, **BLUM**, plusieurs **HOMMES** en *manteau*.

(*Les hommes en manteau se rangent dans le fond, Plefel est près de la porte à gauche, et Blum est à la droite; ils saluent d'abord Plefel, qui leur rend leur salut, ensuite ils se tournent du côté de Blum, qu'ils saluent de même, et qui leur rend le salut.*)

PLEFEL, *aux hommes en manteau et ensuite à Blum.* Dans le trajet, vous n'avez rien vu? (*Les hommes en manteau font signe que non; Blum répond par le même signe.*) Rien entendu? (*Même réponse de la part des hommes en manteau et de Blum.*)

BLUM. Je ne sais ce que cela signifie; mais voilà la peur qui me galope joliment.

PLEFEL, *se mettant au milieu d'eux.* J'ai pensé que nous serions mieux ici qu'ailleurs; car, dans cette chambre isolée et sous les mansardes, on ne peut nous surprendre. Tous nos frères ne sont pas encore arrivés; mais en attendant nous pouvons toujours délibérer. Prenons place. (*Ils vont prendre chacun une chaise au fond du théâtre et s'asseyent sur le devant, rangés en demi-cercle. Plefel occupe le centre, et Blum est placé le dernier, à la droite de Plefel.*)

BLUM. Je me croirais parmi des voleurs, sans les billets de banque... les huit cents florins... (*Sur l'invitation de Plefel, il prend une chaise et s'assied à l'extrême droite, et lorsqu'il est assis, tâtant le manteau de son voisin, il dit à part:*) Il n'y a plus de doute, ce sont mes manteaux, je reconnais l'étoffe.

PLEFEL. Chacun doit parler à son tour. (*Désignant Blum.*) A vous, Monsieur, commencez; vous avez la parole.

BLUM. Dieux! que devenir!

PLEFEL. Vous avez entendu.

BLUM, *toussant et se préparant à parler.* Monsieur... Messieurs...

PLEFEL. Plus haut... plus haut.

BLUM, *continuant.* N'ayant pas l'habitude de parler en public...

PLEFEL. C'est égal, on ne vous demande que votre avis; chacun ici a le sien.

BLUM. Certainement... j'ai aussi le mien... mais il est entièrement conforme au vôtre... je n'ai aucune objection à faire... ainsi je cède la parole à celui qui voudra.

PLEFEL. Non, Monsieur, après vous, après vous. (*On frappe à la porte du fond; ils se lèvent tous.*) Silence! c'est sans doute le reste de nos frères. (*Il fait signe à ses hommes de se rasseoir, et va regarder par le vasistas.*)

BLUM, *à part.* Ah! mon Dieu! c'est fait de moi; dès que les douze y seront, ils verront qu'ils sont treize.

PLEFEL, *revenant effrayé, et à voix basse.* Messieurs, un soldat, un soldat aux gardes.

TOUS, *se levant.* Un soldat!

BLUM, *à part.* C'est Maurice qui vient pour la noce.

PLEFEL, *à ses hommes, à voix basse.* Messieurs, par cet escalier dérobé. (*Désignant la petite porte à gauche.*)

MORCEAU D'ENSEMBLE.

AIR : *Dépêchons, travaillons* (du MAÇON.)

Dépêchons,
Descendons,
Ne faisons pas de bruit;
Descendons, et sans bruit,
Dans l'ombre de la nuit.

(*Plefel leur fait signe de remettre les chaises au fond du théâtre.*)

Et de peur de soupçon,
Quittons cette maison.
(*A part.*)
Louisa, ma pupille,
Je ne puis pas ainsi,
Seule, dans cet asile,
La laisser aujourd'hui.
Que résoudre, que faire
(*Regardant Blum.*)
Oui, je puis sans façon...
Car c'est le seul confrère
Dont je sache le nom.

(*A la fin de cette reprise il parle bas à Blum... Pendant ce temps un des hommes a pris la lanterne qui était sur la cheminée; il sort en faisant entendre à ses compagnons qu'il va voir si rien ne s'oppose à leur sortie.*)

PLEFEL, *et les autres.*
Dépêchons,
Descendons,
Ne faisons pas de bruit;
Descendons, et sans bruit,
Dans l'ombre de la nuit,
Et de peur de soupçon,
Quittons cette maison.

PLEFEL, *continuant à parler à Blum.*
Je vais... cette personne,
La remettre à ta foi.
Jusqu'à demain, j'ordonne
Qu'elle reste chez toi.
Tiens ta bouche muette
Sur tout ce que tu sais;
Il y va de ta tête.

BLUM.
Quoi! vraiment?

PLEFEL.
C'est assez.

BLUM.
Vous voulez que chez moi...

PLEFEL, *allant du côté de la porte.*
Tais-toi, tais-toi.

L'homme qui était descendu rentre, et annonce par ses gestes, à ses compagnons, qu'ils peuvent sortir librement, qu'il n'y a rien à craindre.)

ENSEMBLE.

PLEFEL, LE CHOEUR, BLUM, MAURICE.

PLEFEL ET LE CHOEUR.
Dépêchons,
Descendons,
Ne faisons pas de bruit;
Descendons, et sans bruit,
Dans l'ombre de la nuit,
Et de peur de soupçon,
Quittons cette maison.

BLUM, *à voix basse.*
Écoutons,
Et tâchons
De r'mettre nos esprits.
Je suis pris et ne puis
Deviner où je suis.
Eh! mais, que me veut-on?
J'en perdrai la raison.

MAURICE, *en dehors.*
Ouvrez donc!
N'est-il donc
Personne à la maison?
Vous savez, en c' réduit,
Quel motif me conduit.
Ah! tarteiff! n'est-il donc
Personne à la maison?

(*Ils sortent tous par la petite porte à gauche. Plefel emmène Blum, qu'il entraîne presque malgré lui, tandis qu'à la porte du fond on entend Maurice qui frappe toujours.*)

ACTE DEUXIÈME.

Le théâtre représente la chambre de Blum : au fond, une grande armoire ; la porte d'entrée au fond, à la gauche de l'acteur. A droite et à gauche, sur le premier plan, porte de cabinet ; quelques chaises, quelques fauteuils, et deux petites tables.

SCÈNE PREMIÈRE.

BLUM, *couvert de son manteau, donnant le bras à* LOUISA.

BLUM. Entrez, entrez, Madame, ou Mademoiselle. Vous êtes chez moi, ne craignez rien.
LOUISA. Mais c'est que j'ai peur.
BLUM. Là-dessus je vous en livre autant.

LOUISA.
AIR : *C'est au feu qu'il faudra vous voir* (du SECRÉTAIRE ET LE CUISINIER.)

Daignez au moins me rassurer ;
Où prétendez-vous me conduire ?
BLUM.
Quelqu'un a pu vous voir entrer :
Dans le quartier que va-t-on dire ?
Moi qui passais jusqu'à présent
Pour un garçon pudique et sage,
Je m' dérange, et c'est justement
L' premier jour de mon mariage.

Ah! mon Dieu! le plus terrible, c'est qu'elle est jolie. Et ce monsieur mon confrère, l'homme au manteau, qui me l'a confiée, sur ma tête, jusqu'à demain matin.
LOUISA. Jusqu'à demain! ah! et pourquoi? qu'est-ce que ça signifie?
BLUM. Je vous le demanderai.
LOUISA. Dame! moi je vous dirai tout ce que je sais.
BLUM. On ne peut pas en exiger davantage. Cette jeune personne est, comme moi, une victime innocente.
LOUISA. Vous saurez, Monsieur, que j'ai un amoureux.
BLUM. Ah!
LOUISA. C'est-à-dire, Monsieur, j'en ai deux ; mais il y en a un que j'aime.
BLUM. C'est bien heureux qu'elle ne les aime pas tous deux.
LOUISA. Et celui que je n'aime pas, qui est mon tuteur, m'a dit tout à l'heure : « Tu ne peux rester chez « moi, à cause du danger, et chez ton parrain, c'est « encore pis. »
BLUM. Des dangers ! chez votre parrain ! Votre parrain est sans doute un des premiers fonctionnaires de l'État ?
LOUISA. Monsieur, il est restaurateur.
BLUM. Restaurateur ? Je n'y suis plus.

LOUISA. « Tu vas suivre un de nos frères, » a-t-il continué. C'était vous.
BLUM. Oui, c'était moi.
LOUISA. « Avant de venir nous rejoindre, il va te « conduire chez lui, et il t'expliquera tout. »
BLUM. Ah! c'est moi qui dois vous expliquer ?..
LOUISA. Oui, Monsieur. Ainsi vous allez me dire où je suis, et pourquoi vous m'avez amenée.
BLUM. Hé bien ! par exemple ! (*Écoutant à la porte.*) Ah! mon Dieu! qui vient là ? ce doit être ma prétendue ; tâchez, de grâce, qu'elle ne vous voie pas.
LOUISA. Et qui donc ?
BLUM. Non... vous pouvez rester hardiment. Me cacher ainsi d'elle, ce n'est pas bien... mais d'un autre côté, si elle voit Mademoiselle, il faudra bien lui expliquer... et le monsieur en manteau m'a dit : « Pas un seul « mot, il y va de ton existence. » (*On frappe encore.*) Voilà, chère amie, ne vous impatientez pas. (*A Louisa.*) Décidément, vous ne pouvez pas rester ici.

AIR de *Voltaire chez Ninon.*

Cachez-vous pour quelques instants ;
Dans ce cabinet entrez vite.
(*Désignant le premier cabinet à droite.*)
LOUISA.
Ne m'y laissez pas trop longtemps.
(*Elle entre dans le cabinet.*)
BLUM.
Dieux ! que dira mams'ell' Brigitte ?
Depuis cinq ans, il m'en souvient,
Plein de l'ardeur qui me transporte,
J'attends l' bonheur, et quand il vient,
Il faut que j' te laisse à la porte.

SCÈNE II.

BLUM, BRIGITTE.

BRIGITTE. C'est bien heureux, Monsieur ; j'ai cru que vous n'ouvririez jamais, depuis une heure que je suis à la porte.
BLUM. J'étais là, dans ma cuisine. Un ménage de garçon, vous savez. Est-ce que vous avez eu froid ? Est-ce que vous êtes enrhumée ?
BRIGITTE. Non pas, j'ai été si vite ; j'ai toutes mes provisions pour le souper, et nous ferons un repas charmant. J'ai d'excellente choucroûte, un gâteau de pommes de terre, et une oie grasse que j'ai prise chez le rôtisseur. Et, pour tout cela, je n'ai pas été trop longtemps, car je n'ai pris que le temps de marchander et de leur raconter à tous l'histoire de notre mariage.
BLUM. Ah! mon Dieu! est-ce que vous avez parlé des huit cents florins, et de la manière dont ils nous sont arrivés ?
BRIGITTE. Sans doute.

AIR du ballet des *Pierrots.*

J' n'y t'nais plus, j'avou' ma faiblesse
Il m'a fallu, par maint détour,
Si longtemps cacher ma tendresse,
Et garder pour moi mon amour !
Aussi, me vengeant à la ronde
De cinq ans d' silence assidu,
J'en parle, parle à tout le monde,
Pour réparer le temps perdu.

BLUM. Hé bien ! ma chère amie, je vous dirai que vous auriez dû... non pas que vous ayez mal fait ; mais dorénavant, autant que possible, il faudra tâcher de vous taire.
BRIGITTE. Comment, Monsieur ?

BLUM. Pardon! ça m'est échappé. Je ne dis pas cela pour moi; car lorsque nous sommes ensemble, vous savez bien, chère amie, que vous parleriez toute la journée... comme ça vous arrive quelquefois, que ça me serait tout à fait égal, dans ce moment-ci, surtout, où je n'écoute pas... parce que le trouble, l'émotion...

BRIGITTE. Hé bien! c'est comme moi; tout à l'heure, en frappant à votre porte, j'étais toute tremblante; car, voyez-vous, monsieur Blum... (*L'entraînant du côté du cabinet.*) je vous dis cela, parce que nous devons être mariés, et que nous sommes seuls ici.

BLUM, *regardant le cabinet.* Ça se trouve bien.

BRIGITTE. Mais ce moment que j'éloignais et que j'avais l'air de craindre... (*Baissant les yeux.*) je le désirais autant que vous.

BLUM, *s'avançant pour l'embrasser.* Il serait vrai! (*S'arrêtant tout à coup.*) Dieux! que c'est gênant un tête-à-tête où l'on est trois.

BRIGITTE, *étonnée de ce qu'il s'arrête.* Hé bien! qu'avez-vous?

BLUM. Rien, rien, Mademoiselle... (*On frappe à la porte.*) c'est que, voyez-vous... on frappe.

BRIGITTE. Oui, sans doute; mais tout à l'heure on ne frappait pas.

SCÈNE III.

LES PRÉCÉDENTS, MAURICE.

MAURICE. Fife le joie et le gaieté! Chez fous, à la bonne heure, on peut entrer; mais chez le cousin... ché afoir frappé pendant deux heures; ce n'est pas être bien de laisser sa famille tehors.

BRIGITTE. M. Blum ne vous avait donc pas prévenu?..

BLUM. Eh! mon Dieu, non; je n'ai pas pu, et puisque le voilà, ça revient au même.

MAURICE. C'est chuste; me voilà pour le mariage.

BLUM.
Air du *Ménage de garçon.*

Au petit goûter qui s'apprête,
Cousin, nous osons vous prier.

BRIGITTE.
Avec nous souper tête à tête,
Cela va bien vous ennuyer.

MAURICE.
Non, ça va pas me ennuyer.
J'afoir un appétit de diable!
J'aime, avec moi, dans un repas,
Que les amoureux soient à table,
Les amoureux ne mangent pas.

Mais avant de souper, ché tirai à fous qu'on temande en bas le marié.

BLUM. Ah! mon Dieu! qui donc? (*En tremblant.*) Un homme en manteau?

MAURICE. Non, un garçon en feste, qui vient de la part du maître tailleur. Le comte de Rinsberg havre envoyé temanter son habit, pour ce soir aller souper en file.

BLUM. Est-ce ennuyeux! toutes les contrariétés! comment faire maintenant?

BRIGITTE. Le lui renvoyer sur-le-champ.

BLUM, *ôtant son habit.* Elle a raison. Dépêchons..... je vais le porter à l'hôtel du comte, c'est à deux pas; mais les laisser ainsi. (*Il ploie l'habit dans la serge; prenant Maurice à part.*) Cousin, un seul mot; tâchez que Brigitte ne dérange rien, ne regarde rien dans mon appartement, ni dans mes armoires, parce qu'un mobilier de garçon... il y a toujours du désordre.

MAURICE. Ya, ché conçois; les anciennes amourettes... les pillets doux... le restant d'affaires.

BLUM. Précisément. Je reviens dans l'instant. (*Il sort.*)

BRIGITTE. Vous, mon cousin, au lieu de causer, vous feriez mieux de me donner des couteaux et des serviettes, si toutefois il y en a.

MAURICE. Ché fais foir dans son petit cuisine. (*Il entre dans un petit cabinet à gauche.*)

SCÈNE IV.

BRIGITTE, *seule.* C'est si mal administré un ménage de garçon! heureusement quand j'y serai, ça sera sur un autre pied. D'abord je ne veux pas qu'on mette ainsi des assiettes sur mes chaises, et sur mes fauteuils, pour les abîmer. Et cette chambre... comme elle est en désordre! Pendant que je suis seule, faisons un peu l'inventaire de son mobilier... (*Elle va de tous côtés, regarde partout, et s'approchant de la porte du cabinet où Louisa est enfermée, elle ouvre en disant :*) et voyons donc ce qu'il y a chez un garçon. (*Elle aperçoit Louisa et pousse un cri.*) O ciel!

SCÈNE V.

BRIGITTE, LOUISA.

MORCEAU D'ENSEMBLE.

AIR : *Pardon, car je crois voir* (duo DU MAÇON.)

BRIGITTE.
En croirai-je mes yeux?
Une femme était dans ces lieux!
Ah! c'est indigne! c'est affreux!
Qui le croira jamais?
Avant l'hymen me fair' des traits!
Dieux! que sera-ce après!

ENSEMBLE.
LOUISA, BRIGITTE.

LOUISA.
Mais un instant, Madame, apaisez vous
Daignez, daignez m'écouter sans courroux.

BRIGITTE.
Ah! c'en est trop, d'ici retirez-vous,
Craignez, craignez d'exciter mon courroux.

SCÈNE VI.

LES PRÉCÉDENTS, MAURICE.

MAURICE, *sortant du cabinet à gauche, et tenant un plat qu'il dépose sur la table.*
Vous le voyez, j'y mets du zèle.

BRIGITTE, *allant à lui.*
Apprenez donc que mon mari
Aimait encore une autre belle,
Et qu'elle était cachée ici.

MAURICE.
Cachée ici!
Je refuses pas de mon surprise.
Quoi! son maîtresse il être ici?
Foyons s'il être bien choli.
(*S'avançant et apercevant Louisa.*)
Dieux! qu'ai-je vu? mams'ell' Louise!
En croirai-je mes yeux?
Quoi! ma maîtresse dans ces lieux!
Ah! c'est indigne! c'est affreux!
Qui le croira jamais?
Avant l'hymen me fair' des traits!
Dieux! que sera-ce après!

BRIGITTE.
En croirai-je mes yeux?
Une femme était dans ces lieux, etc., etc.

LOUISA.
En croirai-je mes yeux?
Monsieur Maurice dans ces lieux!
Mais écoutez-moi tous les deux.
Oui, je vous le promets,
C'est par hasard, et j'ignorais
Dans quel endroit j'étais.

ENSEMBLE.
MAURICE, BRIGITTE, LOUISA.

MAURICE.
Je réponds plus de mon fifacité;
Craignez l'excès de mon fifacité.

BRIGITTE, le retenant.
Calmez, calmez votre vivacité;
Il faut toujours respecter la beauté.

LOUISA.
Mais écoutez au moins la vérité;
Calmez votre cœur irrité.

SCÈNE VII.

LES PRÉCÉDENTS, BLUM.

BLUM, entrant.
A l'amour, au devoir fidèle,
Je reviens auprès de ma belle.

MAURICE, pendant que Blum ferme la porte.
Pour tout le monde, Dieu merci!
Celui-là va payer ici.

BRIGITTE, à part, faisant le geste de le battre.
Non, sans l' respect que s' doit un' femme.

BLUM, arrivant près d'elle.
J'arrive ici, plein de ma flamme

BRIGITTE.
Je conçois cet empressement,
Car Mademoiselle ou Madame
Depuis une heure vous attend.

BLUM, l'apercevant.
Plus d'espérance.

MAURICE ET BRIGITTE.
J'aurai vengeance.

ENSEMBLE.
LOUISA, MAURICE, BRIGITTE, BLUM.

LOUISA.
C'est fait de moi, grands dieux!
Monsieur Maurice dans ces lieux! etc., etc.

MAURICE ET BRIGITTE.
Qu'en dites-vous tous deux?
Une femme était dans ces lieux;
Ah! c'est indigne! c'est affreux! etc., etc.

BLUM.
En croirai-je mes yeux?
Une femme était dans ces lieux!
Daignez m'écouter tous les deux.
Loin d' vous faire des traits,
Je vous aime, je le promets,
Et bien plus que jamais.

MAURICE.
Ah! c'en est trop, tartciff! je suis jaloux,
Craignez l'excès de mon courroux.

BRIGITTE, à Louisa.
Ah! c'en est trop, d'ici, retirez-vous,
Craignez l'excès de mon courroux.

BLUM ET LOUISA.
Mais un instant, de grâce, apaisez-vous.
Daignez calmer votre courroux.

MAURICE. Taisez-vous; si j'afais mon sapre, je l'aurais déchà passé au travers de ton intifitu.

BLUM. Par exemple.

BRIGITTE. Faites donc l'étonné; n'est-ce pas mademoiselle Louisa?

BLUM. Mademoiselle Louisa!

BRIGITTE. La maîtresse de Maurice, ou plutôt la vôtre.

BLUM. Vous pourriez supposer... monsieur Maurice... mademoiselle Brigitte...

BRIGITTE. Enfin, Monsieur, comment Mademoiselle se trouve-t-elle chez vous?

MAURICE. Répontez; pourquoi est-elle ici?

LOUISA. Oui, Monsieur, pourquoi y suis-je? est-ce que je le sais?

BLUM. Eh bien! et moi donc? car à la fin, la patience m'échappe, et je m'en prendrai à tout le monde; je demanderai s'il est possible de placer un citoyen honnête et paisible dans une suite non interrompue de situations équivoques, qui compromettent son honneur ou son existence. Que diable! il faut que ça finisse, ou je me fâcherai aussi.

BRIGITTE, s'élançant vers Blum pour les séparer. O ciel! monsieur Blum!

LOUISA, s'élançant de même près de Maurice. De grâce, monsieur Maurice...

MAURICE. Finissons, car il être tard; temain matin, à cinq heures, ché fiendrai avec deux sapres.

BLUM. Pourquoi faire?

MAURICE. Et temain, vous comprenez, l'un de nous teux, il ne técheuvera pas.

BLUM. O ciel!

MAURICE. En attendant, mademoiselle Louisa, fous allez avoir la ponté de faire... que je contuise vous chez vos parents.

BLUM. O ciel! et moi à qui on l'a confiée sur ma tête, je ne souffrirai pas...

BRIGITTE. Taisez-vous, perfide; et vous, mon cousin, allez, qu'on ne vous revoie plus. (Elle fait sortir Maurice, qui emmène Louisa; et elle empêche Blum de les suivre, en lui ordonnant de rester dans la chambre.)

SCÈNE VIII.

BLUM, BRIGITTE.

BLUM. Elle s'en va! et l'homme au manteau, qui demain ou ce soir peut-être viendra me la redemander... Ah! Brigitte, qu'avez-vous fait? Malheureuse Brigitte, qu'avez-vous fait?

BRIGITTE. Laissez-moi, Monsieur, et ne me parlez plus. Tous les hommes sont des monstres; et si je regrette quelque chose maintenant, c'est la fidélité que je vous ai gardée pendant cinq ans. Dieux! que les femmes sont dupes! aussi, certainement, si c'était à recommencer...

BLUM. Brigitte! la colère vous égare. Vous ne pensez pas ce que vous dites.

BRIGITTE. Il suffit, Monsieur. (Remettant son mantelet.) Vous allez me reconduire chez moi; car bien certainement je ne resterai pas un quart d'heure de plus avec un homme aussi immoral et aussi dangereux.

BLUM. Quoi! Brigitte, vous me quittez! et vous me quittez fâchée contre moi!

Air de Paris et le village.
Est-ce donc ainsi que devait
Se terminer cette soirée!
(A Brigitte qui reprend son mantelet.)
Vous reprenez ce mantelet...

BRIGITTE.
A partir je suis préparée.

BLUM.
Lorsqu'en entrant je vous ai vue ici
L' déposer avec tant de grâce,
Je me flattais que d'aujourd'hui,
Il ne reprendrait plus sa place.

BRIGITTE. C'est votre faute, monsieur Blum.

BLUM. Et si j'étais innocent, mademoiselle Brigitte?
BRIGITTE. C'est impossible; n'ai-je pas vu de mes propres yeux?
BLUM. Alors, je vois bien que vous ne m'aimez plus, mademoiselle Brigitte; car vous croyez à ce que vous avez vu, plutôt qu'à ce que je vous dis.
BRIGITTE. Mais comment se fait-il?..

SCÈNE IX.

Les précédents, UN HOMME *enveloppé d'un manteau.*

(*Il est entré pendant que Blum parlait encore; il s'est avancé en silence, et au moment où Brigitte a fini de parler, il frappe sur l'épaule de Blum.*)

BLUM, *se retournant.* Ah! mon Dieu! encore un!
L'INCONNU. Blum! te voilà; où est la jeune fille que je t'ai confiée il y a une heure?
BRIGITTE, *à part.* Il serait vrai?
BLUM, *à part.* C'est fait de moi. (*Haut.*) Monsieur.., car à la voix il me semble...
L'INCONNU. Silence!
BLUM. Il me semble reconnaître la personne inconnue...
L'INCONNU. Qui que je sois, tu dois taire mon nom. Où est cette jeune fille?
BLUM. Je ne sais comment vous dire... vous saurez, Monsieur, que, d'après vos ordres... mademoiselle Louisa...
L'INCONNU. Tu la connais donc?
BLUM. Oui, mademoiselle Louisa Kaufmann, la filleule du restaurateur.
L'INCONNU. Silence! puisque tu sais son nom, tu devines le reste; et tu te doutes sûrement que, voulant du bien à cette petite, ou du moins lui portant quelque intérêt, je ne pouvais pas la laisser chez son parrain dans un pareil moment; elle y courait trop de dangers.
BLUM, *à part.* Ah! mon Dieu! comment lui dire?.. (*A l'inconnu.*) C'est qu'il n'y a qu'un instant, et sans que j'aie pu l'empêcher, elle vient d'y retourner.
L'INCONNU. Chez son parrain! à la bonne heure, je n'aurais pu l'emmener dans ma fuite, et tu as aussi bien fait.
BLUM. Vraiment! j'ai bien fait? (*A part.*) c'est sans le savoir. (*Haut.*) Vous n'êtes donc pas fâché?
L'INCONNU. Eh non! tu sais bien qu'à présent, il n'y a rien à craindre, et que les dangers qui la menaçaient n'ont plus lieu.
BLUM. Ah! ça n'a pas lieu! (*A part.*) Que diable ça peut-il être?
L'INCONNU, *à voix basse.* L'entreprise a manqué.
BLUM. Il serait possible! quoi! cette fameuse entreprise?
L'INCONNU. Tout le monde n'y a pas mis le même zèle que toi, ni surtout la même fidélité; mais ça m'est égal; grâce au crédit de mon maître, je suis sûr de m'en retirer, mais c'est toi et les autres.
BLUM. Ah! mon Dieu!
L'INCONNU. Du reste, à trois heures du matin, au bord du fleuve, il y aura une chaloupe amarrée... Hé bien! est-ce que tu ne me comprends pas?
BLUM. Si, Monsieur, une chaloupe amarrée... Pourquoi me dites-vous cela?
L'INCONNU. Pour que tu en profites, si tu veux.
BLUM. Et si je ne voulais pas?

L'INCONNU. Tu en es le maître; mais auquel cas je dois te prévenir, qu'à sept heures tu seras pendu.
BLUM. Pendu à sept heures!
L'INCONNU. Peut-être plus tôt, peut-être plus tard; mais ça ne peut pas te manquer. (*Il s'éloigne.*)
BLUM, *l'arrêtant.* Encore un mot.
L'INCONNU, *s'éloignant toujours, et avec mystère.* Adieu. Oublie les relations que nous avons eues ensemble. A trois heures... au bord du fleuve... une chaloupe vous attendra. Adieu, adieu. (*Il sort.*)

SCÈNE X.

BLUM, BRIGITTE; *ils se regardent quelque temps sans rien dire.*

BLUM. Hé bien?
BRIGITTE. Je n'y comprends rien.
BLUM. Hé bien! Mademoiselle, depuis une heure, voilà comme je suis.
BRIGITTE. Mais quels sont ces dangers qui vous menacent?
BLUM. Est-ce que je sais? est-ce que j'ai le temps de m'y reconnaître? A trois heures, une chaloupe... à cinq heures, Maurice qui doit me passer son sabre à travers le corps... à sept heures, être pendu... ça se succède avec une rapidité... je ne pourrai jamais suffire à tout.
BRIGITTE. Pourquoi alors ne pas déclarer aux magistrats?..
BLUM. Hé parbleu! j'y avais bien pensé, et j'aurais été sur-le-champ tout leur révéler... si j'avais su quelque chose.
BRIGITTE. Quoi! vous n'êtes pas au fait?
BLUM. Pas le moins du monde; car, excepté les huit cents florins de tantôt, ce maudit manteau ne m'a rapporté que des tribulations, sans compter celles que j'ai en perspective.
BRIGITTE. Alors il faut vous cacher, il faut partir.
BLUM. Partir! non, morbleu! je veux connaître ce mystère.
BRIGITTE. Et si vous êtes pendu?
BLUM. On me dira pourquoi, et c'est un moyen de tout savoir : aussi je ne m'en irai pas, je tiens à être pendu, ne fût-ce que par curiosité.
BRIGITTE. C'est fini, il a perdu la tête. Dieux! mon cousin Maurice.

SCÈNE XI.

Les précédents, MAURICE.

BLUM. Monsieur Maurice! ah çà! il avance; car il n'est pas l'heure.
MAURICE. Non, monsieur Blum, je fenir point en ennemi; je être raccommodé afec montemoiselle Louisa; elle m'afoir tout raconté; ch'ai oublié mon fifacité pour saufer fous.
BRIGITTE. Et au contraire, c'est le moment d'en avoir, et plus que jamais. De quoi s'agit-il?
MAURICE. D'un éfénement qui fait tiaplement du bruit, et que j'afé appris en reconduisant montemoiselle Louisa. Deux ou trois personnes de qualité, qui prudemment restent derrière, hafré formé une conspiration contre le comte de Rinsberg, le favori du prince; ils hafraient fait entrer dans c'té complot sept ou huit personnes du peuple, des artisans, des

BLUM. C'est fait de moi! — Acte 2, scène 9.

ouvriers, à qui on hafré donné chacun huit cents florins.

BLUM, *tremblant*. Dieux! nous y voilà.

MAURICE. Mais voilà lé malice; ces gens-là, ils se connaissaient pas même entre eux, et ils se distinguaient seulement à des signes de ralliement confenus; entré autres, à un manteau noir de forme particulière.

BLUM ET BRIGITTE. O ciel!

MAURICE. Ya, le cousin, savoir très-bien.

BLUM. Moi, du tout, c'est que je ne savais pas; oh! non, je ne savais pas.

MAURICE. Pien, pien, vous hafré raison de dire ainsi; mais on croira pas fous; le comte de Riusberg, ell' defait souper ce soir, avec quelques amis, chez Kaufmann, le restaurateur; alors le dessein, il était pris, suivant les uns, de faire sauter lui à la fin du repas, avec de la poudre.

BRIGITTE. Le faire sauter!

MAURICE. Ya, au dessert, comme un' pouteille de champagne, pouf, mais pas pien fort. Selon les autres, on tevait seulement enlever lui sur un chaloupe qui attendait, et le conturie en pays étranger; mais la comblot, il fient d'être découvert.

BRIGITTE ET BLUM. Et comment?

MAURICE. On n'en sait rien encore, mais on poursuit les gaillards. Ce coquin d'intendant, le tuteur de Louisa, il en était; et nous en voilà téparrassés pour notre mariage. Montemoiselle Louisa et moi nous connaissons une autre personne combromise, et vous aussi, mon cousine, (*Regardant Blum.*) et ché suis fenu, sans manquer à mon consigne, pour lui tire en ami : Fa-t'en, toi, tout de suite.

BRIGITTE. Je vous remercie, mon cousin, ainsi que mademoiselle Louisa; mais apprenez que Blum n'est pas coupable.

BLUM. Non, sans doute; mais comment le prouver? est-ce que vingt personnes ne m'ont pas vu avec ce maudit manteau? est-ce que vous n'avez pas dit ce soir à toutes vos connaissances que j'avais reçu huit cents florins? Est-ce que je n'ai pas assisté à la séance qui s'est tenue?

MAURICE. Ce être un homme perdu.
BLUM. Et pendu! Il n'y a plus qu'un moyen... vous savez...
BRIGITTE. Et lequel?
BLUM. Celui qu'on m'indiquait tout à l'heure, la chaloupe; c'est mon seul refuge.
BRIGITTE. Quoi, monsieur Blum, vous me quittez?
BLUM. Hélas! oui, mademoiselle Brigitte! et la nuit de nos noces! Vous le disiez bien ce matin : « Il est impossible que jamais nous puissions être mariés. »
BRIGITTE. Dieux! quelle fatalité! et tout cela pour avoir fait douze manteaux.
BLUM. Et un treizième par-dessus le marché; moi qui ne m'étais jamais mêlé de politique!

AIR : *Que d'établissements nouveaux.*
Adieu! séparons-nous.
BRIGITTE.
O ciel!
Combien cet adieu m'est pénible!
BLUM.
Ah! c'est un moment bien cruel!
MAURICE.
Oui, c'être tiaplement sensible,
BRIGITTE.
De l'hymen nous faisions l'essai.
BLUM.
Le destin ne veut pas permettre...
Vous m'écrirez, n'est-il pas vrai?
BRIGITTE.
Oui, mais qu'est-c' que c'est qu'une lettre!

(*Ils tirent tous trois leurs mouchoirs et se mettent à pleurer.*)

MAURICE. Allons, cousin, partez! tout de suite.
BLUM. Dieux! l'on vient. Il n'est plus temps.
BRIGITTE. Que vois-je? mademoiselle Louisa!
MAURICE. Montemoiselle Louisa!

SCÈNE XII.

LES PRÉCÉDENTS, LOUISA.

LOUISA. C'est moi-même; on m'a permis de venir; et je suis accourue chercher M. Blum.
BLUM. Me chercher!
LOUISA. Eh oui! vraiment. Le comte de Rinsberg vient d'arriver pour souper chez nous avec plusieurs jeunes seigneurs. « Messieurs, a-t-il dit en entrant, il « paraît qu'on voulait interrompre notre repas : rai-« son de plus pour le faire splendide. »
MAURICE. Tarteiff! ce être bien.
LOUISA. On lui a demandé alors comment il avait découvert le complot. « De la manière la plus bi-« zarre, a-t-il répondu. On m'avait apporté ce soir, « de chez mon tailleur, un habit neuf, et en fouil-« lant dans ma poche, j'y ai trouvé une lettre qui « m'a à peu près tout dévoilé, et j'ai agi en con-« séquence. »
BLUM. Dieux! la circulaire de l'inconnu que j'avais laissée dans la poche à droite.
LOUISA. « J'ai pensé, continua le comte, que des « gens qui ne pouvaient arriver jusqu'à moi, me fa-« saient passer ce charitable avis; et j'ai envoyé chez « mon tailleur, qui n'avait aucune connaissance de « l'aventure, car l'habit avait été fait et porté chez « moi par un de ses garçons nommé Blum, que je « ferai chercher demain pour le remercier du service « qu'il m'a rendu. »
BLUM ET BRIGITTE. Il serait possible!
LOUISA. Alors je me suis avancée et j'ai dit à M. le comte que je connaissais votre demeure. « Hé bien! « petite, a-t-il répondu, fais annoncer à M. Blum que « je le nomme mon tailleur, le tailleur de la cour. Et « nous voulons qu'il vienne au dessert, pour nous ra-« conter son histoire. »
BLUM. Dieux! que de faveurs à la fois, je ne puis croire encore.
BRIGITTE. Tailleur de la cour! Ah! monsieur Blum!
BLUM. Ah! mademoiselle Brigitte! nous serons donc mariés! (*A Louisa.*) Et dites-moi, Monseigneur avait-il l'air content de son habit neuf? lui allait-il bien?
LOUISA. A merveille.
BLUM. C'est ce qu'il m'a semblé en l'essayant. Mamoiselle Louisa, mon cher Maurice, nous ne serons point ingrats; apprenez que nous avons huit cents florins, les dépouilles de l'ennemi, que je vais porter à Monseigneur, et s'il me les laisse, nous partagerons.
LOUISA ET MAURICE. Dieux! quel bonheur!
BRIGITTE. Vous allez donc tout lui raconter?
BLUM. Oui, vraiment, toute la vérité, excepté l'histoire de la chaloupe, dont je ne dirai pas un mot.
BRIGITTE. C'est juste, nous avons bien assez à nous occuper de notre mariage.

CHŒUR.
AIR : *Il faut rire, il faut boire* (de LA DAME BLANCHE).
Bénissons à la ronde
L' sort qui nous unit tous;
Le hasard en ce monde
En sait plus que nous.

BRIGITTE, *au public, montrant Blum.*
AIR du vaudeville de *l'Actrice.*
N'allez pas causer la disgrâce
D'un innocent conspirateur;
Quand on vient de lui faire grâce,
Ne vous armez pas de rigueur;
Laissez, dans cette circonstance,
Passer ses faut's incognito,
Et permettez à l'indulgence
De le couvrir de son manteau.

CHŒUR.
Bénissons à la ronde, etc., etc.

FIN DE LES MANTEAUX.

LES EMPIRIQUES D'AUTREFOIS

COMÉDIE-VAUDEVILLE EN UN ACTE

Représentée, pour la première fois, à Paris, sur le théâtre du Gymnase dramatique, le 12 juin 1825.

EN SOCIÉTÉ AVEC M. ALEXANDRE.

Personnages.

GASPARD, }
ROBERT,   } médecins et astrologues français.
TUFFIADOR, alcade du village del Rocco.
GREGORIO, fermier.
PÉDRILLE, jeune soldat.
ESTELLE, prétendue de Gregorio.
LE TAMBOUR DU VILLAGE.
GENS DE LA NOCE.
VILLAGEOIS ET VILLAGEOISES.

La scène se passe en Espagne, dans la province de la Manche, en 1525. — Règne de Charles-Quint.

Le théâtre représente une place de village. A droite, la maison d'Estelle ; à gauche, sur le second plan, un grand arbre et un banc. Du même côté, sur le premier plan, un édifice ruiné, auquel on arrive par quatre ou cinq marches dégradées. Au fond, un riant paysage.

SCÈNE PREMIÈRE.

GASPARD, ensuite ROBERT ET PÉDRILLE.

GASPARD, *entrant le premier.* Par ici, par ici, vous autres. Voici le commencement d'un village, ou plutôt d'une ville, car j'aperçois une grande rue garnie de belles maisons. (*A Robert.*) Arrive donc, tu es toujours de l'arrière-garde.

ROBERT, *entrant avec Pédrille, à qui il donne le bras.* Est-ce que je peux aller plus vite avec le camarade qui est dans les bagages ! Tenez, vous serez mieux sur ce banc, ça vous reposera.

GASPARD, *à Pédrille, qui s'asseoit.* Savez-vous que c'est bien heureux que nous vous ayons rencontré, car vous étiez là au bord de ce fossé, presque sans connaissance. D'où venez-vous donc ainsi ?

PÉDRILLE. De l'armée. J'étais à la bataille de Pavie, où l'infanterie espagnole s'est bravement montrée, je m'en vante.

Air : *Le luth galant.*

Je fus blessé ; mais, ô destin bien doux !
Du général qui vainquit, grâce à nous,
Le nom vivra toujours au temple de mémoire.
Généraux et soldats, au champ de la victoire,
N'ont pas la même part !.. car pour eux est la gloire,
Et les coups sont pour nous.

Tout ce que j'ai obtenu, c'est mon congé ; et je revenais au pays, lorsque la fatigue et le besoin... Mais, grâce à vous, cela va mieux.

ROBERT, *à Gaspard.* Je crois bien. Nous avons partagé avec lui nos provisions, et pourtant c'étaient les dernières.

GASPARD, *de même.* Qu'importe ! nous avions fait notre repas ; il fallut bien qu'il en fît autant. Moi, après dîner, je suis toujours charitable. (*A Pédrille, qui regarde autour de lui.*) Eh bien ! notre nouvel ami, comme vous regardez le pays ! est-ce que vous le connaissez ? est-ce que vous savez où nous sommes ?

PÉDRILLE. Dans un riche village... celui del Rocco, dans la province de la Manche.

GASPARD. Ah ! le village del Rocco près le Toboso... J'ai entendu dire que c'était de toute l'Espagne le pays le plus bête.

PÉDRILLE. Un instant, seigneur cavalier, comme vous y allez : moi qui y suis né.

GASPARD. C'est différent. Pardon, camarade ; je voulais dire que probablement il y avait ici plus d'argent que d'esprit.

PÉDRILLE. Pour cela vous avez raison ; du moins depuis six ans que je l'ai quitté, je ne crois pas qu'il soit changé.

ROBERT. Vous avez sans doute ici des parents ?

PÉDRILLE. Aucun.

GASPARD. Des amis ?

PÉDRILLE. Vous êtes les seuls ; et pourtant, en y entrant, en respirant l'air du pays, j'ai éprouvé un bonheur...

ROBERT. Eh bien ! par exemple, est-il bon enfant !

GASPARD. Est-il de son village ! Pour nous, mon garçon, notre pays, c'est où l'on nous reçoit bien ; notre patrie, c'est où nous gagnons de l'argent ; et dans ce moment nous sommes sans patrie. Il y a quelques jours cependant nous avions une belle voiture, un bon cheval, un habit doré et une trompette.

PÉDRILLE. J'entends, vous êtes des docteurs empiriques.

GASPARD. Comme vous dites, courant le monde et les aventures. Nous avons reçu, moi, du moins, quelque éducation ; (*Montrant Robert.*) car lui est un ignorant, qui n'est charlatan que par routine ; moi, c'est par principe. J'ai étudié en France, dans les universités. Ecolier, j'en savais plus long que mes maîtres : ils m'ont congédié ; médecin, je me mêlais de guérir mes malades : mes confrères m'ont expulsé. Tour à tour colporteur, alchimiste, écrivain, j'ai fait tous les métiers, les exerçant en conscience, avec franchise, et dans l'intérêt du genre humain. Les hommes, me suis-je dit, ne sont pas dignes qu'on leur montre la vérité ; ils n'en veulent pas. Pour leur faire du bien, il faut les tromper ; mettons-nous charlatans, et je le suis.

Air de *l'Écu de six francs.*

Cherchant des dupes au passage,
Tous deux nous partîmes gaiment,
N'ayant, pour faire le voyage,
Que de l'espoir et peu d'argent.
Nous commençâmes par la France,

PÉDRILLE.
Bon pays pour les charlatans.

ROBERT.
Non pas vraiment, car en tout temps,
On y voit trop de concurrence.

Mais en Espagne, c'est différent.

PÉDRILLE. Vous y avez eu du succès?
GASPARD. Je le crois bien. Allez dans la Catalogne, dans les Asturies, dans les deux Castilles, tout le monde vous parlera du docteur Gaspard; c'est mon nom. Les poudres, les élixirs, les anneaux constellés... Dieu! quel débit! Enfin, nous exploitions la crédulité publique, nous vivions aux dépens des sots, et, comme je vous le disais, nous roulions carrosse, lorsque l'autre semaine, par reconnaissance, et pour l'agrément de nos auditeurs, je m'avise de leur faire quelques expériences de physique, attendu qu'on a des connaissances dans cette partie-là; j'écris donc sur la muraille, en lettres de feu : HONNEUR AU DOCTEUR GASPARD, avec du phosphore.
PÉDRILLE. Du phos..fort... Qu'est-ce que c'est que ça, camarade?
GASPARD. Il ne sait pas ce que c'est! Un soldat qui a couru le monde, et qui revient de la bataille de Pavie. Etonnez-vous donc, après cela, que de simples paysans... O siècle ignorant et barbare! Pour revenir à notre affaire, pendant mon illumination, mon ami Robert, qui a l'honneur d'être ventriloque, leur donnait un échantillon de ses talents : sa voix avait l'air de sortir du plafond, et de dessous terre, ou du milieu de l'auditoire, qui, au lieu de s'amuser, s'est avisé d'avoir peur. Ils sont tous frappés d'épouvante; et le lendemain, nous étions signalés comme des cabalistes, des illuminés et des sorciers.
PÉDRILLE. Vous avez pris la fuite?...
ROBERT. A pied, sur-le-champ, abandonnant notre équipage, et toutes nos richesses si légitimement acquises.
GASPARD. Il le fallait bien... Le bûcher était déjà prêt, et c'étaient ceux mêmes que j'avais guéris de la toux et de la pituite, de la gravelle, du mal de dents, tous nos clients, enfin, qui étaient les premiers à apporter des fagots.
ROBERT. Aussi, quand nous retournerons dans ce pays, il y fera chaud.
GASPARD. En attendant, il faut vivre, et recommencer notre fortune. Croyez-vous qu'ici nous réussirons comme docteurs? Y a-t-il des maladies?
PÉDRILLE. Oui, et de la crédulité encore plus. Comme je vous le disais, la ville est bonne.
GASPARD. Eh bien! camarade, vous qui connaissez le pays, soyez notre associé, et partagez avec nous les bénéfices.
PÉDRILLE. Je vous remercie, seigneur Gaspard; je ne puis accepter vos offres; je ne suis pas venu ici pour faire fortune, mais pour revoir encore une seule personne que j'y ai laissée, il y a six ans; et après cela, on dit que le capitaine Fernand Cortez prépare une expédition, je m'embarquerai avec lui, et j'irai me faire tuer dans le Nouveau Monde.
GASPARD, *le retenant par le bras.* Un instant. (*Lui tâtant le pouls.*) Je vous ai dit que j'étais médecin, et que je m'y connaissais. Pulsation fréquente, regard sombre et mélancolique, dérangement dans le cerveau! Vous êtes amoureux.
PÉDRILLE. Moi, qui vous a dit?..
GASPARD. Je ne me trompe jamais. Voilà donc le mal reconnu : il faut maintenant trouver un spécifique.

Air du vaudeville de *la Somnambule.*
Contre l'amour nous avons, camarade,
Deux remèdes : l'un, c'est l'oubli,
Remède extrême, et qu'hélas! le malade
Ne prend jamais que malgré lui;
L'autre est, je crois, et plus doux et plus sage,

Avec succès on l'emploie aujourd'hui.
PÉDRILLE.
Quel est-il?
GASPARD.
C'est le mariage;
Trois mois après on est toujours guéri.

PÉDRILLE. L'épouser!.. Je ne puis, on m'a dit qu'elle était mariée.
GASPARD. Alors, vous avez raison... il faut partir.
PÉDRILLE. Mais je veux au moins la revoir encore; et si j'avais seulement un habit présentable...
GASPARD. Je vous entends. Tenez, camarade, nous ne sommes pas bien riches, car cette bourse est tout ce que nous avons sauvé du naufrage; mais il ne sera pas dit que des docteurs, des savants en plein air, des philosophes ambulants, auront passé près d'un pauvre diable sans lui tendre la main; partageons.
ROBERT. Qu'est-ce que tu fais donc?
GASPARD. Laisse-moi donc tranquille.

PÉDRILLE, *refusant.*
AIR de *la Robe et les Bottes.*
Non, je ne puis.
GASPARD, *le forçant de prendre.*
Acceptez, je vous prie.
PÉDRILLE.
Que vous restera-t-il alors?
GASPARD.
Et la science et la philosophie?
ROBERT.
Oh! par ma foi, deux beaux trésors.
GASPARD.
Oui, deux trésors d'espèce peu commune,
Et que jamais on ne peut dépenser;
Par l'un on sait embellir la fortune.
ROBERT.
Et par l'autre?
GASPARD.
On sait s'en passer.

PÉDRILLE. Seigneur docteur, quoi qu'il arrive, je vous suis dévoué, je suis à vous; et vous verrez, dans l'occasion, si je sais reconnaître un service. Adieu, je cours profiter de vos bienfaits.

SCÈNE II.

GASPARD, ROBERT.

GASPARD, *regardant sortir Pédrille.* C'est cela, des bienfaits, de la reconnaissance! Voilà comme ils sont tous, et dans l'occasion, vous n'en trouvez pas un.
ROBERT. Alors, pourquoi vas-tu lui donner la moitié de ce que nous possédons? Je ne te conçois pas, toi qui es misanthrope, et qui dis toujours du mal de tes semblables.
GASPARD. C'est vrai, je déteste l'espèce humaine en général, mais en particulier, c'est différent, ça me fait plaisir de les obliger.
ROBERT. Eh bien! tu as un mauvais caractère; et je serais bien fâché d'être comme toi. Moi, j'aime les hommes, je les estime, j'en dis toujours du bien, mais je ne leur en fais pas; je ne donne rien.
GASPARD. C'est que tu leur ressembles, et tu as raison. Mais voyons, ne perdons pas de temps, c'est aujourd'hui jour de fête, allons nous établir sur la principale place du village, et faisons notre état, vendons de la santé.
ROBERT. Et qu'est-ce que nous leur vendrons? nous n'avons rien; nos fioles, nos poudres, nos élixirs,

notre orviétan, tout est resté, ainsi que notre caisse, au pouvoir de l'ennemi.

GASPARD. C'est, ma foi, vrai; et je n'y pensais plus.

ROBERT.
Air de *Turenne.*

Nous arrivons tous deux en ce village,
Sans bruit, sans tambour, sans argent;
Comment, dans un tel équipage,
Soutenir qu'on a du talent?
Pour étourdir la foule stupéfaite,
Pour faire accroire au vulgaire badaud
Qu'on a pour soi la renommée, il faut
En avoir au moins la trompette.

GASPARD, *rêvant.* Tu as raison, il faudrait, du premier coup, frapper l'attention par quelque chose d'extraordinaire, d'incroyable, quelque chose enfin qu'on n'ait jamais vu ni entendu. Attends donc, j'imagine un moyen, dont aucun docteur, je crois, n'a jamais eu l'idée.

ROBERT. Ah! mon Dieu! surtout ne va pas faire de physique.

GASPARD. Oh! non; je ne sortirai pas de la médecine; il nous reste quelque argent, je vais rédiger une pancarte ambitieuse, et faire tambouriner dans toute la ville.

ROBERT. Dis-moi, au moins, quel est ton projet.

GASPARD. Tu l'apprendras, comme les autres, par le tambour. Attends-moi ici, et fais toujours quelques observations sur le moral des habitants, ça ne peut pas nuire. Adieu, l'on vient, je me sauve.

ROBERT. N'est-ce pas une noce qui arrive?

—

SCÈNE III.

ROBERT, ESTELLE, TUFFIADOR, GREGORIO;
Amis, Parents et Gens de la noce.

CHŒUR.
Air de *Léocadie.*

En attendant, gentille fiancée,
Qu'un doux hymen vous unisse tous deux,
Autour de vous une foule empressée
Vient vous offrir son hommage et ses vœux.

ROBERT. Je m'étais trompé, ce n'étaient que des fiançailles. Diable! la mariée est jolie, et n'a pas l'air bien gai.

TUFFIADOR, *à Gregorio, montrant le papier qu'il tient à la main.* Ce programme n'a pas le sens commun, cela ne peut se passer ainsi. Dès qu'en qualité d'alcade je vous fais l'honneur d'assister à votre noce, c'est moi qui dois donner la main à la mariée, et être à côté d'elle à table. Ces petites gens-là n'ont pas la moindre idée des convenances.

GREGORIO. Excusez, seigneur alcade, nous sommes des fermiers qui ne savons pas où il faut se mettre; mais, comme dit cet autre, si j'n'avons pas d'éducation, j'avons de l'argent; ça se place partout.

ROBERT, *sur le devant de la scène à droite.* A merveille, l'un est un fat, et l'autre est un sot. C'est toujours bon à prendre en note; mais il y a chez eux un mariage, un repas : autant loger là qu'ailleurs. (*Il s'approche de Tuffiador et de Gregorio.*) Seigneurs cavaliers, j'ai bien l'honneur de vous saluer.

TUFFIADOR. Quel est cet homme?

ROBERT. Un étranger, un Français, qui a couru tous les pays; un savant distingué, connu par ses recherches et ses découvertes en tous genres, et qui, dans ce moment, ne voudrait trouver pour aujourd'hui que la table et le logement.

TUFFIADOR. Un vagabond! nous savons ce que c'est; passez votre chemin, mon cher.

GREGORIO. Vous avez raison. S'il fallait nourrir tout ce monde-là! c'est déjà bien assez d'avoir les gens de la noce et ceux qu'on est obligé d'inviter.

Air : *Vers le temple de l'Hymen.*

Il faut tous les défrayer;
C'est là ce que je redoute,
On n' sait pas ce qu'il en coûte
Quand il faut se marier.

ROBERT, *s'inclinant.*
Trop de bonté, je vous jure.
Mais avoir votre figure,
Votre ton, votre tournure,
(*Montrant Estelle.*)
Et ces attraits ingénus...
Si ce mariage coûte,
Ce n'est pas à vous, sans doute,
Que ça doit coûter le plus.

GREGORIO. Qu'est-ce qu'il dit donc?

ESTELLE. Il a raison. Apprenez, Monsieur, que, quand on est riche comme vous l'êtes, il faut partager avec ceux qui n'ont rien.

GREGORIO. Un bon moyen pour devenir comme eux! Ne semble-t-il pas, parce que j'ai fait une belle succession...

ESTELLE. Oui, Monsieur.

GREGORIO. Alors, ce n'est pas la peine que mon oncle soit mort; s'il faut que tout le monde vive à ses dépens, autant qu'il vive lui-même.

TUFFIADOR. Allons, finissons, ne voyez-vous pas que j'attends?

GREGORIO. C'est juste, voilà Monsieur qui, en sa qualité d'alcade, est là à attendre. (*A tous les gens de la noce.*) Eh bien! à tantôt! nous vous attendrons.

CHŒUR.

En attendant, gentille fiancée,
Qu'un doux hymen vous unisse tous deux,
Autour de vous une foule empressée
Vient vous offrir son hommage et ses vœux.

(*Pendant ce chœur, Gregorio et Estelle passent devant les personnes de la noce, à qui ils font leurs salutations; et après le chœur, tous les conviés défilent devant Tuffiador, Gregorio et Estelle, qu'ils saluent en s'en allant par le fond à droite; Tuffiador et Gregorio entrent dans la maison; Estelle reste en scène avec Robert.*)

—

SCÈNE IV.

ROBERT, ESTELLE.

ESTELLE. Fi! le vilain avare! Je suis fâchée, seigneur étranger, de la manière dont on vient de vous recevoir; mais je suis aussi la maîtresse : ne partez pas, restez ici, et j'aurai soin qu'on vous donne un bon lit et un bon souper.

ROBERT. Vous êtes charmante; mais c'est que j'ai avec moi un camarade : Oreste sans Pylade aime autant ne pas vivre, ce qui veut dire qu'il faudrait à souper pour deux.

ESTELLE. A la bonne heure, vous l'aurez.

ROBERT. Voilà de la générosité, de la bienfaisance, et je suis curieux de voir ce que dira Gaspard; car cette fois j'espère, c'est sans intérêt... (*Voyant Estelle qui voudrait et qui n'ose lui parler.*) Eh! mon

Dieu! auriez-vous encore quelque chose à me dire?

ESTELLE. Oui, sans doute; mais c'est que je n'ose pas. Puisque vous avez parcouru la France, l'Espagne et tant d'autres pays dont on n'a jamais entendu parler, dites-moi, Monsieur, vous n'auriez pas rencontré, dans le cours de vos voyages, un jeune bachelier nommé Pédrille, qui est sorti du pays pour aller chercher fortune.

ROBERT. Pédrille! non vraiment; et j'en suis désolé, car je comprends... c'était un amoureux.

ESTELLE.

Air de *Coraly* (d'AMÉDÉE DE BEAUPLAN).

C'était l'ami de mon enfance;
Je l'aimais comme mon cousin;
Il partit, et par son absence
Il nous causa bien du chagrin.
Loin de nous, et dans la détresse,
On dit qu'il a fini ses jours.
Depuis six ans, je veux sans cesse
L'oublier (*bis*), et j'y pense toujours.

Mon cœur plus docile et plus sage
Pourtant y serait parvenu :
Mais d'puis qu'il s'agit d'mariage,
Je crois que ça m'est revenu.
Plus mon futur me parle de sa flamme,
Plus j'pense à mes premiers amours.
Et lorsqu'hélas! je s'rai sa femme,
Je le vois (*bis*), j'y penserai toujours.

ROBERT. Je m'en étais douté. Pourquoi alors épouser ce seigneur Grégorio?

ESTELLE. Parce que mes parents sont tous à me répéter que je ne peux pas rester fille; et alors, autant épouser Gregorio qu'un autre. (*On entend le tambour.*)

ESTELLE. Ah! mon Dieu! c'est ma proclamation de mariage! et moi qui m'amuse ici! Au revoir, Monsieur. (*Elle rentre dans la maison.*)

SCÈNE V.

ROBERT, GASPARD, *entouré par les villageois,* LE TAMBOUR, VILLAGEOIS ET VILLAGEOISES.

CHŒUR.

Air : *J'aime le bruit du canon.*

Quel est cet événement?
Quelle fête nous invite?
J'accours toujours au plus vite,
Quand j'entends le tambour battant,
Quand j'entends plan, plan,
Le tambour, plan, plan,
Quand j'entends le tambour battant.

LE TAMBOUR.

Or, ouvrez tous vos oreilles,
Petits et grands, écoutez bien;
C'est la merveille des merveilles,
Et ça ne vous coûtera rien.

CHŒUR.

Quel est cet événement? etc.

LE TAMBOUR, *après un roulement, lisant à haute voix.*
« Il est fait à savoir que deux médecins et savants as-
« trologues français, ayant le don de faire revenir les
« morts défunts depuis cinq ans, donneront aujour-
« d'hui, avec la permission des autorités locales, une
« représentation de leur savoir-faire; et afin que tout
« le monde puisse en juger, les grands et les petits,
« aujourd'hui même à midi, sur la place publique,
« ils rendront à la vie et à une parfaite santé le der-
« nier alcade, le senor Gonzalès, mort il y a six ans,
« et que toute la ville connaissait.
« Pour copie conforme :
Signé GASPARD et ROBERT, *docteurs alchi-
mistes.* (*Roulement de tambour.*)

CHŒUR DE VILLAGEOIS.

Même air.

Dieu! quel docteur étonnant!
Non, je n'y puis rien comprendre;
Ici, j'aurai soin de me rendre
A l'appel du tambour battant.

(*Ils sortent tous*)

SCÈNE VI.

GASPARD, ROBERT.

GASPARD, *se frottant les mains.* A merveille... ils viendront tous; et nous aurons, j'espère, une brillante assemblée.

ROBERT. Ah çà! dis-moi, as-tu perdu la tête? et quelle est cette nouvelle extravagance? veux-tu nous faire lapider?

GASPARD. Nullement. Je t'avais promis de rester dans mes attributions, de ne pas sortir de la médecine.

ROBERT. Ah! tu appelles cela de la médecine, ressusciter les morts?

GASPARD. C'est de la médecine perfectionnée; c'est un pas que je lui ai fait faire.

ROBERT. Cesse de plaisanter. Tu as sans doute quelque secret, quelque moyen?

GASPARD. Aucun.

ROBERT. Aucun! et tu viens leur promettre effrontément... Comment viendras-tu à bout?..

GASPARD. Je n'y songe seulement pas; je n'ai qu'une idée, c'est de remplir notre bourse, et j'ai assez mauvaise opinion de l'espèce humaine pour regarder le succès comme certain. (*Apercevant Tuffiador qui sort de la maison, et qui le salue de loin et avec respect.*) Tiens, tiens, vois-tu déjà ce cavalier qui nous salue?

ROBERT. C'est une de mes nouvelles connaissances; c'est un monsieur qui tout à l'heure m'a fermé sa porte. Si tu en obtiens quelque chose...

SCÈNE VII.

LES PRÉCÉDENTS, TUFFIADOR.

TUFFIADOR. N'ai-je pas l'honneur de parler à ce fameux médecin français, le célèbre docteur Gaspard?

GASPARD. Oui, seigneur cavalier, et voici mon collègue.

TUFFIADOR. Je viens de lire votre petit programme. C'est toujours pour midi?

GASPARD. Midi... midi un quart... pour que tout le monde soit bien placé.

TUFFIADOR. Une belle découverte que vous avez faite là, Messieurs!

GASPARD. C'est-à-dire au premier coup d'œil ça a quelque chose d'étonnant pour le vulgaire; mais pour les gens instruits.

TUFFIADOR. Sans doute, pour nous autres... Mais si ça vous était égal, je vous prierais d'en ressusciter un autre que l'alcade Gonzalès.

GASPARD. Impossible. C'était un homme en place, le premier du village, c'est plus marquant, ça fixera l'attention.

TUFFIADOR. Du tout, c'était un personnage inconnu, ignoré; et puis, je vous le demande, à quoi bon ressusciter un alcade, il n'en manquera jamais.
GASPARD. A la bonne heure; mais c'est affiché, et l'on ne peut pas changer ainsi le spectacle.
TUFFIADOR. Eh bien! Messieurs, puisqu'il faut vous parler à cœur ouvert, vous voyez en moi Jean-Inigo Tuffiador, l'alcade actuel.
GASPARD, ôtant son chapeau. Quoi! vraiment! il se pourrait?
TUFFIADOR. Oui, Messieurs, je suis ce malheureux alcade, le successeur de Gonzalès, que du reste je n'ai jamais connu; mais chacun dit que c'était un intrigant, un ambitieux qui cherchait à supplanter tout le monde.

Air de *Préville et Taconnet.*

S'il revenait, vous concevez sans peine
  Qu'il voudrait ravoir son emploi;
De là le bruit, la cabale, la haine :
  Cela devient un abus, selon moi.

GASPARD.
Vous le croyez?

TUFFIADOR.
  Vraiment oui, je le crois.
Que devenir? que voulez-vous qu'on fasse,
Quand tous les rangs, tous les emplois connus
Sont occupés, ou bien sont obtenus...
S'il faut, hélas! outre les gens en place,
  Placer tous ceux qui n'y sont plus?

Et puis enfin il y a une justice... Mon prédécesseur était un gaillard qui a fait son temps, qui a joui de la vie.. chacun à son tour.
GASPARD. C'est fort raisonnable; mais la difficulté est d'arranger tout cela.
TUFFIADOR. Rien de plus simple. Vous retournez en France : la route est longue; on n'a jamais trop d'argent en voyage; et si une vingtaine de ducats pouvaient vous être agréables... (Il tire de sa poche une bourse.)
ROBERT, prenant la bourse. Accepté. Voilà ce qui s'appelle être rond en affaires. Nous ne penserons plus à votre prédécesseur.
TUFFIADOR. C'est cela. Qu'on le laisse tranquille, ce cher homme, c'est tout ce que je demande.
GASPARD. Oui, mais maintenant il nous en faut un autre.
ROBERT. C'est juste; (Pesant la bourse.) ça ne suffit pas.
GASPARD. Vous ne pourriez pas nous indiquer dans le village quelqu'un de connu et d'opulent?
TUFFIADOR. J'entends, quelqu'un qui en valût la peine. Attendez; nous avons le seigneur Jeronimo, le plus riche laboureur de l'endroit, qui est mort, il y a cinq ou six ans, et à qui j'ai prêté sur parole une centaine de ducats, qu'il a oublié de me payer. Voilà l'homme qu'il vous faut, ça vous fera autant de profit et d'agrément.
GASPARD. A merveille! Ayez soin seulement de le publier par la ville, afin qu'on soit prévenu du changement.
TUFFIADOR. Soyez tranquille, je vais le dire à tous ceux que je rencontrerai, et vous me verrez tantôt aux premières places applaudir et crier bravo! Et puis, dites donc, Messieurs, une idée qui me vient.

Air d'*Une nuit au château.*

Pour prolonger l'existence,
Dans ce moment, je conçois
Certain projet d'assurance
Qui vous sourira, je crois.

Voyez quelle économie!
Comme monsieur tel ou tel,
Sans rien faire dans sa vie,
On est sûr d'être immortel.

ENSEMBLE.
TUFFIADOR.
Pour prolonger l'existence,
Dans ce moment, je conçois
Certain projet d'assurance
Qui vous sourira, je crois.
GASPARD ET ROBERT.
Votre projet d'assurance
Nous sourira, je le crois;
A notre reconnaissance
Vous aurez toujours des droits.

(*Tuffiador rentre dans la maison.*)

SCÈNE VIII.

GASPARD, ROBERT.

GASPARD. Eh bien! qu'en dis-tu?
ROBERT, ôtant son chapeau. Je te salue comme maître, et je te comprends maintenant.
GASPARD. J'étais bien sûr qu'en spéculant sur l'ambition ou sur l'avarice...
ROBERT. C'est une mine d'or.
GASPARD, tristement. A la bonne heure. Mais n'est-il pas indigne que les hommes soient ainsi?
ROBERT. Est-il étonnant! est-ce que tu n'en profites pas?
GASPARD. Oui, sans doute. Il est juste qu'il soit puni de sa cupidité.
ROBERT. Eh bien! alors, poursuivons, ne fût-ce que pour faire un cours de morale. Je connais maintenant ton système, je suis ton élève, je veux faire une tournée dans le village, j'entre dans chaque maison, je les menace tous du retour d'un parent ou d'un ami. Et, pour prélever un impôt sur leur sensibilité, j'effrayé les neveux, les cousins, les collatéraux, enfin, tous les parents au degré successible... J'entends du bruit, je te laisse; chacun de notre côté. Quand on est sur la route de la fortune, il ne faut pas s'arrêter en chemin. (*Il sort en courant du côté du village.*)

SCÈNE IX.

GASPARD, GREGORIO, ESTELLE.

GREGORIO, dans la coulisse. Eh bien! par exemple, seigneur alcade, qu'est-ce que vous dites donc là? Ça ne se passera pas ainsi, où nous allons voir.
GASPARD. C'est le nouveau marié!.. A qui en a-t-il donc?
GREGORIO. Pardon, excuse, Monsieur... C'est-i vous qui êtes le médecin des morts?
GASPARD. A peu près, de quoi s'agit-il?
GREGORIO. Dites-moi si c'est vrai qu'on ne ressuscitera pas l'ancien alcade?
GASPARD. Non, mon garçon. Mais, en revanche, nous allons faire revenir à sa place un honnête laboureur du pays, le seigneur Jeronimo.
GREGORIO. Eh bien! voilà une belle idée que vous avez! Qu'est-ce que cela signifie donc, de changer comme ça? puisque l'autre est annoncé, et qu'on y compte.

Air de *Oui et non.*

Moi j' n'aime pas les charlatans.
ESTELLE.
Eh quoi! pouvant rendre à la ronde

TUFFIADER. Si une vingtaine de ducats pourraient vous être agréables? — Scène 7.

La lumière à tous vos parents...
GASPARD.
Vous les laissez en l'autre monde?
GREGORIO.
Mais ce séjour, je le soutien,
Pour les morts n'est pas si funeste ;
Il faut mêm' qu'on s'y trouve bien :
Et la preuve, c'est qu'on y reste.

GASPARD. Mais, après tout, qu'est-ce que cela vous fait, que nous choisissions le seigneur Jeronimo?
GREGORIO. Comment! qu'est-ce que cela me fait? C'est que... c'est mon grand-oncle; je ne l'ai jamais vu, il est vrai; mais pas de bêtises.
ESTELLE. Fi! Monsieur, vous seriez mauvais cœur à ce point-là?
GREGORIO. Mais du tout, c'est au contraire par amitié et par intérêt pour lui. Vrai, ce n'est pas un service à lui rendre. D'abord, on dit qu'il était asthmatique; et des rhumatismes, en avait-il! Enfin, quand sa dernière toux l'a emporté, chacun a dit dans le village que c'était bien heureux pour lui, et que c'était ce qui pouvait lui arriver de mieux. Vous voyez donc bien qu'il y aurait à vous de l'inhumanité.
GASPARD. Si ce n'est que cela.
GREGORIO. C'est bien assez. Et puis, il avait encore...
GASPARD. Encore quelque chose?
GREGORIO, *à voix basse.* Oui. Trois fermes dont j'ai hérité.

AIR : *Un homme pour faire un tableau.*
Ainsi n' faites pas revenir
Mon grand-oncle, je vous en prie ;
Songez que je vais m'établir ;
J'épouse une femme jolie.
Il peut m'arriver quelque enfant,
Un garçon ou bien une fille.
C' que j' vous demande, c'est vraiment
Dans l'intérêt de ma famille.

GASPARD. Je sens bien que voilà des raisons; mais cependant, il me faut quelqu'un.
ESTELLE, *passant à la droite de Gaspard, lui dit tout bas.* Si ce n'est que cela, Monsieur, je vous l'indiquerai, je vous le promets.

ROBERT. Tenez, vous serez mieux sur ce banc, ça vous reposera. — Scène 1.

GASPARD, *la regardant avec étonnement.* Vraiment !
GREGORIO. Et si, en attendant, il ne fallait qu'une vingtaine de ducats pour vous engager à laisser le monde comme il est...
GASPARD. Vingt ducats, un grand-oncle ! vous n'y pensez pas.
ESTELLE. Sans doute, vous n'estimez pas assez vos parents.
GASPARD. Je serais plus généreux ; cent ducats sur-le-champ, ou je vais les lui demander à lui-même.
GREGORIO. Eh non ! vraiment, je les ai à peu près là, dans une bourse que voici. (*Bas, à Gaspard*) Mais vous me promettez de vous adresser à un autre.
GASPARD. C'est convenu.
GREGORIO, *à part.* C'est égal, je me méfie de ces gens-là...

Air des *Comédiens.*
Tant qu'ils seront dans notre voisinage,
J' craindrai toujours qu'ils n' me rançonn'nt encor ;
Et je m'en vais jusqu'au prochain villag
Les signaler à not' corrégidor.

Vu leur talent, leur science profonde,
Il peut sans crainte, et dans un tour de main,
Les envoyer gaîment en l'autre monde :
Pour revenir ils connaiss'nt le chemin.

ENSEMBLE.
GREGORIO.
Tant qu'ils seront dans notre voisinage, etc.
ESTELLE.
Fasse le ciel qu'il reste en ce village !
Car je voudrais l'interroger encor ;
Et ce secret, dont il peut faire usage,
Vaut à mes yeux le plus riche trésor.
GASPARD.
Oui, nous allons rester en ce village,
Car nous pourrons le rançonner encor ;
Et le secret dont j'ai su faire usage
Va dans mes mains devenir un trésor.
(*Gregorio rentre dans la maison.*)

SCÈNE X.

GASPARD, ESTELLE.

ESTELLE. Enfin, le voilà parti. Ah! monsieur le docteur, que vous avez bien fait de ne pas ressusciter son grand-oncle!

GASPARD. Et pour quelle raison?

ESTELLE. Parce que je vous prierai, si ça ne fait rien, de donner cette place-là à un autre.

GASPARD. Volontiers : c'est notre état.

ESTELLE. Il serait vrai! ah! monsieur le docteur, que de bonté, de générosité! Eh bien! je vous en supplie, daignez rendre la vie à mon cousin Pédrille.

GASPARD. Le cousin Pédrille... à la bonne heure... autant lui qu'un autre; mais il me faut d'abord quelques renseignements sur son compte.

ESTELLE. Il y a bien longtemps il m'avait promis de m'aimer toujours, et moi aussi; mais il s'est brouillé avec sa famille, avec son oncle; il a quitté ce village, et nous avons reçu la nouvelle qu'il avait été tué.

GASPARD. C'est bien, c'est bien : ce n'est pas là ce qui m'embarrasse; mais est-ce qu'il n'a pas laissé quelque fortune?

ESTELLE. Non, Monsieur.

GASPARD. Il n'a pas quelque héritier direct ou indirect?

ESTELLE. Aucun, puisqu'il n'avait rien.

GASPARD. Mais, avant de partir, il occupait quelque place, quelque emploi?

ESTELLE. En aucune manière, puisqu'il s'est fait soldat.

GASPARD, à part. Ah, diable! j'ai eu tort de m'avancer, car en voilà un sur lequel il n'y a pas de prise.

ESTELLE. Il avait bien son oncle dont nous parlions tout à l'heure, le seigneur Henriquès, un riche marchand, qui l'a déshérité.

GASPARD, vivement. Vraiment? à la bonne heure! Eh! mais voilà ce que je vous demande. Et qui est-ce qui en a profité? à qui sa part est-elle revenue?

ESTELLE. A moi, Monsieur, à moi, qui suis prête à tout lui rendre. J'y renonce, pourvu que je le revoie encore une seule fois. Oui, monsieur le docteur, la moitié de ce que je possède est à mon cousin, mais l'autre moitié...

GASPARD. Eh bien?

ESTELLE. L'autre moitié est à vous si vous le rendez à la vie.

GASPARD. Que dites-vous?... Moi, je pourrais accepter... Non, mon enfant.. vous, au moins, vous êtes noble et généreuse; vous avez un bon cœur. (A part.) Voilà la première, et cela fait plaisir. (Se reprenant.) Mais ça me met dans un fameux embarras.

AIR : *Depuis longtemps j'aimais Adèle.*

Comment jamais peindr' ma reconnaissance.

GASPARD.

Daignez m'écouter, mon enfant.

ESTELLE, *à part.*

Ah ! mon Dieu, je crois qu'il balance.

(*A Gaspard.*)

Vous me l'aviez promis pourtant.
A votre cœur si je n' peux m' faire entendre,
Si ce n'est pas assez de tous mes biens,
Pour ajouter aux jours qu'on va lui rendre,
S'il le faut, prenez encor des miens.

GASPARD, *essayant une larme.* Ah! c'en est trop!

ESTELLE, *vivement.* Vous êtes attendri, vous cédez...

Je vais prévenir ma famille, nos parents, nos amis; car vous s'nllez que je ne peux plus épouser Gregorio, que tout est rompu... Ah bien, oui! qu'est-ce que dirait mon cousin? Adieu, monsieur le docteur... Ça, ne tardez pas, n'est-il pas vrai?.. Tâchez qu'on ne fasse pas attendre, et que ça commence tout de suite. (*Elle rentre dans la maison.*)

SCÈNE XI.

GASPARD, *seul.* Pauvre enfant! elle me faisait mal; et je ne me sentais pas le courage de la détromper, car elle se voit déjà réunie à celui qu'elle aime.

Air de *Lantara.*

Ah! que n'ai-je cette puissance!
Les cœurs égoïstes et froids,
Les méchants, la riche opulence,
Ne vivraient, morbleu! qu'une fois :
C'est bien assez, c'est trop souvent, je crois.
Mais l'écrivain qu'illustra son génie,
Mais la beauté que pleurent les amours,
Mais les guerriers, honneur de la patrie,
Ne mourraient pas, où renaîtraient toujours.

SCÈNE XII.

GASPARD, ROBERT, *un sac d'argent sous le bras.*

ROBERT. Réjouis-toi, mon ami, les galions sont arrivés.

GASPARD. Qu'y a-t-il donc?

ROBERT. Recette complète, près de quinze cents ducats. Cela t'étonne?

GASPARD. Du tout... (*Douloureusement.*) Qu'est-ce que je disais?

ROBERT. Il paraît, dans ce pays, qu'ils n'aiment pas les anciens, ou qu'ils craignent les revenants. J'ai d'abord eu le bonheur de tomber sur un riche marchand qui, depuis cinq ans, avait perdu sa femme, et qui vivait dans un repos et une tranquillité inconnus jusqu'alors. Au nom seul de la défunte, il a couru la son secrétaire, et m'a donné deux cents ducats par amour pour la paix. Plus loin j'ai rencontré une veuve... une brave femme, qui m'a dit : « Monsieur, je n'ai que « cent ducats de rente, en voici la moitié : je vous « l'offre de grand cœur. »

GASPARD. Tu l'as acceptée?

ROBERT. Que veux-tu?.. le denier de la veuve... Plus loin j'en ai rencontré deux autres qui s'étaient déjà remariées... tu juges de leur effroi! Ici c'est un procureur que je menace de rendre à la vie, et tous les clients viennent m'ouvrir leur bourse. Là c'est un vieux médecin dont j'annonce le retour, et tout le quartier en masse se soulève et fait une collecte.

AIR : *Quel art plus noble et plus sublime*

Par cette méthode nouvelle,
A s'enrichir on n'est pas long ;
Et ta découverte vaut celle
Qu'a faite Christophe Colomb.
Le vent en poupe nous seconde,
Et tous les deux, ainsi que lui,
Nous allons, grâce à l'autre monde,
Faire fortune en celui-ci.

GASPARD. Oui, mais dans ce moment cela va mal pour nous. Je me suis engagé à ressusciter un nommé Pédrille, un pauvre diable qui ne tient à rien, et contre lequel il n'y a pas la moindre objection.

ROBERT. Aussi, pourquoi vas-tu t'adresser à quelqu'un

de ce genre-là? Les médecins en vogue ne traitent jamais que les gens riches.

GASPARD. Est-ce que je le connaissais? En attendant, on y compte, tout est préparé, et nous avons tout au plus une demi-heure.

ROBERT. Ah! mon Dieu! c'est fait de nous. Après les contributions que j'ai prélevées sur eux, ils ne voudront jamais entendre raison; et si nous ne faisons pas revenir M. Pédrille, ils sont capables de nous envoyer le retrouver. Dis-moi un peu: qu'est-ce que tu comptes faire?

GASPARD. C'est ce qui t'embarrasse?.. Parbleu! je vais me sauver, et dans une demi-heure je serai loin d'ici.

ROBERT. Alors j'en fais autant; et quoique je porte la caisse, ça ne m'empêchera pas de courir : tu vas voir plutôt.

GASPARD. Allons, partons.

SCÈNE XIII.

LES PRÉCÉDENTS; PÉDRILLE, *mieux habillé qu'à la première scène, costume de bachelier; le chapeau rond à plumet, et un manteau noir ployé sur le bras.*

PÉDRILLE, *les arrêtant.* Où allez-vous?

GASPARD, *à voix basse.* N'en dites rien, mon camarade, nous nous sauvons.

PÉDRILLE. Gardez-vous-en bien, ou vous êtes perdus. Tout le village est en rumeur; le bruit se répand déjà que vous êtes des charlatans, des imposteurs, qui avez voulu exploiter la crédulité publique.

ROBERT. Voyez-vous la calomnie!.. et qui est-ce qui ose nous accuser?

PÉDRILLE. Personne encore, car ceux qui ont été vos dupes n'ont garde de s'en vanter; mais ce sont les plus acharnés, notre alcade surtout, qui a l'air tout étonné qu'on ait osé se jouer à un homme tel que lui : il a ameuté la multitude, et ils veulent absolument être témoins de l'expérience que vous leur avez promise; car j'ai lu votre pancarte, et si, comme je m'en doute bien, vous ne pouvez tenir votre parole, je crains que ce ne soit fait de vous.

ROBERT. Ah! mon Dieu! encore un endroit où il fait trop chaud pour nous.

PÉDRILLE. En attendant, et sans que vous vous en doutiez, vous êtes entourés et gardés à vue, et la moindre tentative d'évasion serait le signal de votre perte.

ROBERT. Eh bien, alors, quel parti prendre?

PÉDRILLE. J'ai pensé que je pouvais vous servir, et je suis accouru; jusqu'ici j'étais renfermé chez un ancien camarade à moi, que j'ai rencontré par hasard; c'est lui qui m'a fourni ces nouveaux habits, et qui m'a transmis tous ces détails. Je viens donc, mes amis, ou vous sauver, ou partager votre sort; car je n'ai point oublié ce que vous avez fait pour moi.

GASPARD. Il serait vrai! quoi! vous avez de la reconnaissance? vous n'oubliez pas vos amis? Et de deux!.. la journée est bonne, il y a longtemps que je n'en avais trouvé autant. Eh bien, voyons, mon garçon, quel est votre projet?

PÉDRILLE. Il y a, ici près, un ancien aqueduc, dont ces ruines font partie; vous allez, l'un après l'autre, et en ayant l'air de vous promener...

ROBERT. Oui, en amateurs, en artistes qui examinent ces ruines.

PÉDRILLE. Vous allez m'attendre sous ce portique, que vous apercevez d'ici; surtout, n'ayez pas l'air d'éviter ceux qui vous rencontreront.

GASPARD. C'est convenu.

PÉDRILLE. Dans un instant, je vous y rejoins par un autre sentier, et une fois sous ces voûtes, il est un chemin obscur que je connais, et qui nous mènera bien loin dans la campagne.

ROBERT. Ah! vous êtes notre sauveur.

PÉDRILLE, *bas, à Robert.* Partez vite, il n'y a pas de temps à perdre. (*Robert sort par la droite.*)

SCÈNE XIV.

GASPARD, PÉDRILLE.

PÉDRILLE. Nous allons le suivre dans l'instant, car je pars avec vous.

GASPARD. Il se pourrait! Vous avez donc revu celle que vous aimiez?

PÉDRILLE. Non, mais n'en parlons plus. Vous aviez raison; il vaut mieux l'oublier.

GASPARD. Elle est donc mariée?

PÉDRILLE. Pas encore; mais c'est aujourd'hui, à ce que m'a raconté Alonzo, cet ami chez lequel j'étais logé; et ce qui m'a le plus indigné, c'est que, malgré les serments qu'elle m'avait faits, elle en aime un autre.

GASPARD. Vous en êtes bien sûr?

PÉDRILLE. Oui, sans doute, puisque d'elle-même, et sans y être forcée, elle a consenti à épouser un fermier du pays, un nommé Gregorio.

GASPARD. Que dites-vous! celle que vous aimez ne se nomme-t-elle pas Estelle?

PÉDRILLE. Oui, vraiment.

GASPARD. N'est-elle pas votre cousine?

PÉDRILLE. Oui, sans doute.

GASPARD. Voilà six ans que vous aviez quitté le pays?

PÉDRILLE. Oui, Monsieur.

GASPARD. Vous êtes donc Pédrille?

PÉDRILLE. C'est moi-même.

GASPARD, *lui sautant au cou.* Ah! mon ami! mon cher! que je vous embrasse, vous êtes sauvé, et nous aussi.

PÉDRILLE. Qu'y a-t-il donc?

GASPARD. Elle vous aime, elle vous adore, et donnerait sa fortune pour vous rappeler à la vie; car elle vous croit mort, tout le monde le croit. Ces chers enfants! combien je suis content! quel bonheur pour eux, et surtout pour moi!

PÉDRILLE. Mais expliquez-vous mieux, qu'au moins je puisse comprendre.

GASPARD. Ça n'est pas nécessaire, je vous promets que vous l'épouserez; cachez-vous là, dans ces ruines; taisez-vous, écoutez, et paraissez quand il faudra.

SCÈNE XV.

GASPARD, ROBERT.

ROBERT, *à la cantonade.* Qu'est-ce que ça signifie? quelle est cette conduite-là? où sont les procédés et les égards dus à un docteur?

GASPARD. Eh! mais, qu'y a-t-il donc?

ROBERT. Ce sont des gardes forestiers, qui veulent m'empêcher de prendre l'air. (*A la cantonade.*) Si je veux me promener là-bas, dont j'ai besoin, et pour ma santé, c'est une ordonnance que je me suis faite. Où allez-vous? on ne passe pas. Et ils sont toujours à vous présenter la pointe de leur hallebarde. (*A voix basse.*) Enfin, il paraît que c'est un parti pris, aucun moyen de salut! car il y a ordre exprès de ne pas nous

laisser sortir du village. (*En tremblant.*) Qu'est-ce que tu dis de cela?
GASPARD, *froidement.* Eh bien! mon ami, nous y resterons.
ROBERT. Oui, y rester pour être pendu!
GASPARD. Qu'est-ce que cela te fait? je te ressusciterai.
ROBERT. Il s'agit bien de plaisanter. Ah! mon Dieu! je les entends... voilà tout le village... c'est notre dernier jour.

SCÈNE XVI.

LES PRÉCÉDENTS; TUFFIADOR, GREGORIO, ESTELLE, ET TOUT LE VILLAGE.

MORCEAU D'ENSEMBLE.
AIR de *la Gazza Ladra*, arrangé par M. HEUDIER.

CHŒUR.
Voici donc l'instant du miracle,
Cela doit être curieux,
Pour jouir de ce beau spectacle,
Nous accourons les premiers en ces lieux.

TUFFIADOR.
Messieurs, plus d'excuse frivole,
Il faut tenir votre parole.

GASPARD.
Messieurs, daignez tous vous placer;
Dans l'instant on va commencer.

ESTELLE.
N'oubliez pas que vous avez promis
D'rendre la vie à mon cousin Pédrille.

GASPARD.
Ne craignez rien, vos vœux seront remplis.

ROBERT, *bas, à Gaspard.*
Y penses-tu?

GASPARD, *de même.*
Vois comme elle est gentille.
Puis-je la refuser, dis-moi?

ROBERT, *à part.*
Son aplomb me glace d'effroi...
Et quand ils connaîtront la ruse...

GASPARD, *bas, à Robert.*
Silence, et regarde-moi!
(*Haut, à tous ceux qui l'entourent.*)
Qu'on allume un réchaud, et si je vous abuse,
Qu'il devienne un bûcher où mon collègue et moi
Consentons à monter.

ROBERT, *bas.*
O ciel! parle pour toi.

GASPARD.
Silence!
Je commence.
(*Tirant de sa poche une fiole, et jetant sur le réchaud quelques parties de ce qu'elle contient.*)

RÉCITATIF.
Toi dont je suis l'élève, et qu'en ces lieux j'atteste,
O divin Prométhée! ô savant sans pareil!
Qui dérobas jadis les rayons du soleil,
Porte cette flamme céleste
A Pédrille le bachelier,
Qui, le mois dernier,
D'un coup de feu perdit la vie
A la bataille de Pavie.

TOUS EN CHŒUR.
O ciel! il a perdu la vie
A la bataille de Pavie.

GASPARD, *jetant à chaque fois une partie de ce qui est contenu dans sa fiole.*
Pédrille, reviens à la vie.

LE CHŒUR.
Pédrille, reviens à la vie.

GASPARD.
Pédrille, obéis à mes lois.

LE CHŒUR.
Pédrille, obéis à ses lois.

GASPARD.
Pédrille, parais à ma voix.

LE CHŒUR.
Pédrille, parais à sa voix.

GASPARD.
Pédrille! Pédrille!

TOUS.
Pédrille! Pédrille!

PÉDRILLE, *enveloppé dans son manteau, et sortant des ruines.*
Me voici.

TOUS.
Dieux! qu'est-ce que j' vois?

ROBERT, *stupéfait, à part.*
C'est notre jeune ami. Maintenant je conçois.

TOUS, *entourant Robert et Gaspard.*
Pour moi quelle surprise extrême!
De Pédrille il est le sauveur.
Oui, c'est Pédrille, c'est lui-même;
Honneur! honneur
A ce savant docteur!
(*Pendant cette dernière partie du chœur, tous les villageois agitent leurs chapeaux en l'air, en signe d'admiration pour le docteur.*)

TUFFIADOR. Je n'en reviens pas encore; et si je ne l'avais pas vu de mes propres yeux.
GREGORIO. Dieu! ai-je bien fait de payer pour mon oncle! car sans cela, ç'aurait été tout de même.
ESTELLE, *à Gregorio.* Fi! Monsieur; je connais votre conduite, et c'est pour cela que je romps avec vous et que j'épouse mon cousin.
GREGORIO. C'est ça : il faut que cet autre revienne de l'autre monde, exprès pour me souffler ma maîtresse. Avec ces inventions-là, on ne sait plus sur quoi compter.
ROBERT, *à Gregorio.* J'espère que nous avons tenu notre promesse?
GREGORIO, *bas, à Tuffiador.* Oui; mais c'est égal, voilà deux hommes très-dangereux, et j'ai bien fait de les signaler au corrégidor, qui viendra demain les arrêter. (*Pédrille, qui a écouté attentivement Gregorio, passe de l'autre côté, près de Gaspard.*)
TUFFIADOR. Vous avez raison; c'est plus prudent.
ESTELLE. Ah! Monsieur, comment vous remercier? J'espère que vous resterez longtemps avec nous.
GASPARD. Oui, certainement; oui, ma belle enfant.
PÉDRILLE, *près de lui, à voix basse.* Non pas. Nous nous reverrons, mais autre part; car demain on doit venir vous arrêter.
GASPARD, *bas, à Pédrille.* Merci. (*Haut, à tout le monde qui l'entoure.*) Oui, mes amis, mes bons amis : ce que c'est que de faire des découvertes; ce que c'est que de rendre service à l'humanité! (*Bas, à Pédrille.*) Nous partirons ce soir.

CHŒUR GÉNÉRAL.
AIR du boléro du *Muletier.*
Que cette union chérie
Comble à jamais tous leurs vœux;
Puisqu'il revient à la vie,
Que ce soit pour être heureux.

ESTELLE.
Pour nos docteurs ambulants,
Messieurs, soyez indulgents,
A l'espoir mon cœur se livre;
Car il vous est, j' n'en puis douter,
Bien plus aisé d' les laisser vivre,
Qu'à nous de les ressusciter.

LE CHŒUR.
Que cette union chérie
Comble à jamais tous leurs vœux;
Puisqu'il revient à la vie,
Que ce soit pour être heureux.

FIN DE LES EMPIRIQUES D'AUTREFOIS.

L'AMBASSADEUR

COMÉDIE-VAUDEVILLE EN UN ACTE

Représentée, pour la première fois, à Paris, sur le théâtre du Gymnase dramatique, le 10 juillet 1826.

EN SOCIÉTÉ AVEC M. MÉLESVILLE.

Personnages.

LE COMTE D'ARANZA, envoyé d'Espagne à Naples.
JULIETTE, sa fille.
FRÉDÉRIC DE CERNAY, jeune Français.
SAINT-JEAN, valet français attaché au comte d'Aranza.
ZANETTA, jeune Napolitaine.
UN DOMESTIQUE.
PLUSIEURS VALETS.

La scène se passe à Naples, dans l'hôtel du comte d'Aranza.

Le théâtre représente un salon richement meublé. Une table près de la cheminée, à droite de l'acteur. A droite et à gauche, des portes qui conduisent aux appartements du comte et de sa fille. Au fond, deux fenêtres et une porte donnant sur le jardin.

SCÈNE PREMIÈRE.

LE COMTE, JULIETTE.

LE COMTE. Eh bien! ma chère Juliette, tu ne parais pas très-enchantée de notre nouvelle habitation?

JULIETTE. Non, mon père, et je vous avoue que je ne puis m'empêcher de regretter ce joli hôtel de la rue de Tolède, si élégant, si commode. C'était là un logement digne du comte d'Aranza, de l'envoyé d'Espagne.

LE COMTE. Il était trop petit, et puis un quartier bruyant, un air épais et malsain.

JULIETTE. Qu'est-ce que vous dites donc, mon père? le plus beau quartier de Naples, près de tous les spectacles et des magasins de modes, un air excellent.

LE COMTE, *souriant.* Il ne peut valoir celui que l'on respire ici, dans un faubourg écarté, aux portes de la ville; ce beau jardin, le Vésuve en face de nous; c'est bien meilleur pour ta santé.

JULIETTE. Est-ce aussi pour ma santé que vous n'allez plus dans le monde; que vous refusez toutes les invitations de bals et de concerts, et que vous me condamnez à une retraite absolue? moi qui voulais écrire mon voyage à Naples.

AIR de *l'Artiste.*

Comment puis-je connaître
Ce séjour séduisant,
Lorsque de ma fenêtre
Je le vois seulement?..

LE COMTE.

C'est conforme aux usages...
Que d'écrivains fameux,
Qui font tous leurs voyages
Sans sortir de chez eux?

JULIETTE. Oui, oui; voilà comme vous êtes toujours. Vous plaisantez quand vous ne voulez pas répondre; je vous dirai, mon père, que c'est là de la diplomatie.

LE COMTE. Tu veux que je te parle sérieusement. Eh bien! ma chère Juliette, lorsqu'une mission temporaire me força de partir pour Naples, je ne pus me résoudre à me séparer de ma fille unique, je te retirai du couvent; et, en arrivant ici, je cédai à un petit mouvement d'orgueil paternel bien excusable; je te menai partout; j'étais heureux des triomphes, des éloges qu'on te prodiguait; peu à peu le cercle des admirateurs s'est augmenté au point d'alarmer ma prudence. Nous avions vraiment à nous deux trop de succès; j'ai remarqué que l'on nous suivait à la sortie des promenades, que l'on épiait nos démarches...

JULIETTE, *un peu embarrassée.* Quoi! mon père, vous croyez!..

LE COMTE. Oui, et c'était, je crois, pour toi seule; car, quelque agréable que soit la vue d'un ambassadeur, ils ne sont pas assez rares pour produire sensation; or, tu connais mes intentions à ton égard.

AIR du vaudeville de *la Robe et les Bottes.*

Si jamais je choisis un gendre,
Je veux qu'il vive en Espagne... avec moi ;
D'après cela, tu dois comprendre
Qu'un étranger n'aura jamais ta foi.
A ma patrie est mon premier hommage,
Mon pays doit avant tout l'emporter ;
(*Regardant sa fille.*)
Et des trésors que je crois mon ouvrage,
Je veux au moins qu'il puisse profiter.

Voilà pourquoi je ne reçois chez moi que des compatriotes. Voilà pourquoi j'ai supprimé les spectacles et les promenades. Il y a dans ce moment à Naples beaucoup de Français fort aimables, fort séduisants, de jeunes militaires, de jeunes poëtes qui viennent sous le ciel napolitain chercher des inspirations. Tu aurais pu te préparer des chagrins, faire un choix.

JULIETTE, *troublée.* Ah! mon père!

LE COMTE. Eh bien! chère enfant, te voilà tout émue! qu'as-tu donc? Juliette, est-ce que mes précautions auraient été prises trop tard?

JULIETTE, *baissant les yeux.* J'en ai peur!

LE COMTE, *effrayé.* Ah! mon Dieu! tu as distingué quelqu'un?

JULIETTE, *hésitant.* Je le crois ; un jeune homme qui nous suivait partout; vous l'avez sans doute remarqué?

LE COMTE. Ma foi, non; pour un père tous ces messieurs-là se ressemblent.

JULIETTE, *vivement.* Oh! celui-ci a une physionomie si douce, si modeste. Je suis tentée de croire que c'est un compatriote.

LE COMTE. Un Espagnol? impossible, il se serait fait présenter chez moi; et quel est son nom?

JULIETTE. Je n'ai point osé le demander, quoique Saint-Jean le connaisse et en dise le plus grand bien.

LE COMTE. Saint-Jean! ce valet de chambre français, que j'ai pris en arrivant à Naples. Je me doutais que le coquin était mêlé dans tout cela.

JULIETTE. Mon père...

LE COMTE. Un drôle qui a mille fois abusé de mes bontés ; qui se donne effrontément pour tout savoir; qui ne m'est utile à rien, et qui s'avise d'intriguer dans ma maison. Je suis charmé d'avoir enfin trouvé l'occasion de le mettre à la porte.

JULIETTE. Je serais cause que ce pauvre garçon... Ah ! je vous en conjure...

LE COMTE. Il suffit, mon enfant, calme-toi, et surtout prends courage; ce n'est qu'une impression légère, n'est-il pas vrai? tu n'y penses pas souvent?

JULIETTE. Oh! non, mon père, de temps en temps; le matin, le soir...

LE COMTE, *à part*. Oui, toute la journée. (*A Juliette.*) Mais chut! chut! on vient, calme-toi, et n'en parlons plus.

SCÈNE II.

Les précédents, ZANETTA, *en petit costume de grisette napolitaine, un carton à la main.*

ZANETTA, *apercevant le comte et s'arrêtant toute décontenancée.* Ah ! mon Dieu ! je me serai trompée de porte. Je vous demande bien pardon, Monsieur.

LE COMTE. Que voulez-vous, mon enfant?

JULIETTE. Ah ! c'est la petite Zanetta, ma lingère et ma marchande de modes !

ZANETTA. Je croyais être dans l'appartement de Mademoiselle. C'est la première fois que je me présente à votre nouvel hôtel, et...

JULIETTE. C'est bien, c'est bien. Je vous avais fait demander quelques broderies, mais maintenant ce serait inutile, je n'en ai plus besoin.

LE COMTE. Pourquoi donc, ma chère amie? Je n'entends pas que mes projets de retraite te fassent négliger ta parure ; la toilette, d'ailleurs, est, dit-on, une occupation, une consolation.

ZANETTA. Monsieur a bien raison.

Air : *Du partage de la richesse.*
Oui, la toilette a toujours fait merveille ;
A tous les maux c'est un remède sûr ;
La mariée, en voyant sa corbeille,
Souvent oublie, hélas! son vieux futur.
J'ai même vu veuve gentille et belle,
Quelques instants suspendre ses hélas,
Pour demander à sa glace fidèle
Si l'habit noir nuisait à ses appas.

Et tout le monde vous dira ici qu'il n'y a point de désespoir qui tienne contre une pointe d'Angleterre, ou une toque à la française.

LE COMTE, *à sa fille*. Ne fût-ce que pour me plaire, allons, mon enfant, j'exige que tu choisisses ce qu'il y a de plus beau, de plus élégant, n'importe le prix.

ZANETTA. Dieu ! l'excellent père!

LE COMTE, *à Zanetta*. Vous avez là sans doute quelques objets de goût?

ZANETTA. Oui, monsieur le comte, des pèlerines à la Neige, des plumes Robin des Bois, des échantillons de rubans à la Jocko, c'est déjà un peu vieux... (*Elle présente une boîte d'échantillons à Juliette, qui les examine avec son père.*) parce que le dernier envoi de Paris nous a manqué ; car toutes les modes nous viennent de là, c'est un joug qu'il faut subir ; vous conviendrez que c'est bien humiliant d'être obligé de copier servilement les bonnets de la rue Vivienne, les robes de mademoiselle *Victorine* ou les chapeaux d'*Herbault*, quand on se sent capable de créer soi-même ; mais ces dames ne veulent rien que ça ne soit de l'école française.

LE COMTE, *souriant*. C'est affreux!

ZANETTA. Et cependant l'école italienne a bien son mérite! Aussi, si je pouvais jamais aller en France, m'établir à Paris... avec les dispositions que j'ai, je suis sûre que je formerais une maison distinguée ; je pourrais à mon tour me livrer à la composition; mais les frais de voyage, quand on est orpheline et que l'on a éprouvé des malheurs. Ah !.. (*Elle s'essuie les yeux.*) J'ai aussi une nouvelle forme de berret qui a fait sensation à la dernière représentation de madame Mério-Lalande, au théâtre *Saint-Charles*... Si Mademoiselle veut l'essayer?

LE COMTE. Sans doute, sans doute, passe dans ton appartement, ma chère Juliette, achète tout ce qui te conviendra.

Air de la valse des *Comédiens*.
Pour adoucir l'ordre dont tu murmures,
Choisis, ma chère, au gré de ton désir.
ZANETTA.
C'est juste, il faut de nouvelles parures,
Pour apaiser chaque nouveau soupir.
Combien ainsi la douleur a de charmes !
Ah ! croyez-moi, loin de vouloir guérir,
Sans vous gêner laissez couler vos larmes ;
Par le chagrin vous allez embellir.
ENSEMBLE.

Pour adoucir l'arrêt dont { je murmure,
                             { tu murmure,
Je vais   } choisir au gré { de mes } désirs.
Tu vas   }   { de tes }
Et je verrai } si vraiment la parure
Et tu verras }
Peut de mon } cœur apaiser les soupirs.
Peut de ton }

(*Juliette entre dans son appartement, à droite de l'acteur ; Zanetta la suit après avoir salué le comte.*)

SCÈNE III.

LE COMTE, *seul*. Voilà justement ce que je craignais, une rencontre, un amour de roman ; mais je suis averti à temps, Dieu merci, et je réponds bien... voici fort à propos ce fripon de Saint-Jean ; commençons par me débarrasser de lui.

SCÈNE IV.

LE COMTE, SAINT-JEAN.

SAINT-JEAN, *avec un paquet*. Monsieur le comte, ce sont les lettres et les dépêches arrivées de Madrid par l'estafette.

LE COMTE. Bien.

SAINT-JEAN. J'ai porté moi-même les invitations pour le dîner que doit donner M. le comte, chez le consul de France, l'envoyé de Portugal, l'ambassadeur de Prusse, parce que les affaires diplomatiques, c'est si délicat... Je ne m'en rapporte qu'à moi seul.

LE COMTE, *ironiquement*. C'est beaucoup de zèle.

SAINT-JEAN. De là, je suis passé à l'Opéra pour louer la loge de votre excellence, dont l'abonnement était expiré.

LE COMTE. Qui te l'avait ordonné?

SAINT-JEAN. Personne ; cela allait sans dire ; un diplomate sans loge à l'Opéra, ça a l'air (*A demi voix et à part.*) d'un ambassadeur à la demi-solde.

LE COMTE. Quand je dis que c'est lui qui commande ici.

SAINT-JEAN. D'ailleurs, Votre Excellence sait bien que c'est utile au progrès des beaux-arts.

Air : *Ces postillons.*

Votre présence encourage, électrise
Les beaux-arts et les entrechats ;
Car l'amateur remarque avec surprise
Que l'Opéra danse mal, lorsqu'hélas !
Les ambassadeurs n'y sont pas.
Pour quel motif?.. qu'un autre ici l'explique ;
Mais il est donc quelques rapports secrets
Entre le corps diplomatique
Et celui des ballets.

Du reste, monsieur le comte n'a pas d'autres ordres à me donner ?

LE COMTE, *de même.* Je n'en ai plus qu'un ; quels sont vos gages chez moi ?

SAINT-JEAN, *à part.* Une augmentation, déjà? Peste, cela va très-bien ! (*Haut.*) Excellence, certainement ce n'est pas l'intérêt qui me guide; il est vrai que, remplissant auprès de monsieur le comte les fonctions de valet de chambre interprète, cela mérite...

LE COMTE. Interprète... oui, je me rappelle que c'est en cette qualité que tu t'es présenté à mon arrivée à Naples, et tu ne sais pas deux mots d'espagnol, ni d'italien. C'est tout au plus si tu sais le français.

SAINT-JEAN. C'est possible; depuis deux ans que j'ai quitté Paris, la langue a peut-être changé, ça commençait déjà ; mais Son Excellence parle si bien français, cela revient au même, et nous nous entendons parfaitement.

LE COMTE, *avec impatience..* Au fait... vos gages ?

SAINT-JEAN, *humblement.* Deux cents piastres, Excellence.

LE COMTE. Il y a deux mois que nous sommes ici ; dites à mon intendant de vous compter cinquante piastres; vous pouvez aller chercher fortune ailleurs.

SAINT-JEAN, *stupéfait.* Comment, monsieur le comte ! Cela signifie...

LE COMTE, *sèchement.* Que je te chasse, et que je ne veux pas que dans une heure on te trouve chez moi. Ceci n'est pas de l'espagnol, je crois que tu m'entends ?

SAINT-JEAN. Est-il possible ! on m'aura calomnié auprès de monsieur le comte; après les marques de dévouement, d'attachement...

LE COMTE. Oui, un attachement à deux cents piastres par an ; il suffit, point d'explication; vous ne me convenez plus.

SAINT-JEAN. Et pour quelle raison, Monseigneur ? car encore faut-il donner des raisons aux gens que l'on destitue. C'est une indemnité.

LE COMTE. Vous êtes trop ignorant pour un diplomate, et il faut à mon service des gens habiles.

SAINT-JEAN. La modestie m'empêche de répondre ; et, plus tard, Monsieur rendra peut-être plus de justice à mes talents; en attendant, Excellence, mon premier devoir est de vous obéir; je vais faire mon paquet, et voir si l'ambassadeur de Russie a besoin d'un interprète. (*Il sort.*)

SCÈNE V.

LE COMTE, *seul.* L'effronté ! il sait le russe comme l'espagnol ! N'importe, m'en voilà débarrassé; les intelligences, que l'on s'était sans doute ménagées dans ma maison se trouvent rompues sans espoir, et ma fille est sauvée! (*Il s'approche du bureau.*) Voyons les dépêches de l'Escurial. (*Il ouvre plusieurs lettres.*) Note à communiquer, renseignements à demander; (*Il écrit en marge.*) renvoyé à mes secrétaires. (*Il prend une lettre.*) Quelle est cette écriture inconnue? (*Il l'ouvre et regarde la signature.*) Le marquis d'Aveiro, mon ancien protecteur, celui à qui je dus autrefois ma fortune à la cour. On l'attendait à Naples d'un jour à l'autre. Il aura donc changé d'idée : voyons vite. (*Il lit.*) « Mon cher comte, pour la première fois « que je vous écris... » (*S'interrompant.*) C'est vrai. (*Lisant.*) « Vous me trouverez bien indiscret de dé-« buter par réclamer un service de votre amitié. » (*S'interrompant.*) Il aurait besoin de moi; quel bonheur! quoique depuis vingt ans nous nous soyons perdus de vue, je serais si heureux... (*Il lit.*) « J'ai « un fils unique qui faisait tout mon espoir, et dont « la conduite m'abreuve de chagrins et de honte. « Après avoir parcouru la France et l'Italie, le che-« valier s'est arrêté à Naples. Je ne savais à quoi at-« tribuer les retards qu'il apportait toujours à son « retour auprès de moi. Je viens d'apprendre enfin « qu'un amour insurmontable et indigne de lui en « était la seule cause. » (*S'interrompant.*) Ah! bon Dieu! (*Il lit.*) « Oui, mon ami, c'est pour une petite « fille sans naissance, sans éducation; enfin, je rougis « de le dire, pour ce que l'on appelle à Paris une « grisette, que l'héritier des d'Aveiro, le fils d'un « grand d'Espagne, va peut-être renoncer pour tou-« jours à sa famille et à son pays. » (*S'interrompant.*) Est-il possible! (*Il lit.*) « Les dernières nouvelles que « je reçois m'annoncent qu'il se cache à Naples sous « le nom de Frédéric, et qu'il loge au faubourg de la « Chiaya, près du vieux palais. Au nom de notre « amitié, mon cher comte, usez du pouvoir que votre « mission vous donne, pour chercher, pour décou-« vrir le chevalier; emparez-vous de lui; qu'il ne « quitte pas votre maison ; j'approuve d'avance tous « les moyens que vous emploierez pour le guérir de « sa folie, et l'empêcher de faire un pareil mariage ! « Si vous me rendez mon fils, ma vie entière ne suf-« fira pas pour reconnaître un pareil bienfait ! *Post-« scriptum.* Pour vous aider dans vos recherches, je « joins ici le portrait du chevalier. » Vingt-cinq « ans, etc. » (*Fermant la lettre.*) Pauvre père ! ah ! sans doute, je ferai pour le chevalier ce que je ferais pour mon propre fils ! mais une intrigue... un jeune homme !..

Air de *Turenne.*

Pour le découvrir, comment faire,
A Naples, où l'on en voit tant?
Un tel emploi ne convient guère
A mon âge ainsi qu'à mon rang.
D'ailleurs, et mon temps et mes peines
Sont consacrés au service du roi ;
Et je serai forcé d'avoir, je croi,
Quelqu'un pour faire ici les miennes.

Parbleu ! voilà une occasion où j'aurais eu besoin d'un intrigant de profession ; et je viens de renvoyer le seul que j'eusse à mon service ; ce Saint-Jean, c'était l'homme qu'il nous fallait. Chut ! le voici.

SCÈNE VI.

LE COMTE, SAINT-JEAN.

LE COMTE. Ah ! c'est encore toi !

SAINT-JEAN. Oui, monsieur le comte... l'injustice ne me rendra jamais ingrat; j'ai voulu vous présenter mes devoirs avant de partir.

LE COMTE. Tu as eu raison, car aussi bien je voulais te parler.

Air du vaudeville du *Colonel.*
Ta conduite aurait pu suffire
Pour te valoir, à coup sûr, ton congé;
Mais j'ai changé d'idée.
SAINT-JEAN.
Oui, c'est-à-dire
Que la circonstance a changé.
LE COMTE.
Peut-être aussi, du moins je le désire,
Ai-je eu des torts ce matin, avec toi.
Et l'équité...
SAINT-JEAN.
J'entends... cela veut dire
Que Monsieur a besoin de moi...
Monseigneur a besoin de moi.

LE COMTE. Précisément. (*A part.*) Au fait, je le chasserai toujours après. (*Haut.*) Je l'avoue, j'ai une affaire assez délicate qui demande de l'adresse, de l'activité, et pour laquelle ta récompense est toute prête.

SAINT-JEAN. Parlez, monsieur le comte, que faut-il faire?

LE COMTE. Me découvrir aujourd'hui même un jeune Espagnol qui se cache à Naples sous un nom supposé, et qui est amoureux fou d'une petite grisette.

SAINT-JEAN. Un jeune Espagnol?

LE COMTE. Le fils du marquis d'Aveiro.

SAINT-JEAN, *jouant la surprise.* Le fils du marquis d'Aveiro! Ah! c'est lui qui est amoureux! Comme c'est désagréable pour sa famille! c'est peut-être un parent de monsieur le comte?

LE COMTE. Il ne s'agit pas de cela: peux-tu me le trouver sur-le-champ?

SAINT-JEAN. C'est difficile; les notions que vous me donnez sont bien vagues.

LE COMTE. Comment! toi qui es lié avec tous les mauvais sujets?

SAINT-JEAN. Pas de ce rang-là, Monseigneur; mais encore faut-il un point de départ; l'intrigue est comme l'algèbre, on ne peut aller que du connu à l'inconnu.

LE COMTE. D'abord, il se cache sous le nom de Frédéric.

SAINT-JEAN. Ah! c'est quelque chose.

LE COMTE. Il loge à la Chiaya, près du vieux palais.

SAINT-JEAN. Le numéro?

LE COMTE. Ah! parbleu! si je le savais... c'est justement ce qu'il faut deviner.

SAINT-JEAN. Nous avons un moyen d'opéra, d'un joli opéra français; je crois qu'il n'a pas encore été employé dans ce pays-ci; je vais rassembler quelques matelots, quelques ouvriers; je les conduis à la Chiaya; nous crions au feu à tue-tête; tout le monde se met aux fenêtres; vous reconnaissez votre homme, et alors.

LE COMTE. Eh! imbécile, je ne l'ai jamais vu...

SAINT-JEAN. Ah! je conçois, vous pourriez vous tromper: autre chose, excellence; si nous faisions insérer dans les petites affiches de Naples, car il y en a partout des petites affiches, que le jeune Frédéric est invité à se présenter à l'ambassade d'Espagne pour une affaire importante.

LE COMTE. Il se doutera du piège et ne viendra pas.

SAINT-JEAN. Parfaitement juste! Votre excellence a un tact qui saisit sur-le-champ le côté faible de mes projets; il y en a bien un auquel j'avais d'abord pensé, mais c'est si simple, si naturel...

LE COMTE. Ce sera probablement le meilleur.

SAINT-JEAN. Puisqu'il est amoureux, il doit écrire à sa belle, on doit lui répondre dix fois par jour au moins; vous savez que ce sont les amoureux qui font la fortune de la petite poste. Alors je me disais qu'il serait facile au premier bureau, ou par les facteurs, de savoir l'adresse exacte.

LE COMTE. C'est cela, parbleu! le moyen est sûr.

SAINT-JEAN. Moyen excellent.

LE COMTE. Mais comment l'attirer chez moi? mon nom seul va l'épouvanter.

SAINT-JEAN. Un Espagnol qui se cache sous un faux nom, vous pouvez le réclamer, obtenir l'ordre de le faire conduire au fort Saint-Elme ou au château de l'OEuf.

LE COMTE. Fi donc! le fils d'un ami, un éclat... c'est justement ce que je veux éviter.

SAINT-JEAN. Alors, monsieur le comte, un enlèvement subit; avec quatre ou cinq *lazzaroni* on enlèverait tout Naples, sans que personne s'en aperçût; et si vous daignez me charger de l'expédition, je vous promets que dans dix minutes...

LE COMTE. Non, non, je ne veux pas que tu t'en mêles, je vais donner mes ordres en conséquence: une voiture sans armes, des valets sans livrées. Allons, Saint-Jean, c'est bien.

AIR: *Dieu tout-puissant, par qui le comestible.*
Je suis content de ton rare génie.
SAINT-JEAN.
J'avais raison de vous parler d'abord
De mes talents pour la diplomatie.
LE COMTE.
Dis pour l'intrigue, et nous serons d'accord.
SAINT-JEAN.
Quels préjugés! Dans cette ville ingrate,
Tout, je le vois, dépend du traitement...
Cent mille écus, et l'on est diplomate;
A cent louis, l'on n'est qu'un intrigant.
ENSEMBLE.
LE COMTE.
Je suis content de ton rare génie, etc.
SAINT-JEAN.
Il est content de mon rare génie, etc.
(*Le comte sort.*)

SCÈNE VII.

SAINT-JEAN, *seul; il suit le comte des yeux.* Allez, allez, monsieur le comte; allez chercher notre jeune homme, et amenez-le ici, c'est tout ce que je vous demande. (*Se frottant les mains.*) Vous êtes bien fin! mais vous avez donné dans tous mes piéges avec une grâce parfaite. Il ne se doute pas que celui qu'il va installer chez lui avec tant de précautions est un Français, juste l'amant de sa fille; et ce jeune Frédéric est loin de s'attendre à la manière dont je vais l'amener auprès de sa belle! Au fait, il m'a attendri, ce jeune homme; il ne m'a dit que deux mots, en courant, mais avec cet accent qui part du cœur: «Saint-« Jean, deux mille piastres pour toi, si tu parviens à « m'introduire chez l'ambassadeur.» Deux mille piastres!.. Il est clair que c'est un amour véritable et honnête, la séduction n'a pas ce langage franc et décidé; deux mille piastres!.. mais il n'était pas facile de les gagner. L'ambassadeur n'est pas homme à se laisser duper, comme un tuteur de comédie! Soupçonneux, défiant, il fallait un moyen neuf, hardi. Rien n'a effrayé mon audace, une seule lettre, glissée parmi les dépêches de son excellence, a tout fait, tout

Zanetta.

prévu. Il faut convenir aussi que cette lettre du marquis d'Aveiro est le chef-d'œuvre du genre ; sans connaître ni lui, ni son fils ; sans savoir même s'il en a un ; je me rappelle seulement avoir entendu parler de ses anciennes liaisons avec mon maître, et sur-le-champ ma lettre est composée.

« Rare et sublime effort d'une imaginative!.. »

dont j'ai bien fait cependant de ne pas prévenir notre jeune amoureux, parce que ce sont des gens scrupuleux, délicats, qui jettent les hauts cris à la moindre petite ruse ; et qui, après l'événement, ne demandent pas mieux que d'en faire leur profit ; quand il sera ici je n'aurai que deux mots à lui dire, et il ira bien. Voyons un peu. (*Il regarde à la fenêtre.*) Bon, la voiture est déjà partie ; monsieur le comte y met une activité... il se donne un mal pour me faire gagner mes deux mille piastres. Le voilà qui se promène sous le péristyle, d'un air inquiet, impatient ; je suis sûr qu'il prépare déjà son discours au chevalier, sur le danger des passions. Ah ! mon Dieu ! à propos de passions, j'ai oublié l'essentiel... il faut que j'en trouve une à mon jeune homme, moi...

Air du *Ménage de garçon*.

Dans ces lieux, où je veux qu'il vienne,
Bientôt il sera détenu ;
Mais, pour que mon maître y retienne
Ce jeune amoureux prétendu,
Il faut lui trouver impromptu
Quelque amour tenant du prodige,
Quelque passion d'opéra,
Qui commence quand on l'exige,
Et finisse quand on voudra.

Voyons, il me faut une petite fille, jolie adroite, ça ne doit pas être difficile à trouver. Qui vient là ? c'est la modiste de Mademoiselle. Eh mais ! elle est gentille, ma foi ! autant celle-là qu'une autre.

SCÈNE VIII.

SAINT-JEAN, ZANETTA, *sortant de l'appartement de Juliette.*

ZANETTA. Là, il faut encore refaire ce berret. Mon

Dieu! que ces grandes dames qui ont du chagrin sont difficiles à habiller, rien ne leur va.

SAINT-JEAN, *s'approchant.* Mademoiselle?

ZANETTA. Ah! pardon, Monsieur, je ne vous voyais pas.

SAINT-JEAN. Un mot, je vous en supplie, j'ai peu de temps, et je suis forcé d'aller droit au fait; dites-moi, avez-vous un amoureux?

ZANETTA, *étonnée.* Comment! Monsieur! qu'est-ce que c'est que ces questions-là?

SAINT-JEAN. Je conçois qu'avec une figure aussi piquante, ma demande doit vous paraître une impertinence; mais j'ai le plus grand intérêt à savoir…

ZANETTA, *à part.* Est-ce qu'il voudrait se proposer? un valet de chambre d'ambassade, un homme titré; ce serait un parti très-sortable.

SAINT-JEAN. Eh bien?

ZANETTA. Monsieur, on ne répond pas à des demandes aussi indiscrètes, et à moins que vous ne vous expliquiez plus clairement…

SAINT-JEAN. C'est que, moi, j'en ai un à vous proposer.

ZANETTA. Un amoureux! quoi! Monsieur?

SAINT-JEAN. Il ne s'agit que d'une ruse innocente, d'un amour sans conséquence, d'une passion à part; ça ne vous obligera à aucun sacrifice contraire à vos sentiments particuliers, si vous en avez.

ZANETTA. Ah çà! qu'est-ce qu'il dit donc?

SAINT-JEAN. Qu'il y a cent piastres destinées à la jolie Zanetta, si elle veut, pour quelque temps seulement, aimer monsieur Frédéric.

ZANETTA.
Air de *Marianne.*
Ah! grand Dieu! quelle audace extrême!

SAINT-JEAN.
Vous ne me comprenez pas bien.
Il suffit d'avouer qu'on l'aime,
Cela ne vous engage à rien.

ZANETTA.
Eh quoi! vraiment,
C'est un semblant?

SAINT-JEAN.
Qui n'a rapport en rien au sentiment.

ZANETTA.
Ah! c'est égal,
C'est toujours mal
De feindre, hélas!
Un amour qu'on n'a pas.
Dût-on me traiter de bégueule,
J'aimerais mieux, et pour raisons,
Éprouver quinze passions
Que d'en feindre une seule.

SAINT-JEAN. Rien ne vous empêche de l'éprouver; ça n'en vaudrait que mieux… un jeune homme charmant, le fils du marquis d'Aveiro.

ZANETTA. Un marquis!

SAINT-JEAN. Eh! oui, sans doute; je n'irais pas vous proposer une mésalliance; tout ce qu'on vous demande, c'est de répéter à l'ambassadeur, à tout le monde : « J'aime Frédéric, j'aime Frédéric! » mais d'un ton, là… vous savez bien… quand vous aimez, ou quand vous voulez qu'on le croie.

ZANETTA. Mais encore faudrait-il connaître les gens, crainte seulement de se tromper.

SAINT-JEAN. N'est-ce que cela? je m'en charge… ainsi donc, c'est décidé.

Air des *Maris ont tort.*
A mes vœux vous daignez vous rendre,
J'en étais sûr; car en honneur,

Tous deux nous devions nous entendre.
Frédéric a donc votre cœur;
Mais ne redoutez nulle erreur :
Avec nous, sans vous compromettre,
Vous devez vous y retrouver;
Car l'amour qu'il va vous promettre,
Je me charge de l'éprouver.

ZANETTA. Du tout, du tout; si vous vous avisez de me faire des questions, vous allez m'embrouiller. Dites-moi, avant tout, monsieur Saint-Jean, qu'est-ce qu'il faudra faire?

SAINT-JEAN. Vous laisser adorer.

ZANETTA. Me laisser adorer! bon, je sais; ça n'est pas difficile; mais, si on me parle, que répondre?

SAINT-JEAN. Je vous l'ai déjà dit; *j'aime Frédéric,* et sortez pas de là.

ZANETTA. Mais enfin, pourquoi cette ruse?

SAINT-JEAN, *écoutant.* Vous le saurez. J'entends une voiture, c'est lui. Vite, descendez par le petit escalier; je vous rejoindrai bientôt, et j'achèverai de vous donner les instructions…

ZANETTA. C'est bien pour vous rendre service, au moins, monsieur Saint-Jean; car c'est terrible d'aimer comme ça quelqu'un, sans avoir eu le temps de s'y préparer! (*Saint-Jean la fait sortir par l'escalier dont la porte est sur le premier plan, à gauche de l'acteur.*)

SCÈNE IX.

LE COMTE, SAINT-JEAN.

LE COMTE, *entrant par le fond.* Saint-Jean!

SAINT-JEAN. Eh bien! monsieur le comte, notre petite expédition?

LE COMTE. Elle a réussi.

SAINT-JEAN. Ah! et le jeune Frédéric?

LE COMTE. Il est là, dans l'appartement voisin.

SAINT-JEAN. A merveille. En l'interrogeant adroitement, il nous sera facile… (*A part.*) Car, avant tout, il faut le prévenir, (*Haut.*) et si monsieur le comte le veut, je vais le faire entrer.

LE COMTE. Non, non, je n'ai plus besoin de toi; (*Lui donnant une bourse.*) voilà trente piastres; tu sais ce que je t'ai dit ce matin, tu peux t'en aller.

SAINT-JEAN, *déconcerté.* Comment, excellence! après le service que je viens de vous rendre?

LE COMTE. Je te le paye, nous sommes quittes; mais pour d'autres raisons, à moi connues, je ne veux pas que tu remettes le pied chez moi; je t'ai même fait consigner à la porte, ainsi va-t'en. (*Il va s'asseoir auprès de la table.*)

SAINT-JEAN, *à part.* Oh! maledetto! Impossible de prévenir ce jeune homme… il va tout gâter.

LE COMTE, *élevant la voix.* Vous m'avez entendu, monsieur Saint-Jean.

SAINT-JEAN. J'obéis, monsieur le comte, j'obéis. (*A part.*) Ma foi, qu'il s'en tire comme il pourra, jusqu'à ce que j'aie trouvé quelque moyen de le secourir. (*Il sort du même côté que Zanetta.*)

LE COMTE, *seul.* Ah! voici notre jeune homme; (*Souriant.*) il doit être furieux.

SCÈNE X.

LE COMTE; FRÉDÉRIC, *suivi de deux valets.*

FRÉDÉRIC, *avec colère.* Morbleu! m'enlever ainsi de chez moi, sans me dire un seul mot, sans daigner m'expliquer... (*Le comte fait signe aux valets de se retirer. Frédéric se tournant du côté du comte.*) Saurai-je enfin chez qui je suis?

LE COMTE, *se levant et allant à Frédéric.* Chez moi, Monsieur.

FRÉDÉRIC. Dieu! le comte d'Aranza! le père de celle que j'aime!

LE COMTE. Je vois que vous ne pouvez me pardonner la manière un peu brusque dont je vous ai forcé à me rendre visite.

FRÉDÉRIC. Moi, Monsieur! (*A part.*) C'est tout ce que je désirais; je ne cherchais qu'un moyen de me présenter.

LE COMTE. Je vous prouverai bientôt que j'avais le droit d'agir ainsi : en attendant, je vous prie de m'écouter. Vous serez traité ici avec tous les égards que vous méritez; vous mangerez à ma table, vous serez servi par mes gens; mais vous ne verrez personne et n'aurez d'autre société que la mienne et celle de ma fille.

FRÉDÉRIC, *avec joie.* Quoi! Monsieur.

LE COMTE. Toutes vos réclamations sont inutiles; j'ai ordre de vous surveiller, et vous ne me quitterez pas; ainsi vous pouvez tout avouer, et reprendre votre véritable nom.

FRÉDÉRIC. Mon nom! je ne prétends pas le cacher; je suis Frédéric de...

LE COMTE, *l'interrompant.* Je vous ai dit, Monsieur, qu'il n'était plus temps de feindre, et j'exige maintenant que vous me disiez la vérité.

FRÉDÉRIC, *à part.* Pour rester ici je dirai tout ce qu'il voudra. (*Haut.*) Mais je vous demanderai, Monsieur, ce qu'il faut vous avouer.

LE COMTE. Que vous êtes le fils du marquis d'Aveiro, mon ancien ami.

FRÉDÉRIC. Du marquis d'Aveiro!.. quoi! Monsieur, vous exigez?..

LE COMTE. Oui, Monsieur.

FRÉDÉRIC. Je ne puis pas alors vous dire le contraire.

LE COMTE. Le bel effort! croyez-vous que je l'ignorais? plus tard, jeune homme, nous parlerons de vous, de votre père, du chagrin que vous lui causez.

FRÉDÉRIC. Moi, Monsieur!

LE COMTE. En attendant, je ne vous demande qu'une chose : un noble Castillan n'a que sa parole; promettez-moi, sur l'honneur, de ne pas vous échapper de cette maison.

FRÉDÉRIC. Oh! pour cela, je vous le jure.

LE COMTE. C'est bien, j'espère que nous finirons par nous entendre.

FRÉDÉRIC, *à part.* Ça ne fera pas mal.

SCÈNE XI.

LES PRÉCÉDENTS; JULIETTE, *sortant de son appartement.*

Trio de *Michel et Christine.*

LE COMTE, *allant au-devant de Juliette.*
Approche donc, ma chère amie,
Monsieur n'est pas un étranger;
L'Espagne est aussi sa patrie,
(*A demi-voix.*)
Et tu peux le voir sans danger.

JULIETTE, *s'avançant et lui faisant la révérence.*
O grands dieux! ô surprise extrême!

LE COMTE.
Quoi donc?

JULIETTE.
C'est lui.

FRÉDÉRIC, *à part.*
C'est elle-même.

JULIETTE.
Ce jeune homme qui nous suivait.

FRÉDÉRIC, *à part.*
Je crois qu'elle me reconnaît.

ENSEMBLE.

JULIETTE.
Quel trouble j'éprouve à sa vue!
Et combien mon âme est émue!
Oui, de surprise et de bonheur,
Ah! je sens là battre mon cœur.

FRÉDÉRIC.
Combien elle paraît émue.
Moment charmant! ô douce vue!
Ah! je sens là battre mon cœur
Et d'espérance et de bonheur!

LE COMTE.
Ah! quelle rencontre imprévue!
Moi qui vais l'offrir à sa vue!
Pour déjouer un séducteur,
Cachons mon trouble et ma fureur.

JULIETTE, *à part.*
Oui, vraiment, c'est cet inconnu
Dont parlait Saint-Jean.

LE COMTE, *à part.*
Quelle audace!
Ce fripon aurait-il voulu
Introduire un autre à la place
Du chevalier d'Aveiro?

JULIETTE.
Dieux!
Comme il fixe sur moi les yeux!

ENSEMBLE.
Ah! quel plaisir! chez lui mon père
Reçoit celui qui m'a su plaire.
Ah! je sens là battre mon cœur
Et de surprise et de bonheur.

FRÉDÉRIC.
Je n'entends rien à ce mystère;
Mais je vois celle qui m'est chère,
Et je sens là battre mon cœur
Et de plaisir et de bonheur.

LE COMTE.
On me trompe, la chose est claire;
Mais je connaîtrai ce mystère;
Pour déjouer un séducteur,
Cachons mon trouble et ma fureur.

LE COMTE. Oui, je puis savoir si c'est réellement le fils du marquis d'Aveiro; car, par bonheur, cette lettre que j'ai reçue ce matin contient son signalement. (*Il la prend et regarde.*)

FRÉDÉRIC, *à part.* Le signalement!.. je suis perdu.

LE COMTE, *lisant bas et regardant Frédéric.* Non, non, parfaitement conforme; c'est bien lui.

FRÉDÉRIC. Je suis sauvé; ma foi, je ne sais pas comment.

JULIETTE. Eh mais! qu'avez-vous donc, mon père? Vous êtes tout ému.

LE COMTE. Rien, rien, mon enfant; holà! quelqu'un. (*Un domestique entre.*) Conduisez Monsieur à l'appartement qui lui est destiné. (*A Frédéric.*) Nous nous reverrons bientôt; jusque-là, je vous laisse à vos réflexions.

AIR du vaudeville de *la Somnambule.*
Mais songez-y, la fuite est impossible;
Car sur l'honneur vous êtes prisonnier.

FRÉDÉRIC.
Une prison est toujours bien terrible;
(*Regardant Juliette.*)
Mais en ces lieux, quand je pense au geôlier,
Je me soumets sans murmure et sans peines.
Loin de gémir de ma captivité,
Puissé-je, hélas! trop heureux de mes chaînes,
Ne retrouver jamais la liberté!
(*Il sort.*)

SCÈNE XII.

LE COMTE, JULIETTE.

JULIETTE. Quoi! mon père, il va loger ici? avec nous? et c'est un Espagnol?
LE COMTE. Oui, le fils du marquis d'Aveiro.
JULIETTE. Du marquis d'Aveiro?
LE COMTE. Mais il n'y faut plus penser; tu dois l'oublier.
JULIETTE. Que voulez-vous dire?
LE COMTE. Qu'il est indigne de toi, qu'il en aime une autre; en un mot, qu'il ne mérite ni ta tendresse, ni tes regrets.
JULIETTE. Il en aime une autre!
LE COMTE. Et si tu savais, ma Juliette, quelle est la rivale qu'il te préfère; une fille sans éducation, sans naissance, une petite ouvrière, sans doute.
JULIETTE. Il serait possible! non, je ne puis le croire : on le calomnie, mon père.
LE COMTE. On le calomnie, quand j'ai la preuve! (*Lui donnant une lettre.*) Tiens, regarde.

Air d'*Une heure de mariage*.

Vois toi-même, par cet écrit,
Que c'est une autre qu'il adore.

JULIETTE.

Mon cœur et s'indigne et frémit;
Mais je ne puis le croire encore...
Oui, c'est moi dont il est épris.

LE COMTE.

Son père atteste le contraire.

JULIETTE.

N'importe, en pareil cas, un fils
Doit en savoir plus que son père.
En pareil cas, je crois qu'un fils
Doit en savoir plus que son père.

LE COMTE. Alors, s'il n'est pas possible de te convaincre...

SCÈNE XIII.

LES PRÉCÉDENTS; SAINT-JEAN, *dans le fond*.

SAINT-JEAN, *à part*. Je n'ai pas d'autre moyen de rentrer ici et de venir à son secours : voyons s'il en est encore temps. (*Haut.*) Monsieur le comte...
LE COMTE, *l'apercevant*. Comment, drôle, vous osez reparaître chez moi?
SAINT-JEAN. Oui, monsieur le comte, malgré vos ordres, j'ai forcé la consigne, j'ai bravé votre colère pour vous rendre un service signalé, tant il est vrai qu'un attachement véritable survit même aux plus mauvais traitements.
LE COMTE. Qui te ramène?
SAINT-JEAN. Votre intérêt. (*En confidence.*) Je viens vous garantir d'un piége infernal; on vous trompe.
LE COMTE. Moi?
SAINT-JEAN. Je le sais mieux que personne, vous pouvez m'en croire; je vous jure, sur l'honneur, qu'on vous trompe; je ne peux pas mieux vous dire.
LE COMTE. Et comment cela?
SAINT-JEAN. C'est au sujet du fils du marquis d'Aveiro; il est retenu chez vous, il est enchanté d'y être, car celle qu'il aime est ici.
LE COMTE, *à part*. O ciel! ma fille aurait-elle raison! (*A Saint-Jean.*) Tu la connais?
SAINT-JEAN. Oui, Monsieur, mais il est inutile de vous la nommer; maintenant que j'ai satisfait au besoin de mon cœur en vous donnant un avis salutaire, je me retire, monsieur le comte.
LE COMTE, *le retenant*. Non, non, reste donc. (*A part.*) On a beau faire, ces coquins-là nous sont indispensables. (*Haut.*) Achève, dis-nous quelle est celle qu'il aime?
SAINT-JEAN. Vous l'exigez?
JULIETTE. Eh! oui, sans doute, parle vite.
SAINT-JEAN. Eh bien! Mademoiselle, qu'elle vous réponde elle-même, car la voici.
JULIETTE ET LE COMTE. Que dis-tu? Zanetta! ce n'est pas possible!

SCÈNE XIV.

LES PRÉCÉDENTS; ZANETTA, *entrant et plaçant un carton sur la table*.

ZANETTA. Mademoiselle, je vous rapporte votre berret; maintenant, je crois qu'il ira à merveille.
LE COMTE. Il ne s'agit pas de cela; venez ici, Mademoiselle.
ZANETTA, *d'un air interdit*. Monsieur le comte.
LE COMTE. Ne tremblez pas, je ne veux que savoir la vérité de votre bouche.
ZANETTA, *hésitant*. La vérité!
LE COMTE. Vous connaissez, dit-on, un jeune homme nommé Frédéric?
ZANETTA, *affectant un grand trouble*. Frédéric! O ciel! quoi! Monsieur, vous savez... Je suis perdue. (*Bas, à Saint-Jean.*) Est-ce bien?
SAINT-JEAN. Sublime.
JULIETTE, *à part*. Il est donc vrai?
LE COMTE, *à Zanetta*. Remettez-vous, je sais tout; mais il importe que vous me fassiez vous-même un aveu franc et sans réserve.
ZANETTA. Je n'ai rien à vous avouer, Monsieur, je n'ai rien à vous dire, sinon que j'aime Frédéric.
LE COMTE. Mais enfin...
ZANETTA. J'aime Frédéric.
LE COMTE. Mais, Mademoiselle...
ZANETTA. J'aime Frédéric, j'aime Frédéric, et je ne sors pas de là. (*A Saint-Jean.*) N'est-ce pas?
SAINT-JEAN, *bas*. Parfait.
LE COMTE. Impossible de lui faire entendre raison. Et savez-vous du moins quel est ce Frédéric dont vous partagez la folle passion? vous a-t-il instruite de son nom, de son rang?
ZANETTA. Je sais comme vous, Monsieur, que c'est le fils du marquis d'Aveiro.
LE COMTE. Eh bien! ma fille.
JULIETTE. Il est donc vrai! plus de doute. (*A Zanetta.*) Il suffit, Mademoiselle, vous ne travaillerez plus pour moi. Je vous prie de ne plus vous représenter ici.
ZANETTA. Comment! Mademoiselle. (*Bas, à Saint-Jean.*) Ah çà! si cet amour-là va me faire du tort?
SAINT-JEAN. Silence!
JULIETTE, *à son père*. Et quant à mon mariage, mon père, je suis décidée maintenant; j'épouserai qui vous voudrez, et le plus tôt sera le mieux! (*A part.*) J'en mourrai, mais c'est égal! (*Elle rentre dans son appartement.*)
SAINT-JEAN, *à part*. Eh bien! voilà un danger que je n'avais pas prévu. Il faut la détromper. (*Il veut la suivre.*)
LE COMTE. Où vas-tu donc?

SAINT-JEAN. Moi, Monsieur, nulle part; j'allais prendre les ordres de Mademoiselle.
LE COMTE. Reste ici, et ne me quitte pas.

SCÈNE XV.

LES PRÉCÉDENTS, *excepté* JULIETTE.

SAINT-JEAN, *à part*. Diable! ça se complique.
ZANETTA. Certainement, Mademoiselle est bien injuste. Si on perdait toutes ses pratiques parce que l'on a une inclination, il n'y a que les prudes qui feraient fortune.
LE COMTE, *à part*. Décidément je n'ai que ce moyen de sauver le fils de mon ami. (*A Saint-Jean.*) Des siéges, je suis sûr que le marquis ne me désavouera pas. (*A Zanetta.*) Asseyez-vous, Mademoiselle. (*Saint-Jean a placé un fauteuil pour Zanetta, et rapproché celui de l'ambassadeur.*)
ZANETTA, *hésitant*. Monsieur le comte.
LE COMTE. Asseyez-vous et écoutez-moi. (*A Saint-Jean.*) Et toi, reste là.
SAINT-JEAN. Que va-t-il faire? (*Le comte s'assied. Zanetta, assise, est à gauche. Saint-Jean se tient debout derrière le fauteuil du comte, de manière qu'il peut faire des signes à Zanetta, sans que le comte s'en aperçoive.*)
LE COMTE. C'est une négociation toute nouvelle pour moi, et je ne sais pas trop comment m'y prendre; ma foi, allons au fait, et sans préambule. (*A Zanetta.*) Mademoiselle, vous aimez Frédéric?
ZANETTA, *voulant se lever*. Oh! oui, Monsieur, j'aime...
LE COMTE, *la faisant rasseoir*. Je le sais, vous l'avez déjà dit; mais il a aussi une famille qui l'aime, qui le chérit; une famille puissante qui est décidée à employer contre vous des moyens de rigueur.
ZANETTA. Des rigueurs! qu'est-ce que c'est que ça? (*Saint-Jean lui fait signe de se tranquilliser.*)
LE COMTE. Je vois que vous n'êtes point pour les rigueurs, ni moi non plus; je les désavoue; et comme vous me parliez ce matin du désir que vous aviez de vous établir en France, je me disais : si mademoiselle Zanetta, dont j'honore et dont j'estime le talent, veut transplanter à Paris les modes et les grâces napolitaines, je me fais fort de subvenir aux frais de voyage et d'établissement.
ZANETTA. Quoi! Monsieur, vous auriez la bonté...
LE COMTE. Je pensais que mille piastres pourraient peut-être suffire...
ZANETTA. Mille piastres! (*Saint-Jean lui fait signe de refuser.*) mille piastres pour quitter ces lieux, pour quitter Frédéric!
LE COMTE. Deux mille.
ZANETTA. Comment! Monsieur, vous pouvez supposer qu'une passion comme celle-là, aussi pure, aussi délicate... non certainement, non, jamais...
LE COMTE. Trois mille.
ZANETTA *veut se lever, et Saint-Jean lui fait toujours signe de refuser*. Trois mille! ah! j'ai besoin de me répéter que j'aime Frédéric. Laissez-moi, Monsieur, laissez-moi, craignez de m'outrager, craignez d'insister...
LE COMTE. Quatre mille.
ZANETTA. Quatre mille! (*Même signe de Saint-Jean.*) (*A part, en se levant.*) Ma foi, M. Saint-Jean dira tout ce qu'il voudra. (*Haut.*) Certainement, monsieur le comte, j'aime Frédéric, et je l'aimerai toujours; d'abord ce pauvre Frédéric!.. mais l'intérêt d'une famille, le devoir, quatre mille piastres, et puis, ce qu'il y a de plus précieux pour une demoiselle, c'est la perspective d'un établissement, car enfin Frédéric ne pouvait pas m'épouser.
LE COMTE. Non, sans se brouiller avec sa famille; et vous ne voudriez pas faire son malheur.
ZANETTA. Dieu! que me dites-vous là! Le malheur de Frédéric! plutôt me sacrifier!

LE COMTE.
AIR de *Céline*.
Ainsi, quelle est votre réponse?
SAINT-JEAN.
Ah! je tremble de la prévoir!
ZANETTA.
Il le faut, à lui je renonce;
J'immole l'amour au devoir.
LE COMTE.
Quand c'est le devoir qu'on écoute,
Il finit toujours, mon enfant,
Par rapporter plus qu'il ne coûte.
ZANETTA.
Ah! je le vois en ce moment.
Il rapporte plus qu'il ne coûte.
ZANETTA.
Ah! je le vois en ce moment.

SAINT-JEAN, *frappant du pied. A part*. La petite sotte! qui s'avise de penser à sa fortune.

SCÈNE XVI.

LES PRÉCÉDENTS, FRÉDÉRIC.

FRÉDÉRIC. Monsieur le comte, je venais... Ah! pardon, vous êtes occupé.
LE COMTE. Vous n'êtes pas de trop, approchez, jeune homme. (*Le prenant par la main et le menant devant Zanetta.*) Il est temps de parler franchement.

QUATUOR.

FRAGMENT du final de LA DAME BLANCHE : *Je n'y puis rien comprendre.*

LE COMTE, *à Frédéric*.
Voyez Mademoiselle!
FRÉDÉRIC, *regardant Zanetta*.
Elle est gentille et belle;
Mais dites-moi, quelle est-elle?
Car je ne la connais pas.
ENSEMBLE.
ZANETTA.
Quel est donc ce jeune homme?
Dites-moi comme il se nomme,
Car je ne le connais pas.
LE COMTE.
Quel est donc ce mystère?
Celle qui sut lui plaire
Lui semble une étrangère;
Il ne la reconnaît pas.
SAINT-JEAN.
Cette reconnaissance
Finira mal, je pense :
Comment sortir d'embarras?
LE COMTE, *à Frédéric*.
Eh quoi! l'aspect de cette belle
N'a pas sur vous des droits?
FRÉDÉRIC.
Je vois ici Mademoiselle
Pour la première fois.
LE COMTE.
Et toi, Saint-Jean, qui nous écoute,
Que penses-tu de tout ceci?

SAINT-JEAN.
Qu'il a bien ses raisons, sans doute,
Pour vouloir en agir ainsi.
LE COMTE, *à Frédéric*.
Vous vous croyez forcé, peut-être,
De méconnaître ses attraits ;
Mais cet amour que ses yeux ont fait naître ?
FRÉDÉRIC.
Moi ! non, jamais... je ne l'aimai jamais.
ENSEMBLE.
ZANETTA.
Quel est donc ce jeune homme ?
Dites-moi comme il se nomme ?
Car je ne le connais pas.
FRÉDÉRIC.
Quelle est donc cette belle ?
Dites-moi, quelle est-elle ?
Car je ne la connais pas.
LE COMTE.
Oui, le trait est original.
SAINT-JEAN.
Pour nous cela finira mal.

LE COMTE. Vous êtes donc bien sûr de ne pas aimer Mademoiselle ?
FRÉDÉRIC. Faut-il, Monsieur, vous faire de nouveaux serments ?
LE COMTE. Non, Monsieur ; mais j'en voudrais une preuve.
FRÉDÉRIC. Et laquelle ?
LE COMTE. Me promettez-vous ?..
ZANETTA. Mais, Monsieur...
LE COMTE. Taisez-vous ! (*A Frédéric.*) Me promettez-vous de renoncer à Mademoiselle ?
FRÉDÉRIC. Sans hésiter.
SAINT-JEAN, *à part*. Le maladroit !..
LE COMTE. Vous consentiriez à la quitter ?
FRÉDÉRIC. Eh ! mais, sans doute.
LE COMTE. C'est tout ce que je demande, je suis content de vous.
FRÉDÉRIC. Vous me rendez votre amitié ?
LE COMTE. Oui, jeune homme, mon amitié, mon estime ; dans une demi-heure vous ne serez plus ici.
FRÉDÉRIC. Comment ! Monsieur, qu'est-ce que cela veut dire ?
LE COMTE. Que maintenant vous êtes digne d'embrasser votre père ; qu'il vous attend avec impatience ; la chaise de poste, les chevaux, l'argent nécessaire pour votre départ, tout sera prêt dans la minute.
FRÉDÉRIC. O ciel !
LE COMTE, *à Zanetta*. Quant à vous, Mademoiselle, restez ici ; il faudra bien m'expliquer ce mystère. (*Regardant Saint-Jean*) et si l'on m'a trompé...
SAINT-JEAN. Oui, Monsieur, c'est ce que je vais tâcher de savoir ; car je suis comme vous : je m'y perds.
LE COMTE. Eh bien ! par exemple... allons, allons, n'importe, il partira, c'est tout ce que je désire. Attendez-moi là, je reviens dans l'instant. (*Il sort par le fond.*)

SCÈNE XVII.

FRÉDÉRIC, SAINT-JEAN, ZANETTA.

FRÉDÉRIC. Me renvoyer dans une demi-heure, et pour quelle raison ? pour quel motif ?
ZANETTA. Oui, sans doute ; maintenant qu'on peut parler, qu'est-ce que ça signifie ?
SAINT-JEAN. Que nous sommes perdus, ruinés, et par votre faute à tous deux.
FRÉDÉRIC ET ZANETTA. Par la mienne ?..
SAINT-JEAN. Depuis une heure je vous fais des signes, et vous ne comprenez rien ; j'avais tout prévu, tout arrangé ; l'ambassadeur voulait garder chez lui le fils du marquis d'Aveiro pour le guérir d'une inclination roturière ; le fils du marquis de... c'était vous ; l'inclination, c'était Mademoiselle.
ZANETTA. Comment ! c'est *j'aime Frédéric* ? il fallait donc le dire.
SAINT-JEAN. Et vous avez la maladresse de ne pas vous reconnaître.
ZANETTA. Quand on ne s'est jamais vu.
FRÉDÉRIC. Et surtout quand on n'est pas prévenu.
SAINT-JEAN. Impossible depuis ce matin de vous voir et de vous parler... Que faire maintenant ?
ZANETTA. Tout avouer à son excellence.
SAINT-JEAN. Non pas, c'est moi qui paierais tous les frais.
FRÉDÉRIC. Écrire à ce marquis d'Aveiro dont tu m'as donné le nom ; c'est l'ami de l'ambassadeur, mais c'est aussi celui de ma famille ; et j'ai vu de lui une lettre, où il promettait de parler en ma faveur.
SAINT-JEAN. Il est à Madrid, et ne servira pas de si loin ; en attendant, vous perdez votre maîtresse, moi mes deux mille piastres.
ZANETTA. Et moi, mes quatre mille.
SAINT-JEAN. Il n'y a donc qu'un moyen qui peut tout réparer ; monsieur le comte va revenir : tenez-vous à demeurer chez lui, à rester près de sa fille ?
FRÉDÉRIC. Tu me le demandes ?
SAINT-JEAN, *montrant Zanetta*. Eh bien ! alors, redevenez amoureux de Mademoiselle.
FRÉDÉRIC. Et Juliette, que dira-t-elle ?
SAINT-JEAN. Quand vous serez de la maison, ne trouverez-vous pas vingt occasions de lui parler, de lui avouer la vérité ?
FRÉDÉRIC. Il a raison. Eh bien ! soit, si Mademoiselle veut me le permettre, je l'aime, je l'adore, j'en suis fou. Ah ! son nom ?
SAINT-JEAN. Zanetta... (*A Zanetta.*) Vous, ma petite, vous connaissez nos conventions, notre premier plan.

Air du *Piége*.

Vous dévouant pour le salut public,
Que de nouveau l'un pour l'autre soupire.
ZANETTA.
Je le veux bien. Je r'aime Frédéric ;
Mais permettez-moi de le dire :
A chaque instant changer ainsi soudain,
J'en conçois de l'inquiétude.
Ce n'est qu'un jeu, je le sais ; mais enfin,
Ça peut en donner l'habitude ;
On peut en prendre l'habitude.

SAINT-JEAN. Et les principes qui sont là, et dont vous ne parlez pas. On vient, allons, allons, du feu, du désordre, du pathétique, c'est le père. (*A Frédéric, montrant Zanetta.*) Tombez à ses pieds... (*Tirant son mouchoir.*) Dieu ! quel tableau ! (*Frédéric se jette aux pieds de Zanetta.*)

SCÈNE XVIII.

LES PRÉCÉDENTS, LE COMTE.

LE COMTE, *voyant Frédéric aux pieds de Zanetta*. Que vois-je ?
SAINT-JEAN. O spectacle touchant ! triomphe de l'amour et de la sensibilité ; je ne puis retenir mes larmes. Ah ! c'est vous, monsieur le comte ! (*Frédéric se relève.*) Venez être témoin d'une réconciliation qui aurait attendri un barbare.
LE COMTE. Une réconciliation... Eux qui ne se connaissaient pas..
SAINT-JEAN. Vous l'aviez bien deviné, c'était une ruse, ou plutôt c'était une querelle d'amoureux ; car c'est au moment de la séparation que l'explosion a éclaté, ces volcans, monsieur le comte ! J'ai voulu les arrêter, impossible ; ils se sont précipités dans les bras l'un de l'autre, en criant qu'ils ne voulaient plus

se quitter, non jamais! plutôt mourir; enfin le délire de la passion...
LE COMTE. Quoi! Monsieur, au moment où j'avais tout préparé pour votre départ?
FRÉDÉRIC. Maintenant, Monsieur, il est impossible! je reste.
LE COMTE. Et vous, Mademoiselle, qui étiez déjà décidée à vous sacrifier?
ZANETTA. J'avais trop présumé de mes forces, et je ne puis que vous répéter ici ce que je vous ai notifié ce matin : j'aime Frédéric, Monsieur.
LE COMTE. C'est connu. (A part.) Allons, il y a là-dessous quelque chose d'inexplicable; mais on se moque de moi, c'est clair, nous allons voir. (Haut.) Je n'ai rien à dire, j'ai voulu vous rendre à la raison, j'ai rempli mon devoir; mais, puisque rien ne peut vaincre cette grande passion, je me rends.
TOUS. Quoi! Monsieur.
LE COMTE. Votre père, le marquis d'Aveiro, n'est point un barbare, un tyran. « Si après avoir tout « tenté, m'a-t-il dit, vous pensez que cette jeune « fille soit nécessaire au bonheur de mon fils, je vous « permets de les unir. »
FRÉDÉRIC, quittant la main de Zanetta. Comment?
SAINT-JEAN, étourdi, Oh! Diavolo!
ZANETTA, à part. Dieu! épouser un marquis.
LE COMTE, les observant. Votre constance méritait bien un pareil prix, et c'est dans la chapelle de l'ambassade, en ma présence, que vous allez être mariés.
FRÉDÉRIC. Un moment.
SAINT-JEAN bas. Tenez ferme.

ZANETTA.
Air du *Fleuve de la vie.*

Qui? moi, je deviendrais marquise!

LE COMTE.
Eh quoi! vous semblez refuser!

SAINT-JEAN, bas.
Déguisez moins votre surprise.

FRÉDÉRIC.
Veux-tu que j'aille l'épouser?

SAINT-JEAN, de même.
Afin d'éclairer ce mystère,
C'est une ruse, je le vois.
Je le laisserais dire.

ZANETTA.
Et moi
Je le laisserais faire.

LE COMTE. Eh mais! quelle froideur! vous ne me remerciez pas? vous ne tombez pas dans mes bras?
FRÉDÉRIC. Monsieur, certainement je suis touché, mais mon père?..
LE COMTE. Je vous ai dit qu'il m'avait envoyé son consentement.
SAINT-JEAN, vivement. Permettez, ce n'est pas dans la lettre.
LE COMTE. Hein! Comment le sais-tu?
SAINT-JEAN, embarrassé. Je le sais, je... c'est-à-dire je présume, parce qu'un homme comme le marquis d'Aveiro ne peut consentir à une mésalliance.
LE COMTE. Saint-Jean...
SAINT-JEAN. Monsieur.
LE COMTE. Je te ferai mourir sous le bâton.
SAINT-JEAN. Plaît-il, Monsieur? et pourquoi?
LE COMTE. Je n'en sais rien; mais ce jeune homme, cet amour, ton trouble; tu me trompes.
SAINT-JEAN. Moi! monsieur le comte peut-il penser que je sacrifie ses intérêts à ceux d'un inconnu?
LE COMTE. Un inconnu! Monsieur le valet de chambre interprète, expliquez-moi comment il se fait que ce chevalier d'Aveiro soit précisément l'inconnu dont vous avez parlé à ma fille; expliquez-moi comment ces jeunes gens s'aiment et ne se connaissent pas, se raccommodent et ne veulent pas se marier.
SAINT-JEAN. Monsieur, on ne peut pas expliquer les bizarreries du cœur humain; mais la vérité est que je ne suis pour rien dans tout ceci, et, si vous en doutez.

SCÈNE XIX.

LES PRÉCÉDENTS, UN VALET.

LE COMTE, lisant une carte que le valet lui remet. Comment! il est ici?
LE VALET. Il attend monsieur le comte dans son cabinet.
LE COMTE, avec joie. Quel bonheur! Oh! pour le coup, je vais savoir la vérité. (Au valet.) Que personne ne puisse sortir de l'hôtel, (Aux autres.) et malheur à qui s'est joué de moi! restez tous. (Il sort avec le valet.)

SCÈNE XX.

FRÉDÉRIC, ZANETTA, SAINT-JEAN.

FRÉDÉRIC, croisant les bras. Eh bien! Saint-Jean?
SAINT-JEAN. Je n'y suis plus du tout.
ZANETTA. Qu'est-ce que cela veut dire?
FRÉDÉRIC. Ce nouveau personnage.
SAINT-JEAN. Qui doit tout découvrir.
ZANETTA. Je commence à avoir peur.
FRÉDÉRIC. Voilà pourtant le résultat de tes ruses, de tes finesses, et du personnage ridicule que tu m'as fait jouer; mais songes-y bien, j'ai pu m'abaisser à cette feinte pour obtenir Juliette; mais si je la perds, c'est à toi que je m'en prends, et je t'assomme.
SAINT-JEAN. C'est cela; l'ambassadeur d'un côté, vous de l'autre, et pas de petite porte pour se sauver.
ZANETTA. Ah çà! dites-moi au moins si j'aime toujours Frédéric.
SAINT-JEAN. Il est bien question de cela! Que devenir? quel parti prendre; l'ambassadeur est sur la trace; l'intrigue va s'éclaircir; nous n'avons plus qu'une ressource, Monsieur, c'est de la compliquer tellement que monsieur le comte, ni nous-mêmes ne puissions plus nous y reconnaître. Comme ces gens qui, au moment d'une liquidation, embrouillent toujours les affaires; c'est le seul moyen de faire les siennes. Qui vient là? est-ce l'ennemi? non, c'est mademoiselle Juliette.
FRÉDÉRIC. Ah! je pourrai du moins la détromper.

SCÈNE XXI.

LES PRÉCÉDENTS, JULIETTE.

JULIETTE, apercevant Zanetta. Comment, Mademoiselle, encore ici? je vous trouve bien hardie.
FRÉDÉRIC. Un mot seulement, car les instants sont précieux; votre père était dans l'erreur, je vois aujourd'hui Mademoiselle pour la première fois.
JULIETTE. Il serait possible!
FRÉDÉRIC. C'est vous seule que j'aime et que j'aimerai toujours.
JULIETTE. Ah! je le disais bien; c'est cette lettre de votre père qui avait tout embrouillé; il se trompait aussi, n'est-ce pas, Monsieur! mais grâce au ciel, tout va s'éclaircir; car il arrive, il vient d'entrer dans le salon.
FRÉDÉRIC. Eh! qui donc?
JULIETTE. Votre père, le marquis d'Aveiro.
SAINT-JEAN. Ah! grands dieux!
JULIETTE. J'ai bien retenu son nom, lui et mon père

se sont enfermés pour parler de nous, de notre mariage, et voilà, j'espère, de bonnes nouvelles.

FRÉDÉRIC, *à part*. Oui, joliment, le marquis d'Aveiro... il ne nous manquait plus que cela.

SAINT-JEAN. Voilà ce que je demandais, surcroît d'embarras.

JULIETTE. Ne craignez rien, il vous pardonnera tout; il a l'air d'un si honnête homme.

FRÉDÉRIC, *perdant la tête*. Oui, vous croyez... Quelle figure a-t-il?

JULIETTE. Comment, Monsieur?

ZANETTA. Allons, il ne connait pas son père à présent; il ne connait personne, ce jeune homme.

FRÉDÉRIC, *apercevant le comte*. Dieu, monsieur le comte!

ZANETTA ET SAINT-JEAN, *en même temps*. Monsieur le comte!

SAINT-JEAN. De l'audace, et tenons-nous bien.

SCÈNE XXII.

LES PRÉCÉDENTS; LE COMTE.

JULIETTE, *à son père, qui s'avance lentement en les regardant tous*. Eh bien! mon père, le marquis d'Aveiro?

LE COMTE. Je le quitte à l'instant.

JULIETTE. Vous venez sans doute chercher son fils pour le conduire dans ses bras.

LE COMTE. Je le voudrais, mais il n'y a qu'une petite difficulté, c'est que le marquis d'Aveiro n'a jamais eu de fils.

JULIETTE, *regardant Frédéric*. Comment?

SAINT-JEAN, *à part*. De mieux en mieux.

FRÉDÉRIC, *à part*. Quel supplice!

ZANETTA. Ah çà! il paraît que le père n'aime donc pas Frédéric.

LE COMTE, *à Frédéric*. C'est vous dire assez, Monsieur, que, si j'ignore encore qui vous êtes, et les moyens que vous avez employés pour me tromper, je me doute du moins du motif qui vous a conduit chez moi; et pour que vous perdiez tout espoir, pour que vous renonciez à jamais à la main de Juliette, je vous apprendrai que, cédant aux sollicitations du marquis d'Aveiro, je marie ma fille au fils d'un de ses amis.

JULIETTE ET FRÉDÉRIC. O ciel!

LE COMTE. Oui, Monsieur, si mon gendre a le tort à mes yeux de ne pas être Espagnol, c'est du moins un homme estimable, un Français plein d'honneur et de franchise, qui vient d'être nommé secrétaire d'ambassade à Madrid; et ce gendre, dont le nom seul va déjouer tous vos projets, c'est le fils du baron de Cernay.

FRÉDÉRIC, *se jetant à ses genoux*. Ah! quel bonheur!

LE COMTE, JULIETTE ET ZANETTA. Eh bien! qu'est-ce qu'il a donc?

FRÉDÉRIC. C'est moi-même, vous le voyez à vos pieds; apprenez...

LE COMTE. A d'autres, Monsieur, on ne me trompe plus ainsi.

FRÉDÉRIC. Non, cette fois je vous jure que c'est la vérité; je suis Frédéric de Cernay.

SAINT-JEAN. Je l'affirme.

FRÉDÉRIC. Et le marquis d'Aveiro va vous l'attester.

LE COMTE. Pardon, Monsieur; mais je ne reconnais pas en vous cette loyauté et cette franchise dont il me parlait.

FRÉDÉRIC. Moi, Monsieur, je ne vous ai jamais trompé.

LE COMTE. Comment! Monsieur, quand vous vous introduisez dans ma maison..

FRÉDÉRIC. Non; c'est vous-même qui m'avez fait arrêter et conduire chez vous.

LE COMTE. C'est vrai; mais prendre un faux nom.

FRÉDÉRIC. Je vous ai dit le mien; c'est vous qui avez exigé que j'en prisse un autre.

LE COMTE. C'est vrai; mais feindre d'aimer une petite grisette.

FRÉDÉRIC. Je n'y ai jamais pensé; vous avez été témoin que je n'ai pas reconnu Mademoiselle.

LE COMTE, *souriant*. C'est encore vrai, je suis forcé d'en convenir; (*Vivement.*) mais ce maudit mystère, je ne pourrai pas venir à bout... (*A Frédéric et à Juliette.*) Eh bien! je vous pardonne, je vous marie, à une seule condition, c'est que vous m'expliquerez tout; cette lettre que j'ai reçue, cet amour prétendu, pour quel motif? dans quel but?

FRÉDÉRIC. J'en suis désolé, mais je n'en sais encore rien.

JULIETTE. Ni moi.

ZANETTA. Ni moi.

LE COMTE. Ah! c'est trop fort! je donnerais cent piastres à celui qui me dirait qui m'a écrit cette lettre.

SAINT-JEAN, *tendant la main*. Je les prends.

LE COMTE. Comment?

SAINT-JEAN. C'est moi, Monsieur.

LE COMTE. Toi, coquin.

SAINT-JEAN. Oui, Monsieur; par humanité, par bonté d'âme, je voulais servir l'amour de ce jeune homme et vous contraindre à le retenir chez vous.

LE COMTE. Je comprends. Ah! morbleu! mais je n'ai que ma parole, tu auras tes cent piastres. Si je ne craignais d'ébruiter l'aventure, j'y joindrais autre chose.

SAINT-JEAN. Tout ce que je demande à monsieur le comte, c'est un certificat de talents diplomatiques.

LE COMTE. En quoi l'as-tu mérité?

SAINT-JEAN. Pour avoir tenu en échec pendant deux heures un diplomate aussi distingué que monsieur le comte; avec cela je suis sûr d'être placé tout de suite.

LE COMTE. Comment! drôle.

ZANETTA. Ah çà! et moi, mon établissement, mon voyage à Paris?

SAINT-JEAN. Je vous y conduirai, aimable Napolitaine, si vous voulez accepter ma main; je vous ai promis un amoureux, (*Présentant sa main.*) eh bien! je vous offre un mari.

ZANETTA. Ce n'est pas tout à fait la même chose; mais c'est égal, je me risque et je pars pour Paris.

CHŒUR FINAL.

Air nouveau de *M. Heudier.*

Allons nous mettre en voyage;
L'amour embellit notre sort;
Et sans éprouver de naufrage,
Puissions-nous arriver au port!

ZANETTA, *au public*.

Je quitte Naples pour la France;
Ce voyage offre des dangers;
Mais on dit qu'avec indulgence
On y traite les étrangers.
Suivant cette heureuse méthode,
Daignez, Mesdames, dès demain,
Mettre la modiste à la mode,
En adoptant son magasin.

CHŒUR.

Allons nous mettre en voyage, etc.

FIN DE L'AMBASSADEUR.

VIALAT ET Cᴵᴱ, IMPRIMEURS ET ÉDITEURS.

FRÉDÉRIC. J'ajuste le cheval du postillon, je le renverse. — Acte 1, scène 4.

LA SOMNAMBULE

COMÉDIE-VAUDEVILLE EN DEUX ACTES

Représentée, pour la première fois, à Paris, sur le théâtre du Vaudeville, le 6 décembre 1819.

EN SOCIÉTÉ AVEC M. G. DELAVIGNE.

Personnages.

M. DORMEUIL.
CÉCILE, sa fille.
FRÉDÉRIC DE LUZY.
GUSTAVE DE MAULÉON.

BAPTISTE, valet de Gustave.
MARIE, femme de chambre de Cécile.
UN NOTAIRE.
PARENTS ET AMIS DE DORMEUIL.

La scène se passe dans le château de Dormeuil.

ACTE PREMIER.

Le théâtre représente un salon élégant; des croisées au fond, donnant sur un jardin; une table à droite des spectateurs.

SCÈNE PREMIÈRE.

DORMEUIL, CÉCILE, MARIE.

DORMEUIL, *tenant à la main plusieurs billets d'invitation.* Enfin, voilà donc nos billets de faire part. Comme c'est écrit! comme c'est moulé! et cet Hymen qui tient un flambeau! Vraiment, ce cher Griffard, l'imprimeur du département, entend très-bien le billet de mariage. Ah çà! où est mon gendre, le capitaine?

MARIE. Votre gendre? est-ce qu'il peut rester en place? A chaque instant il regardait sur la route de Paris pour voir si son coureur et sa corbeille de noces n'arrivaient pas. Dans son impatience, il riait, il chantait, il m'embrassait, en me parlant de Mademoiselle.

DORMEUIL. Je le reconnais bien là. (*A Cécile.*) Il pense toujours à toi.

MARIE. Enfin, n'y pouvant plus tenir, il m'a dit qu'il allait voir au haut de la montagne si on ne découvrait rien; il a pris son fusil, et il est parti en chassant à travers la forêt.

DORMEUIL. Comment! à la chasse aujourd'hui?

MARIE. Sans doute : c'est un monsieur si singulier que monsieur votre gendre.

DORMEUIL. Singulier... En quoi?

MARIE.
AIR : *Ces postillons.*
Il n'a point d'ordre et donne à tout le monde.
DORMEUIL.
Bon, c'est qu'il est trop généreux.
MARIE.
Rien ne l'affecte, il rit quand on le gronde.
DORMEUIL.
C'est qu'il possède un caractère heureux.
MARIE.
Des jours entiers il se tue à la chasse.
DORMEUIL.
C'est par ardeur et par activité.
MARIE.
Mais sans tuer ni lièvre, ni bécasse.
DORMEUIL.
C'est par humanité. (*bis.*)

MARIE. Et, en outre, un garçon d'une raison...

DORMEUIL. Sa raison, sa raison; je n'ai jamais parlé de sa raison : mais à cela près, c'est un cavalier parfait. Ce cher Frédéric! jeune, aimable, spirituel; à vingt-cinq ans, capitaine de cavalerie! (*A Cécile.*) Voilà l'époux qu'il te faut, le gendre qui me convient. Il est pour toi d'une attention, et pour moi d'une complaisance... toujours de mon avis : il est vrai qu'il n'en fait qu'à sa tête; mais c'est toujours une marque de déférence dont on doit lui savoir gré. Tiens, je t'avoue que toute ma crainte était que ce mariage ne vînt à manquer; mais enfin, nous y voilà. Notre cousin, le notaire, vient d'arriver, et ma foi, dans une heure...

CÉCILE, *timidement.* Mon père!

DORMEUIL. Eh bien! hâtons-nous : toute la société attend au salon.

MARIE, *bas, à Cécile.* Allons, Mademoiselle, du courage : c'est le moment, ou jamais.

CÉCILE. Mon père, je voudrais vous parler.

DORMEUIL. Me parler! Ah! j'entends : dans un pareil moment, on a toujours quelques petits secrets à confier. Marie, laisse-nous. (*Marie sort.*)

SCÈNE II.

DORMEUIL, CÉCILE.

DORMEUIL. Eh bien! voyons, mon enfant, que veux-tu me dire?

CÉCILE. Ah! mon papa, j'ai bien envie de pleurer.

DORMEUIL. Un jour comme celui-ci! le jour de ton mariage!

CÉCILE. Eh bien! mon papa, je crois que c'est à cause de cela.

DORMEUIL. Comment, morbleu! ce n'est pas là mon intention.

AIR : *Voilà bien ces lâches mortels.*
Te complaire est ma seule loi,
Tu fais mon bonheur, ma richesse ;
Je voudrais toujours voir pour toi
Chacun partager ma tendresse.
Te chérir seul n'est rien ; je veux
Qu'au plus vite l'hymen t'engage,
Pour qu'à t'aimer nous soyons deux,
Et peut-être un jour davantage.

CÉCILE. Oh! je sais combien vous êtes bon... Mais si cela vous est égal, tenez, je crois que j'aimerais mieux ne pas me marier.

DORMEUIL. Comment, si cela m'est égal? Lorsque les bans sont publiés, lorsque tout le monde est invité!... Voyons, Cécile, parlons un peu raison. J'ai cinquante mille livres de rente, et n'ai que toi d'enfant; je ne t'ai jamais rien refusé, je ne t'ai contrariée en rien : mais aussi tu m'avoueras que cette fois... à moins que tu n'aies quelque inclination, quelque amour.

CÉCILE. Moi, de l'amour! moi... Mon Dieu, dans tout ce que j'ai à vous dire, il n'y a pas un mot d'amour : mais en revanche, il y a de la haine tant que vous en voudrez.

DORMEUIL. Comment, tu haïrais ce pauvre Frédéric?

CÉCILE. Eh! non, ce n'est pas lui; je rends justice à ses bonnes qualités, à son mérite : mais il est quelqu'un dans le monde que je ne puis souffrir, que je déteste; et je crois que c'est cette haine-là qui m'empêche d'avoir de l'amour pour un autre. Vous savez bien que d'abord vous vouliez m'unir à M. Gustave de Mauléon.

DORMEUIL. Oui, j'avoue que, sous quelques rapports, je l'aurais préféré à Frédéric : avec autant d'amabilité, il avait plus de jugement, plus de raison. Ayant autrefois fait la guerre avec honneur, il occupait alors dans la diplomatie une place importante..... Il y a deux ans, il avait l'air de te faire une cour assidue; mais lorsque je t'en ai parlé, à peine si tu as daigné m'écouter, et tu as rejeté ma proposition avec un dédain...

CÉCILE. Sans doute : parce que c'était le lendemain du bal... de ce bal où il avait dansé toute la soirée avec mademoiselle de Fierville, sans daigner seulement m'adresser la parole. Il est vrai que de mon côté je ne l'ai pas regardé, et que j'ai toujours dansé avec Frédéric; que je lui ai donné mes gants, mon éventail; que je l'accablais de marques d'amitié : car j'étais d'une humeur... C'est depuis ce jour-là qu'il m'a adorée. Je vous demande s'il y a de ma faute? Le lendemain, M. Gustave a encore été plus assidu auprès de sa nouvelle conquête : il ne l'a pas quittée d'un seul instant, et j'ai cru voir, j'ai vu, j'en suis certaine, qu'il lui serrait la main; dans ce moment Frédéric me faisait une déclaration. J'avoue que je ne sais pas ce que je lui ai répondu : il m'a assuré depuis que je lui avais dit que je l'aimais. Cela se peut bien : j'étais si en colère! et depuis ce moment je n'ai plus revu M. Gustave.

AIR : *Qu'il est flatteur d'épouser celle.*

Alors par un destin prospère,
Comme époux un autre s'offrit ;
De vous je l'acceptai, mon père,
Afin que Gustave l'apprît.
Ma destinée était affreuse,
Je pleurais, mais j'étais enfin
Contente d'être malheureuse,
Pourvu qu'il en eût du chagrin.

DORMEUIL. Que ne le disais-tu donc plus tôt? Maintenant réfléchis au scandale d'une pareille rupture; un mariage publié, et qui doit se célébrer demain : nous nous ferions des ennemis irréconciliables de toute cette famille de Frédéric, qui est puissante dans la province. Et d'ailleurs, puisque tu n'aimes pas Gustave...

CÉCILE. Moi, non certainement, je ne l'aime pas.

DORMEUIL. Et puis le temps, l'absence... Gustave habite Paris, nous, cette terre au fond de l'Auvergne : il n'y a pas apparence que jamais vous puissiez vous rencontrer.

CÉCILE. Oh! je l'espère bien; car sa seule présence me causerait une indignation dont je ne serais pas maîtresse.

DORMEUIL. Rassure-toi : tu n'as rien à craindre.

AIR : *Femmes, voulez-vous éprouver.*
Tu triompheras d'un penchant
Dont ton cœur eût été victime ;
Va, crois-moi, le plus tendre amant
Ne vaut pas l'époux qu'on estime.
Chez l'un l'amour fuit sans retour,
Quand, chez l'autre, il se fortifie ;
L'amour est le plaisir d'un jour,
L'hymen le bonheur de la vie.

En attendant, promets-moi de prendre un peu plus sur toi-même. Depuis quelque temps, je te trouve changée... Un jour de noce on a besoin d'être jolie... et tu n'as pas dormi cette nuit. Mon appartement était près du tien, et je t'ai entendue parler tout haut; je t'ai entendue marcher : cela ne t'est jamais arrivé; et ce n'est que depuis quelque temps. Allons, Cécile, un peu de courage, un peu de fermeté.

CÉCILE. Ah! pourvu que je ne le voie pas, je vous promets tout.

SCÈNE III.
LES PRÉCÉDENTS, MARIE.

MARIE, *accourant.* Voici M. Frédéric, et sans doute son coureur avec la corbeille, car j'ai cru apercevoir près de lui une espèce de postillon. Ils sont au bout de l'avenue... Mais l'on vous attend dans le salon.

DORMEUIL. Nous y allons. (*Donnant la main à sa fille.*) Tu diras à Frédéric de nous rejoindre. (*Il sort par la droite.*)

MARIE, *bas, à Cécile.* Eh bien! Mademoiselle!

CÉCILE. Rien n'est changé; mais n'importe... J'ai parlé à mon père, et je suis plus tranquille; suis-moi.

SCÈNE IV.
FRÉDÉRIC, *paraissant aux croisées du fond;* GUSTAVE, BAPTISTE.

FRÉDÉRIC *tient à la main un fusil et une carnassière qu'il jette à terre en entrant.* Holà! hé! quelqu'un! Moi, je n'aime pas à faire mon entrée incognito. (*A Gustave et à Baptiste qui entrent.*) Eh! arrivez donc, mes amis, et n'ayez pas peur : vous êtes chez moi.

GUSTAVE. Mon cher Frédéric, que ne te dois-je pas!

FRÉDÉRIC. Allons donc, ne parlons pas de cela. Ce pauvre Baptiste n'est pas encore revenu de sa frayeur.

BAPTISTE. Non, il n'y a pas de quoi : quand on vient de se trouver entre le feu et l'eau!

FRÉDÉRIC. Ma foi, je me suis rencontré là bien à point. J'arrivais au haut de la montagne, lorsque j'aperçois une chaise de poste emportée par deux chevaux fougueux qui avaient quitté la grande route, et se dirigeaient vers un précipice.

BAPTISTE. Je le vois encore d'ici : deux cents toises de profondeur!

FRÉDÉRIC. Non : mais cinquante, et c'est bien assez. Le postillon, qui était cet imbécile, avait déjà abandonné les guides et perdu l'étrier ; j'étais à soixante pas de vous; impossible de vous arrêter à temps : je glisse une balle dans mon fusil ; j'ajuste le cheval du postillon : je le renverse, l'autre s'abat, et vous vous trouvez tous à terre, mais de plain-pied, et sur le plus beau gazon du monde! un endroit fait exprès pour verser.

BAPTISTE. Oui; un cheval de cinquante louis qui est resté sur la place.

FRÉDÉRIC. C'est égal, le coup était bon : à soixante pas, juste à l'épaule : c'était bien là que je visais, je t'en donne ma parole d'honneur.

BAPTISTE. Et moi qui étais dessus; je vous demande.

FRÉDÉRIC. J'étais sûr de mon coup. Enfin, si tu veux, je le recommence; remets Baptiste.

BAPTISTE. Non pas, non pas.

AIR du *Ménage de garçon.*
Je crains quelque balle indiscrète.
FRÉDÉRIC.
Au but je suis sûr de frapper.
D'ailleurs, en ami, je vous traite.
BAPTISTE.
N'importe, on pourrait se tromper.
On voit tant de gens à la ronde
Fort bien avec tous les partis,
Mais qui tirent sur tout le monde,
Et qui font feu sur leurs amis.

FRÉDÉRIC, *à Gustave.* Ah çà! tu ne me quittes pas : songe qu'aujourd'hui tu m'appartiens tout entier. Je suis ici chez moi, et je me fais un plaisir de te recevoir... Si tu savais... je te conterai cela tout à l'heure... C'est aujourd'hui le plus beau jour de ma vie! il ne me manquait que la présence de mon meilleur ami. Baptiste, votre maître couche ici; laissez-nous et allez à l'office.

BAPTISTE J'y allais, Monsieur.

FRÉDÉRIC. C'est bien, et tu diras qu'on prépare la chambre... (*A Gustave.*) Je te demande pardon, mon ami; vois-tu, un maître de maison... Écoute, Baptiste... la chambre... Quelle chambre vais-je donc lui donner?... c'est que tout est pris! Ah! notre pavillon! parbleu! le pavillon du jardin : un endroit charmant! qui est un peu en défaveur depuis que le jardinier prétend y avoir vu la nuit de grandes figures blanches... mais je sais que cela ne fait rien.

GUSTAVE. Oh! absolument.

FRÉDÉRIC.
Air d'*Arlequin musard.*
Un mien grand-oncle a rendu l'âme.
GUSTAVE.
J'entends, voilà le revenant.
FRÉDÉRIC.
Non, le fantôme est une femme,
Et c'est la sienne apparemment.
Grâce à la concorde profonde
Qu'entre eux l'on voyait exister,
Depuis qu'il est dans l'autre monde,
Sa femme n'y veut plus rester.

GUSTAVE. Ma foi, mon ami, j'en suis enchanté!

FRÉDÉRIC. Va pour le pavillon. (*A Baptiste.*) Tu y porteras la valise de ton maître.

BAPTISTE, *à Gustave.* Et moi, Monsieur, je pense maintenant que vous feriez peut-être mieux de continuer votre route. Monsieur votre père sera inquiet.

FRÉDÉRIC. Est-ce que le commandant en chef de ta cavalerie démontée serait poltron, par hasard?

BAPTISTE. Moi, Monsieur, ce que j'en dis n'est que par intérêt pour mon maître; car, Dieu merci, j'ai fait mes preuves : quand quelqu'un a eu comme moi un cheval tué sous lui !

GUSTAVE. C'est bon, laisse-nous.

SCÈNE V.

GUSTAVE, FRÉDÉRIC.

FRÉDÉRIC. Ce cher Gustave ! quel bonheur de le trouver ! Je n'ai point oublié qu'au régiment tu étais mon guide, mon mentor : car j'étais un peu mauvais sujet, et je n'ai jamais fait grand'chose. Toi, c'est différent : tu as toujours mieux valu que moi, j'en conviens. C'est toi qui payais mes dettes, et qui m'as sauvé de je ne sais combien de coups d'épée, sans compter ceux que tu as reçus pour moi; et ceux-là, vois-tu bien, (*Mettant la main sur son cœur.*) ils sont là : ça ne s'oublie pas. Mais dis-moi un peu, depuis que nous ne nous sommes vus, il me semble que ta sagesse a pris une teinte bien rembrunie.

GUSTAVE. Ma foi, mon cher, je crois que je deviens philosophe; je m'ennuie : et si ce n'était pas payer tes services d'ingratitude, je te dirais que tout à l'heure j'ai été presque fâché lorsque tu as arrêté mes chevaux... Oui, mon ami, j'étais amoureux, j'ai été trahi; ça va te faire rire : moi, ça me désole. J'ignore ce que la perfide est devenue : je ne m'en suis point informé. J'avais réalisé quelques fonds, envoyé ma démission de secrétaire d'ambassade, et je quittais la France lorsque je t'ai rencontré.

FRÉDÉRIC.
Air du vaudeville du *Petit Courrier.*

Par dépit nous fuir sans retour,
Ah ! certes, la folie est grande,
Conçoit-on, je te le demande,
Un Français qui se meurt d'amour ;
Un guerrier constant qui se flatte
De fixer de jeunes beautés ;
Enfin, un amant diplomate
Qui croit à la foi des traités.

GUSTAVE, *souriant*. Tu as raison; je suis un extravagant; mais il ne s'agit pas ici de mes chagrins, parlons plutôt de ton bonheur : c'est le moyen de me les faire oublier; il paraît que tu es dans une situation...

FRÉDÉRIC. Superbe, mon ami, et surtout bien extraordinaire. Je me marie, et ce n'est pas sans peine. Tu sais combien j'ai manqué de mariages; je n'ai jamais pu en conclure un seul.

GUSTAVE. Oui; tu jouais de malheur: des duels, des rivaux...

FRÉDÉRIC. Et le chapitre des informations : il y a des parents curieux qui veulent tout savoir : c'était cela qui me faisait toujours du tort; mais enfin je suis tombé sur un beau-père raisonnable; il pense qu'il faut que la jeunesse fasse des folies, ce qui est aussi mon système; et c'est ce soir que nous signons le contrat... Une fille unique, cinquante mille livres de rente, et je l'aime!.. comme je les aimais toutes... car, franchement, je n'ai jamais eu de préférence marquée pour personne : c'est encore une des considérations qui ont déterminé le beau-père.

AIR des *Maris ont tort.*
Oui, depuis qu'existe le monde,
Chacun dispute à tout propos
Et sur la brune et sur la blonde,
Sur le champagne et le bordeaux.
A quoi bon toutes ces querelles?
Je n'ai jamais d'avis certains,
Et j'adore toutes les belles,
Comme je bois de tous les vins.

GUSTAVE. Ma foi, mon cher, tu es heureux, et je te félicite de ton mariage.

FRÉDÉRIC. Oh ! il n'est pas encore fait; et il y a bien des choses à dire. Tu sais que quelquefois je joue?

GUSTAVE. Quelquefois ! c'est-à-dire toujours.

FRÉDÉRIC. Oui, par habitude, car je n'aime pas le jeu. L'hiver dernier, j'ai eu un bonheur admirable... près de soixante mille francs que j'ai gagnés. C'est dans ce moment-là que je me suis présenté au beau-père, qui m'a accepté; mais j'étais si content de me marier, que j'ai joué encore par passe-temps; car c'est toujours ma ressource quand j'ai de la joie ou du chagrin.

GUSTAVE. Eh bien !

FRÉDÉRIC. Eh bien ! tu ne devines pas ? (*En riant.*) J'ai tout perdu, et il ne me reste rien : ça n'est pas pour moi, ça m'est égal; je connais ces positions-là ; mais c'est le beau-père, un brave homme qui m'avait accepté plus pour moi-même que pour ma fortune ; une jeune personne charmante, qui m'adore, oui, qui m'adore, c'est le mot; tu sais que là-dessus je ne m'en fais pas accroire... et des présents de noce... une corbeille superbe qui arrive aujourd'hui, et que je ne sais trop comment payer. Voilà, je te l'avoue, ce qui me fait trembler pour mon cinquième mariage.

GUSTAVE. Comment, morbleu ! ne suis-je pas là ? Et si une vingtaine de mille francs peuvent d'abord te suffire...

FRÉDÉRIC, *le serrant dans ses bras.*
AIR de *Préville et Taconnet.*
Mon ami, mon dieu tutélaire.
GUSTAVE.
Ton bien jadis n'était-il pas le mien,
Lorsque avec moi tu partageais en frère?
FRÉDÉRIC.
Oui, de ce temps je me souvien,
De ce temps-là je me souvien.
Nous apportions, toi, ce me semble,
Crédit, fortune, esprit sage et rangé ;
Moi, les défauts et les dettes que j'ai ;
Puis, sans façon, nous mettions tout ensemble :
Voilà comment j'ai toujours partagé.

GUSTAVE. Et quelle est ta future?

FRÉDÉRIC. Mais j'ai idée que tu l'as connue à Paris, quand elle y habitait. C'est la fille d'un riche négociant, monsieur Dormeuil.

GUSTAVE. Comment, Cécile Dormeuil?

FRÉDÉRIC. Oui, Cécile; c'est elle-même.

GUSTAVE. En effet, je me rappelle l'avoir vue quelquefois. (*Tirant son portefeuille.*) Tiens, voilà toute ta somme.

FRÉDÉRIC. J'espère que cela ne te gêne pas ? Eh bien ! qu'as-tu donc ?

GUSTAVE. Rien, mon ami ; rien du tout, je te jure. Mais je fais réflexion que la famille de ton père est très-nombreuse; que tu as sans doute beaucoup de parents à loger.

FRÉDÉRIC. Eh bien ! qu'importe ? n'es-tu pas mon ami ? ça vaut bien un cousin : d'ailleurs, il me faut un témoin, et je compte sur toi. Et puis, tu ne t'imagines pas comme ma femme, comme mon beau-père, comme tout ce monde-là m'aime. Présenté par moi, tu vas voir quel accueil on va te faire. Ils seront enchantés de te voir. Il n'y a pas jusqu'aux domestiques... Marie... holà! quelqu'un : c'est que je suis le maître ici; il faut bien qu'on m'obéisse... Marie!

—

SCÈNE VI.

LES PRÉCÉDENTS, MARIE.

FRÉDÉRIC. Avertis M. Dormeuil que mon ami intime... que M. Gustave de Mauléon...

MARIE. Ah! mon Dieu! Comment, c'est Monsieur qui... que... certainement... Monsieur... Je ne croyais pas...

FRÉDÉRIC. Eh bien! qu'est-ce qu'elle a donc? C'est la femme de chambre et la confidente de ma femme; une fille d'esprit quand elle n'a pas de distraction. Voici M. Dormeuil et sa fille.

SCÈNE VII.

LES PRÉCÉDENTS, DORMEUIL, CÉCILE.

FRÉDÉRIC. Beau-père, voilà un de mes bons amis que je vous présente.

DORMEUIL, *saluant sans le regarder.* Certainement, Monsieur... (*Levant les yeux.*) Grand Dieu!

CÉCILE, *qui a fait une révérence, le regarde à son tour, et fait un geste de surprise.* C'est lui !

FRÉDÉRIC, *à Gustave.* Ah çà ! décidément tu as la physionomie malheureuse; on ne peut pas t'envisager !

DORMEUIL, *balbutiant.* A coup sûr... L'honneur que nous recevons... Nous ne croyions pas... Et j'étais loin de m'attendre...

FRÉDÉRIC. Allons, voilà le beau-père qui est comme Marie, et qui fait des phrases. Eh! sans doute, vous ne l'attendiez pas, puisqu'il ne voulait pas venir... il ne voulait pas rester.

DORMEUIL. Qui nous procure donc l'avantage?..

FRÉDÉRIC. Eh! parbleu c'est moi qui l'amène. Sans moi, il passait son chemin; j'ai le coup d'œil si juste... A soixante ans... beau-père... je vous conterai cela. Ah çà! j'espère que tu vas embrasser la mariée?

DORMEUIL, *l'arrêtant.* Non pas, non pas; ce soir, après le contrat, nous nous embrasserons tous.

FRÉDÉRIC. A la bonne heure! parce que, vois-tu, les grands parents... l'étiquette... ; c'est le beau-père qui est le maître des cérémonies : moi, ça ne me regarde pas; j'épouse, et voilà tout. Ma chère Cécile, je vous le recommande; il ne connaît ici personne que vous; et puisqu'il veut bien nous sacrifier sa journée... Allons, mon cher Dormeuil, faites-lui donc un peu d'amitié, je ne vous reconnais pas; maintenant d'ailleurs, sa présence est indispensable, c'est mon témoin.

DORMEUIL. Comment? votre témoin !

FRÉDÉRIC. Oui, morbleu! ce n'est pas la première fois qu'il m'en a servi.

Air de *Lantara.*

Oui, vingt fois sa valeur prudente
A modéré mes sens trop étourdis;
Avec succès je le présente
A mes amis, comme à mes ennemis.
Heureux témoin ! sa présence chérie
Me fut toujours d'un augure flatteur;
Autrefois je lui dus la vie,
Je vais lui devoir le bonheur.

DORMEUIL. Mais l'usage veut qu'ordinairement ce soit un parent.

FRÉDÉRIC. Eh bien! n'est-il pas le mien? Sur le champ de bataille, n'étions-nous pas frères d'armes? Cette parenté-là en vaut bien une autre. Vous mettrez sur le contrat : Parent du côté du marié. A propos, j'étais sorti pour aller au-devant de mon coureur.

MARIE. Eh! Monsieur, il vient d'arriver avec votre corbeille de noce.

FRÉDÉRIC. Ma corbeille est arrivée! Allons la déballer. C'est M. Dormeuil et moi qui l'avons commandée; et tu verras quelle élégance, quel goût.

AIR : *A soixante ans.*

Des fleurs, des dentelles, des chaînes,
Des bijoux du plus bel effet;
Deux cachemires indigènes,
Plus chers que quatre du Thibet.
DORMEUIL.
C'est trop... Combien cela vous coûte ?
FRÉDÉRIC.
Eh ! mais, beau-père, il le fallait;
J'ai fait ce que je dois sans doute.
(*Bas, à Gustave.*)
Mais je dois tout ce que j'ai fait.

Pourvu qu'ils n'aient rien oublié, et que tout cela ne se soit pas froissé en route. Ah! ma chère Cécile, je vous en prie, ne venez pas avec nous; tout à l'heure, vous jouirez du coup d'œil; laissez-nous vous surprendre. Allons, beau-père, dépêchons.

DORMEUIL. Et Monsieur que nous laissons?

FRÉDÉRIC. Cécile voudra bien lui tenir compagnie.

CÉCILE. Mais que voulez-vous que je dise, que je fasse?

FRÉDÉRIC. Eh bien! vous ferez connaissance. Mon ami, je te laisse avec ma femme. (*Entraînant Dormeuil.*) Eh! venez donc, je meurs d'impatience.

SCÈNE VIII.

GUSTAVE, CÉCILE.

GUSTAVE, *après un moment de silence.* Me sera-t-il permis, Mademoiselle, de vous offrir mes félicitations ?

CÉCILE. Oui, Monsieur, je les reçois.

GUSTAVE. Je me réjouis que le hasard m'ait procuré l'avantage... car croyez que le hasard seul...

CÉCILE. J'en suis persuadée, Monsieur, je sais que rien ne pouvait vous attirer en ces lieux. Depuis longtemps, votre silence nous l'avait appris; et si quelque chose m'étonne, c'est de vous voir consentir à nous accorder quelques jours. Soyez sûr que mon père sentira tout le prix d'un pareil sacrifice.

GUSTAVE. Je n'ai pu résister au désir d'être témoin du bonheur de mon ami, du vôtre, Mademoiselle. Puissiez-vous former une union fortunée ! Puisse Frédéric ne jamais éprouver les tourments de la jalousie, ni la douleur de perdre votre tendresse.

CÉCILE. Et qui vous fait présumer que cela puisse arriver? Frédéric m'aime beaucoup, Monsieur, il m'aime réellement.

GUSTAVE. Eh! Mademoiselle, est-ce donc une raison?

CÉCILE. Oui, sans doute, puisqu'il m'aime, il ne sera ni faux ni trompeur, il ne se fera point un jeu de trahir ses serments.

GUSTAVE. Vous supposez alors qu'on ne sera avec lui ni perfide ni coquette. Je le désire, Mademoiselle, et lui souhaite de trouver une fidélité que pour moi je n'ai jamais su rencontrer.

CÉCILE. Que vous n'avez pas su rencontrer?

AIR : *Depuis longtemps j'aimais Adèle.*
Mais Frédéric, vous l'ignorez peut-être,
De vous diffère trait pour trait.
Pour mieux vous le faire connaître,
Je puis vous tracer son portrait :
Il n'aime qu'une seule belle,
Il n'est ni défiant, ni jaloux,
Il est enfin tendre et fidèle,
Vous voyez qu'il n'a rien de vous.

GUSTAVE.
Même air.
Ainsi que vous, je veux, Mademoiselle,
Former un lien plus heureux,
Et désormais, aux pieds d'une autre belle,
Porter mon hommage et mes vœux.
(*Avec un dépit très-marqué.*)
Pour qu'à mon cœur rien ne vous retrace,
Exprès, je veux même, entre nous,
Qu'elle soit sans attraits, sans grâce,
Enfin, qu'elle n'ait rien de vous.

CÉCILE. Et il ne vous en coûtera pas beaucoup, Monsieur, pour l'aimer.

GUSTAVE. Pas plus qu'à vous, Mademoiselle, pour aimer Frédéric; car ce n'est point à l'ordre d'un père qu'il doit votre main; c'est à vous, à vous seule. Vous l'aimez, il me l'a dit lui-même.

CÉCILE. Comment! il vous l'a dit?

GUSTAVE. Oui, Mademoiselle, il en est convenu. Vous l'aimez, vous l'adorez, du moins, maintenant : j'ignore combien de temps il pourra jouir de cet avantage.

CÉCILE, *avec dépit.* Monsieur... (*Se reprenant.*) Eh bien! oui, Monsieur; il vous a dit la vérité: je chéris l'époux que mon père m'a donné, que mon cœur a choisi; et je ferai mon bonheur de lui appartenir. (*A part.*) On vient, ah! tant mieux : car mes larmes trahiraient le trouble de mon cœur.

SCÈNE IX.

GUSTAVE, DORMEUIL, FRÉDÉRIC, CÉCILE, LE NOTAIRE; PARENTS ET AMIS *.

(*Ils saluent M. Dormeuil et lui font des compliments : une partie des dames s'asseyent à gauche, et les hommes restent debout derrière elles.*)

FRÉDÉRIC. Mon ami, tu vois le plus heureux des hommes!... mes cachemires ont produit un effet... Et toi, tu as été content de ma femme, n'est-il pas vrai?.. Un peu timide, un peu troublée?.. Mais un jour comme celui-ci... moi-même je ne sais pas trop où j'en suis... Je te présente une partie de notre famille. (*Tout le monde salue. — A part, à Gustave.*) Heim, qu'en dis-tu?

AIR : *Tenez, moi je suis un bon homme.*
Voici ma tante la Jonchère,
Mon cousin le docteur en droit,
Mon autre cousin le notaire,
La forte tête de l'endroit.

* Les acteurs sont rangés dans l'ordre suivant : Gustave est le premier à gauche du spectateur, puis Frédéric, Cécile, Dormeuil, le Notaire devant la table, Marie de l'autre côté de la table, les parents derrière le Notaire.

(*A part.*)
Que t'en semble? quelles tournures !
Ils sont bien généreux, vraiment,
De montrer gratis des figures
Qu'on irait voir pour de l'argent.

DORMEUIL, *faisant avancer la table.* Allons, mon cher cousin, mettez-vous là, et occupons-nous du contrat.

FRÉDÉRIC. Sans doute; signons, signons, c'est le point essentiel : parce que tant qu'on n'a pas signé, on ne sait pas ce qui peut arriver. (*A Gustave.*) Tu sais, moi surtout qui suis si difficile à marier.

LE NOTAIRE, *à la table.* Quels sont les témoins?

FRÉDÉRIC. Du côté de Cécile, ceux que vous avez inscrits, et du mien, M. Gustave de Mauléon, mon ami.

LE NOTAIRE, *le regardant attentivement.* Ah! c'est Monsieur?

FRÉDÉRIC. Oui. Est-ce que sa physionomie ne produit pas sur vous un certain effet?

LE NOTAIRE. Mais non.

FRÉDÉRIC. Eh bien! vous êtes le premier : car mon beau-père, ma femme, toute la maison... Mais vous autres fonctionnaires publics, rien ne peut vous émouvoir : vous êtes impassibles comme la loi.

LE NOTAIRE, *avec emphase.* C'est notre devoir.

FRÉDÉRIC, *traversant le théâtre et allant vers la table.* Quand je te disais... le beau-père le premier, c'est trop juste... à moi, maintenant.. Permettez donc... laissez-moi faire mon paraphe : le défaut de paraphe entraîne nullité, n'est-il pas vrai, cousin? et je veux que rien n'y manque. (*A Cécile, en lui présentant la plume.*) Ma chère Cécile, c'est à vous; mon bonheur maintenant dépend d'un seul mot *.

FRAGMENT du final de *l'Auberge de Bagnères*, arrangé par M. Doche.

DORMEUIL.
Allons, Cécile, allons, ma fille, c'est à toi.
ENSEMBLE.
CÉCILE, *traversant à son tour, et allant à la table.*
Ah! que mon âme est émue!
Oui, ma main tremble malgré moi.
GUSTAVE.
Mon cœur palpite à sa vue.
DORMEUIL.
Allons, rassure-toi.
(*Cécile prend la plume, s'arrête un instant, regarde Gustave, et signe vivement.*)
FRÉDÉRIC.
Elle est à moi.
GUSTAVE.
Elle a signé.
FRÉDÉRIC, *à Gustave.*
C'est à ton tour, je crois.
GUSTAVE, *allant à son tour à la table, et affectant une grande joie.*
Je signe, et jamais, sur mon âme,
Je n'ai signé de plus grand cœur;
Car c'est l'acte de ton bonheur.
(*A Cécile.*)
Recevez donc mon compliment, Madame,
Oui, Madame;
Le premier ici je veux
Vous donner ce titre heureux.
(*Il reprend sa place.*)
FRÉDÉRIC.
Je suis, ainsi que ma femme,
Sensible à tant d'amitié.
Enfin... enfin.. je suis donc marié.

* Il revient à sa première place.

DORMEUIL, FRÉDÉRIC, LE CHOEUR.
ENSEMBLE.

Ah! que { mon / son } âme est émue!
Non, rien n'égale { mon / son } bonheur.

CÉCILE.
Ah! que mon âme est émue!
Non rien n'égale mon malheur.

GUSTAVE.
Oui, pour jamais je l'ai perdue :
Non, rien n'égale ma douleur.

(Pendant ce premier ensemble, tous les parents ont signé, et Baptiste ainsi que plusieurs domestiques arrivent tenant des flambeaux.)

FRÉDÉRIC, à Dormeuil et à Gustave.
Mais vous ferez tantôt connaissance, j'espère,
Car mon ami reste avec nous, beau-père,
Il couche ici, je viens de l'engager.

DORMEUIL.
Mais où veux-tu donc le loger?

FRÉDÉRIC.
Pour qu'il soit bien, moi j'ai pris mes mesures;
Il aime à voir les revenants de près,
C'est pour cela que je lui donne exprès
Le pavillon aux grandes aventures,
Celui du jardin.

BAPTISTE, effrayé, bas, à son maître.
Grands dieux!
Nous sommes perdus tous les deux.

CHOEUR.
Bonsoir, Monsieur, à demain.

DORMEUIL.
Demain, de grand matin,
La noce se fait à la ville ;
En attendant, chacun, je crois,
Peut se retirer chez soi.

FRÉDÉRIC.
Il le faut bien ; chacun chez soi.
Mais demain... Adieu, Cécile,
(A Gustave.)
Tout est signé, tout est écrit,
L'amour a couronné ma flamme ;
Me voilà donc enfin mari sans contredit,
A moins que cette nuit
Le diable n'emporte ma femme.

CHOEUR.
Partons, bonne nuit, bonne nuit,

ENSEMBLE.
Ah! que mon âme est émue! etc.

(Les domestiques, le flambeau à la main, conduisent les parents par les portes de droite et de gauche. Cécile, Dormeuil et Marie sortent par le fond, ainsi que Frédéric et Gustave.)

ACTE DEUXIÈME.

Le théâtre représente un pavillon demi-circulaire à colonnes, très-riche, fermé de tous les côtés. Au fond, une porte et deux croisées latérales, servant aussi de portes, toutes trois garnies de persiennes. A gauche du spectateur, une porte qui est censée donner dans un autre appartement du pavillon ; à droite et à gauche, des panneaux, sur lesquels sont peints différents sujets. Dans le fond, à droite, est un paravent ; entre le paravent et un des panneaux de la droite est un fauteuil. Il fait nuit. Au lever du rideau, Gustave écrit devant une table. Baptiste examine toutes les portes pour voir si elles sont bien fermées.

SCÈNE PREMIÈRE.

GUSTAVE, BAPTISTE.

BAPTISTE, appelant Gustave. Monsieur, Monsieur, trois heures du matin!

GUSTAVE. Parbleu ! je le sais bien, puisque tu as eu soin de m'avertir à tous les quarts d'heure.

BAPTISTE. Est-ce que Monsieur ne se couche pas?

GUSTAVE. Non; mais nos lits sont dans la chambre à côté. Va dormir, si cela te convient, et laisse-moi.

BAPTISTE. C'est que je n'aime pas à dormir seul, je m'ennuie, et puis, s'il arrivait quelque chose à Monsieur, peut-être n'entendrais-je pas.

AIR : De sommeiller encor, ma chère.
Ils m'ont fait hier à l'office
Maint et maint conte sépulcral.

GUSTAVE.
Poltron!

BAPTISTE.
Soit, je me rends justice ;
On ne s'en porte pas plus mal.
Oui, la bravoure a mon estime ;
Car je suis brave par penchant :
Mais je suis poltron par régime,
Afin de vivre longuement.

Et dans ce pavillon isolé, au milieu d'un jardin immense...

GUSTAVE, sans l'écouter. Éloigne cette table.

BAPTISTE, lui-parlant, et s'appuyant sur la table. Encore, si l'on pouvait attendre des secours du château. Autrefois, il existait une communication qui, au moyen d'un ressort... Je ne sais plus comment ils m'ont expliqué cela ; mais on n'en a plus connaissance, et le hasard seul pourrait le faire retrouver. Alors, vous sentez bien qu'après tout ce qu'on raconte...

GUSTAVE. Baptiste, je vais me fâcher.

BAPTISTE. Oh ! Monsieur, cela me paraît prouvé; car on l'a mis dans le journal du département, et avant huit jours ceux de Paris le répéteront : j'espère qu'alors vous ne pourrez plus en douter.

GUSTAVE. Eh bien ! voyons, où en veux-tu venir?

BAPTISTE. Eh bien! Monsieur, ils disent donc que chaque nuit le fantôme vient se reposer dans ce pavillon jusqu'au point du jour; mais qu'aux premiers rayons du soleil, crac, il a l'air de s'abîmer dans la muraille : et hier, Thomas, le jardinier, l'a vu comme je vous vois, sinon qu'il a fermé les yeux, ce qui l'a empêché de distinguer.

GUSTAVE. Ah çà ! j'espère que tu as fini... Arrange-toi comme tu voudras, dors ou ne dors pas; mais tâche de te taire, ou demain je te chasse.

BAPTISTE. Ou demain je te chasse... (Emportant la table, et la plaçant à la gauche du spectateur.) Dieux ! que c'est insupportable qu'il y ait des gens qui soient les maîtres !.. car sans les maîtres, il serait bien plus agréable d'être domestique.

Air de Julie.
Mais j'ai fermé porte et fenêtre ;
Partout j'ai fermé les verrous.
(S'arrangeant dans un fauteuil qui est à l'extrême gauche et près de la table.)
Puisqu'il me faut obéir à mon maître,
Pour lui complaire, endormons-nous,
Si je pouvais, douce métamorphose,
Imiter tant de gens de bien,
Qui, comme moi, s'endorment n'étant rien,
Et qui s'éveillent quelque chose!..
.... Quelque chose...

(Il s'endort.)

SCÈNE II.

GUSTAVE, seul. Encore quelques heures, et elle sera perdue pour moi!.. Et je resterais demain au château!.. Non; le dessein en est pris, j'enverrai cette lettre à mon ancien colonel, à mon ami, et demain je partirai sans voir Cécile.

AIR : *Tendres échos errants dans ces vallons.*

Elle a trahi ses serments et sa foi,
Et pour jamais il faut que je l'oublie.
J'avais juré de vivre sous sa loi ;
Eh bien ! j'irai mourir pour ma patrie.
Patrie, honneur ! pour qui j'arme mon bras,
Vous seuls au moins ne me trahirez pas.
Nouveaux serments vont bientôt m'engager,
Et si je fus quitté par une belle,
Sous les drapeaux, où je cours me ranger,
La gloire au moins me restera fidèle.
Patrie, honneur ! pour qui j'arme mon bras,
Vous seuls, hélas ! ne me trahirez pas.

(*Il se jette sur une chaise, à droite du spectateur.*)
(*On entend une ritournelle.*)

Ciel !.. qu'entends-je !.. Quel est ce bruit ?

SCÈNE III.
GUSTAVE, CÉCILE.

(*Gustave se penche sur son fauteuil pour découvrir d'où vient le bruit. Derrière lui, à droite, un des panneaux du pavillon, près du fauteuil, s'ouvre tout à coup, et l'on voit paraître Cécile en robe blanche très-simple ; elle a les bras nus, et sur le cou un très-petit fichu élégamment brodé ; elle tient un flambeau à la main et s'avance lentement. Le panneau se referme de lui-même. Arrivée à la table près de laquelle dort Baptiste, elle y pose son flambeau.*)

GUSTAVE. Qu'ai-je vu ?.. Cécile !..

CÉCILE. J'ai cru qu'ils me poursuivaient ; qu'ils voulaient encore me faire signer... Non, je ne veux plus, surtout s'il est là.

GUSTAVE. Qui peut causer, pendant son sommeil, l'agitation effrayante où je la vois ?

CÉCILE, *d'un air suppliant.* Mon père !.. oui, vous avez raison... Cécile est bien malheureuse ! C'est fini... je suis mariée !.. (*Portant la main à sa tête comme pour sentir sa parure.*) Oui, c'est moi qui suis la mariée, car les voilà tous qui viennent me complimenter. (*D'un air aimable et gracieux, et comme leur répondant.*) Merci, merci, mes amis ; oui, des vœux pour mon bonheur !.. Ils ne me regardent plus... Si j'osais pleurer !

GUSTAVE. Grands dieux !

CÉCILE, *regardant autour d'elle.* Pourquoi m'a-t-on menée à ce bal ?.. Un bal.. Vous savez que je n'aime plus le bal ; que je ne veux plus y aller... (*Traversant le théâtre, et allant à droite.*) Oui, nous y voilà... (*Elle salue, et s'asseoit sur la chaise qu'occupait Gustave.*) Il y a tant de monde dans ce salon, et il n'y est pas !.. (*Faisant un geste de surprise.*) C'est lui ! je l'ai aperçu ! mais il se gardera bien de me parler, de danser avec moi : ce n'est qu'avec mademoiselle de Fierville.

GUSTAVE, *vivement.* Mademoiselle de Fierville !..

CÉCILE. Ah, mon Dieu ! comme mon cœur bat !.. Il s'approche de nous... (*Froidement, et comme pour répondre à une invitation.*) Avec plaisir, Monsieur... (*Vivement.*) Il m'a invitée !.. Que va-t-il me dire, et que lui répondre ?.. Je suis fâchée maintenant d'avoir accepté.. Je voudrais que la contredanse ne commençât jamais... Ah, mon Dieu ! je crois entendre... Oui, voilà le prélude !.. (*L'orchestre joue le commen-*cement de la contredanse que Cécile croit entendre. Elle se lève de dessus le fauteuil, et se met en place pour danser. Elle porte la main à ses bras comme pour arranger ses gants, et présente la main comme si un cavalier la lui tenait *.)

GUSTAVE. Ah ! profitons de son erreur ! (*Il lui prend la main.*)

CÉCILE. Sa main a pressé la mienne !.. N'importe, soyons aussi sévère... (*D'un air très-froid, et ayant l'air d'écouter.*) Comment, Monsieur ?.. (*Ayant toujours l'air d'écouter.*) Cependant, ce qu'il dit là est assez raisonnable .. S'il savait quel bien il me fait !.. Quoi ! Monsieur, vous ne l'aimez pas ?.. Ah ! j'ai bien envie de le croire... Que je vous réponde ?.. Tout à l'heure... Vous voyez que c'est à moi de danser. (*Elle danse toute une figure ; elle va en avant, traverse, et va à droite et à gauche, en tournant le dos au spectateur : sur la dernière reprise elle s'arrête brusquement. La musique cesse : la contredanse est censée finie. Elle retourne à sa place, et fait la révérence pour remercier son cavalier. Elle s'asseoit toujours sur la même chaise, arrange sa robe comme pour faire une place à côté d'elle à Gustave ; puis a l'air de lui adresser la parole, et de continuer une conversation déjà commencée.*) Vous êtes heureux... et moi donc !.. Combien je suis contente que nous soyons raccommodés !.. Vous ne savez donc pas qu'on voulait me marier ? et bien malgré moi, encore... Mais, tenez, le voilà cet anneau que vous m'avez donné, et ce qui me faisait le plus de peine, c'est qu'il m'aurait fallu le quitter.

GUSTAVE, *douloureusement.* Pauvre Cécile !

CÉCILE. Oui, il l'aurait bien fallu... Je vous aurais dit : Reprenez-le ; car, pour moi, je n'aurais jamais eu la force de vous le rendre.

GUSTAVE. Ah ! malheureux que je suis !

AIR : *Dormez donc, mes chères amours.*

Hélas ! à son dernier désir
Je saurai du moins obéir.
(*Il retire l'anneau du doigt de Cécile et le met au sien.*)

CÉCILE.
Rien ne peut plus nous désunir.

GUSTAVE.
Ah ! que son erreur se prolonge,
Puisque mon bonheur n'est qu'un songe.

ENSEMBLE.
Dormez donc, mes seules amours,
Pour mon bonheur, dormez toujours.
Dormez donc, mes seules amours,
    Dormez, dormez,
Pour mon bonheur, dormez toujours.

CÉCILE.
Oui, mon cœur gardera toujours
Le souvenir de nos amours,
Oui, mon cœur gardera toujours,
    Toujours, toujours,
Le souvenir de nos amours.

CÉCILE. Mon Dieu, la soirée est déjà finie.. il faut déjà se séparer... Il me semble que je n'ai jamais tant aimé le bal. Voilà qu'on m'apporte mon châle... Sans doute la voiture est arrivée, et mon père m'attend. (*Baissant les épaules comme pour mettre un châle.*) Adieu, Gustave ; vous viendrez nous voir demain. (*Croisant ses mains sur sa poitrine comme pour tenir son châle, et faisant en même temps le geste de tenir sa pelisse.*) Adieu. (*Elle fait quelques pas dans*

---

* Pendant tout le temps qu'est censé durer la contredanse, l'orchestre joue *pianissimo*, et avec des sourdines, l'air de la contredanse de *Nina*.

BAPTISTE. Mon..... sieur.., eur!..... — Acte 2, scène 4.

le fond, rencontre le fauteuil qui est entre le paravent et le panneau par lequel elle est entrée ; elle s'assied sur le fauteuil, et s'endort paisiblement. Musique. Baptiste, qui vers la fin de la scène précédente a déjà étendu les bras, et s'est frotté les yeux, les ouvre dans le moment, et se trouve en face de Cécile qu'il prend pour le fantôme. Tremblant de crainte, il tombe sur ses genoux, sans oser regarder.)

BAPTISTE. Mons...ieur...eur...
GUSTAVE. Tais-toi.

SCÈNE IV.

BAPTISTE, *étendu par terre* ; CÉCILE, *endormie sur le fauteuil* ; GUSTAVE, *entre eux* ; FRÉDÉRIC, *en dehors, frappant à la porte.*

FRÉDÉRIC. Gustave ! Gustave ! ouvre-moi.
GUSTAVE. Grands dieux ! c'est la voix de Frédéric. (*A Baptiste.*) Sur ta tête, ne profère pas une seule parole, ou tu es mort.

FRÉDÉRIC, *toujours en dehors.* Eh bien ! m'ouvriras-tu ?
GUSTAVE. Oui ; mais, au nom du ciel, ne fais pas de bruit. (*A part.*) Quel parti prendre ? que devenir ?.. Elle est perdue !.. Ah ! ce paravent... (*Il entoure avec le paravent le fauteuil de Cécile, jusqu'à la muraille, de sorte que le panneau secret se trouve enfermé dans le paravent. A Baptiste, qui est toujours couché.*) Et toi, relève-toi donc, et songe à ma recommandation. (*Il va ouvrir à Frédéric.*)

SCÈNE V.

LES PRÉCÉDENTS ; FRÉDÉRIC, *en grande parure de marié.*

(*La porte du jardin reste ouverte, et l'on aperçoit un jardin éclairé par les premiers rayons du soleil.*)

FRÉDÉRIC. Eh, mon Dieu ! faut-il tant de cérémonies? Mon ami, je ne peux pas dormir... je ne peux pas, et me voilà.

GUSTAVE. Je t'en prie, ne parle pas si haut.

FRÉDÉRIC. Et pourquoi donc?

GUSTAVE. C'est que cet imbécile de Baptiste est gravement indisposé.

FRÉDÉRIC. Qu'est-ce qu'il a donc? Eh! mais, en effet, je lui trouve un air pâle, une physionomie renversée.

BAPTISTE. On l'aurait à moins.

FRÉDÉRIC. On va lui envoyer le petit docteur. Mais je venais te faire part d'une idée charmante; moi, je n'en ai jamais d'autres : c'est de déjeuner tous dans ce pavillon..., Eh bien! qu'as-tu donc? tu ne m'écoutes pas.

GUSTAVE. Si, vraiment... au contraire, je trouve ton projet... Tu disais...

FRÉDÉRIC. Que j'ai donné ordre de servir ici une tasse de thé avant le départ, et tu nous raconteras tes histoires de cette nuit, ou tu en inventeras pour faire peur à ces dames. Gustave! eh bien! où es-tu donc?

GUSTAVE. Oui, mon ami, oui,... je l'ai toujours pensé... Mais si nous faisions un tour de jardin. (*Il veut l'emmener.*)

BAPTISTE, *se levant vivement et retenant Frédéric par son habit*. Messieurs, je ne vous quitte pas; je ne resterais pas seul ici pour un empire.

FRÉDÉRIC. Que veux-tu dire? (*Regardant Gustave, qui fait à Baptiste des signes de se taire.*) Eh! mais, qu'as-tu donc aussi?.. je n'avais pas remarqué d'abord; mais je te trouve aussi changé que Baptiste. (*En riant.*) Est-ce que vous auriez vu le fantôme, par hasard?

GUSTAVE, *troublé*. Allons donc, tu veux plaisanter, (*Baptiste tire Frédéric par son habit, et de la tête lui fait signe que oui, sans que son maître l'aperçoive.*)

FRÉDÉRIC. Parbleu! tu es bien heureux! et tu devrais me dire, par grâce, (*Regardant Baptiste.*) comment il était, et de quel côté il a disparu. (*Baptiste, qui tient son mouchoir à la main, lui fait signe, en le montrant, que le fantôme était blanc; puis, élevant sa main au-dessus de sa tête, il indique qu'il était d'une grandeur démesurée, et montrant du doigt le paravent, il lui fait entendre que c'est de ce côté qu'il a disparu.*) Allons, je vois que tu es jaloux de ton fantôme, et que tu ne veux pas que tes amis en profitent. Voilà qui est mal... Mais il est impossible qu'on ne découvre pas ses traces en cherchant bien. (*Il se dirige vers le paravent.*)

GUSTAVE, *l'arrêtant par le bras*. Frédéric!.. au nom du ciel, daigne m'écouter!.. et ne me condamne pas!.. Je te jure que le hasard seul... le hasard le plus extraordinaire... le plus inconcevable... et que mon honneur... mon amitié.

BAPTISTE. Oui, Monsieur, ne vous y risquez pas... D'ailleurs, c'est inutile : voilà les premiers rayons du soleil, il aura disparu.

FRÉDÉRIC. Eh! qu'importe? fût-ce le diable...

GUSTAVE, *voulant le retenir*. Non; je ne le souffrirai pas!

FRÉDÉRIC, *se dégageant et se précipitant vers le paravent*. Il le faudra bien.

AIR FINAL de *l'Amant jaloux.*

GUSTAVE.
Grands dieux!

FRÉDÉRIC, *ouvrant le paravent et regardant.*
Eh bien!
Je ne vois rien.

BAPTISTE. Parbleu! il sera parti par où il était venu. (*Le fauteuil est vide, et sur un des bras on aperçoit seulement le petit fichu que portait Cécile.*)

ENSEMBLE.
FRÉDÉRIC.
Quel est donc ce mystère?
D'où venait la frayeur?
GUSTAVE.
Ah! tâchons de lui taire
Le trouble de mon cœur.
BAPTISTE.
Quel est donc ce mystère?
Je tremble encor de peur.

GUSTAVE, *à Baptiste*. Tais-toi, tais-toi.

ENSEMBLE.
BAPTISTE.
Quel est donc ce mystère?
Je tremble encor de peur.
GUSTAVE.
Ah! tâchons de lui taire
Le trouble de mon cœur.
FRÉDÉRIC.
La plaisante aventure!
Dis-moi, je t'en conjure,
Qu'aviez-vous donc tous deux?
ENSEMBLE.
GUSTAVE.
Grands dieux! quelle aventure!
Ami, je te le jure,
Nous ignorons tous deux
Ce qui se passe dans ces lieux.
BAPTISTE.
Grands dieux! quelle aventure!
D'échapper, je vous jure,
Nous sommes trop heureux!

FRÉDÉRIC. Allons, allons, tu as beau dire, il y a quelque chose, et ta tête... Écoute donc, jusqu'à ce jour tu avais été trop sage, trop raisonnable : on finit par payer ça... Il ne faut d'excès en rien... Regarde-moi,.. Ah çà! j'espère que tu vas t'habiller; tu vois que je suis déjà en costume de rigueur... Je ne te donne que cinq minutes.

GUSTAVE, *très-ému*. Sois sûr qu'on ne m'attendra pas... Baptiste, suis-moi... (*A part.*) Allons, il faut partir! (*Ils sortent par la porte à gauche.*)

SCÈNE VI.

FRÉDÉRIC, *seul, le regardant partir d'un air surpris*. Ma foi... Eh bien! en voilà un qui fera bien de ne pas se marier.. Décidément il est timbré, et son effroi quand j'ai voulu approcher de ce paravent où il n'y a rien, absolument rien. (*Approchant du fauteuil, et apercevant le petit fichu que portait Cécile, et qu'elle y a laissé.*) Eh mais, si fait... cependant... je n'avais pas vu... (*Prenant le fichu, et étouffant un éclat de rire.*) C'est charmant! (*Déployant le fichu.*) Je devine maintenant à quelle espèce de fantôme ce meuble peut appartenir.

Air de *la Sentinelle*.
Tissu charmant! voile mystérieux,
Dont contre nous la beauté s'environne!
Gage d'amour! se peut-il, en ces lieux,
Que sans égards ainsi l'on t'abandonne?
D'un hasard tel que celui-là
Sans peine on pénètre les causes!
Ici, celle qui t'oublia,
Je le devine, avait déjà
Oublié bien d'autres choses.

Mais à qui diable ça peut-il être? La petite baronne, ou la femme du notaire! (*Se reprenant.*) Oh! la femme d'un notaire!.. cependant ça s'est vu... Allons, je m'en vais prendre des informations... ce sera délicieux. Mais je ne sais pas ce qu'ils ont tous... Personne ne se lève donc aujourd'hui? Eh! voilà le beau-père.

SCÈNE VII.

FRÉDÉRIC, DORMEUIL, *tenant par la main* CÉCILE, *qui est en grande parure de mariée.*

FRÉDÉRIC. Allons donc, papa, allons donc.
DORMEUIL. Ce n'est pas ma faute Il y a une demi-heure que j'entre chez Cécile; il faut lui rendre justice, elle était déjà levée : mais elle s'était endormie sur une chaise, et il a fallu nous dépêcher... Trois femmes de chambre... mais aussi j'espère... Hein ! comment la trouvez-vous?
FRÉDÉRIC. Ah! que vous êtes heureux d'avoir des enfants comme ceux-là! Je ne parle pas de votre gendre; mais c'est un beau rôle que celui de père : les gants blancs, l'air respectable. J'aurais aimé à être père, moi, pour marier mes enfants, pour leur dire : Soyez heureux! je vous unis. Enfin, vrai, si je n'étais pas moi, je voudrais être vous; mais on ne peut pas cumuler. Ah çà! les voitures sont-elles prêtes?
DORMEUIL. Pas encore.
FRÉDÉRIC. Eh bien! qu'est-ce que vous faites donc ? ça vous regarde. Vous, ma chère Cécile, voulez-vous donner vos ordres pour faire servir ici le déjeuner ? (*Vers le milieu de cette scène, entrent quelques domestiques qui rangent le paravent et ouvrent toutes les fenêtres. On aperçoit le jardin; il fait grand jour.*) Moi, je cours réveiller tout le monde. J'ai tant d'affaires que je ne sais en vérité... (*A Cécile.*) Ah ! dites-moi donc, une aventure charmante que je vais vous conter... Non, que je vous conterai demain. Vous qui connaissez les toilettes de toutes ces dames, savez-vous à qui appartient cet élégant fichu?
CÉCILE, *le regardant.* C'est à moi.
FRÉDÉRIC. Comment! c'est à vous?
CÉCILE. Oui, j'en étais même en peine. Où donc l'avez-vous trouvé?
FRÉDÉRIC, *troublé et balbutiant.* Où je l'ai trouvé? Mais là-bas dans le salon; parce que peut-être ne savez-vous pas... (*A part.*) Parbleu! je rirais bien. Le fait est qu'il n'est pas impossible, moi surtout qui ai toujours eu du malheur.
DORMEUIL. Eh bien! venez-vous?
FRÉDÉRIC. Eh ! sans doute.

AIR : *Mon cœur à l'espoir s'abandonne.*

Allons réveiller tout le monde,
Parcourons tout du haut en bas;
A ma voix il faut qu'on réponde :
Un jour de noce on ne dort pas.
(*A part.*)
Examinons avec prudence.
Tout voir et se taire est ma loi.
Je suis époux ; il faut, je pense,
Remplir les devoirs de l'emploi.

DORMEUIL, FRÉDÉRIC.
Allons réveiller tout le monde,
Parcourons, etc.

SCÈNE VIII.

CÉCILE, *seule.* Je suis encore si émue, si troublée! je l'avais revu... nous étions raccommodés.

AIR : *Jeannot me délaisse* (de JEANNOT ET COLIN).

Oui, je croyais l'entendre,
Ainsi qu'en nos beaux jours,
Lorsque sa voix si tendre
Jurait d'aimer toujours.
Tout n'était que mensonge :
Amour, constante ardeur,
Vous n'existiez qu'en songe,
Hélas! et dans mon cœur.

Même air.

Et pourtant tout s'apprête
Pour un lien si doux ;
Quel bonheur! quelle fête!
C'est ce qu'ils disent tous.
Chacun vante les charmes
De cet hymen flatteur.
Allons, séchons nos larmes
Le jour de mon bonheur.

SCÈNE IX.

CÉCILE ; GUSTAVE, *sortant de l'appartement à gauche.*

GUSTAVE. C'est elle. (*Cécile le salue froidement.*) Ah! quelle différence ! Mais non, c'est un secret que j'ai surpris et qui ne m'appartient pas. (*Haut.*) Hier, Madame, je croyais avoir l'honneur d'assister...; mais des événements inattendus...
CÉCILE. Vous serait-il arrivé quelque chose? Quel changement dans vos traits!
GUSTAVE. Non, non, je vous remercie ; ce n'est rien, j'ai peu dormi.
CÉCILE, *à part.* Et moi!
GUSTAVE. En vain je voulais vous éloigner, vous bannir de ma pensée. Partout je vous retrouvais, partout vous étiez avec moi... cette nuit même.
CÉCILE, *troublée.* Cette nuit!

GUSTAVE.

AIR : *Il reviendra* (de ROMAGNESI).

J'ai cru vous voir... oui, c'était celle
A qui je devais être uni :
Au bal j'étais placé près d'elle
CÉCILE, *cherchant à rappeler ses idées.*
Mon rêve commençait ainsi.

GUSTAVE.

Ce que j'éprouve je l'ignorais;
Pourtant je crois,
Que, malgré moi, j'aimais encore.
CÉCILE, *à part.*
C'est comme moi.

GUSTAVE. Il semblait que vous m'aviez pardonné; car vous saviez la vérité: vous saviez que jamais mademoiselle de Fierville...
CÉCILE. Comme dans mon rêve !
GUSTAVE. Et que c'est vous, Cécile, vous seule que j'ai toujours aimée, (*Presque hors de lui.*) et que j'aime encore !
CÉCILE. Comme dans mon rêve!.. (*Tendrement.*) Gustave!..
GUSTAVE. Adieu! adieu! je sens, après un tel aveu, que je dois vous fuir pour jamais; mais je conserverai toujours votre image et cet anneau que vous m'avez rendu.

CÉCILE, *cherchant à son doigt.* Que voulez-vous dire?
GUSTAVE. Ah! ne cherchez point à savoir comment il est revenu entre mes mains; vous ne pouviez plus le garder, et moi il ne me quittera de la vie!

AIR : *Dormez donc, mes chères amours.*
Pour jamais, il me faut vous fuir!
CÉCILE.
Dieux! qu'entends-je! et quel souvenir!
GUSTAVE.
En silence, il faut vous chérir.
CÉCILE.
A ma mémoire fidèle
Quels instants cette voix rappelle!
GUSTAVE.
Adieu donc, adieu pour toujours!
Adieu donc, mes seules amours!
ENSEMBLE.
Oui, mon cœur gardera toujours
Le souvenir de nos amours;
Toujours, toujours,
Le souvenir de nos amours.

SCÈNE X.

CÉCILE, *seule.* Il s'éloigne! il me quitte! Gustave... Je ne le reverrai plus! (*Elle tombe sur le fauteuil qui est placé à gauche du spectateur et sur le devant de la scène.*)

SCÈNE XI.

CÉCILE, FRÉDÉRIC, GUSTAVE, BAPTISTE, *portant une valise*; DORMEUIL, *qui entre un instant après. Ils sont tous dans le fond.*

FRÉDÉRIC, *tenant Gustave par le bras.* Comment, morbleu! qu'est-ce que ça signifie? tu t'en allais?
GUSTAVE. Non, mon ami... non... certainement.
FRÉDÉRIC. Et ces chevaux de poste que j'ai vus attelés? Je t'en préviens, je ne te perds pas de vue.
CÉCILE, *à demi-voix.* Gustave! Gustave!..
FRÉDÉRIC. Qu'entends-je?
DORMEUIL, *voulant aller vers elle.* Ma fille!
FRÉDÉRIC, *l'arrêtant.* Mais laissez donc, beau-père, ça devient au contraire fort intéressant.
GUSTAVE, *s'avançant.* Mais, mon ami...
FRÉDÉRIC, *le prenant par la main, qu'il garde dans la sienne.* Silence! te dis-je, et écoutez tous! (*Ils s'arrêtent tous dans le fond, en demi-cercle, autour du fauteuil de Cécile; et dans ce moment, Marie et plusieurs parents se montrent au fond, mais sans oser entrer.*)
CÉCILE. Il est parti!.. Oh! ce n'est plus là mon rêve!.. Il me semblait entendre Frédéric, il me pardonnait : il sentait comme moi que je ne pouvais pas donner deux fois mon cœur... Et mon père, il nous menait à l'autel... Gustave était là, et il me semblait entendre une voix qui me disait...

FRÉDÉRIC, *qui n'a pas quitté la main de Gustave, saisit celle de Cécile, et les joint ensemble, en s'écriant:* Mes enfants, je vous unis!
CÉCILE, *regardant autour d'elle.* Mon père!.. Frédéric!.. Gustave près de moi! (*Fermant les yeux, et éloignant tout le monde de la main.*) Ah! ne m'éveillez pas!
FRÉDÉRIC. Non, ma chère Cécile, non, ce n'est point un rêve. J'avais juré à votre père de faire votre bonheur; n'ai-je pas tenu mon serment? (*A Dormeuil.*) Vous ne m'en voulez pas, beau-père, d'avoir usurpé vos fonctions? Vous savez que j'ai toujours eu une vocation...
GUSTAVE. Ah! mon ami! comment reconnaître jamais ce généreux sacrifice?
FRÉDÉRIC. Laisse donc; comme si je ne savais pas ce que c'est qu'un mariage manqué. Et de cinq...

VAUDEVILLE.

DORMEUIL.
AIR du vaudeville de *Gusman d'Alfarache.*

Malgré nous, un destin tutélaire,
Tu le vois, nous protége en secret.
Par dépit tu t'éloignais, ma chère,
D'un amant que ton cœur adorait!
Notre folie à tous est pareille;
Ce bonheur, que l'on désire tant,
Pour l'avoir, on se fatigue, on veille,
Et souvent le bien vient en dormant!
GUSTAVE.
Maint seigneur que le sort favorise,
Et qui brille à nos yeux éblouis,
Chaque jour voit croître avec surprise,
Ses grandeurs, ainsi que ses ennuis.
Las des soins dont son rang l'embarrasse,
Un beau soir, malheureux et puissant,
Il s'endort et s'éveille sans place...
Quelquefois le bien vient en dormant!
BAPTISTE.
Abonnés de l'Opéra-Comique,
Abonnés du sublime Opéra,
Abonnés du Club Académique,
Abonnés de l'Opéra-Buffa,
Abonnés des Petites-Affiches,
Abonnés aux romans d'à présent,
Ah! combien vous devez être riches,
Si vraiment le bien vient en dormant!
FRÉDÉRIC.
Dans ses goûts, Madame est un peu vive,
Et Monsieur est un grave érudit
Pour un bal, crac! Madame s'esquive,
Et Monsieur va dormir dans son lit.
Madame revient fraîche et gentille,
Et Monsieur voit en se réveillant,
Augmenter ses amis, sa famille,
Ah! vraiment le bien vient en dormant!
CÉCILE, *au public.*
Mon sommeil a fait mon mariage;
J'ai déjà le droit de le bénir;
Qu'il m'obtienne encor votre suffrage,
Et qu'ici je sois seule à dormir!
Sans crainte de blesser mon oreille,
Ah! Messieurs, applaudissez souvent;
Et si quelque *bravo* me réveille,
Je dirai : Le bien vient en dormant!

FIN DE LA SOMNAMBULE.

FRONTIN MARI-GARÇON

COMÉDIE-VAUDEVILLE EN UN ACTE

Représentée, pour la première fois, à Paris, sur le théâtre du Vaudeville, le 16 janvier 1821.

EN SOCIÉTÉ AVEC M. MÉLESVILLE.

Personnages.

LE COMTE ÉDOUARD.
LA COMTESSE, sa femme.
FRONTIN, domestique du comte.
DENISE, sa femme.

LABRANCHE, domestique du comte.
Un Maître-d'hôtel.
Un Cocher.

La scène se passe en province, au château du comte Édouard.

Le théâtre représente un salon élégant. A droite, un mur et une petite porte; un berceau sur le devant de la scène. A gauche, un pavillon orné de deux colonnes et de deux vases de fleurs, indiquant l'entrée d'un appartement au rez-de-chaussée.

SCÈNE PREMIÈRE.

FRONTIN, *parlant dans le fond à la cantonade.* Oui, madame la comtesse. (*S'inclinant respectueusement.*) Je souhaite un bon voyage à madame la comtesse. Eh bien! eh bien! Lafleur, prenez donc garde à vos chevaux! C'est ça... Fouette cocher... Les voilà en route!

SCÈNE II.

FRONTIN, ÉDOUARD.

ÉDOUARD. Frontin, ma femme est-elle partie?
FRONTIN. Oui, Monsieur. Elle sera bientôt arrivée, car il n'y a qu'une lieue d'ici au château de madame votre tante.
ÉDOUARD. Oui, elle a voulu aller voir cette bonne tante; il y avait longtemps... Et puis, dès que cela lui était agréable... Certainement, moi j'ai été le premier... Elle ne revient que dans trois jours, n'est-ce pas?
FRONTIN. Oui, Monsieur; elle l'a dit en partant.
ÉDOUARD. Elle est charmante, ma femme! bonne, aimable, spirituelle et jolie! Sais-tu, Frontin, que j'en suis toujours amoureux?
FRONTIN. Vous, Monsieur!
ÉDOUARD, *froidement.* Comme un fou! et depuis six mois que nous sommes enfermés tête à tête dans cette campagne...
FRONTIN. Trois mois, Monsieur.
ÉDOUARD. Tu crois? Qu'importe! le temps n'y fait rien. Depuis trois mois, jamais, je crois, je ne l'ai trouvée plus aimable! Tout à l'heure, quand elle est venue me dire adieu!.. Si tu savais quelle inquiétude elle avait pour ma santé! Pauvre petite femme!

Air : *Je loge au quatrième étage.*
Ma femme a vraiment du mérite.
FRONTIN.
C'est ce qu'on répète en tous lieux.
ÉDOUARD.
Tous les jours je me félicite
D'avoir formé de pareils nœuds.
FRONTIN.
Ah! vous ne pouviez faire mieux.
Chacun bénit ce mariage
Qui doit, dit-on, fixer enfin
Le bonheur dans votre ménage
Et le repos chez le voisin.

ÉDOUARD. Ah! pour ça, je puis bien jurer qu'à présent... Dis-moi, Frontin, qu'est-ce que nous allons faire, pendant son absence? Moi, je ne sais que devenir.
FRONTIN. Il me semble que Monsieur est habillé et prêt à sortir.
ÉDOUARD. Oui; mais faut-il que je sorte?
FRONTIN. Comment donc, Monsieur, ça vous distraira.
ÉDOUARD. Eh bien! à la bonne heure; je vais me promener quelques instants.
FRONTIN. Ah!
ÉDOUARD. Frontin, je rentrerai peut-être un peu tard; il serait même possible que... Dans tous les cas, qu'on ne m'attende pas.
FRONTIN. Ah! ah! (*En confidence.*) Suivrai-je Monsieur?
ÉDOUARD. Non; (*Gaîment.*) non, non; j'aime autant que tu restes. Tu profiteras de ces deux jours pour faire décorer le salon de ma femme; tu sais comme elle le désirait : des vases de fleurs, des candélabres. Ah! tu auras soin aussi de lui avoir une femme de chambre, dont elle a besoin, afin qu'à son retour elle ait le plaisir de la surprise, et voie que nous n'avons pas cessé de penser à elle.
FRONTIN. Ah! Monsieur, vous êtes le chef-d'œuvre des maris!
ÉDOUARD. Adieu, Frontin. J'aurai peut-être besoin de tes services. Tu es garçon, toi; tu es célibataire : on peut se fier à toi. Allons, allons, nous verrons.

Air du vaudeville des *Deux Matinées.*
Ici, de ma confiance
Reçois un gage nouveau;
Je permets qu'en mon absence
Tu commandes au château.
FRONTIN.
Je suis donc propriétaire..
ÉDOUARD.
Te voilà maître aujourd'hui
De la maison tout entière.
FRONTIN.
La cave en est-elle aussi?
ÉDOUARD, *souriant.*
Allons, la cave en est aussi.
ENSEMBLE.
ÉDOUARD.
Je pars, etc.
FRONTIN.
Ici, de sa confiance

J'obtiens un gage nouveau :
Il permet qu'en son absence
Je sois maître du château.
(*Édouard sort.*)

SCÈNE III.

FRONTIN, *seul.* Maître du château; ma foi, une bel'e propriété! Madame est absente; Monsieur est parti. (*Se frottant les mains.*) Je me doute, à peu près, pour quel motif; en conscience, il était temps. Ma place de valet de chambre ne me rapportait presque plus rien, et j'avais déjà demandé celle d'intendant? mais, heureusement, cela s'annonce bien. Et cette petite Denise qui n'arrive pas! A ce battement de cœur précipité, on ne se douterait guère que c'est ma femme que j'attends. (*Regardant autour de lui.*) Ma femme! Ah! mon Dieu, si mon maître savait que je suis marié malgré ses ordres, ce serait fait de ma fortune! Est-ce étonnant, moi qui, dans ma vie, n'avais jamais eu de goût pour le mariage? Depuis le jour où mon maître me l'a défendu, impossible de résister.

AIR : de *Julie*.

Malgré son ordre et mes justes alarmes,
Je n'ai pu vaincre un fatal ascendant ;
Ce qu'on défend a toujours tant de charmes !
Nous sommes tous enfants d'Adam !
Moi je le suis, et Dieu sait comme,
Au point que si l'on m'ordonnait
D'être fripon... cela seul suffirait
Pour que je devinsse honnête homme.

Par bonheur, je suis seul aujourd'hui; j'ai mon château et mes gens. Je peux recevoir Denise chez moi et lui donner une certaine idée de la considération dont jouit son mari. Cette petite fille, qui n'est jamais sortie de son village, ne se doute pas de ce que c'est qu'un valet de chambre! (*On frappe au dehors.*) Voilà le signal! C'est Denise! (*Il va ouvrir la porte.*)

SCÈNE IV.

FRONTIN, DENISE.

DENISE. Ah! c'est bien heureux!

AIR *Del senor Barocco*

Depuis une heure entière
Je suis au rendez-vous.
J' viens toujours la première
D'puis qu'il est mon époux.
Avant le conjungo,
Oh !
Vous n'étiez pas comme ça.
Ah !
Mais changez au plus tôt,
Oh !
Ou sans ça on verra,
Ah !

FRONTIN. Qu'est-ce que c'est donc, on verra?
DENISE. Dam'! si vous croyez que c'est agréable d'arriver comme ça en catimini, quand on est mariée pour de vrai...
FRONTIN. Allons, embrasse-moi et faisons la paix.
DENISE. Non, Monsieur.
FRONTIN. Tu ne veux pas m'embrasser?
DENISE. Du tout; je suis fâchée contre vous. Tenez, je viens de chez le petit notaire bossu, qui est au bout du village; il m'a délivré ce papier, qui prouve comme quoi je suis votre femme.

FRONTIN. Ah! notre contrat. (*Le m ttant dans sa poche.*)
DENISE. Ah çà! n'allez pas le perdre, au moins : ce serait à recommencer.
FRONTIN. C'est bon.
DENISE. Il dit aussi que l'usage est de le faire signer à tous nos parents et connaissances.
FRONTIN. Oui, excellent moyen, quand on veut qu'un mariage soit secret.
DENISE. Mais, ce secret-là, ça ne peut pas tenir. Ma tante et moi nous avions d'abord promis de nous taire, parce que nous ne savions pas à quoi nous nous engagions; mais v'là tout à l'heure huit jours que ça dure : j'en tomberai malade. La langue me démange, et j'allons mettre tout le village dans la confidence.
FRONTIN. Je te le demande, de quoi te plains-tu? Je t'aime à la fureur!
DENISE. Bel amour, ma foi! qui me force à m'ennuyer d'un côté, tandis que Monsieur s'amuse de l'autre. Enfin, depuis not' mariage, j' sommes, tout juste, comme la lune et le soleil : je n' pouvons plus marcher de compagnie. Arrangez-vous; je n'ai pas épousé un homme en place pour rien. J' veux loger au château, moi, et jouir, comme vous disiez, des prérogatives de mon rang !
FRONTIN. Voyez-vous l'ambition?

DENISE.

AIR du *Lendemain*.

Je n' veux plus d' ce mystère
Qui m' tient toujours loin d'ici,
J' vous épousai pas, j'espère,
Pour me trouver sans mari !
Puis, ça fait rougir un' belle,
Lorsqu'elle a quelques vertus,
De s'entendre app'ler *mam'selle*,
Quand all' n' l'est plus.

FRONTIN. Ah! voilà le grand mot lâché! Songe donc qu'il y va de notre fortune. Monsieur le comte Edouard, mon maître, qui, pour reconnaître certains services que je lui avais rendus quand il était garçon, m'a fait douze cents livres de rente, à la seule condition de rester à son service et de ne jamais me marier.
DENISE. C'est drôle! il déteste donc les femmes?
FRONTIN. Lui? pas du tout; il les adore! c'est le mariage qu'il ne peut souffrir.
DENISE. Comment se fait-il donc que lui-même soit marié?
FRONTIN. Il l'a bien fallu : une femme charmante! soixante mille livres de rente. Il y a bien des honnêtes gens qui oublient leurs principes à meilleur marché. Mais il prétend qu'un valet marié n'est plus bon à rien; qu'il devient négligent, paresseux.
DENISE. Ah çà! monsieur Frontin, il n'a pas tort : il est sûr que, depuis notre mariage, vous êtes bien plus...
FRONTIN. Enfin, vois ce qu'une seule indiscrétion peut nous enlever : J'ai la promesse d'être son intendant, et tu sens bien qu'alors...
DENISE. Oui, oui. Mais combien qu'il vous faudra de temps pour faire fortune?
FRONTIN. Comme j'ai de la probité, il me faudra bien dix-huit ou vingt mois.
DENISE. Tant que ça.
FRONTIN. Je sais bien qu'il y a des intendants qui font fortune en moins d'un an, mais ce sont des fripons que l'on méprise; il vaut mieux y mettre le temps.
DENISE. Et nous aurons un carrosse?

FRONTIN. Sans doute.
DENISE. Moi, d'abord, je veux aller en carrosse avant d'mourir.
FRONTIN. Eh bien! tu iras dès aujourd'hui.
DENISE. Vrai?
FRONTIN. Nous dînerons ici, au château, en tête-à-tête, et je te mène ensuite à la fête du hameau voisin, dans la calèche de mon maître, que je vais commander sur-le-champ.
DENISE, *sautant de joie.* Dans la calèche! c'est-i possible! Queu plaisir!
FRONTIN. Mais j'espère que tu feras un peu de toilette pour donner le bras à un intendant!
DENISE. J' crois bien. J' vas me requinquer.
FRONTIN. Tiens, pour que tu ne sois plus obligée d'attendre, prends la clé de cette porte, et surtout dépêche-toi. (*Il lui donne une clé.*)

DENISE.

AIR : *Courons aux Prés Saint-Gervais.*

J' vas mettr' mes plus beaux habits ;
J' veux éclipser tout le village.
Dans peu vous verrez qu' j'ai pris
Les airs de vos dam's de Paris,
L's jeun's filles du voisinage
Autour d' moi vont s'empresser...
Ah ! j' voudrais dans c't équipage
Me voir passer !

ENSEMBLE.

FRONTIN.
Oui, mets tes plus beaux habits ;
Mais ne va pas, suivant l'usage,
Prendre les airs qu'à Paris
On prend avec certains maris.

DENISE.
J' vas mettr' mes plus beaux habits, etc.

(*Denise sort par la petite porte.*)

SCÈNE V.

FRONTIN, LABRANCHE, LE MAÎTRE-D'HÔTEL, LE COCHER.

FRONTIN, *appelant.* Holà! quelqu'un! Viendra-t-on, quand j'appelle? Qu'ils se permettent de faire attendre mon maître, à la bonne heure; mais moi... Ah! vous voilà, c'est bien heureux! Approchez, j'ai des ordres à vous donner.
LABRANCHE. Mais, monsieur Frontin, puisque M. le comte est parti...
FRONTIN. Eh bien! ne suis-je pas là, chargé de ses pleins pouvoirs? Ainsi, point de murmure, point de révolte d'antichambre, ou morbleu!..

AIR : *Qu'il est flatteur d'épouser celle.*

Moi je suis au fait du service,
Je sais ce que c'est qu'ordonner.
J'entends ici qu'on m'obéisse,
Qu'on commence par mon dîner.

LABRANCHE.
Puisqu'à vos ordres on doit être,
Nous ferons, sans rien oublier,
C' que vous faites pour notre maître.

FRONTIN.
Je serai servi le dernier.

Du tout, Messieurs; j'entends qu'on me serve bien. Oh! c'est que je suis ferme sur la discipline domestique. Vous, monsieur le chef... Eh mais! c'est le nouveau cuisinier!
LE MAÎTRE-D'HÔTEL. Oui, Monsieur, je suis entré d'hier.
FRONTIN. C'est bon. Eh bien! mon cher, il me faut pour aujourd'hui un petit dîner délicat; deux couverts, vous entendez? Il est essentiel que je m'assure de votre capacité : je vous ferai subir un examen très-détaillé. (*Au cocher.*) Pour vous, maître Lapierre...
LE COCHER. Je suis en train de nettoyer la grande berline.
FRONTIN. La berline? Non, je ne m'en servirai pas aujourd'hui. Je vais faire un tour à la fête de l'endroit; ainsi...

Air du vaudeville de *l'Écu de six francs.*

Allons vite, qu'on se dépêche.
Au fait... tout bien considéré,
Je préfère ici la calèche;
Pour aujourd'hui j'y monterai.

LABRANCHE.
Quoi, dedans?

FRONTIN.
Oui, monsieur Labranche..
Lorsque l'on est contre son goût,
Toute la semaine debout,
On peut bien s'asseoir le dimanche.

TOUS. Mais, monsieur Frontin...
FRONTIN. Pas de réflexions! Le dîner dans deux heures; la calèche au bas du perron : ce sont les ordres de Monseigneur, et si l'on réplique je le lui dirai.
ÉDOUARD, *en dehors,* attache mon cheval.
LABRANCHE. Justement, je l'entends. A notre poste.
(*Ils sortent.*)
FRONTIN, *déconcerté et regardant à droite.* Eh bien! qu'est-ce que ça veut dire? Oui, ma foi; c'est bien lui! Il faut que je fasse donner contre-ordre à Denise. Qui diable peut le ramener sur ses pas? Allons, de l'aplomb, et faisons bonne contenance.

SCÈNE VI.

ÉDOUARD, FRONTIN.

FRONTIN. Comment! Monsieur, déjà de retour?
ÉDOUARD, *d'un air agité.* Oui, je l'avoue, jamais on ne piqua plus vivement ma curiosité; et tu ne te douterais pas...
FRONTIN. Si fait, Monsieur; je connais déjà votre secret : quelque nouvelle passion qui vous met en campagne.
ÉDOUARD. Une passion? non; mais c'est très-singulier : un minois charmant, que j'ai entrevu il y a quelques jours, et que depuis je n'ai pu découvrir.
FRONTIN, *à part.* Une intrigue à conduire, bonne affaire pour moi! (*Haut.*) Voyons, Monsieur, que voulez-vous?

ÉDOUARD.

AIR : *Depuis longtemps j'aimais Adèle.*

Je veux m'informer, en bon maître,
Si tous ses vœux sont satisfaits;
Par moi-même je veux connaître
Si ses vertus méritent mes bienfaits;
Je veux savoir si son cœur est fidèle ;
Je veux surtout... mais je saurai bien mieux,
Quand je me trouverai près d'elle,
Expliquer tout ce que je veux.

Mais, avant tout, il faudrait la joindre, et comment? Je viens d'entrer, je crois, dans toutes les maisons du village ; je n'étais pas fâché de visiter mes vassaux, de connaître par moi-même leur situation : eh bien! mon cher, je n'ai trouvé personne! et j'avais presque envie d'envoyer Labranche dans tous les environs.
FRONTIN. Comment! Monsieur, employer Labranche

ÉDOUARD. Cette place vous conviendra parfaitement. — Scène 7.

dans une affaire aussi délicate? Je n'ai rien fait, pourtant, pour démériter de Monsieur...
ÉDOUARD. Sois tranquille : tu vois que j'ai recours à toi. Te doutes-tu de ce que ce peut être? Une brune, jolie taille, un air de candeur...
FRONTIN. J'y suis. (*A part.*) C'est la femme du receveur : depuis trois jours elle est chez sa belle-sœur, et revient aujourd'hui même. (*Haut.*) Eh bien! Monsieur, je vous en réponds!
ÉDOUARD. Comment! mon cher Frontin, tu pourrais...
FRONTIN. Mon plan est là. (*A part.*) Ce brave receveur, je ne serais pas fâché... (*Haut.*) Vous me croirez si vous voulez, j'y avais déjà pensé, sans vous en rien dire. (*La petite porte s'ouvre, Denise entre, la referme et paraît interdite en voyant le comte.*)
ÉDOUARD. Tu sais, Frontin, comment je reconnais un service : vingt-cinq louis si tu me l'amènes ici!
FRONTIN. C'est comme si je les avais.

SCÈNE VII.

Les précédents, DENISE.

ÉDOUARD, *voyant Denise.* Qu'ai-je vu? Frontin! mon cher Frontin! (*Tirant une bourse et la lui donnant.*) Tiens, ils sont à toi.
FRONTIN. Eh bien! Monsieur, qu'est-ce que vous avez donc?
ÉDOUARD. Ne le vois-tu pas? C'est elle, mon ami, c'est elle!
FRONTIN, *voyant Denise.* Dieu! qu'est-ce que j'ai fait là?

DENISE, *interdite.*
Air du *Renégat.*

M'sieur Frontin, j' v'nons vous avertir,
(*A Édouard*)
Excusez la liberté grande.
ÉDOUARD.
Oui, Frontin vous a fait venir
Mais c'est moi seul qui vous demande.

ÉDOUARD. Si je meurs, je veux que ce baiser soit le dernier que je prenne en ma vie. — Scène 9.

(*A part.*)
Quel doux minois ! quel air simple et discret !
FRONTIN, *bas, à Denise.*
C'est Monseigneur, songe à notre secret.
ENSEMBLE.
ÉDOUARD, *à part.*
Je sens déjà que je l'adore,
Et je pourrai bientôt, je crois,
De l'amour que son cœur ignore
Lui révéler la douce loi. (*bis.*)
FRONTIN, *à part.*
On dirait déjà qu'il l'adore.
Pour un époux le bel emploi !
Ça commence mal, et j'ignore
Comment ça finira pour moi. .
Pour un époux le bel emploi !
DENISE, *à part.*
Hélas ! j'en suis tremblante encore,
Je n' reviens pas de mon effroi ;
Comme il me regarde... J'ignore
Comment ça finira pour moi...
Je n' reviens pas de mon effroi.
ÉDOUARD. Comment vous appelle-t-on ?
DENISE. Denise, Monseigneur, nièce de ma tante, la veuve Gervais, qui demeure au bout du village, pour vous servir, en face du marchand de vin.
ÉDOUARD. Ah ! la veuve Gervais ? je la connais beaucoup : une pauvre femme ?
DENISE. Non, Monseigneur : elle est riche.
ÉDOUARD. C'est qu'il me semblait que dans le temps elle avait demandé une place au château.
DENISE. C'est égal, Monseigneur : on est riche, et on demande.
ÉDOUARD. C'est trop juste. Eh bien ! mon enfant, cette place, il faut la lui donner. Je ne veux cependant pas la séparer de sa nièce, et nous vous garderons au château. Voyons, Frontin, où la placerons-nous ? Ah ! pour inspecter la lingerie : cette place vous conviendra parfaitement. (*Frontin lui fait signe de dire non.*)
DENISE, *imitant le signe de Frontin.* Non, non, Monseigneur ; j'y ent nds rien.
ÉDOUARD. Ah ! et l'office ? (*Même signe.*)
DENISE, *de même.* Ah ! encore moins.
ÉDOUARD. C'est malheureux. Et que savez-vous donc faire, charmante Denise ?

DENISE, *suivant toujours le signe de Frontin.* Rien, Monseigneur, absolument rien.

ÉDOUARD. A quoi passez-vous donc votre temps?

DENISE. Dam', Monseigneur, je bats le beurre, et je fais des petits fromages à la crème.

ÉDOUARD, *vivement.* Justement, c'est pour cela que je vous ai fait appeler. (*A Frontin.*) Comme c'est heureux qu'elle sache faire des petits fromages! Tu les aimes, Frontin ; n'est-ce pas?

FRONTIN. Du tout, Monsieur ; je ne peux pas les souffrir.

ÉDOUARD. Moi, j'en suis fou. C'est décidé, je vous mets à la tête de la laiterie.

DENISE. Mais, Monseigneur...

ÉDOUARD. Nous allons arranger tout cela. N'est-ce pas, belle Denise, vous consentez à rester avec nous?

DENISE, *toujours embarrassée.* Dam', Monseigneur, faut que je consulte ma tante : v'là justement l'heure de son dîner (*Voulant sortir.*) et j'vous demanderai la permission...

ÉDOUARD, *la retenant.* Eh! mon Dieu, quel dommage! si j'avais eu à dîner au château, je vous aurais retenue.

FRONTIN. Y pensez-vous, Monseigneur? une paysanne à votre table!

ÉDOUARD. Oui, c'est d'un bon exemple : cela encourage la vertu, la sagesse ; mais on ne m'attendait pas, et rien n'est disposé.

SCÈNE VIII.

LES PRÉCÉDENTS, LABRANCHE.

LABRANCHE. Monsieur Frontin, le dîner est prêt.

ÉDOUARD. Comment, le dîner?

FRONTIN, *à part.* Ah ! le butor.

LABRANCHE. Oui ; un dîner que monsieur Frontin a commandé par ordre de Monseigneur ; tout ce qu'il y a de plus délicat et deux couverts.

ÉDOUARD, *à Frontin.* Deux couverts! Toi qui tout à l'heure blâmais... Par exemple, mon ami, voilà une surprise, une attention!.. (*A part.*) Il n'y a que ce coquin-là pour penser à tout. (*Haut.*) C'est bien, nous dînerons sous ce feuillage. Denise, vous ne me refuserez pas?

DENISE. Mais, Monseigneur, et ma tante?

ÉDOUARD. Je vous reconduirai chez elle. (*A Labranche.*) Que l'on tienne la calèche prête, aussitôt après le dîner.

LABRANCHE. Elle l'est, Monseigneur.

ÉDOUARD. Comment?

LABRANCHE. Monsieur Frontin avait fait atteler par ordre de Monseigneur.

ÉDOUARD, *stupéfait d'admiration.* Ah çà! Frontin, c'est trop fort ; je ne pourrai jamais payer un domestique comme celui-là. (*Lui donnant une autre bourse.*) Tiens, mon garçon.

FRONTIN, *à part.* Dieu! quelle situation! (*Il met la bourse dans sa poche, d'un air de désespoir.*) Mais, Monsieur! que va penser la tante de cette petite fille? Elle la croira perdue, enlevée ou quelque chose comme ç'a. Moi, je me figure son inquiétude.

ÉDOUARD. Tu as parbleu raison, mon ami ; tu vas sur-le-champ aller la prévenir qu'elle peut être tranquille ; que sa nièce...

FRONTIN, *troublé.* Moi, Monsieur? pourquoi pas plutôt... (*Regardant un autre domestique.*)

ÉDOUARD. Oh! tu l'expliqueras mieux ; toi, tu sais donner une couleur, une tournure aux choses.

FRONTIN. Comment! Monsieur...

ÉDOUARD.
Air du vaudeville de *la Belle Fermière*
Oui, pour sortir d'embarras,
Je sais que ton adresse est grande.
Eh bien!.. ne m'entends-tu pas?..
Obéis, quand je le commande.

FRONTIN, *à part.*
Par quelque nouvel assaut,
Mettons mon maître en défaut...
Le péril presse... Allons, il faut
Détourner la tempête
Qui déjà gronde sur ma tête.
(*Il sort en faisant des signes à Denise.*)

SCÈNE IX.

ÉDOUARD, DENISE.

ÉDOUARD. C'est un usage que je veux adopter : tous les ans je recevrai à ma table les jeunes villageoises de ce canton. (*Lui prenant la main.*) Je doute, par exemple, que j'en trouve jamais d'aussi aimables et d'aussi gentilles.

DENISE, *à part.* Est-ce que par hasard Monseigneur voudrait m'en conter? ça s'rait bien fait : ça apprendrait à c' glorieux d' Frontin, qui ne veut pas m'avouer pour sa femme...

ÉDOUARD. Dites-moi, Denise, est-ce que votre tante veut continuellement vous laisser dans ce village?

DENISE. Dam', faudra bien.

ÉDOUARD. Je prétends, moi, qu'à la fin de la saison, ma femme vous emmène avec elle.

DENISE. Comment! Monseigneur, vous croyez que je pourrai aller à Paris?

ÉDOUARD. Une jolie femme ne peut pas vivre ailleurs.

Air de *Saphira.*
Séjour
D'amour
Et de folie,
Ce charmant pays
Aux yeux éblouis,
Offre un nouveau paradis.
Des jours
Trop courts
L'éclat varie ;
Car pour embellir
Le temps qui va fuir,
Chaque instant est un plaisir.
Chez vous l'aurore,
Qui vient d'éclore,
Déjà colore
Vos légers rideaux ;
Une soubrette,
Jeune et discrète,
Soudain apprête
Négligés nouveaux.
Il fait beau,
Et dans son landau,
Pour déjeuner on vole à Bagatelle.
Vos forêts
Ne sont rien auprès :
C'est à Paris que la campagne est belle.
Au retour,
Voyez tour à tour
Ce séjour
Où votre œil admire...
De Golconde ou de Cachemire
Les tributs,
On les fins tissus.
Partout
Le goût
Vous accompagne..
Mais j'entends sonner
L'heure du dîner,
Que vos attraits vont orner.

                Festin
                Divin
        Dont le champagne
        Double les douceurs,
        Quand l'amour, d'ailleurs,
    Avec vous fait les honneurs.
        Dans nos spectacles,
        Que de miracles !
        Là... sans obstacles,
        Vous entrez!.. déjà...
            Chacun s'écrie :
            Qu'elle est jolie!..
            Et l'on oublie
        Martin ou Talma.
            Le jour fuit,
        L'amour vous conduit,
            C'est à minuit
        Que le plaisir commence.
            · Oui, du bal
            J'entends le signal,
    Le galoubet nous invite à la danse.
        Dans ces lieux,
        De ce couple heureux,
        Que vos yeux
        Admirent la grâce...
            En valsant,
        Il passe et repasse,
            Oubliant
        Le jour renaissant.
            A ces
            Portraits
        Rendez les armes...
        Déjà vous verriez
        Chacun à vos pieds ;
    Et si vous y paraissiez...
            Paris
            Surpris,
        Malgré les charmes
        Qui s'y trouvent tous,
        N'aurait, entre nous,
    Rien d'aussi joli que vous.

DENISE. Ah! Monseigneur, je ne croirai jamais à tant de belles choses.

ÉDOUARD. Si je meurs, je veux que ce baiser soit le dernier que je prenne de ma vie. *(Il lui baise la main.)*

SCÈNE X.

LES PRÉCÉDENTS; FRONTIN, *entrant, le voit et laisse tomber une pile d'assiettes qu'il tenait.*

FRONTIN, *une serviette sous le bras, aux domestiques.* Aïe ! prenez donc garde. Les maladroits! (*On place la table sous le berceau.*)

ÉDOUARD. Qu'est-ce que c'est ?

FRONTIN, *tout troublé.* Le... le dîner que je vous annonce.

ÉDOUARD. Comment! te voilà déjà de retour ?

FRONTIN. J'ai réfléchi que vous auriez besoin de moi pour servir à table : dans ce cas-là, il faut un homme de confiance.

ÉDOUARD. Oui, il vaut mieux que tu sois là qu'un autre.

FRONTIN. C'est ce que je me suis dit, et j'ai envoyé quelqu'un avec des instructions détaillées. *(A part.)* Le cheval de Monseigneur était encore sellé, et fouette postillon; mon messager doit être déjà arrivé. *(Pendant cet aparté, Denise et le comte se sont mis à table, Frontin s'approche la serviette sous le bras.)*

DENISE. Ah! mon Dieu! à table avec Monseigneur ! Si ça se savait dans le village, ça ferait de fières jalousies !

ÉDOUARD, *découpant et servant Denise.* Eh bien! Denise, vous ne mangez pas?

DENISE. Oh! Monseigneur ! j'ose pas : la joie me coupe l'appétit.

FRONTIN, *à part.* Quelle humiliation ! Me voir là, la serviette sous le bras, quand je devrais l'avoir à la boutonnière.

ÉDOUARD. Frontin, à boire.

FRONTIN. Voilà, Monsieur. *(A part.)* O soif insatiable des richesses! *(Il verse.)*

DENISE. A votre santé, monsieur Frontin, sans vous oublier, Monseigneur.

ÉDOUARD, *à Frontin.* Eh bien! Frontin, comment la trouves-tu ?

FRONTIN, *à demi-voix.* Hum! au premier coup d'œil, elle a assez d'éclat, mais après...

ÉDOUARD, *bas.* Qu'est-ce que tu dis donc? Le minois le plus piquant, un sourire...

FRONTIN. Un peu niais.

ÉDOUARD. Des yeux...

FRONTIN. Qui ne disent rien.

ÉDOUARD. Pour toi, c'est possible, mais pour nous autres...

LABRANCHE, *à Frontin.* Monseigneur a raison; elle est charmante!

FRONTIN, *à part.* Détestable flatteur! *(Haut.)* Monsieur Labranche, ce n'est pas ici votre place; sortez, et songez au service. *(Labranche sort.)*

ÉDOUARD. Belle Denise, je bois à votre fortune future.

DENISE. Monseigneur veut se gausser de moi; mais, tout d' même, j'ons des bouffées d'ambition. On sait ce qu'on vaut, et quelquefois... *(Regardant Frontin en dessous.)* je pense que je mériterais peut-être mieux que ce que j'ai.

FRONTIN, *à part.* Merci.

ÉDOUARD. Voyons, parlez franchement : combien avez-vous d'amoureux?

DENISE. Vous me croirez si le voulez : je n'en ai qu'un.

ÉDOUARD. Aimable?

DENISE, *imitant le ton de Frontin.* Au premier coup d'œil, mais après...

ÉDOUARD. Allons, c'est quelque sot...

FRONTIN, *à part.* J'en ai peur.

ÉDOUARD. Jaloux peut-être?

DENISE. Comme un Turc ! Je suis sûre qu'il m'espionne, et n'ai qu'à bien me tenir. Quand nous serons seuls, il me fera une scène...

FRONTIN, *à part.* Ah ! sans les douze cents livres de rentes, morbleu! *(Frappant du pied.)*

ÉDOUARD. Qu'est-ce que c'est?

FRONTIN. Une crampe... qui m'a pris.

DENISE. Monsieur Frontin, je vous demanderai une assiette.

ÉDOUARD.
AIR de *Marianne*.
Vraiment on n'est pas plus jolie,
J'en perdrai la tête...
        FRONTIN, *à part.*
            Grand Dieu!
        ÉDOUARD, *à Frontin.*
Mon cher, je l'aime à la folie...
        FRONTIN, *à part.*
Pour un pauvre époux, quel aveu !
    Ah ! je me meurs...
(Au comte.)
    Songez d'ailleurs
Au décorum ainsi qu'aux bonnes mœurs,
    A la vertu,
        ÉDOUARD.
    Hein... que dis-tu ?
        FRONTIN.
    Oui, la vertu,

Car j'en ai toujours eu...
A cette innocence première,
Qui d'un rien se ternit souvent,
Vous n'y songez pas...
ÉDOUARD.
Si vraiment,
Nous la ferons rosière.

FRONTIN, *à part.* Rosière! je suis perdu! (*Hors de lui.*) Eh bien! Monseigneur, puisqu'il faut tout vous dire...

SCÈNE XI.

LES PRÉCÉDENTS, LABRANCHE, DEUX VALETS.

LABRANCHE. Monseigneur, la voiture de Madame vient d'entrer dans la cour.

ÉDOUARD, *troublé.* Comment! ma femme? qui peut la ramener?

FRONTIN, *s'essuyant le front.* Je suis sauvé! il était temps.

LABRANCHE. Madame la comtesse monte l'escalier de la terrasse.

ÉDOUARD. Il serait vrai! Déjà de retour! j'en suis enchanté! Eh bien! Labranche, vous restez là? Allez donc au-devant de votre maîtresse. (*Aux deux valets.*) Vous, cachez vite cette table. (*Labranche sort; les deux valets cachent la table dans le bosquet et sortent. A Denise.*) Quant à vous, ma belle enfant, je ne pourrai pas vous reconduire chez votre tante; mais l'on va vous accompagner. (*S'approchant de la petite porte, à Frontin.*) Eh bien! comment s'ouvre cette porte?

DENISE. Ah! mon Dieu! la clé sera restée en dehors.

ÉDOUARD, *à Frontin.* Et la tienne, bourreau?

FRONTIN, *troublé.* Moi, la mienne? je ne l'ai pas

ÉDOUARD, *vivement.* Et comment veux-tu que je fasse? Quoique certainement je n'aie que les intentions les plus innocentes, comment justifier aux yeux de la comtesse la présence de cette petite fille? On vient de ce côté. Il n'y a pas d'autre moyen : entrez dans cet appartement. (*Denise entre dans l'appartement à gauche.*)

SCÈNE XII.

LES PRÉCÉDENTS, LA COMTESSE.

LA COMTESSE, *avec empressement.* Ah! mon ami, que je suis contente de vous voir! J'avais beau presser les postillons, je craignais toujours d'arriver trop tard. (*Avec intérêt.*) Eh bien! comment vous trouvez-vous?

ÉDOUARD, *étonné.* Comment je me trouve?

LA COMTESSE. Oui. Il paraît que cela va mieux, et que c'est passé.

ÉDOUARD. En vérité, je ne vous comprends pas!

LA COMTESSE. Pourquoi me regardez-vous d'un air étonné? Vous voyez bien que je suis instruite; on m'a tout dit : on a eu la bonté de me prévenir.

ÉDOUARD. Par exemple!

LA COMTESSE. Voyez plutôt ce billet, écrit à la hâte et au crayon. Vous m'avez fait une peur...

ÉDOUARD, *lisant.* « Ne perdez pas de temps, Madame : « votre mari est en ce moment dans le plus grand « danger. » (*Pendant ce temps Frontin donne des signes d'intelligence ou étouffe des éclats de rire.*) Qui diable s'intéresse donc aussi vivement à ma santé? et d'où vous vient cet avis charitable?

LA COMTESSE. Il a été apporté par un jeune villageois, monté sur un cheval de votre écurie; et il est reparti au galop, sans qu'on ait pu lui demander aucun détail.

ÉDOUARD, *déconcerté.* Frontin, y comprends-tu quelque chose?

FRONTIN, *bas.* Moi, Monsieur? je m'y perds.

LA COMTESSE, *avec intérêt.* J'en étais sûre.

AIR de *Caroline.*
Lorsque je vous quitte un seul jour,
Pour vous, hélas! je crains sans cesse
Quelque malheur que votre amour
Voudrait cacher à ma tendresse.
A mon repos daignez songer,
Car vous seul pourriez le détruire...
Si vous étiez dans le même danger,
Promettez-moi de me le dire.

FRONTIN. Ah! pour cela, madame la comtesse, je m'en charge.

LA COMTESSE. Heureusement ce n'était qu'un léger accès.

ÉDOUARD. De migraine, ah! mon Dieu! pas autre chose; et cela ne valait pas la peine qu'on vous avertît.

FRONTIN. Si fait, si fait : ça serait devenu peut-être plus sérieux que vous ne croyez. Vous rappelez-vous, Monsieur, il y a eu un moment où vous n'étiez pas à votre aise, ni moi non plus. J'ai eu peur.

ÉDOUARD, *impatienté.* Allons, brisons là. (*A la comtesse.*) Voulez-vous faire un tour de promenade?

LA COMTESSE. Non; je ne suis pas encore remise de l'émotion que j'ai éprouvée, et j'aime mieux rentrer dans mon appartement.

ÉDOUARD, *à part.* Ah! mon Dieu! (*Haut.*) Ma bonne amie, je voudrais vous dire...

LA COMTESSE. Eh bien! qu'avez-vous donc?

ÉDOUARD, *bas, à Frontin.* Frontin, tire-moi de là.

FRONTIN, *se mettant devant la porte.* Je suis sûre que madame la comtesse ne s'attend pas à ce qu'elle va trouver dans son appartement? La plus jolie petite femme...

LA COMTESSE, *à Édouard.* Une femme chez moi, en mon absence!

FRONTIN. C'est moi qui ai pris la liberté de l'amener au château.

ÉDOUARD, *bas, à Frontin.* C'est bien. (*Haut.*) Comment! vous vous êtes permis... Qu'est-ce que cela signifie? Quelle est cette femme?

FRONTIN. La mienne, Monsieur.

ÉDOUARD, *à part.* Que veut-il dire?

FRONTIN. Oui, Monsieur, ma propre femme, que j'ai épousée, il est vrai, sans vous en prévenir. Je savais que, quoique payé pour aimer le mariage, monsieur le comte ne voulait à son service que des célibataires.

ÉDOUARD. Eh bien?

FRONTIN. J'avais rencontré une petite fille charmante, aimable, ingénue et fort riche; un bon parti : la nièce de madame Gervais, une fermière de ce village. Je l'avais amenée ici en l'absence de Madame; je comptais la lui présenter à son retour, en qualité de femme de chambre, puisque Madame en a besoin d'une; et que Monsieur, qui prévient tous les désirs de Madame, m'avait chargé d'y pourvoir. Voilà l'exacte vérité, et j'ose espérer que ce que je viens de faire m'obtiendra l'agrément de Madame, et surtout l'approbation de Monsieur.

ÉDOUARD, *à part.* Ce drôle-là ment avec une facilité vraiment effrayante.

LA COMTESSE. Quoi! mon ami, vous vous étiez occupé de me procurer une femme de chambre? Vous pensez à tout.

Air du vaudeville d'*une Visite à Bedlam.*

Mon ami... quel soin touchant ;
Quelle tendresse constante ;
Que Frontin me la présente,
Je veux la voir à l'instant.
　　　　　FRONTIN, *à part.*
Malgré tous mes droits acquis,
Et ma légitime flamme,
C'est en fraude que je puis
Etre l'époux de ma femme.
　　　　　LA COMTESSE.
Mon ami, quel soin, etc.

(*La comtesse entre dans son appartement ; Frontin la suit en faisant des signes d'intelligence à son maître.*)

SCÈNE XIII.

ÉDOUARD, *seul.* En vérité, je ne reviens pas de l'audace de ce maraud-là ! on est heureux d'avoir à son service des coquins aussi intrépides. Il nous a improvisé là une histoire fort à propos ; car je ne sais pas sans elle comment je m'en serais tiré. Voyez cependant à quoi tient une réputation de bon mari ! Il y a comme cela une foule d'occasions dans la vie, où, sans avoir rien à se reprocher, on se trouverait compromis par la maladresse des circonstances. Réellement, nous en sommes toujours les victimes.

Air du vaudeville des *Maris ont tort.*

Par des serments que l'on s'engage,
La circonstance les rompra ;
On veut rester fidèle et sage,
La circonstance est encor là...
Pauvres époux, combien de chances
Contre nous conspirent, hélas !
Sans compter d'autres circonstances
Dont nos femmes ne parlent pas.

SCÈNE XIV.

ÉDOUARD, LA COMTESSE.

LA COMTESSE. Ah ! mon ami, je suis enchantée ! vous m'avez fait là un véritable cadeau.

ÉDOUARD. Vraiment ? vous croyez qu'elle pourra vous convenir ?

LA COMTESSE. Sans doute. Un air de douceur, de naïveté...

ÉDOUARD. Oui, je crois l'avoir vue, il n'y a pas longtemps : elle m'a paru fort bien.

LA COMTESSE. Charmante ! Et puis ce ménage a l'air si uni...

ÉDOUARD. Hein ?

LA COMTESSE. J'aime à voir des ménages heureux, cela me rappelle le nôtre.

ÉDOUARD. Comment ! Madame ?

　　　　　LA COMTESSE.
Air du vaudeville du *Petit Courrier.*
Oh ! Frontin est vraiment galant,
Il vous charmerait, sur mon âme.
Comme il a l'air d'aimer sa femme !
Comme il est tendre et complaisant !
A ses regards pour mieux paraître,
Il veut vous imiter en tout...
Mon ami, tel valet, tel maître,
Le bon exemple fait beaucoup.

ÉDOUARD, *à part.* Le compliment vient à propos.

LA COMTESSE, *mystérieusement.* Enfin, dans un moment où ils étaient derrière moi, j'ai vu très-distinctement dans la glace...

ÉDOUARD, *surpris.* Quoi ! Madame, vous avez vu...

LA COMTESSE. Qu'il l'embrassait. Où est le mal ?

ÉDOUARD. Et vous avez souffert...

LA COMTESSE. Vouliez-vous que j'interposasse mon autorité ? J'ai fait semblant de ne pas m'en apercevoir.

ÉDOUARD. Voilà ce que je ne permettrai pas.

LA COMTESSE. Comment, à son mari !

ÉDOUARD. Son mari, son mari... tant que vous voudrez ; ce n'est pas une raison. Je trouve bien extraordinaire... (*Il appelle.*) Frontin !

LA COMTESSE. Je ne vous ai jamais vu si scrupuleux.

ÉDOUARD. Mais c'est que vous ne savez pas que ce maraud serait capable de profiter... et avec moi d'abord, les mœurs avant tout. Frontin !.. Laissez-moi, ma chère amie ; j'ai à le gronder.

LA COMTESSE. Pour cela ?

ÉDOUARD. Non : pour des occasions où il s'est oublié d'une manière...

LA COMTESSE. Eh bien ! à la bonne heure ! mais de l'indulgence. Je vais donner des ordres pour qu'on place Denise à côté de mon appartement.

ÉDOUARD. A côté de votre appartement, vous avez raison. (*La comtesse sort.*)

SCÈNE XV.

FRONTIN ; ÉDOUARD, *se retournant et apercevant Frontin.*

ÉDOUARD. Ah ! vous voilà, Monsieur. Y a-t-il assez longtemps que je vous appelle ?

FRONTIN, *à haute voix.* Pardon, Monsieur, j'étais avec ma femme, (*Avec sa voix ordinaire.*) avec Denise.

ÉDOUARD, *se contenant.* Ah ! vous étiez avec Denise ? et vous lui disiez...

FRONTIN. Je lui disais ce qu'elle avait à faire auprès de Madame. Il fallait bien que quelqu'un l'instruisît de ses devoirs, et certainement ce n'aurait pas été Monsieur qui aurait pu...

ÉDOUARD, *avec une colère concentrée.* Frontin, j'ai idée que je te ferai mourir sous le bâton.

FRONTIN. Comment, Monsieur ! Qu'est-ce que c'est que ces idées-là ?

ÉDOUARD. J'ai deviné vos desseins. Vous voulez séduire cette petite fille, abuser de son inexpérience, de sa timidité. Moi, dont les intentions sont pures et désintéressées, je ne permettrai pas que chez moi...

FRONTIN. Monseigneur, je peux vous jurer...

ÉDOUARD. Et ce baiser de tout à l'heure ?

FRONTIN. Comment ? ce baiser ! (*A part.*) Qui diable a pu lui dire ?

ÉDOUARD. Oh ! tu vas encore mentir : j'ai déjà vu que ça ne te coûtait rien, mais je sais que dans l'instant même...

FRONTIN. Eh bien ! oui, Monsieur, c'est la vérité ; je l'ai embrassée, mais dans votre intérêt : j'ai vu que madame la comtesse avait des doutes sur la réalité de l'histoire que j'ai été obligé de composer pour vous rendre service. Il fallait confirmer son erreur, dissiper tous les soupçons ; j'ai pris alors un parti désespéré : c'était la meilleure manière de cacher notre jeu ; et ce baiser que j'ai donné à Denise est peut-être ce que j'ai fait aujourd'hui de plus utile pour vous. Mais on aurait beau s'exposer, se dévouer pour les maîtres, ils trouveraient encore qu'on n'a pas assez fait pour eux.

ÉDOUARD. Si fait, si fait ; je trouve au contraire que

ton zèle t'emporte trop loin, et j'ai quelque arrière-pensée que tu dissimulais pour ton compte.

FRONTIN. Moi, Monsieur?

ÉDOUARD. Je vais, du reste, m'en assurer. Denise vient de ce côté; je serai là (*Montrant le bosquet.*) à portée de te voir et de t'entendre, et je saurai au juste, fidèle serviteur, où vous en êtes avec elle.

FRONTIN. Quoi, Monsieur, vous vous défiez... Je suis bien sûr de mon innocence; mais enfin, si le hasard voulait qu'elle me fît des avances... Moi, je ne suis pas responsable...

ÉDOUARD. Sois tranquille; ce n'est pas cela que je redoute. Mais prends garde à toi, s'il t'arrive encore de dissimuler avec elle, je t'assomme et je te chasse. (*Il entre dans le bosquet et paraît de temps en temps.*)

SCÈNE XVI.
FRONTIN, DENISE.

FRONTIN. Dieux! quelle pénible alternative : d'un côté, ma place; de l'autre, ma femme! ma femme et ma place!

DENISE. Ah! vous voilà. Que madame la comtesse est donc bonne et avenante, et que je suis contente d'être à son service! Et puis, ce qui me fait encore plus de plaisir, c'est que v'là tout qui est déclaré, et que par ainsi il n'y a plus besoin de frime.

ÉDOUARD, *à part*. Hein! qu'est-ce qu'elle dit donc là? (*Pendant tout ce temps, Frontin cherche à lui faire des signes.*)

DENISE. Hé bien! monsieur Frontin, qu'est-ce que vous avez donc? vous ne répondez pas? Vous êtes fâché de ce qu'on vous a forcé d'être mon mari?

FRONTIN. Votre mari, votre mari... Vous savez bien, mademoiselle Denise, que ce n'est que jusqu'à un certain point.

DENISE. Comment! jusqu'à un certain point? Puisque c'est devant monsieur le comte et madame la comtesse, et qu'ils y consentent tous deux.

FRONTIN. C'est égal, Denise, si l'on vous entendait, on s'étonnerait de votre naïveté. Ce n'est là qu'un hymen provisoire, enfin, ce qu'on appelle un mariage pour rire.

DENISE. Eh bien! par exemple, qu'est-ce qui y manque donc?

AIR : *Tenez, moi, je suis un bon homme.*

De nous qu' dira-t-on à la ronde?
V'là c' que c'est que de se cacher;
Quand on n' fait pas comme tout l' monde,
Ça finit toujours par clocher!
Ce que j' croyais avoir m'échappe...
J' m'embrouille avec tout's ces frim's-là...
Et j' veux mourir si l'on m' rattrape,
A me marier encor comme' ça.

FRONTIN. Mais, Denise...

DENISE, *pleurant*. Qu'est-ce que va dire ma tante? C'est pour elle, car pour moi ne croyez pas que je vous regrette. Ah bien! oui, un mari pour rire, on n'est pas en peine d'en trouver. (*Elle fait un pas pour sortir.*)

FRONTIN. Eh bien! il ne manquait plus que cela. Denise, écoutez-moi! (*Haut, de façon que son maître l'entende.*) Il faut dire comme elle, car elle serait capable de tout découvrir. (*Haut, à Denise.*) Certainement, Denise, je ne refuse pas d'être votre mari, et l'honneur que vous me faites, d'autant plus que Monseigneur, qui doit me connaître... et s'il ne tenait qu'à moi... Mais mon devoir, la probité, qui fait que... Enfin, vous devez me comprendre.

DENISE. Pas tout à fait, mais je crois que ça veut dire que vous êtes fâché de m'avoir fait du chagrin; aussi j'oublie tout, car je suis trop bonne. Allons, Monsieur, embrassez-moi, et que ça finisse.

FRONTIN, *à part*. Dieu! Dieu! quel parti prendre?

ÉDOUARD, *à part*. Ah çà! je ne la reconnais plus.

DENISE. Comment! Monsieur, vous refusez de vous raccommoder, quand c'est moi qui ai fait les premiers pas! (*Pleurant.*) Allez, c'est affreux, et je vais aller me plaindre à Monseigneur.

ÉDOUARD. Par exemple, c'est trop fort!

DENISE. Et il me fera rendre justice, car il me le disait encore tout à l'heure, en me baisant la main.

FRONTIN, *à part*. Hein? comment?

DENISE. Mais c'est que lui, il est galant, il est aimable.

SCÈNE XVII.
LES PRÉCÉDENTS, LA COMTESSE.

LA COMTESSE. Eh bien! mes enfants, qu'est-ce que c'est donc? on se querelle ici?

DENISE. Oui, Madame, c'est lui qui a tort.

FRONTIN. Mais non, Madame, c'est que je veux...

DENISE. Au contraire, c'est qu'il ne veut pas.

LA COMTESSE. Comment?

DENISE. Oui, Madame, il ne veut pas m'embrasser. Je vous demande si ce n'est pas une abomination.

LA COMTESSE. Qu'est-ce que c'est que cela, Frontin, faire pleurer votre femme? c'est très-mal. Je ne veux pas qu'on se querelle, et j'entends qu'on fasse toujours bon ménage, ou sinon... Allons, embrassez-la.

FRONTIN. Certainement, vous voyez... (*Du côté du bosquet.*) Eh bien! Denise, je te demande pardon (*Il l'embrasse.*) et je te prie à deux genoux de tout oublier.

DENISE, *sautant de joie*. Ah! Madame, que je suis contente!

SCÈNE XVIII.
LES PRÉCÉDENTS, ÉDOUARD.

ÉDOUARD, *sévèrement*. Vous voilà encore ici, monsieur Frontin! vous savez cependant ce que je vous ai dit tout à l'heure. Vous n'êtes plus à mon service.

FRONTIN, *à part*. C'est fait de moi!

DENISE. Comment! Monseigneur, vous renvoyez mon mari?

ÉDOUARD, *à part*. Son mari... Elle y tient.

LA COMTESSE. Et pour quelle raison, mon ami, renvoyez-vous ce pauvre garçon?

ÉDOUARD. Pour des raisons... des raisons très-graves, que je ne puis pas vous dire; mais Frontin me comprend très-bien.

FRONTIN. Moi, Monsieur, je puis vous assurer que j'ignore... Et je vous atteste, madame la comtesse...

LA COMTESSE, *bas, à Frontin et à Denise*. C'est bon. Vous savez que jamais il ne se met en colère, et demain sans doute il sera calmé. Retirez-vous tous deux. (*Au comte.*) Vous leur permettrez bien au moins de passer cette nuit au château?

ÉDOUARD. Quoi! vous voulez...

LA COMTESSE. Vous ne me refuserez pas cela. Allons,

mes enfants, à demain. Vous savez quelle est la chambre qu'on vous destine?

DENISE, *pleurant.* Oui, Madame, nous y allons. Viens, Frontin.

ÉDOUARD. Comment, Madame, vous souffrirez... Vous les laissez partir?

LA COMTESSE. Ce n'est pas moi, c'est vous qui en êtes cause.

DENISE. Oui, c'est vous qui serez la cause de tout ce qui va arriver.

ÉDOUARD. Ah! c'en est trop. Eh bien! puisqu'il faut vous le dire, apprenez donc qu'ils ne sont pas mariés.

LA COMTESSE. Ils ne sont pas mariés?

ÉDOUARD. Non, Madame. Laissez-les s'en aller maintenant.

DENISE. Eh bien! qu'est-ce qu'il dit donc? il ne sait donc pas... (*Frontin lui fait signe de se taire.*)

LA COMTESSE. Comment! cette petite fille qui avait un air si doux, si ingénu... Que m'apprenez-vous là?

ÉDOUARD. L'exacte vérité. Je venais de découvrir que ce maraud-là nous avait trompés; voilà les griefs que j'avais contre lui, et dont je ne voulais pas vous parler; sans cela, vous sentez bien que je ne l'aurais jamais renvoyé. Cette petite fille était charmante et vous convenait beaucoup; moi je tenais à Frontin; mais d'après ce qui s'est passé, nous ne pouvons tolérer...

FRONTIN. Comment! Monsieur, il n'y a pas d'autres raisons? Eh bien! rassurez-vous, la morale est satisfaite, car je puis heureusement vous prouver que Denise est ma femme.

ÉDOUARD. Oui, encore une histoire.

FRONTIN. Oh! Monsieur, celle-là est authentique, (*Tirant le contrat de sa poche.*) car elle est par-devant notaires; (*Le lui donnant.*) lisez plutôt.

ÉDOUARD. Que vois-je? « Par-devant Martin et son « confrère, sont comparus Marie-Fidèle-Amand-Con- « stant Frontin. »

FRONTIN. Mes noms et qualités!

ÉDOUARD, *lisant toujours.* « Intendant de M. le comte « de Granville. » (*Le regardant.*) Intendant! « Et « Angélique-Denise Gervais. » (*Regardant à la fin de l'acte.*) Suivent les signatures et celles des témoins. Ah çà! est-ce que par hasard tu aurais dit une fois la vérité?

FRONTIN. Il y a commencement à tout, Monseigneur. (*Bas.*) Vous voyez donc bien que je n'allais pas sur vos brisées, et que c'est vous au contraire qui alliez sur les miennes.

ÉDOUARD, *bas.* Au fait, ce pauvre Frontin devait faire une triste figure tantôt, la serviette sous le bras. Ah! ah!

FRONTIN, *haut.* Oui, Monseigneur, je n'attendais qu'un moment favorable, je n'avais pris sur moi cet acte que pour prier monsieur le comte et madame la comtesse de me faire l'honneur de signer au contrat.

ÉDOUARD. J'entends, afin de ratifier ta nomination à la place d'intendant que tu t'es donnée.

LA COMTESSE. Vous la lui aviez promise.

ÉDOUARD. En effet, c'est une place qui convient à un homme marié. (*Regardant Denise.*) Et puisque sa femme et lui vont habiter le château... Qu'est-ce que je demandais, moi? que les convenances fussent respectées. Allons, que Frontin reste près de moi, Denise auprès de... vous, et qu'il y ait dans le monde un bon ménage de plus.

DENISE. Ah çà! cette fois-ci, est-ce pour tout de bon?

FRONTIN. Oui, madame Frontin

VAUDEVILLE.

AIR du vaudeville de *Turenne.*

De père en fils tous mes ancêtres
Furent heureux, quoique laquais :
Quelquefois le destin des maîtres
Ne vaut pas celui des valets.
Oui, de ce corps j'ai l'honneur d'être membre,
Et bien souvent, n'en déplaise au bon ton,
J'ai vu l'ennui qui siégeait au salon,
Et le plaisir à l'antichambre.

DENISE.

Plus d'un Frontin, à sa femme fidèle,
Dans son ménag' vivrait en bon accord,
S'il n'avait pris son maître pour modèle..
Car v'là toujours ce qui nous fait du tort.
Sans y penser, si le valet du chambre
En conte à maint et maint tendron...
C' n'est pas sa faut';
    (*Regardant Edouard.*)
mais celle du salon,
Qui s' trouv' trop près de l'antichambre.

ÉDOUARD.

De l'Amour redoutons les armes,
Au hasard il lance ses traits...
elle duchesse est brillante de charmes,
Mais sa soubrette a bien quelques attraits;
Maint grand seigneur parfumé d'ambre,
En conte souvent à Marton...
Avant d'arriver au salon
Il faut passer par l'antichambre.

LA COMTESSE, *au public.*

Des grands tableaux esquissant la copie,
Le vaudeville, en ses légers essais,
Est l'antichambre de Thalie,
Dont le salon est aux Français :
Depuis janvier jusqu'en décembre,
Vous, Messieurs, qui donnez le ton,
Daignez parfois, en allant au salon,
Vous arrêter dans l'antichambre.

FIN
de
FRONTIN MARI-GARÇON.

LE SECRÉTAIRE ET LE CUISINIER

COMÉDIE-VAUDEVILLE EN UN ACTE

Représentée, pour la première fois, à Paris, sur le théâtre du Gymnase dramatique, le 10 janvier 1821.

EN SOCIÉTÉ AVEC M. MÉLESVILLE.

Personnages.

M. DE SAINT-PHAR.
ÉLISE, sa fille.
LE VICOMTE DE SAUVECOURT.
ALPHONSE, son fils.

ANTOINE, intendant de M. de Saint-Phar.
SOUFFLÉ, cuisinier.
MARMITONS, AIDES DE CUISINE, VALETS.

La scène se passe à Paris.

Le théâtre représente une salle de l'appartement de M. de Saint-Phar. Portes de fond, porte de côté à droite, et sur le premier plan à gauche, une grande cheminée avec un bon feu. A droite du spectateur, sur le premier plan, une table avec un carton et tout ce qu'il faut pour écrire.

SCÈNE PREMIÈRE.

ANTOINE, *tenant un paquet de lettres, et à la cantonade.* Je vous le répète, dites que je n'y suis pas. Que diable aussi, le comte de Saint-Phar, mon maître, avait bien besoin de se faire donner l'ambassade de Copenhague! Depuis que nous sommes nommés, je crois que la tête tourne à toute la maison : chacun veut monter.

AIR : *Un homme pour faire un tableau.*

Chacun s'donne un air de grandeur,
Jusqu'à la bonne et la nourrice
Qui veul't être dames d'honneur,
Et nos marmitons, chefs d'office ;
Le jockey veut être courrier ;
Enfin changeant son frontispice,
Sur sa loge, notre portier
Vient de mettre : PARLEZ AU SUISSE.

Sans compter les nouvelles places, moi qui en ma qualité de factotum... qu'est-ce que je dis donc, d'intendant, suis chargé des nominations, ai-je reçu des sottises et des lettres de recommandation ! soixante-douze seulement pour la place de valet de chambre ! ce n'est pas étonnant, valet d'un grand seigneur, ce sont de ces places que tant de gens peuvent remplir ! enfin je n'en ai plus que deux, celle de secrétaire et celle de cuisinier : ah ! par exemple pour ces deux-là... prenons garde.

AIR du *Ménage de garçon.*

Pour ces deux places je me flatte
De bien choisir mes postulants ;
C'est, dit-on, pour un diplomate
Deux hommes vraiment importants !
Plus d'un grand talent qu'on révère
A dû son esprit tout entier,
Le matin, à son secrétaire,
Et le soir, à son cuisinier.

Qu'est-ce qui vient déjà me déranger ?

SCÈNE II.

LE PRÉCÉDENT, LE VICOMTE DE SAUVECOURT.

LE VICOMTE, *entrant et repoussant un valet qui veut l'empêcher d'entrer.* Ventrebleu ! je me moque de la consigne, j'en ai forcé bien d'autres. (*A Antoine.*) M. le comte de Saint-Phar ?

ANTOINE. Monsieur, il travaille dans ce moment.

LE VICOMTE. Ah ! il travaille, c'est différent ; un grand seigneur qui travaille, il ne faut pas le déranger ; vous lui direz que c'est le vicomte de Sauvecourt.

ANTOINE. Comment, celui à qui jadis il dut sa fortune ?

LE VICOMTE. Oui, son ancien ami, qui ne l'a pas vu depuis dix ans, et qui désire lui parler pour une affaire très-importante ! Quand part-il pour son ambassade ?

ANTOINE. Demain matin ; ses malles et celles de mademoiselle Élise sont déjà faites.

LE VICOMTE, *à part.* Ah ! sa fille l'accompagne ; voilà qui me confirme encore ; il n'y a pas de temps à perdre. (*Haut.*) Quel est son homme d'affaires ou son intendant ?

ANTOINE. Vous les voyez tous les deux ; je suis l'un et l'autre.

LE VICOMTE. C'est-à-dire que vous cumulez ; c'est bien, ça fait moins de monde dans une maison ; mais si jamais, c'est une supposition que je fais, l'intendant vient à être pendu, je vous demande ce que deviendra l'homme d'affaires ?

ANTOINE. Monsieur...

LE VICOMTE. Ce sont les vôtres, j'entends bien ; ça ne me regarde pas ; je voulais seulement vous prévenir qu'il se présentera ici dans la matinée un jeune homme de bonne tournure, de bonne façon, qui viendra vous demander une place de secrétaire, afin de partir dans ambassade avec monsieur l'ambassadeur.

ANTOINE. Allons, encore une recommandation !

LE VICOMTE. Je vous prie de l'arrêter.

ANTOINE. C'est-à-dire que Monsieur s'intéresse au jeune homme, et voudrait qu'il eût la place.

LE VICOMTE, *en colère.* Qu'est-ce que c'est ? Je voudrais bien voir... (*A part.*) Par exemple, mon fils secrétaire et jockey diplomatique ; il ne manquerait plus que cela. (*Haut.*) Non, Monsieur, non, je ne veux pas qu'il ait la place ; mais je veux que vous le reteniez ici jusqu'à ce que je sois revenu et que j'aie parlé à M. de Saint-Phar ! Quand croyez-vous qu'il soit visible ? Attendez... à quelle heure déjeune-t-il ?

ANTOINE. A onze heures.

LE VICOMTE, *tirant sa montre.* Dans une heure, c'est bien. Vous ferez mettre mon couvert.

AIR de *Lantara.*

Pour les affaires c'est à table
Que je les traite, et je soutien
Que c'est là l'instant favorable ;

Type du Soufflé.

Nos gens d'État le savent bien!
Tous ceux, morbleu! qu'un bon repas rassemble,
Quels qu'ils soient, deviennent amis;
Et quand on boit le même vin ensemble,
On est bientôt du même avis.

Ah çà! vous tâcherez que le déjeuner soit un peu corsé; ce sont de ces particularités auxquelles je tiens beaucoup. A propos; a-t-il un bon cuisinier?
ANTOINE. Mais...
LE VICOMTE. Diable, il faut qu'un ambassadeur en ait un. Attendez donc! attendez donc! ce coquin que dans un moment de dépit j'ai renvoyé dernièrement... Je m'en charge, j'ai son affaire. Ainsi, c'est convenu, serviteur. (Il sort.)

SCÈNE III.

ANTOINE, seul. Là, je vous le demande, quelle rage de protection! moi qui voulais choisir moi-même... c'est égal, je vais me rejeter sur le secrétaire; pour celui-là, par exemple, je veux au moins que ça soit quelqu'un que je connaisse. Chut! c'est mademoiselle Élise, notre jeune maîtresse.

SCÈNE IV.

ANTOINE, ÉLISE.

ÉLISE. Ah! vous voilà, Antoine, j'ai quelque chose à vous demander.
ANTOINE. Comment donc, Mademoiselle, je suis trop heureux...
ÉLISE. Ne s'est-il pas présenté ce matin quelqu'un pour la place de secrétaire?
ANTOINE, à part. Nous y voilà, je ne pourrai pas en donner une. (Haut.) Non, Mademoiselle, personne encore, quoique j'aie déjà plusieurs demandes.
ÉLISE. C'est qu'on m'a fortement recommandé un jeune homme, qui doit se présenter aujourd'hui...
ANTOINE. Un jeune homme? attendez donc, n'est-il pas de la connaissance de M. le vicomte de Sauvecourt?

ÉLISE. Grands dieux! qui a pu vous dire?.. Oui, oui, je crois qu'il le connaît. Est-ce qu'on vous en aurait rendu un compte défavorable?

ANTOINE. Mais, oui; on me priait même de le refuser tout net.

ÉLISE. Gardez-vous-en bien; on se sera trompé assurément; le caractère le plus doux, le plus aimable... très-instruit, quoiqu'il n'ait que vingt-deux ans...

ANTOINE. Vingt-deux ans! c'est bien jeune!

ÉLISE, *vivement*. Il en a trente, monsieur Antoine, il en a trente.

ANTOINE. Mademoiselle le connaît?

ÉLISE, *se reprenant*. C'est-à-dire, non, on m'en a beaucoup parlé.

Air : *Voulant par ses œuvres complètes*.
Oh! c'est un très-bon secrétaire;
Que d'esprit, quel doux entretien!
A tout le monde il saura plaire;
Il peint, chante l'italien.
Que sa voix est douce et légère!
Surtout, Monsieur, si vous saviez
Comme il danse bien!.. Vous voyez
Qu'il doit convenir à mon père.

Et vous me désobligeriez beaucoup...

ANTOINE. Du moment que Mademoiselle le recommande... (*A part*.) Allons, il n'y aura pas moyen; et M. le vicomte aura tort. (*Haut*.) C'est que M. l'ambassadeur est très-pressé; et s'il ne se présentait pas aujourd'hui...

ÉLISE. Il se présentera, monsieur Antoine, il se présentera. (*A part*.) Il devrait être ici.

ANTOINE. Et quel est le nom du jeune homme?

ÉLISE. Son nom? (*A part*.) Ah! mon Dieu! Alphonse ne m'a pas dit le nom qu'il prendrait. (*Haut*.) Son nom, je l'ai oublié; mais d'après tout ce que je vous ai dit, vous le reconnaîtrez aisément; (*Fausse sortie*.) et, en attendant, des égards, des ménagements...

Air de *Paris et le village*.
Recevez-le de votre mieux;
Je dois moi-même la première
Lui faire oublier, si je peux,
Qu'il n'est encor que secrétaire;
Il n'est pas né pour cet emploi;
Aussi dites-lui bien, de grâce,
Qu'il ne dépendra pas de moi
Qu'il n'ait une meilleure place.

Adieu, monsieur Antoine. — (*Elle sort*.)

SCÈNE V.

ANTOINE, *seul*; *puis* UN VALET.

ANTOINE, *s'inclinant*. Certainement, Mademoiselle... Allons, puisque notre jeune maîtresse le veut... Mais quel peut être ce secrétaire, pour lequel il y a tant de recommandations pour et contre?

LE VALET. Monsieur Antoine! monsieur Antoine!

ANTOINE. Un moment! me voilà!

LE VALET. M. l'ambassadeur vous demande.

ANTOINE. J'y vais. Allons, vous autres, rangez un peu cette salle. Ah! diable! et notre secrétaire? (*Au valet*.) S'il vient un jeune homme me demander, tu le prieras de m'attendre un moment; et tu viendras m'avertir sur-le-champ.

DES VOIX, *en dehors*. Monsieur Antoine! monsieur Antoine!

ANTOINE, *sortant*. On y va, on y va. On ne peut pas être partout à la fois. (*Il sort par la gauche*.)

SCÈNE VI.

SOUFFLÉ, *d'un autre côté, dans la coulisse*. Je vous dis que c'est pour affaire. (*Entrant*.) Ah! bien oui, parlez au suisse, parlez au suisse; c'est le moyen de ne parler à personne. (*Regardant le salon et les valets*.) Oh! oh! il paraît que ceci est du grand numéro. Une livrée magnifique! style d'hôtel! Heureusement que j'ai endossé le véritable elbeuf.

LE VALET. C'est Monsieur, sans doute, qui veut parler à notre intendant?

SOUFFLÉ, *à part*. Monsieur... (*Tâtant son habit*.) Voyez-vous déjà l'effet de l'elbeuf. (*Haut*.) Oui, je voudrais parler à l'intendant. (*Les valets sortent*.)

SCÈNE VII.

SOUFFLÉ, *seul*. Eh bien! sont-ils honnêtes pour des habits galonnés. Allons, Soufflé, mon ami, te voilà lancé, le premier pas est fait. Je sais bien qu'il y a de la hardiesse à venir, sans protection et sans recommandation, enlever d'assaut la place de premier cuisinier d'une excellence, mais c'est une espèce d'audace qui ne messied pas au talent; et puis, rien ne donne du cœur comme d'être sur le pavé, et j'y suis. Certainement j'avais une bonne place chez le vicomte de Sauvecourt; Un homme marié qui vivait en garçon; car je n'ai jamais vu ni sa femme ni son fils. C'était un amateur, un connaisseur, et j'avais de l'agrément avec lui. Mais, l'autre semaine, il se fâche, sous le prétexte qu'il avait faim et que je le faisais attendre. Je l'ai fait attendre, c'est vrai; que diable, le talent n'est pas à l'heure. Moi, je raisonne mes plats, et c'est parce que je raisonnais trop qu'il m'a mis à la porte. O perversité du siècle!

Air : *J'ai longtemps parcouru le monde* (de JOCONDE).
Partout on connaît le mérite
De mes soufflés, de mes salmis;
Et cuisinier cosmopolite
Travaillant pour tous les pays,
Léger en cuisine française,
Profond dans la cuisine anglaise,
Partout j'ai changé mes ragoûts
Selon l'appétit et les goûts.
Mais quelle injustice profonde!
Le génie, hélas! reste à jeun :
J'ai, dans mon talent peu commun,
Fait des dîners pour tout le monde,
Et je n'en puis pas trouver un !
Quoi! votre fierté me rejette!
Quoi! votre mémoire est muette,
Vous, que mon mérite a lancés,
Vous tous qu'aux honneurs j'ai poussés!
Vous surtout qu'avec la fourchette
Sur le Parnasse j'ai placés!
C'est une honte pour notre art
De vouloir me mettre à l'écart;
Car
Partout on connaît le mérite
De mes soufflés, de mes salmis,
Et cuisinier cosmopolite, etc., etc.

CANTABILE.
Heureux cent fois le cuisinier vulgaire
Qui, loin des cours que je veux oublier,
Poursuit en paix sa modeste carrière,
Et fait sauter, chez quelque bon rentier,
L'humble omelette et l'anse du panier!
Que dis-je! et quelle erreur nouvelle!
Moi qu'en tous les lieux on appelle
Le César de la béchamelle
Et l'Alexandre du rosbif!
Invoquons mon génie actif;

Reprenons cet air insolent ;
Notre apanage du talent ;
Car
Partout on connaît le mérite
De mes soufflés, de mes salmis, etc., etc.

Tout ce qu'il me faut, c'est que M. l'ambassadeur soit un homme de goût et d'appétit, qui veuille bien m'attacher à l'ambassade. Et dans ce cas-là, qu'est-ce que je lui demande? huit cents francs par an, et de la considération, et certainement il y gagne plus que moi. Mais on vient, tenons-nous ferme ; il ne s'agit pas ici de s'endormir sur le rôti.

SCÈNE VIII.

SOUFFLÉ, ANTOINE, LE VALET.

LE VALET, *à Antoine, montrant Soufflé*. Oui, Monsieur, le voilà.
ANTOINE. C'est bon. (*Le valet sort.*) Oserai-je vous demander, Monsieur, quel est votre nom?
SOUFFLÉ. Monsieur, l'on m'appelle Soufflé.
ANTOINE. Où étiez-vous avant de venir ici?
SOUFFLÉ. Je ne sais pas trop si je dois m'en vanter. Je sors de chez M. le vicomte de Sauvecourt.
ANTOINE. C'est cela même. Je l'ai vu ce matin ; il m'a parlé de vous.
SOUFFLÉ. Il m'en veut joliment, n'est-ce pas?
ANTOINE. Mais il n'est pas de vos amis.
SOUFFLÉ. Je m'en doutais bien.
ANTOINE. Il paraît qu'il savait que vous deviez venir, car il m'a défendu de vous placer ; et comme c'est l'intime ami de notre maître. .
SOUFFLÉ. Allons, encore un de ces estomacs ingrats dont je parlais tout à l'heure. Je vois bien qu'il faut... (*Reprenant son chapeau.*)
ANTOINE. Heureusement pour vous, mademoiselle Elise, la fille de Monseigneur, vous porte beaucoup d'intérêt.
SOUFFLÉ. Mademoiselle Elise! c'est singulier. Ah! j'y suis maintenant ; elle m'aura vu en venant dîner chez M. de Sauvecourt.
ANTOINE. Apparemment ; elle vous a recommandé elle-même, et vous sentez bien que je n'ai pu refuser. Ainsi, dès ce moment vous pouvez vous regarder comme attaché à la maison.
SOUFFLÉ, *reposant son chapeau*. Enfin!..
ANTOINE. C'est ici que vous travaillerez.
SOUFFLÉ. Ici? je ne vois pas trop comment. (*A part.*) Il n'y a pas seulement un fourneau.
ANTOINE. Quant à vos honoraires...
SOUFFLÉ, *à part*. Mes honoraires! style d'hôtel ; moi, j'aurais dit mes gages. (*Haut.*) Vous dites donc que mes honoraires...
ANTOINE. Se monteront à cinq mille francs.
SOUFFLÉ, *stupéfait*. Cinq mille francs!!! Quelle maison!
ANTOINE. De plus, vous mangerez à la table de son excellence.
SOUFFLÉ. Par exemple! voilà qui est trop fort, ça ne se doit pas. Passe pour les cinq mille francs ; mais dîner avec son excellence!

AIR du vaudeville des *Landes*.
Il m' louerait toujours à table,
Ça f'rait rougir ma pudeur.
ANTOINE.
Un éloge est agréable
Dans la bouche d'un seigneur.

SOUFFLÉ.
Ça n'est pas ça qui me touche ;
J'suis bien sûr dans mon emploi
De lui faire ouvrir la bouche,
Et dans la place où je m' voi
Je prévoi (*bis*.)
Qu'il n' pourra vivre sans moi.

ANTOINE. Enfin, vous êtes entretenu, habillé aux frais de son excellence.
SOUFFLÉ. Ça, ce n'est pas le plus cher, car, dans notre état, on n'use pas ; et si ce n'était les taches...
ANTOINE. Oui, quand on écrit sous la dictée! Ah çà! vous trouverez là tout ce qu'il vous faut, des plumes, de l'encre, du papier.
SOUFFLÉ, *à part*. Eh bien! par exemple, voilà une batterie de cuisine d'une nouvelle espèce! (*Haut.*) Dites-moi un peu quelle est au juste la place que mademoiselle Elise a demandée pour moi?
ANTOINE. Eh bien! celle de secrétaire.
SOUFFLÉ. De secrétaire! Comment! je suis secrétaire?
ANTOINE. Est-ce que vous n'êtes pas content?
SOUFFLÉ. Si fait, si fait. J'avais bien autre chose en vue, mais dès que mademoiselle Elise a demandé pour moi la place de secrétaire et cinq mille francs de traitement... (*A part.*) On m'avait bien dit qu'avec des protections on arrivait à tout.
ANTOINE. On va vous conduire à votre appartement. Je vous engage à faire un peu de toilette. Vous trouverez tout ce qu'il vous faut, habit, veste, culotte.
SOUFFLÉ, *sortant*. Oh! pour des vestes, j'en ai.
ANTOINE, *le reconduisant*. Je vous salue. (*Lui parlant pendant qu'il est dehors.*) Eh bien! où allez-vous donc? vous descendez. Ce n'est pas cela, c'est au premier ; bien, vous y voilà. Si je l'avais laissé faire, il allait tout droit à la cuisine. Je suis fort content de notre secrétaire ; mon coup d'œil ne me trompe jamais ; c'est un homme de premier mérite. Allons, allons, grâce à moi, voilà la maison de l'ambassadeur qui se monte joliment ; il ne nous manque plus que notre cuisinier ; et quand M. le vicomte voudra nous présenter son protégé...

SCÈNE IX.

ANTOINE, ALPHONSE.

ALPHONSE, *à part*. Voilà sans doute l'intendant dont Elise m'a parlé.
ANTOINE. Qu'y a-t-il pour votre service?
ALPHONSE. Monsieur, on me nomme Duval ; je viens pour la place...
ANTOINE. Quelle place?
ALPHONSE. La place vacante.
ANTOINE. Ah! ah! vous arrivez un peu tard ; nous avons déjà un candidat fortement recommandé.
ALPHONSE, *vivement*. Monsieur, j'ai aussi des protecteurs ; le marquis de Limoges, le duc de Valmont.

AIR du *Piège*.
Vous connaissez, j'en suis certain,
La main du marquis de Limoges?
Lisez, et vous verrez soudain
Combien il me donne d'éloges.
Sans doute ils doivent être grands,
(*A part.*)
Car, avec une audace extrême,
J'ai fait ce que font tant de gens,
Je les ai dictés moi-même.

ANTOINE, *qui a décacheté une des lettres.* Comment donc! M. le marquis, un de nos plus joyeux gastronomes, je l'ai vu souvent chez Monseigneur.

« Je vous recommande le porteur de cette lettre, « comme un homme du plus grand mérite et pour « lequel j'ai une estime particulière. »

Diable! voilà qui est embarrassant. M. le vicomte de Sauvecourt qui a aussi son protégé.

ALPHONSE, *à part.* Mon père! qu'est-ce que cela veut dire? (*Haut.*) Monsieur, je vous en conjure, ayez égard à la recommandation de M. le marquis. Dans le doute, vous devez au moins admettre la concurrence; et si des considérations personnelles pouvaient vous déterminer... (*Lui glissant une bourse dans la main.*)

ANTOINE. Comment donc! voilà un homme qui a servi dans les grandes maisons. (*Haut.*) Monsieur, je vois que vous avez du mérite; M. le vicomte dira ce qu'il voudra, des fonctions si délicates ne s'accordent qu'au talent, et non pas à la faveur. Nous allons vous prendre à l'essai; et si vous continuez à vous bien conduire, on vous gardera.

ALPHONSE. Quel bonheur!

ANTOINE. Je vais commencer par vous conduire à l'office.

ALPHONSE. C'est inutile, je n'ai pas faim.

ANTOINE. Permettez; il ne s'agit pas ici de votre faim, mais de celle de Monseigneur. C'est un déjeuner ordinaire, ainsi arrangez-vous là-dessus. Il n'y a, je crois, que trois couverts, Monseigneur, le vicomte, et M. Soufflé, son nouveau secrétaire.

ALPHONSE. Qu'est-ce que vous dites donc! son nouveau secrétaire?

ANTOINE. Oui, un jeune homme qui vient d'entrer en fonctions, et qui part avec nous pour le Danemark.

ALPHONSE, *à part.* Ah! mon Dieu, je suis venu trop tard. (*Haut.*) Et pour qui me prenez-vous donc?

ANTOINE. Eh! parbleu, pour le chef d'office qui nous manque. N'êtes-vous pas venu vous-même me demander la place vacante?

ALPHONSE. Oui, sans doute, la place vacante, parce que je croyais... (*A part.*) Et l'on part demain! et aucun moyen de prévenir Elise de l'accident qui nous arrive! (*On entend sonner.*)

UN VALET, *en dehors.* Le chocolat de Mademoiselle! Mademoiselle demande son chocolat.

ANTOINE. On y va à l'instant. (*A Alphonse.*) Allons, mon ami, vite à la besogne, le déjeuner de Monseigneur est encore éloigné; mais le chocolat de Mademoiselle, vous allez le faire tout de suite, et le lui porter.

ALPHONSE. Lui porter! Comment donc! avec plaisir. (*A part.*)

AIR : *Quand une Agnès.*

C'est une assez folle entreprise,
Mais après tout il le faut bien;
Pour m'approcher de mon Elise
Je ne vois pas d'autre moyen.
Suis-je malheureux! me contraindre
A faire ce déjeuner-là!
Je ne connais de plus à plaindre
Que celle qui le mangera.

ANTOINE, *au valet.* Montez ici la chocolatière, et dépêchez!

LE VALET. Oui, Monsieur; j'oubliais de vous remettre ce papier que m'a donné Monseigneur.

ANTOINE, *l'ouvrant.* C'est un rapport à faire, nous avons le temps.

—

SCÈNE X.

ALPHONSE, ANTOINE; SOUFFLÉ, *habillé à la française, l'épée au côté, perruque bien poudrée.*

ANTOINE. Ah! voilà notre nouveau secrétaire.

ALPHONSE, *à part.* Comment! cet original-là? quelle singulière tournure!

SOUFFLÉ, *à Antoine.* Quel est ce monsieur?

ANTOINE. C'est un cuisinier que je viens d'arrêter.

SOUFFLÉ. Ah! c'est un cuisinier! c'est drôle que je ne le connaisse pas; et on le nomme?

ANTOINE. Duval.

SOUFFLÉ. Duval, mais c'est un nom inconnu; et on ne peut pas confier une place comme celle-là à un homme sans réputation.

ANTOINE. Il dit qu'il a du talent.

SOUFFLÉ. Je le crois bien, ils le disent tous; mais il faut voir cela à la poêle; soyez tranquille; je vais l'interroger, et je vous dirai ce qui en est. (*Traversant le théâtre, et s'adressant à Alphonse.*) Il n'y a pas longtemps, je crois, que Monsieur exerce?

ALPHONSE. Non, Monsieur.

SOUFFLÉ. Et puis-je demander où Monsieur a commencé?

ALPHONSE, *à part.* Il paraît que je vais soutenir un interrogatoire dans les formes. (*Haut.*) Monsieur, j'ai étudié chez Véry.

SOUFFLÉ, *bas, à Antoine.* Je m'en doutais; ils ont tout dit quand ils ont prononcé ce nom-là; mais, voyez-vous, il n'y a pas pour les jeunes gens de plus mauvaise école que la cuisine publique; on s'y gâte la main, et voilà tout. (*Haut.*) Et Monsieur n'a pas encore travaillé chez le particulier?

ALPHONSE. Si, Monsieur, dans deux grandes maisons et dans un ministère.

SOUFFLÉ, *bas, à Antoine.* Ça, c'est différent, il a pu se former; mais je vais bien voir. (*Haut.*) Vous ne devez pas craindre alors un examen détaillé, et je vous demanderai la permission de vous adresser quelques questions.

ALPHONSE. Comment donc, Monsieur... (*A part.*) Par exemple, me voilà bien!

ANTOINE, *à part.* Diable! notre secrétaire est un homme de mérite; il a sur tous les sujets des connaissances fort étendues.

SOUFFLÉ, *d'un air d'importance, et après s'être essuyé les lèvres.* Monsieur, je ne vous interrogerai pas sur les fricassées, les blancs-mangers, les suprêmes, et autres plats vulgaires qui sont l'ABC du métier; je ne vous attaquerai pas non plus sur les cardons à la moelle, les caisses de foies gras, les soupes de perdreaux et les pâtés de macaroni, parce que là-dessus il y a des règles établies, et que la routine peut tenir lieu de talent.

ALPHONSE, *à part.* En vérité, ce monsieur a une érudition gastronomique qui est effrayante.

SOUFFLÉ. Mais je vous demanderai, pour vous faire une question digne de vous, comment vous entendez *les ortolans à la provençale.*

ALPHONSE. Les ortolans à la provençale?

SOUFFLÉ. Oui, quel est là-dessus votre système? Le champ est ouvert aux innovations; le génie peut se donner carrière.

ALPHONSE. Ma foi, Monsieur... (*A part.*) Que le diable l'emporte.

SOUFFLÉ, *bas, à Antoine.* Vous voyez qu'il se trouble; il croyait qu'il se jouerait de moi; mais il se trompe.

(*Haut.*) Je vous demanderai, Monsieur, si vous faites cuire l'ortolan dans sa barde, ou dans la truffe elle-même?

ALPHONSE, *embarrassé.* Dans sa barde; mais je crois...

SOUFFLÉ, *à Antoine.* Il ne s'en doute pas. (*A Alphonse.*) Ecoutez-moi; nous prenons, c'est-à-dire, vous prenez une truffe d'une dimension... à peu près... la plus grosse qu'on pourra trouver; vous l'évidez comme il faut, et y placez l'ortolan enveloppé d'une double barde de jambon cru, légèrement humectée d'un coulis d'anchois. Il y en a qui mettent des sardines, mais c'est une erreur, une erreur des plus grossières qu'on puisse faire en cuisine. Vous garnissez vos truffes d'une farce composée de foies gras et de moelle de bœuf pour entretenir un onctueux et prévenir le dessèchement: feu modéré dessus et dessous; vous faites usage du four de campagne pour donner la couleur, et vous servez chaud. Voilà, Monsieur, comme on traite l'ortolan à la provençale.

ALPHONSE. Monsieur, tout cela n'est rien en théorie; c'est par la pratique qu'il faut juger les gens, surtout quand il s'agit de chimie culinaire et expérimentale. (*A part.*) Allons donc, je m'en vais aussi lui lâcher les grands mots, moi.

SOUFFLÉ. Permettez! j'ai parlé de cuisine et non pas de chimie.

AIR: *Adieu, je vous fuis, bois charmants.*
(*S'animant.*)
C'est au feu qu'il faudra vous voir.
ALPHONSE.
Vous m'y verrez bientôt, j'espère.
SOUFFLÉ, *à Antoine.*
On aurait dû le recevoir
Tout au plus comm' surnuméraire!
(*A part.*)
Ça n'a pas l'ombre de talent,
Et ça veut marcher sur nos traces!
C'est une horreur! Voilà pourtant
Comme on donne à présent les places.

ANTOINE. C'est bon, c'est bon, nous saurons bientôt à quoi nous en tenir; mais finissons, car il faut qu'il prépare le déjeuner de Mademoiselle; et vous, voilà un rapport que Monseigneur m'a envoyé, et qui maintenant vous regarde.

SOUFFLÉ, *embarrassé.* Ah! un rapport?

ANTOINE. Oui, expédiez cela avant déjeuner, ça ne fera pas mal, parce que ça donnera à Monseigneur un échantillon de vos talents; mettez-vous là! Ah! voici la chocolatière. Messieurs, je vous laisse, chacun votre affaire. (*Il sort.*)

SCÈNE XI.

SOUFFLÉ, *assis devant la table*, et ALPHONSE, *auprès de la cheminée.*

SOUFFLÉ. Ah! il faut que je fasse un rapport! (*Cherchant à épeler.*) Oui, je vois bien... ra...pport. Pour la lecture, ça va encore; c'est la partie de l'écriture qui est autrement difficultueuse.

ALPHONSE, *tenant la chocolatière d'une main et le chocolat de l'autre.* Je ne sais pas trop comment m'y prendre; j'ai bu mille fois ma tasse de chocolat sans songer comment cela se faisait: je crois qu'on le râpe; essayons toujours.

SOUFFLÉ. C'est dommage que dans l'état de secrétaire on soit obligé d'écrire, car sans ça... (*Regardant du côté d'Alphonse.*) Eh bien! qu'est-ce qu'il fait donc! je crois qu'il râpe son chocolat. (*Haut.*) Ce n'est pas cela, ce n'est pas cela, c'est l'ancienne manière; le chocolat à l'italienne, en morceaux.

ALPHONSE. Je vous remercie.

SOUFFLÉ, *à table.* Ma foi, je sais signer mon nom, j'assemble mes lettres; ainsi avec de l'audace... (*Regardant Alphonse.*) En trois ou quatre morceaux, ça suffit; bien comme cela. (*Prenant une plume.*) Diable de plume, c'est fin comme des pattes de mouche! moi qui n'écris qu'en gros. (*Regardant Alphonse.*) Est-il maladroit! (*Criant.*) Est-il maladroit! pas comme ça, pas comme ça. (*Se levant.*) Car ça veut se mêler, et ça ne se doute seulement pas... (*Lui prenant la chocolatière, et roulant entre ses mains.*) Tenez, tenez, voyez-vous, jusqu'à ce que la mousse s'élève; alors vous versez dans la tasse, voilà ce qu'on appelle à l'italienne.

ALPHONSE. Je comprends bien; mais ça demande une perfection.

SOUFFLÉ. Vous verrez que je serai obligé de faire son chocolat pour lui. Tenez, mettez-vous là-bas à cette table, et achevez ce que j'ai commencé.

ALPHONSE. Mais il n'y a rien encore.

SOUFFLÉ. Il n'y a rien? Eh bien! alors, commencez, ce ne sera que plus facile; je voudrais bien qu'ici ce fût comme cela, car je suis obligé de réparer..

ALPHONSE, *montrant le papier.* C'est ce rapport...

SOUFFLÉ. Oui, ce rapport. (*A part.*) A-t-il la tête dure! il est bien heureux que je lui fasse son ouvrage, car sans cela... (*Tournant toujours, mettant de l'eau chaude, ou versant dans la tasse,* etc.)

Air du *Renégat.*
ALPHONSE, *écrivant.*
Travaillons donc, puisque j'y suis.
SOUFFLÉ, *faisant le chocolat.*
Ça lui f'ra d' l'honneur; quelle mine!
V'là l' monde : *sic vos non vobis*;
Comm' dit le latin de cuisine.

SCÈNE XII.

SOUFFLÉ, *se baissant pour mettre le chocolat au feu*; ALPHONSE, *à la table, écrivant avec attention*; LE VICOMTE, *dans le fond, sa montre à la main.*

LE VICOMTE.
Du déjeuner voici l'instant, je crois.
(*Apercevant son fils.*)
Eh! mais, grand Dieu! c'est mon fils que je vois!
(*A part.*)
Oui, c'est bien lui, la chose est claire;
Il est même en train d'exercer.
Morbleu! monsieur le secrétaire,
Moi je m'en vais vous dénoncer!
ENSEMBLE.
LE VICOMTE, *sans être vu et toujours dans le fond.*
Avec Saint-Phar courons m'entendre
Pour confondre ce coquin-là.
Et vous qui pensiez me surprendre,
Bientôt on vous destituera.
SOUFFLÉ, *faisant le chocolat.*
Quel service je vais lui rendre,
Quoiqu' ça soit au d'ssous d' mon état!
Mais le vrai talent peut s'étendre
Mêm' dans un' tasse d' chocolat!
ALPHONSE, *écrivant.*
Ah! quel service il va me rendre
En se chargeant de mon état!
Tâchons au moins de le surprendre
Et de payer son chocolat.
(*Le vicomte entre dans l'appartement en face.*)

SCÈNE XIII.
SOUFFLÉ, ALPHONSE.

SOUFFLÉ. Je crois que je me suis surpassé. (*Haut.*) C'est fini ; et vous ?

ALPHONSE. Je n'ai plus que deux mots et je termine ; ce travail était une plaisanterie ; rien n'était plus facile à faire.

SOUFFLÉ. Je ne vous en dirai pas autant, car j'en sue à grosses gouttes ; voilà votre chocolat.

ALPHONSE. Voici votre rapport.

SOUFFLÉ. Attendez donc, attendez donc ; ça ne se présente pas ainsi ; le petit pain, le verre d'eau, le plateau d'une main ; tenez... (*Il arrange la tasse, le verre d'eau, le petit pain, sur le plateau, et montre comment il faut le porter.*)

AIR : *Qu'il est flatteur d'épouser celle.*
Il faut le porter avec grâce,
La serviette sous le bras droit.
ALPHONSE, *impatienté.*
Je sais ce qu'il faut que je fasse.
SOUFFLÉ.
C'est plus difficil' qu'on ne croit,
Cet art de porter ou de prendre
La serviette ou le tablier,
Il faut bien du temps pour l'apprendre,
Il n' faut qu'un jour pour l'oublier.

(*Il arrange la serviette sur le bras d'Alphonse et lui donne le plateau pendant la fin du couplet.*)

ALPHONSE, *à part*. Je vais donc voir Elise ! pourvu qu'elle n'éclate pas de rire en m'apercevant, voilà tout ce que je crains.

SCÈNE XIV.
LES PRÉCÉDENTS, ANTOINE.

ANTOINE. Allons donc, allons donc ! Ce chocolat est-il prêt ? Mademoiselle s'impatiente.

ALPHONSE. J'y vais. (*Il sort précipitamment.*)

SOUFFLÉ, *le suivant des yeux*. Là, là, il va comme un fou, il va tout renverser ; donnez-vous donc du mal après ça ; il y a des gens avec qui l'on perdrait son latin.

SCÈNE XV.
SOUFFLÉ, ANTOINE.

ANTOINE. Et vous, avez-vous fini ?

SOUFFLÉ, *lui donnant le rapport*. Je crois bien ; ce travail était une plaisanterie ; rien n'était plus facile à faire.

ANTOINE. Je vais le mettre sous les yeux de Monseigneur. Le voici qui se dirige de ce côté, avec le vicomte de Sauvecourt. Je vais vous présenter.

SOUFFLÉ. Non, non ; j'aime mieux dans un autre moment, parce que, voyez-vous, M. le vicomte de Sauvecourt est un peu vif, et alors nous nous sommes séparés vivement, ce qui fait que je craindrais encore quelques vivacités. J'aime mieux attendre qu'il soit parti.

ANTOINE. Comme vous voudrez ; je ne vous présenterai qu'après son départ. (*Soufflé entre dans le cabinet.*)

SCÈNE XVI.
M. DE SAINT-PHAR, LE VICOMTE ; ANTOINE, *qui se tient à l'écart.*

LE VICOMTE. Oui, mon cher, c'est lui-même, je l'ai parfaitement reconnu.

M. DE SAINT-PHAR. Quelle peut être la cause de ce déguisement ?

LE VICOMTE. Oh ! je m'en doute bien. Il était depuis un an à Strasbourg, où il avait une place superbe.

M. DE SAINT-PHAR. C'est là où il aura vu ma fille ; elle y a passé un mois chez une de ses tantes.

LE VICOMTE. Je comprends ; et le coquin sera devenu amoureux sans notre permission. Mais ce qui est bien pis encore, c'est que j'avais arrangé pour lui un mariage superbe, la plus riche héritière du département. Tout était convenu avec les parents,

AIR de *M. Guillaume.*
Quand j'apprends par une estafette
Que le futur a disparu,
Qu'il s'est sauvé sans tambour ni trompette,
Et qu'à Paris il s'est rendu !..
Mais dans Paris, comment donc, sans encombre,
Chercher un fou qui vient de s'échapper ?
La ville est grande, et sur le nombre
On pourrait se tromper.

Aussi, je crois qu'il serait parti avec toi, si le marquis de Limoges n'était pas venu me confier qu'il lui a ait donné une lettre de recommandation pour se présenter chez toi en qualité de secrétaire.

M. DE SAINT-PHAR. Serait-il possible ?

LE VICOMTE. Rien n'est plus vrai, et dans ce moment il est installé dans l'hôtel.

M. DE SAINT-PHAR. En effet, voilà une escapade qui passe la plaisanterie. Antoine ?

ANTOINE, *s'avançant.* Monseigneur ?

M. DE SAINT-PHAR. Vous avez vu le nouveau secrétaire ?

ANTOINE. Oui, Monseigneur, et voici déjà le rapport que vous aviez chargé de faire.

M. DE SAINT-PHAR. C'est bon. (*Le donnant au vicomte.*) Connais-tu cette écriture ?

LE VICOMTE, *le lui rendant.* Oh ! c'est bien la sienne.

M. DE SAINT-PHAR, *à Antoine.* Et qui vous a engagé à le recevoir ?

ANTOINE. Est-ce que j'ai mal fait, Monseigneur ? ce n'est pas ma faute, c'est Mademoiselle elle-même qui me l'a recommandé, et très-vivement.

M. DE SAINT-PHAR. Ah ! c'est ma fille ! (*Froidement.*) Vous avez bien fait, Antoine. (*Bas, au vicomte.*) Dis donc, mon ami, c'est ma fille...

LE VICOMTE. J'entends bien. Qu'est-ce que nous ferons ?

AIR du vaudeville de *Partie carrée.*
M. DE SAINT-PHAR.
J'avais aussi des projets sur ma fille,
Et cet amour va les déranger tous ;
Commençons donc, en pères de famille,
Par nous fâcher.
LE VICOMTE
Oui, morbleu ! fâchons-nous.
M. DE SAINT-PHAR.
Puis pour punir une telle escapade,
Pour nous venger, unissons-les,
Et commençons mon ambassade
Par un traité de paix.

LE VICOMTE. Tu crois ? à la bonne heure !

M. DE SAINT-PHAR. Pourvu que ton fils me convienne,

cependant. Mais où diable est donc mon secrétaire? (*A Antoine.*) Comment ne l'ai-je pas encore vu?

ANTOINE, *s'approchant*. Il attend pour se présenter que M. le vicomte soit parti, parce qu'il craint, m'a-t-il dit, de se trouver avec lui.

LE VICOMTE. Je le crois bien; je vous le chapitrerais d'importance.

M. DE SAINT-PHAR. Je m'en charge; et pour cela, fais-moi le plaisir d'aller te promener dans le jardin.

LE VICOMTE. Comment diable! c'est que j'ai une faim d'enfer, et le grand air va encore l'augmenter.

M. DE SAINT-PHAR. Nous déjeunerons en famille, cela vaut bien mieux. Antoine, vous soignerez le déjeuner en conséquence.

LE VICOMTE. Oui, oui; mais puisque nous commençons tard...

A*ir du vaudeville du Bouquet du Roi.*
(*A Antoine.*)
Mon cher, que le déjeuner
Ait au moins plus d'un service,
Et fais que le déjeuner
Ne finisse
Qu'au dîner!
(*A M. de Saint-Phar.*)
Dieu! quelle bonne fortune!
Réunir ainsi chacun
Nos deux familles en une,
Et les deux repas en un.
ENSEMBLE.
Mon cher, que le déjeuner
Ait au moins plus d'un service,
Et fais que le déjeuner
Ne finisse
Qu'au dîner!
M. DE SAINT-PHAR ET ANTOINE.
Il faut que le déjeuner
Ait au moins plus d'un service,
Il faut que le déjeuner
Ne finisse
Qu'au dîner.

(*Le vicomte sort.*)

SCÈNE XVII.

M. DE SAINT-PHAR, ANTOINE.

M. DE SAINT-PHAR. Antoine, va me chercher le jeune homme, et amène-le-moi. (*Pendant qu'Antoine entre dans le cabinet, il parcourt le rapport qu'il a à la main.*) Comment donc! c'est fort bien; de la clarté, de la chaleur, un choix d'expressions; c'est parbleu bien raisonné, et moi-même je n'avais pas envisagé la question sous ce point de vue. Allons, allons, mon gendre est un homme de mérite.

SCÈNE XVIII.

M. DE SAINT-PHAR, SOUFFLÉ; ANTOINE, amenant Soufflé.

ANTOINE. Voilà, Monseigneur. (*Antoine sort, Soufflé s'incline.*)

M. DE SAINT-PHAR. Je vous salue, Monsieur. (*Le regardant.*) Ma foi, il a raison d'avoir du talent, car il n'est pas beau; et je ne sais comment ma fille s'est laissé séduire.

SOUFFLÉ, *à part*. Il paraît que ma figure lui revient assez.

M. DE SAINT-PHAR. J'ai lu votre rapport, et je l'ai trouvé bien.

SOUFFLÉ. Cependant, Monseigneur, pour ce qu'il m'a coûté... je peux bien dire que je l'ai fait sans m'en apercevoir!

M. DE SAINT-PHAR. Tant mieux, cela prouve de la facilité; il y a là même quelques idées hardies, qui sont en contradiction avec les miennes.

SOUFFLÉ. Certainement, Monseigneur, c'est sans le vouloir. (*A part.*) C'est cet autre qui aura fait quelques bêtises.

M. DE SAINT-PHAR. Ne vous en défendez pas, j'aime beaucoup que l'on ne soit pas de mon avis. Mais voyons un peu comment vous soutiendrez votre opinion.

SOUFFLÉ. Mon opinion!

AIR : *Ces postillons.*
Ah! Monseigneur, vous n'me connaissez guère,
Je n'y fais pas tant de façons;
Être entêté n'est pas mon caractère;
Et voyez-vous, en fait d'opinions,
Tant d'gens en ont trois ou quatre de suite,
Qu'c'est gênant pour les arranger;
Moi j'n'en ai pas, et ça m'évite
La peine d'en changer.

M. DE SAINT-PHAR. Je vous comprends, et je vous sais bon gré de votre générosité; vous craignez d'engager une discussion où vous sentez bien que j'aurais le désavantage.

SOUFFLÉ. Mais...

M. DE SAINT-PHAR, *souriant*. Avouez-le, vous n'approuvez pas la distinction que j'ai faite sur le droit des gens?

SOUFFLÉ. Hum!..

M. DE SAINT-PHAR. Vous pensez peut-être que l'espèce dont il s'agit est tout à fait du ressort du droit civil?

SOUFFLÉ, *d'un air approbatif*. Hum! hum!

M. DE SAINT-PHAR. Allons, dites-le franchement.

SOUFFLÉ, *souriant*. Mais, puisque vous m'y forcez, c'est du droit civil.

M. DE SAINT-PHAR. A la bonne heure. Vous voyez que je sais entendre la vérité. Touchez là. Je vous estime, et je vois que nous finirons par nous comprendre.

SOUFFLÉ, *à part*. Ça ne fera pas mal, car jusqu'à présent.. Mais c'est égal, me voilà en faveur; et autant qu'on peut juger quelqu'un sans l'entendre, ça m'a l'air d'un brave homme. (*Voyant Antoine qui est entré et qui lui fait des signes.*)

SCÈNE XIX.

LES PRÉCÉDENTS, ANTOINE.

SOUFFLÉ, *à part*. Qu'est-ce que me veut l'intendant avec sa pantomime? (*Antoine lui montre une lettre en lui faisant signe de se taire.*) Hein! un billet. Hé bien! apportez-le; je ne peux pas le lire d'ici.

ANTOINE, *à part*. Le maladroit!

M. DE SAINT-PHAR. Quoi! qu'est-ce que c'est? Antoine, quelle est cette lettre? d'où vient-elle? répondez à l'instant.

ANTOINE. Je prie Monseigneur de ne pas m'en vouloir; c'est mademoiselle Elise qui m'a donné ce billet pour le remettre en secret à monsieur le secrétaire.

M. DE SAINT-PHAR, *prenant la lettre*. Un billet de ma fille! Quoi! Monsieur, vous osez...

SOUFFLÉ. Ce n'est pas pour moi, Monseigneur; il se trompe. Diable de facteur!

M. DE SAINT-PHAR. Si, Monsieur, c'est pour vous. C'est ma fille qui vous a recommandé à mon intendant.

SOUFFLÉ. Ça, c'est la vérité; mais pour le reste...

SOUFFLÉ. Tenez, tenez, soyez-vous.

M. DE SAINT-PHAR. Ne prétendez pas me tromper : je sais tout. Vous n'êtes secrétaire que par hasard ; ce n'est pas là votre état.

SOUFFLÉ. Eh bien ! oui, Monseigneur, c'est la vérité.

M. DE SAINT-PHAR. Ce n'est rien encore. Vous vous êtes fait aimer de ma fille ?

SOUFFLÉ. Pour ça, je peux vous assurer...

M. DE SAINT-PHAR, *lisant*. Oui, Monsieur, elle vous aime ; elle l'avoue elle-même.

SOUFFLÉ, *à part*. Là, qu'est-ce que j'ai fait à mademoiselle Élise ? Au moment où ça allait si bien, j'étais lancé...

M. DE SAINT-PHAR, *froidement*. Je veux savoir, Monsieur, si vous êtes encore digne de mon estime ? Êtes-vous capable de sacrifier votre amour et de renoncer à ma fille ?

SOUFFLÉ, *avec feu*. Dieu ! tout ce qui peut vous faire plaisir, tout ce qui peut vous être agréable. (*Se mettant à genoux*.) Pourvu que je conserve vos bonnes grâces, qui me sont bien autrement précieuses.

M. DE SAINT-PHAR. Relevez-vous, ma fille est à vous.

SOUFFLÉ, *se relevant et hors de lui*. Par exemple, celui-là est trop fort ; et il a juré que je n'en reviendrais pas ! Comment ! Monsieur, vous daigneriez ?

M. DE SAINT-PHAR, *avec intention*. J'y mets cependant une condition. Vous êtes encore mon secrétaire, et j'ai une lettre à vous faire écrire. C'est la lettre d'un fils soumis et respectueux qui veut fléchir le courroux de son père. Vous devez m'entendre ?

SOUFFLÉ. Non, le diable m'emporte !

M. DE SAINT-PHAR. Si fait, je veux que vous m'entendiez.

SOUFFLÉ. Alors, si ça peut vous faire plaisir... Mais c'est que, vraiment, aux termes où nous en sommes, je peux vous avouer ça ; je ne sais pas trop comment je pourrai...

M. DE SAINT-PHAR. Soyez tranquille, je vous la dicterai moi-même ; mais je veux que vous l'écriviez, et vous l'écrirez.

SOUFFLÉ, *à part*. Je l'écrirai, je l'écrirai, ça lui est bien aisé à dire. Mais c'est égal ; dans les bonnes dispositions où est le beau-père, ça n'est pas une lettre

SOUFFLE. *Il arrange la serviette sur le bras d'Alphonse.* — Scène 13.

de plus ou de moins qui peut faire manquer le contrat. (*A M. de Saint-Phar.*) Je vous suis, Monseigneur. (*Ils sortent à gauche.*)

SCÈNE XX.
ANTOINE, puis ALPHONSE.

ANTOINE. Par exemple, si je me serais jamais douté que c'était moi qui ferais le mariage de notre jeune maîtresse! (*Apercevant Alphonse.*) Ah! vous voilà, monsieur le chef. Qu'êtes-vous donc devenu depuis une demi-heure?

ALPHONSE. Morbleu! je suis d'une colère... Je porte le chocolat jusqu'à l'appartement de Mademoiselle; là, une espèce de gouvernante me le prend des mains et ne veut pas me laisser entrer. J'ai eu beau faire, il n'y a pas eu moyen.

ANTOINE. Eh! sans doute; qu'aviez-vous besoin de le donner vous-même? Mais il ne s'agit pas de cela; vous allez avoir de l'ouvrage, et voilà une belle occasion de fonder votre réputation; d'abord le déjeuner de ce matin, je présume que vous vous en êtes occupé; et puis demain, peut-être, un repas de noce. Hein! la maison est bonne?

ALPHONSE. Qu'est-ce que vous dites? un repas de noce?

ANTOINE. Oui, mademoiselle Élise se marie; elle épouse le jeune secrétaire que vous avez vu tout à l'heure, et qui n'est pas...

ALPHONSE. Comment! qui n'est pas...

ANTOINE, *riant.* Qui n'est pas plus secrétaire que vous et moi. C'est un amant déguisé.

ALPHONSE, *furieux.* Un amant déguisé! l'on m'aurait joué à ce point!

AIR : *On m'avait vanté la guinguette.*

ANTOINE.
Allons, v'là l'autre qui s'en mêle.
ALPHONSE, *hors de lui.*
Mais qu'il redoute mon courroux,
Je cours lui brûler la cervelle
S'il prétend être son époux.

SCÈNE XXI.

Les précédents, LE VICOMTE.

(*Le vicomte et Alphonse se trouvent nez à nez.*)
ALPHONSE, *parlant.* Mon père !
LE VICOMTE, *de même.* Mon fils !

(*L'air continue.*)

LE VICOMTE.
Mon fils en ces lieux ! quelle honte !
Tu vas entendre mon sermon.
ANTOINE, *confondu.*
Le cuisinier, fils d'un vicomte !
Dieux ! quel honneur pour la maison !
ENSEMBLE.
ALPHONSE.
Daignez calmer votre colère,
N'écoutez plus votre dépit ;
Pour sauver celle qui m'est chère
Aidez-moi de votre crédit.
ANTOINE.
Quoi ! vraiment vous êtes son père ?
Est-il bien sûr de ce qu'il dit ?
Quelle rencontre singulière !
En honneur, j'en perdrai l'esprit.
LE VICOMTE.
Oui, ventrebleu ! je suis son père ;
Du moins on me l'a toujours dit :
Je sens redoubler ma colère
Presque autant que mon appétit.

LE VICOMTE, *retenant Alphonse qui veut se sauver.* Non, morbleu ! tu ne m'échapperas pas ; et si M. de Saint-Phar est assez bon pour oublier sa colère, moi je me souviens de la mienne, et je ne peux pas l'oublier, pas plus que le déjeuner que j'attends depuis deux heures.

ALPHONSE. Que dites-vous ! M. de Saint-Phar consentirait à me pardonner ?

LE VICOMTE. Oui, Monsieur ; il pardonne, et il consent.

SCÈNE XXII.

Les précédents, SAINT-PHAR, ÉLISE.

M. DE SAINT-PHAR, *qui a entendu les derniers mots.* Au contraire, mon cher vicomte, c'est que je ne consens point.

LE VICOMTE. En voici bien d'une autre ! N'est-ce pas vous qui tout à l'heure...

M. DE SAINT-PHAR. Oui ; mais j'y avais mis pour condition que votre fils me conviendrait ; et d'après la conversation que nous venons d'avoir...

ALPHONSE, *étonné.* Que nous venons d'avoir !

M. DE SAINT-PHAR. Il est bien heureux d'être votre fils ; sans cela je l'aurais fait sauter par les fenêtres ; et en attendant je l'ai mis à la porte.

LE VICOMTE. Comment, mon fils... (*Montrant Alphonse.*) Eh mais ! le voilà.

M. DE SAINT-PHAR. Lui ?

ÉLISE. Eh ! sans doute, c'est Alphonse.

M. DE SAINT-PHAR. Mais alors, quel est donc celui à qui je parlais tout à l'heure ? un sot, un impertinent, qui ne sait seulement pas signer son nom, et qui m'a tenu les discours les plus extravagants.

ALPHONSE. C'est le monsieur de ce matin, un amant déguisé.

M. DE SAINT-PHAR. Impossible.

LE VICOMTE. Alors, c'est un aventurier.

ANTOINE. Un intrigant qui cherchait à surprendre des secrets d'État ; il faut le retrouver vite.

ALPHONSE. Oui, courons.

LE VICOMTE. Un instant ; je demande que les perquisitions ne commencent qu'après le déjeuner. Antoine, fais servir. Eh bien ! d'où vient cet air d'effroi ?

ANTOINE, *montrant Alphonse.* Ma foi, adressez-vous à Monsieur, que j'ai pris pour le maître d'hôtel ; c'est lui qui en était chargé.

LE VICOMTE, *à son fils.* Comment, malheureux, tu as osé ?... je suis perdu !

Air du vaudeville du *Petit Courrier*.
Dieux ! à quel saint avoir recours !
Passe pour être secrétaire ;
Mais le déjeuner de ton père...
Je crois qu'il en veut à mes jours !
Il a manqué par son absence
Me faire mourir de chagrin,
Et le coquin, par sa présence,
Va me faire mourir de faim !
(*Ritournelle du chœur suivant.*)

LE VICOMTE. Qu'entends-je !

SCÈNE XXIII.

Les précédents, plusieurs Domestiques, *apportant une table richement servie.*

SOUFFLÉ, *en bonnet de coton, tablier de cuisine, couteau au côté, arrivant le dernier avec un plat qu'il porte gravement.*

CHŒUR.

Air de *M. Jean* (JEAN DE PARIS).

De Monseigneur que le dîner s'apprête,
Des vins choisis et des mets délicats ;
Que la gaité soit aussi de la fête ;
Sans la gaité jamais de bons repas !

M. DE SAINT-PHAR, *reconnaissant Soufflé.* Eh mais ! c'est mon coquin de tout à l'heure...

ANTOINE. Notre nouveau secrétaire !

LE VICOMTE. Mon ancien cuisinier !

SOUFFLÉ. Lui-même. C'est vous qui l'avez nommé.

LE VICOMTE, *levant sa canne.* Comment ! c'est toi qui causes ici tout ce tapage ? Je vais, morbleu...

SOUFFLÉ, *froidement.* Frappez. (*Montrant le plat qu'il tient.*) mais goûtez.

LE VICOMTE. Hein ! qu'est-ce qu'il tient là ? Dieu me pardonne, ce sont des ortolans à la provençale, mon mets favori.

SOUFFLÉ. Juste. (*A M. de Saint-Phar.*) J'ai bien senti, Monseigneur, que cette maudite lettre que je n'ai pas pu écrire m'avait fait du tort à vos yeux, car, vous en conviendrez vous-même, vous m'estimiez avant la lettre. J'ai voulu alors vous prouver, avant de vous quitter, que je n'étais pas tout à fait indigne de vos bonnes grâces, et que si dans votre cabinet j'étais un sot, je pouvais être un homme de mérite en descendant d'un étage. Je suis rentré dans mes fourneaux, dont je n'aurais jamais dû sortir, vu que la nature m'avait fait homme de bouche, et non pas homme de lettres ; et je viens soumettre à votre appétit dégustateur cet échantillon de mes talents, d'après lequel je consens à être jugé, parce que, comme a dit le Sage : *On connaît l'homme à ses actions, et le cuisinier à ses ragoûts.*

LE VICOMTE. Et il les fait bons, je l'atteste! C'est mon ancien cuisinier, que j'avais renvoyé dans un moment d'humeur, et que je voulais placer chez toi.

SOUFFLÉ. C'est pour cela aussi que je suis venu.

M. DE SAINT-PHAR, *riant*. Comment! c'est là l'emploi que tu sollicitais?

LE VICOMTE, *qui s'est mis à table, et qui a goûté le déjeuner*. Tu peux le lui accorder, je te le jure, il vient de faire ses preuves. Soufflé, nous te chargeons du repas de noce; et en attendant, ce déjeuner-là sera celui des fiançailles. Allons, allons, que chacun s'asseye. Monsieur le secrétaire, ici à table, à côté de moi.

SOUFFLÉ. Et moi derrière: voilà chacun à sa place; ce n'est pas sans peine. (*Ils se mettent tous à table.*)

CHŒUR.

AIR : *Honneur à la musique.*

D'un repas délectable
Savourons la douceur;
Amis, ce n'est qu'à table
Qu'on trouve le bonheur.

SOUFFLÉ, *la serviette sous le bras, et s'adressant au public.*

AIR de *Marianne.*

Daignez excuser mon audace
(Car les artistes en ont tous),
J'ose ici vous prier en grâce
De v'nir parfois dîner chez nous!
   On vous r'cevra,
   On vous fêt'ra.
(*Au vicomte qui lui demande une assiette.*)
Pardon, Monsieur, j' suis à vous, me voilà!
(*Il lui donne une assiette, et revient au public.*)
   Quelque convive
   Qui nous arrive,
Jamais le nombre ne nous effraiera;
Mais ce dîner où j' vous invite
Dépend de vous seuls en ce jour,
Car il suffit d'un souffle pour
   Renverser la marmite.

CHŒUR.

D'un repas délectable
Savourons la douceur;
Amis, ce n'est qu'à table
Qu'on trouve le bonheur.

FIN
de
LE SECRÉTAIRE
ET LE CUISINIER.

LE COLONEL

COMÉDIE-VAUDEVILLE EN UN ACTE

Représentée, pour la première fois, à Paris, sur le théâtre du Gymnase dramatique, le 29 janvier 1821.

EN SOCIÉTÉ AVEC M. G. DELAVIGNE.

Personnages.

M. DE GONDREVILLE.
MADAME DE GONDREVILLE, sa femme.
ÉLISE DE LUSSAN, cousine de madame de Gondreville.
ADOLPHE, capitaine au 12ᵉ régiment de hussards.
LE QUARTIER-MAITRE.
PLUSIEURS OFFICIERS du même régiment.
CADET, garçon de l'auberge.

La scène se passe à Joigny, dans une auberge.

Le théâtre représente une salle commune aux voyageurs ; porte au fond, deux latérales : sur l'une est écrit n° 3, sur l'autre n° 4.

SCÈNE PREMIÈRE.

GONDREVILLE, *debout, en habit de voyage, lit une lettre* ; ADOLPHE, *assis près d'une table, arrange une boîte de pistolets.*

GONDREVILLE, *lisant.* « Rendez-vous sur-le-champ à « Paris, et dans le plus grand secret ; quelque chose « s'y prépare ; votre présence y est nécessaire. » Ma foi, j'en crois monsieur le maréchal, et j'obéis à cet avis.

ADOLPHE. Holà ! quelqu'un ! Ils ont établi ici à la fois l'auberge et la poste, et, à cela près qu'il n'y a jamais de chevaux à l'écurie, ni de domestiques à la cuisine, c'est la maison la mieux servie de toute la ville de Joigny. On a beau sonner !

GONDREVILLE, *froidement.* Il faut croire, Monsieur, qu'on ne vous a point entendu.

ADOLPHE. Voilà plus de deux minutes que j'appelle. André !

GONDREVILLE. Moi, Monsieur, voilà plus d'une demi-heure ; j'ai pris le parti d'attendre, et je vous conseille d'en faire autant.

ADOLPHE. Parbleu ! Monsieur, vous êtes du plus beau sang-froid ; à votre place, j'aurais déjà tout brisé. André ! les filles ! les garçons ! (*Il sonne de nouveau.*)

SCÈNE II.

LES PRÉCÉDENTS ; CADET, *portant une valise avec une adresse.*

CADET. Eh bien ! nous voilà ; qu'est-ce que vous voulez ?

ADOLPHE. Ce que je veux ?

CADET. Pardi ! sûrement, il faut bien que je sache ce que vous voulez pour que je vous le donne.

ADOLPHE. Ah ! ce que je veux ? ma foi, je n'en sais plus rien. Tu m'as si longtemps fait sonner que j'ai oublié... Mais parle à Monsieur, qui est plus pressé.

CADET, *à Gondreville.* Voici d'abord votre valise ; je crois que c'est bien la vôtre. (*Lisant.*) A M. Lebrun, à Paris.

ADOLPHE, *à part.* Monsieur Lebrun ? je ne le connais pas.

GONDREVILLE. C'est bien ! y a-t-il des lettres adressées à monsieur Leblanc, poste restante ?

CADET. Non, Monsieur, aucune...

GONDREVILLE, *froidement.* Ah ! en ce cas reportez cette valise dans ma voiture, et donnez-moi des chevaux.

CADET. Comment ! Monsieur, à peine arrivé, vous repartez ? il paraît que Monsieur est pressé.

GONDREVILLE. Probablement.

CADET. C'est que, voyez-vous, la poste de Joigny est sans contredit la mieux montée en chevaux de toute la route ; mais...

AIR : *Un homme pour faire un tableau.*

En c' moment ils font, par malheur,
Le service sur la rivière ;
N's avons des bateaux à vapeur
Qui restent souvent en arrière.
L' coch' d'Auxerr' les passe toujours,
Et pour êtr' plus solid's au poste,
Ils se sont vus, depuis quelqu' jours,
Obligés de prendre la poste.

ADOLPHE. Là ! qu'est-ce que je disais ?

CADET. Et vous serez peut-être obligé d'attendre une petite heure.

GONDREVILLE. Une heure ! c'est bon, qu'on me donne une chambre. J'attendrai.

CADET, *montrant l'appartement à gauche.* Oui, Monsieur, nous avons là le n° 4.

ADOLPHE. Ah ! le pauvre homme ! (*Allant à lui.*) Monsieur Lebrun ou monsieur Leblanc, je ne sais pas lequel des deux noms, je m'intéresse à vous, et si vous êtes pressé, si vous avez des affaires, ne vous y fiez pas. Quand il vous dit une heure, c'est quatre heures. Je connais la maison... depuis un mois que je suis ici en garnison, et que je loge dans cette maudite auberge, où je suis forcé de rester pour des raisons particulières. Vous saurez que c'est la seule auberge de Joigny où l'on fasse crédit aux officiers.

GONDREVILLE. En effet, le douzième de hussards doit être caserné dans cette ville. Un beau régiment!

ADOLPHE. Il paraît que Monsieur a servi? entre militaires, entre camarades, on agit sans façon. Quelques affaires sans doute vous attiraient dans cette ville. J'y suis déjà un peu connu, reçu dans les meilleures maisons; je monte à cheval avec le sous-préfet. Je suis assez lié avec le receveur, à qui je gagne son argent.

AIR : *De sommeiller encor, ma chère.*

Je suis au mieux, et je m'en vante,
Avec le procureur du roi,
Et tous les soirs la présidente
Fait de la musique avec moi.
Je fais faire mainte culbute
Sur mes genoux à son petit garçon,
Et son mari me persécute
Pour être parrain du second.

Et vous sentez qu'avec de pareilles protections... Si je pouvais vous être utile, je vous prie de disposer de moi, Adolphe de Luceval, capitaine de hussards, qui sera enchanté de faire votre connaissance.

GONDREVILLE. On ne peut être plus obligeant; mais pour la première fois que nous nous voyons...

ADOLPHE. Qu'importe? moi, je n'ai rien de caché pour mes amis. Au bout de cinq minutes on sait de suite ce que je suis, ce que je fais, ce que je veux faire...

AIR : *A soixante ans.*

Moi je suis franc, j'ai la tête légère;
Mais j'ai bon cœur : tout Joigny le dira.
Quelqu'un me plaît, je lui dis sans mystère :
Soyons amis, voulez-vous? touchez là.
D'autres peut-être auraient plus de prudence;
Mais ces gens-là me font pitié :
Les jours qu'on passe à lier connaissance
Sont des instants perdus pour l'amitié.

Je vois ce qui vous amène : vous avez quelques réclamations, quelque solde arriérée; vous êtes peut-être à la demi-solde... c'est possible, il y a tant de braves gens qui en sont là, et vous voulez de l'emploi! Vous ne pouviez pas mieux tomber. Nous attendons incessamment un nouveau colonel, un tout jeune homme, à ce qu'on dit, qui donne les plus belles espérances; et comme on prétend que dans ce moment il est très en faveur...

GONDREVILLE, *souriant amèrement.* Très en faveur! Je n'ai rien à démêler avec votre colonel.

ADOLPHE. J'y suis; ce nom sur votre valise, cet autre nom poste restante; c'est quelque intrigue amoureuse avec quelque dame de l'endroit; il y en a de fort jolies. Ah çà! convenons de nos faits, si nous allions nous rencontrer... mais vous pouvez être sûr que je respecterai... c'est comme si elle avait un sauf-conduit.

GONDREVILLE. Non, Monsieur, je ne suis point amoureux.

ADOLPHE. Tant pis! Moi, Monsieur, je le suis comme un fou; il faut que je vous conte cela. Une jeune personne charmante que j'ai vue deux ou trois fois à Paris; tous les talents, toutes les grâces réunies; mais sa tante (car il y a une tante dans mon histoire), cette tante m'a desservi auprès d'elle; et j'allais me justifier, lorsqu'un ordre du ministre a fait partir mon régiment pour cette garnison! voilà mon mariage manqué, ma justification impossible. Je resterai toujours garçon, peut-être même mauvais sujet; je vous demande s'il y a de ma faute, et si, en pareil cas, on ne doit pas rendre les ministres responsables.

GONDREVILLE, *souriant.* En effet, Monsieur, vous avez, je l'avoue, grand sujet de vous plaindre; mais tout en vous remerciant de vos offres obligeantes, permettez moi de n'en pas profiter, et de me contenter seulement du plaisir que m'a procuré cette aimable rencontre. (*Ils se saluent, et Gondreville entre dans l'appartement à gauche.*)

SCÈNE III.

ADOLPHE, *seul.* Eh bien! voyez-vous, c'est un sournois : impossible de lui arracher une parole; je n'aime pas ces gens-là. Moi je parle de mon Élise à tout le monde, c'est si naturel.

AIR de *Téniers.*

Ainsi qu'aux jours de la chevalerie,
En tous lieux j'aime à publier
Que mon Elise est aimable et jolie,
Et que je suis son chevalier!
Aimant tout seul, je puis bien sans alarmes
A chacun dire mon secret.
Ah! que ne suis-je à l'instant plein de charmes
Où je serai forcé d'être discret!

Ah! si je pouvais retourner à Paris, obtenir seulement une permission de trois ou quatre jours, j'en resterais huit; on me mettrait un mois aux arrêts; mais c'est égal, je l'aurais vue. Et pourquoi pas? Ce nouveau colonel, qui doit nous arriver d'un jour à l'autre, ce monsieur de Gondreville, on dit que c'est un jeune homme aimable et galant; un luron, d'ailleurs, qui, dans nos dernières guerres, enleva une redoute presqu'à lui tout seul, et qui se bat comme un diable. Il est impossible que ce ne soit pas un bon enfant; il m'accordera sans peine... Je vais y penser en déjeunant. Eh! parbleu! je savais bien que je voulais quelque chose. Holà! les garçons! l'auberge! eh bien! corbleu! mon déjeuner; voilà une heure que je l'ai demandé!

SCÈNE IV.

ADOLPHE, CADET.

CADET. Ah çà, Monsieur, je puis vous assurer que c'est la première fois.

ADOLPHE. La première fois! ne te l'ai-je pas encore demandé hier? Allons, et qu'on me serve promptement; sinon, gare à tes oreilles! (*Il sort.*)

SCÈNE V.

CADET, *seul*. C'est ça! gare à tes oreilles! gare à tes oreilles! ils n'ont pas d'autre refrain; ça finit par me les échauffer, à moi. Avec ces maudits officiers, il n'y a pas de plaisir; ce n'est pas comme avec les autres voyageurs; ça me divertit de les faire attendre! C'est si amusant quand on se fâche, quand on s'impatiente! et je peux bien dire que je m'amuse joliment ici. Allons, allons, encore une chaise de poste qui entre dans la cour! il n'y avait pas déjà assez de monde comme ça. Par exemple, ceux-là ne risquent rien d'attendre; je vais commencer par servir mes officiers... C'est que je tiens beaucoup à mes oreilles.

SCÈNE VI.

MADAME DE GONDREVILLE, ÉLISE.

MADAME DE GONDREVILLE, *à la cantonade*. Eh bien! Monsieur, le n° 3, comme vous voudrez. Nous avons assez de peine pour avoir une mauvaise chambre.

ÉLISE. Oui, je m'aperçois que deux femmes seules en voyage ne se font pas obéir facilement.

MADAME DE GONDREVILLE. Je t'en avais prévenue, ma chère Elise; mais tu as voulu te dévouer.

ÉLISE. Pouvais-je te laisser partir seule, toi, ma compagne d'enfance, ma cousine et ma meilleure amie, lorsque tu vas, loin du monde et de Paris, rejoindre un époux malheureux, exilé? D'ailleurs depuis ton mariage je n'ai pas encore vu M. de Gondreville; il faut que tu me présentes à lui. Il s'ennuie dans sa solitude; sois tranquille, nous voilà: nous lui ferons de la musique, des romans, de la tapisserie et de la politique; il se croira dans un salon de Paris. Mais, dis-moi, arrivons-nous bientôt? où sommes-nous?

MADAME DE GONDREVILLE. Presqu'à moitié chemin, à Joigny. Tu sais que M. de Gondreville, forcé de quitter Paris pour cette maudite affaire d'honneur, a été exilé à soixante lieues; et comme nous avons en Bourgogne une terre à peu près à cette distance,...

ÉLISE. Soixante lieues!

MADAME DE GONDREVILLE. Ah! je conçois; te voilà bien loin de Paris, de tes adorateurs, de M. Adolphe; car, tu as beau dire, il t'occupait un peu.

ÉLISE, Monsieur Adolphe!.. Non, je conviens que d'abord il m'amusait, et c'est beaucoup; surtout chez ma tante, madame de Lussan, la maison de tout le Marais où peut-être on s'amuse le moins : mais ma tante, mes amis m'ont dit tant de mal de M. Adolphe que je ne m'occupe plus de lui; je crois même que je l'ai oublié; moi d'abord, si jamais je me marie, je ne veux choisir qu'un homme raisonnable, si c'est possible.

MADAME DE GONDREVILLE. A la bonne heure, nous ne risquons rien de chercher; nous sommes en route. Mais je ne m'aperçois pas qu'on nous serve.

ÉLISE. Attends; je vais sonner. (*Elle va à la table, et sonne plusieurs fois.*)

MADAME DE GONDREVILLE. C'est étonnant comme on arrive!

ÉLISE. Et le plus agréable, c'est qu'il en est ainsi dans toutes les auberges; et partout cependant nous payons double.

MADAME DE GONDREVILLE. Oui; c'est toi qui tiens la bourse, et il me semble que tu y vas un peu lestement.

ÉLISE. Nous n'en allons pas plus vite : jusqu'aux postillons qui s'endorment sur leurs chevaux! ils ont tous l'air de dire : Ce sont des femmes, il n'y a pas besoin de se presser. Et moi j'ai beau leur répéter, avec cette voix que M. Adolphe trouvait si douce : « Postillon, mon cher ami, je vous prie de me faire l'amitié d'aller un peu plus vite, » ils n'en donnent pas un coup de fouet de plus.

MADAME DE GONDREVILLE. Ah! si mon mari était avec nous!

ÉLISE. Sans doute! il faudrait se fâcher, se mettre en colère. Les hommes s'en acquittent si bien et si aisément! Mais nous, nous n'arriverons jamais!

MADAME DE GONDREVILLE. Je m'en doutais bien, et à notre départ, j'ai été presque tentée de te faire une proposition; c'était de t'habiller en homme, et de me servir de chevalier.

ÉLISE. Moi, ton chevalier? c'eût été délicieux! Eh! mais il en est encore temps. Nous sommes à peine à moitié route. Cela ira à merveille, et nous allons faire le voyage le plus gai et le plus amusant... Rien que l'habit militaire suffit pour imposer. Son influence fait accourir les garçons, avancer les postillons, et diminuer la mémoire de l'aubergiste.

MADAME DE GONDREVILLE. Cela ne fera pas mal; car nous n'avons, je crois, qu'une quinzaine de louis.

ÉLISE, *tirant une bourse de son sac*. Douze! mais c'est assez pour faire trente lieues, surtout grâce au privilége économique de l'uniforme. Tu verras...

Air : *Depuis longtemps j'aimais Adèle.*
N'avons-nous pas cet habit militaire
Que nous portions à ton jeune cousin?
Il a seize ans; j'ai sa taille, et j'espère
Le remplacer...
    MADAME DE GONDREVILLE.
            Quoi! c'est là ton dessein?
Vaillant héros! je crains au fond de l'âme
De te voir bientôt m'oublier :
Chaque guerrier va te choisir pour dame;
Chaque dame pour chevalier.

ÉLISE. Cela ira à merveille!

MADAME DE GONDREVILLE.
Air de *Voltaire chez Ninon*.
Dépêchons-nous! ah! quel plaisir!
    ÉLISE.
Dans un instant je serai prête.
    MADAME DE GONDREVILLE.
Surtout ne va pas te trahir.
    ÉLISE.
Sois tranquille, j'ai de la tête.
    MADAME DE GONDREVILLE.
Prendras-tu bien le ton du jour?
    ÉLISE.
J'ai de l'esprit, tu peux m'en croire.
    MADAME DE GONDREVILLE.
Sais tu comment on fait la cour?

ÉLISE.
Ne crains rien, j'ai de la mémoire.

Valse du *Sultan du Havre*.

Allons, allons, pour l'obliger
Je deviens militaire,
Et si tu cours quelque danger,
Je veux te protéger.
En me voyant chacun dira, j'espère,
Que les combats pour moi ne sont qu'un jeu !
Je vais parler de siéges et de guerre ;
Même je crois que je dirai... morbleu !

MADAME DE GONDREVILLE, *parlant*. Tu crois que tu diras : Morbleu !

ÉLISE, *parlant*. Je le dirai très-bien... Et même... (*Faisant signe de mettre des moustaches*.) Tu verras.

ENSEMBLE.

Allons, allons, pour l'obliger, etc., etc.
(*Elle sort, et entre dans l'appartement à droite.*)

SCÈNE VII.

MADAME DE GONDREVILLE, *puis* ADOLPHE.

MADAME DE GONDREVILLE. Cette chère Élise ! combien elle mérite toute mon amitié ! combien je désire la voir heureuse ! et quel dommage si elle se fût attachée à ce mauvais sujet !

ADOLPHE, *sortant de la chambre en fredonnant*.
Oui, c'en est fait, je me marie ;
Je veux vivre comme un Caton...

Diable ! une jolie femme que je n'avais pas encore aperçue ! (*Ils se saluent*.) Madame attend peut-être ses gens ou quelqu'un de l'auberge ?

MADAME DE GONDREVILLE. Oui, Monsieur, nous avions demandé...

ADOLPHE. Ils ne vous le donneront pas, Madame, vous pouvez en être sûre ; et si j'osais vous offrir mes services...

MADAME DE GONDREVILLE. Vous êtes mille fois trop bon. Il ne nous faut que des chevaux, et nous repartons à l'instant.

ADOLPHE. Il vous faut des chevaux ! Ah ! que c'est heureux ! (pour moi du moins...) Il n'y en a pas, Madame. Un voyageur, un militaire vient d'en demander, et il est obligé d'attendre. Je sais que cette auberge n'est pas fort agréable ; mais une heure est bientôt passée ; d'ailleurs Joigny n'est pas une ville à dédaigner.

AIR de *Catel*.

La ville est bien, l'air est très-pur ;
Chaque aubergiste est très-honnête,
Pourvu que chez lui l'on s'arrête :
Le vin peut-être est un peu sur,
Mais jamais ne porte à la tête.
(*Lui montrant la croisée*.)
Vous voyez l'Yonne d'ici ;
Car, par un soin bien salutaire,
A côté du vin de Joigny
Le ciel a placé la rivière.

DEUXIÈME COUPLET.

Nous avons un pont élégant ;
Nous avons une cathédrale,
Une garde nationale,
Un athénée, un président ;
On se croit dans la capitale.

MADAME DE GONDREVILLE, *souriant*.
Oui, tout ce qu'on voit à Joigny
Est digne enfin de notre hommage.

ADOLPHE, *la regardant*.
Mais ce qu'on y voit aujourd'hui
Mériterait seul le voyage.

Les rues, il est vrai, sont étroites, tortueuses, difficiles à gravir ; mais avec un bras... et je serai si heureux de pouvoir offrir le mien à Madame !

MADAME DE GONDREVILLE. En vérité, Monsieur, vous avez un fonds d'obligeance...

ADOLPHE. Bien naturel sans doute. Je suis militaire en garnison dans cette ville, et comme tel je suis obligé d'en faire les honneurs. Je suis bien indiscret peut-être ; n'ayant pas le bonheur de vous connaître ; mais c'est là un de mes grands défauts. Je n'ai jamais pu me décider à regarder une jolie femme comme une étrangère.

MADAME DE GONDREVILLE. En conscience, il n'y a pas moyen de se fâcher.

ADOLPHE. Et puis, il est si rare de rencontrer dans cette ville une tournure distinguée, une physionomie parisienne ! car Madame arrive de Paris, j'en suis sûr ; et moi j'adore tout ce qui vient de Paris.

MADAME DE GONDREVILLE, *souriant*. Eh ! mon Dieu ! prenez garde ; il ne tiendrait qu'à moi de prendre cela pour une déclaration.

ADOLPHE. Eh bien ! quand il serait vrai, vous êtes trop juste pour m'en faire un crime. Il est de ces rencontres, de ces fatalités, où il n'y a de la faute de personne.

MADAME DE GONDREVILLE. Allons, nous voilà en conversation réglée.

ADOLPHE. Et vous n'êtes pas plus coupable de me paraître charmante que je ne le suis, moi, de vous le dire.

MADAME DE GONDREVILLE.
AIR du *Pot de fleurs*.

C'est effrayant, quelle flamme subite !

ADOLPHE.
Chez moi l'amour vient à grands pas.

MADAME DE GONDREVILLE.
Il doit alors partir encor plus vite.

ADOLPHE.
Non, vous ne me connaissez pas.
En trahisons le siècle abonde ;
Je l'avouerai, j'en suis honteux pour lui :
On n'est fidèle à personne aujourd'hui,
Moi je le suis à tout le monde.

SCÈNE VIII.

Les précédents; ÉLISE, *en uniforme très-élégant.* (*Adolphe est très-près de madame de Gondreville.*)

ÉLISE, *dans le fond.* Il me semble que je fais bien d'arriver.

MADAME DE GONDREVILLE, *l'apercevant.* Eh! venez donc, mon ami. (*Le présentant à Adolphe.*) C'est mon mari, Monsieur, que je vous présente, et devant qui vous pouvez continuer la conversation.

ADOLPHE, *à part, en détournant la tête.* Ah! il y a un mari; diable! (*S'avançant pour saluer Élise.*) Monsieur... (*La regardant.*) En croirai-je mes yeux?

ÉLISE, *de même, bas, à madame de Gondreville.* C'est lui, c'est Adolphe!

ADOLPHE, *avec émotion.* J'avoue, Monsieur, que votre vue me cause une surprise... (*Mettant la main sur son cœur.*) Il y a peu de ressemblances aussi frappantes... une demoiselle charmante que j'ai eu le bonheur de rencontrer (deux fois seulement, il est vrai) chez madame de Lussan...

MADAME DE GONDREVILLE. C'est sans doute mademoiselle Élise que vous voulez dire?

ADOLPHE. Élise! vous la connaissez?

MADAME DE GONDREVILLE, *faisant signe à Élise.* C'est la sœur de mon mari.

ÉLISE, *hésitant.* Oui, Monsieur, c'est ma sœur.

ADOLPHE. Votre sœur! il serait vrai! Ah! Madame, ah! Monsieur, combien j'ai d'excuses à vous faire! Vous êtes parents de madame de Lussan, femme respectable, qui daignait m'honorer d'une estime toute particulière : la société la plus aimable, la plus amusante; j'y allais presque tous les jours; et je serais trop heureux de pouvoir m'acquitter envers vous de tout ce que je lui dois. Quand vous êtes arrivé, je faisais à Madame des offres de services... Mais ne puis-je savoir à qui j'ai l'honneur de parler, et quel est le nom de votre mari?

MADAME DE GONDREVILLE. M. de Gondreville.

ADOLPHE. Comment! il serait possible! M. de Gondreville qui a servi en Allemagne?

MADAME DE GONDREVILLE. Oui, Monsieur.

ADOLPHE. Qui a eu dernièrement une affaire d'honneur, et qui a été exilé dans ses terres?

MADAME DE GONDREVILLE. Oui, Monsieur.

ADOLPHE. Enfin qui vient d'être rappelé à la cour, et nommé colonel?

MADAME DE GONDREVILLE. Que dites-vous? mon mari rappelé à la cour, et nommé colonel?

ADOLPHE. Comment! vous ne le saviez pas encore? (*Donnant à Élise une poignée de main.*) Colonel, que je sois le premier à vous faire mon compliment. Le courrier qui me l'a annoncé hier nous avait bien dit que vous étiez loin de vous en douter. Aussi nous ne vous attendions que dans deux ou trois jours. Mais vous voilà, nous sommes trop heureux! je cours répandre cette bonne nouvelle.

ÉLISE. Comment! Monsieur, que signifie...

ADOLPHE. Que votre régiment est ici, le 12e de hussards, en garnison à Joigny; un régiment superbe,

toutes vieilles moustaches : car tout le monde n'a pas le même bonheur que vous, colonel; à peine entré dans la carrière, vous êtes déjà vieux par vos exploits.

ÉLISE. Monsieur...

ADOLPHE. On nous disait bien que notre colonel était un jeune homme.

Air de la Robe et les Bottes.
À dix-huit ans forteresse et redoute,
Tout lui cédait, tout recevait ses lois;
Même on disait... Madame nous écoute,
Et je tairai d'autres exploits.
Tant de jeunesse et tant de renommée
Ont droit pourtant de m'étonner ici.

MADAME DE GONDREVILLE.
Oui, j'en conviens, toute l'armée
Ne compte pas deux guerriers tels que lui.

ADOLPHE. D'honneur, vous serez content : la ville est excellente, et le régiment y est très-bien vu. Tous les soirs notre musique fait danser les dames... je suis sûr que cela ne vous déplaira pas, parce qu'en garnison il faut bien... vous comprenez. Tous les matins de grandes manœuvres de cavalerie, qui font l'admiration de tous les bourgeois de Pont-sur-Yonne et de Villeneuve-la-Guyard; car on vient nous voir de dix lieues à la ronde... mais aujourd'hui nous allons nous distinguer, et je cours faire sonner le boute-selle.

ÉLISE. Mais, Monsieur...

ADOLPHE. Je comprends, vous n'avez pas vos chevaux; je serai trop heureux de vous offrir un des miens; j'ai un alezan superbe, un peu vif, qui l'autre jour m'a jeté à terre; mais c'était une distraction, et en vous tenant en selle vous ne risquez rien.

ÉLISE. Monsieur, je vous remercie infiniment; mais j'aurais un mot à dire à ma femme.

ADOLPHE, *se retirant.* Comment donc, colonel!

ÉLISE, *bas, à madame de Gondreville.* Je te préviens que je ne veux pas rester plus longtemps colonel, et surtout d'un régiment comme celui-là; je n'ai pas envie de commander des manœuvres de cavalerie, et je ne puis cependant pas lui déclarer maintenant qui je suis.

MADAME DE GONDREVILLE. Je t'en supplie, conserve encore le commandement; ce ne sera pas long, un quart d'heure tout au plus; je vais m'informer, et, à quelque prix que ce soit, retenir des chevaux... Je suis d'une joie, d'un ravissement! Mon mari colonel! il me tarde d'être partie pour aller lui annoncer les bonnes nouvelles que je viens d'apprendre. (*Elle sort.*)

SCÈNE IX.

ÉLISE, ADOLPHE.

ÉLISE, *à part.* Eh bien! elle me laisse là en tête-à-tête.

ADOLPHE, *à part.* Comment! c'est là le frère d'Élise! je ne trouverai jamais une plus belle occasion de me mettre bien avec la famille. On dit que le colonel est un peu mauvais sujet; il est impossible que nous ne finissions pas par nous entendre. (*Haut.*) Je vous fais compliment, commandant, vous avez là une femme

ÉLISE, *tombant dans un fauteuil.* Ah! — Scène 18.

charmante, et vous avez l'air de l'aimer passionnément.

ÉLISE. Passionnément; non, vous ne me connaissez pas.

ADOLPHE, *souriant.* Si vraiment... je comprends bien... (*A part.*) On avait raison; c'est un luron.

Air du *Ménage de garçon.*
Dans notre état jamais de gêne;
Tous les maris, partout ailleurs,
De l'hymen connaissent les chaînes;
Nous n'en avons que les douceurs.
En prenant femme, un militaire
A le double agrément, dit-on,
De n'être plus célibataire,
Et de vivre comme un garçon.

ÉLISE, *étonnée.* Comment, Monsieur!

ADOLPHE. Oui, cela n'empêche pas de rendre justice au mérite quand il se rencontre; chaque genre de beauté a le sien; moi je ne suis pas exclusif.

ÉLISE. Oui, je vois que vous n'y mettez pas d'esprit de parti, que tout le monde a droit à vos hommages, et que Monsieur devient aisément amoureux.

ADOLPHE. Mais comme vous, colonel, peu et souvent; je crois que c'est le meilleur régime.

Air de la *Tancrède.*
(*A part.*)
Bien, bien! il est ravi:
J'espère
Lui plaire;
Oui, j'espère aujourd'hui
M'en faire un ami.
ÉLISE.
Quoi! chaque belle...
ADOLPHE.
A des droits à mes vœux;
Je suis près d'elle
Brûlé des plus beaux feux.
ÉLISE.
A qui vous écoute
Vous le dites.

ADOLPHE.
Sans doute.
Vous le savez bien :
On le dit...
ÉLISE.
Hé bien?
ADOLPHE.
Et l'on ne pense à rien.

ENSEMBLE.
ADOLPHE.
Bon, bon ! il est ravi :
J'espère
Lui plaire ;
Oui, j'espère aujourd'hui
M'en faire un ami.
ÉLISE.
Oui, c'est indigne à lui :
Dieux ! quel caractère!
Pour jamais aujourd'hui
Je renonce à lui.
ADOLPHE.
Lorsque je gagne,
Le jeu me plaît beaucoup,
Et le champagne
Est assez de mon goût.
Mais à bien boire
Je ne mets point ma gloire :
Si je bois
Parfois,
C'est à mes amours,
Et j'aime tous les jours.

ENSEMBLE.
ADOLPHE.
Bon, bon ! il est ravi, etc.
ÉLISE.
Oui, c'est indigne à lui, etc.

Mais, dites-moi, Monsieur, si votre exemple devenait contagieux, si les femmes voulaient imiter cette légèreté dont vous faites gloire, et changer à leur tour?

ADOLPHE. Ah! colonel, des femmes, c'est bien différent.

ÉLISE. Ainsi, Monsieur, vous faites des lois pour vous seul.

ADOLPHE. Je les fais pour vous comme pour moi; qu'est-ce qu'il a donc le colonel? Je vois que vous êtes fâché, parce que vous croyez que j'ai fait la cour à votre femme... Eh bien! vous avez tort, et si j'osais, je vous ferais un aveu; c'est que ça va me nuire dans votre esprit, et peut-être me faire perdre l'estime que vous avez déjà pour moi.

ÉLISE. Rassurez-vous, Monsieur; mon opinion sur vous est fixée, et rien désormais ne pourrait m'en faire changer.

ADOLPHE. Ma foi, alors je ne risque rien. Eh bien ! colonel, je vous avoue que je suis amoureux, amoureux à en perdre la tête ! Je sais ce que vous allez me dire, que cela ne convient pas à un militaire, que cela peut nuire à ses devoirs, à son avancement : ce n'est rien encore, et quand vous saurez quelle est la personne, vous vous fâcherez peut-être ; mais, voyez-vous, moi, il m'est impossible de rien cacher ; et puisqu'il faut vous le dire, celle que j'adore, c'est votre sœur.

ÉLISE. Comment, Monsieur !

ADOLPHE. Oh! j'étais bien sûr que cela vous fâcherait.

ÉLISE. Non, Monsieur, non, je ne me fâche pas; je ne peux pas vous empêcher d'aimer ma sœur.

ADOLPHE. Ah ! c'est tout ce que je vous demande.

ÉLISE. Comment! est-ce que vous croyez que de son côté...

ADOLPHE. Élise? du tout, au contraire, je suis sûr que je lui ai déplu; je l'ai lu dans ses yeux, et j'en ai été enchanté. J'avais trop bonne opinion de son jugement et de sa raison pour croire qu'un étourdi pût lui plaire; mais enfin un étourdi peut devenir un homme de mérite, et c'est en vous, colonel, que je mets tout mon espoir; dites seulement à votre sœur de prendre patience, et d'attendre la première bataille : je ne lui en demande pas davantage.

Air de Préville et Taconnet.
En prononçant le nom d'Élise
Tous deux gaîment nous chargeons l'ennemi.
Il est battu, la ville est prise,
Et je suis blessé, Dieu merci !
Qu'une blessure rend aimable!
Quel intérêt je lui vais inspirer !
Un bras de moins, je peux tout espérer!
Eh ! qui sait même? un boulet favorable
Peut m'emporter, et me faire adorer.

ÉLISE, à part. Allons, il a du bon, et l'on aurait eu tort de le condamner sur les apparences. (Haut.) Monsieur Adolphe, je vous avais mal jugé, et pour m'en punir, je crois que je parlerai pour vous.

ADOLPHE, la serrant dans ses bras. Ah ! mon colonel !

ÉLISE, s'éloignant. Un instant, il n'est pas nécessaire.

ADOLPHE. Vous n'aurez pas dans tout le régiment d'officier plus dévoué; vous me verrez toujours à vos côtés, je ne vous quitte plus ni le jour ni... A propos, il faut que je vous mette au fait : on craignait au régiment que vous ne fussiez un peu sévère, un peu rigide, et pour votre arrivée (ça, colonel, est un conseil que je me permets de vous donner, et vous en ferez ce que vous voudrez), il me semble que si vous donniez un petit déjeuner à l'état-major, cela produirait le meilleur effet.

ÉLISE. Mais je vous avoue...

ADOLPHE. Vous êtes de mon avis; j'en étais sûr. (Appelant.) Holà ! quelqu'un ! le garçon ! Soyez tranquille, je me mêlerai d'arranger tout cela.

SCÈNE X.

LES PRÉCÉDENTS, CADET.

ADOLPHE. Un déjeuner pour vingt personnes ; tout ce qu'il y aura de plus délicat dans toute la ville de Joigny ; enfin qu'on n'épargne rien. (A Élise.) Vous sentez comme moi que quand on fait les choses... Vingt personnes, entends-tu, et le plus bel appartement.

CADET. Soyez tranquille ; nous avons le salon de cent couverts ; en vous serrant un peu, il est impossible que vous n'y teniez pas à l'aise.

ÉLISE, *tirant sa bourse.* Oui; mais du train dont vous y allez, je ne sais pas même si j'ai là...

ADOLPHE, *prenant la bourse et la jetant à Cadet.* C'est égal; c'est un à-compte; et si ce n'est pas assez, la parole du colonel suffit. (*A Élise.*) Ce que j'ai fait est dans vos intérêts. Je cours prévenir tout l'état-major, faire moi-même vos invitations, et dans un moment nous viendrons en corps vous présenter nos hommages.

Air du vaudeville des *Gascons.*

Ah! quel plaisir! dans un moment,
A table,
Quel désordre aimable!
Ah! quel plaisir! rien n'est charmant
Comme un repas de régiment.
Vous allez voir chacun des nôtres
Boire gaîment à ses exploits,
Et vous devez, d'après nos lois,
Boire trois fois plus que les autres.

ENSEMBLE.
ÉLISE.

Le beau plaisir dans un moment,
A table,
Quel désordre aimable!
Pour une femme, il est charmant
De traiter tout un régiment.

ADOLPHE.

Ah! quel plaisir! dans un moment,
A table,
Quel désordre aimable!
Ah! quel plaisir! rien n'est charmant
Comme un repas de régiment!

(*Il sort avec Cadet.*)

SCÈNE XI.

ÉLISE, *puis* MADAME DE GONDREVILLE.

ÉLISE. En vérité, je ne sais plus où j'en suis : c'est un feu, une vivacité; à peine si l'on a le temps de se reconnaître.

MADAME DE GONDREVILLE. Ah! te voilà. Il vient d'arriver des chevaux; ils étaient retenus pour un voyageur qui attend depuis une heure; mais j'ai promis un louis au postillon, et il va atteler. Payons vite, et partons.

ÉLISE. Payer, payer; je n'ai plus d'argent.

MADAME DE GONDREVILLE. Comment! tu n'as plus d'argent?

ÉLISE. Eh! mon Dieu, non! puisque je donne à déjeuner à l'état-major de mon régiment, c'est-à-dire ton régiment, car je n'y tiens pas du tout.

MADAME DE GONDREVILLE. Comment tu vas donner à déjeuner quand nous n'avons que ce qu'il nous faut pour faire notre route.

ÉLISE. Mais, ce n'est pas ma faute; c'est M. Adolphe qui a commandé, qui a payé, avec notre bourse. Je ne sais comment cela s'est fait, mais il n'y a qu'un moyen, c'est de tout déclarer à l'aubergiste, de lui emprunter de l'argent, et de partir.

MADAME DE GONDREVILLE. Y penses-tu? cet homme qui ne nous connaît pas voudra-t-il nous croire sur parole; d'ailleurs ce mystère, ce déguisement! pour qui nous prendra-t-il? Il vaut encore mieux se confier à M. Adolphe.

ÉLISE. C'est impossible, après ce qui vient d'arriver. Je ne te cache pas qu'il ne m'a parlé que de son amour, qu'il m'a fait une déclaration.

MADAME DE GONDREVILLE. Eh bien! il m'en a fait une aussi.

ÉLISE. Oui; mais moi, c'est bien différent, je ne me suis pas fâchée, j'ai même promis de le servir. Il le fallait bien, sous ce maudit habit! Juge donc un peu quelle situation était la mienne.

Air de *Turenne.*

Il me vantait mes charmes à moi-même,
Et je ne pouvais pas rougir;
Il me disait : C'est Elise que j'aime,
Et j'écoutais pour ne pas nous trahir.
Il m'engageait enfin à lui promettre
D'aimer aussi, j'ai dû m'y résigner.

MADAME DE GONDREVILLE.

Voyez pourtant où peut mener
La crainte de se compromettre!

Eh! mon Dieu! quel est ce bruit?

ÉLISE. Ce sont mes invitations qui arrivent. Aide-moi au moins à faire les honneurs. Une femme de colonel! Tu es bien heureuse, toi, tu es dans ton rôle.

MADAME DE GONDREVILLE. Mais, regarde donc toi-même comme je suis!.. en habit de voyage.

ÉLISE. Bah! ce ne sera rien, en arrangeant un peu tes cheveux.

MADAME DE GONDREVILLE. Et toi, ton épaulette qui n'est seulement point passée.

ÉLISE. Ah! c'est que je n'ai jamais pu en venir à bout. Dépêche-toi donc. (*Élise arrange les cheveux de madame de Gondreville, pendant que celle-ci rattache son épaulette.*)

SCÈNE XII.

LES PRÉCÉDENTS, ADOLPHE ET TROIS OFFICIERS *dans le fond et s'arrêtant.*

ÉLISE, *les apercevant.* Ah! mon Dieu!

Air : *Bravons les chaleurs de l'été.*

Honneur (*bis*) au jeune colonel
Qui doit un jour nous mener à la gloire!
Tous d'un accord sincère et fraternel,
Nous lui jurons dévouement éternel.

ÉLISE, *à madame de Gondreville.* Que leur dire?

MADAME DE GONDREVILLE. Tout ce qui te viendra à la tête.

ÉLISE *continue l'air.*

Je suis sensible, enfants de la victoire,
A ces transports, à ces vœux éclatants;
Ils resteront gravés dans ma mémoire :
De pareils jours on se souvient longtemps.

CHŒUR.

Honneur, honneur, etc.

ADOLPHE. Mon colonel, nos camarades vous attendent dans la salle à côté; mais ces messieurs avaient à vous parler d'affaires importantes qu'on allait expédier, et puisque vous voilà arrivé... (*Le quartier-maître s'avance et salue le colonel en portant la main à son shako; Élise va pour lui rendre son salut, madame de Gondreville l'arrête.*)

ÉLISE, *bas, à madame de Gondreville*. Quel est ce monsieur-là?

MADAME DE GONDREVILLE. C'est le quartier-maître!

ÉLISE. Ah! c'est... (*Au quartier-maître, qui lui présente un papier.*) Qu'est-ce que c'est que cela?

LE QUARTIER-MAÎTRE. Mon colonel, ce sont les comptes du régiment.

ÉLISE, *bas, à madame de Gondreville*. Qu'est-ce qu'il faut dire?

MADAME DE GONDREVILLE, *de même*. Dis que c'est bien!

ÉLISE. C'est bon! je verrai, nous examinerons ensemble. (*Donnant le papier à madame de Gondreville.*) Tiens, mets cela dans ton sac.

LE QUARTIER-MAÎTRE. Nous venons de voir deux soldats du régiment qui se battaient!

ÉLISE, *vivement*. Ah! mon Dieu! quelqu'un serait-il blessé?

LE QUARTIER-MAÎTRE, *froidement*. Je ne le crois pas; mais je les ai toujours fait arrêter.

ÉLISE. Vous avez très-bien fait. Je ne veux pas qu'on se batte du tout, entendez-vous : qu'est-ce que c'est donc que cela?

ADOLPHE. C'est à juste titre qu'on nous avait vanté la sagesse du colonel. A son arrivée au régiment, son premier soin est de proscrire cette coutume insensée...

ÉLISE. Oui, c'est très-vilain; et puis on peut se faire mal.

LE QUARTIER-MAÎTRE. Vous ordonnez donc alors qu'ils soient sévèrement punis?

ÉLISE. Du tout. Je veux qu'on ne punisse personne, qu'on leur pardonne, et que cela ne leur arrive plus.

MADAME DE GONDREVILLE, *bas, à Élise*. Mais, prends donc garde, tu es trop bonne.

SCÈNE XIII.

LES PRÉCÉDENTS, CADET.

CADET. Ces messieurs sont servis!

ADOLPHE. Voilà la meilleure nouvelle! (*A madame de Gondreville.*) Nous n'osons espérer que Madame veuille bien être des nôtres.

ÉLISE. Pourquoi donc? je ne veux pas qu'Hortense me quitte. (*Bas.*) Ne va pas m'abandonner, au moins!

ADOLPHE, *à part*. Allons, décidément il est jaloux. (*Haut.*) C'est que quelquefois les déjeuners d'officiers sont un peu gais. (*Bas, à Elise.*) Vous savez... de ces choses qu'une femme ne peut guère entendre.

ÉLISE, *à part*. Ah! mon Dieu!

ADOLPHE. Mais c'est égal. N'oubliez pas, mon commandant, que c'est à vous de porter tous les toasts et de nous faire raison. (*Aux autres officiers.*) Parbleu, je veux griser le colonel!

AIR de *Joconde* (arrangé en contredanse).

Allons, Messieurs, mettons-nous à table;
Le déjeuner nous attend;
Allons à ce banquet aimable,
Fêter notre commandant.
Oui, morbleu! du nom militaire
Nous soutiendrons le décorum,
Et gaîment nous allons, j'espère,
Sabler le champagne et le rhum.

MADAME DE GONDREVILLE, *à part*.
Ah! c'est fait de nous, je le jure.

ÉLISE, *de même*.
Moi qui ne bois que de l'eau pure!

ADOLPHE.
Je le place entre deux flacons;
Et du colonel je réponds.

CHŒUR.

Allons, Messieurs, mettons-nous, etc.

(*Adolphe offre la main à madame de Gondreville. Élise tend la main comme pour accepter celle d'un cavalier. Ils entrent tous dans l'appartement à droite.*)

SCÈNE XIV.

CADET, *seul*. Vont-ils s'en donner, vont-ils s'en donner!.. C'est singulier! ce colonel me fait l'effet d'un luron manqué; ça m'a l'air d'un militaire comme moi; encore je suis bien sûr que si j'étais à la tête de son régiment, j'aurais une autre tournure. Je me vois, moi, sur un cheval de bataille; st', st', st', car j'ai toujours aimé la cavalerie (*Ayant l'air de faire caracoler un cheval.*)

SCÈNE XV.

LES PRÉCÉDENTS; GONDREVILLE, *tenant une lettre à la main*.

CADET, *s'arrêtant*. Ah! mon Dieu! v'là de l'infanterie. C'est ce monsieur qui depuis une heure avait demandé des chevaux. Monsieur, on vous a remis ce paquet que vous aviez demandé, adressé à M. Leblanc, poste restante. Il était arrivé d'hier au soir. C'est moi qui avais fait une bêtise.

GONDREVILLE, *lisant toujours*. C'est bien, il n'y a pas grand mal.

CADET. Quant aux chevaux, vous n'en aurez pas encore.

GONDREVILLE, *froidement*. C'est bon.

CADET. Mais en revanche, vous ne risquez rien d'attendre, parce qu'on vient de prendre ceux qui vous étaient destinés.

GONDREVILLE. Ça m'est égal.

CADET. Eh bien! avec celui-là il n'y a pas d'agrément; il est toujours content. Vous ne vous mettez donc pas en colère, Monsieur, vous, cependant, qui étiez si pressé?

GONDREVILLE. Je ne le suis plus. Je reste. (*A part, et montrant la lettre qu'il tient.*) Je ne m'attendais pas à un pareil bonheur. Moi, rappelé! nommé colonel au 12e de hussards! ma foi, voilà mon voyage fini; et maintenant je n'irai plus à Paris que pour remercier.

(*A Cadet.*) Fais-moi donner à déjeuner; je me sens en état d'y faire honneur.

CADET. Dame! Monsieur, pour le moment, c'est difficile.

GONDREVILLE. Ah çà! je vois que mon jeune capitaine avait raison : il n'y a donc rien ici?

CADET. Au contraire, Monsieur; c'est parce qu'il y a trop. Tout l'état-major du 12e de hussards est là à déjeuner dans la salle à côté; ils célèbrent l'arrivée de leur nouveau colonel.

GONDREVILLE, *à part.* Comment donc! c'est très-aimable à eux, et je vois que mes jeunes officiers sont charmants : mais c'est à moi de les traiter, et je ne souffrirai pas... (*A Cadet.*) Dis-moi, qui est-ce qui paie le déjeuner?

CADET. Eh bien! c'est le nouveau colonel, M. de Gondreville; et un fameux déjeuner!

GONDREVILLE. Comment dis-tu? M. de Gondreville!

CADET. Oui, il est là avec les officiers de son régiment et puis sa femme; une petite femme charmante, des yeux bleus; et ils ont l'air de s'aimer?.. Il ne l'appelait que sa chère Hortense!

GONDREVILLE. Hortense!

CADET. Et ils arrivent ensemble de Paris, tête à tête dans une chaise de poste. C'est-i gentil?

GONDREVILLE. Morbleu! (*Se reprenant.*) Allons, contraignons-nous! Il faut éclaircir ce mystère! (*A Cadet.*) Va-t'en, et laisse-moi.

CADET. Qu'est-ce qu'il lui prend donc? Tenez, voilà le colonel lui-même qui sort de la salle à manger. (*Il sort.*)

—

SCÈNE XVI.

GONDREVILLE, *se tenant un peu à l'écart et examinant Elise*, ELISE, *l'air un peu étourdi et portant la main à son front.*

ÉLISE. Ah! je suis tout étourdie. Ils diront ce qu'ils voudront, je suis sortie de table; un bruit, un tapage! Ah! que c'est mauvais du rhum : ils m'en ont pourtant fait prendre presque un demi-verre; et monsieur Adolphe, qui voulait toujours boire avec moi à la santé de ma sœur, tandis que les autres buvaient à la santé de ma femme! Et le régiment qui est rangé en bataille et qu'il va falloir passer en revue après le déjeuner. Mon Dieu! comment sortir de là? les officiers, le régiment, si je pouvais mettre tout ce monde-là aux arrêts et m'en aller!

GONDREVILLE, *la saluant.* Monsieur, n'êtes-vous pas le colonel du douzième régiment de hussards?

ÉLISE. Oui, Monsieur; on le dit.

GONDREVILLE. M. de Gondreville?

ÉLISE. Oui, Monsieur.

GONDREVILLE. Et vous êtes ici avec madame de Gondreville, avant son mariage mademoiselle Hortense de Lussan?

ÉLISE. Sans doute, ma meilleure amie... et ma femme. Est-ce que vous la connaissez?

GONDREVILLE, *froidement.* Oui, beaucoup.

ÉLISE. Oh! que c'est heureux! voilà au moins quelqu'un de raisonnable, et avec qui l'on peut s'entendre.

GONDREVILLE. Le rôle que vous jouez ici doit vous faire comprendre ce que je viens vous demander. Monsieur peut choisir de l'épée ou du pistolet.

ÉLISE. Comment? le pistolet?

GONDREVILLE. Je vois que Monsieur préfère le sabre. Eh bien! va pour le sabre. Au fait, c'est notre arme.

ÉLISE. Ah çà! Monsieur, que signifie?..

GONDREVILLE. Oh! point de bruit, point d'explication, je n'aime pas le scandale : dans dix minutes je suis à vous. Je ne connais ici personne, et vous ferez bien de prendre un second.

AIR : *Epoux imprudent! fils rebelle!*

Sans adieu! l'honneur vous appelle ;
Un colonel doit en suivre la loi.
Au rendez-vous soyez fidèle :
Vous m'y verrez, et mon sabre avec moi.

ÉLISE.

Ah! rien n'égale mon effroi!

GONDREVILLE.

Oui, ses atteintes sont certaines :
Ce fer a su venger jadis
Les injures de mon pays ;
Il saura bien venger les miennes!

(*Il sort.*)

—

SCÈNE XVII.

ÉLISE, *seule.* Ah çà! qu'est-ce qu'ils ont donc tous ? c'est un sort attaché à cet uniforme! Un duel à présent. Avec ça, ce grand monsieur n'est pas de mon régiment. Je ne peux pas le faire mettre aux arrêts. Ah! c'est fini! je suis tout à fait dégoûtée du service.

—

SCÈNE XVIII.

ÉLISE; ADOLPHE, *la serviette à la main.*

ADOLPHE. Dites-moi donc, colonel, pourquoi nous avez-vous si brusquement quittés?

ÉLISE. Ah! c'est vous, monsieur Adolphe; imaginez-vous qu'un monsieur que je ne connais pas vient de me chercher querelle...

ADOLPHE, *se frottant les mains.* A merveille! j'avais idée que la journée serait bonne. Et que vous a-t-il dit?

ÉLISE. Je ne sais ; il m'a parlé d'Hortense, de duel, de second...

ADOLPHE, *vivement.* De second! Je suis le plus heureux des hommes!

ÉLISE. Eh bien! qu'a-t-il donc? Le voilà enchanté à présent.

ADOLPHE, *avec joie.* Il vous faut un second : c'est moi, moi qui vous en servirai. Concevez-vous toute ma joie? me battre pour le frère de celle que j'aime! Songez-y donc, colonel, j'acquiers des droits à son estime, à sa reconnaissance, peut-être même à son amour!..

Air de *M. Blanchard.*

Ah! cette idée et m'anime et m'enchante;
De cet instant je bénis la douceur
Et le moyen que le sort me présente
Pour mériter la main de votre sœur.
Fier désormais d'une cause si belle,
Je peux braver tous les coups du destin :
Ou l'épouser, ou bien mourir pour elle;
Des deux côtés mon bonheur est certain.

ÉLISE, *à part.* Ah! mon Dieu! le pauvre jeune homme! (*Haut.*) Et moi, Monsieur, je ne veux pas que vous vous battiez; je ne veux pas que vous soyez tué. Adolphe, je vous en prie, ne me faites pas ce chagrin-là; et s'il est vrai, Monsieur, que vous m'aimiez, vous ne vous battrez pas, n'est-il pas vrai? Mais voyez un peu quelle idée! exposer sa vie sans raison.

ADOLPHE. Sans raison! et où trouverai-je jamais une plus belle occasion? Allons, partons. Quelle est l'heure et le lieu du combat? quelles sont vos armes?

ÉLISE. Que sais-je! je crois qu'il a parlé de sabre.

ADOLPHE, *courant à la botte qui est restée sur la table.* Prenez plutôt le pistolet, j'en ai d'excellents, double détente; tenez, colonel, si vous voulez essayer. (*Les lui présentant par le canon.*)

ÉLISE, *effrayée.* Ah! mon Dieu! non, non : éloignez-vous; je n'aime pas cela.

ADOLPHE. Qu'est-ce qu'il a donc, le colonel? il est d'une prudence. Parbleu! ne craignez rien, ils ne sont pas chargés. (*Il en tire un, le coup part.*) Ils l'étaient, mais c'est égal.

ÉLISE, *tombant dans un fauteuil.* Ah!

ADOLPHE. Eh bien! le colonel qui se trouve mal... Au secours! au secours! (*Tirant l'autre pistolet, comme pour appeler.*) Arrivez donc!

SCÈNE XIX.

LES PRÉCÉDENTS, MADAME DE GONDREVILLE, TOUS LES OFFICIERS, CADET.

MADAME DE GONDREVILLE. Qu'y a-t-il donc?

ADOLPHE. J'en suis encore tout étonné; c'est le colonel qui vient de s'évanouir.

MADAME DE GONDREVILLE. Grands dieux! si j'avais seulement mon flacon ou le sien. (*A Cadet.*) Un grand carton sur mon secrétaire... Ce ne sera rien, en lui faisant respirer les sels.

ADOLPHE, *faisant le geste d'ouvrir le dolman du colonel.* Ou plutôt, en donnant un peu d'air! (*Cadet entre dans l'appartement à droite et rapporte un carton; madame de Gondreville jette de côté des dentelles et des fichus pour prendre le flacon.*)

MADAME DE GONDREVILLE. La connaissance lui revient. Eh bien! comment te trouves-tu? (*Dans ce moment, M. de Gondreville sort de son appartement, son sabre sous le bras; il s'arrête en voyant tout le monde groupé autour d'Élise.*)

ÉLISE. Beaucoup mieux! je t'assure que ce ne sera rien; c'est monsieur Adolphe qui m'a fait une frayeur... (*Apercevant les ajustements qui sont par terre.*) Ah! mon Dieu! mes blondes, mon petit cachemire!

GONDREVILLE. Le cachemire du colonel!

MADAME DE GONDREVILLE, *l'apercevant.* Ciel! mon mari!

TOUS. Son mari!

MADAME DE GONDREVILLE. Elise, ma chère Elise, nous sommes sauvées, c'est mon mari!

GONDREVILLE. Comment! ce serait Elise de Lussan, dont tu me parlais dans toutes tes lettres?

ADOLPHE. Mademoiselle de Lussan! Ah! malheureux, qu'ai-je fait? moi qui voulais conquérir son estime, je commence par griser celle que j'aime, par la faire battre. Ah! Mademoiselle, je suis indigne de pardon; mais si vous saviez dans quelle intention! (*Pendant la tirade précédente, madame de Gondreville a eu l'air d'expliquer à voix basse à son mari ce qui vient d'arriver.*)

GONDREVILLE, *à Élise.*

Air de *la Sentinelle.*

Je l'avouerai, d'un guerrier tel que vous
C'est à regret que je prive l'armée :
Pour d'autres soins, pour des succès plus doux,
Songez-y bien, l'amour vous a formée.
Ce fer qui pèse à votre bras,
Pour vaincre est moins sûr que vos charmes.
Quittez l'appareil des combats;
Qu'avez-vous besoin de soldats?
Tout le monde vous rend les armes.

CADET. A propos de cela, j'oubliais la carte. Il se trouve que Mademoiselle redoit...

ADOLPHE. Allons, encore! Tais-toi donc.

CADET. Je vous dis qu'elle redoit huit louis!

GONDREVILLE. Je me charge de la dette de ces dames et prie ces messieurs de vouloir bien accepter, pour ce soir, le dîner que leur offre leur véritable colonel.

ADOLPHE. Ah! mon colonel. (*A madame de Gondreville.*) Ah! Madame, si vous ne parlez pas en ma faveur, je suis un homme perdu. (*A Élise.*) Serai-je aujourd'hui le seul malheureux?

ÉLISE. Quoi! Monsieur, vous osez encore, après la conversation que nous avons eue...

ADOLPHE. Je m'étais fait mauvais sujet pour vous plaire. (*Montrant M. de Gondreville.*) Je croyais parler à Monsieur. (*Se reprenant.*) Mais la vérité pure...

ÉLISE. Est que vous êtes querelleur, mauvaise tête, que vous aimez le vin, les dames...

ADOLPHE. Ça, ce n'est pas ma faute, c'est celle de l'habit; et vous l'avez bien vu par vous-même : il n'y a pas une demi-heure que vous le portez, et vous avez déjà sur la conscience du champagne, un duel et des dettes.

ÉLISE. Le fait est que j'aurais mauvaise grâce à me montrer trop sévère (*A Gondreville.*) Colonel, j'abdique, (*A Adolphe.*) et si malgré la perte de mon rang...

ADOLPHE. Vous conserverez toujours sur moi le même empire. Soumis à la discipline conjugale, on ne me verra jamais passer sous d'autres drapeaux, et vous serez toujours ma femme, mon guide et mon colonel.

VAUDEVILLE.

Air nouveau.

GONDREVILLE, *à ses officiers.*

Ne craignez point l'austérité sauvage
D'un commandant qui fuit les doux loisirs ;
Mêmes dangers seront notre partage,
Partageons les mêmes plaisirs.
Contre l'État si l'ennemi conspire,
Les fatigues auront leur tour ;
En attendant, aimer, chanter et rire,
Voilà, Messieurs, l'ordre du jour.

MADAME DE GONDREVILLE.

Lorsqu'un amant qui porte l'épaulette
A la beauté se voit uni,
Telle est la consigne secrète
De Madame et de son mari.
Lui, dans les camps, où l'honneur le réclame,
Doit commander, mais, en retour,
Dans son ménage, c'est Madame
Qui doit donner l'ordre du jour.

ADOLPHE.

Dans les périls déployer sa vaillance,
Dans le succès sa générosité ;
Dans le malheur conserver sa constance,
Et dans tous les temps sa gaîté :
Fuir l'amour pour aller combattre,
Des combats voler à l'amour,
C'était l'usage au temps de Henri-Quatre,
Et c'est encor l'ordre du jour.

ÉLISE, *au public.*

Pour solliciter l'indulgence,
De nos auteurs je suis le député ;
Ils comptent sur mon éloquence,
Je compte sur votre bonté :
Mais si notre attente est frivole,
Si la critique, orateur à son tour,
Veut contre nous demander la parole,
Nous demandons l'ordre du jour.

FIN
de
LE COLONEL.

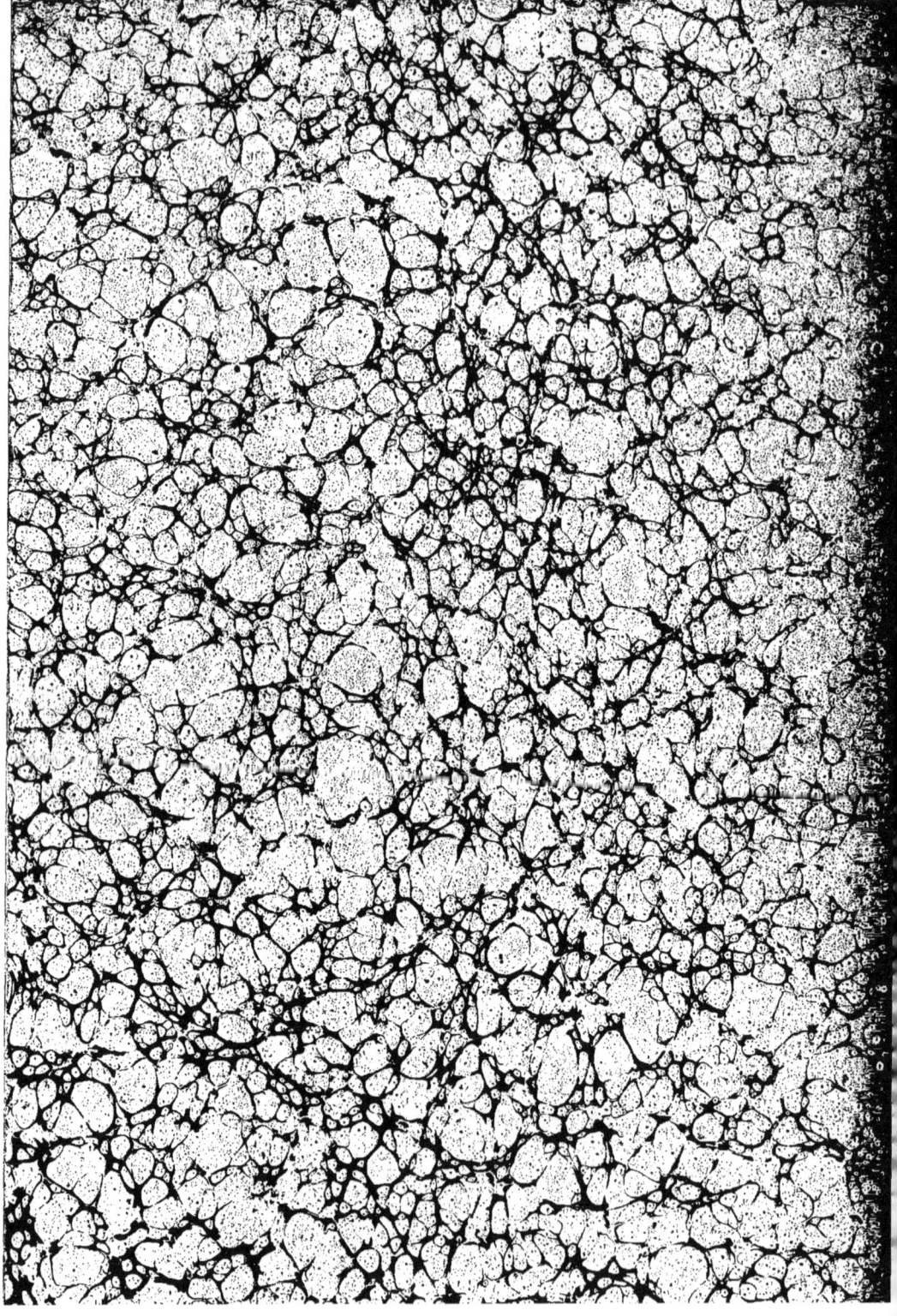

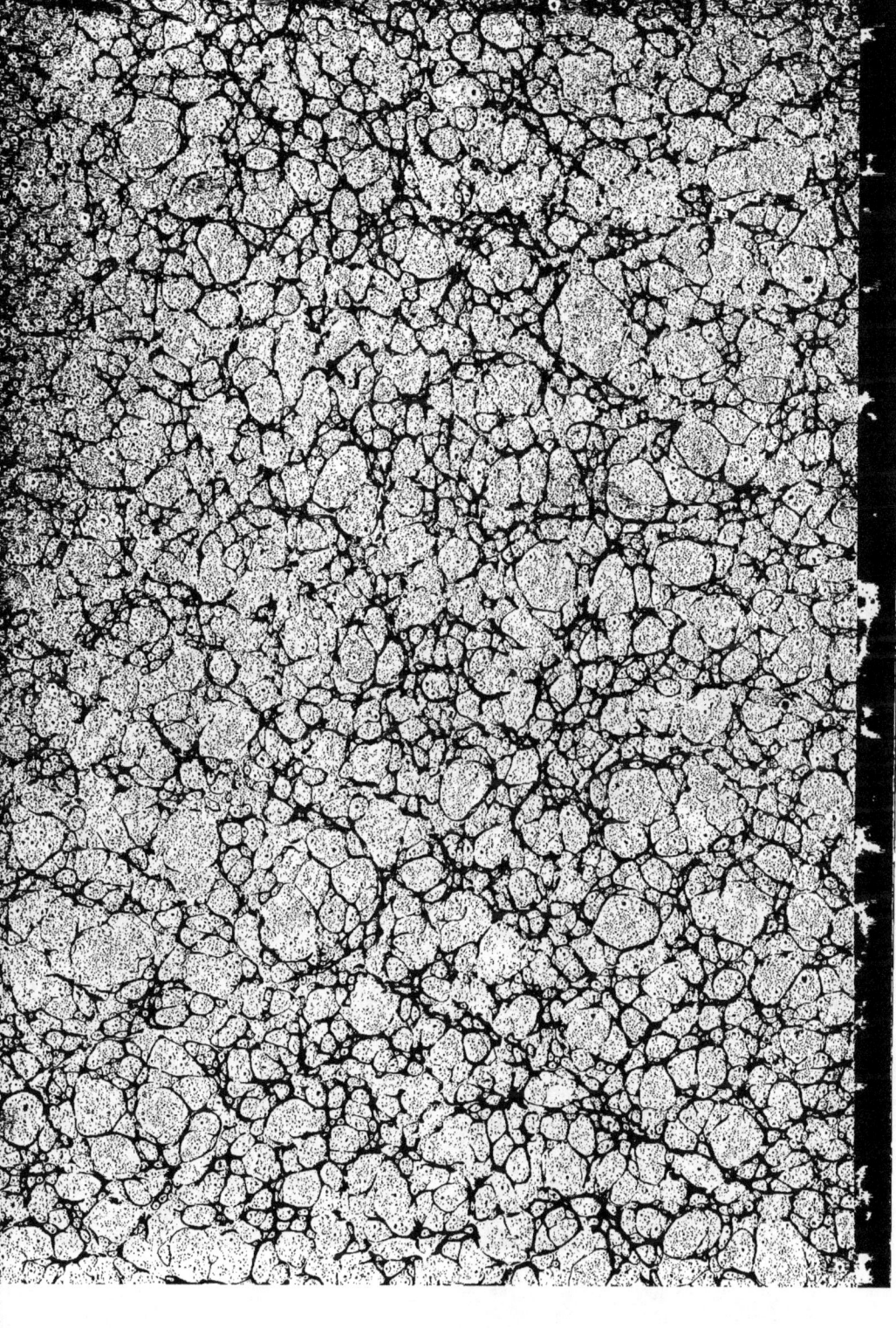

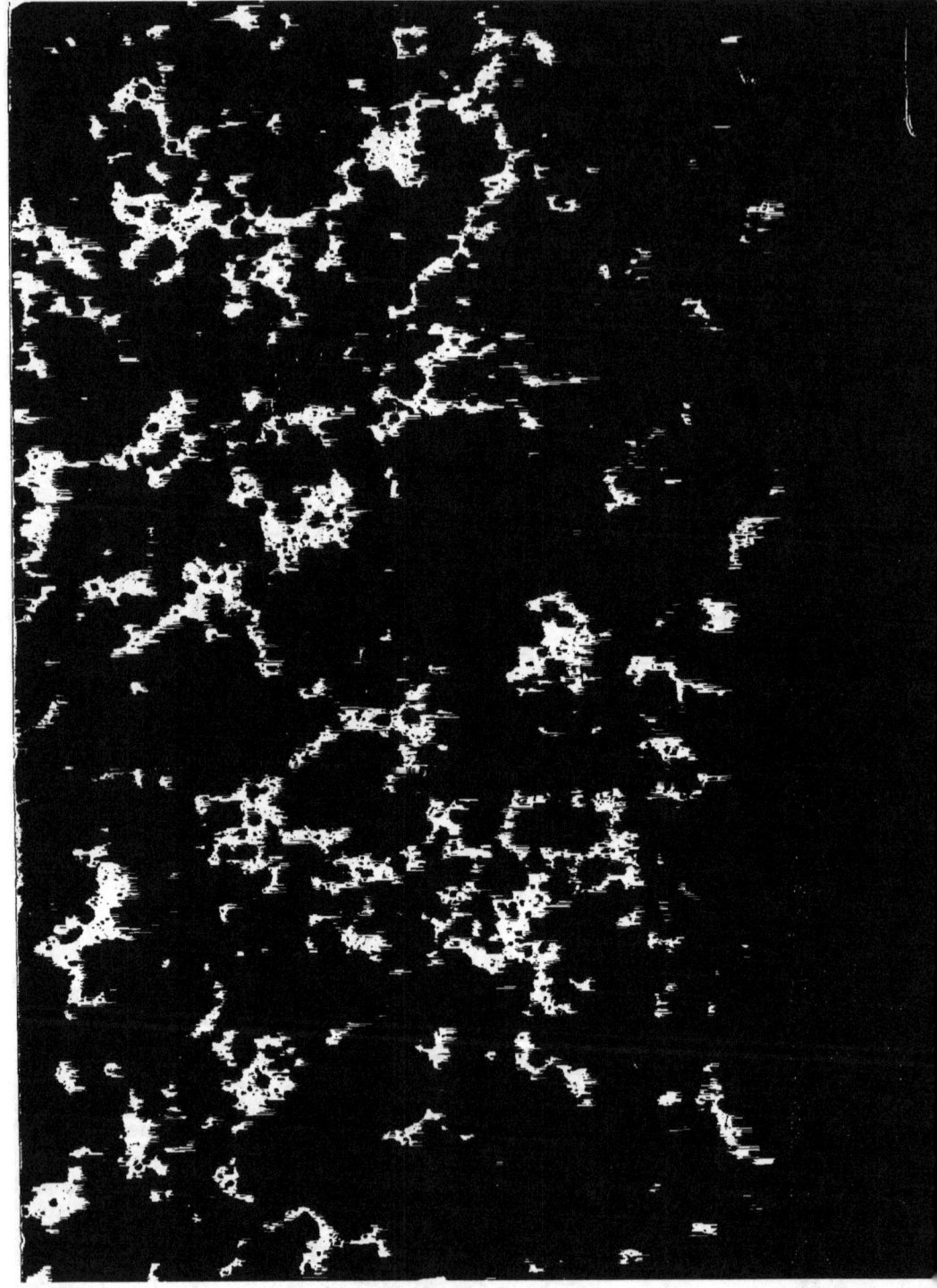

www.ingramcontent.com/pod-product-compliance
Lightning Source LLC
Chambersburg PA
CBHW070613160426
43194CB00009B/1261